Langenscheidt
Universal-Wörterbuch

Spanisch

Spanisch – Deutsch
Deutsch – Spanisch

Langenscheidt

Projektleitung: Barbara Epple
Lexikografische Bearbeitung: Dr. Patricia de Crignis,
Dr. Roberto Arías,
Bearbeiterin der zugrunde liegenden Fassung:
Gisela Haberkamp de Antón
Reisetipps: Elisabeth Graf-Riemann
Zeichnungen: Katrin Merle

1. Auflage 2017 (1,03 - 2022)

www.langenscheidt.com

Typgografisches Konzept nach:
KOCHAN & PARTNER GmbH, München
Satz: Claudia Wild, Konstanz
Druck und Bindung: Druckerei C. H. Beck, Nördlingen
Printed in Germany

ISBN 978-3-12-514292-3

Inhalt

Hinweise für die Benutzer

Die Tilde ~ ersetzt in Anwendungsbeispielen und Wendungen das ganze Stichwort:

cesar [θes-] aufhören; **sin ~** unaufhörlich

Grammatikalisches Geschlecht und Wortart in Kapitälchen bzw. in kursiver Schrift:

Film M película *f*

Die Wortart von Verben und Adjektiven wird nur dann angegeben, wenn ein Stichwort in zwei verschiedene grammatikalische Kategorien fällt. Arabische Zahlen unterscheiden diese Kategorien:

dicho [-tʃo] **1** ADJ genannt, besagt **2** M Ausspruch

Das grammatikalische Geschlecht wird bei den Übersetzungen nur dann angegeben, wenn es nicht mit dem des Stichwortes übereinstimmt:

arroz M Reis
artista M/F Künstler(in)
asa F Henkel *m*, Griff *m*
Gemeinde F municipio *m*

Anwendungsbeispiele und Wendungen in halbfetter Schrift:

Ferne F distancia; **in der ~** a lo lejos

Verständnishilfen und Erklärungen in kursiver Schrift:

Knick M codo; *im Papier* dobladura *f*

Definitionen in kursiver Schrift:

Prado M *Museum in Madrid*

Sachgebietsangaben in Kapitälchen:

intervalo M Zwischenzeit *f*; MUS Intervall *n*

Angaben zum Stil und Sprachgebrauch in kursiver Schrift:

tío M Onkel; *umg* Kerl

Bei schwierig auszusprechenden spanischen Stichwörtern ist beim ersten Stichwort im Nest eine Aussprachehilfe angegeben:

caja [-xa]
institución [-θ-]

Bei kompletter Angabe der Lautschrift steht ein Betonungsstrich ' vor der betonten Silbe:

CD [θe'ðe]

Die Aussprache des Spanischen

Vokale

Die spanischen Vokale werden weder extrem offen noch extrem geschlossen, weder sehr lang noch sehr kurz gesprochen. Bei den Doppellauten (Diphthongen) behalten die Vokale ihren Lautwert bei – also wird z. B. **eu** in **reunión** nicht „**oi**", sondern wie im deutschen Wort **Museum** ausgesprochen. **ai, ay, au, ei, ey, eu, oi, oy** und **ou** werden auf dem ersten Laut betont. Bei **ia, ie, io, ua, ue, uo, iu, ui** und **uy** wird der zweite Vokal betont.

Konsonanten und Konsonantenverbindungen

„Im absoluten Anlaut" bedeutet: zu Beginn des Sprechens oder nach einer Pause.

b im absoluten Anlaut und nach m und n wie in Bombe: bomba, un buen día; in den übrigen Fällen ist b ein mit beiden Lippen gebildeter Reibelaut: labio, caber, árbol

c vor den Vokalen a, o und u und vor Konsonanten wie in kalt: laca, caldo, creer; vor e und i ähnlich wie englisch th in think: cero, cita

ch wie tsch in rutschen: mucho, chico

d im absoluten Anlaut und nach n und l wie d in Dorf: donde, aldea;

in den übrigen Fällen ähnlich wie englisch th in other: dedo, madre, ceder;
auslautendes d ist sehr schwach oder gar nicht zu hören: usted, Madrid

g im absoluten Anlaut vor a, o und u und vor Konsonanten sowie nach n wie g in groß: golpe, gustar, grande, tengo;
vor e und i wie ch in Dach: gente, girar, coger;
in den übrigen Fällen als Reibelaut wie g in Hagel: regalar, agosto, alegre

gu vor e und i wie g in Gabel: guitarra, burgués;
in den übrigen Fällen wie gu in gut: guante, aguja

h ist immer stumm: helado, rehacer

j wie ch in Dach: rojo, jerez, pajaro

ll etwa wie li in Familie: calle, llorar, lluvia

ñ wie gn in Champagner: niña, año

qu wie k in Kopf: queso, quitar

r einfach gerolltes Zungenspitzen-R: madre, pero; am Wortanfang, nach l, n und s sowie als rr mehrfach gerolltes Zungenspitzen-R: rosa, alrededor, perro

s stimmloses s wie in Wasser: casa, eso, sujeto

v im absoluten Anlaut und nach n wie b in Bombe: vaca, enviar;
in den übrigen Fällen ist v ein mit beiden Lippen gebildeter Reibelaut: avera, hervir

x	vor Vokalen wie gs in flugs: examen; vor Konsonanten meistens wie s: extranjero, exterior
y	wie j in jemand: ayer, yate, yo; am Ende des Wortes (und „y" = „und") wie i: rey
z	wie englisch th in think: raza, zona, azul
ü	steht zwischen g und e oder i. Das Trema (¨) bedeutet, dass das u hier mit ausgesprochen wird: lingüista [liŋgŭista].

Alle übrigen nicht aufgeführten Buchstaben werden praktisch wie im Deutschen ausgesprochen.

Betonung und Akzente

Betont werden die spanischen Wörter auf der vorletzten Silbe, wenn sie auf Vokal, auf n oder auf s enden (grupo, menos, Carmen), auf der letzten, wenn sie auf Konsonanten außer n und s enden (deprimir, facultad, terminal). Ausnahmen tragen einen Akzent (cupón, crédito, azúcar).

Erklärung der Lautschrift

Vokale

a	*a* wie in *Abend*, doch kürzer	**mano** [mano]
ɛ	offenes *e* wie in *ändern*	**ayer** [ajɛr]
e	halboffenes *e*, zwischen *e* in *geben* und *e* in *essen*	**meseta** [meseta]
i	geschlossenes *i* wie in *hier*	**mina** [mina]
ĭ	unbetonter Teil der Doppellaute ai, ay, ei, ey, oi, oy sowie ia, ie, io, iu	**baile** [baĭle], **hay** [aĭ] **peine** [pɛĭne], **hoy** [ɔĭ], **boina** [bɔĭna]; **fiambre** [fĭambre], **piel** [pĭɛl]
ɔ	offenes *o* wie in *Wolle*	**ojo** [ɔxo]
o	halboffenes *o*, zwischen *o* in *Ofen* und *o* in *offen*	**olla** [oʎa]
u	geschlossenes *u* wie in *Huhn*	**pluma** [pluma]
ŭ	unbetonter Teil der Doppellaute au, eu, ou sowie ua, ue, ui, uo	**causa** [kaŭsa], **deuda** [dɛŭða]; **cuadro** [kŭaðro], **cuidar** [kŭiðar]

Konsonanten

β	stimmhafter, mit beiden Lippen gebildeter Reibelaut	**cebolla** [θeβoʎa]
ð	stimmhafter Reibelaut, ähnlich dem *th* in "other")	**precedencia** [preθeðenθĭa]
ɣ	stimmhafter Reibelaut wie in *Hagel*	**águila** [aɣila]

k	wie deutsches *k*	**máquina** [makina], **coqueta** [koketa]
x	wie *ch* in *Dach*	**jefe** [xefe], **girar** [xirar]
ʎ	mouilliertes *l* wie in *Familie*, aber schwächer, fast ohne *l*	**gallo** [gaʎo], **llama** [ʎama]
ɲ	wie *gn* in *Champagner*	**España** [espaɲa]
ŋ	wie deutsches *n* vor *g* oder *k* in *Menge*, *Anker*	**esponja** [espɔŋxa], **cinco** [θiŋko]
r	Zungen-R	**señor** [seɲɔr]
rr	stark gerolltes Zungenspitzen-R	**honra** [ɔnrra], **perro** [pɛrro]
s	stimmloses *s* wie in *Messer*	**escoger** [eskɔxɛr]
z	stimmhaftes *s* wie in *Sonne*	**mismo** [mizmo]
θ	stimmloser Lispellaut ähnlich dem *th* in englisch *thing*	**centro** [θentro], **haz** [aθ], **calcio** [kalθĭo]
tʃ	wie *tsch* in *Pritsche*	**mucho** [mutʃo], **chico** [tʃiko]

Spanisch – Deutsch

A

a in, an, auf, nach, zu; **a las tres** um drei Uhr; **a casa** nach Hause; **a los diez años** mit zehn Jahren; **¿a qué precio?** zu welchem Preis?; **voy a comer** ich gehe essen
abad M Abt **abadesa** F Äbtissin **abadía** F Abtei
abajo [-xo] unten; hinunter, herunter; **hacia ~** abwärts, nach unten
abalanzarse sich stürzen (**sobre** auf *akk*)
abandonar verlassen; aufgeben **abandono** M Aufgabe *f*, Verzicht
abanicar fächeln **abanico** M Fächer
abaratar verbilligen
abarcar umfassen, umschließen
abarrotado *umg* gerammelt voll **abarrote** M **tienda** *f* **de ~s** *Am* Lebensmittelgeschäft *n*
abastecer [-θ-] versorgen, beliefern (**de** mit) **abastecimiento** M Versorgung *f*
abatible Klapp… **abatimiento** M *fig* Niedergeschlagenheit *f* **abatir** niederreißen; *Baum* fällen
abdicación [-θ-] F Abdankung **abdicar** abdanken
abdominales MPL **hacer ~** die Bauchmuskeln trainieren
abecé [-θe] M Alphabet *n*, Abc *n*
abedul M Birke *f*
abeja [-xa] F Biene **abejorro** M Hummel *f*; Maikäfer
abertura F Öffnung
abeto M Tanne *f*
abierto offen
abismo M Abgrund (*a. fig*)
ablandar weich machen; *fig* besänftigen
abnegación [-θ-] F Selbstlosigkeit **abnegado** selbstlos
abofetear ohrfeigen
abogada F Anwältin **abogado** M Anwalt **abogar** *fig* eintreten (**por** für)
abolición [-θ-] F Abschaffung **abolir** abschaffen
abollado [-ʎ-] ver-, zerbeult **abolladura** F Beule
abominable abscheulich **abominar**: **~ de** verabscheuen
abonable zahlbar; fällig **abonado** M, **abonada** F, Abon-

nent(in); TEL Teilnehmer(in)
abonar zahlen; *Boden* düngen; **~ en cuenta** gutschreiben
abonarse: **~ a** abonnieren
abono M **1** THEAT Abonnement *n*; *Verkehr* Zeitkarte *f*; **abono anual/mensual** Jahres-/Monatskarte *f* **2** AGR Dünger
abordar *j-n* ansprechen; *Thema* anschneiden; *Problem* anpacken
aborigen [-x-] M/F Ureinwohner(in)
aborrecer [-θ-] verabscheuen
aborrecimiento M Abneigung *f*; Abscheu
abortar abtreiben **aborto** M Fehlgeburt *f*; **~ (provocado)** Abtreibung *f*
abotonar zuknöpfen
abracadabrante verblüffend, verwirrend
abrasar versengen
abrazar [-θ-] umarmen **abrazo** [-θ-] M Umarmung *f*; **un ~** *Briefschluss*: ≈ herzlichst
abrebotellas [-ʎ-] M Flaschenöffner **abrecartas** M Brieföffner **abrelatas** M Dosen-, Büchsenöffner
abreviar abkürzen, verkürzen
abreviatura F Abkürzung
abridor M Flaschenöffner
abrigar schützen; *fig Hoffnung etc* hegen **abrigarse** sich zudecken; sich warm anziehen
abrigo M Mantel; *fig* Schutz; **al ~ de** geschützt vor (*dat*)
abril M April
abrir öffnen, aufmachen; eröffnen
abrochar [-tʃ-] zuknöpfen, zuhaken; **~se el cinturón** AUTO, FLUG sich anschnallen
abrumar bedrücken; *fig* überhäufen (**con, de** mit)
abrupto steil; *fig* abrupt
absceso [-θ-] M MED Abszess
absolución [-θ-] F REL Absolution; JUR Freispruch *m* **absolutamente** absolut, durchaus
absoluto absolut, unbedingt; **en ~** keineswegs, überhaupt nicht; **nada en ~** überhaupt nichts
absolver JUR freisprechen; REL lossprechen
absorber absorbieren **absorberse** sich vertiefen (**en** in *akk*) **absorción** [-θ-] F Absorption
abstemio abstinent **abstención** [-θ-] F Enthaltung; POL Stimmenthaltung **abstenerse** sich enthalten (**de** *gen*)
abstinencia F Enthaltsamkeit
abstinente enthaltsam
abstracción [-ɣθ-] F Abstraktion **abstracto** abstrakt
abstraer abstrahieren **abstraído** gedankenvoll, entrückt
absuelto freigesprochen
absurdo unsinnig, absurd
abuela F Großmutter **abuelo** M Großvater **abuelos** MPL Großeltern
abultar sperrig sein, viel Platz brauchen

abundancia [-θ-] F Überfluss m **abundante** reichlich **abundar** reichlich vorhanden sein
aburrido langweilig **aburrimiento** M Langeweile f; Überdruss **aburrir(se)** (sich) langweilen
abusar: **~ de** missbrauchen
abuso M Missbrauch; **~ sexual** sexueller Missbrauch
acá hier(her); **de ~ para allá** hin und her
acabado **1** ADJ fertig, vollendet; erledigt (*a. fig*) **2** M (End-)Verarbeitung f, Finishing n
acabar (be)enden; fertigstellen; **~ de hacer** soeben getan haben; **~ con** Schluss machen mit **acabarse** zu Ende gehen, aufhören
acacia [-θ-] F Akazie
academia F Akademie; Fachschule; Privatschule
acallar [-ʎ-] zum Schweigen bringen; beschwichtigen
acalorado erhitzt; *fig* hitzig
acalorar erhitzen; *fig* erregen
acampada F Lagern n, Zelten n **acampar** kampieren, zelten
acantilado M Steilküste f
acaparar hamstern, horten; *fig* an sich reißen
acariciar [-θ-] liebkosen, streicheln; *fig* hegen
ácaro M Milbe f
acarrear transportieren, befördern; HANDEL anliefern; *fig* nach sich ziehen **acarreo** M Transport; Anlieferung f
acaso ADV vielleicht; **por si ~** für alle Fälle
acatamiento M Beachtung f
acatar beachten, befolgen
acatarrarse sich erkälten
acaudalado vermögend
acaudillar [-ʎ-] befehligen, anführen
acceder [-ɣθ-] zustimmen (a *dat*) **accesible** zugänglich **acceso** M Zutritt, Zugang; Zufahrt f; MED Anfall m; **~ a Internet** Internetzugang; **~ de fiebre** Fieberanfall; **~ de rabia** Wutanfall **accesorio** nebensächlich, Neben...; **~s** *mpl* Zubehör n; *Mode* Accessoires *npl*
accidentado [-ɣθ-] verunglückt; *Gelände* uneben, hügelig **accidental** zufällig **accidente** M Unfall; Unglück n; **~ aéreo** Flugzeugunglück n; **~ de trabajo** Arbeitsunfall; **~ de tráfico** Verkehrsunfall; **sufrir un ~** e-n Unfall haben
acción [-ɣθ-] F Handlung, Tat; JUR Klage; HANDEL Aktie; **entrar en ~** losschlagen, in Aktion treten; **poner en ~** aktivieren, in Betrieb setzen
accionamiento [-ɣθ-] M TECH Antrieb **accionar** betätigen, antreiben **accionista** M/F Aktionär(in)
acechar [aθetʃ-] auflauern (*dat*) **acecho** M **al ~** auf der Lauer
aceite [aθ-] M Öl n; **~ broncea-**

dor (*od* **solar**) Sonnenöl *n*; **~ de oliva** Olivenöl *n* **aceitera** F Ölkanne **aceituna** F Olive
aceleración [aθeleraθ-] F Beschleunigung **acelerador** M Gaspedal *n* **acelerar** beschleunigen; **~ el paso** schneller gehen
acelgas [aθ-] FPL Mangold *m*
acento [aθ-] M Akzent, Betonung *f* **acentuar** betonen, hervorheben
aceptable [aθ-] annehmbar **aceptación** [-θ-] F Annahme; Anerkennung **aceptar** annehmen; akzeptieren
acequia [aθek-] F Bewässerungsgraben *m*
acera [aθ-] F Bürgersteig *m*
acerbo [aθ-] herb
acerca [aθ-] **~ de** bezüglich; über **acercar** näher heranbringen; **acércame el pan** reich mir das Brot **acercarse** sich nähern
acero [aθ-] M Stahl **de ~** aus Stahl
acertado [aθ-] richtig; treffend **acertante** M/F *Lotterie etc* Gewinner(in) **acertar** richtig treffen; erraten; **~ al blanco** (*od* **en la diana**) ins Schwarze treffen
acertijo [-xo] M Rätsel *n*
achacar [atʃ-] **~ la culpa a** *j-m* die Schuld zuschieben
achaque [atʃake] M Gebrechen *n*; **~s de la edad** Altersbeschwerden *fpl*
acidez [aθiðeθ] F Säure(gehalt *m*); **~ de estómago** Sodbrennen *n*
ácido [aθ-] **1** ADJ sauer **2** M Säure *f*; **~ cítrico/fólico/gástrico** Zitronen-/Fol-/Magensäure
acierto [aθ-] M *Lotterie* Treffer; Geschicklichkeit *f*
aclamación [-θ-] F Beifall *m* **aclamar** applaudieren
aclarar (auf)klären; erläutern; *Wäsche* spülen; *Farbe* aufhellen **aclararse** sich aufklären (*a. Wetter*)
aclimatarse sich akklimatisieren; sich eingewöhnen
acné F MED Akne
acobardar einschüchtern **acobardarse** verzagen
acogedor [-x-] gastfreundlich; gemütlich **acoger** aufnehmen **acogerse**: **~ a** sich an *j-n* halten **acogida** F Aufnahme, Empfang *m*; **centro de ~** Aufnahmezentrum *n*
acolchar [-tʃ-] polstern; wattieren
acometer angreifen; *fig* in Angriff nehmen **acometida** F Angriff *m*; TECH Anschluss *m*
acomodado wohlhabend
acomodador(a) M(F) Platzanweiser(in); Logenschließer(in)
acomodar anpassen; unterbringen
acompañamiento [-ɲ-] M Begleitung *f* (*a.* MUS) **acompañante** M/F Begleiter(in); AUTO Beifahrer(in) **acompañar** begleiten; beilegen (*im Brief*)

acondicionador [-θ-] M (Haar)Spülung *f*; Pflegespülung *f*; ~ **de aire** Klimaanlage *f* **acondicionar** herrichten, gestalten
acongojar [-x-] bedrücken, bekümmern
aconsejable [-x-] ratsam **aconsejar** *j-m* raten, *j-n* beraten **aconsejarse**: ~ **de** (*od* **con**) sich Rat holen bei
acontecer [-θ-] sich ereignen **acontecimiento** [-θ-] M Ereignis *n*, Begebenheit *f*
acoplar zusammenfügen; TECH kuppeln, ankoppeln
acorazado [-θ-] **1** ADJ gepanzert **2** M Panzerkreuzer **acorazar** panzern
acordar beschließen, vereinbaren **acordarse** sich erinnern (**de** an *akk*) **acorde** **1** ADJ übereinstimmend **2** M MUS Akkord
acordeón M Akkordeon *n*
acordonar abriegeln, absperren
acortar ab-, verkürzen
acosar hetzen; *fig* bedrängen **acoso** M ~ **sexual** sexuelle Belästigung *f*; ~ **moral** Mobbing *n*
acostar zu Bett bringen **acostarse** ins Bett gehen, schlafen gehen; sich hinlegen; **estar acostado** liegen; im Bett sein
acostumbrado gewohnt; **estar** ~ **a** gewöhnt sein an (*akk*); gewohnt sein zu **acostumbrar**: ~ *inf* pflegen zu **acostumbrarse** sich gewöhnen (**a** an *akk*)
acotar abgrenzen
acrecentar [-θ-] steigern
acreditado geachtet, angesehen **acreditar** Ansehen verleihen; POL akkreditieren **acreditarse** sich bewähren
acreedor **1** ADJ anspruchsberechtigt **2** M, **acreedora** F Gläubiger(in)
acróbata M/F Akrobat(in)
acta F Akte; Protokoll *n*
actitud F Haltung, Einstellung **activar** beleben; beschleunigen; IT aktivieren; TEL freischalten **actividad** F Tätigkeit **activista** M/F Aktivist(in) **activo** tätig, aktiv
acto M Handlung *f*, Tat *f*; Feier *f*; THEAT Akt; ~ **punible** strafbare Handlung *f*; **en el** ~ sofort
actor M Schauspieler; ~ **de cine** Filmschauspieler
actriz [-θ-] F Schauspielerin; ~ **de cine** Filmschauspielerin
actuación [-θ-] F Wirken *n*; Handeln *n*; Amtsführung; Auftreten *n* (*a.* THEAT)
actual gegenwärtig, aktuell **actualidad** F Gegenwart; Aktualität **actualización** [-θaθ-] F Aktualisierung; IT Update *n* **actualizar** [-θ-] aktualisieren, auf den neuesten Stand bringen
actuar tätig sein; wirken; handeln; THEAT spielen, auftreten
acuarela F Aquarell *n*

acuario M Aquarium *n* **Acuario** M ASTROL Wassermann **acuático** Wasser... **acuchillar** [-tʃiʎ-] erstechen, niederstechen **acudir** herbeieilen; ~ **a** teilnehmen an (*dat*); ~ **al trabajo** zur Arbeit gehen **acueducto** M Aquädukt *n* **acuerdo**[1] M Abkommen *n*; Beschluss; Vereinbarung *f*; **¡de ~!** einverstanden!; **estar de ~ con** einverstanden sein mit; **ponerse de ~** sich einigen **acuerdo**[2] PPERF → acordar(se) **acúfenos** MPL Ohrgeräusche *npl*, Tinnitus *m* **acumulador** M Akkumulator **acumular** anhäufen **acumularse** sich ansammeln **acuñar** [-ɲ-] *Münzen* prägen **acuoso** wässerig; saftig **acupuntura** F Akupunktur **acusación** [-θ-] F Anklage; Beschuldigung **acusado** M, **acusada** F Angeklagte(r) *m/f(m)* **acusar** anklagen; beschuldigen; ~ **recibo** den Empfang bestätigen **acuse** M ~ **de recibo** Empfangsbestätigung *f* **acústico** akustisch **adaptación** [-θ-] F Anpassung; Bearbeitung **adaptador** M ELEK Adapter **adaptar** bearbeiten **adaptarse** sich anpassen (**a** an *akk*) **adecuado** angemessen; passend **adelantado** fortgeschritten; vorzeitig; **por ~** im Voraus; **ir ~** *Uhr* vorgehen **adelantamiento** M AUTO Überholen *n* **adelantar** vorrücken; *Geld* vorschießen; *Uhr* vorgehen; AUTO überholen **adelantarse**: ~ **a** *j-m* zuvorkommen **adelante** vor(an), vorwärts; **i~!** herein!; los!; **más ~** weiter vorn; *zeitlich* später **adelanto** M Vorsprung; HANDEL Vorschuss **adelfa** F Oleander *m* **adelgazar** [-θ-] dünner werden, abnehmen **ademán** M Geste *f*; Gebärde *f* **además** außerdem; ~ **de** außer **adentro** hinein **aderezar** [-θ-] herrichten; zubereiten **aderezo** [-θo-] M Zubereitung *f* **adeudado** verschuldet **adeudar** schulden **adeudarse** Schulden machen **adherir** (an)haften **adherirse** sich anschließen; beitreten **adhesión** F Anschluss *m*, Beitritt *m* **adhesivo** M Klebstoff; Aufkleber **adicción** [-ɣθ-] F MED Sucht **adición** [-θ-] F Zusatz *m*; MATH Addition **adicional** zusätzlich **adicionar** MATH addieren **adicto** ergeben; MED süchtig **adiestrar** dressieren **adiós** auf Wiedersehen! **aditivo** M Zusatz(stoff) **adivinar** (er)raten; wahrsagen **adivino** M, **adivina** F Wahrsager(in) **adjetivo** [-x-] M Adjektiv *n* **adjudicar** [-x-] zuerkennen **adjunto** [-x-] **1** ADJ beiliegend **2** M, **-a** Assistent(in) **administración** [-θ-] F Verwaltung; **~ municipal** Stadtverwaltung **administrador(a)** M(F) Verwalter(in) **administrar** verwalten **administrativo** **1** ADJ Verwaltungs... **2** M, **-a** F Verwaltungsangestellte(r) *m/f(m)* **admirable** bewundernswert **admiración** [-θ-] F Bewunderung; GRAM Ausrufezeichen *n* **admirador(a)** M(F) Bewunderer(in), Verehrer(in) **admirar** bewundern **admirarse** sich wundern **admisible** zulässig **admisión** F Zulassung **admitir** zulassen; zugeben **adobado** GASTR mariniert **adobar** marinieren **adobe** M *bes Am* Luftziegel **adolescencia** [-θenθ-] F Jugend **adolescente** M/F Jugendliche(r) *m/f(m)* **adonde** wohin; **¿adónde?** wohin? **adopción** [-θ-] F Adoption **adoptar** adoptieren; annehmen **adoptivo** Adoptiv... **adoquín** [-ki-] M Pflasterstein **adorable** *fig* entzückend **adorar** anbeten; verehren **adormecedor** [-θ-] einschläfernd **adormecerse** einschlafen **adormidera** F Schlafmohn *m* **adornar** schmücken, verzieren **adorno** M Schmuck; Verzierung *f* **adosar**: **~ a/c a alg** j-m etw andrehen **adquirir** [-ki-] erwerben; anschaffen **adquisición** [-θ-] F Erwerb *m*, Anschaffung **adquisitivo**: **poder** *m* **~** Kaufkraft *f* **adrede** absichtlich **Adriático** M Adria *f* **aduana** F Zoll *m* **aduanero** **1** ADJ Zoll... **2** M, **-a** F Zollbeamte(r) *m*, -beamtin *f* **aducir** [-θ-] *Beweise etc* beibringen, vorlegen **adueñarse** [-ɲ-] **~ de** sich bemächtigen (*gen*) **adulación** [-θ-] F Schmeichelei **adulador(a)** M(F) Schmeichler(in) **adular** schmeicheln **adulterar** (ver)fälschen **adulterio** M Ehebruch **adúltero** M, **adúltera** F Ehebrecher(in) **adulto** **1** ADJ erwachsen **2** M, **-a** F Erwachsene(r) *m/f(m)* **adverbio** M Adverb *n* **adversario, -a** M,F Gegner(in) **adversidad** F Missgeschick *n* **adverso** widrig; feindlich **advertencia** [-θ-] F Hinweis *m*; Warnung **advertir** bemerken; aufmerksam machen auf (*akk*); warnen **adviento** M Advent

adyacente [-θ-] angrenzend
aéreo Luft...
aerodeslizador [-θ-] M Luftkissenboot *n* **aerodinámico** stromlinienförmig
aeródromo M Flugplatz
aerolínea F Fluglinie; Airline; **~ de bajo coste** Billigfluglinie; *umg* Billigflieger *m*
aeromoza [-θa] F *Am* FLUG Stewardess **aeromozo** [-θo] M *Am* Steward
aeronáutica F Luftfahrt **aeronave** F Luftschiff *n* **aeropuerto** M Flughafen **aerosol** M Aerosol *n*; Spray *n* **~ nasal** Nasenspray *n* **aerotaxi** M Lufttaxi *n*
afable freundlich
afamado berühmt
afán M Eifer
afanarse sich abmühen
afear verunstalten; **~ a/c a alg** j-m etw vorwerfen
afección [-ɣθ-] F Zuneigung; MED Leiden *n*
afectación [-θ-] F Affektiertheit **afectado** affektiert; betroffen **afectar** betreffen; MED befallen
afecto **1** ADJ geneigt, zugetan **2** M Affekt; Zuneigung *f* **afectuoso** herzlich, zärtlich
afeitado M Rasur *f* **afeitadora** F Elektrorasierer *m* **afeitarse** sich rasieren
afeminado weibisch
aferrado verrannt (**a** in *akk*)
Afganistán M Afghanistan *n*
afición [-θ-] F Zuneigung; Hobby *n*; Begeisterung (**por** für)
aficionado M [-θ-], **-a** F Fan *m*, Liebhaber(in); Amateur(in)
aficionarse [-θ-] **~ a** sich begeistern für
afilado scharf; spitz **afilar** schleifen; (an)spitzen
afiliación [-θ-] F Beitritt *m* (**a** zu); Mitgliedschaft (**a** bei) **afiliado** M, **-a** F Mitglied *n* **afiliarse**: **~ a** beitreten
afinar verfeinern; MUS stimmen **afinidad** F Affinität; *fig* Verwandtschaft (*a. fig*)
afirmación [-θ-] F Behauptung; Bestätigung **afirmar** bejahen; behaupten **afirmativo** bejahend
aflicción [-ɣθ-] F Betrübnis, Kummer *m* **afligir** [-x-] betrüben; bedrücken
aflojar [-x-] lockern; nachlassen, erschlaffen
afluencia [-θ-] F Zustrom *m*, Andrang *m* **afluente** M Nebenfluss **afluir** einmünden; (herbei)strömen
afonía F Heiserkeit
afónico (stock)heiser
afortunadamente glücklicherweise, zum Glück **afortunado** glücklich
afrenta F Beschimpfung; Beleidigung **afrentar** beschimpfen
África F Afrika *n*; **~ del Sur** Südafrika *n* **africano** **1** ADJ afrikanisch **2** M, **-a** F Afrikaner(in)
afrontar gegenüberstellen; ~

el peligro der Gefahr ins Auge sehen
afuera (dr)außen; hinaus **afueras** FPL Umgebung *f*
agacharse [-tʃ-] sich bücken
agalla [-ʎ-] F ZOOL Kieme
agarradero M Griff; Henkel **agarrado** *umg* knauserig **agarrar** ergreifen, packen **agarrarse** sich klammern (**a** an *akk*)
agasajar [-x-] ehren; bewirten
agencia [axenθ-] F Agentur; **~ inmobiliaria** Maklerbüro *m*; **~ de publicidad** Werbeagentur; **~ de transportes** Speditionsfirma; **~ de viajes** Reisebüro *n*; *Spanien* **Agencia Tributaria** Finanzamt *n*
agenda [ax-] F Terminkalender *m*; Notizbuch *n*
agente [ax-] M/F Agent(in); **~ de cambio y bolsa** Börsenmakler(in); **~ comercial** Handelsvertreter(in); **~ (de policía)** Polizist(in); **~ de la propiedad inmobiliaria** Immobilienmakler(in); **~ de tráfico** Verkehrspolizist(in); **~ de transportes** Spediteur(in)
ágil [ax-] behände, flink; beweglich **agilidad** F Behändigkeit
agitación [axitaθ-] F Auf-, Erregung; POL Unruhe **agitar** schwenken; schütteln
aglomeración [-θ-] F Anhäufung; Gedränge *n*
agobiado überhäuft (*mit Arbeit*), überlastet **agobiante** drückend, lastend
agolparse sich drängen
agonía F Todeskampf *m*, Agonie **agonizar** [-θ-] im Sterben liegen
agosto M August
agotado erschöpft; *Ware* ausverkauft; vergriffen **agotamiento** M Erschöpfung *f* **agotar** erschöpfen; aufbrauchen
agraciado [-θ-] anmutig; **salir ~** *Los etc* gewinnen
agradable angenehm **agradar** gefallen, zusagen
agradecer [-θ-] danken (**a/c a alg** j-m für etw) **agradecido** dankbar **agradecimiento** M Dank; Dankbarkeit *f*
agrado M Anmut *f*
agrandar vergrößern, erweitern
agrario Agrar..., landwirtschaftlich
agravante erschwerend **agravar** erschweren, verschärfen **agravarse** sich verschlimmern
agraviar beleidigen **agravio** M Beleidigung *f*; Kränkung *f*
agregado M POL Attaché **agregar** beigeben, hinzufügen
agresión F Angriff *m*; Aggression **agresivo** aggressiv **agresor(a)** M(F) Angreifer(in); **~ sexual** Sexualtäter, Triebtäter
agriarse sauer werden
agrícola landwirtschaftlich

agricultor(a) M(F) Landwirt(in) **agricultura** F Landwirtschaft **agridulce** [-θe] süßsauer **agrietarse** rissig werden **agrio** sauer **agrios** MPL Zitrusfrüchte *fpl* **agrónomo,-a** M,F Agronom(in); **ingeniero** *m* **~** Diplomlandwirt **agroturismo** M Ferien *fpl* auf dem Bauernhof **agrupar** gruppieren **agua** F Wasser *n*; **~ bendita** Weihwasser *n*; **~ dentífrica** Mundwasser *n*; **~ mineral** Mineralwasser *n*; **~ potable** Trinkwasser *n*; **~ sin/con gas** Wasser mit/ohne Kohlensäure; **~s** *pl* **residuales** Abwässer *npl* **aguacate** M Avocado *f* **aguacero** [-θ-] M Regenguss, Wolkenbruch **aguafiestas** M Spielverderber **aguafuerte** M Radierung *f* **aguamarina** F Aquamarin *m* **aguantar** ertragen, aushalten; festhalten **aguantarse** sich beherrschen **aguante** M Ausdauer *f*, Geduld *f* **aguar** verwässern **aguardar** (er-, ab)warten **aguardiente** M Branntwein, Schnaps **aguarrás** M Terpentin *n* **agudeza** [-θa] F Schärfe; Scharfsinn *m* **agudo** spitz; scharf; MED akut; *Ton* hoch; *fig* scharfsinnig **aguijón** [aɣix-] M Stachel; *fig* Ansporn

águila [aɣi-] F Adler *m* **aguja** [-xa] F Nadel; Uhrzeiger *m*; BAHN Weiche; **~ de coser** Nähnadel; **~ de (hacer) media** Stricknadel **agujerear** [-x-] durchlöchern **agujero** M Loch *n*, Öffnung *f*; **~ de ozono** Ozonloch *n* **agujetas** FPL Muskelkater *m* **aguzar** [-θ-] schärfen (*a. fig*); **~ el oído** die Ohren spitzen **ahí** da, dort(hin); **de ~ que** darum, deshalb; **por ~** dort (herum); (so) ungefähr **ahijado** [-x-] M, **ahijada** F Patenkind *n* **ahínco** M Nachdruck, Eifer **ahogado** dumpf; *Schrei* unterdrückt **ahogar** ersticken; ertränken **ahogarse** ersticken; ertrinken **ahogo** M Ersticken *n*; Atemnot *f*; *fig* Bedrängnis *f* **ahora** jetzt, nun; gleich; **~ mismo** sofort; soeben; gleich (jetzt); **~ bien** also; **por ~** vorläufig; **desde ~ (en adelante)** von nun an; **¿y ~ qué?** (und) was jetzt? **ahorcar** (auf)hängen **ahorcarse** sich erhängen **ahorrador** **1** ADJ sparsam **2** M, **-a** F Sparer(in) **ahorrar** sparen; *a. fig* ersparen **ahorro** M Sparen *n*; Ersparnis *f* **ahumado** geräuchert **ahumar** räuchern **airado** zornig, aufgebracht **airbag** M Airbag; **~ lateral** Seitenairbag **airbus** M Airbus

aire M Luft *f*; Wind; MUS Weise *f*, Melodie *f*; *fig* Aussehen *n*; ~ **acondicionado** Klimaanlage *f*; ~ **comprimido** Pressluft *f*; **al** ~ **libre** im Freien **airear** lüften
airoso: **salir** ~ **de** gut abschneiden bei
aislado isoliert, vereinzelt **aislador** M Isolator **aislamiento** M Isolierung *f* (*a.* TECH); ~ **acústico/térmico** Schall-/Wärmedämmung *f* **aislar** isolieren; absondern
ajado [ax-] welk, verblüht
ajedrea [ax-] F Bohnenkraut *n*
ajedrez [axeðreθ] M Schach (spiel) *n*
ajeno [ax-] fremd
ajetrearse [ax-] sich plagen
ajetreo M Plackerei *f*; Hetze *f*
ajo [axo] M Knoblauch; **estar en el** ~ s-e Hände im Spiel haben, *umg* mitmischen
ajustable [ax-] regulierbar
ajustado passend; knapp; *Kleidung* eng anliegend **ajustar** anpassen; einstellen **ajuste** M Anpassung *f*; TECH Einstellung *f*; ~ **de cuentas** Abrechnung *f* (*a. fig*)
ajusticiar [-θ-] hinrichten
al dem; den
ala F Flügel *m*
alabanza [-θa] F Lob *n* **alabar** loben; rühmen
alabastro M Alabaster
alacena [-θ-] F Küchenschrank *m* **alacrán** M Skorpion
alado geflügelt, beflügelt
alambrado M Drahtgeflecht *n*; Drahtzaun **alambre** M Draht; ~ **de púas** Stacheldraht
alameda F Allee
álamo M Pappel *f*
alarde M **hacer** ~ **de** prahlen mit
alargar verlängern; *Hand* ausstrecken **alargarse** *fig* sich in die Länge ziehen
alarido M Geschrei *n*
alarma F Alarm *m*; *fig* Beunruhigung; **falsa** ~ blinder Alarm *m*; **dispositivo** *m* **de** ~ Alarmanlage *f*; **señal** *m* **de** ~ Alarmsignal *n* **alarmar** alarmieren **alarmarse** sich beunruhigen
alba F Morgendämmerung
albahaca F Basilikum *n*
Albania F Albanien *n*
albañil [-ɲ-] M Maurer
albarán M Lieferschein
albaricoque [-ke] M Aprikose *f* **albaricoquero** M Aprikosenbaum
albergue [-ɣe] M Herberge *f*; ~ **juvenil** Jugendherberge *f*; ~ **de carreteras** Rasthaus *n*
albóndiga F Fleischbällchen *n*, (Fleisch-)Klößchen *n*; Knödel *m*
albornoz [-θ] M Bademantel
alborotador M Aufwiegler; Ruhestörer **alborotar** randalieren **alboroto** M Lärm; Aufruhr
albufera F (Salz)Lagune
álbum M Album *n*
alcachofa [-tʃ-] F Artischocke

alcalde(sa) M(F) Bürgermeister(in) **alcaldía** F Bürgermeisteramt *n*
alcance [-θe] M Reichweite *f*; *fig* Tragweite *f*; **al ~ de** erreichbar, zugänglich für
alcantarillado [-ʎ-] M Kanalisation *f*
alcanzar [-θ-] einholen, erreichen; treffen
alcaparras FPL Kapern
alcazaba [-θ-] F *maurische* Festung **alcázar** [-θ-] M *maurische* Burg *f*
alcoba F Schlafzimmer *n*
alcohol M Alkohol; **~ de quemar** Brennspiritus **alcoholemia** F Blutalkohol(spiegel) *m*; **prueba** *f* **de ~** Alkoholtest *m*
alcohólico 1 ADJ alkoholisch 2 M, **-a** F Alkoholiker(in) **alcoholismo** M Alkoholismus
alcornoque [-ke] M Korkeiche *f*
aldaba F Türklopfer *m*
aldea F Dorf *n*; INTERNET **~ global** globales Dorf *n*
aleación [-θ-] F Legierung
alegar *als Beweis* anführen **alegato** M JUR Plädoyer *n* (*a. fig*)
alegrar erfreuen **alegrarse** sich freuen (**de** über) **alegre** fröhlich; *fig* angeheitert **alegría** F Freude; **~ de vivir** Lebensfreude
alejamiento [-x-] M Entfernung *f*; *fig* Entfremdung *f* **alejar(se)** (sich) entfernen; **alejado de la realidad** realitätsfern
alemán 1 ADJ deutsch 2 M, **alemana** F Deutsche(r) *m/f(m)*
Alemania F Deutschland *n*
alentar ermutigen
alérgeno [-x-] M Allergen
alergia [-x-] F Allergie **alérgico** [-x-] 1 ADJ allergisch (**a** gegen) 2 M, **-a** F Allergiker(in)
alerta 1 ADJ wachsam; aufmerksam 2 F Alarm *m*
aleta F Flosse; **~s** *fpl* SPORT Schwimmflossen **aletear** flattern
alevosía F Hinterlist; Heimtücke
alfabético alphabetisch; **por orden ~** in alphabetischer Reihenfolge **alfabeto** M Alphabet *n*
alfarería F Töpferei **alfarero,-a** M,F Töpfer(in)
alférez [-θ] M Leutnant; SCHIFF Fähnrich
alfil M *Schach* Läufer
alfiler M Stecknadel *f*
alfombra F Teppich *m* **alfombrado** M *Am* Teppichboden
alfombrilla [-θ] F **~ de ratón** Mausteppich *m*, Mousepad *m*
alga F Alge; Tang *m*; **algas** *pl* **marinas** *auch* Seetang *m*
algarroba F Johannisbrot *n* **algarrobo** M Johannisbrotbaum
álgebra [-x-] F Algebra
álgido [-x-] **punto** *m* **~** Gefrierpunkt; *fig* Höhepunkt
algo etwas;; **¿quieres tomar ~?** möchtest du etwas trinken? **es-**

toy ~ cansado,-a ich bin ein bisschen müde
algodón M Baumwolle *f;* Watte *f*
alguacil [-θ-] M Gerichts-, Amtsdiener
alguien [-ɣĭ-] jemand
alguno (*vor* SUBST SG M **algún**) jemand; mancher; (irgend)einer; **~s** einige, ein paar; **algún día** e-s Tages
alhaja [-xa] F Schmuckstück *n; a. fig* Juwel *n*
Alhambra F *berühmter maurischer Palast in Granada*
aliado 1 ADJ verbündet 2 M, **-a** F Verbündete(r) *m/f(m)*
alianza [-θa] F Bündnis *n;* Ehering *m* **aliarse** sich verbünden
alias alias
alicatado M Fliesenbelag; Kachelung *f* **alicates** MPL Flachzange *f*
aliciente [-θ-] M Lockmittel *n;* Anreiz
aliento M Atem, Hauch; *fig* Mut; **mal ~** Mundgeruch; **tomar ~** Atem schöpfen; **sin ~** atemlos; außer Atem
aligerar [-x-] erleichtern; *Schritt* beschleunigen
alijo [-x-] M Schmuggelware *f*
alimentación [-θ-] F Ernährung, Verpflegung; TECH Zufuhr **alimentar** ernähren **alimentario, alimenticio** [-θ-] Nähr..., Nahrungs... **alimento** M Nahrungsmittel *n;* **~s** *pl* Nahrung *f;* JUR Unterhalt *m*
alinear aufstellen
aliñar [-ɲ-] GASTR würzen, anmachen
alisar glätten; polieren
aliso M Erle *f*
alistar einschreiben; auflisten; MIL anwerben; erfassen **alistarse** sich (freiwillig) melden; *Am* sich fertig machen
aliviar erleichtern, lindern **alivio** M Erleichterung *f*
aljibe [-x-] M Zisterne *f*
allá [aʎa] dort; dahin; **más ~** weiter (dort); **~ él** das ist s-e Sache
allanar [aʎ-] ebnen
allegado [aʎ-] 1 ADJ nahestehend, verwandt 2 M, **-a** F Angehörige(r) *m/f(m)*
allí [aʎi] da, dort; **de ~** daher; **por ~** ungefähr dort
alma F Seele; Gemüt *n*
almacén [-θ-] M Lager *n;* **grandes almacenes** *mpl* Kaufhaus *n* **almacenar** (ein)lagern, speichern; IT (ab)speichern (**en memoria USB** auf USB-Stick)
almeja [-xa] F Venusmuschel
almendra F Mandel **almendro** M Mandelbaum
almíbar M Sirup; **peras** *fpl* **en ~** Birnenkompott *n*
almidón M *a.* GASTR Stärke *f* **almidonar** *Wäsche* stärken
alminar M Minarett *n*
almirante M Admiral
almohada F (Kopf)Kissen *n;* ~

neumática Luftkissen *n*; **consultar a/c con la ~** etw überschlafen **almohadilla** [-ʎa] F (kleines) Kissen *n*; **~ eléctrica** Heizkissen *n*
almorranas FPL MED Hämorr(ho)iden
almorzar [-θ-] zu Mittag essen; *regional* frühstücken
almuerzo[1] [-θo] M Mittagessen *n*; *regional* Frühstück *n*; **~ de trabajo** Arbeitsessen *n*
almuerzo[2] [-θo] PPERF → almorzar
alojamiento [-x-] M Unterkunft *f* **alojar** unterbringen **alojarse** absteigen (**en** in *akk*)
Alpes MPL Alpen *pl*
alpinismo M Bergsteigen *n* **alpinista** M/F Bergsteiger(in)
Al Qaeda M Al Kaida *f* (*islamistische Terrorgruppe*)
alquilar [-ki-] (ver)mieten **alquiler** M Miete *f*; Verleih; **de ~** Miet...; **~ de coches** Autovermietung
alquitrán [-ki-] M Teer
alrededor [-r] ringsherum; **~ de** ungefähr; **~es** *mpl* Umgebung *f*
Alsacia F Elsass *n*
alta F Anmeldung; MED Entlassungsschein *m*; **dar de ~** anmelden; MED gesundschreiben; **darse de ~** sich anmelden; (als Mitglied) eintreten
altanería F Hochmut *m* **altanero** hochmütig, stolz
altar M Altar; **~ mayor** Hochaltar
altavoz [-θ] M Lautsprecher
alteración [-θ-] F Veränderung; Störung **alterado** verstört; **~ geneticamente** genetisch verändert **alterar** verändern **alterarse** sich aufregen
altercado M Wortwechsel; Streit
altermundialista ADJ **movimiento** *m* **~** Bewegung *f* der Globalisierungskritiker
alternar abwechseln **alternativa** F Alternative **alternativo** alternativ **alterne** *umg* M Anmache *f* **alterno** abwechselnd
altiplanicie [-θ-] F, **altiplano** M Hochebene *f* **altisonante** hochtrabend **altitud** F Höhe **altivo** stolz, hochmütig
alto hoch; groß; **en voz alta** laut; **¡~!** halt! **altoparlante** M *Am* Lautsprecher
altramuz [-θ-] M Lupine *f*
altura F Höhe; **a estas ~s** so, wie die Dinge stehen
alubia F weiße Bohne
alud M Lawine *f* (*a. fig*)
aludir anspielen (**a** auf *akk*)
alumbrado M Beleuchtung *f*
alumbramiento M Beleuchtung *f*; MED Entbindung *f*
alumbrar er-, beleuchten
aluminio M Aluminium *n*; **papel** *m* **de ~** Alufolie *f*
alumno M, **alumna** F Schüler(in)

alunizar [-θ-] auf dem Mond landen **alusión** F Anspielung **alza** [-θa-] F Erhöhung; Steigerung **alzamiento** M Aufstand **alzar** aufheben; erheben **ama** F Herrin; ~ **de casa** Hausfrau; ~ **de cría** Amme; ~ **de llaves** Haushälterin, Wirtschafterin **amabilidad** F Liebenswürdigkeit **amable** liebenswürdig, freundlich **amaestrar** abrichten, dressieren **amago** M Anflug; Anzeichen *n* **amainar** *Wind* sich legen **amamantar** säugen; stillen **amanecer** [-θ-] **1** V/I tagen, Tag werden **2** M Tagesanbruch **amansar** zähmen **amante** M/F Liebhaber(in), Geliebte(r) *m/f(m)* **amapola** F Mohn *m* **amar** lieben **amarar** FLUG wassern **amargar** *fig* verbittern **amargo** bitter **amargura** F, **amargor** M Bitterkeit (*a. fig*) **amarillento** [-ʎ-] gelblich **amarillo** [-ʎ-] gelb **amarra** F Tau *n*, Trosse **amarrar** festbinden; SCHIFF vertäuen **amarre** M Verankerung *f*; SCHIFF Liegeplatz **amasar** *Teig* kneten **amazona** [-θ-] F Reiterin **Amazonia, Amazonía** [-θ-] F Amazonasgebiet

ámbar M Bernstein **ambición** [-θ-] F Ehrgeiz *m* **ambicioso** ehrgeizig **ambientador** M Raumspray **ambiental** Umwelt... **ambiente** M Umwelt *f*; Milieu *n*; *fig* Atmosphäre *f*; **crear ~** Stimmung machen **ambigú** M kaltes Büfett *n* **ambigüedad** [-ɣŭe-] F Zweideutigkeit **ambiguo** zweideutig, doppelsinnig **ámbito** M Bereich; **de ~ mundial** weltweit **ambos** beide **ambulancia** [-θ-] F Krankenwagen *m* **ambulante** umherziehend, Wander... **ambulatorio** MED **1** ADJ ambulant **2** M Ambulanz *f* **amén** M Amen *n*; **en un decir ~** im Nu; **~ de** außer **amenaza** [-θa-] F Drohung; **~ de bomba** Bombendrohung **amenazador, amenazante** drohend, bedrohlich **amenazar** drohen **ameno** angenehm; unterhaltsam **América** F Amerika *n*; **~ Central** Mittelamerika *n*; **~ Latina** Lateinamerika *n*; **~ del Norte** Nordamerika *n*; **~ del Sur** Südamerika *n* **americana** F Jackett *n*, Sakko *m/n* **americano** **1** ADJ amerikanisch **2** M, **-a** F Amerikaner(in) **ametralladora** [-ʎ-] F Maschi-

nengewehr *n*
amianto M Asbest
amiga F Freundin **amigable** freundschaftlich
amígdala F ANAT Mandel
amigdalitis F Mandelentzündung
amigo M Freund; **hacerse ~s** sich anfreunden; **somos muy ~s** wir sind gut befreundet
aminorar vermindern
amistad F Freundschaft **amistoso** freundschaftlich
amniótico: **líquido** *m* **~** Fruchtwasser *n*; **bolsa** *f* **-a** Fruchtblase
amnistía F Amnestie
amo M Herr; Eigentümer
amoldar formen **amoldarse** sich anpassen, sich einfügen
amonestaciones [-θ-] FPL (Heirats)Aufgebot *n* **amonestar** (er)mahnen; verwarnen
amoníaco M Ammoniak *n*; Salmiakgeist
amontonar anhäufen, stapeln **amontonarse** sich häufen
amor M Liebe *f*; **~ propio** Selbstwertgefühl *n*; **hacer el ~ con alg** mit j-m schlafen **amoroso** liebevoll
amortiguador M Stoßdämpfer **amortiguar** abschwächen, dämpfen
amortización [-θaθ-] F Tilgung, Abschreibung **amortizar** tilgen, abschreiben
amoscarse *umg* einschnappen
amparar schützen **amparo** M Schutz
amperio M Ampere *n*
ampliación [-θ-] F Vergrößerung (*a.* FOTO); Erweiterung; **~ de capital** Kapitalerhöhung; **~ al este** POL Osterweiterung
ampliar erweitern; *a.* FOTO vergrößern
amplificación [-θ-] F Erweiterung; *Ton* Verstärkung **amplificador** M MUS Verstärker
amplificar erweitern, ausdehnen; verstärken
amplio weit(läufig); geräumig
amplitud F Ausdehnung, Weite
ampolla [-ʎa] F MED Blase; *Gefäß* Ampulle
amputar amputieren
amueblado möbliert **amueblar** möblieren
amuleto M Amulett *n*
analfabeto M, **analfabeta** F Analphabet(in)
analgésico [-x-] M schmerzstillendes Mittel *n*
análisis M Analyse *f*, Untersuchung *f*
análogo analog, entsprechend
ananá(s) M *Am* Ananas *f*
anaquel [-ke-] M Schrankbrett *n*; Regal(brett) *n*
anarquía [-ki-] F Anarchie
anatomía F Anatomie
anca F Hinterbacke; **~s** *pl* **de rana** Froschschenkel *mpl*
ancho [-tʃo] **1** ADJ breit; weit **2** M Breite *f*; BAHN **~ de vía** Spurweite *f*

anchoa [-tʃ-] F Anchovis; Sardelle
anchura [-tʃ-] F Breite, Weite
anciana [-θ-] F Greisin **ancianidad** F hohes Alter *n* **anciano** 1 ADJ alt, betagt 2 M Greis
ancla F Anker *m*; **echar ~s** Anker werfen; **levar ~s** die Anker lichten **anclar** ankern
andador M Gehhilfe *f*, Rollator *m*
Andalucía F Andalusien *n*
andaluz andalusisch
andamio M (Bau)Gerüst *n*
andar 1 gehen 2 M Gang(art *f*) *m*
andén M Bahnsteig; *Am* Gehsteig
Andes MPL Anden *pl*
andrajo [-xo] M Lumpen **andrajoso** zerlumpt
anduve → andar
anécdota F Anekdote
anejo [-xo] → anexo
anestesia F Betäubung; **~ general** Vollnarkose; **~ local** örtliche Betäubung
anexión F Einverleibung, Angliederung **anex(ion)ar** einverleiben, annektieren **anexo** 1 ADJ beiliegend 2 M Nebengebäude *n*, Anbau; HANDEL Anlage *f*
anfiteatro M Amphitheater *n*; THEAT Rang
anfitrión M **anfitriona** F Gastgeber(in)
ánfora F Amphore; *Am* Wahlurne
ángel [-x-] M Engel
angina [-x-] F Angina; **~ de pecho** Angina pectoris
Angola F Angola (*n*)
angosto eng, knapp **angostura** F Enge, Verengung
anguila [-ɣi-] F Aal *m* **angula** F Glasaal *m*
angular eckig, wink(e)lig
ángulo M Winkel; Ecke *f*
anguloso wink(e)lig
angustia F Angst; Beklemmung **angustiar** ängstigen, quälen
anhelar ersehnen **anhelo** M Sehnen *n*, Verlangen *n* **anheloso** sehnsüchtig
anidar nisten
anilla [-ʎa] F TECH Ring *m*; **~s** *pl* SPORT Ringe *mpl* **anillo** M Ring; **~ de boda** Ehering
ánima F LIT Seele
animación [-θ-] F Belebung; Lebhaftigkeit; Betrieb *m*; IT, TV Animation **animado** lebhaft; angeregt **animador(a)** M(F) Animateur(in)
animal 1 ADJ tierisch, Tier… 2 M Tier *n*; *sl fig* brutaler Kerl
animar beleben; aufmuntern **animarse** Mut fassen; sich aufraffen **ánimo** M Gemüt *n*; Mut; **estado** *m* **de ~** Gemütsverfassung *f*; **¡~!** Kopf hoch!
animosidad F Groll *m* **animoso** mutig; tatkräftig
aniquilar [-ki-] vernichten
anís M Anis; *Getränk* Anislikör
aniversario M Jahrestag

ano M After **anoche** [-tʃe] gestern Abend **anochecer** [-θ-] 1 Nacht werden 2 M Dunkelwerden *n*; **al ~** bei Einbruch der Dunkelheit
anomalía F Anomalie
anómalo abnorm, anormal
anónimo 1 ADJ anonym 2 M anonymer Brief
anorak M Anorak
anorexia F Magersucht **anoréxico** magersüchtig
anormal anormal
anotar notieren
ansia F Begierde; Sehnsucht **ansiar** ersehnen **ansiedad** F Angst; Unruhe **ansioso** begierig
Antártida F Antarktis
ante 1 vor; angesichts 2 M Wildleder *n*; **~ todo** vor allem **anteanoche** [-tʃe] vorgestern Abend **anteayer** vorgestern **antebrazo** [-θo] M Unterarm **antecedente** [-θ-] 1 ADJ vorhergehend 2 **~s** *mpl* Vorleben *n*; **~s penales** Vorstrafen *fpl* **anteceder** vorhergehen **antecesor(a)** M(F) Vorgänger(in)
antelación [-θ-] **con ~** im Voraus **antemano**: **de ~** im Voraus
antena F Antenne; ZOOL Fühler *m*; **~ colectiva** Gemeinschaftsantenne; **~ parabólica** Parabolantenne
anteojo [-xo] M Fernrohr *n*; **~s** *pl* Fernglas *n* **antepasados** MPL Vorfahren **antepecho** [-tʃo] M Brüstung *f*; Fensterbrett *n* **anteponer** voranstellen
anterior vorhergehend, früher **anterioridad** F **con ~** früher, vorher
antes vorher; früher; **~ de** vor; **~ (de) que** bevor, ehe; **poco ~** kurz vorher; **el día ~** tags zuvor
antesala F Vorzimmer *n*
antibalas kugelsicher **antibiótico** M Antibiotikum *n* **antibloqueo**: **sistema** *m* **~ de frenos** Antiblockiersystem *n*
anticiclón [-θ-] M Hoch *n*
anticipación [-θipaθ-] F Vorwegnahme; **con ~** im Voraus **anticipado** vorzeitig; *Wahlen etc* vorgezogen; **por ~** im Voraus **anticipar** vorwegnehmen; zuvorkommen; *Geld* vorschießen **anticipo** M Vorschuss; Anzahlung *f*
anticonceptivo [-θ-] M Empfängnisverhütungsmittel *n* **anticongelante** [-x-] M Frostschutzmittel *n*
anticopia ADJ: **protección** *f* **~** Kopierschutz *m*
anticuado veraltet **anticuario, -a** M,F Antiquitätenhändler(in)
antideslizante [-θ-] 1 ADJ rutschfest 2 M Gleitschutz
antídoto M Gegengift *n*; *fig* Gegenmittel *n*
antifaz [-θ] M Gesichtsmaske *f*, Schlafmaske *f*

antigüedad [-ɣŭe-] F Altertum *n*; **~es** *pl* Antiquitäten **antiguo** alt, antik; ehemalig **Antillas** FPL Antillen *pl* **antipatía** F Antipathie, Abneigung **antipático** unsympathisch **antipirético** fiebersenkend **antirrobo** M Diebstahlschutz; AUTO Lenkradschloss *n* **antiséptico** antiseptisch **antisolar** ADJ Sonnenschutz... **antiterrorista**: **lucha** *f* **~** Terroristenbekämpfung **antivirus**: **programa** *m* **~** Antivirenprogramm *n* **antojarse** [-x-] **se me antoja** ich habe Lust zu **antojo** M Gelüst *n*; Laune *f* **antorcha** [-tʃa] F Fackel **anual** jährlich **anualidad** F Jahresbetrag *m* **anuario** M Jahrbuch *n* **anublarse** sich bewölken **anudar** verknoten; (an)knüpfen **anular** **1** V/T annullieren; absagen; streichen **2** ADJ ringförmig **3** M **(dedo) ~** Ringfinger **anunciar** [-θ-] anzeigen, ankündigen; annoncieren, inserieren **anuncio** M Anzeige *f*, Inserat *n*, Annonce *f*; Bekanntmachung *f* **anverso** M Bildseite *f* (*der Münze*); Vorderseite *f* **anzuelo** [-θ-] M Angelhaken **añadidura** [aɲ-] F Zusatz *m* **añadir** hinzufügen; *als Kontakt* adden **añejo** [aɲexo] alt (*bes Wein*)

año [aɲo] M Jahr *n*; **~ civil** Kalenderjahr *n*; **Año Nuevo** Neujahr *n*; **¡feliz Año Nuevo!** ein gutes neues Jahr!; **el ~ pasado/que viene** letztes/nächstes Jahr **añoranza** [aɲoranθa] F Sehnsucht **añorar** sich sehnen nach **apacible** [-θ-] mild; ruhig, friedlich **apaciguar** besänftigen **apadrinar** Pate sein bei; *fig* fördern **apagado** erloschen; *Farben, Töne* gedämpft **apagar** löschen; TV, *Licht* ausmachen; *fig* dämpfen **apagarse** ausgehen, erlöschen **apagón** M Stromausfall **apalear** (ver)prügeln **apañado** [-ɲ-] **estar ~** *umg* aufgeschmissen sein **apañarse** zurechtkommen **aparador** M Anrichte *f*, Sideboard *n* **aparato** M Apparat, Gerät *n* **aparatoso** prunkhaft; aufsehenerregend **aparcamiento** M Parkplatz; **~ subterráneo** Tiefgarage *f* **aparcar** (ein)parken; **~ en batería/en línea** quer/längs parken; **~ en doble fila** in zweiter Reihe parken **aparecer** [-θ-] erscheinen **aparejador** [-x-] M Bauleiter, -führer **aparejar** [-x-] SCHIFF auftakeln **aparejo** [-x-] M Flaschenzug; **~s** *mpl* Gerätschaften

fpl
aparentar vorspiegeln, vorgeben **aparente** scheinbar
aparición [-θ-] F Erscheinung, Erscheinen *n* **apariencia** [-θ-] F Aussehen *n*, Erscheinung; Schein *m*
apartado 1 abgelegen, entfernt 2 M ~ **(de correos)** Postfach *n* **apartamento** M Appartement *n*; *Am* Wohnung *f*
apartar entfernen; trennen
apartarse ausweichen
aparte 1 beiseite; ~ **(de ello)** außerdem 2 M Absatz
apasionado leidenschaftlich; ~ **por** begeistert für **apasionar(se)** (sich) begeistern
apatía F Teilnahmslosigkeit, Apathie **apático** teilnahmslos, apathisch
apearse ab-, aussteigen
apedrear mit Steinen bewerfen; steinigen
apego M Anhänglichkeit *f*
apelación [-θ-] F JUR Berufung
apelar appellieren (**a** an *akk*); JUR Berufung einlegen
apellido [-ʎ-] M Familienname
apenar bekümmern
apenas kaum
apéndice [-θe] M Anhang; ANAT Wurmfortsatz **apendicitis** [-θ-] F Blinddarmentzündung
aperitivo M Aperitif
apertura F (Er)Öffnung
apestar V/T verpesten; V/I stinken
apetecer [-θ-] **me apetece …** ich habe Lust auf … (*akk*) **apetecible** wünschenswert
apetito M Appetit; Verlangen *n*
apetitoso appetitlich
ápice [-θe] M Spitze *f*, Gipfel
apilar aufschichten, stapeln
apio M Sellerie *m/f*
apisonadora F Dampf-, Straßenwalze **apisonar** feststampfen
aplacar besänftigen
aplanar planieren, ebnen
aplastar platt drücken
aplaudir (Beifall) klatschen, applaudieren **aplauso** M Beifall
aplazar [-θ-] vertagen, auf-, verschieben
aplicable anwendbar **aplicación** [-θ-] F *a.* IT Anwendung; TEL App **aplicar** anwenden
apoderado M, **-a** F Prokurist; Bevollmächtigte(r) *m/f(m)* **apoderar** bevollmächtigen **apoderarse**: ~ **de** sich bemächtigen (*gen*)
apodo M Spitzname
apoplejía [-x-] F Schlaganfall *m*
aportar beisteuern, beitragen
apostar wetten; setzen (**por** auf *akk*)
apóstol M Apostel
apoyar stützen; unterstützen; **~se** sich stützen (**en** auf *akk*)
apoyo M Stütze *f*; Unterstützung *f*
apreciable [-θ-] *fig* beachtlich
apreciación [-θ-] F (Wert)-

Schätzung **apreciado** angesehen, geachtet **apreciar** schätzen (*a. fig*), taxieren **aprecio** M Achtung *f*, Hochschätzung *f*
apremio M Zwang, Druck; Mahnung *f*
aprender lernen **aprendiz(a)** [-θ] M(F) Lehrling *m*, Auszubildende(r) *m/f(m)*; **estar de ~** in der Lehre sein **aprendizaje** [-θaxe] M Lehrzeit *f*; Lehre *f*; **puesto** *m* **de ~** Lehrstelle *f*
aprestar zubereiten; appretieren **aprestarse** sich anschicken (a zu)
apresurar drängen, antreiben **apresurarse** sich beeilen
apretado eng, knapp; gedrängt **apretar** drücken; zusammenpressen; *Schraube* anziehen
aprieto M Notlage *f*
aprisa schnell
aprisionar gefangen nehmen
aprobación [-θ-] F Billigung, Zustimmung **aprobado** bewährt; *Examen* bestanden **aprobar** billigen, gutheißen; *Examen* bestehen
apropiación [-θ-] F Aneignung **apropiado** geeignet **apropiarse** sich aneignen
aprovechable [-tʃ-] verwertbar **aprovechado** **1** ADJ berechnend **2** M Profitjäger
aprovechamiento M (Aus-)Nutzung *f* **aprovechar** (aus-)nutzen; gebrauchen; **¡que aproveche!** guten Appetit!
aprovisionamiento M Versorgung *f* **aprovisionar** versorgen
aproximación [-θ-] F Annäherung **aproximadamente** ungefähr, etwa **aproximar(se)** (sich) nähern **aproximativo** annähernd
apruebo → aprobar
aptitud F Eignung, Fähigkeit
apto fähig, geeignet
apuesta F Wette; Einsatz *m*
apuntado spitz **apuntador(a)** M(F) Souffleur(-euse)
apuntalar abstützen **apuntar** notieren; *Waffe* richten auf (*akk*); zielen; THEAT soufflieren
apunte M Notiz *f*
apuñalar [-ɲ-] erstechen
apurado leer, erschöpft; arm; **~ de dinero** knapp bei Kasse; *umg* **estoy ~** ich bin in Eile
apurar aufbrauchen; leeren; *fig* drängen **apurarse** sich grämen; *Am* sich beeilen **apuro** M Notlage *f*; *Am* Eile *f*; **estar en un ~** in der Klemme sein
aquagym [-ˈjim] M Aquagym *f*, Wassergymnastik *f*
aquel [-ke-], **aquella** [-ʎa], **aquello** [-ʎo] jener, jene, jenes
aquí [aki] hier; **de ~ a …** heute in …; **por ~** hier(her); **¡ven ~!** komm (hier)her!
Aquisgrán M Aachen *n*
árabe **1** ADJ arabisch **2** M, **-a** F Araber(in) **Arabia** F Arabien *n*; **~ Saudí** Saudi-Arabien *n*

arado M Pflug
Aragón M Aragonien *n* **aragonés** aus Aragonien
arancel [-θ-] M Zolltarif
arándano M Blau-, Heidelbeere *f*; ~ **rojo** Preiselbeere *f*
araña [-ɲa] F Spinne; *Lampe* Kronleuchter *m* **arañar** kratzen **arañazo** M Kratzer
arar pflügen
arbitraje [-xe] M Schiedsspruch **arbitrar** schlichten; SPORT Schiedsrichter sein **arbitrario** willkürlich
árbitro M/F Schiedsrichter(in)
árbol M Baum; TECH Welle *f*
arbusto M Strauch, Busch
arca F Kasten *m*, Truhe; ~ **de Noé** Arche Noah
arcada F Arkade
arcaico altertümlich; veraltet
arcángel [-x-] M Erzengel
arce [-θe] M Ahorn
arcén [-θ-] M *Verkehr* Rand-, Seitenstreifen
archiduque [-tʃiðuke] M Erzherzog **archipiélago** M Archipel
archivador M (Akten)Ordner **archivar** archivieren; *Akten* ablegen **archivo** M Archiv *n*; Ablage *f*; IT Datei *f*
arcilla [-θiʎa] F Ton(erde) *m*
arco M Bogen (*a.* MUS)
arder brennen **ardid** M List *f*, Trick **ardiente** heiß, brennend; *fig* feurig
ardilla [-ʎa] F Eichhörnchen *n*
ardor M Glut *f*; *fig* Eifer; ~ **de estómago** Sodbrennen *n*
arduo schwierig, mühselig
área F Fläche; Gebiet *n*; ~ **de castigo** SPORT Strafraum; ~ **de descanso** Rastplatz *m*; ~ **de embarque** FLUG Abflugbereich; ~ **de no fumar** Nichtraucherzone; ~ **de servicio** *Verkehr* Raststätte
arena F Sand *m*; Arena *f* **arenoso** sandig
arenque [-ke] M Hering
Argel M Algier *n* **Argelia** F Algerien *n*
argelino algerisch
Argentina F Argentinien *n*
argentino **1** ADJ argentinisch **2** M, **-a** F Argentinier(in)
argolla [-ʎa] F (Metall)Ring *m*; *Am* Ehering *m*
argucia [-θ-] F Spitzfindigkeit
argüir [-ɣŭir] folgern; argumentieren
argumentación [-θ-] F Argumentation **argumentar** argumentieren **argumentario** M Argumentesammlung *f* **argumento** M Argument *n*; *Film etc* Handlung *f*
aria F Arie
aridez [-θ] F Trockenheit
árido dürr; trocken
Aries M ASTROL Widder
arisco schroff
arista F Kante
aristocracia [-θ-] F Aristokratie **aristocrático** aristokratisch
arma F Waffe; ~ **de fuego**

Schusswaffe; **~s** *pl* Wappen *n*; **~s** *pl* **nucleares** Atomwaffen **armada** F Kriegsflotte **armador** M Reeder **armadura** F Rüstung; TECH Armatur **armamento** M Bewaffnung *f*; Rüstung *f*
armar bewaffnen; ausrüsten
armario M Schrank; **~ empotrado** Einbauschrank **armazón** [-θ-] F Gerüst *n*; Rahmen *m*
Armenia F Armenien *n*
armería F Waffenhandlung
armiño [-ɲo] M Hermelin *n*
armisticio [-θ-] M Waffenstillstand
armonía F Harmonie (*a. fig*)
armónica F Mundharmonika **armónico** harmonisch
aro M Ring; Reif(en); **pasar por el ~** *umg* zu Kreuze kriechen
aroma M Aroma *n* **aromático** aromatisch
arpa F Harfe **arpista** M/F Harfenist(in) **arpón** M Harpune *f*
arquear [-ke-] wölben **arqueo** M HANDEL Kassensturz **arqueología** [-x-] F Archäologie
arquitecto,-a [-ki-] M,F Architekt(in) **arquitectura** F Architektur
arrabal M Vorort, Vorstadt *f*
arraigado verwurzelt (*a. fig*)
arrancadero M SPORT Start(platz) **arrancar** V/T aus-, entreißen; V/I TECH anlaufen; anfahren, starten; *Motor* anspringen **arranque** [-ke] M Ausreißen *n*; TECH Anlauf; Start (*a.* IT); AUTO Anlasser
arrastrar schleifen, schleppen **arrastrarse** kriechen
arrebatado ungestüm, jäh **arrebatador** hinreißend, entzückend **arrebatar** entreißen; mitreißen **arrebatarse** außer sich geraten **arrebato** M Anwandlung *f*; Anfall
arrecife [-θ-] M Riff *n*
arredrarse zurückweichen; Angst bekommen
arreglado ordentlich; geregelt
arreglar regeln; arrangieren (*a.* MUS); in Ordnung bringen **arreglarse** sich zurechtmachen **arreglárselas** zurechtkommen **arreglo** M Regelung *f*; Abmachung *f*; JUR Vergleich; MUS Arrangement *n*
arrendamiento M Verpachtung *f*; Vermietung *f* **arrendar** (ver)pachten; (ver)mieten
arrendatario,-a M,F Pächter(in); Mieter(in)
arrepentirse: **~ de** bereuen
arrestar verhaften **arresto** M Verhaftung *f*; Arrest; **~ domiciliario** Hausarrest
arriba oben; **de ~ abajo** von oben bis unten; **hacia ~** aufwärts, nach oben; **véase ~** siehe oben
arribada F SCHIFF Einlaufen *n*
arribar SCHIFF einlaufen; *Am a.* ankommen
arribista M Emporkömmling

arriesgar wagen, riskieren **arrimar** heranrücken; anlehnen **arrinconar** *fig* vernachlässigen; in die Enge treiben **arroba** F @-Zeichen *n*; *umg* Klammeraffe *m*
arrodillarse [-ʎ-] niederknien
arrogancia [-θ-] F Arroganz **arrogante** anmaßend, arrogant, überheblich
arrojar [-x-] werfen, schleudern; *Gewinn* abwerfen **arrojarse** sich stürzen (**a** auf, in *akk*)
arrojo [-xo] M Verwegenheit *f*
arrollador [-ʎ-] überwältigend; umwerfend **arrollar** aufrollen; *Verkehr* überfahren (*a. fig*)
arropar bedecken, zudecken
arroyo M Bach; Gosse *f*
arroz [-θ] M Reis; **~ con leche** Milchreis
arruga F Falte **arrugar** runzeln; zerknittern
arruinar ruinieren (*a. fig*)
arsenal M Arsenal *n*
arsénico M Arsen *n*
arte M (PL F) Kunst *f*; Kunstfertigkeit *f* **artefacto** M Gerät *n*, Apparat
artemis(i)a F BOT Beifuß *m*
arteria F Arterie, Schlagader **arteriosclerosis** F Arterienverkalkung
artesa F Trog *m* **artesanía** F (Kunst)Handwerk *n* **artesano,-a** M,F (Kunst)Handwerker(in)
Ártico M Arktis *f*
articulación [-θ-] F ANAT, TECH Gelenk *n* **articulado** gegliedert **articular** **1** V/T & V/I artikulieren **2** ADJ Gelenk…
artículo M Artikel; **~ de fondo** Leitartikel; **~ de gran consumo** Massenartikel; **~ de lujo/de marca** Luxus-/Markenartikel
artífice [-θe] M Künstler; *fig* Urheber **artificial** [-θ-] künstlich **artificio** M Kunstgriff **artificioso** gekünstelt
artillería [-ʎ-] F Artillerie
artista M/F Künstler(in) **artisteo** M *umg* Kunstszene *f* **artístico** künstlerisch
artritis F Arthritis **artrosis** F Arthrose
arveja [-xa] F Wicke; *Am* Erbse
arzobispo [-θ-] M Erzbischof
as M Ass *n*; *fig* Kanone *f*
asa F Henkel *m*, Griff *m*
asado **1** M Braten **2** ADJ gebraten **asador** M Bratspieß
asalariado M, **-a** F Lohn-, Gehaltsempfänger(in)
asaltante M/F Angreifer(in) **asaltar** angreifen, überfallen **asalto** M Angriff, Überfall; *Boxen* Runde *f*
asamblea F Versammlung
asar braten
ascendente [-θ-] (auf)steigend **ascender** V/T *im Amt* befördern; V/I (auf)steigen; **~ a** sich belaufen auf (*akk*) **ascendiente** M Einfluss **ascensión** F **1** Aufstieg *m* **2** **Ascensión** Himmelfahrt **ascenso** M *fig* Beför-

derung *f*
ascensor [-θ-] M Aufzug, Lift **ascensorista** M Liftboy
asco M Ekel
ascua F Glut
asediar belagern; *fig mit Fragen etc* bestürmen
asegurado M, **-a** F Versicherte(r) *m/f(m)* **aseguradora** F Versicherung(sgesellschaft) **asegurar** versichern; zusichern **asegurarse** sich vergewissern
asemejarse [-x-] sich ähneln, ähnlich sein (*dat* a)
asentimiento M Zustimmung *f* **asentir** beipflichten
aseo M Sauberkeit *f*; Toilette *f*; Dusch-, Waschraum
asequible [-ki-] erreichbar, erschwinglich
asesinar ermorden **asesinato** M Mord **asesino** M, **asesina** F Mörder(in)
asesor(a) M(F) Berater(in); ~ **fiscal/de empresa/de inversiones** Steuer-/Unternehmens-/ /Anlageberater(in) **asesoramiento** M Beratung *f* **asesoría** F Beratung(sfirma) *f*
asfalto M Asphalt
asfixia F Ersticken *n* **asfixiar(se)** ersticken
así so; ~ **como** ~ ohne weiteres; ~ **y todo** immerhin; ~ **que** also; **una cosa** ~ so etwas
Asia F Asien *n*; ~ **Menor** Kleinasien *n* **asiático** 1 ADJ asiatisch 2 M, **-a** F Asiat(in)
asiduidad F Fleiß *m*, Eifer *m*; **con** ~ häufig; regelmäßig **asiduo** 1 ADJ eifrig; häufig 2 M Stammgast
asiento[1] M Sitz, Platz; HANDEL Buchung *f*; ~ **trasero** Rücksitz, Rückbank *f*; ~ **del conductor/del acompañante** Fahrer-/Beifahrersitz; ~ **de ventanilla** Fensterplatz
asiento[2], **asintió** → asentir
asignar zuweisen, anweisen **asignatura** F (Lehr)Fach *n*
asilado M, **-a** F Asylant(in) **asilarse** Asyl suchen **asilo** M Asyl *n* (*a.* POL); Heim *n*; **solicitar** ~ Asyl beantragen; **solicitante** *m/f* **de** ~ Asylbewerber(in)
asimilar verarbeiten; assimilieren
asimismo ebenso, ebenfalls
asistencia [-θ-] F Anwesenheit; Hilfe, Beistand *m* **asistenta** F *neg!* Putzfrau **asistente** M/F Assistent(in); Teilnehmer(in), Anwesende(r) *m/f(m)*; ~ **social** Sozialarbeiter(in) **asistido** ~ **por ordenador** computergestützt **asistir** beistehen; betreuen; ~ **a** teilnehmen an (*dat*)
asma F Asthma *n*
asno M Esel
asociación [-θĭaθ-] F Vereinigung; Verein *m*, Verband *m* **asociar** verbinden, vereinigen
asomarse hinausschauen; sich hinauslehnen
asombrar erstaunen **asom-**

bro M Erstaunen *n* **asombroso** erstaunlich
asomo M Anzeichen *n*; Anflug; **ni por ~** nicht die Spur
aspecto M Anblick; Aussehen *n*; *fig* Aspekt
aspereza [-θa] F Rauheit; Herbheit **áspero** rau; herb
áspid M Natter *f*
aspiración [-θ-] F Einatmen *n*, Atemholen *n*; *fig* Streben *n* **aspirador(a)** M(F) Staubsauger *m*; **pasar la ~a** Staub saugen
aspirante M/F Anwärter(in)
aspirar einatmen; TECH an-, einsaugen; **~ a** streben nach, anstreben
aspirina® F Aspirin® *n*
asquear [-ke-] anwidern, (an)ekeln **asqueroso** ekelhaft, widerlich (*a. fig*)
asta F Fahnenstange; ZOOL Horn *n*; **a media ~** halbmast
astilla [-ʎa] F Splitter *m*, Span *m* **astillero** M (Schiffs)Werft *f*
astro M Gestirn *n*, Stern **astrología** F Astrologie
astrólogo,-a M,F Astrologe, Astrologin
astronauta M/F Astronaut(in)
astronave F Raumschiff *n* **astronomía** F Astronomie
astucia [-θ-] F Schlauheit; List
asturiano asturisch
Asturias FPL Asturien *n*
astuto schlau; (hinter)listig
asumir übernehmen; auf sich nehmen
Asunción [-θ-] F Mariä Himmelfahrt
asunto M Angelegenheit *f*; Sache *f*; Thema *n*
asustar erschrecken
atacar angreifen; MED befallen
atajar [-x-] *Weg* abschneiden; *fig* eindämmen; stoppen **atajo** [-x-] M Abkürzung(-sweg *m*) *f*
ataque [-ke] M Angriff; MED Anfall; **~ de risa/de tos** Lach-/Hustenanfall; **~ de pánico** Panikattacke *f*; **~ de angustia** Angstattacke *f*
atar (an-, fest-, zu)binden
atardecer [-θ-] dämmern; **al ~** gegen Abend
atareado viel beschäftigt
atasco M *Verkehr* Stau; **~ de papel** Papierstau
ataúd M Sarg
Atenas F Athen *n*
atención [-θ-] F Aufmerksamkeit; **¡~!** Achtung! **atender** beachten; betreuen; bedienen
atenerse: **~ a** sich halten an (*akk*) **atentado** M Attentat *n*, Anschlag **atento** aufmerksam
atenuante mildernd **atenuar** mildern; abschwächen
ateo atheistisch
aterrizaje [-θaxe] M FLUG Landung *f*; **~ forzoso** Notlandung *f*
aterrizar landen
aterrorizar [-θ-] terrorisieren
atestado **1** ADJ gedrängt voll **2** M Bescheinigung *f*; Attest *n*
atestiguar bezeugen
ático M Dachgeschoss *n*
atiendo → atender

atizar [-θ-] schüren (*a. fig*)
Atlántico M Atlantik
atleta M/F Athlet(in) **atletismo** M (Leicht)Athletik *f*
atmósfera F Atmosphäre (*a. fig*)
atómico Atom...
átomo M Atom *n*
atónito verblüfft, sprachlos
atontado benommen; dumm
atormentar foltern; quälen
atornillar [-ʎ-] an-, festschrauben
atosigar *fig* (be)drängen
atracadero M Anlegeplatz **atracar** V/I SCHIFF anlegen; V/T überfallen
atracción [-ɣθ-] F Anziehung (-skraft); Attraktion **atraco** M (Raub)Überfall **atractivo** 1 ADJ attraktiv, anziehend 2 M Reiz, Charme
atraer anziehen, anlocken
atrapar fangen, *umg* erwischen
atrás hinten; zurück; **por ~** von hinten; **hacia ~** rückwärts; nach hinten; **sentarse ~** hinten sitzen; sich nach hinten setzen
atrasado rückständig **atrasar** V/T verzögern; zurückstellen; V/I *Uhr* nachgehen **atrasarse** sich verspäten **atraso** M Rückstand; Rückständigkeit *f*; **~s** *pl* HANDEL Rückstände
atravesar durch-, überqueren; *fig* durchmachen
atreverse (es) wagen (**a** zu) **atrevido** kühn; gewagt
atribuir zuschreiben; zuerkennen **atributo** M Eigenschaft *f*
atril M Notenständer; Pult *n*
atrocidad [-θ-] F Gräuel *m*; Scheußlichkeit
atropear überfahren; umrennen **atropellado** [-ʎ-] überstürzt **atropeo** M Zusammenstoß; *umg* Pöbelei *f*
atroz [-θ] grässlich, scheußlich
ATS F ABK (ayudante técnico-sanitaria) ≈ MTA *f* (medizinisch-technische Assistentin)
atún M T(h)unfisch
aturdido verwirrt; benommen
audacia [-θ-] F Kühnheit **audaz** [-θ] kühn; verwegen
audible hörbar **audición** [-θ-] F (An-, Ab)Hören *n*; Vorspielen *n* **audiencia** [-θ-] F Audienz; JUR Gerichtshof *m*; TV, RADIO Zuhörer *mpl*, Zuschauer *mpl*
audífono M Hörgerät *n*
audioguía F Audioguide *m*
audiovisual audiovisuell
auditivo Hör..., Gehör... **auditor(a)** M(F) Rechnungsprüfer(in) **auditorio** M Konzertsaal; Zuhörer(schaft *f*) *mpl*
aula F Hörsaal *m*; Klassenzimmer *n*
aumentar V/T vermehren, vergrößern; erhöhen; V/I zunehmen; *Preise* steigen **aumento** M Zunahme *f*, Anstieg; Erhöhung *f*
aun sogar
aún noch, noch immer; **ni ~** nicht einmal **aunque** [-ke] obwohl, wenn auch

aureola F Heiligenschein *m* **auriculares** MPL Kopfhörer *mpl*; *bes* Ohrhörer *mpl* **auscultar** MED abhorchen **ausencia** [-θ-] F Abwesenheit; Fehlen *n* **ausentarse** sich entfernen **ausente** abwesend **austeridad** F Strenge; POL Sparsamkeit **austero** streng; nüchtern **austral** südlich **Australia** F Australien *n* **australiano** **1** ADJ australisch **2** M, **-a** F Australier(in) **Austria** F Österreich *n* **austríaco** **1** ADJ österreichisch **2** M, **-a** F Österreicher(in) **auténtico** echt, authentisch **autentificación** [-θ-] F **~ de usuario** User-Authentifizierung *f*

auto M Auto *n* **autoadhesivo** selbstklebend **autobús** M Autobus; **~ interurbano/de línea** Fern-/Linienbus **autocar** M Reisebus **autocaravana** F Wohnmobil *n* **autocine** M Autokino *n* **autocompletar** autovervollständigen **autodisparador** M FOTO Selbstauslöser **autoedición** F IT Desktop-Publishing *n* **autoescuela** F Fahrschule **autoexpreso** M Autoreisezug **autofoto** F Selfie *n*

autógrafo M Autogramm *n* **autoinicio** [-θ-] M *IT* Autostart **autoinmune** ADJ autoimmun, Autoimmun...

automático automatisch **automóvil** M Kraftfahrzeug *n*; Auto *n* **automovilismo** M Autosport **automovilista** M/F Autofahrer(in) **autonomía** F Autonomie **autopista** F Autobahn; **~ de peaje** gebührenpflichtige Autobahn

autor(a) M(F) Verfasser(in), Autor(in); JUR Urheber(in); *e-s Verbrechens* Täter(in)

autoridad F Autorität; Behörde **autorización** [-θaθ-] F Genehmigung **autorizado** [-θ-] befugt; **no ~** unbefugt; **~ a firmar** unterschriftberechtigt **autorizar** [-θ-] berechtigen; ermächtigen

autorradio F Autoradio *n* **autoservicio** [-θ-] M Selbstbedienung *f* **autostop** M Trampen *n* **autostopista** M/F Anhalter(in) **autotrén** M Autoreisezug **autovía** F Schnellstraße

auxiliar **1** V/I helfen **2** ADJ Hilfs... **3** M/F Hilfskraft *f*, Assistent(in) **auxilio** M Hilfe *f*; Beistand; **~ en carretera** Pannenhilfe *f*; **primeros ~s** Erste Hilfe *f*

aval M Bürgschaft *f* **avalancha** [-tʃa] F Lawine **avance** [-θe] M Vorrücken *n*; Fortschritt; *Film* Vorschau *f* **avanzar** [-θ-] vorrücken; vorwärtskommen **avaricia** [-θ-] F Geiz *m* **avaro** **1** ADJ geizig **2** M Geizhals

avatar M *Internet* Avatar
Avda ABK **(Avenida)** ≈ Allee
ave F Vogel *m*; **~s** *pl* **de corral** Geflügel *n*
AVE M ABK **(Alta Velocidad Española)** *spanischer Hochgeschwindigkeitszug*
avellana [-ʎ-] F Haselnuss
avena F Hafer *m*
avenida F Allee
aventura F Abenteuer *n* **aventurar** wagen **aventurero** 1 ADJ abenteuerlich 2 M, **-a** F Abenteurer(in)
avergonzar [-θ-] beschämen **avergonzarse** sich schämen
avería F SCHIFF Havarie; AUTO Panne; TECH Schaden *m* **averiado** beschädigt
averiguar untersuchen; ermitteln; ergründen
aversión F Abneigung
avestruz [-θ] M ZOOL Strauß
aviación [-θ-] F Luftfahrt, Flugwesen *n* **aviador(a)** M(F) Flieger(in), Pilot(in)
avidez [-θ] F Gier
ávido gierig
avión M Flugzeug *n*; **~ a reacción** Düsenflugzeug *n*, Jet *m*; **~ chárter/de línea** Charter-/Linienflugzeug *n*; **por ~** mit Luftpost; **ir en ~** fliegen
avioneta F Sportflugzeug *n*
avisador M **~ de incendios/movimientos** Feuer-/Bewegungsmelder **avisar** benachrichtigen; **sin ~** unangemeldet
aviso M Nachricht *f*; Bescheid; Warnung *f*; *Am* Inserat *n*
avispa F Wespe **avispado** aufgeweckt; clever
axila F Achsel(höhle)
¡ay! ach!, oh!; au!
ayer gestern
ayuda F Hilfe; **~ financiera** Finanzhilfe; **ayuda en línea** Onlinehilfe **ayudante** M/F Gehilfe, -in, Assistent(in) **ayudar**: **~ a alg** j-m helfen; **¿le ayudo?** kann ich Ihnen helfen?
ayunar fasten **ayunas**: **en ~** nüchtern
ayuntamiento M Rathaus *n*; Gemeinderat
azafata [aθ-] F Stewardess; **~ (de congresos)** Hostess
azafrán [aθ-] M Safran
azahar [aθ-] M Orangenblüte *f*
Azores MPL Azoren *pl*
azotea [aθ-] F Dachterrasse
azúcar [aθ-] M Zucker; **~ en terrones** Würfelzucker
azufre [aθ-] M Schwefel
azul [aθ-] blau **azulejo** [-xo] M Kachel *f*, Fliese *f*

B

babero M Lätzchen *n*
babor M SCHIFF Backbord *n*
baca F AUTO Dachgepäckträger *m*
bacalao M Kabeljau; **~ (seco)**

Stockfisch
bache [-tʃe] M Schlagloch *n*; FLUG Luftloch *n*; *fig* Tiefpunkt
bachiller(a) [-tʃiʎ-] M(F) Abiturient(in) **bachillerato** M Abitur *n*
bacteria F Bakterie
bagatela F Bagatelle
bahía F Bucht, Bai
bailador(a) M(F) Tänzer(in) **bailar** tanzen **bailarín** M, **bailarina** F (Ballett)Tänzer(in)
baile M Tanz; Ball
baja [-xa] F Fallen *n*; Sinken *n* (*a.* HANDEL); Abmeldung, Austritt *m*; MED Krankmeldung; **dar de ~** abmelden; MED krank schreiben; **darse de ~** sich abmelden, austreten **bajada** F Abstieg *m*
bajar V/T herunternehmen; senken (*a. Preis*); INTERNET herunterladen, downloaden; V/I (hin)absteigen; aussteigen; sinken; fallen
bajeza [-xeθa] F Gemeinheit
bajo [-xo] **1** ADJ niedrig; tief (*a. Ton*); *Stimme* leise **2** PRÄP unter **3** M MUS Bass(ist) **bajón** M plötzliches Nachlassen; *fig* Tief *n*
bakalao M MUS *Spanien*: Techno
bala F Kugel
balance [-θe] M Bilanz *f* **balancear** [-θ-] schaukeln; schwanken; SCHIFF schlingern; AUTO *Am* auswuchten **balancín** [-θ-] M Gartenschaukel *f*
balanza [-θa] F Waage; **~ comercial** Handelsbilanz
balbucear [-θ-] stammeln, stottern
Balcanes MPL Balkan *m*
balcón M Balkon
balde M SCHIFF, *Am* Eimer; **de ~** unentgeltlich; **en ~** umsonst, vergebens
baldío brach; unbebaut
baldosa F Fliese
Baleares FPL Balearen
baliza F [-θa] Bake, Boje
ballena [-ʎ-] F Wal *m*
ballet [-l-] M Ballet *n*
balneario M Bade-, Kurort
balón M Ball
baloncesto [-θ-] M Basketball **balonmano** M Handball **balonvolea** M Volleyball
balsa F Floß *n*
balsámico M Balsam..., balsamisch **bálsamo** M Balsam **bálsamo labial** Lippenbalsam
báltico M baltisch **Báltico** M Ostsee *f*
bambú M Bambus
banal banal
banana F *Am* Banane
banca F Bank; Bankwesen *n*; **~ electrónica** Electronic Banking *n*; **~ en línea** Internetbanking *n*
banco M **1** (Sitz)Bank *f*; **~ de arena/niebla** Sand-/Nebelbank *f* **2** FIN Bank *f*; **~ en casa** Homebanking *n*; **~ de datos** Datenbank *f*; **~ de genes** Genbank *f*; **Banco Central Europeo** Europäische Zentralbank *f*;

Banco Mundial Weltbank *f*
banda F Band *n*; (*Gruppe*) Bande; MUS Blaskapelle; **~ sonora** TV, *Kino* Soundtrack *m*
bandeja [-xa] F Tablett *n*
bandera F Fahne, Flagge; **~ azul** blaue Flagge (*Zeichen für gute Strandqualität*) **banderilla** [-ʎa] F STIERK Banderilla
banderola F Wimpel *m*
bandido M, **bandolero** M Räuber, Bandit
banner M (Werbe)Banner *n*
banquero [-ke-] M, **banquera** F Bankier *m*, Banker(in)
banqueta F Schemel *m*
banquete M Bankett *n*, Festessen *n*
banquillo [-kiʎo] M JUR Anklagebank *f*; SPORT Reservebank *f*
bañador [-ɲ-] M Badeanzug; Badehose *f* **bañar** baden
bañera [-ɲ-] F Badewanne; **~ de hidromasaje** Whirlpool *m*
bañero M Bademeister
bañista [-ɲ-] M/F Badegast *m*; Kurgast *m* **baño** [-ɲ-] M Bad *n*; *bes Am* Toilette *f*, WC *n*; **~ María** GASTR Wasserbad *n*; **~ de sol** Sonnenbad *n*; **~ termal** Thermalbad *n*
baqueta [-ke-] F Gerte; MUS Trommelstock *m*
bar M Imbissstube *f*, Café *n*
baraja [-xa] F Spiel *n* Karten
barajar *Karten* mischen; *fig* erwägen
baranda F, **barandilla** [-ʎa] F Geländer *n*
baratear verschleudern **baratija** [-xa] F Ramsch *m*, Schund *m* **baratillo** [-ʎo] M Trödelmarkt **barato** billig, preiswert
barba F Bart *m*
barbacoa F (Garten)Grill *m*; Grillfest *n*, Barbecue *n*
barbaridad F Barbarei; *umg* Unmenge; *umg* **¡qué ~!** unglaublich! **bárbaro** 🅰 barbarisch 🅱 M, **-a** F Barbar(in)
barbero M Herrenfriseur **barbilla** [-ʎa] F Kinn *n* **barbudo** bärtig
barca F Boot *n*; Kahn *m*; **~ de remos** Ruderboot *n*; **dar un paseo en ~** e-e Bootsfahrt machen
Barça [-sa] M *umg* FC Barcelona
barcaza [-θa] F Barkasse **barco** M Schiff *n*; **~ de vela** Segelschiff *n*
barítono M Bariton
barman M Barkeeper
barniz [-θ] M Firnis; Lack; Glasur *f* **barnizar** firnissen; lackieren; glasieren
barómetro M Barometer *n*
barquero [-ke-] M Fährmann **barquillo** [-ʎo] M Waffel *f*
barra F Stange; Theke, Bar; **en la ~** an der Theke; **~ adhesiva** Klebestift *m*; **~ americana** (Nacht)Bar; **~ de comandos/de menús** IT Befehls-/Menüleiste; **~ de equilibrios** SPORT Schwebebalken *m*; **~ fija** SPORT Reck *n*; **~ de labios** Lippenstift

m; **~s** *pl* **paralelas** SPORT Barren *m*; **~ de protección lateral** Seitenaufprallschutz *m*
barraca F Baracke
barranco M Schlucht *f* **barranquismo** [-ki-] M Canyoning *n*
barredera F Straßenkehrmaschine **barrena** F Bohrer *m* **barrendero** M Straßenkehrer **barrer** kehren, fegen **barrera** F Schranke; Sperre; Barriere (*a. fig*); **~ del sonido** Schallmauer
barricada F Barrikade
barriga *umg* F Bauch *m*
barril M Fass *n*
barrio M Stadtviertel *n*; **~ bajo** Armenviertel *n*; **~ portuario** Hafenviertel *n*; **~ chino** *umg* Rotlichtviertel *n*
barro M Schlamm; Lehm; Töpfererde *f*
barroco **1** ADJ barock **2** M Barock *m/n*
barullo [-ʎo] M Wirrwarr; Krach
basar gründen, stützen (**en, sobre** auf *akk*)
báscula F Waage
base F Grundlage, Basis; CHEM Base; MIL Stützpunkt *m*; **~ de datos** Datenbank
Basilea F Basel *n*
basílica F Basilika
bastante ausreichend, genug; ziemlich **bastar** genügen;; **¡basta!** genug!, Schluss!
bastidor M Rahmen; THEAT Kulisse *f* **bastón** M Stock
basura F Müll *m*, Abfall *m*; **~ orgánica** Biomüll *m*; **comida ~** Junk-Food *n* **basurero** M Müllfahrer; Müll-, Abfallhaufen
bata F Morgen-, Schlafrock *m*; Kittel *m*
batalla [-ʎa] F Schlacht
batería F Batterie; MUS Schlagzeug *n*; **~ de cocina** Küchengeschirr *n*
batida F Treibjagd; Razzia **batido** **1** ADJ *Weg* gebahnt **2** M **~ (de leche)** Milchshake *m*; **~ de fruta** Smoothie **batidor** M Schneebesen **batidora** F Mixer *m* **batir** schlagen; *Rekord* brechen
batuta F Taktstock *m*; **llevar la ~** *fig* den Ton angeben
baúl M großer Koffer; Truhe *f*; AUTO *Am* Kofferraum
bautismo M Taufe *f* **bautizar** [-θ-] taufen; *Wein* panschen **bautizo** [-θo] M Taufe *f*
bávaro **1** ADJ bayrisch **2** M, **-a** F Bayer(in) **Baviera** F Bayern *n*
baya F Beere
bayeta F Scheuerlappen *m*, Wischtuch *n*
baza [-θa] F *Kartenspiel* Stich *m*; *fig* Trumpf *m*
bazar [-θ-] M Basar
bazo [-θo] M Milz *f*
BCE M ABK (**Banco Central Europeo**) Europäische Zentralbank *f*
beato selig; fromm
bebé M Baby *n*; **~ a la carta** Designerbaby *n*; **~-probeta** Retortenbaby *n*

bebedor M, **bebedora** F Trinker(in) **beber** trinken
bebida F Getränk *n*; ~ **energética** Energiedrink *m*
beca F Stipendium *n* **becario,-a** M,F Stipendiat(in)
bechamel [-s-] F Bechamelsoße
beige [bes] beige
béisbol M Baseball
bejuco [-x-] M Liane *f*
belén M (Weihnachts)Krippe *f* **Belén** M Bethlehem *n*
belga 1 ADJ belgisch 2 M/F Belgier(in)
Bélgica F Belgien *n*
Belgrado M Belgrad *n*
bélico kriegerisch
belicoso kriegerisch, streitbar
belleza [-ʎeθa] F Schönheit **bello** schön; **las bellas artes** die schönen Künste
bellota [-ʎ-] F Eichel
bemol M MUS Erniedrigungszeichen *n*, b *n*
bencina [-θ-] F (Wasch)Benzin *n*
bendecir [-θ-] segnen
beneficencia [-θenθ-] F Wohltätigkeit **beneficiar** zustattenkommen **beneficiarse** Nutzen ziehen (**de** aus) **beneficio** M Nutzen; Gewinn; **a ~ de** zugunsten von **beneficioso** vorteilhaft
benéfico wohltätig **benévolo** wohlwollend
benigno gütig; *Klima* mild; MED gutartig
berberecho [-tʃo] M Herzmuschel *f*
berenjena [-x-] F Aubergine
Berlín M Berlin *n*
bermuda(s) M(PL) Bermudashorts *pl*
Berna F Bern *n*
berro M Kresse *f*
berza [-θa] F Kohl *m*
besar küssen **beso** M Kuss
bestia F Tier *n*, Vieh *n* **bestial** bestialisch; *umg* toll **bestialidad** F Bestialität; Gemeinheit
besugo M Seebrasse *f*
besuquear [-ke-] (ab)knutschen
betún M Schuhcreme *f*; Teer
biberón M (Baby)Fläschchen *n*
Biblia F Bibel
biblioteca F Bibliothek **bibliotecario,-a** M,F Bibliothekar(in)
bicho [-tʃo] M Tier *n* **bichos** PL Ungeziefer *n*
bicicleta [-θ-] F, *umg* **bici** F Fahrrad *n*; ~ **eléctrica** E-Bike *n*, Elektrofahrrad *n*; ~ **de montaña** Mountainbike *n*
bidé M Bidet *n*
bidón M Kanister
Bielorrusia F Weißrussland *n*
bien 1 ADV gut, wohl; recht; sehr; **si ~** obschon; **más ~** eher, vielmehr; **¡está ~!** gut!; in Ordnung! 2 M Gute(s) *n*; Wohl *n*
bienal zweijährlich
bienaventurado REL selig
bienes PL Vermögen *n*; Habe *f* **bienestar** M Wohlbefinden

n; Wohlstand; Wellness *f*
bienvenida F **dar la ~ a** willkommen heißen **bienvenido** willkommen
bife M *Am*, **biftec** M Beefsteak *n*
bifurcarse sich gabeln; abzweigen
bigote M Schnurrbart
bilateral zweiseitig, bilateral
bilingüe zweisprachig
bilis F Galle
billar [-ʎ-] M Billard(spiel) *n*
billete [-ʎ-] M Fahrkarte *f*; **~ de banco** Banknote *f*, Geldschein; **~ electrónico** E-Ticket *n*; **~ de ida y vuelta** Rückfahrkarte *f*; **~ de lotería** Lotterielos *n* **billetero** M Brieftasche *f*
billón [-ʎ-] M Billion *f*
bimotor zweimotorig
biocombustible M Biosprit **biodegradable** biologisch abbaubar **biodiversidad** F Artenvielfalt **biografía** F Biografie **biográfico** biografisch **biología** [-x-] F Biologie **biológico** [-x-] biologisch
biombo M spanische Wand *f*
biopsia F Biopsie
biosfera F Biosphäre; **reserva** *f* **de (la) ~** Biosphärenreservat *n* **biotecnología** [-x-] F Biotechnologie **biótopo** M Biotop *m*/*n*
birria F *umg* Plunder *m*, Mist *m*
bis M MUS Zugabe *f*
bisabuela F, **bisabuelo** M Urgroßmutter, -vater
bisagra F Scharnier *n*
bisiesto: **año** *m* **~** Schaltjahr *n*
bisnieto M, **bisnieta** F Urenkel(in)
bisté, **bistec** M Beefsteak *n*
bisturí M Skalpell *n*
bisutería F Modeschmuck *m*
bitácora F MAR (**cuaderno** *m* **de**) **~** Logbuch *n*; IT Blog *m*
bizco [-θ-] schielend
bizcocho [-tʃo] M Zwieback; Biskuit *m*/*n*
blanca F MUS halbe Note
blanco 1 ADJ weiß 2 M Ziel *n*; Zielscheibe *f*; **dar en el ~** (ins Ziel) treffen (*a. fig*) **blancura** F Weiße
blando weich **blandura** F Weichheit; Weichlichkeit
blanquear [-ke-] weißen; bleichen; tünchen; *Geld* waschen
blasfemar lästern, fluchen **blasfemia** F Gotteslästerung, Blasphemie
blasón M Wappen *n*
blindado gepanzert **blindaje** [-xe] M Panzerung *f*
bloc M (Schreib)Block
blog M IT Blog **bloguear** [-ɣ-] bloggen **blogueo** [-ɣeo] M Bloggen *n* **bloguero** [-ɣ-] M, **-a** M,F IT Blogger(in)
bloque [-ke] M Block; Klotz **bloquear** blockieren, sperren **bloqueo** M Blockade *f*, Sperre *f*
blusa F Bluse; Kittel *m*
boa F ZOOL Boa
boato M Prunk, Pomp

boba F Närrin **bobada** F Dummheit
bobina F Spule, Rolle
bobo 1 ADJ dumm, albern 2 M Narr
boca F Mund *m*; Maul *n*; Mündung; Öffnung; **~ de riego** Hydrant *m*; **~ abajo/ arriba** auf dem Bauch/Rücken **bocacalle** [-ʎe] F Straßeneinmündung
bocadillo [-ʎo] M belegtes Brötchen *n*, Sandwich *n* **bocado** M Bissen, Happen **bocajarro**: **a ~** aus nächster Nähe **bocazas** M *umg* Großmaul *n*
boceto [-θ-] M Skizze *f*; Entwurf
bochorno [-tʃ-] M Schwüle *f*; *fig* Scham(röte) *f* **bochornoso** schwül; *fig* beschämend; peinlich
bocina [-θ-] F Hupe; **tocar la ~** hupen
boda F Hochzeit
bodega F Weinkeller *m*; Weinhandlung; SCHIFF Laderaum *m*
bodegón M MAL Stillleben *n*
bofetada F Ohrfeige
boga F Rudern *n*; **estar en ~** in Mode sein
bogavante M Hummer
Bohemia F Böhmen *n*
boicot M Boykott **boicotear** boykottieren
boina F Baskenmütze
boj [bɔx] M Buchsbaum
bola F Kugel; *umg* Schwindel *m*
bolera F Kegelbahn **bolero** M Bolero
boletín M Bericht, Bulletin *n*; **~ meteorológico** Wetterbericht; **~ digital** Newsletter *f*; **~ oficial** Amtsblatt *n*
boleto M Los *n*; Tippzettel; *Am* Fahrkarte *f*, Ticket *n*
bolígrafo M, *umg* **boli** M Kugelschreiber
Bolivia F Bolivien *n* **boliviano** 1 bolivianisch 2 M, **-a** F Bolivianer(in)
bollería [-ʎ-] F Feinbäckerei
bollo [-ʎ-] M Milchbrötchen *n*; (trockenes) Gebäckstück *n*
bolo M Kegel; **jugar a los ~s** kegeln
bolsa F Beutel *m*; Tüte; HANDEL Börse; **~ de agua caliente** Wärmflasche; **~ de aseo** Kulturbeutel *m*; **~ de la basura** Mülltüte; **~ de deporte/de viaje** Sport-/Reisetasche
bolsillo [-ʎo] M Tasche *f*; **de ~** Taschen… **bolso** M Handtasche *f*; **~ (en) bandolera** Umhängetasche *f*
bomba F Pumpe; Bombe
bombardear bombardieren
bombardeo M Bombenangriff *m*, Bombardierung *f*
bombardero M Bomber
bombear pumpen **bombero** M Feuerwehrmann; **~s** *pl* Feuerwehr *f*
bombilla [-ʎa] F Glühbirne
bombo M MUS große Trommel *f*; Pauke *f*; **~ publicitario** *umg* (Medien-)Hype **bombón** M Praline *f* **bombona** F Korb-,

Ballonflasche; ~ **de gas** Gasflasche
bonachón [-tʃ-] gutmütig
bondad F Güte **bondadoso** gütig
boniato M Süßkartoffel *f*
bonificación [-θ-] F Vergütung **bonificar** vergüten
bonito 1 ADJ hübsch; nett 2 M Bonito *(Art Thunfisch)*
bono M Bon, Gutschein; Bonus; ~ **del Tesoro** Schatzanweisung *f*
bonobús M Mehrfahrtenkarte *f* *(für Bus)* **bonometro** M Mehrfahrtenkarte *f* *(für U-Bahn)*
boquerón [-ke-] M Sardelle *f*
boquiabierto [-ki-] mit offenem Mund; sprachlos; **quedarse** ~ sprachlos sein **boquilla** [-ʎa] F Zigarettenspitze; TECH Düse; MUS Mundstück *n*
borda F Reling **bordado** M Stickerei *f* **bordar** (be)sticken
borde M Rand; Kante *f* **bordillo** [-ʎo] M Rand-, Bordstein
bordo M Bord; **(subir) a** ~ an Bord (gehen)
borla F Quaste
borne M TECH Klemme *f*
borrachera [-tʃ-] F Rausch *m*
borracheros MPL GASTR in Likör getränktes Gebäck
borracho [-tʃ-] 1 ADJ betrunken; **medio** ~ angetrunken 2 M, **-a** F Trunkenbold *m*; Betrunkene(r) *m/f(m)*
borrador M Entwurf; *Am* Radiergummi
borraja [-xa] F Borretsch *m*
borrar streichen; löschen (*a.* IT)
borrasca F Sturm *m*; Unwetter *n*; Sturmtief *n*
borrón M Klecks **borroso** verschwommen, unscharf
Bósforo M Bosporus
Bosnia(-Herzegovina) [-θ-] F Bosnien(-Herzegowina) *n*
bosnio 1 bosnisch 2 M, **-a** F Bosnier(in)
bosque [-ke] M Wald **bosquejar** [-x-] skizzieren; entwerfen
bosquejo [-xo] M Entwurf; Skizze *f*
bostezar gähnen
bota F Stiefel *m*; Lederflasche **bota de agua** *od* **de goma** Gummistiefel *m*
botánica F Botanik **botánico** 1 ADJ botanisch 2 M, **-a** F Botaniker(in)
botar V/T SCHIFF vom Stapel lassen; *Am* wegwerfen; V/I *Ball* springen, abprallen
bote M Boot *n*; ~ **neumático/salvavidas** Schlauch-/Rettungsboot *n*
botella [-ʎa] F Flasche; ~ **retornable** Pfandflasche; ~ **de vino** Weinflasche **botellero** M Flaschenkorb, -gestell *n* **botellín** M kleine Flasche *f*
botica F *umg* Apotheke **boticario,-a** M,F *umg* Apotheker(in) **botijo** [-xo] M Wasserkrug *(aus Ton)*
botín M Halbstiefel; (Diebes-, Kriegs)Beute *f*

botiquín [-ki-] M Reise-, Hausapotheke *f*; Verbandskasten
botón M Knopf; Knospe *f*; **~ de presión** Druckknopf
botones M Page, Hotelboy; Laufbursche
bóveda F Gewölbe *n*
bovino Rind(er)...
boxeador M Boxer **boxear** boxen **boxeo** M Boxen *n*
boya F Boje; *Kork* Schwimmer *m*
bozal [-θ-] M Maulkorb
bragas FPL Schlüpfer *m*, Höschen *n* **bragueta** [-ɣe] F Hosenschlitz *m*
bramar brüllen **bramido** M Brüllen *n*; Gebrüll *n*
brandy M Weinbrand
branquia [-kĭa-] F Kieme
brasa [-θa] F Kohlenglut; **a la ~** GASTR vom Rost **brasero** M Kohlenbecken *n*
Brasil M Brasilien *n*
brasileño [-ɲo] **1** ADJ brasilianisch **2** M, **-a** F Brasilianer(in)
bravo tapfer; wild **bravura** F Tapferkeit; Wildheit
braza F SPORT Brustschwimmen *n* **brazalete** M Armband *n*
brazo [-θo] M Arm; ZOOL Vorderbein *n*; **~ de gitano** Biskuitrolle *f* mit Creme
brea F Teer *m*, Pech *n*
brecha [-tʃa] F Bresche
brega F Kampf *m*; *fig* Schufterei **bregar** sich abplagen, schuften
Bretaña F Bretagne; **Gran ~** Großbritannien *n*
breve kurz; **en ~** bald, in Kürze **brevedad** F Kürze
bribón M Taugenichts
bricolaje [-xe] M Basteln *n*, Heimwerken *n*
brida F Zaum *m*; Zügel *m*
brillante [-ʎ-] **1** ADJ glänzend (*a. fig*), strahlend **2** M Brillant **brillantez** [-θ] F Glanz *m*
brillar [-ʎ-] glänzen, funkeln; scheinen **brillo** M Glanz, Schein; **~ de labios** Lipgloss; **sacar ~ a** polieren
brincar springen, hüpfen **brinco** M Sprung, Satz
brindar V/T (an)bieten; V/I anstoßen, trinken (**por** auf *akk*) **brindis** M Trinkspruch, Toast
brío M Schwung, Elan
brisa F Brise
británico **1** ADJ britisch **2** M, **-a** F Brite *m*, Britin *f*
brocado M Brokat
brocha [-tʃa] F Pinsel *m*; **~ (de afeitar)** Rasierpinsel *m*
broche [-tʃe] M Haken und Öse *f*; Brosche *f*; **~ de oro** *fig* Krönung *f* **brocheta** F GASTR (Fleisch)Spieß *m*
broma F Spaß *m*, Scherz *m*; **en** (*od* **de**) **~** zum Spaß; **estoy de ~** ich mache (nur) Spaß **bromear** scherzen, Spaß machen **bromista** M/F Spaßmacher(in)
bronca F *umg* Zank *m*, Krach *m*; Rüffel *m*
bronce [-θe] M Bronze *f* **bronceado** **1** bronzefarben; braun

gebrannt **2** M (Sonnen)Bräune *f* **bronceador** M Sonnenschutzmittel *n* **broncear(se)** (sich) bräunen
bronco *fig* schroff, barsch
bronquial [-kĭ-] Bronchial…
bronquios MPL Bronchien *fpl*
bronquitis F Bronchitis
brotar keimen, sprießen; hervorquellen **brote** M Knospe *f*; Spross, Trieb
bruja [-xa] F Hexe **brujería** F Hexerei, Zauberei
brújula [-x-] F Kompass *m*
bruma F Dunst *m* **brumoso** dunstig
brusco plötzlich, jäh; *fig* barsch, brüsk
Bruselas F Brüssel *n*
brutal brutal **brutalidad** F Brutalität
bruto HANDEL brutto, Brutto…; TECH roh, Roh…; *fig* dumm; grob
bucal Mund…
buceador [-θ-] M, **-a** F Taucher(in) **bucear** tauchen
bucle M Locke *f*
budín M Pudding
budismo M Buddhismus
buenaventura F Glück *n*; **decir la ~** wahrsagen
buenismo M Gutmenschentum *n*
bueno (*vor subst sg m* **buen**) gut; *Kind* brav; *fig* gutmütig
buey M Ochse
búfalo M Büffel
bufanda F Schal *m*
bufete M Anwaltskanzlei *f*
buffet M GASTR **~ (libre)** Büfett *n*; **~ desayuno** Frühstücksbüfett *n*
bufón **1** ADJ närrisch **2** M Spaßmacher; Hofnarr
buhardilla [-ʎa] F Dachkammer; Dachluke
búho M Uhu
buitre M Geier
bujía [-x-] F Zündkerze
bulbo M (Blumen)Zwiebel *f*, Knolle *f*
Bulgaria F Bulgarien *n*
búlgaro **1** ADJ bulgarisch **2** M, **-a** F Bulgare *m*, -in *f*
bullicio [-ʎiθ-] M Tumult, Lärm
bullir sieden
bulo M Falschmeldung *f*, *umg* Ente *f*
bulto M Bündel *n*; Gepäckstück *n*; MED Beule *f*, Schwellung *f*
buñuelo [-ɲ-] M Ölgebäck *n*; **~ de viento** Windbeutel
buque [-ke] M Schiff *n*
burbuja [-xa] F (Wasser-, Luft)-Blase; (Sekt)Perle
burdel M Bordell *n*
Burdeos F Bordeaux *n*
burdo grob; plump
burgués [-ɣes] **1** ADJ bürgerlich **2** M, **-esa** F Bürger(in)
burguesía F Bürgertum *n*, Bourgeoisie
burka M Burka *f*
burla F Spott *m* **burlar** verspotten; täuschen **burlarse** sich lustig machen (**de** über)
burlesco scherzhaft **burlón**

spöttisch
burnout [-aut] M Burn-out *m*
burocracia [-θ-] F Bürokratie
burro M Esel (*a. fig*)
bus M Bus
busca F Suche; **en ~ de** auf der Suche nach **buscador** M INTERNET Suchmaschine *f* **buscar** suchen; **ir a ~** holen
buso M *Am* Pullover *m*, *umg* Pulli *m*
búsqueda [-ke-] F Suche; **~ automática** TV Suchlauf *m*; **motor** *m* **de ~** INTERNET Suchmaschine *f*
busto M Büste *f*
butaca F Sessel *m*; THEAT Parkettplatz *m*
butano M Butan(gas) *n*
butifarra F *katalanische* Bratwurst
buzo [-θo] M Taucher
buzón [-θ-] M Briefkasten; **~ de voz** TEL Voicebox *f*; **~ electrónico** *Inform* Mailbox *f* **buzoneo** M Mailing *n*
bypass M MED Bypass

C

C/, c/ (calle) Str. (Straße)
cabalgar reiten **cabalgata** F Umzug *m*
caballa [-ʎa] F Makrele
caballería [-ʎ-] F Kavallerie
caballero M Ritter; Kavalier; Herr **caballete** M Staffelei *f*
caballo [-ʎo] M Pferd *n*; *Schach* Springer; *umg* Heroin *n*; **a ~** zu Pferd
cabaña [-ɲa] F Hütte; Herde
cabaret M Nachtclub; Kabarett *n*
cabecear [-θ-] V/I mit dem Kopf nicken; (ein)nicken; *Schiff* stampfen; V/T *Ball* köpfen **cabecera** F Kopfende *n*; *Fluss* Oberlauf *m*
cabellera [-ʎe-] F (Kopf)Haar *n*; Mähne **cabello** M Haar *n*; **~ de ángel** Kürbiskonfitüre *f* **cabelludo** langhaarig; behaart
caber Platz haben; hineingehen, -passen; möglich sein
cabeza [-θa] **1** F Kopf *m*; *fig* Verstand *m*; **(estar) a la ~, en ~** an der Spitze (sein), in Führung (liegen) **2** M (An)Führer; **~ de familia** Familienoberhaupt *n*
cabezón, cabezudo **1** ADJ dickköpfig **2** M Dickkopf
cabida F Fassungsvermögen *n*
cabina F Kabine; **~ de ducha** Duschkabine; **~ telefónica** Telefonzelle
cabizbajo [-ðβax-] niedergeschlagen
cable M Seil *n*; ELEK Kabel *n*; MAR Tau *n*; IT **~ de alimentación** Netzkabel *n*; **~ de encendido** Zündkabel *n*; **~ de remolque** Abschleppseil *n*; IT **~ USB**

USB-Kabel *n* **cablear** verkabeln
cabo M Ende *n;* GEOG Kap *n;* MIL Gefreite(r); **Cabo de la Buena Esperanza** Kap *n* der Guten Hoffnung; **al ~ de** nach; **al fin y al ~** letzten Endes **cabotaje** [-xe] M Küstenschifffahrt *f*
cabra F Ziege **cabrearse** *sl* sauer werden; sich ärgern **cabritilla** [-ʎa] F Ziegen-, Schaf-, Glacéleder *n* **cabrito** M Zicklein *n* **cabrón** M Ziegenbock; *vulg* Saukerl
cacahuete M Erdnuss *f*
cacao M Kakao; *fig* Durcheinander *n*
cacarear gackern
cacería [-θ-] F Jagd
cacerola [-θ-] F Schmortopf *m;* Kasserolle *f*
cacharro [-tʃ-] M Topf; **~s** *pl umg fig* Kram *m*
cachear [-tʃ-] durchsuchen, *umg* filzen **cacheo** M Leibesvisitation *f* **cachete** M Klaps
cacho [-tʃ-] M Brocken, Stück *n* **cachondeo** M *umg* Riesenspaß **cachondo** geil, scharf
cachorro [-tʃ-] M Junge(s) *n;* Welpe
cacique [-θike] M Häuptling; *umg fig* Bonze
cacto, cactus M Kaktus
cada jeder, jede, jedes; **~ uno, ~ cual** jeder
cadáver M Leiche *f*, Leichnam; Kadaver
cadena F Kette; TV Kanal *m*, Sender; **cadena de noticias** Nachrichtensender *m;* **~ hotelera** Hotelkette; **~ de montaje** Fließband *n;* **~s** *pl* **(de nieve)** AUTO Schneeketten
cadencia [-θ-] F Rhythmus *m;* MUS Kadenz
cadera F Hüfte
caducar verfallen; ablaufen; ungültig werden **caducidad** [-θ-] F Verfall *m*, Hinfälligkeit; **fecha** *f* **de ~** Verfallsdatum *n*
caduco hinfällig; altersschwach
caer fallen; ab-, ausfallen; **~ bien/mal** sympathisch/unsympathisch sein
café M *Getränk* Kaffee; *Lokal* Café *n;* **~ solo** schwarzer Kaffee; **~ con leche** Milchkaffee
cafetera F Kaffeekanne; **~ (automática)** Kaffeemaschine **cafetería** F Cafeteria, Snackbar
cagar *vulg* kacken, scheißen; *sl fig* versauen, verpfuschen
caída F Fall *m*, Fallen *n;* Sturz *m;* IT **~ (del sistema)** (System-)Absturz *m;* **a la ~ del sol** bei Sonnenuntergang **caído** **1** ADJ gefallen **2** M MIL Gefallene(r) *m*
caigo, caiga → caer
Cairo: El ~ Kairo *n*
caja [-xa] F Kiste; Schachtel; Packung; HANDEL Kasse; *Uhr* Gehäuse *n;* **~ de ahorros** Sparkasse; **~ de cambios** AUTO Getriebe *n;* **~ de caudales** Safe *m*, Tresor *m*

cajero,-a [-x-] M,F Kassierer(in); ~ **automático** Geldautomat **cajón** M Kasten; Schublade *f*
cal F Kalk *m* **cala** F Bucht
calabacines [-θ-] MPL Zucchini **calabaza** [-θa] F Kürbis *m*; **dar ~s** *fig* e-n Korb geben
calado 1 M SCHIFF Tiefgang 2 ADJ durchnässt
calamar M Tintenfisch
calambre M Krampf; ELEK Schlag
calamidad F Unheil *n*
calar hineinstoßen; eindringen in (*akk*); *fig* durchnässen **calarse** *Motor* absaufen
calavera 1 F Totenkopf *m* 2 M *fig* Windhund
calcar durchzeichnen, -pausen; *fig* nachahmen
calceta [-θ-] F **hacer ~** stricken **calcetín** M Socke *f*; **calcetines** *pl* **invisibles** Füßlinge; **calcetines** *pl* **tobilleros** Sneakersocken
calcio [-θ-] M Kalzium *n*
calco M Durchzeichnung *f*, Pause *f*; *fig* Abklatsch **calcomanía** F Abziehbild *n*
calculable berechenbar **calculadora** F ~ **(de bolsillo)** (Taschen)Rechner *m* **calcular** (be-, aus)rechnen; kalkulieren
cálculo[1] M (Be)Rechnung *f*; Rechnen *n*
cálculo[2] M MED ~ **biliar/renal/vesical** Gallen-/Nieren-/Blasenstein
caldear erwärmen **caldera** F Kessel *m*; Heizkessel *m* **calderilla** [-ʎa] F Kleingeld *n* **caldero** M Reispfanne *f* mit Fischen
caldo M Brühe *f*; ~ **de carne** Fleischbrühe *f*, Bouillon *f*
calefacción [-ɣθ-] F Heizung; ~ **central** Zentralheizung **calefactor** M Heizgerät *n*
calendario M Kalender
calentador M Heizgerät *n*; ~ **de agua** Boiler **calentamiento** M Wärmen *n*, Erhitzen *n* **calentar** (er)wärmen; heizen **calentura** F Fieber *n*
calidad F Qualität; **de (primera)** ~ erstklassig, hochwertig
cálido warm (*a. fig*)
caliente warm, heiß
calificación [-θ-] F Qualifikation; Eignung; *Prüfung* Benotung **calificado** qualifiziert; geeignet **calificar** bezeichnen (**de** als); qualifizieren **calificativo** 1 ADJ bezeichnend 2 M Beiname
California F Kalifornien *n*
cáliz [-θ] M Kelch
callado [-ʎ-] schweigsam, still **callar** (ver)schweigen; still sein
calle [-ʎe] F Straße; ~ **comercial** Einkaufsstraße; ~ **lateral/principal** Seiten-/Hauptstraße; ~ **peatonal** Fußgängerzone; ~ **con prioridad** Vorfahrtsstraße; ~ **de dirección única** Einbahnstraße **callejear** [-x-] durch die Straßen bummeln **callejero** [-x-] M Straßenverzeichnis *n* **callejón** [-x-] M Gasse *f*; ~ **sin salida** Sackgasse *f*

callista [-ʎ-] M/F Fußpfleger(in) **callo** M Schwiele *f*; Hühnerauge *n*
callos [-ʎ-] PL Kaldaunen *fpl*, Kutteln *fpl*
calma F Ruhe, Stille; SCHIFF Windstille; *fig* Gelassenheit **calmante** **1** ADJ beruhigend **2** M Beruhigungsmittel *n* **calmar** beruhigen
calor M Wärme *f*, Hitze *f*; **hace ~** es ist warm (heiß)
caloría F Kalorie; **bajo/rico en ~s** kalorienarm/-reich
calumnia F Verleumdung **calumniar** verleumden **calumnioso** verleumderisch
caluroso heiß; *fig* hitzig
calva F, **calvicie** [-θ-] F Glatze **calvo** **1** ADJ kahl(köpfig) **2** M Kahlkopf
calzada [-θ-] F Fahrbahn **calzado** M Schuhwerk *n* **calzador** M Schuhanzieher
calzoncillos [-θonθiʎ-] MPL (Herren)Unterhose *f*
cama F Bett *n*; **~ de matrimonio** Doppelbett *n*; **~ nido** Bettcouch; **guardar ~** das Bett hüten
camaleón M Chamäleon *n*
cámara F Kammer; FOTO Kamera; **~ de aire** AUTO Schlauch *m*; **~ digital** Digitalkamera; **~ de vídeo/vigilancia** Video-/Überwachungskamera
camarada M Kamerad **camarera** F Kellnerin; Zimmermädchen *n*; SCHIFF Stewardess **camarero** M Kellner; SCHIFF Steward **camarón** M Garnele *f*, Krabbe *f* **camarote** M Kajüte *f*, Kabine *f*
cambiable austauschbar
cambiador M Wechsler; **~ de CD** CD-Wechsler **cambiante** wechselhaft **cambiar** (aus)wechseln, tauschen **cambiarse** sich umziehen
cambio M Tausch; Wechsel; Änderung *f*; HANDEL Wechselgeld *n*; Wechselkurs; **~ automático** AUTO Automatikgetriebe *n*; **~ de aceite** Ölwechsel; **~ de marchas** (*od* **velocidades**) Gangschaltung *f*; **~ de sentido** AUTO Wendemöglichkeit *f*
Camboya F Kambodscha *n*
camello [-ʎo] M Kamel *n*
camerino M Künstlergarderobe *f*
Camerún M Kamerun *n*
camilla [-ʎa] F Tragbahre
caminar wandern, gehen
camino M Weg; **~ de herradura** Reitweg *m*; **ponerse en ~** sich auf den Weg machen
camión M Lastwagen; *Am a.* (Reise)Bus; **~ de la basura** Müllauto *n* **camionero** M Lastwagen-, Fernfahrer **camioneta** F Lieferwagen *m*
camisa F Hemd *n*; **~ de dormir** Nachthemd *n* **camisero** M Hemdbluse *f* **camiseta** F Unterhemd *n*; T-Shirt *n* **camisón** M Nachthemd *n*
camorra F Streit *m*

campamento M (Zelt)Lager *n*
campana F Glocke **campanada** F Glockenschlag *m*
campanario M Glockenturm
campaña [-ɲa] F Kampagne, Feldzug *m*
campeón(-ona) M(F) SPORT Meister(in), Champion **campeonato** M Meisterschaft *f*
campesino **1** ADJ bäuerlich, ländlich **2** M Bauer **campestre** ländlich
camping M Camping(platz *m*) *n*; **hacer ~** zelten, campen
campista M/F Camper(in)
campo M Land *n*; Feld *n*; **en el ~** auf dem Land; **~ de deportes** Sportplatz; **~ de golf** Golfplatz
camposanto M Kirch-, Friedhof
camuflaje [-xe] M Tarnung *f*
camuflar tarnen (*a. fig*)
cana F weißes Haar *n*
Canadá M Kanada *n*
canadiense **1** kanadisch **2** M/F Kanadier(in)
canal M Kanal (*a.* TV); **Canal de la Mancha** Ärmelkanal **canalizar** [-θ-] kanalisieren
canalla [-ʎa] **1** F Gesindel *n* **2** M Lump, Schuft
canalón M Dachrinne *f*
canapé M Sofa *n*; GASTR Kanapee *n*
Canarias FPL **(Islas) ~** Kanarische Inseln, Kanaren
canario **1** ADJ kanarisch **2** M Kanarier; ZOOL Kanarienvogel
canasta F, **canasto** M Korb *m*
cancelar [-θ-] streichen; absagen; HANDEL tilgen, löschen; *Fahrschein* entwerten
cáncer [-θ-] M MED Krebs; **Cáncer** ASTROL Krebs
cancha [-tʃa] F Spielplatz *m*, -feld *n*; *Am* Sportplatz *m*
canciller [-θiʎ-] M Kanzler
canción [-θ-] F Lied *n*; **~ de cuna** Wiegenlied *n*; **~ popular** Volkslied *n*
candado M Vorhängeschloss *n*
candela F Kerze **candelero** M Leuchter
candidato M, **-a** F Kandidat(in), Bewerber(in) **candidatura** F Kandidatur, Bewerbung
cándido naiv, arglos
canela F Zimt *m*
cangrejo [-xo] M Krebs
canguro M Känguru *n*; *umg* Babysitter
canica F Murmel
canje [-xe] M Aus-, Umtausch; Einlösung *f* **canjear** aus-, umtauschen; einlösen
canoa F Kanu *n*
canonizar [-θ-] heiligsprechen
cansado müde, matt **cansar** ermüden; anstrengen **cansarse** müde werden; **~ de a/c** etw leid werden
cantante M/F Sänger(in) **cantar** singen
cántaro M Krug
cantautor(a) M(F) Liedermacher(in)
cantera F Steinbruch *m*
cantidad F Anzahl, Menge

cantimplora F Feldflasche
cantina F Kantine
canto M Gesang; Kante *f*
cantón M *Schweiz* Kanton
cantor(a) M(F) Sänger(in)
caña [-ɲa] F Rohr *n*; Stiefelschaft *m*; kleines Bier *n*; **~ de azúcar** Zuckerrohr *n*; **~ de limón** Zitronengras; **~ de pescar** Angelrute
cáñamo [-ɲ-] M Hanf
cañería [-ɲ-] F Rohrleitung
caño [-ɲ-] M Röhre *f*, Rohr *n*
cañón [-ɲ-] M Kanone *f*; (Gewehr)Lauf; **~ de nieve** Schneekanone *f*
caoba F Mahagoni *n*
caos M Chaos *n*
caótico chaotisch
capa F Umhang *m*, Cape *n*; Schicht; **~ de ozono** Ozonschicht
capacidad [-θ-] F Fähigkeit; Kapazität **capataz** [-θ] M Werkmeister **capaz** [-θ] fähig (**de** zu); tüchtig
Caperucita F **~ Roja** Rotkäppchen *n*
capilar Haar...
capilla [-ʎa] F Kapelle
capital 1 ADJ wesentlich 2 F Hauptstadt 3 M Kapital *n*; **~ inicial/de riesgo** Start-/Risikokapital *n* **capitalismo** M Kapitalismus **capitalista** 1 ADJ kapitalistisch 2 M/F Kapitalist(in)
capitán M MIL Hauptmann; SCHIFF Kapitän
capitulación [-θ-] F Kapitulation **capitular** kapitulieren
capítulo M Kapitel *n*
capó M Motorhaube *f*
capota F AUTO Verdeck *n*
capricho [-tʃo] M Laune *f* **caprichoso** launisch; kapriziös
Capricornio M ASTROL Steinbock
cápsula F Kapsel, Hülse; **~s** *pl* **de café** Kaffeepads
captar gewinnen; erfassen
captura F Fang *m*; JUR Festnahme **capturar** fangen; JUR festnehmen
cara F Gesicht *n*; Miene; Aussehen *n*; *e-r Münze etc* Vorderseite; **tener buena/mala ~** *Person* gut/schlecht aussehen
caracol M Schnecke *f*
carácter M Charakter, Art *f*; Buchstabe
característica F Kennzeichen *n*, Merkmal *n* **característico** bezeichnend, charakteristisch **caracterizar** [-θ-] charakterisieren; kennzeichnen
caradura *umg* M unverschämter Kerl
carajillo [-xiʎo] M Kaffee mit etwas Schnaps
¡caramba! Donnerwetter!
caramelo M Bonbon *m/n*; Karamell *m*
carátula F Maske; Platten-, Kassettenhülle; *Am* Titelseite
caravana F Karawane; *Verkehr* Autoschlange; Wohnwagen (-anhänger) *m*
¡caray! verflixt!; na, so was!

carbohidrato M Kohlenhydrat *n*
carbón M Kohle *f*; **~ vegetal** (*od* **de leña**) Holzkohle *f* **carbonizar** [-θ-] verkohlen **carbono** M Kohlenstoff; **hidrato** *m* **de ~** Kohlenhydrat *n*
carburador M AUTO Vergaser
carburante M Treibstoff
carcajada [-x-] F Gelächter *n*
cárcel [-θ-] F Gefängnis *n*
carcelero,-a [-θ-] M,F Gefängniswärter(in)
carcoma F Holzwurm *m*
cardenal M Kardinal; MED blauer Fleck
cardíaco Herz... **cardiólogo** M, **-a** F Herzspezialist(in)
cardo M Distel *f*
carecer [-θ-] **~ de** nicht haben, entbehren **carencia** [-θ-] F Mangel *m*; Fehlen *n*
careo M JUR Gegenüberstellung *f*
carga F Last (*a. fig*); Ladung (*a.* MIL, ELEK); *fig* Belastung **cargamento** M Ladung *f*; Fracht *f* **cargar** (be)laden; belasten; ELEK aufladen; **~ en cuenta** abbuchen **cargarse**: **~ a alg** *s/* j-n umlegen; *im Examen*: j-n durchfallen lassen; **~ a/c** etw kaputt machen
cargo M Amt *n*, Posten; **hacerse ~ de** *etw* übernehmen; **a ~ de** HANDEL zu Lasten von
carguero [-ɣe-] M Frachter
caribe, **caribeño** karibisch
Caribe M Karibik *f*
caricatura F Karikatur
caricia [-θ-] F Liebkosung
caridad F Nächstenliebe; Wohltätigkeit
caries F Karies
carillón [-ʎ-] M Glockenspiel *n*
Carintia F Kärnten *n*
cariño [-ɲo] M Zuneigung *f* **cariñoso** zärtlich, liebevoll
carita F INTERNET Smiley *n*
caritativo mildtätig
carlinga F Cockpit *n*
carnaval M Karneval
carne F Fleisch *n*; **~ picada** Hackfleisch *n* **carnero** M Hammel
carnet M Ausweis; **~ de conducir** Führerschein; **~ de identidad** Personalausweis
carnicería [-θ-] F Metzgerei, Fleischerei **carnicero** M Metzger, Fleischer
caro teuer; lieb, wert
carpa F Karpfen *m*; *Sp* Zirkuszelt *n*; *Am* Zelt *n*; **~ para fiestas** Partyzelt *n*
Cárpatos MPL Karpaten *pl*
carpeta F Aktendeckel *m*; Mappe
carpintería F Schreinerei **carpintero** M Schreiner, Tischler
carrera F Lauf *m*; Rennen *n*; Laufbahn, Karriere; Laufmasche
carreta F Karren *m* **carrete** M Spule *f*, Rolle *f*; FOTO Rollfilm
carretera F Landstraße **carretilla** [-ʎa] F Schubkarre
carril M Fahrspur *f*; BAHN

Schiene *f*; **~-bici** Radweg; **~ contrario** Gegenfahrbahn *f*; **~ de adelantamiento/de giro** Überhol-/Abbiegespur *f*
carro M Karren; Wagen; *Am* Auto *n*; **~ de compra** Einkaufswagen **carrocería** [-θ-] F Karosserie
carta F Brief *m*; Spielkarte; Speisekarte; **~ blanca** Blankovollmacht; *fig* freie Hand; **~ certificada** Einschreiben *n*; **~ urgente** Eilbrief *m*; **~ verde** Greencard
carta-bomba F Briefbombe
cartel M Plakat *n*; **~ publicitario** Werbeplakat *n*; Reklametafel *f*; **estar en ~** auf dem Spielplan stehen **cartelera** F Veranstaltungskalender; Kinoprogramm *m*
cartera F Brieftasche; Aktenmappe; Schultasche **cartero** M Briefträger
cartón M Pappe *f*; Pappschachtel *f*; Stange *f* (*Zigaretten*)
cartucho [-tʃo] M Patrone *f*
carving M Carving-Ski
casa F Haus *n*; HANDEL Firma; **~ adosada** Reihenhaus *n*; **~ de alquiler** Mietshaus *n*; **~ real** Königshaus *n*; **en ~** zu Hause; **a ~** nach Hause
casamiento M Heirat *f* **casar** verheiraten; trauen **casarse** heiraten
cascada F Wasserfall *m*
cascanueces [-θ-] M Nussknacker **cascar** (zer)knacken; *umg* verprügeln
cáscara F Schale
casco M Helm; Scherbe *f*, Splitter; ZOOL Huf; **~ urbano** Stadtkern, Innenstadt *f*; **~s** *umg pl* Kopfhörer *m*
casero häuslich; hausgemacht
caseta F Hütte, Bude
casi beinahe, fast
casilla [-ʎa] F Kästchen *n*; *Spielbrett* Feld *n*
casino M Kasino *n*
caso M Fall (*a.* GRAM); **~ aislado** Einzelfall; **en ~ contrario** andernfalls, sonst; **en ~ de (que)** falls; **hacer ~ a alg** auf j-n hören
caspa F (Kopf)Schuppen *fpl*
casta F Kaste; Rasse
castaña [-ɲa] F Kastanie **castaño** **1** ADJ kastanienbraun **2** M Kastanie *f* (*Baum*) **castañuela** F Kastagnette
castellano [-ʎ-] **1** ADJ kastilisch; spanisch **2** M, **-a** F Kastilier(in)
castidad F Keuschheit **castigar** (be)strafen **castigo** M Strafe *f*
Castilla [-ʎa] F Kastilien *n*; *früher* **~ la Nueva/la Vieja** Neu-/Altkastilien *n*
castillo [-ʎo] M Burg *f*; Schloss *n*
castizo [-θo] rein, echt
casto keusch
castor M Biber
castrar kastrieren
casual zufällig **casualidad** F Zufall *m*; **por ~** zufällig

catalán 1 ADJ katalanisch 2 M, **-ana** F Katalane *m*, -in *f*
catalizador [-θ-] M Katalysator
catálogo M Katalog
Cataluña [-ɲa] F Katalonien *n*
catar kosten, probieren
catarata F Wasserfall *m*; MED grauer Star *m*
catarro M Katarr(h)
catástrofe F Katastrophe; **~ ambiental/natural** Umwelt-/Naturkatastrophe
cátedra F Lehrstuhl *m*
catedral F Kathedrale
catedrático M, **-a** F Professor(in)
categoría F Kategorie; Rang *m*; **de ~** bedeutend, von Rang
categórico kategorisch
católico 1 ADJ katholisch 2 M, **-a** F Katholik(in)
catorce [-θ-] vierzehn
catre M Feldbett *n*
Cáucaso M Kaukasus
caucho [-tʃo] M Kautschuk
caución [-θ-] F Kaution, Sicherheit
caudal M Wassermenge *f*; *fig* Fülle
caudillo [-ʎo] M (An)Führer
causa F Ursache; Grund *m*; JUR Rechtssache; **a ~ de** wegen
causar verursachen
cáustico ätzend; *fig* bissig
cautela F Vorsicht **cauteloso** vorsichtig, behutsam
cautivar gefangen nehmen; *fig* fesseln **cautiverio** M, **cautividad** F Gefangenschaft *f*
cautivo 1 ADJ gefangen 2 M, **-a** F Gefangene(r) *m/f(m)*
cauto vorsichtig
cava 1 F Weinkellerei 2 M Sekt
cavar hacken; graben **caverna** F Höhle
caviar M Kaviar
cavidad F Höhlung, Vertiefung; ANAT Höhle
cayó, cayendo → caer
caza [-θa] 1 F Jagd; Wild *n* 2 M Jagdflugzeug *n* **cazador** M Jäger **cazadora** F Jägerin; Windjacke, Outdoorjacke **cazar** jagen
cazuela [-θ-] F Tiegel *m*; Schmortopf *m*
CD [θe'ðe] M CD *f* **CD-ROM** M CD-ROM *f*
CE[1] F ABK (Comisión Europea) Europäische Kommission
CE[2] M ABK (Consejo de Europa) Europarat
cebada [θ-] F Gerste **cebar** mästen; *fig* schüren
cebo [θ-] M Köder (*a. fig*)
cebolla [θeβoʎa] F Zwiebel
cebolleta Frühlingszwiebel
cebollino M Schnittlauch
cebra [θ-] F Zebra *n*
cecear [θeθ-] lispeln
ceder [θ-] V/T abtreten, überlassen; V/I nachgeben; nachlassen; **ceda el paso** Vorfahrt beachten!
cederrón [θ-] M CD-ROM *f*
cedro [θ-] M Zeder *f*
cédula [θ-] F Zettel *m*, Schein

m; ~ **de identidad** *Am* Personalausweis *m*
cegar [θ-] blenden; *fig* verblenden **ceguera** [ɣe-] F Blindheit
ceja [θɛxa] F Augenbraue **cejar** *fig* nachgeben
celador(a) [θ-] M(F) Aufseher(in); Wärter(in)
celda [θ-] F Zelle
celebración [θeleβraθ-] F Feier **celebrar** feiern, begehen; veranstalten **celebrarse** stattfinden
célebre [θ-] berühmt
celebridad [θ-] F Berühmtheit
celeste [θ-] Himmels...; himmelblau **celestial** himmlisch (*a. fig*)
celíaco [θ-] **1** ADJ ANAT Bauch...; MED an Zöliakie leidend, gegen Gluten allergisch **2** M, **-a** F Glutenallergiker(in) **celiaquía** F Glutenunverträglichkeit, Zöliakie
celibato [θ-] M Zölibat *n/m*
celo [θ-] M Eifer; ZOOL Brunst *f* **celos** MPL Eifersucht *f* **celoso** eifrig; eifersüchtig (**de** auf *akk*)
célula [θ-] F ANAT Zelle
celular [θ-] **1** ADJ Zell(en)... **2** M *Am* Handy *n*, Mobiltelefon *n* **celulitis** F MED Zellulitis **celulosa** F Zellulose
cementerio [θ-] M Friedhof **cemento** M Zement
cena [θ-] F Abendessen *n* **cenar** zu Abend essen
cenicero [θeniθ-] M Aschenbecher
Cenicienta [-θ-] F Aschenputtel *n*
ceniza [-θa] F Asche
censo [θ-] M Volkszählung *f* **censor** M Zensor
censura [θ-] F Zensur **censurar** zensieren; tadeln, kritisieren
centella [θenteʎa] F Funke(n) *m*; Blitz *m*
centenario [θ-] **1** ADJ hundertjährig **2** M Hundertjahrfeier *f*
centeno [θ-] M Roggen
centésimo [θ-] hundertste(r)
centígrado [θ-] **dos grados ~s** zwei Grad Celsius **centímetro** M Zentimeter *m/n*
céntimo [θ-] M ~ **(de euro)** (Euro)Cent
centinela [θ-] **1** F Wache **2** M Wachposten
centolla [θentoʎa] F, **centollo** M Meerspinne *f*
central [θ-] **1** ADJ zentral **2** F Zentrale; ~ **eléctrica** Kraftwerk *n*; ~ **eólica** Windkraftwerk *n*; ~ **nuclear** Kernkraftwerk *n*; ~ **telefónica** Fernsprechamt *n* **centralita** F TEL Hausvermittlung
céntrico [θ-] zentral gelegen
centrifugadora [θ-] F Zentrifuge; Schleuder **centrifugar** *Wäsche* schleudern
centro M Zentrum *n*, Mitte *f*; Mittelpunkt; **al** ~ in der Mitte, im Zentrum; ~ **comercial** Einkaufszentrum *n*, Shoppingcenter *n*; ~ **escolar** Schulzentrum

n; ~ **de acogida** Ankunftszentrum *n*, Aufnahmeeinrichtung *f*; ~ **de información** Informationszentrum *n*; ~ **de servicio** Service-Center *n*

Centroamérica F Mittelamerika *n*

ceñido [θeɲ-] eng anliegend **ceñirse** sich beschränken (a auf *akk*)

cepa [θ-] F Baumstumpf *m*; Rebstock *m*

cepillar [θepiʎ-] bürsten; hobeln **cepillo** [-ʎ-] M Bürste *f*; TECH Hobel; ~ **de dientes** Zahnbürste *f*

cepo [θ-] M AUTO Parkkralle *f*

cera [θ-] F Wachs *n*

cerámica [θ-] F Keramik

cerca [θ-] **1** ADV nahe; ~ **de** (nahe) bei; ungefähr **2** F Zaun *m* **cercado** M Umzäunung

cercanía [θ-] F Nähe **cercanías** PL Umgebung; **tren** *m* **de** ~ Nahverkehrszug **cercano** nahe **cercar** umzäunen; umzingeln

cerciorarse [θɛrθ-] sich vergewissern (**de** *gen*)

cerco [θ-] M Reif(en); MIL Belagerung *f*

cerda [θ-] F Borste; ZOOL Sau **cerdo** M Schwein *n*

cereales [θ-] MPL Getreide *n*

cerebelo M Kleinhirn *n* **cerebral** Gehirn..., Hirn... **cerebro** M Gehirn *n*

ceremonia [θ-] F Feierlichkeit; Zeremonie **ceremonial** zeremoniell

cereza [θereθa] F Kirsche **cerezo** [-θo] M Kirschbaum

cerilla [θeriʎa] F Streichholz *n*

cero [θ-] M Null *f*

cerrado [θ-] geschlossen, zu; *fig* verschlossen **cerradura** F Schloss *n* **cerrajero** [-x-] M Schlosser **cerrar** (ab-, ver-, zu)schließen; IT schließen, wegklicken; *Straße etc* sperren; ~ **con llave** abschließen

cerro [θ-] M Hügel; *Am* Berg

cerrojo [-xo] M Riegel

certero [θ-] treffend, genau **certeza** [-θa] F Gewissheit **certidumbre** [θ-] F Gewissheit, Sicherheit

certificado [θ-] M Bescheinigung *f*, Zeugnis *n*; *Brief* Einschreiben *n*; MED ~ **médico** ärztliches Attest *n*; ~ **de vacunación** Impfbescheinigung *f*, Impfpass **certificar** bescheinigen; beglaubigen; *Brief* einschreiben (lassen)

cervecería [θɛrβeθ-] F Bierbrauerei; Bierlokal *n* **cerveza** [-θa] F Bier *n*; ~ **rubia** helles Bier; ~ **de barril** Fassbier *n*

Cervino M Matterhorn *n*

cesar [θesa-] aufhören; **sin** ~ unaufhörlich

cesárea [θ-] F MED Kaiserschnitt *m*

cese [θ-] M Einstellung *f*, Aufgabe *f* **cesión** [θ-] F Abtretung

césped [θ-] M Rasen

cesta [θ-] F, **cesto** M Korb

chabola [tʃ-] F Hütte
chacal [tʃ-] M Schakal
chacha [tʃatʃa] F *umg* Dienst-, Kindermädchen *n*
cháchara [tʃatʃ-] F Geschwätz *n*
Chad M Tschad
chafar [tʃ-] zerknittern; zerdrücken
chal [tʃ-] M Schal, Schultertuch *n* **chalado** *umg* bekloppt
chaleco [tʃ-] M Weste *f*; **~ reflectante** Warnweste *f*
chalet [tʃ-] M Villa *f*, Bungalow, Landhaus *n*; **~ adosado** Reihenhaus *n*
chamba [tʃ-] F Glückstreffer *m*; *fig* Schwein *n*
champán [tʃ-] M, **champaña** [-ɲa] M Champagner
champiñón [tʃampiɲon] M Champignon
champú [tʃ-] M Shampoo *n*
chancho [tʃantʃo] M *Am* Schwein *n* **chanchullo** [-ʎo] M Schwindel, Schiebung *f*
chanclas [tʃ-] FPL Flip-Flops®
chancleta [tʃ-] F Pantoffel *m*
chándal [tʃ-] M Trainings-, Jogginganzug
chanfaina [tʃ-] F GASTR geschmorte Leber und Lunge
chanquete [tʃaŋke-] M GASTR Sprotte *f*
chantaje [tʃantaxe] M Erpressung *f* **chantajear** erpressen
chapa [tʃ-] F Blech *n*; Platte; Blechmarke **chapado** furniert; beschlagen; **~ en oro** (aus) Golddoublé
chaparrón [tʃ-] M Regenguss
chapistería F [tʃ-] Autospenglerei
chapotear [tʃ-] plan(t)schen; plätschern
chapucear [tʃapuθ-] pfuschen
chapucero **1** ADJ stümperhaft **2** M, **-a** F Pfuscher(in)
chapurr(e)ar [tʃ-] radebrechen
chapuza [tʃapuθa] F Pfusch *m*
chapuzar (ein-, unter)tauchen
chaqué [tʃake] M Cut(away)
chaqueta F Jacke; **~ de punto** Strickjacke; **~ vaquera** Jeansjacke **chaquetón** M längere Jacke *f*
charanga [tʃ-] F Blechmusik (-kapelle)
charca [tʃ-] F Tümpel *m* **charco** M Pfütze *f*, Lache *f*
charcutería [tʃ-] F Schweinemetzgerei; Wurstwaren *fpl*
charla [tʃ-] F Plauderei; INTERNET Chat *m* **charlar** schwatzen, plaudern; INTERNET chatten
charnela [tʃ-] F Scharnier *n*
charol [tʃ-] M Lack-, Glanzleder *n*
chárter [tʃ-] **vuelo** *m* **~** Charterflug
¡chas! [tʃ-] klatsch!, platsch!
chasco [tʃ-] M Streich; *umg* Reinfall; **llevarse un ~** reinfallen
chasis [tʃasi(s)] M AUTO Fahrgestell *n*

chasquear [tʃaske-] schnalzen; *umg* reinlegen
chat [tʃ-] M INTERNET Chat; **sala** *f* **de ~** Chatroom *m*
chatarra [tʃ-] F Schrott *m*
chatear INTERNET chatten
chato [tʃ-] **1** ADJ stumpfnasig **2** M niedriges Weinglas *n*
chaval [tʃ-] M *umg* Junge **chavala** F *umg* Mädchen *n*
check-in M FLUG *etc* check-in *m*
checo [tʃ-] **1** ADJ tschechisch **2** M, **-a** F Tscheche, Tschechin
chelín [tʃ-] M *hist* Schilling
cheque [tʃeke] M Scheck **cobrar un ~** e-n Scheck einlösen
chequeo M MED Check, Vorsorgeuntersuchung *f*; AUTO Inspektion *f*
Chequia F Tschechien *n*
chía [tʃ-] F **semillas** *fpl* **de ~** Chiasamen *mpl*
chic [tʃ-] schick
chica [tʃ-] Mädchen *n*; Dienstmädchen *n*
chicharrón [tʃitʃ-] M GASTR (Speck)Griebe *f*
chichón [tʃitʃ-] M Beule *f* (*am Kopf*)
chicle [tʃ-] M Kaugummi
chico [tʃ-] **1** ADJ klein **2** M Junge
chiflado [tʃ-] *umg* bescheuert; **~ por** verrückt nach
Chile [tʃ-] M Chile *n*
chileno **1** ADJ chilenisch **2** M, **-a** F Chilene, Chilenin
chillar [tʃiʎ-] kreischen; schreien **chillón** **1** ADJ grell, auffällig **2** M Schreihals
chimenea [tʃ-] F Kamin *m*; Schornstein *m*
chimpancé [tʃimpanθe] M Schimpanse
China [tʃ-] F China *n*
chinche [tʃintʃe] F Wanze
chincheta F Reißzwecke
chino [tʃ-] **1** ADJ chinesisch **2** M, **-a** F Chinese, Chinesin
chip M [tʃ-] Chip
chipirón [tʃ-] M kleiner Tintenfisch
Chipre [tʃ-] F Zypern *n*
chiquilla [tʃikiʎa] F kleines Mädchen *n* **chiquillada** F Kinderei **chiquillo** M kleines Kind *n*; kleiner Junge
chirimoya [tʃ-] F Chirimoya, Zuckerapfel *m*
chirona [tʃ-] F *umg* Knast *m*
chirriar [tʃ-] knarren, quietschen
chisme [tʃ-] M Klatsch; *umg* Ding *n*
chispa [tʃ-] F Funke(n) *m* **chispear** funkeln **chisporrotear** Funken sprühen; prasseln
¡chist! [tʃ-] pst!
chiste [tʃ-] M Witz **chistoso** witzig
chocante [tʃ-] anstößig; schockierend **chocar** an-, zusammenstoßen; *fig* Anstoß erregen; schockieren
chocho [tʃotʃo] tatterig; vertrottelt
chocolate [tʃ-] M Schokolade

f; ~ **negro** dunkle Schokolade **chocolatina** [tʃ-] F Schokoriegel *m*, Schokoladentäfelchen *n*
chófer [tʃ-] M Fahrer, Chauffeur
chollo [tʃoʎo] M *umg* Schnäppchen *n*
chopo [tʃ-] M Pappel *f*
choque [tʃoke] M Stoß; Zusammenstoß
chorizo [tʃoriθo] M Paprikawurst *f*
chorrear [tʃ-] triefen; rieseln **chorro** M (Wasser)Strahl; *fig* Schwall
choza [tʃoθa] F Hütte
chubasco [tʃ-] M (Regen)-Schauer; ~ **de nieve** Schneeschauer
chuchería [tʃutʃ-] F (nette) Kleinigkeit; Näscherei
chucrut [tʃ-] M Sauerkraut *n*
chufa [tʃ-] F Erdmandel
chuleta [tʃ-] F Kotelett *n* **chuletón** M großes Kalbs-/Rinderkotelett *n*
chulo **1** M Angeber; Zuhälter **2** ADJ frech, vorlaut; *umg* hübsch, nett; **ponerse** ~ *umg* frech werden
chumbera [tʃ-] F Feigenkaktus *m* **chumbo**: **higo** *m* ~ Kaktusfeige *f*
chupada [tʃ-] **dar una** ~ e-n Zug tun **chupado** ausgemergelt; *umg* kinderleicht **chupar** lutschen, saugen
chupete [tʃ-] M Schnuller
churrasco [tʃ-] M *Am* Fleisch *n* vom Grill **churrería** F Verkaufsstand *m* für Churros **churro** M *in Öl ausgebackenes Spritzgebäck*
chusma [tʃ-] F Pack *n*, Gesindel *n*
chutar [tʃ-] *Fußball* schießen; **esto va que chuta** das klappt prima **chutarse** *umg* fixen
ciática [θ-] F Ischias *m/n*
ciberacoso M Internetmobbing *n* **ciberadicto** internetsüchtig **ciberataque** M Cyberangriff **cibercafé** [θ-] M Internet-Café *n* **ciberespacio** [-θ-] M Cyberspace
cicatriz [θikatriθ] F Narbe **cicatrizar** vernarben
ciclismo [θ-] M Radsport **ciclista** M/F Radfahrer(in)
ciclo [θ-] M Zyklus, Kreislauf **ciclomotor** M Moped *n*
ciclón [θ-] M Wirbelsturm
cicloturismo M Fahrradtourismus, Radwandern *n*
ciegas [θ-]: **a** ~ blindlings **ciego** **1** ADJ blind **2** M, **-a** F Blinde(r) *m/f(m)*
cielo [θ-] M Himmel; **a ~ raso** (*od* **abierto**) im Freien **cielorraso** M *Am* (Zimmer)Decke *f*
cien [θ-] hundert (*vor subst*)
ciencia [θĭenθ-] F Wissenschaft **ciencias** FPL Naturwissenschaften **científico** **1** ADJ wissenschaftlich **2** M, **-a** F Wissenschaftler(in)
ciento [θ-] hundert; **el dos por**

~ zwei Prozent, 2%
cierre [θ-] M Schluss; Schließung *f*; Verschluss; **~ adhesivo** Klettverschluss; **~ centralizado** AUTO Zentralverriegelung *f*
cierro [θ-] → cerrar
cierto [θ-] gewiss; sicher; **estar en lo ~** recht haben
ciervo [θ-] M Hirsch
cifra [θ-] F Ziffer, Zahl **cifrar** verschlüsseln
cigala [-θ-] F ZOOL Kaisergranat *m*
cigarrillo [θiɣarriʎo] M Zigarette *f*; **~ electrónico** E-Zigarette *f* **cigarro** M Zigarre *f*
cigüeña [θiɣŭeɲa] F Storch *m*
cigüeñal M Kurbelwelle *f*
cilindrada [θ-] F Hubraum *m*
cilíndrico zylindrisch **cilindro** M Zylinder
cima [θ-] F Gipfel *m*, Bergspitze; *fig* Höhepunkt *m*
cimentar [θ-] (be)gründen **cimiento** M *meist* **~s** PL Grundmauer *f*; Fundament *n* (*a. fig*)
cinc [θ-] M Zink *n*
cincel [θinθ-] M Meißel **cincelar** meißeln; stechen
cinco [θ-] fünf **cincuenta** fünfzig
cine [θ-] M Kino *n*; **~ mudo** Stummfilm; **~ sonoro** Tonfilm
cineasta M/F Cineast(in); Filmschaffende(r) *m/f(m)*
cínico [θ-] **1** ADJ zynisch **2** M, **-a** F Zyniker(in)
cinismo [θ-] M Zynismus
cinta [θ-] F Band *n*; Streifen *m*; **~ adhesiva** Klebestreifen *m*; **~ aislante** Isolierband *n*; **~ métrica** Bandmaß *n*; **~ de vídeo** Video *n*
cintura [θ-] F Taille **cinturón** M Gürtel; Gurt; **~ de seguridad** Sicherheitsgurt; **ponerse el ~** sich anschnallen
ciprés [θ-] M Zypresse *f*
circo [θ-] M Zirkus
circuito [θ-] M Rundreise *f*; SPORT Rennstrecke *f*; ELEK Stromkreis
circulación [θirkulaθ-] F Kreislauf *m* (*a.* MED); *Verkehr* Verkehr *m* **circular** **1** ADJ kreisförmig **2** F Rundschreiben *n* **3** V/I umlaufen, zirkulieren; *Verkehr* fahren, verkehren
círculo [θ-] M Kreis (*a. fig*); FLUG Warteschleife *f*
circunferencia [θirkumferenθ-] F MATH Umfang *m*; Umkreis *m* **circunscribir** MATH umschreiben **circunspecto** vorsichtig, behutsam **circunstancia** [-θ-] F Umstand *m*; **en estas ~s** unter diesen Umständen **circunvalación** [-θ-] F (**carretera** *f* **de**) **~** Umgehungsstraße
ciruela [θ-] F Pflaume; **~ claudia** Reneklode; **~ pasa** Backpflaume
cirugía [θirux-] F Chirurgie; **~ estética/dental** Schönheits-/Kieferchirurgie **cirujano,-a** [-x-] M,F Chirurg(in)
cisne [θ-] M Schwan

cisterna [θ-] F Zisterne
cita [θ-] F Verabredung; Zitat *n*; ~ **online** Onlinedating *n* **citación** [-θ-] F JUR Vorladung **citar** bestellen; JUR zitieren; vorladen **citarse** sich verabreden
cítricos [θ-] MPL Zitrusfrüchte *fpl*
ciudad [θ-] F Stadt; **Ciudad del Cabo** Kapstadt *n*; **Ciudad del Vaticano** Vatikanstadt **ciudadanía** F Staatsbürgerschaft
ciudadano 1 ADJ städtisch 2 M, **-a** F Bürger(in); Städter(in) **ciudadela** F Zitadelle
cívico [θ-] (staats)bürgerlich; **deber** *m* ~ Bürgerpflicht *f*
civil [θ-] 1 ADJ bürgerlich, zivil; **por lo** ~ *Heirat* standesamtlich 2 M, **-a** F Zivilist(in) **civilización** [-θaθ-] F Zivilisation, Kultur **civilizado** [-θ-] zivilisiert, gebildet **civilizar** [-θ-] zivilisieren
clamar schreien, rufen (**por** nach) **clamor** M Geschrei *n*
clandestino heimlich
claqué [-ke] M Stepptanz
clara F Eiweiß *n* **claraboya** F Oberlicht *n*, Dachluke
claridad F Helle; Klarheit **clarificar** klären
clarín M Signalhorn *n*
clarinete M Klarinette *f*
claro hell; klar; deutlich; **poner en** ~ klarstellen
clase F Klasse (*a. Schule*); Unterricht(sstunde *f*) *m*; Vorlesung; Art, Sorte; **~s particulares** Privatunterricht *m*; **tener** ~ Unterricht haben; *fig* Stil haben; **toda ~ de** allerlei
clásico 1 ADJ klassisch 2 M Klassiker
clasificación [-θ-] F Einteilung, Klassifikation; SPORT Qualifikation **clasificador** M (Akten)Ordner **clasificar** einordnen, sortieren **clasificarse** SPORT sich qualifizieren
claustro M Kreuzgang
cláusula F Klausel
clausura F (Ab)Schluss *m*
clausurar schließen
clavar (an)nageln
clave 1 F *fig* Schlüssel *m* (*a.* MUS); Code *m*; Kennung, Kennwort *n* 2 M Cembalo *n*
clavel M Nelke *f* **clavícula** F Schlüsselbein *n* **clavija** [-xa] F Stift *m*, Bolzen *m*; ELEK Stecker *m* **clavo** M Nagel; GASTR Gewürznelke *f*
claxon M Hupe *f*
clemencia [-θ-] F Milde, Gnade **clemente** mild, gütig
clic M Klick; IT **hacer ~ (sobre)** (an)klicken; **doble** ~ Doppelklick; **hacer doble** ~ doppelklicken (**en** auf *akk*)
clienta F Kundin, Klientin; Patientin **cliente** M Kunde, Klient; Patient **clientela** F Kundschaft
clima M Klima *n* **climático** Klima...; **cambio** *m* ~ Klimawandel **climatizador** [-θ-] M Klimaanlage *f*

clínica F Klinik
clip M Ohrclip; Büroklammer *f*
cloro M Chlor *n* **cloroformo** M Chloroform *n*
club M Klub; ~ **nocturno** Nachtlokal *n*
coagularse gerinnen
coalición [-θ-] F Koalition
coartada F Alibi *n*
cobarde 1 ADJ feige 2 M Feigling **cobardía** F Feigheit
cobaya F, **cobayo** M Meerschweinchen *n*; *fig* Versuchskaninchen *n*
cobertizo [-θo] M Schuppen
cobertura F WIRTSCH Deckung; TEL **no tengo** ~ ich habe kein Netz
cobra F Kobra
cobrador(a) M(F) Kassierer(in)
cobrar kassieren; *Gehalt* beziehen; *Gutschrift* einlösen; *Preis* verlangen
cobre M Kupfer *n*
cobro M Erhebung *f*; Einziehung *f*, Inkasso *n*
cocaína F Kokain *n* **cocainómano** kokainsüchtig
cocer [-θ-] kochen
coche [-tʃe] M Wagen; Auto *n*; BAHN Wa(g)gon; ~ **eléctrico** Elektroauto *n*; ~ **de alquiler** Leihwagen; ~ **de carreras** Rennwagen **coche-bomba** M Autobombe *f* **coche-cama** M Schlafwagen **cochecito** [-θ-] M Kinderwagen **coche-literas** M Liegewagen
coche-restaurante M Speisewagen
cochina [-tʃ-] F Sau (*a. fig*) **cochinillo** [-ʎo] M Spanferkel *n*
cochino M Schwein *n* (*a. fig*)
cocido [-θ-] M *spanischer* Eintopf
cociente [-θ-] M ~ **(intelectual)** (Intelligenz)Quotient
cocina [-θ-] F Küche; ~ **de gas/eléctrica** Gas-/Elektroherd *m* ~ **de inducción** Induktionsherd *m*; ~ **integral** Einbauküche **cocinar** kochen **cocinera** F Köchin **cocinero** M Koch
coco M Kokosnuss *f*; *umg* **comerse el** ~ sich das Hirn zermartern
cocodrilo M Krokodil *n*
cóctel M Cocktail **coctelera** F Cocktail-Shaker *m*
codicia [-θ-] F Habsucht **codiciar** begehren **codicioso** habsüchtig
código M Kode; JUR Gesetzbuch *n*; ~ **bancario** Bankleitzahl *f*; ~ **de barras** Strichkode; ~ **de la circulación** Straßenverkehrsordnung *f*; ~ **postal** Postleitzahl *f*
codirector(a) M,F Kodirektor(in) *m(f)* **codirigir** V/T gemeinsam leiten, führen
codo M Ellbogen; TECH Knierohr *n*
codorniz [-θ] F Wachtel
cofre M Schatulle *f*
coger [-x-] nehmen, (er)greifen, fassen; ~ **el tren/el bus** den Zug/den Bus nehmen **co-**

gida [-x-] F Verletzung (*durch den Stier*)
coherencia [-θ-] F Zusammenhang *m* **coherente** zusammenhängend
cohete M Rakete *f*
coincidencia [-θiðenθ-] F Zusammentreffen *n* **coincidir** zusammentreffen; sich überschneiden; übereinstimmen
coito M Koitus, Beischlaf
cojear [-x-] hinken
cojín [-x-] M Kissen *n* ~ **reposacabezas** *bes* FLUG Nackenkissen **cojinete** M TECH Lager *n*
cojo [-xo] hinkend, lahm; *Möbel* wackelig
col F Kohl *m*; ~ **de Bruselas** Rosenkohl *m*
cola F Leim *m*; ZOOL Schwanz *m*; **hacer ~** Schlange stehen
colaboración [-θ-] F Mitarbeit **colaborador(a)** M(F) Mitarbeiter(in) **colaborar** mitarbeiten
colación [-θ-] F Imbiss *m*
colador M Sieb *n*
colapsar zusammenbrechen (*a. fig*) **colapso** M MED Kollaps, *a. fig* Zusammenbruch
colarse sich einschmuggeln
colcha [-tʃa] F Bettdecke
colchón [-tʃ-] M Matratze *f*; ~ **neumático** Luftmatratze *f*
colección [-ɣθ-] F Sammlung **coleccionar** [-ɣθ-] sammeln **coleccionista** [-ɣθ-] M/F Sammler(in) **colecta** F Kollekte **colectivo** 1 ADJ gemeinsam, kollektiv 2 M *Am* Kleinbus
colega M/F Kollege, -gin **colegio** [-x-] M Schule *f*; (Berufs)-Kammer *f*
cólera 1 F Zorn *m* 2 M Cholera *f*
colesterol M MED Cholesterin *n*
colgador M Kleiderbügel **colgar** (an-, auf)hängen; *Hörer* auflegen; ~ **en Internet** ins Internet stellen, hochladen; **¡no cuelgue!** bleiben Sie am Apparat!; ~ **a/c en Internet** etw ins Internet stellen **colgarse** IT abstürzen
colibrí M Kolibri
cólico M Kolik *f*
coliflor F Blumenkohl *m*
colilla [-ʎa] F (Zigaretten)-Stummel *m*, *umg* Kippe
colina F Hügel *m*
colisión F Zusammenstoß *m*; ~ **en cadena** Massenkarambolage
collar [-ʎ-] M Halsband *n*, (Hals)Kette *f*
colmena F Bienenkorb *m*
colmillo [-ʎo] M Eckzahn; ZOOL Stoß-, Reißzahn
colmo M Übermaß *n*; *fig* Gipfel; **¡es el ~!** das ist die Höhe!
colocación [-θ-] F Aufstellung; Anstellung **colocar** (an-, auf-, ein)stellen; *Geld* anlegen
Colombia F Kolumbien *n*
colombiano 1 kolumbianisch 2 M, **-a** F Kolumbianer(in)

colonia F **1** Kolonie; Siedlung **2** **Colonia** Köln *n* **colonial**: **estilo** *m* ~ Kolonialstil **colonizar** [-θ-] besiedeln, kolonisieren
colonoscopia F MED (Dick)-Darmspiegelung
color M Farbe *f*; **de ~** farbig **colorado** rot **color(e)ar** färben
colosal riesig, kolossal
columna F Säule; Kolonne; (Zeitungs)Spalte, Kolumne; **~ vertebral** Wirbelsäule
columpio M Schaukel *f*
coma **1** M MED Koma *n*; **estar en ~** im Koma liegen **2** F GRAM Komma *n*
comadre F Klatschbase **comadrona** F Hebamme
comandancia [-θ-] F Kommandantur **comandante** M Kommandant; MIL Major; FLUG Kapitän
comarca F Gegend
combate M Kampf **combatir** (be)kämpfen
combinación [-θ-] F Zusammenstellung; Kombination; Unterrock *m*; **~ numérica** Zahlenkombination **combinado** M Cocktail **combinar** zusammenstellen; kombinieren
combustible **1** ADJ brennbar **2** M Brennstoff **combustión** F Verbrennung
comedia F Komödie; Schauspiel *n* **comediante** M/F Schauspieler(in); Komödiant(in)
comedor M Esszimmer *n*; Speisesaal; **~ universitario** Mensa *f*
comentar kommentieren
comenzar [-θ-] anfangen (**a** zu)
comer essen
comercial [-θ-] kaufmännisch; Handels...; Geschäfts... **comerciante** M/F Kaufmann, -frau **comerciar** handeln
comercio [-θ-] M Handel; Geschäft *n*; **~ electrónico** E-Commerce
comestible essbar **comestibles** MPL Esswaren *fpl*
cometa **1** M Komet **2** F (Papier)Drachen *m*
cometer begehen, verüben
cometido M Aufgabe *f*; Auftrag
cómic M Comic **cómico** **1** ADJ komisch **2** M, **-a** F Komiker(in)
comida F Essen *n*; Mahlzeit
comienzo [-θo] M Anfang; **al ~** anfangs; **a ~s de junio** Anfang Juni
comillas [-ʎ-] FPL Anführungszeichen *npl*
comino M Kreuzkümmel
comisaría F Kommissariat *n*; Polizeirevier *n* **comisario,-a** M,F Kommissar(in); **~ de la EU** EU-Kommissar(in) **comisión** F Ausschuss *m*, Kommission; HANDEL Provision; **Comisión Europea** europäische Kommission
comité M Ausschuss
como wie, sowie; als; ungefähr; da, weil; **¿cómo?** wie?; **¡cómo**

no! natürlich!
comodidad F Bequemlichkeit
comodín M Joker; IT Wildcard f
cómodo bequem
compacto kompakt; fest
compadecer [-θ-] bemitleiden
compañero,-a [-ɲ-] M,F Kamerad(in); Gefährte, Gefährtin; Kollege, Kollegin; ~ **de vida** Lebenspartner(in)
compañía [-ɲ-] F Gesellschaft; ~ **aérea/de seguros/telefónica** Flug-/Versicherungs-/Telefongesellschaft; **en** ~ **de** in Begleitung von; **hacer** ~ **a alg** j-m Gesellschaft leisten
comparable vergleichbar
comparación [-θ-] F Vergleich *m*; **en** ~ **con** im Vergleich zu **comparar** vergleichen
comparecer [-θ-] (vor Gericht) erscheinen
comparsa M/F Statist(in) **compartimiento** M Abteilung *f*; BAHN Abteil *n* **compartir** teilen
compás M Zirkel; MUS Takt
compasión F Mitleid *n* **compasivo** mitleidig, mitfühlend
compatible vereinbar
compatriota M/F Landsmann *m*, Landsmännin *f*
compendio M Auszug; Abriss, Leitfaden
compensación [-θ-] F Ausgleich *m*; Entschädigung **compensar** ausgleichen; entschädigen
competencia [-θ-] F Konkurrenz, Wettbewerb *m*; Zuständigkeit **competente** kompetent; zuständig **competidor(a)** M(F) Konkurrent(in)
competir konkurrieren **competitivo** konkurrenzfähig
complaciente [-θ-] gefällig
complejo **1** ADJ kompliziert **2** M *Gebäude, psychisch* Komplex; ~ **turístico** Ferienanlage *f*, Ferienclub
complementario ergänzend
complemento M Ergänzung *f*
completar vervollständigen; ergänzen **completo** vollständig; voll, besetzt
complicación [-θ-] F Komplikation **complicar** komplizieren
cómplice [-θe] M Komplize
complicidad [-θ-] F Mitschuld; Beihilfe
componente M Bestandteil
componer zusammensetzen; bilden; MUS komponieren
componerse bestehen (**de** aus)
comportamiento M Verhalten *n* **comportar** mit sich bringen **comportarse** sich betragen, sich verhalten
composición [-θ-] F Zusammensetzung; MUS Komposition
compositor(a) M(F) Komponist(in)
compota F Kompott *n*

compra F Kauf *m*; Einkauf *m* **comprador(a)** M(F) Käufer(in) **comprar** kaufen, einkaufen **comprender** verstehen; umfassen **comprensible** verständlich **comprensión** F Verständnis *n* **comprensivo** verständnisvoll **compresa** F Kompresse; (Damen)Binde **compresión** F Druck *m*, Kompression **compresor** M Kompressor **comprimido** M Tablette *f* **comprimir** zusammendrücken, -pressen **comprobación** [-θ-] F Bestätigung; (Nach)Prüfung **comprobante** M Beleg **comprobar** bestätigen; nachweisen; überprüfen **comprometer** bloßstellen **comprometerse** sich verpflichten **compromiso** M Verpflichtung *f*; Kompromiss; **sin ~** unverbindlich **computador(a)** M(F) Computer *m* **computar** berechnen **común** gemeinsam; gewöhnlich; **poco ~** ungewöhnlich; **tener en ~** gemeinsam haben **comunal** Gemeinde… **comunicación** [-θ-] F Mitteilung; Verbindung (*a.* TEL); **estar en ~ con alg** mit j-m in Verbindung stehen **comunicar** mitteilen; verbinden **comunidad** F Gemeinschaft **comunión** F Kommunion, Abendmahl *n* **comunismo** M Kommunismus **comunista** 1 ADJ kommunistisch 2 M/F Kommunist(in) **con** mit; bei; **~ eso** demnach **cóncavo** konkav **concebir** [-θ-] BIOL empfangen; *fig* begreifen **conceder** [-θ-] gewähren; zugestehen **concejal(a)** [-θεx-] M(F) *Person* Stadtrat *m*, -rätin *f* **concejo** [-x-] M (Stadt-, Gemeinde)Rat **concentración** [-θentraθ-] F Konzentration **concentrar** konzentrieren **concepción** [-θεβθ-] F Empfängnis; *fig* Auffassung **concepto** M Begriff; Auffassung *f*; **en ~ de** als **concerniente** [-θ-] **~ a** betreffend **concernir** betreffen **concertar** [-θ-] abschließen; vereinbaren **concertino** M MUS Konzertmeister **concesión** [-θ-] F Bewilligung; Konzession **concesionario** M Vertragshändler **concha** [-tʃa] F Muschel **conciencia** [-θienθ-] F Gewissen *n*; Bewusstsein *n*; **~ ecológica** Umweltbewusstsein *n* **concienzudo** [-θ-] gewissenhaft **concierto** [-θ-] M MUS Konzert *n*; *fig* Übereinstimmung *f*; Vereinbarung *f*; **~ al aire libre** Open-Air-Konzert *n* **conciliación** [-θiliaθ-] F Versöhnung; JUR Schlichtung

conciliar ver-, aussöhnen; *fig* in Einklang bringen **concilio** M Konzil *n*
conciso [-θ-] knapp, kurz
concluir V/T (ab)schließen, vollenden; folgern; V/I enden **conclusión** F Schlussfolgerung; Vollendung; Abschluss *m* **concluyente** überzeugend; *Beweis* schlagend
concordar V/T in Einklang bringen; V/I übereinstimmen
concretar konkretisieren **concreto** 1 ADJ konkret 2 M *Am* Beton
concurrencia [-θ-] F Zulauf *m*, Andrang *m*; *fig* Zusammentreffen *n* **concurrido** stark besucht **concurrir** zusammenkommen (*a. fig*); ~ **a** mitwirken bei; teilnehmen an (*dat*)
concursante M/F Wettbewerbsteilnehmer(in) **concursar** *an e-m Wettbewerb* teilnehmen **concurso** M Wettbewerb; Preisausschreiben *n*; RADIO, TV Quiz *n*; WIRTSCH Ausschreibung *f*
conde M Graf
condecoración [-θ-] F Auszeichnung; Orden *m* **condecorar** auszeichnen
condena F Verurteilung; Strafe
condenar verurteilen (*a. fig*)
condensador M Kondensator
condensar kondensieren; zusammenfassen
condesa F Gräfin
condescendiente [-θen-] nachgiebig; *pej* herablassend
condición [-θ-] F Bedingung; Beschaffenheit; ~ **física** *bes* SPORT Kondition; **a ~ de que** vorausgesetzt, dass; **estar en condiciones de** in der Lage sein zu; **sin condiciones** bedingungslos; **condiciones** *pl* **de uso** Nutzungsbedingungen *fpl*
condicional bedingt **condicionar** bedingen
condimentar würzen **condimento** M Gewürz *n*
condón M Kondom *n*
conducción [-ɣθ-] F Lenkung; TECH, *von Wasser*: Leitung **conducir** führen, leiten; AUTO fahren **conducta** F Betragen *n*, Verhalten *n* **conducto** M Leitung *f*; ANAT Gang, Kanal
conductor M Fahrer; ELEK Leiter **conductora** F Fahrerin
conectar verbinden; einschalten; anschließen **conectarse** INTERNET (sich) einloggen (a in *akk*)
conejillo [-xiʎo] M ~ **de Indias** Meerschweinchen *n*; *fig* Versuchskaninchen *n* **conejo** [-xo] M Kaninchen *n*
conexión F Verbindung; Schaltung; Anschluss *m*; ~ **a Internet/telefónica** Internet-/Telefonanschluss *m*; IT ~ **USB** USB-Anschluss *m*
confección [-ɣθ-] F Anfertigung; *Mode* Konfektion **confeccionar** anfertigen
confederación [-θ-] F Bünd-

nis *n*, Bund *m*; Verband *m*
conferencia [-θ-] F Konferenz; Vortrag *m*; TEL *a.* Gespräch *n* **conferenciante** M/F Vortragende(r) *m/f(m)*, Redner(in)
conferir verleihen
confesar gestehen; REL beichten **confesarse** beichten **confesión** F Geständnis; REL Beichte **confesionario** M Beichtstuhl **confeso** geständig **confesor** M Beichtvater
confiado vertrauensvoll, -selig **confianza** [-θa] F Vertrauen *n*; **de ~** zuverlässig **confiar** vertrauen; anvertrauen
confidencia [-θ-] F vertrauliche Mitteilung **confidencial** [-θ-] vertraulich **confidente** M/F Vertraute(r) *m/f(m)*; (Polizei)Spitzel *m*
confirmación [-θ-] F Bestätigung; REL Firmung; Konfirmation **confirmar** bestätigen
confiscación [-θ-] F Beschlagnahme **confiscar** beschlagnahmen
confitar einmachen, einlegen **confitería** F Süßwarenladen *m* **confitura** F Konfitüre
conflictivo konfliktreich, Konflikt... **conflicto** M Konflikt
confluencia [-θ-] F Zusammenfluss *m* **confluir** zusammenfließen; *a. fig* zusammenströmen
conformar bilden, gestalten **conformarse** sich begnügen, sich abfinden (**con** mit) **conforme**: **estar ~ con** einverstanden sein mit; **~ a** gemäß, entsprechend **conformidad** F Übereinstimmung; Zustimmung
confort M Komfort **confortable** bequem, gemütlich
confrontación [-θ-] F Gegenüberstellung **confrontar** gegenüberstellen
confundir verwechseln; verwirren; beschämen **confundirse** in Verwirrung geraten **confusión** F Verwirrung; Verwechslung; Durcheinander *n* **confuso** verwirrt, konfus; verworren
congelación [-xelaθ-] F Gefrieren *n*; Einfrieren *n* (*a. fig*) **congelado** tiefgekühlt; (**alimentos** *mpl*) **~s** Tiefkühlkost *f* **congelador** M Gefrierfach *n*; *Gerät* Gefrierschrank, -truhe *f* **congelar** einfrieren
congeniar [-x-] harmonisieren
congénito angeboren **congestión** F Stauung (*a. Verkehr*); Blutandrang *m*
Congo M Kongo
congraciarse [-θ-] **~ con** sich beliebt machen bei
congratulación [-θ-] F Glückwunsch *m* **congratular** gratulieren **congratularse**: **~ de a/c** *fig* etw begrüßen
congregar versammeln **congresista** M/F Kongressteilnehmer(in) **congreso** M Kongress
congruencia [-θ-] F Überein-

stimmung
cónico kegelförmig, konisch
conífera F Nadelholz *n*
conjetura [-x-] F Vermutung
conjugación [-xuɣaθ-] F Konjugation **conjugar** GRAM konjugieren; *fig* vereinigen
conjunción [-xunθ-] F Verbindung; GRAM Konjunktion **conjuntivitis** F Bindehautentzündung **conjunto** 1 ADJ gemeinsam 2 M Gesamtheit *f*, Ganze(s) *n*; Ensemble *n* (*a. Kleid*); **en ~** im Ganzen
conjuración [-xuraθ-] F Verschwörung **conjurar** beschwören **conjurarse** sich verschwören
conllevar [-ʎ-] mit sich bringen
conmemoración [-θ-] F Gedenkfeier **conmemorar** gedenken
conmigo mit mir, bei mir
conmoción [-θ-] F Erschütterung; *fig* Aufruhr *m*; **~ cerebral** Gehirnerschütterung **conmovedor** erschütternd, ergreifend **conmover** erschüttern, rühren
conmutador M ELEK Schalter
cono M Kegel
conocer [-θ-] (er)kennen; kennenlernen **conocido** 1 ADJ bekannt 2 M, **-a** F Bekannte(r) *m/f(m)* **conocimiento** M Kenntnis *f*; Bekanntschaft *f*; MED Bewusstsein *n*
conque [-ke] also, nun
conquista [-ki-] F Eroberung
conquistador M Eroberer
conquistar erobern
consabido bewusst **consagrar** weihen; *fig* widmen **consanguíneo** [-ɣi-] blutsverwandt
consciente [-θ-] bewusst
consecuencia [-θ-] F Folge, Konsequenz **consecuente** konsequent **consecutivo** aufeinanderfolgend
conseguir [-ɣir] erlangen, bekommen; erreichen
consejero,-a [-x-] M,F Ratgeber(in), Berater(in) **consejo** [-xo] M Rat(schlag); POL *Gremium*: Rat
consentimiento M Einwilligung *f*, Zustimmung *f* **consentir** gestatten, zulassen
conserje [-x-] M(F) Hausmeister(in), Portier *m*
conserva F Konserve **conservador** 1 ADJ konservativ 2 M, **conservadora** F Kustos; POL Konservative(r) *m/f(m)*
conservante M Konservierungsmittel *n* **conservar** erhalten; (auf)bewahren; *Obst etc* einmachen, konservieren **conservatorio** M Konservatorium *n*
considerable ansehnlich, beträchtlich **consideración** [-θ-] F Betrachtung, Erwägung; Rücksicht; Hochachtung; **en ~ a** in Anbetracht (*gen*) **considerar** bedenken, erwägen; be-

rücksichtigen
consigna F Losung, Weisung; BAHN Gepäckaufbewahrung; **~ automática** BAHN Schließfach
consigo mit sich, bei sich
consiguiente [-ɣĭ-] entsprechend; **por ~** folglich
consistencia [-θ-] F Festigkeit; Konsistenz **consistente** fest, stark **consistir**: **~ en** bestehen aus
consolar trösten **consolidar** sichern; (be)festigen **consomé** M Kraftbrühe *f*, Bouillon *f*
consonancia [-θ-] F Einklang *m*, Übereinstimmung **consonante** F Konsonant *m*
conspiración [-θ-] F Verschwörung **conspirador(a)** M(F) Verschwörer(in) **conspirar** sich verschwören
constancia [-θ-] F Beharrlichkeit, Ausdauer **constante** konstant, beständig **constar** feststehen; bestehen (**de** aus); **me consta** ich weiß sicher; **hacer ~** feststellen
constelación [-θ-] F Sternbild *n*; Konstellation
consternado bestürzt
constipado M Schnupfen
constiparse sich erkälten
constitución [-θ-] F Einsetzung, Gründung; MED Konstitution; POL Verfassung; **Día de la Constitución** Tag der spanischen Verfassung **constitucional** [-θ-] verfassungsmäßig
constituir bilden; errichten; einsetzen
construcción [-ɣθ-] F Konstruktion; Bau *m* **constructor(a)** M(F) Bauunternehmer(in), Erbauer(in) **construir** bauen; errichten
consuelo M Trost
cónsul M(F) Konsul(in); **~ general/honorario** General-/Honorarkonsul
consulado M Konsulat *n*
consulta F Beratung; Anfrage; MED (Arzt)Praxis; Sprechstunde **hora** *f* **de ~** Sprechzeit(en) *f(pl)*
consultar um Rat fragen; konsultieren **consultorio** M (Arzt)Praxis *f*
consumar vollbringen; vollziehen **consumición** [-θ-] F GASTR Verzehr *m*, Zeche **consumidor(a)** M(F) Verbraucher(in) **consumir** verzehren; verbrauchen **consumista** konsumorientiert
consumo M Verbrauch, Konsum; **de bajo ~** Energiespar…
contabilidad F Buchführung
contable M Buchhalter
contactar Kontakt aufnehmen (**con** mit) **contacto** M Berührung *f*; Kontakt
contado: **al ~** bar **contador** M TECH Zähler; **~ Geiger** Geigerzähler **contaduría** F Rechnungsamt *n*; Zahlstelle
contagiar(se) [-x-] (sich) anstecken **contagio** M Ansteckung *f* **contagioso** ansteckend

contaminación [-θ-] F Verseuchung; **~ ambiental/atmosférica** Umwelt-/Luftverschmutzung; **de baja ~** schadstoffarm; *Motor* abgasarm
contaminante **1** ADJ umweltschädlich; **no ~** umweltfreundlich **2** M Schadstoff **contaminar** verseuchen, verschmutzen
contar zählen; rechnen; erzählen; **~ con** *fig* rechnen mit, zählen auf (*akk*)
contemplación [-θ-] F Betrachtung **contemplar** betrachten
contemporáneo **1** ADJ zeitgenössisch **2** M, **-a** F Zeitgenosse *m*, -genossin *f*
contenedor M Container; **~ de vidrio (reciclable)** Altglascontainer **contener** enthalten **contenerse** sich beherrschen, an sich halten
contenido M Inhalt
contentar zufriedenstellen **contentarse** sich begnügen (**con** mit) **contento** zufrieden
contestación [-θ-] F Antwort **contestador** M **~ automático** Anrufbeantworter **contestar** (be)antworten
contexto M Zusammenhang
contigo mit dir; bei dir
contiguo angrenzend; Neben...
continencia [-θ-] F Enthaltsamkeit **continental** kontinental **continente** **1** ADJ enthaltsam **2** M Kontinent, Erdteil
continuación [-θ-] F Fortsetzung; **a ~** anschließend **continuar** V/T fortsetzen; V/I weitermachen; **continuará** Fortsetzung folgt
continuo ständig, dauernd
contorno M Umgegend *f*; Umriss **contorsión** F Verdrehung; Verrenkung
contra gegen; **en ~** entgegen; dagegen; **el pro y el ~** das Für und Wider **contrabajo** M Kontrabass **contrabandista** M/F Schmuggler(in) **contrabando** M Schmuggel
contracción [-γθ-] F Zusammenziehung, Kontraktion
contraceptivo [-θeβ-] M Verhütungsmittel *n*
contradecir [-θ-] widersprechen **contradicción** [-γθ-] F Widerspruch *m* **contradictorio** widersprüchlich
contraer zusammenziehen; *Schulden* machen
contralto M MUS Alt
contraluz [-θ] F Gegenlicht *n* **contramedida** F Gegenmaßnahme **contrapartida** F Gegenleistung **contraproducente** [-θ-] unzweckmäßig
contrario **1** ADJ entgegengesetzt; **al ~** im Gegenteil; **de lo ~** andernfalls; **todo lo ~** ganz im Gegenteil **2** M, **-a** F Gegner(in)
contrasentido M Widersinn
contraseña [-ɲa] F Losungs-, Kennwort *n*; IT Passwort *n*

contrastar im Widerspruch stehen (**con** zu) **contraste** M Gegensatz, Kontrast
contratación [-θ-] F An-, Einstellung (*von Personal*); HANDEL Vertragsabschluss *m* **contratante** M/F Vertragspartner(in) **contratar** engagieren, einstellen
contratiempo M Missgeschick *n*; (ärgerlicher) Zwischenfall
contratista M/F (Bau)Unternehmer(in)
contrato M Vertrag; **~ de alquiler** Mietvertrag; **~ laboral** Arbeitsvertrag
contravenir zuwiderhandeln (**a** *dat*), verstoßen (**a** gegen)
contraventana F Fensterladen *m*
contribución [-θ-] F Beitrag *m*; Steuer, Abgabe **contribuir** beitragen, beisteuern (**a** zu) **contribuyente** M/F Steuerzahler(in)
control M Kontrolle *f*; **~ aéreo** Flugsicherung *f* **controlador(a)** M(F) **1** Kontrolleur(in) **2** *nur m* IT Treiber; **~ aéreo** Fluglotse **controlar** kontrollieren **controlarse** sich beherrschen
controversia F Kontroverse; Auseinandersetzung **controvertido** umstritten
contusión F Quetschung; Prellung
convalecencia [-θenθ-] F Genesung **convalecer** genesen
convencer [-θ-] überzeugen; überreden **convencimiento** M Überzeugung *f* **convención** F Abkommen *n* **convencional** herkömmlich, konventionell
conveniencia F Zweckmäßigkeit; Nutzen *m* **conveniente** zweckmäßig, angebracht
convenio M Abkommen *n*
convenir V/T vereinbaren; V/I *j-m* passen; angebracht sein
convento M Kloster *n*
conversación [-θ-] F Unterhaltung, Gespräch *n* **conversar** sich unterhalten
conversión F Um-, Verwandlung; WIRTSCH Umrechnung; REL Bekehrung **convertir** um-, verwandeln; REL bekehren **convertirse**: **~ en** sich verwandeln in (*akk*); werden zu
convexo konvex
convicción [-ɣθ-] F Überzeugung
convidado M, **-a** F Gast *m*
convidar einladen (**a** zu)
convincente [-θ-] überzeugend
convivencia [-θ-] F Zusammenleben *n*
convocar einberufen **convocatoria** F Einberufung
convoy M Geleit(zug *m*) *n*; BAHN Zug
convulsión F Krampf *m* Zuckung **convulsivo** krampfhaft
conyugal ehelich

cónyuge [-xe] M/F Ehegatte *m*, -gattin *f*; **~s** *pl* Ehepaar *n*
coñac [-ɲ-] M Kognak
coño [-ɲo] M *vulg* Fotze *f*; **¡qué ~ …!** *sl* was zum Teufel …!
cooperación [-θ-] F Mitwirkung, Zusammenarbeit **cooperante** M/F Entwicklungshelfer(in) **cooperar** mitarbeiten **cooperativa** F Genossenschaft
coordinar koordinieren
copa F (Stiel)Glas *n*; SPORT Pokal *m*; Baumkrone; **tomar(se) una ~** einen trinken (gehen); **Copa Mundial, Copa del Mundo** Weltcup *m*; **Copa del Rey** *span Fußballpokal*
Copenhague F Kopenhagen *n*
copia F Kopie; FOTO Abzug *m*; **~ pirata** Raubkopie; **~ de seguridad** IT Sicherheitskopie **copiadora** F Kopiergerät *n* **copiar** abschreiben; (foto)kopieren; nachahmen
copiloto M/F FLUG Kopilot(in); AUTO Beifahrer(in)
copioso reichlich
copla F Strophe; Liedchen *n*
copo M Flocke *f*
coqueta [-ke-] kokett **coquetear** kokettieren
coraje [-xe] M Mut; Zorn
coral **1** M Koralle *f* **2** F Chor *m*
corán M Koran
corazón [-θ-] M Herz *n*; **no tener ~** herzlos sein **corazonada** F Ahnung
corbata F Krawatte
corchea [-tʃ-] F MUS Achtelnote **corchete** M Haken
corcho [-tʃo] M Kork
cordel M Schnur *f*
cordero M Lamm *n* (*a. fig*)
cordial herzlich **cordialidad** F Herzlichkeit
cordillera [-ʎ-] F Gebirgskette
cordón M Schnur *f*; Schnürsenkel; Postenkette *f*, Kordon; **~ umbilical** Nabelschnur *f*
cordura F Verstand *m*
Corea F Korea *n*
cornada F (Verletzung durch e-n) Hornstoß *m*
córnea F *Auge* Hornhaut
corneja [-xa] F Krähe
córner M SPORT Eckball
corneta F MUS Kornett *n*
cornudo gehörnt (*a. fig*)
coro M Chor
corona F Krone; Kranz *m* **coronación** [-θ-] F Krönung (*a. fig*) **coronar** krönen (*a. fig*)
coronel M Oberst
coronilla [-ʎa] F **estar hasta la ~** *umg* die Nase voll haben
corpiño [-ɲo] M Mieder *n*
corporación [-θ-] F Körperschaft **corporal** körperlich, Körper…
corpulento korpulent, dick
Corpus M Fronleichnam
correa F Riemen *m*; Gurt *m*; Uhrarmband *n*; *Am* Gürtel *m*; TECH Treibriemen *m*; **~ del ventilador** AUTO Keilriemen *m*
corrección [-ɣθ-] F Verbesserung, Korrektur **correcto** rich-

tig; korrekt **corrector(a)** M(F) Korrektor(in)
corredor(a) M(F) **1** Läufer(in); Rennfahrer(in); HANDEL Makler(in) **2** *nur m* ARCH Korridor
corregir [-x-] (ver)bessern, korrigieren
correo M Post® *f*; *Person* Kurier; **(oficina** *f* **de) ~s** *pl* Postamt *n*; **~ aéreo** Luftpost *f*; **~ basura** Spam *f*; **~ de voz** Voicemail *f*; **por ~ (privado)** per Kurier; **enviar por ~ electrónico** mailen, als Mail senden
correr V/I laufen; *Wasser* fließen; V/T *Vorhang* zuziehen; *Risiko* eingehen
correspondencia [-θ-] F BAHN Anschluss *m*; HANDEL Korrespondenz **corresponder** entsprechen; zukommen, zustehen; *Gefühle etc* erwidern **correspondiente** entsprechend
corrida F Lauf *m*; **~ de toros** Stierkampf *m*
corriente **1** ADJ laufend; *Wasser* fließend; *fig* gewöhnlich, alltäglich; **estar al ~** auf dem Laufenden sein **2** F Strom *m* (*a.* ELEK); *fig* Strömung; **~ alterna/continua** Wechsel-/Gleichstrom *m*; **~ de aire** Luftzug *m*; **Corriente del Golfo** Golfstrom *m*
corroborar bestärken, bekräftigen
corroer zer-, anfressen; ätzen
corromper verderben; *fig* bestechen; verführen
corrosión F Korrosion **corrosivo** ätzend (*a. fig*)
corrupción [-θ-] F Verwesung, Fäulnis; *fig* Korruption; Bestechung **corruptible** bestechlich **corrupto** *fig* verdorben, korrupt
corsario M Korsar, Pirat
corsé M Korsett *n*
cortacésped [-θ-] M Rasenmäher **cortado** **1** ADJ *fig* verlegen **2** M Espresso mit Milch
cortar (ab-, durch-, zer)schneiden; *Wasser, Gas, Strom, Straße* sperren; *Verbindung* unterbrechen; **~ con alg** mit j-m Schluss machen **cortarse** *Milch* gerinnen; *fig* verlegen werden; stecken bleiben **cortaúñas** [-ɲ-] M Nagelzange *f*
corte **1** M Schnitt; *Stoff* Zuschnitt; MED Schnittwunde *f* **2** F (Königs)Hof *m*; *Am* Gericht (-shof *m*) *n* **3** **Cortes** *pl das spanische Parlament*
cortés höflich **cortesía** F Höflichkeit
corteza [-θa] F (Baum)Rinde; Kruste
cortijo [-xo] M *andalusisches Landgut n*
cortina F Gardine; Vorhang *m*
cortisona F MED Kortison *n*
corto kurz; **~ de vista** kurzsichtig **cortocircuito** [-θ-] M ELEK Kurzschluss **cortometraje** [-xe] M Kurzfilm
corzo [-θo] M Reh *n*

cosa F Sache, Ding *n*; ~ **de** ungefähr; **alguna** ~ (irgend)etwas; **otra** ~ etwas anderes; **poca** ~ wenig; **no es gran** ~ das ist nichts Besonderes; **¿sabes una** ~? weißt du was?
cosecha [-tʃa] F Ernte **cosechar** ernten
coser nähen
cosmética F Kosmetik **cosmético** M Schönheitsmittel *n*, Kosmetikum *n*
cosmopolita **1** ADJ kosmopolitisch **2** M/F Weltbürger(in)
cosquillas [-kiʎ-] FPL **hacer** ~ kitzeln **cosquilloso** kitz(e)lig
costa **1** F Küste; **Costa Azul** Côte d'Azur; **Costa de Marfil** Elfenbeinküste, Côte d'Ivoire; **bajar a la costa** ans Meer fahren **2** **a** ~ **de** auf Kosten von; ~**s** *pl* Gerichtskosten
costado M Seite *f*
costar kosten; *fig* schwerfallen; ~ **caro** *fig* teuer zu stehen kommen
coste M Preis, Kosten *pl*; ~ **de la vida** Lebenshaltungskosten *pl*; **de bajo coste** Billig... **costear** die Kosten tragen für
costilla [-ʎa] F Rippe
costoso kostspielig, teuer
costra F Kruste; MED Schorf *m*
costumbre F Gewohnheit; Sitte, Brauch *m*; **mala** ~ schlechte Angewohnheit; **(como) de** ~ (wie) gewöhnlich
costura F Naht; Nähen *n*; **alta** ~ Haute Couture **costurera** F Näherin, Schneiderin **costurero** M Nähkasten
cotidiano täglich
cotización [-θaθ-] F (Börsen)-Notierung, (Börsen)Kurs *m* **cotizar** V/T notieren; V/I Beitrag zahlen
coto M ~ **de caza** Jagdrevier *n*
coyuntura F Konjunktur
CP ABR **(Código Postal)** PLZ (Postleitzahl)
cráneo M Schädel
cráter M Krater
creación [-θ-] F Schöpfung
creador **1** ADJ schöpferisch **2** M Schöpfer **crear** (er)schaffen **creativo** kreativ
crecer [-θ-] wachsen; *fig* zunehmen
crecida [-θ-] F Hochwasser *n*
creciente wachsend, steigend **crecimiento** M Wachstum *n*; Zunahme *f*
crédito M Kredit; Ansehen *n*, Ruf; ~ **bancario** Bankkredit; **a** ~ auf Kredit
crédulo leichtgläubig
creencia [-θ-] F Glaube *m* **creer** glauben; meinen **creíble** glaubhaft
crema F **1** Creme; ~ **hidratante** Feuchtigkeitscreme ~ **de día/noche** Nacht-/Tagescreme; ~ **solar** Sonnencreme **2** GASTR Sahne; Cremesuppe; ~ **catalana** Vanillecreme mit Karamellkruste ~ **de leche** dickflüssige Sahne
cremación [-θ-] F (Leichen)-

Verbrennung
cremallera [-ʎ-] F Reißverschluss *m; österr* Zippverschluss *m;* **(ferrocarril** *m* **de)** ~ Zahnradbahn *f*
crepitar prasseln, knistern
crepúsculo M (Abend)Dämmerung *f*
crespo kraus
cresta F (Hahnen)Kamm *m*
Creta F Kreta *n*
creyente 1 ADJ gläubig 2 M/F REL Gläubige(r) *m/f(m)*
cría F Zucht; Brut; Junge(s) *n*
criada F Dienstmädchen *n*
criadero M Züchterei *f* **criado** M Diener **criador(a)** M(F) Züchter(in) **criar** züchten; aufziehen; säugen **criarse** aufwachsen **criatura** F Kreatur; *umg* Kind *n*
crimen M Verbrechen *n*
criminal 1 ADJ verbrecherisch 2 M/F Verbrecher(in); ~ **de guerra** Kriegsverbrecher(in) **criminalidad** F Kriminalität
crío M *umg* Kind *n*
criollo [-ʎo] 1 ADJ kreolisch 2 M, **-a** F Kreole *m*, -in *f*
crisantemo M Chrysantheme *f*
crisis F Krise; ~ **financiera/económica** Finanz-/Wirtschaftskrise; ~ **de la deuda** Schuldenkrise; ~ **nerviosa** Nervenzusammenbruch *m*
crispado *fig* gespannt; gereizt
crisparse sich verkrampfen; nervös werden
cristal M Glas *n;* Kristall *n;* Fensterscheibe *f* **cristalería** F Glaswaren *fpl;* Gläser *npl*
cristiandad F Christenheit
cristianismo M Christentum *n* **cristiano** 1 ADJ christlich 2 M, **-a** F Christ(in)
Cristo M Christus
criterio M Kriterium *n*
crítica F Kritik **criticar** kritisieren **crítico** 1 ADJ kritisch 2 M, **-a** F Kritiker(in)
Croacia [-θ-] F Kroatien *n*
croata 1 ADJ kroatisch 2 M(F) Kroate, Kroatin
cromo M Chrom *n*
cromosoma M Chromosom *n*
crónica F Chronik **crónico** chronisch
cronista M/F Chronist(in) **cronológico** [-x-] chronologisch
cronómetro M Stoppuhr *f*
croqueta [-ke-] F Krokette
croquis [-ki-] M Skizze *f*
cruasán M Croissant *m/n*
cruce [-θe] M Kreuzung *f* (*a.* BIOL); ~ **de autopista** Autobahnkreuz *n* **crucero** M SCHIFF Kreuzer; Kreuzfahrt *f*
crucial [-θ-] *fig* entscheidend
crucificar kreuzigen **crucifijo** [-xo] M Kruzifix *n* **crucigrama** M Kreuzworträtsel *n*
crudeza [-θa] F Rohheit **crudo** 1 ADJ roh (*a. fig*) 2 M Rohöl *n*
cruel grausam **crueldad** F Grausamkeit
crujiente [-x-] knusprig **crujir** knirschen; knacken; knarren

cruz [-θ] F Kreuz *n* (*a. fig*) **cruzar** kreuzen (*a.* BIOL); *Straße* überqueren **cruzarse** sich begegnen
cuaderno M Heft *n*
cuadra F Pferdestall *m*
cuadrado **1** ADJ quadratisch, *umg* viereckig; Quadrat... **2** M Viereck *n*; Quadrat *n*
cuadrilla [-ʎa] F Trupp *m*
cuadro M Bild *n* (*a.* THEAT, *fig*), Gemälde *n*; Tabelle *f*; Tafel *f*; **~ de diálogo** IT Dialogfenster *n*; **~ de mandos** (*od* **instrumentos**) AUTO Armaturenbrett *n*; **de ~s** kariert
cuádruple vierfach
cuajada [-x-] F Dickmilch **cuajar** fest werden; *Schnee* liegen bleiben; *umg fig* klappen, hinhauen **cuajarse** gerinnen
cual: **el, la, lo ~** der, die, das; welche(r, -s); **por lo ~** weswegen; **¿cuál?** wer?, welcher?
cualidad F Qualität; Eigenschaft
cualquier(a) [-ki-] irgendein; jede(r) beliebige; irgendjemand; **~ día** irgendwann; **en ~ caso** auf jeden Fall
cuando **1** wann; **¿cuándo?** wann?; **de ~ en ~** von Zeit zu Zeit; **~ quiera** jederzeit **2** KONJ wenn; als
cuantía F Summe, Höhe
cuantioso zahlreich, bedeutend **cuanto** wie viel; alles was; **~ antes** möglichst bald; **en ~** sobald, sowie; **en ~ a** was ... betrifft; **~ más que** um so mehr als; **unos ~s** ein paar; **¿cuánto?** wie viel?; **¿cuánto tiempo?** wie lange?; **¿a cuántos estamos?** der Wievielte ist heute?
cuarenta vierzig **cuarentena** F Quarantäne
cuaresma F Fastenzeit
cuartel M Kaserne *f*; **~ general** Hauptquartier *n*
cuarteto M Quartett *n*
cuarto **1** ADJ vierte(r) **2** M Viertel *n*; Zimmer *n*; **~ de baño** Badezimmer *n*; **~ de estar** Wohnzimmer *n*; **~ de hora** Viertelstunde *f*
cuarzo [-θo] M Quarz
cuatro vier **cuatrocientos** vierhundert
cuba F Fass *n*; Kübel *m*
Cuba F Kuba *n* **Cubalibre** M GASTR Coca-Cola *f* mit Rum oder Gin **cubano** **1** ADJ kubanisch **2** M, **-a** F Kubaner(in)
cúbico kubisch; Kubik...
cubierta F Hülle; Deckel *m*; Umschlag *m*; SCHIFF Deck *n* **cubierto** **1** ADJ bedeckt **2** M Besteck *n*; Gedeck *n*
cubilete M Würfelbecher
cubitera F Eiswürfelbehälter *m* **cubito** M **~ de caldo, de hielo** Suppen-, Eiswürfel
cubo M Würfel; Kubikzahl *f*; Eimer; **~ de basura** Mülleimer
cubrir (be-, ver-, zu)decken; *Stelle* besetzen **cubrirse** sich bedecken

cucaracha [-tʃa] F Kakerlake *m*, Schabe
cuchara [-tʃ-] F Löffel *m* **cucharada** F Löffelvoll *m* **cucharilla** [-ʎa], **cucharita** F Kaffee-, Teelöffel *m* **cucharón** M Schöpflöffel
cuchichear [-tʃitʃ-] flüstern, tuscheln
cuchilla [-tʃiʎa] F Klinge, Schneide; *bes Am* Rasierklinge
cuchillo M Messer *n*
cuclillas [-ʎ-] **en ~** hockend
cuco M Kuckuck
cucurucho [-tʃo] M Papiertüte *f*; Eiswaffel *f*
cuello [-ʎo] M Hals; Kragen
cuenca GEOG Becken *n* **cuenco** M Napf
cuenta F Rechnung; Konto *n*; **~ atrás** Count-down *m*; **~ corriente** Girokonto *n*; **~ de correo (electrónico)** E-Mail-Account *m*; IT **~ de usuario** Account *m*, Benutzerkonto *n*; **darse ~ de** *etw* (be)merken; **tener en ~** berücksichtigen
cuentakilómetros M Kilometerzähler
cuento M Erzählung *f*; Märchen *n*; *fig* Gerede *n*
cuerda F Seil *n*; Leine; MUS Saite; **dar ~ (al reloj)** (die Uhr) aufziehen; **~s vocales** Stimmbänder *npl*
cuerno M Horn *n* (*a.* MUS)
cuero M Leder *n*; **en ~s** *umg* splitternackt
cuerpo M Körper; **~ docente** Lehrkörper
cuervo M Rabe
cuesta F Hang, Abhang *m*; Steigung; **a ~s** auf dem Rücken
cuestión F Frage **cuestionar** in Frage stellen **cuestionario** M Fragebogen
cueva F Höhle
cuidado M Sorgfalt *f*; Vorsicht *f*; Sorge *f*, Pflege *f*; **de ~** gefährlich, mit Vorsicht zu genießen; **tener ~** aufpassen; **¡~!** Vorsicht!
cuidador(a) M(F) Pfleger(in)
cuidadoso sorgfältig **cuidar** betreuen, versorgen; pflegen **cuidarse** sich pflegen, sich schonen; **~ de** sich hüten vor (*dat*); sich kümmern um
culebra F Schlange **culebrón** M *umg* TV Seifenoper *f*
culminante: **punto** *m* **~** Höhepunkt
culo M *umg* Hintern
culpa F Schuld; **echar la ~ de a/c a alg** j-m die Schuld an etw geben; **tener la ~ de** schuld sein an (*dat*)
culpable **1** ADJ schuldig **2** M/F Schuldige(r) *m/f(m)* **culpar** beschuldigen
cultivador(a) M(F) Züchter(in)
cultivar an-, bebauen; *fig* pflegen, kultivieren **cultivo** M Anbau; Züchtung *f*; *fig* Pflege *f*; **~ biológico/ecológico** biologischer/ökologischer Anbau
culto **1** ADJ gebildet **2** M Kult
cultura F Kultur; Bildung

culturismo M Bodybuilding *n*
cumbre F Gipfel *m* (*a. fig*); (**reunión** *f* **en la**) ~ POL Gipfeltreffen *n*
cumpleaños [-ɲ-] M Geburtstag; **¡feliz ~!** alles Gute zum Geburtstag!
cumplido 1 ADJ vollkommen, vollendet 2 M Kompliment *n*; **sin ~s** ohne Umstände **cumplimentar** begrüßen; beglückwünschen **cumplimiento** M Erfüllung *f*; Ausführung *f*
cumplir erfüllen; ausführen; *Strafe* absitzen; **~ 40 años** 40 Jahre (alt) werden; **~ con su deber** s-e Pflicht tun
cuna F Wiege; Kinderbett *n*
cuneta F Straßengraben *m*
cuña [-ɲa] F Keil *m*
cuñada F Schwägerin **cuñado** M Schwager
cuota F Quote; Beitrag *m*
cupo M Kontingent *n*, Anteil
cupón M Zinsschein; Kupon
cúpula F Kuppel
cura 1 F Kur; **~ termal** Badekur 2 M Pfarrer **curable** heilbar
curación [-θ-] F Heilung **curar** heilen **curarse** genesen, gesund werden
curiosidad F Neugier; Sehenswürdigkeit **curioso** neugierig; merkwürdig
cursi kitschig; *Person* affektiert
cursilería F Kitsch *m*; Getue *n*
cursillo [-ʎ-] M Kurs, Lehrgang
curso M Lauf; Verlauf; Lehrgang, Kurs(us); Schuljahr *n*
curtido abgehärtet; (sonnen)gebräunt **curtir** gerben; *fig* abhärten
curva F Kurve **curvarse** sich krümmen, sich biegen **curvo** krumm, gebogen
custodia F Aufbewahrung; Obhut; JUR **~ (compartida)** (gemeinsames) Sorgerecht *n* **custodiar** bewachen
cutáneo Haut... **cutis** M (Gesichts)Haut *f*
cuyo, cuya dessen, deren

D

D. (Don) Herr (*vor Vornamen*)
Da. (Doña) Frau (*vor Vornamen*)
dádiva F Gabe, Spende
dado M Würfel; **~ que** da
dama F Dame; (**juego** *m* **de**) **~s** *pl* Damespiel *n*
damasco M Damast; *Am* Aprikose *f*
damnificado M, **-a** F Geschädigte(r) *m/f(m)* **damnificar** (be)schädigen
damos → dar
danés 1 ADJ dänisch 2 M, **-esa** F Däne *m*, Dänin *f*
Danubio M Donau *f*
danza [-θa] F Tanz *m* **danzar** tanzen
dañar [-ɲ-] schaden; schädigen

dañarse Schaden leiden **dañino** schädlich

daño M Schaden; **~ material** Sachschaden; **~s** *pl* **ambientales** Umweltschäden; **hacer ~** Schaden anrichten; wehtun; **hacerse ~** sich verletzen; sich wehtun

dar geben; schenken; *Freude etc* machen; **~ a** *Fenster, Tür* gehen auf (*akk*); **~ con** finden; *Person* treffen; **~ contra** stoßen gegen; **dan las cinco** es schlägt fünf (Uhr)

dardo M Wurfspieß; Speer

dársena F Hafenbecken *n*

datar datieren

dátil M Dattel *f*

datos MPL Angaben *fpl*, Daten *pl*; **~ personales** Personalien *pl*; **~ de acceso** Zugangsdaten *pl*

de von; aus; **~ 20 años** zwanzigjährig; **~ oro** aus Gold; **~ niño** als Kind; **~ noche** bei Nacht, nachts; **un vaso ~ agua** ein Glas Wasser

debajo [-xo] unten, unterhalb; **~ de** unter (*dat od akk*)

debate M Debatte *f* **debatir** besprechen, debattieren

deber 1 M Pflicht *f*; **~es** *pl* Hausaufgaben *fpl* 2 V/T schulden; *fig* verdanken; V/I sollen, müssen, **~ de** (eigentlich) müssen, sollen; **no ~** nicht dürfen

deberse sich gehören; zurückzuführen sein (**a** auf *akk*) **debido** gebührend; **~ a** wegen; **como es ~** wie es sich gehört

débil schwach **debilidad** F Schwäche **debilitar** schwächen

débito M Schuld *f*; Soll *n*

debut M Debüt *n* **debutar** debütieren

década F Dekade

decadencia [-θ-] F Verfall *m*; Dekadenz **decadente** dekadent **decaer** in Verfall geraten; nachlassen **decaído** matt; mutlos **decaimiento** M Verfall; *fig* Niedergeschlagenheit *f*

decantador M Dekanter *m*

decapitar enthaupten

decatlón M SPORT Zehnkampf

decena [-θ-] F (etwa) zehn

decencia [-θenθ-] F Anstand *m*; Schicklichkeit **decenio** M Jahrzehnt *n* **decente** anständig

decepción [-θεβθ-] F Enttäuschung *f* **decepcionar** enttäuschen

decidido [-θ-] entschlossen, entschieden **decidir** entscheiden **decidirse** sich entschließen (**a** zu)

décima [-θ-] F Zehntel *n*

decimal [-θ-] Dezimal…

décimo [-θ-] 1 ADJ zehnte(r) 2 M Zehntel *n*; *Lotterie* Zehntellos *n*

decir [-θ-] sagen; **es ~** das heißt; **se dice que** es heißt, dass …; **¡diga!** TEL hallo!; **por así ~lo** sozusagen

decisión [-θ-] F Entscheidung;

fig Entschlossenheit **decisivo** entscheidend
declamar vortragen; deklamieren
declaración [-θ-] F Erklärung; JUR Aussage; ~ **de impuestos** Steuererklärung; **tomar** ~ **a** JUR vernehmen, verhören **declarar** erklären; JUR aussagen **declararse** *Feuer etc* ausbrechen
declinar V/T ablehnen; GRAM deklinieren; V/I *fig* abnehmen; sich neigen
declive M Abhang; **en** ~ abschüssig
decodificador M Decoder
decolaje [-x-] M FLUG Start
decoración [-θ-] F, **decorado** M Dekoration *f*; THEAT Bühnenbild *n* **decorar** dekorieren
decoro M Anstand
decrecer [-θ-] abnehmen
decrépito hinfällig, altersschwach
decrepitud F Altersschwäche
decretar verordnen **decreto** M Verordnung *f*, Erlass
dedal M Fingerhut
dedicación [-θ-] F Widmung; *fig* Hingabe **dedicar** widmen **dedicatoria** F Widmung
dedo M Finger; ~ **(del pie)** Zehe *f*; ~ **del corazón** Mittelfinger; ~ **gordo** Daumen
deducción [-ɣθ-] F Ableitung; HANDEL Abzug *m* **deducir** [-θ-] ableiten, folgern; HANDEL abziehen **deduje** [-xe], **deduzco** [-θko] → deducir
defecto M Fehler, Mangel **defectuoso** fehlerhaft; schadhaft
defender verteidigen **defensa** **1** F Verteidigung; Schutz *m* **2** M SPORT Verteidiger **defensivo** verteidigend **defensor(a)** M(F) Verteidiger(in) (*a.* JUR); ~**(a) de la naturaleza** Naturschützer(in)
deficiencia [-θĭenθ-] F Mangel *m*; Fehlerhaftigkeit; ~ **inmunitaria** Immunschwäche **deficiente** mangelhaft; ~ **mental** geistig behindert
déficit [-θ-] M Defizit *n*
defiendo → defender
definición [-θ-] F Definition **definir** definieren **definitivo** endgültig
deforestación [-θ-] F Abholzung **deforestar** abholzen
deformar entstellen **deforme** unförmig
defraudar veruntreuen; betrügen; *fig* enttäuschen
defunción [-θ-] F Tod(esfall) *m*
degenerar [-x-] entarten; ~ **en** ausarten in (*akk*)
degradación [-θ-] F Degradierung; Erniedrigung; Verfall *m*
degustación [-θ-] F Kosten *n*; ~ **de vino** Weinprobe **degustar** probieren, kosten
dejadez [-xaðeθ] F Nachlässigkeit; Schlamperei **dejado** nachlässig **dejar** lassen; weg-, hinter-, los-, zu-, verlassen; ~

de aufhören zu **dejarse** sich gehen lassen
delantal M Schürze *f*
delante vorn, voran; **~ de** vor **delantera** F Vorderteil *n*, -seite **delantero** **1** ADJ Vorder... **2** M SPORT Stürmer
delatar denunzieren; verraten **delator(a)** M(F) Denunziant(in)
delegación [-θ-] F Abordnung, Delegation **delegado** M, **-a** F Abgeordnete(r) *m/f(m)*
deletrear buchstabieren
delfín M Delfin
delgadez [-θ] F Dünne, Feinheit; Schlankheit **delgado** dünn; fein; schlank
deliberar beraten; erörtern
delicadeza [-θa] F Zartheit; Takt(gefühl *n*) *m* **delicado** zart, fein; *fig* empfindlich; heikel
delicia [-θ-] F Vergnügen *n*; Entzücken *n* **delicioso** köstlich
delimitar ab-, begrenzen
delincuencia F Kriminalität **delincuente** M/F Delinquent(in); **~ sexual** Sexualtäter(in)
delineador M **~ de ojos** Eyeliner **delineante** M/F technischer Zeichner, technische Zeichnerin **delinear** umreißen; *fig* entwerfen
delirante *fig* rasend **delirar** irreden, fantasieren **delirio** M Delirium *n*; *fig* Raserei *f*
delito M Vergehen *n*; Straftat *f*; Delikt *n*; **~ sexual** Sexualdelikt *n*
demanda F Forderung; JUR Klage; HANDEL Nachfrage (**de** nach) **demandado** M, **-a** F Beklagte(r) *m/f(m)* **demandante** M/F Kläger(in) **demandar** fordern; JUR verklagen
demás: **lo ~** das Übrige; **los ~** die anderen; **por lo ~** im Übrigen
demasiado zu; zu viel; zu sehr
demencia [-θ-] F Wahnsinn *m* **demente** **1** ADJ wahnsinnig **2** M/F Geistesgestörte(r) *m/f(m)*
democracia [-θ-] F Demokratie **demócrata** M/F Demokrat(in) **democrático** demokratisch
demoler zerstören; *Bau* abreißen **demolición** [-θ-] F Zerstörung; Abbruch *m*
demonio M Dämon; Teufel; **como un ~** fuchsteufelswild; **¿qué ~s ...?** was zum Teufel ...?
demora F Verzögerung; Verzug *m* **demorar** verzögern; aufschieben
demostración [-θ-] F Vorführung; Beweis *m* **demostrar** vorführen; beweisen; zeigen, bekunden **demostrativo** demonstrativ
denegar verweigern; abschlagen, ablehnen
denominación [-θ-] F Benennung; Bezeichnung; **~ de origen** Herkunftsbezeichnung
denominador M MATH Nenner **denominar** benennen

denotar bedeuten, hindeuten auf (*akk*)
densidad F Dichte **denso** dicht
dentadura F Gebiss *n* **dentífrico** M Zahnpasta *f* **dentista** M/F Zahnarzt, -ärztin **dentón** M ZOOL, GASTR Zahnbrasse *f*
dentro darin, drinnen; ~ **de** innerhalb (*gen*)
denuncia [-θ-] F Anzeige **denunciante** M/F Denunziant(in) **denunciar** anzeigen, denunzieren
departamento M Abteilung *f*; BAHN Abteil *n*
dependencia [-θ-] F Abhängigkeit **depender**: ~ **de** abhängen von; **depende** das kommt darauf an **dependiente** 1 ADJ abhängig 2 M/F Angestellte(r) *m/f(m)*; Verkäufer(in)
depilar enthaaren **depilatorio** M Enthaarungsmittel *n*; **crema** *f* **-a** Enthaarungscreme
deplorable bedauerlich **deplorar** beklagen; bedauern
deporte M Sport; ~ **náutico** Wassersport; **hacer** ~ Sport treiben **deportista** M/F Sportler(in) **deportivo** sportlich; Sport...
deposición [-θ-] F Aussage
depositar hinterlegen, deponieren **depósito** M Depot *n*, Lager *n*; HANDEL Einlage *f*; ~ **de gasolina** Benzintank
depravado lasterhaft, verkommen
depreciación [-θĭaθ-] F (Geld)Entwertung **depreciar** entwerten **depreciarse** an Wert verlieren
depresión F WIRTSCH, MED Depression
deprimido deprimiert **deprimir** deprimieren
depuración [-θ-] F Reinigung; POL Säuberung **depuradora** F Kläranlage **depurar** reinigen; POL säubern
derecha [-tʃa] F rechte Hand; *a.* POL Rechte; **a la** ~ (nach) rechts **derecho** 1 ADJ recht; gerade; aufrecht; **siga** ~ gehen Sie immer geradeaus 2 M Recht *n*; Anspruch (**a** auf *akk*) **derechos** PL Steuer *f*; Gebühren *fpl*; Tantiemen *pl*
derivación [-θ-] F Ableitung **derivar** ableiten
dermatólogo,-a M,F Hautarzt, -ärztin
derramar vergießen, verschütten **derramarse** sich ergießen; auslaufen **derrame** M Auslaufen *n*; ~ **cerebral** Gehirnblutung *f*
derrapar AUTO ins Schleudern geraten
derretir schmelzen **derretirse** schmelzen, zergehen
derribar umwerfen; *Gebäude* abreißen **derribo** M Abbruch
derrocar POL stürzen
derrochar [-tʃ-] verschwenden **derroche** M Verschwendung *f*

derrota F Niederlage; SCHIFF, FLUG Kurs *m* **derrotar** vernichten, schlagen
derrumbamiento M Einsturz; *a. fig* Zusammenbruch **derrumbarse** einstürzen; zusammenbrechen
desabrochar [-tʃ-] aufhaken, aufknöpfen
desacelerar [-θ-] AUTO langsamer fahren; *fig* entschleunigen
desacertar [-θ-] sich irren **desacierto** [-θ-] M Irrtum
desaconsejar [-x-] abraten
desacoplar auskuppeln
desacostumbrar: **~ a alg de a/c** j-m etw abgewöhnen
desacreditar in Misskredit bringen
desactivar deaktivieren
desacuerdo M Unstimmigkeit *f*; Meinungsverschiedenheit *f*
desafiar herausfordern
desafinado MUS verstimmt
desafío M Herausforderung *f*
desafortunado unglücklich
desagradable unangenehm
desagradecido [-θ-] undankbar **desagrado** M Missfallen *n*
desagüe M Abfluss
desahogado bequem; wohlhabend **desahogarse** sich aussprechen
desairar zurücksetzen; herabsetzen **desaire** M Zurücksetzung *f*, Kränkung *f*
desajustar [-x-] TECH verstellen
desalentar entmutigen
desaliento M Mutlosigkeit *f*
desaliñado [-ɲ-] ungepflegt, schlampig **desalmado** herzlos
desalojamiento [-x-] M Vertreibung *f*; Räumung *f* **desalojar** vertreiben; räumen
desamparado hilflos **desamparo** M Schutzlosigkeit *f*
desangrarse verbluten
desanimado mut-, lustlos **desanimar** entmutigen **desanimarse** den Mut verlieren
desapacible [-θ-] unfreundlich (*a. Wetter*)
desaparecer [-θ-] verschwinden **desaparecido** [-θ-] M, **-a** F Verschwundene(r) *m/f(m)*; Vermisste(r) *m/f(m)* **desaparición** [-θ-] F Verschwinden *n*
desapercibido [-θ-] unvorbereitet; unbemerkt
desaprensivo rücksichtslos
desaprobación [-θ-] F Missbilligung **desaprobar** missbilligen
desaprovechado [-tʃ-] ungenutzt **desaprovechar** versäumen; ungenutzt lassen
desarmar entwaffnen; TECH abmontieren **desarme** M Abrüstung *f*
desarraigar entwurzeln; *fig* ausrotten **desarraigo** M Entwurzelung *f*; Ausrottung *f*
desarreglar in Unordnung bringen **desarreglo** M Unord-

nung *f*
desarrollar *fig* entwickeln **desarrollarse** sich entwickeln; *fig* sich abspielen **desarrollo** M Entwicklung *f*; Ablauf
desaseado unsauber; ungepflegt
desasosegar beunruhigen **desasosiego** M Unruhe *f*
desastre M Katastrophe *f* **~ nuclear** Atomkatastrophe *f*; **eres un ~** *umg fig* du bist unmöglich **desastroso** katastrophal, verheerend
desatar losbinden; lösen; *fig* auslösen, entfesseln
desatender vernachlässigen; nicht beachten **desatento** unaufmerksam; unhöflich
desatinado unsinnig **desatinar** Unsinn reden **desatino** M Unsinn; Torheit *f*
desatornillar [-ʎ-] ab-, losschrauben
desavenencia [-θ-] F Uneinigkeit; Streit *m* **desavenido** uneinig; entzweit **desaventajado** benachteiligt; unvorteilhaft
desayunar frühstücken **desayuno** M Frühstück *n*
desbancar verdrängen
desbarajuste [-x-] M Wirrwarr **desbaratar** *Plan* vereiteln, zunichtemachen
desbloquear [-ke-] freigeben
desbordar überfluten; *fig* übersteigen **desbordarse** *Fluss* über die Ufer treten; *fig* ausufern
descafeinado koffeinfrei
descalificar disqualifizieren **descalzo** [-θ-] barfuß
descansar ausruhen; rasten **descanso** M Ruhe *f*; Erholung *f*; THEAT Pause *f*; SPORT Halbzeit *f*
descapotable M AUTO Kabriolett *n* **descarado** unverschämt
descarga F Entladung (*a.* ELEK); Abladen *n*; SCHIFF Löschen *n*; **~ eléctrica** elektrischer Schlag *n* **descargar** ab-, entladen; löschen; *Waffe* entladen; *Schuss* abfeuern; JUR entlasten **descargo** M JUR Entlastung *f*
descaro M Unverschämtheit *f*, Frechheit *f*
descarrilamiento M Entgleisung *f* **descarrilar** entgleisen
descartar ausschließen
descendencia [-θendenθ-] F Nachkommenschaft; Abstammung **descendente** absteigend; fallend **descender** heruntergehen; herabsteigen; aussteigen; *Preise etc* sinken; **~ de** abstammen von **descendiente** M Nachkomme **descenso** M Abstieg; HANDEL Fallen *n*; *Ski* Abfahrtslauf
descifrar [-θ-] entziffern, enträtseln **descodificador** M Decoder **descolgar** abnehmen; *Verfolger* abhängen
descolorar entfärben **descolorarse** *Farbe* verblassen **des-**

colorido blass, farblos
descomponer zerlegen, zergliedern **descomponerse** sich zersetzen, verwesen
descomposición [-θ-] F Zersetzung, Verwesung **descompuesto** *fig* aufgelöst, verstört
desconcertado [-θ-] verwirrt; bestürzt; verblüfft **desconcertar** verwirren; aus der Fassung bringen
desconectar aus-, abschalten **desconectarse** INTERNET (sich) ausloggen
desconfiado misstrauisch **desconfianza** [-θa] F Misstrauen *n* **desconfiar**: ~ **de** misstrauen (*dat*)
descongelar [-x-] auf-, abtauen; *Löhne etc* freigeben **descongelarse** auftauen
descongestionar [-x-] *Verkehr* entlasten
desconocer [-θ-] nicht kennen; nicht wissen **desconocido** 1 ADJ unbekannt 2 M, **-a** F Unbekannte(r) *m*/*f*(*m*) **desconocimiento** M Unkenntnis *f*
desconsiderado rücksichtslos
desconsolado untröstlich **desconsolar** trostlos; hoffnungslos
desconsuelo M (tiefe) Betrübnis *f*; Trostlosigkeit *f*
descontar abrechnen, abziehen; diskontieren **descontento** 1 ADJ unzufrieden 2 M Unzufriedenheit *f* **desconvocar** absagen, *umg* abblasen
descorchador [-tʃ-] M Korkenzieher **descorchar** entkorken
descortés unhöflich **descortesía** F Unhöflichkeit
descoser *Naht* auftrennen **descoserse** aufgehen
descrédito M Verruf
describir beschreiben **descripción** [-θ-] F Beschreibung **descrito** beschrieben
descubierto 1 ADJ unbedeckt; HANDEL überzogen; ungedeckt 2 M Kontoüberziehung *f*
descubridor(a) M(F) Entdecker(in) **descubrimiento** M Entdeckung *f* **descubrir** entdecken, finden
descuento M Abzug, Rabatt, Skonto *n*; (**tipo** *m* **de**) ~ Diskont(-satz)
descuidado nachlässig **descuidar** vernachlässigen; **¡descuide!** seien Sie unbesorgt **descuidarse** nachlässig sein
descuido M Nachlässigkeit *f*; Unachtsamkeit *f*; **por** ~ aus Versehen, versehentlich
desde seit, von … an; von … aus; ~ **abajo/arriba** von unten/oben; ~ **hace un año** seit e-m Jahr; ~ **hace mucho/poco** seit Langem/Kurzem
desdén M Verachtung *f* **desdeñar** [-ɲ-] verachten, verschmähen **desdeñoso** [-ɲ-] verächtlich
desdicha [-tʃa] F Unglück *n*

desdichado unglücklich
deseable wünschenswert; erwünscht **desear** wünschen
desecar (aus)trocknen; trockenlegen
desechable [-tʃ-] Wegwerf... **desechar** wegwerfen; *fig* verwerfen **desechos** MPL Abfall *m*
desembalar auspacken
desembarcar **1** V/T *Waren* ausladen **2** V/I *Personen* an Land gehen **desembarco** M, **desembarque** [-ke] M Ent-, Ausladen *n*; Landung *f*
desembocadura F Mündung **desembocar** münden
desembolsar *Geld* ausgeben, (aus)zahlen
desembragar auskuppeln **desembrague** [-ɣe] M Auskuppeln *n*
desempaquetar [-ke-] auspacken
desempeñar [-ɲ-] *Pfand* auslösen; *Pflicht* erfüllen; *Amt* ausüben; *Rolle* spielen
desempleado M, **-a** F Arbeitslose(r) *m/f(m)* **desempleo** M Arbeitslosigkeit *f*
desempolvar abstauben
desencadenar entfesseln **desencadenarse** losbrechen, wüten
desencantar enttäuschen; ernüchtern **desencanto** M Enttäuschung *f*; Ernüchterung *f*
desenchufar [-tʃ-] ELEK abschalten
desenfadado ungezwungen **desenfado** M Ungezwungenheit *f*
desenfrenado zügel-, hemmungslos **desenfreno** M Zügellosigkeit *f*; Ungestüm *n*
desenganchar [-tʃ-] aus-, loshaken; abhängen
desengañar [-ɲ-] enttäuschen; *j-m* die Augen öffnen; **¡desengáñate!** mach dir nichts vor! **desengaño** [-ɲo] M Enttäuschung *f*
desenlace [-θe] M Lösung *f*, Ausgang, Ende *n* **desenmascarar** demaskieren, entlarven
desenredar [-rr-] entwirren
desenvoltura F Unbefangenheit, Ungezwungenheit
desenvolver auf-, los-, auswickeln **desenvuelto** ungezwungen
deseo M Wunsch; Verlangen *n*
deseoso: **~ de** begierig nach
desequilibrado [-ki-] unausgeglichen **desequilibrar** aus dem Gleichgewicht bringen
desertar desertieren **desertor** M Deserteur
desescombro M Schuttbeseitigung *f*; Aufräumarbeiten *fpl*
desesperación [-θ-] F Verzweiflung **desesperado** hoffnungslos; verzweifelt **desesperar** V/T zur Verzweiflung bringen; V/I verzweifeln (**de** an *dat*) **desesperarse** verzweifeln
desestimar verachten, gering

schätzen; *Antrag etc* ablehnen **desfachatez** [-tʃateθ] F Frechheit **desfallecer** [-ʎeθ-] ermatten; in Ohnmacht fallen **desfallecimiento** M Ohnmacht *f*; Schwäche *f*, -anfall *m*
desfavorable ungünstig
desfibrilador M Defibrillator *m*
desfigurar verzerren; entstellen
desfilar vorbeimarschieren **desfile** M Vorbeimarsch, Zug; *Parade f*; **~ de modelos** (*od* **moda**) Mode(n)schau *f*
desgana F Appetitlosigkeit; *fig* Unlust; **a ~** ungern
desgarrador herzzerreißend **desgarrar** zerreißen **desgarro** M Riss (*a.* MED); *fig* Frechheit *f*
desgastado abgenutzt, abgetragen **desgastar** abnutzen, verschleißen **desgaste** M Abnutzung *f*, Verschleiß
desgracia [-θ-] F Unglück *n*; **por ~** leider **desgraciado** 1 ADJ unglücklich 2 M Unglücksmensch
deshabitado unbewohnt
deshacer [-θ-] auseinandernehmen; aufmachen; *Koffer* auspacken **deshacerse** sich auflösen; *umg* kaputtgehen
deshecho [-tʃo] *fig* aufgelöst, *umg* erledigt **deshelar** auftauen **deshielo** M Auftauen *n*; Tauwetter *n* (*a. fig*)
deshonesto unehrlich **deshonra** [-rra] F Schande **deshonrar** [-rr-] entehren; schänden
desierto 1 ADJ öde, leer, verlassen 2 M Wüste *f*
designación [-θ-] F Bezeichnung; Ernennung **designar** bezeichnen; ernennen
desigual ungleich; uneben **desigualdad** F Ungleichheit
desilusión F Enttäuschung **desilusionar** enttäuschen
desinfección [-ɣθ-] F Desinfektion **desinfectante** M Desinfektionsmittel *n* **desinfectar** desinfizieren
desintegración [-θ-] F Zerfall *m* **desintegrarse** *a. fig* zerfallen
desinterés M Uneigennützigkeit *f*; Interesselosigkeit *f* **desinteresado** selbstlos; desinteressiert
desintoxicación [-θ-] F Entgiftung; **cura** *f* **de ~** Entziehungskur
desistir: **~ de** verzichten auf (*akk*); absehen von
desleal treulos **deslealtad** F Treulosigkeit, Untreue
desligar aufbinden; *von e-r Pflicht* entbinden
desliz [-θ-] M Fehltritt, *umg* Ausrutscher **deslizante**: **puerta** *f* **~** Schiebetür **deslizar** gleiten lassen; *Wort* fallen lassen **deslizarse** (ab-, dahin)-gleiten, rutschen

deslucido [-θ-] glanzlos; reizlos **deslucir** *fig* trüben, beeinträchtigen **deslucirse** den Reiz (*od* Glanz) verlieren
deslumbrar (ver)blenden
desmantelar demontieren
desmaquillador: **leche** *f* **-a** Reinigungsmilch **desmaquillante** M Make-up-Entferner
desmaquillar [-kiʎ-] abschminken
desmarcarse *fig* sich distanzieren (**de** von)
desmayarse ohnmächtig werden **desmayo** M Ohnmacht *f*; Schwäche *f*
desmedido übermäßig **desmejorar** [-x-] verschlechtern
desmentir abstreiten; dementieren
desmenuzar [-θ-] zerkleinern
desmesurado maßlos, unmäßig
desmontable zerlegbar, abnehmbar **desmontar** demontieren, abbauen **desmonte** M Abholzen *n*
desmoronarse einstürzen; *fig* ver-, zerfallen
desnatado entrahmt, fettarm
desnivel M Höhenunterschied; Gefälle *n* (*a. fig*)
desnudar ausziehen; *fig* entblößen **desnudarse** sich ausziehen **desnudez** [-θ] F Nacktheit, Blöße **desnudo** 1 ADJ nackt, bloß; kahl 2 M MAL Akt
desobedecer [-θ-] nicht gehorchen **desobediencia** [-θ-] F Ungehorsam *m* **desobediente** ungehorsam
desocupación [-θ-] F Untätigkeit; Arbeitslosigkeit; Räumung
desocupado unbeschäftigt; *Haus* leer (stehend), unbewohnt **desocupar** räumen, frei machen
desodorante M Deo(dorant) *n*; **~ de bola** Deoroller
desolación [-θ-] F Verwüstung; *fig* Trostlosigkeit **desolado** *fig* untröstlich, tieftraurig
desolador trostlos **desolar** verwüsten
desorden M Unordnung *f* **desordenado** unordentlich **desordenar** in Unordnung bringen
desorganización [-θaθ-] F Desorganisation; Durcheinander *n* **desorganizado** unordentlich; schlecht organisiert
desorientarse die Richtung verlieren; sich verirren
despachar [-tʃ-] abfertigen; erledigen; (ab)senden; *Kunden* bedienen **despacho** M Abfertigung *f*; Erledigung *f*; *Raum* Büro *n*, Arbeitszimmer *n*; *v. Fahrkarten* Verkauf; **~ de bebidas** Getränkeausschank
despacio [-θ-] langsam
desparramar zerstreuen; *Flüssiges* verschütten; verschwenden **desparramarse** sich ausbreiten
despectivo verächtlich, ab-

wertend, abschätzig
despedida F Abschied *m*; Verabschiedung **despedir** verabschieden; entlassen, kündigen **despedirse** sich verabschieden
despegar (ab-, los)lösen; *Flugzeug* abheben, starten; **listo para ~** startklar, abflugbereit
despegue [-ɣe] M FLUG Start; *fig* Aufschwung
despejado [-x-] wolkenlos, heiter; frei, offen **despejar** frei machen; *fig* klären **despejarse** sich aufheitern
despensa F Speisekammer
desperdicio [-θ-] M Verschwendung *f*; **~s** *pl* Abfall *m*
desperfecto M Fehler, Defekt
despertador M Wecker **despertar** wecken **despertar(se)** aufwachen
despido[1] M Entlassung *f*, Kündigung *f*
despido[2] → despedir
despierto wach; aufgeweckt
despilfarrar verschwenden
despistado zerstreut **despistar** irreführen **despistarse** durcheinanderkommen
desplazamiento M Verschiebung *f*; Fahrt *f*, Reise *f* **desplazar** [-θ-] verschieben; *Möbel etc* versetzen **desplazarse**: **~ a** fahren, reisen nach
desplegar entfalten; ausbreiten; *fig* aufbieten **desplomarse** einstürzen; *a. fig* zusammenbrechen **desplumar**: **~ a alg** *umg* j-n ausnehmen; *sl* j-n abzocken **despoblar** entvölkern
despreciar [-θ-] verachten; verschmähen **desprecio** M Verachtung *f*
desprender losmachen **desprenderse** sich lösen **desprendimiento** M **~ de retina** Netzhautablösung *f*; **~ de tierras** Erdrutsch
despreocupado unbekümmert **desprevenido** ahnungslos, unvorbereitet
después nachher; dann, darauf; **~ de** nach; **~ de que** nachdem
desquite [-ki-] M Vergeltung *f*; Revanche *f*
destacado führend, hervorragend **destacar** abkommandieren; *fig* hervorheben
destajo [-xo] M Akkordarbeit *f*; **a ~** im Akkord
destapar aufdecken; öffnen
desterrar verbannen **destierro** M Verbannung *f*
destilación [-θ-] F Destillation **destilar** destillieren
destinación [-θ-] F Bestimmung **destinar** bestimmen **destinatario,-a** M,F Empfänger(in) **destino** M Schicksal *n*; Bestimmung(sort *m*) *f*, Ziel *n*
destituir absetzen
destornillador [-ʎ-] M Schraubenzieher **destornillar** ab-, losschrauben
destreza [-θa] F Geschicklichkeit, Fertigkeit

destrozar [-θ-] zerstören, zerreißen
destrucción [-ɣθ-] F Zerstörung **destruir** zerstören, vernichten
desunión F Uneinigkeit **desusado** ungebräuchlich **desvalijar** ausplündern **desván** M Dachboden
desvelar wach halten **desvelo** M Schlaflosigkeit *f*; *fig* Fürsorge *f*
desventaja [-xa] F Nachteil *m* **desventajoso** nachteilig, ungünstig
desventura F Unglück *n* **desventurado** unglücklich
desvergonzado [-θ-] unverschämt
desviación [-θ-] F Abweichung; *Verkehr* Umleitung **desviar** umleiten **desvío** M Abzweigung *f*; *Verkehr* Umleitung *f*
detallado [-ʎ-] ausführlich **detalle** M Einzelheit *f*, Detail *n*
detectar entdecken, (heraus)finden **detective** M/F Detektiv(in) **detector** M **~ de metales** Metalldetektor; **~ de minas** Minensuchgerät *n*; **~ de movimientos** Bewegungsmelder
detención [-θ-] F Verhaftung, Festnahme **detener** verhaften, festnehmen; an-, aufhalten **detenerse** stehen bleiben, anhalten
detergente [-x-] M Waschmittel *n*
deteriorar beschädigen
determinación [-θ-] F Bestimmung; Entschluss *m* **determinado** entschlossen; bestimmt **determinar** bestimmen; festsetzen
detestar verabscheuen
detrás hinten; **por ~** von hinten; *fig* hinterrücks; **~ de** hinter; **uno ~ de otro** hintereinander
detrimento M Schaden
deuda F Schuld **deudor(a)** M(F) Schuldner(in)
devaluación [-θ-] F Abwertung **devaluar** abwerten
devastar verwüsten
devoción [-θ-] F Andacht; Verehrung
devolución [-θ-] F Rückgabe; Rückerstattung **devolver** zurückgeben; erstatten; *Wechselgeld* herausgeben
devorar verschlingen
devoto andächtig; ergeben
di → dar, decir
día M Tag; *e-s Heiligen* Feiertag; **de ~** tagsüber; **un ~** eines Tages; **el otro ~** neulich; **~ tras ~** Tag für Tag; **estar al ~** auf dem Laufenden sein; **hacerse ~** Tag (*od* hell) werden; **¡buenos ~s!** guten Morgen (Tag)!
diabetes F Zuckerkrankheit
diabético **1** ADJ zuckerkrank **2** M, **-a** F Diabetiker(in)
diablo M Teufel; **¡al ~ con ...!** zum Teufel mit ...!; **¡vete al ~!** zum Teufel mit dir! **diabólico** teuflisch, verteufelt
diafragma M ANAT Zwerchfell

n; FOTO Blende *f; zur Verhütung* Diaphragma *n*, Pessar *n*
diagnóstico M Diagnose *f*
dialecto M Dialekt
dialogante gesprächsbereit, aufgeschlossen
diálogo M Dialog
diamante M Diamant
diámetro M Durchmesser
diapositiva F FOTO Dia(-positiv) *n*
diario **1** ADJ täglich; Tages… **2** M Tagebuch *n*; (Tages)Zeitung *f*
diarrea F MED Durchfall *m*
dibujante [-x-] M(F) Zeichner(in) **dibujar** zeichnen **dibujo** M Zeichnung *f*; Zeichnen *n*; **~s** *pl* **animados** Zeichentrickfilm *m*
diccionario [-ɣθ-] M Wörterbuch *n*
dice → decir
dicha [-tʃa] F Glück *n*
dicho [-tʃo] **1** ADJ genannt, besagt; PPERF → decir **2** M Ausspruch **dichoso** glücklich; *umg* verflixt
diciembre [-θ-] M Dezember
dictado M Diktat *n*; **al ~** nach Diktat **dictador(a)** M(F) Diktator(in)
dictamen M Meinung *f*; Gutachten *n*
dictar diktieren; *Vortrag* halten; *Urteil* fällen
diente M Zahn (*a.* TECH); **~ de ajo** Knoblauchzehe *f*
dieron → dar
dieta F Diät; Ernährungsweise
diez [-θ] zehn
difamación [-θ-] F Verleumdung **difamar** verleumden
diferencia [-θ-] F Unterschied *m; a. fig* Differenz **diferencial** M Differenzial *n* **diferenciar** unterscheiden **diferente** verschieden
diferido: **en ~** TV in e-r Aufzeichnung **diferir** V/T aufschieben; V/I sich unterscheiden, verschieden sein
difícil [-θ-] schwer, schwierig
dificultad F Schwierigkeit **dificultar** erschweren
difundir verbreiten **difundirse** sich ausbreiten
difunto verstorben, tot
diga → decir
digerir [-x-] verdauen
digestible [-x-] verdaulich; bekömmlich **digestión** F Verdauung **digestivo** Verdauungs…
digital **1** ADJ digital, Digital… **2** F BOT Fingerhut *m*
dignarse geruhen zu **dignatario** M Würdenträger
dignidad F Würde **digno** würdig (**de** *gen*)
digo → decir
dije, dijo → decir
dilatación [-θ-] F Erweiterung; (Aus)Dehnung **dilatar** (aus)dehnen; ausweiten
dilema M Dilemma *n*
diligencia [-xenθ-] F Fleiß *m*, Eifer *m* **diligente** fleißig
diluir auflösen; verdünnen

diluvio M Sintflut *f*
dime sag; → decir
dimensión F Dimension; *fig* Ausmaß *n*
diminuto winzig
dimisión F Rücktritt *m* **dimitir** zurücktreten
dimos → dar
Dinamarca F Dänemark *n*
dinamita F Dynamit *n*
dínamo F Dynamo *m*
dinero M Geld *n*; ~ **(en) efectivo** Bargeld *n*
dinosaurio M Dinosaurier *m*, *umg* Dino
dio → dar
dios M (heidnischer) Gott
Dios M Gott; **¡por ~!** um Gottes willen!
diosa F Göttin
dióxido M ~ **de carbono** Kohlendioxid
diploma M Diplom *n* **diplomático** 1 ADJ diplomatisch 2 M, **-a** F Diplomat(in) **diplomatura** F UNIV ≈ Bachelor *m*
diputación [-θ-] F Abordnung **diputado** M, **-a** F Abgeordnete(r) *m/f(m)*
dique [-ke] M Damm, Deich; SCHIFF Dock *n*
diré, diría → decir
dirección [-ɣθ-] F Leitung; Richtung; Anschrift; THEAT, *Film* Regie; AUTO Lenkung; ~ **asistida** Servolenkung **directivo** 1 ADJ leitend 2 M, **-a** F Manager(in), Führungskraft *f* **directo** gerade; direkt; *Zug* durchgehend; **en ~** RADIO, TV live **director(a)** M(F) Leiter(in), Direktor(in); MUS Dirigent(in); **~(a) de cine/de escena** Film-/ /Theaterregisseur(in) **directorio** M Direktorium *n*; *bes Am* Adressbuch *n*; INTERNET Verzeichnis *n* **directriz** [-θ] F Richtlinie; Direktorin, Vorsteherin
dirigente [-x-] M(F) *bes* POL Leiter(in), Führer(in) **dirigir** leiten; lenken; richten (**a** an *akk*); MUS dirigieren; THEAT, *Film* Regie führen **dirigirse** sich wenden (**a** an *akk*); sich begeben (**a** nach)
discapacidad [-θ-] F Behinderung **discapacitado** 1 ADJ behindert 2 M, **-a** F Behinderte(r) *m/f(m)*
disciplina [-θ-] F Disziplin
disco M Scheibe *f*; MUS Platte *f*; CD *f*; SPORT Diskus; ~ **compacto** Compact Disc *f*, CD *f*; IT ~ **duro** *Am* ~ **rígido** Festplatte *f*; ANAT ~ **intervertebral** Bandscheibe *f*; ~ **de algodón** *Kosmetik* Wattepad *n*
discordia F Uneinigkeit
discoteca F Diskothek
discreción [-θ-] F Diskretion; **a ~** nach Belieben **discreto** klug; diskret
discriminación F Unterscheidung; POL Diskriminierung **discriminar** diskriminieren **discriminatorio** diskriminierend

disculpa F Entschuldigung; **pedir ~s a alg** j-n um Entschuldigung bitten **disculpar** entschuldigen
discurso M Rede *f* **discusión** F Diskussion **discutir** diskutieren; streiten
diseñador(a) [-ɲ-] M(F) Designer(in) **diseñar** zeichnen; entwerfen **diseño** M Entwurf; Zeichnung *f*; Design *n*; **moda** *f* **de ~** Designermode
disfraz [-θ] M Verkleidung *f*; (Masken)Kostüm *n* **disfrazarse** sich verkleiden (**de** als)
disfrutar: **~ (de)** genießen; sich erfreuen (*gen*)
disgustado verärgert **disgustar** nicht gefallen; verärgern **disgustarse** sich ärgern **disgusto** M Ärger, Verdruss
disimular V/T verbergen; V/I sich verstellen; sich nichts anmerken lassen
disipar verschwenden
dislexia F Legasthenie
dislocación [-θ-] F MED Verrenkung
disminución F Verringerung, Abnahme **disminuido** M **~ (físico)** (Körper)Behinderte(r) *m/f(m)* **disminuir** V/T verringern; verkleinern; V/I abnehmen, nachlassen
disolución [-θ-] F Auflösung **disolver** auflösen
disparador M *Schusswaffe* Abzug; FOTO Auslöser **disparar** V/T abdrücken, abschießen; V/I schießen **dispararse** *Schuss* losgehen; sich lösen; *Preise* in die Höhe schnellen **disparate** M Unsinn **disparo** M Schuss
dispensar befreien (**de** von); **dispense (Ud.)** entschuldigen Sie
dispersar zerstreuen
disponer (an)ordnen; verfügen (**de** über) **disponible** verfügbar; HANDEL vorrätig **disposición** [-θ-] F Anordnung; Verfügung **dispositivo** M Vorrichtung *f*
dispuesto bereit (**a** zu)
disputar V/T bestreiten; SPORT austragen; V/I streiten
distancia [-θ-] F Entfernung; Abstand *m* **distante** entfernt
diste → dar
distensión F MED Zerrung; POL Entspannung
distinción [-θ-] F Unterscheidung; Auszeichnung **distinguido** [-ɣi-] vornehm **distinguir** [-ɣir] unterscheiden; auszeichnen **distintivo** M Merkmal *n* **distinto** unterschiedlich; deutlich
distorsión F Verzerrung; MED Verstauchung
distracción [-ɣθ-] F Zerstreutheit; Zerstreuung **distraer** zerstreuen, unterhalten **distraído** zerstreut
distribución [-θ-] F Verteilung; HANDEL Vertrieb *m* **distribuidor** M **~ automático** Automat **distribuir** aus-, ver-

teilen; HANDEL vertreiben
distrito M Bezirk
disturbio M Störung *f*
disuadir abraten (**de** von)
DIU M (Dispositivo Intrauterino) MED Spirale *f*
diurno täglich; Tages…
divagar abschweifen
diversidad F Verschiedenheit
diversión F Vergnügen *n*; Ablenkung **diverso** verschieden (-artig)
divertido lustig, amüsant **divertir** unterhalten, vergnügen **divertirse** sich amüsieren
dividir teilen; dividieren
divino göttlich; himmlisch
divisa F HANDEL, *fig* Devise
división F Teilung; MATH, MIL Division
divorciado [-θ-] geschieden **divorciarse** sich scheiden lassen **divorcio** M Scheidung *f*
divulgar verbreiten
DNI M ABK (Documento Nacional de Identidad) *Sp* Personalausweis
doblar verdoppeln; biegen; falten; *Film* synchronisieren
doble **1** ADJ doppelt; Doppel… **2** M Doppelte(s) *n*; Doppelgänger; *Film* Double *n*
doce [-θe] zwölf **docena** F Dutzend *n*
dócil [-θ-] gelehrig; folgsam
doctor(a) M(F) Doktor(in); *umg* Arzt (Ärztin)
documentación [-θ-] F Unterlagen *fpl*; Papiere *npl* **documental** M Dokumentarfilm **documentar** belegen **documento** M Dokument *n*, Urkunde *f*
dogma M Dogma *n*
doguillo [-ɣi-] M Mops *m*
dólar M Dollar
dolencia [-θ-] F Leiden *n* **doler** wehtun, schmerzen; *fig* leidtun **dolerse** klagen (**de** über)
dolor M Schmerz; **~ de cabeza** Kopfschmerzen *pl* **doloroso** schmerzhaft; schmerzlich
domador(a) M(F) Dompteur (-euse) **domar** zähmen, bändigen
doméstico häuslich; Haus…; **animal** *m* **~** Haustier *n*
domiciliado [-θ-] wohnhaft **domiciliar** HANDEL domizilieren **domicilio** M Wohnort, -sitz; **sin ~ fijo** ohne festen Wohnsitz
dominación [-θ-] F Herrschaft **dominante** dominierend; herrschsüchtig **dominar** beherrschen; vorherrschen
domingo M Sonntag **dominical**: **suplemento** *m* **~** *e-r Zeitung*: Sonntagsbeilage *f*
dominio M Herrschaft *f*; Gebiet *n*; INTERNET Domain *f*
don[1] M Gabe *f*
don[2] M *vor männlichen Vornamen* Herr
donación [-θ-] F Schenkung; **~ de sangre** Blutspende **donar** schenken, stiften **donativo**

M Gabe *f*, Spende *f*
donde wo; **de ~** woher, von wo; **en ~** wo; **hacia ~** wohin; **por ~** woher, woraus; **¿dónde?** wo?
dondequiera ADV überall
doña [-ɲa] F *vor weiblichen Vornamen* Frau
dopaje [-xe] M Doping *n*; **control** *m* **de dopaje** Dopingtest
dopar dopen
dorada F ZOOL Goldbrasse, Dorade **dorado** 1 ADJ golden; vergoldet 2 M Vergoldung *f*
dormilón M Langschläfer
dormir schlafen (**con alg** mit j-m) **dormirse** einschlafen
dormitorio M Schlafzimmer *n*, Schlafsaal
dorsal Rücken… **dorso** M Rückseite *f*
dos zwei; **en un ~ por tres** im Nu **doscientos** zweihundert
dosificador M Dosierer, Dosiergerät *n* **dosis** F Dosis
dotar ausstatten, versehen (**de, con** mit)
doy → dar
draga F Bagger *m* **dragar** (aus)baggern
drama M Drama *n* **dramatizar** [-θ-] dramatisieren (*a. fig*)
drenaje [-xe] M Entwässerung *f*, Drainage *f* **drenar** entwässern
droga F Droge; Rauschgift *n*
drogadicto 1 ADJ drogensüchtig 2 M, **-a** F Drogensüchtige(r) *m/f(m)* **drogata** M/F *umg* Junkie *m*
droguería [-ge-] F Drogerie
dron M, Drohne *f*
ducha [-tʃa] F Dusche **ducharse** duschen
dúctil dehnbar; geschmeidig; *fig* gefügig
duda F Zweifel *m*; **sin ~** zweifellos **dudar** V/T bezweifeln; V/I zweifeln (**de** an *dat*) **dudoso** zweifelhaft; fragwürdig
duelo[1] M Trauer *f*; Duell *n*
duelo[2] → doler
duende M Kobold
dueña [-ɲa] F Eigentümerin; Herrin **dueño** M Eigentümer; Herr; Wirt
duermo → dormir
dulce [-θe] 1 ADJ süß; sanft 2 M Süßspeise *f*; **~s** *pl* Süßigkeiten *fpl* **dulzura** [-θ-] F Süße; *fig* Sanftmut
duna F Düne
dúplex M Maison(n)ette *f*
duplicado M Duplikat *n*, Zweitschrift *f* **duplicar** verdoppeln
duque [-ke] Herzog **duquesa** Herzogin
durable dauerhaft; haltbar **duración** [-θ-] F Dauer **duradero** dauerhaft **durante** während; **~ un año** ein Jahr lang
durar dauern
durazno [-θ-] M Herzpfirsich; *Am* Pfirsich
dureza [-θa] F Härte
durmió → dormir
duro 1 ADJ hart; zäh; **~ de oído** schwerhörig 2 M *früher* Duro

(*5-Peseten-Münze*)

DVD [deuβe'ðe] M DVD *f*; *Gerät* **(reproductor** *m* **de)** ~ DVD--Player *m*

E

e und (*statt* **y** *vor* **i** *und* **hi**)

ebanista M/F Kunsttischler(in) **ebanistería** F Kunsttischlerei

ébano M Ebenholz *n*

ébola M Ebola *n*; **virus** *m* **del** ~ Ebolavirus *n/m*

ebrio betrunken, berauscht

ebullición [-ʎiθ-] F Sieden *n*

echado [etʃ-] **estar** ~ liegen **echar** werfen; wegwerfen; hinauswerfen; *Brief* einwerfen; *Getränk* eingießen; *Benzin* tanken; ~ **a** anfangen zu; ~ **de menos** vermissen **echarse** sich hinlegen

eclesiástico kirchlich

eclipse M ASTROL Finsternis *f*

eco M Echo *n*; Widerhall

ecoetiqueta [-ke-] F Umweltzeichen *n*, Ökolabel *n* **ecografía** F Ultraschalluntersuchung **ecología** [-x-] F Ökologie **ecológico** [-x-] ökologisch, Umwelt... **ecologista** [-x-] M/F Umweltschützer(in) **ecólogo** M, **-a** F Ökologe *m*, Ökologin *f*

economía F Wirtschaft; Sparsamkeit; ~**s** *pl* Ersparnisse; **hacer** ~**s** sparen; ~ **sumergida** Schattenwirtschaft **económico** wirtschaftlich, Wirtschatfs...; sparsam

economista M/F Ökonom(in) **economizar** [-θ-] (ein)sparen

ecosistema F Ökosystem *n* **ecotasa** F Ökosteuer **ecotienda** F Ökoladen *m* **ecoturismo** M Öko-, Umwelttourismus

ecuador M Äquator

Ecuador M GEOG Ekuador *n*

eczema [-θ-] M Ekzem *n*

edad F Alter *n*; Zeitalter *n*; **Edad Media** Mittelalter *n*

edema M MED Ödem *n*

edición [-θ-] F Ausgabe; Auflage

edicto M Verordnung *f*

edificación [-θ-] F Erbauung **edificar** (er)bauen (*a. fig*) **edificio** [-θ-] M Gebäude *n*, Bauwerk *n*

editar *Buch etc* herausgeben **editor** M IT Editor **editor(a)** M(F) Herausgeber(in); Verleger(in) **editorial** 🅼 M Leitartikel 🅵 F Verlag *m*

edredón M Daunendecke *f*; Federbett *n*

educación [-θ-] F Erziehung; Bildung; ~ **física** Turnen *n*; ~ **sexual** Sexualkunde

educado: **mal** ~ ungezogen **educar** erziehen

EE. UU. MPL ABK (**Estados Unidos**) USA *pl*

efectivo wirklich, tatsächlich; **en ~** in bar
efecto M Wirkung *f*; Effekt; **~ invernadero** Treibhauseffekt; **en ~** in der Tat; **hacer mal ~** e-n schlechten Eindruck machen
efectuar ausführen
efervescente: **tableta** *f* **~** Brausetablette
eficacia [-θ-] F Wirksamkeit; *e-r Person, Maßnahme* Effizienz **eficaz** [-θ-] wirksam; *Person* leistungsfähig, effizient
eficiencia [-θĭenθ-] F Wirksamkeit; Leistungsfähigkeit **eficiente** leistungsfähig, tüchtig
Egeo M Ägäis *f*
egipcio [-θ-] **1** ADJ ägyptisch **2** M, **-a** F Ägypter(in) **Egipto** M Ägypten *n*
egoísmo M Egoismus **egoísta** **1** ADJ egoistisch, selbstsüchtig **2** M/F Egoist(in)
eje [ɛxe] M Achse *f*; TECH Welle *f*
ejecución [ɛxekuθ-] F Ausführung; JUR Vollstreckung; Hinrichtung **ejecutar** ausführen; vollstrecken; hinrichten **ejecutivo** M, **-a** F Manager(in); Führungskraft *f*
ejemplar [ɛx-] **1** ADJ vorbildlich, musterhaft **2** M Exemplar *n* **ejemplo** M Beispiel *n*; Vorbild *n*; **por ~** zum Beispiel
ejercer [ɛxɛrθ-] V/T *Amt, Aufgabe* ausüben; V/I praktizieren; **~ de** tätig sein als **ejercicio** [-θ-] M Übung *f*; WIRTSCH Rechnungsjahr *n*
ejército [ɛxɛrθ-] M Heer *n*; Armee *f*
el der; **él** er
elaborar ausarbeiten; herstellen
elasticidad [-θ-] F Elastizität
elástico **1** ADJ elastisch **2** M Gummiband *n*
elección [-ɣθ-] F Wahl; Auswahl; **elecciones** *pl* **europeas** Europawahlen **electo** auserlesen **elector(a)** M(F) Wähler(in) **electoral** Wahl...
electricidad [-θ-] F Elektrizität **electricista** M/F Elektriker(in)
eléctrico elektrisch
electrizar [-θ-] elektrisieren; *fig* begeistern **electrodomésticos** MPL Elektrogeräte *npl* **electrolinera** F E-Tankstelle *f*, Ladestation *f* **electromotor** M Elektromotor **electrónica** F Elektronik **electrónico** elektronisch **electrotecnia** F Elektrotechnik
elefante M Elefant
elegancia [-θ-] F Eleganz **elegante** elegant
elegir [-x-] wählen; aussuchen
elemental elementar **elemento** M Element *n*; Bestandteil
elepé M Langspielplatte *f*, LP *f*
elevación [-θ-] F Erhöhung; Anhebung; GEOG Erhebung
elevado hoch **elevar** erhe-

ben; *Gebäude* errichten; *Preis* anheben **elevarse** sich belaufen (**a** auf *akk*)
elije → elegir
eliminar entfernen, beseitigen; eliminieren (*a.* SPORT); ausscheiden (*a.* MED) **eliminatoria** F SPORT Ausscheidungskampf *m*, Vorrunde
élite F, **elite** F Elite
elixir M ~ **bucal** (*od* **dentífrico**) Mundwasser *n*
ella [eʎa] sie; **~s** *fpl* sie
ello [eʎo] es; **~s** *mpl* sie; **de ~** davon; darüber
elocuencia [-θ-] F Beredsamkeit **elocuente** beredt
elogiar [-x-] loben, preisen **elogio** M Lob *n*
eludir *fig* umgehen, ausweichen
e-mail M (E-)Mail *f*, correo *m* electrónico; **mandar un ~ a alg** j-m eine E-Mail schicken
emanar ent-, ausströmen; *fig* **~ de** herrühren von
emancipación [-θipaθ-] F Emanzipation **emanciparse** sich emanzipieren, sich selbstständig machen
embajada [-x-] F Botschaft **embajador(a)** M(F) Botschafter(in)
embalaje [-xe] M Verpackung *f*; **~ de un solo uso** Einwegverpackung *f* **embalar** verpacken
embalse M Stausee
embarazada [-θ-] schwanger **embarazar** behindern; verwirren **embarazo** M Schwangerschaft *f*; *fig* Hindernis *n* **embarazoso** hinderlich; peinlich
embarcación [-θ-] F Schiff *n* **embarcadero** M Landungssteg, -brücke *f* **embarcar** verschiffen; FLUG einsteigen **embarcarse** sich einschiffen; an Bord gehen **embarco** M Einschiffung *f*
embargar beschlagnahmen; JUR pfänden **embargo** M Beschlagnahme *f*; POL Embargo *n*; Pfändung *f*; **sin ~** jedoch
embarque [-ke] M Ver-, Einschiffung *f*; FLUG Einsteigen *n*; **zona** *f* **de ~** FLUG Abflugbereich *m*
embellecer [-ʎeθ-] verschönern
embestir anfallen, angreifen; AUTO auffahren auf (*akk*)
emblema M Emblem *n*; Wahrzeichen *n* **emblemático** emblematisch
embolia F MED Embolie
émbolo M Kolben
embolsar(se) *Geld* einnehmen; einstecken
emborrachar [-tʃ-] berauschen **emborracharse** sich betrinken
emboscada F Hinterhalt *m*
embotellamiento [-ʎ-] M Verkehrsstau *m* **embotellar** (in Flaschen) abfüllen
embragar TECH kuppeln **embrague** [-ɣe] M Kupplung *f*
embriagar berauschen; entzü-

cken **embriaguez** [-ɣeθ] F Trunkenheit, Rausch *m*
embrión M Embryo
embrollar [-ʎ-] verwirren **embrollo** M Verwirrung *f*; Durcheinander *n*
embrujar [-x-] behexen
embudo M Trichter
embuste M Betrügerei *f*; Schwindel **embustero,-a** M,F Schwindler(in)
embutido M Wurst *f* **embutidos** PL Wurstwaren *fpl*
emergencia [-xenθ-] F Notfall *m*; **estado** *m* **de ~** Notstand
emerger auftauchen; hervorragen
emigración [-θ-] F Auswanderung **emigrante** M/F Auswanderer(in), Emigrant(in) **emigrar** auswandern
eminente hervorragend
Emiratos MPL **~ Árabes Unidos** Vereinigte Arabische Emirate *pl*
emisión F Ausgabe; Emission; RADIO, TV Sendung **emisora** F Sender *m* **emitir** *Banknoten etc* ausgeben; RADIO, TV senden; *Stimme* abgeben
emoción [-θ-] F Emotion; Er-, Aufregung; Rührung **emocionante** ergreifend; aufregend
emocionar rühren, ergreifen; aufregen
empalmar verbinden; BAHN Anschluss haben **empalme** M BAHN Anschluss
empanada F Pastete; gefüllte Teigtasche **empanar** panieren
empapado durchnässt **empapar** eintauchen; tränken
empapelar tapezieren
empaquetar [-ke-] einpacken
emparedado M Sandwich *n*
empastar *Zähne* plombieren
empaste M ZAHNMED Plombe *f*, Füllung *f*
empatar unentschieden ausgehen **empate** M SPORT Unentschieden *n*
empático ADJ empathisch, einfühlsam, mitfühlend
empedernido eingefleischt, unverbesserlich
empedrado M (Straßen)Pflaster *n* **empedrar** pflastern
empeine M ANAT Spann, Rist
empeñar [-ɲ-] verpfänden
empeñarse sich verschulden; **~ en** bestehen auf (*dat*) **empeño** M Verpfändung *f*; *fig* Bestreben *n*; **con ~** beharrlich
empeoramiento M Verschlimmerung *f* **empeorar** verschlimmern; verschlechtern
emperador M Kaiser; ZOOL Schwertfisch **emperatriz** [-θ] F Kaiserin
empezar [-θ-] anfangen, beginnen (**a zu**) **empiezo** → empezar
empinado steil
emplazamiento [-θ-] M Lage *f*, Standort; JUR Vorladung *f*
empleada F Angestellte; **~ del hogar** Hausangestellte **empleado** M Angestellte(r) **emplear** an-, verwenden; *j-n* an-

stellen **empleo** M An-, Verwendung *f*; HANDEL Stelle *f*; **plan** *m* **de ~** Arbeitsbeschaffungsprogramm *n*
empobrecerse [-θ-] verarmen
empollar [-ʎ-] aus-, bebrüten; *umg fig* büffeln **empollón** M, **empollona** F *umg* Streber(in)
empotrado eingebaut
emprendedor unternehmungslustig **emprender** unternehmen
empresa F Unternehmen *n*, Betrieb *m* **empresario** M, **-a** F Unternehmer(in)
empujar [-x-] stoßen; drücken, schieben; *Auto* anschieben **empuje** [-xe] M Stoß; Wucht *f*; *fig* Schwung **empujón** M Stoß
empuñar [-ɲ-] ergreifen, packen
en in; an; auf; bei; **~ alemán** auf Deutsch; **~ la mesa** auf dem Tisch
enaguas FPL Unterrock *m*
enajenar [-x-] veräußern; entfremden
enamorado verliebt **enamorarse** sich verlieben (**de** in *akk*)
enano,-a M,F Zwerg(in)
encabezamiento [-θ-] M Briefkopf **encabezar** anführen; einleiten
encadenar anketten; fesseln
encajar [-x-] V/T einfügen; *Schlag etc* einstecken; V/I passen (**con** zu) **encaje** [-xe] M *Gewebe* Spitze *f*
encalar weißen, kalken
encaminador M Router *m*
encantado verzaubert; *fig* entzückt; **~(-a)** (**de conocerle**) sehr erfreut(, Sie kennenzulernen)
encantador bezaubernd, entzückend **encantar** verzaubern; *fig* bezaubern, entzücken
encanto M Zauber; Charme; Entzücken *n*
encarcelar [-θ-] ins Gefängnis sperren, einsperren
encarecer [-θ-] verteuern **encarecerse** teu(r)er werden
encarecidamente [-θ-] inständig **encarecimiento** M Verteuerung *f*; **con ~** eindringlich
encargado 1 ADJ beauftragt 2 M, **-a** F Beauftragte(r) *m/f(m)* **encargar** bestellen; **~ a/c a alg** j-n mit etw beauftragen **encargarse**: **~ de a/c** etw übernehmen **encargo** M Auftrag; Bestellung *f*; **por ~** auf Bestellung
encarnado (hoch)rot **encarnar** verkörpern
encebollado [-θeβoʎ-] GASTR mit Zwiebeln
encéfalo M Gehirn *n*
encendedor [-θ-] M Feuerzeug *n*; Anzünder **encender** anzünden; AUTO zünden; *Licht etc* anmachen; *fig* entflammen
encendido M AUTO Zündung *f*
encerar [-θ-] bohnern; *Ski*

wachsen
encerrar [-θ-] einschließen; einsperren
enchufar [-tʃ-] ELEK anschließen **enchufe** M Steckdose *f*; Anschluss; *umg* Pöstchen *n*; *umg* gute Beziehungen *fpl*
encía(s) [-θ-] F(PL) Zahnfleisch *n*
enciclopedia [-θ-] F Enzyklopädie
encierro [-θ-] M Einschließen *n*; Einsperren *n*
encima [-θ-] oben; obendrein; darauf; **por ~** oberflächlich; **~ de** auf; über
encina [-θ-] F Steineiche
encinta [-θ-] schwanger
encogerse [-x-] sich zusammenziehen; *Stoff* einlaufen; **~ de hombros** die Achseln zucken
encolerizarse [-θ-] in Zorn geraten, aufbrausen
encomendar beauftragen; anvertrauen **encomienda** F Auftrag *m*
encontrar finden; treffen **encontrarse** sich befinden; (zusammen)treffen
encorvado gebeugt, gekrümmt **encorvar** krümmen; biegen
encriptar IT verschlüsseln
encuadernación [-θ-] F Einbinden *n*; Einband *m* **encuadernador(a)** M(F) Buchbinder(in) **encuadernar** (ein)binden
encubridor(a) M(F) Hehler(in)
encubrir verhehlen; JUR decken
encuentro M Begegnung *f*; Treffen *n* (*a.* POL, SPORT); **ir al ~ de** *j-m* entgegengehen
encuesta F Umfrage
encurtidos MPL Mixed Pickles *pl*
enderezar [-θ-] gerade richten **enderezarse** sich aufrichten
endeudarse sich verschulden
endibia F Chicorée *m/f*
endulzar [-θ-] süßen; *fig* versüßen
endurecer [-θ-] (ver)härten **endurecerse** hart werden (*a. fig*)
enebro M Wacholder
eneldo M Dill
enema M MED Einlauf
enemigo 1 ADJ feindlich 2 M, **-a** F Feind(in) **enemistad** F Feindschaft **enemistarse** sich verfeinden
energético [-x-] Energie... **energía** F Energie; **~ eólica/nuclear/solar** Wind-/Kern-/Sonnenenergie; **con ~** tatkräftig; energisch; **sin ~** kraftlos
enérgico [-x-] energisch
energizante [-θ-] ADJ **bebida** *f* **~** Energydrink *m*
enero M Januar; **en ~** im Januar
enésimo MATH n-te; *umg* x-te; **por -a vez** zum x-ten Mal
enfadado böse (**con** auf *akk*)
enfadar ärgern **enfadarse** sich ärgern, böse werden **en-**

fado M Ärger
énfasis M Nachdruck; **poner ~ en** Nachdruck legen auf (*akk*)
enfático nachdrücklich
enfermar erkranken **enfermedad** F Krankheit **enfermera** F Krankenschwester **enfermería** F Krankenstation **enfermero** M Krankenpfleger
enfermo **1** ADJ krank **2** M, **-a** F Kranke(r) *m/f(m)*; Patient(in)
enfilar aufreihen
enflaquecer [-keθ-] abmagern
enfocar FOTO einstellen; *fig Problem etc* angehen **enfoque** [-ke] M FOTO Einstellung *f* (*a. fig*)
enfrente: **~ (de)** gegenüber
enfriar (ab)kühlen **enfriarse** sich abkühlen (*a. fig*)
enfurecerse [-θ-] wütend werden
enganchar [tʃ] anhaken, ankoppeln; *Pferde* anspannen **engancharse** hängen bleiben
engañar [-ɲ-] betrügen; täuschen **engaño** M Betrug, Täuschung *f* **engañoso** (be)trügerisch
engatusar *umg* um den Finger wickeln, bezirzen
engendrar [-x-] (er)zeugen
englobar umfassen, einbegreifen
engordar V/T mästen; V/I zunehmen, dick werden **engorde** M Mast *f*
engorroso lästig
engranaje [-xe] M Getriebe *n*; *fig* Räderwerk *n* **engranar** ineinandergreifen (*a. fig*)
engrandecer [-θ-] vergrößern; *fig* verherrlichen
engrasar einfetten; TECH ölen; AUTO schmieren **engrase** M Schmieren *n*, Einfetten *n*
engreído eingebildet
engrosar V/T vermehren, vergrößern; V/I dicker werden
engullir [-ʎ-] (ver)schlingen
enhorabuena F Glückwunsch *m*; **dar la ~ a alg** j-m gratulieren
enigma M Rätsel *n* **enigmático** rätselhaft
enjambre [-x-] M Schwarm (*a. fig*)
enjaular [-x-] in e-n Käfig sperren
enjuagar [-x-] (aus)spülen **enjuague** [-xŭaɣe] M Spülen *n*; **~ bucal** Mundspülung *f*
enjugar [-x-] abtrocknen; abwischen
enlace [-θe] M Verbindung *f*; BAHN Anschluss; INTERNET Link *m/n*, Verknüpfung *f*; MIL, POL Verbindungsmann; **~ ferroviario** Bahnanschluss; **tren** *m* **de ~** Anschlusszug **enlazar** [-θ-] V/T verknüpfen; INTERNET verlinken; V/I BAHN Anschluss haben
enloquecer [-keθ-] verrückt machen *od* werden
enmarañar [-ɲ-] verwirren, verwickeln **enmascarar** mas-

kieren; *fig* tarnen
enmendar verbessern; (wieder) gutmachen; *Gesetz etc* abändern **enmienda** F Verbesserung; POL Abänderung(santrag *m*) *f*
enmudecer [-θ-] V/T zum Schweigen bringen; V/I verstummen
enojar [-x-] erzürnen **enojarse** sich ärgern **enojo** M Zorn, Ärger **enojoso** ärgerlich
enorgullecerse [-ʎeθ-] stolz sein (**de** auf *akk*)
enorme ungeheuer, enorm
enredadera [-rr-] F Kletter-, Schlingpflanze **enredar** verwickeln, verstricken **enredo** M Verwirrung *f*, Verwicklung *f*
enrejado [-rrɛx-] M Gitter(-werk) *n*; Geflecht *n* **enrejar** vergittern
enriquecer [-rrikeθ-] bereichern **enriquecerse** sich bereichern; reich werden
enrojecer [-rrɔxeθ-] röten **enrojecerse** erröten, rot werden
enrollar [-rrɔʎ-] aufrollen
enrutador M IT Router
ensaimada F *mallorkinische* Hefeteigschnecke
ensalada F Salat *m*
ensalzar [-θ-] preisen, rühmen
ensamblar zusammenfügen, zusammenbauen
ensanchar [-tʃ-] erweitern **ensanche** M Ausbau; Erweiterung *f*; Ausdehnung *f*
ensañarse [-ɲ-] s-e Wut auslassen (**con, en** an *dat*)
ensayar versuchen; THEAT, MUS proben **ensayo** M Versuch (*a.* CHEM); Probe *f*; LIT Essay
enseguida sofort
enseñanza [-ɲanθa] F Unterricht *m*; Bildungs-, Schulwesen *n* **enseñar** unterrichten; zeigen
enseres MPL Gerätschaften *fpl*; Sachen *fpl*
ensillar [-ʎ-] satteln
ensimismado gedankenverloren, in Gedanken versunken
ensordecedor [-θ-] (ohren)betäubend **ensordecer** V/T betäuben; V/I taub werden
ensuciar [-θ-] beschmutzen **ensuciarse** sich schmutzig machen
ensueño [-ɲo] M Traum; **de ~** traumhaft
entablar täfeln; *Boden* dielen; *Prozess* einleiten; *Gespräch* anknüpfen
entallado [-ʎ-] tailliert
entarimado M Parkettboden; Täfelung *f* **entarimar** täfeln; Parkett legen
ente M Wesen *n*; POL Körperschaft *f*
entender verstehen; meinen; **~ mal** schlecht verstehen; missverstehen; **a mi ~** meiner Meinung nach **entenderse** sich verstehen; sich verständigen (**con** mit)
entendido **A** ADJ sachverstän-

dig; beschlagen **2** M Kenner **entendimiento** M Verständnis *n*; Verstand; Begriffsvermögen *n*
enterado erfahren; **estar ~** Bescheid wissen (**de** über) **enteramente** ganz, völlig **enterar** unterrichten, informieren **enterarse**: **~ de a/c** etw erfahren
entereza [-θa] F Charakterfestigkeit; Standhaftigkeit
entero ganz; **por ~** gänzlich, völlig
enteroscopia F MED (Dünn-)Darmspiegelung
enterrador M Totengräber **enterramiento** M Begräbnis *n* **enterrar** begraben
entidad F Verein *m*, Körperschaft
entiendo M → entender
entierro[1] M Begräbnis *n*
entierro[2] → enterrar
entoldado M Sonnendach *n*; Festzelt *n*
entonación [-θ-] F Intonation **entonar** anstimmen
entonces [-θ-] damals; dann; da; **desde ~** seitdem
entorno M Umgebung *f*; Milieu *n*
entorpecer [-θ-] erschweren, behindern **entorpecimiento** M Hemmung *f*; Behinderung *f*
entrada F Eingang *m*; Eintritt *m*; Einreise; Einfahrt; Eintrittskarte; HANDEL Anzahlung; MUS Einsatz *m*; **~ libre** Eintritt frei; **~ a la autopista** Autobahnauffahrt
entradas FPL *umg* Geheimratsecken **entrante** M Vorspeise *f*
entrañas [-ɲ-] FPL Eingeweide *npl*; *fig* Innere(s) *n*
entrar eintreten; hineingehen; MUS einsetzen; **~ en años/en carnes/en razón** alt/dick/vernünftig werden
entre zwischen; unter **entreabierto** halboffen **entreacto** M Zwischenakt; Pause *f* **entrecortado** stockend **entredicho** [-tʃo] M **poner en ~** in Zweifel ziehen
entrega F Übergabe; Lieferung; Zustellung; **plazo** *m* **de ~** Lieferfrist *f* **entregar** (ab)liefern; aushändigen, übergeben **entregarse** sich ergeben; *Täter* sich stellen
entrelazar [-θ-] verflechten
entremeses MPL Vorspeisen *fpl* **entremeter** einschieben **entremeterse** sich einmischen **entremetido** aufdringlich
entrenador(a) M(F) Trainer(in) **entrenamiento** M Training *n* **entrenar(se)** trainieren
entresuelo M Hochparterre *n*, Zwischenstock **entretanto** unterdessen
entretener unterhalten; auf-, hinhalten **entretenerse** sich vergnügen (**con** mit) **entretenido** unterhaltsam **entretenimiento** M Unterhaltung *f*, Zeitvertreib

entretiempo M Übergangszeit *f* **entrever** undeutlich sehen; ahnen
entrevista F Besprechung; Interview *n*; ~ **personal** (*od* **de trabajo**) Vorstellungsgespräch *n* **entrevistar** interviewen **entrevistarse** sich besprechen (**con** mit)
entristecer [-θ-] betrüben
entumecerse [-θ-] starr werden; *Glied* einschlafen
enturbiar trüben (*a. fig*)
entusiasmar begeistern **entusiasmarse** sich begeistern (**por** für) **entusiasmo** M Begeisterung *f*
enumerar aufzählen
enunciar [-θ-] äußern
envasar ab-, einfüllen; ver-, abpacken **envase** M Gefäß *n*, Behälter; Verpackung *f*; *Aktion* (Ab)Füllen *n*; ~ **no retornable** Einwegflasche *f*
envejecer [-xeθ-] V/T alt machen; V/I alt werden, altern
envenenar vergiften
envergadura F Spannweite; *fig* Tragweite
enviado M, **-a** F Abgesandte(r) *m/f(m)* **enviar** (ab)senden, schicken
envidia F Neid *m* **dar** ~ beneidenswert sein; **tener** ~ **de** neidisch sein auf (*akk*) **envidiable** beneidenswert **envidiar** beneiden; missgönnen **envidioso** neidisch
envío M Sendung *f*; Versand; ~ **rehusado** Annahme verweigert
envoltura F Hülle **envolver** einwickeln, einpacken; *fig* verwickeln (**en** in *akk*)
enyesar eingipsen
enzima [-θ-] F Enzym *n*
epidemia F Epidemie
epilepsia F Epilepsie **epiléptico** 1 ADJ epileptisch 2 M, **-a** F Epileptiker(in)
epílogo M Nachwort *n*
episcopal bischöflich
episodio M Episode *f*
época F Epoche; Zeit(alter *n*)
equilibrar [eki-] ins Gleichgewicht bringen; ausgleichen; AUTO auswuchten **equilibrio** M Gleichgewicht *n* **equilibrista** M/F Seiltänzer(in)
equinoccio [ekinɔɣθ-] M Tagundnachtgleiche *f*
equipaje [ekipaxe] M Gepäck *n*; ~ **libre/de mano** Frei-/Handgepäck *n*
equipamiento [eki-] M Ausstattung *f* (*a.* AUTO) **equipar** ausstatten, -rüsten **equiparar** gleichstellen, -setzen
equipo [eki-] M Ausrüstung *f*; TECH Anlage *f*; *a.* SPORT Mannschaft *f*, Team *n*; ~ **de alta fidelidad** Hi-Fi-Anlage *f*; ~ **estéreo** (*od* **de sonido**) Stereoanlage *f*
equitación [ekitaθ-] F Reiten *n*, Reitsport *m*; **escuela de** ~ Reitschule **equitativo** gerecht
equivalente [eki-] 1 ADJ gleichwertig 2 M Gegenwert;

Äquivalent *n* **equivaler** gleichwertig sein, gleichkommen
equivocación [ekiβokaθ-] F Irrtum *m*; Verwechslung; **por ~** aus Versehen **equivocado** irrtümlich; **estar ~** sich irren **equivocar** verwechseln; verfehlen **equivocarse** sich irren
equívoco [eki-] **1** ADJ doppelsinnig; zweideutig **2** M Doppelsinn, Zweideutigkeit *f*
era¹ F Zeitalter *n*; Ära: **~ digital** Digitalzeitalter *n*
era², eran → ser
erasmus M/F Erasmusstudent(in)
erección [-ɣθ-] F Errichtung; MED Erektion **erecto** aufrecht
eres → ser
ergoterapia F Ergotherapie
erguir [-ɣir] auf-, errichten **erguirse** sich erheben
erigir [-x-] errichten
erizado [-θ-] borstig; *fig* **~ de** starrend von **erizarse** sich sträuben **erizo** M Igel; **~ de mar** Seeigel
ermita F Einsiedelei; Wallfahrtskapelle **ermitaño** [-ɲo] Eremit, Einsiedler
erosión F Erosion; MED Abschürfung
erótico erotisch
erotismo M Erotik *f*
erradicar ausrotten
errante umherirrend **errar** irren; verfehlen **errata** F Druckfehler *m* **erróneo** irrig
error M Irrtum; Fehler; **~ de cálculo/de transmisión** Rechen-/Übertragungsfehler
eructar aufstoßen, *umg* rülpsen
erudito **1** ADJ gelehrt **2** M, **-a** F Gelehrte(r) *m/f(m)*
erupción [-θ-] F Ausbruch *m*; **~ cutánea** Hautausschlag *m*
esa → ese
esbeltez [-θ-] F Schlankheit **esbelto** schlank
esbozar [-θ] skizzieren **esbozo** [-θo] M Skizze *f*
escabeche [-tʃe] M Marinade *f*; **en ~** mariniert
escabroso holprig; *fig* anstößig; heikel
escafandra F, **escafandro** M Taucheranzug *m*
escala F Skala; Strickleiter; MUS Tonleiter; **hacer ~** (e-n Hafen) anlaufen; FLUG zwischenlanden **a ~ mundial** weltweit
escalada F Besteigung; Klettertour; POL Eskalation **escalador(a)** M(F) Bergsteiger(in) **escalar** besteigen, erklettern
escaldar ab-, verbrühen
escalera F Treppe; Leiter; **~ de caracol** Wendeltreppe; **~ de incendios** Feuerleiter; **~ mecánica** Rolltreppe **escalerilla** [-ʎ-] F FLUG Gangway
escalivada F kaltes Gemüse *n* aus Paprikaschoten und Auberginen
escalofriante schaurig **escalofrío** M Schauer; Schüttel-

frost
escalón M Sprosse *f*, Stufe *f*; **~ lateral** *Verkehr* Randstreifen
escalopa F, **escalope** M Schnitzel *n*
escama F Schuppe; *fig* Argwohn *m* **escamado** misstrauisch **escamar** *Fische* schuppen
escamotear verschwinden lassen; wegzaubern
escandalizado [-θ-] entrüstet **escandalizar** schockieren, Anstoß erregen **escandalizarse** sich empören
escándalo M Ärgernis *n*; Skandal; Tumult **escandaloso** skandalös; anstößig; empörend
Escandinavia F Skandinavien *n* **escandinavo** **1** ADJ skandinavisch **2** M, **-a** F Skandinavier(in)
escanear (ein)scannen **escaneo** M Scannen *n* **escáner** M Scanner
escaño [-ɲo] M POL Sitz
escapada F Ausreißen *n*; *fig* Abstecher *m*; Spritztour; Kurzurlaub *m* **escapar(se)** entgehen; entkommen; ausreißen; *Gas etc* entweichen; *Wort* entschlüpfen
escaparate M Schaufenster *n*
escape M AUTO Auspuff; TECH undichte Stelle *f*
escarabajo [-xo] M Käfer
escarbar scharren
escarcha [-tʃa] F Raureif *m*
escarlata scharlachrot **escarlatina** F MED Scharlach *m*
escarmentado gewitzt **escarmentar** durch Schaden klug werden
escarnecer [-θ-] verhöhnen **escarnio** M Hohn; Verspottung *f*
escarola F Endiviensalat *m*
escarpado steil; abschüssig
escasear selten (*od* knapp) sein
escasez [-θ] F Mangel *m*; Knappheit **escaso** knapp, gering
escatimar schmälern; sparen mit
escayola F Gips *m* **escayolar** *a.* MED ein-, vergipsen
escena [-θ-] F Bühne; Szene, Auftritt *m*; **poner en ~** inszenieren **escenario** M Bühne *f*; *fig* Schauplatz **escenificar** inszenieren **escenografía** F Bühnenbild *n*
escepticismo [-θeptiθ-] M Skepsis *f* **escéptico** skeptisch
esclarecer [-θ-] erleuchten; *fig* aufklären
esclavitud F Sklaverei **esclavo, -a** M,F Sklave, Sklavin
esclusa F Schleuse
escoba F Besen *m* **escobilla** [-ʎ-] F Bürste; AUTO Wischerblatt *n*
escocer [-θ-] brennen; jucken
escocés [-θ-] **1** ADJ schottisch **2** M, **-esa** F Schotte *m*, Schottin *f* **Escocia** F Schottland *n*
escoger [-x-] auswählen
escolar **1** ADJ Schul... **2** M/F Schüler(in) **escolarizar** [-θ-]

einschulen
escollo [-ʎo] M Klippe *f* (*a. fig*)
escolta F Eskorte; Geleit *n* **escoltar** eskortieren, begleiten
escombros MPL Schutt *m*; Trümmer *pl*
esconder verstecken, verbergen **escondidas**: **a ~** im Geheimen, heimlich **escondite** M, **escondrijo** [-xo] M Versteck *n*
escopeta F Flinte; **~ de aire comprimido** Luftgewehr *n*
escoria F Schlacke
Escorpio M ASTROL Skorpion
escorpión M ZOOL Skorpion
escotado ausgeschnitten, dekolletiert **escote** M Ausschnitt, Dekolleté *n*
escotilla [-ʎa] F SCHIFF Luke
escozor [-θ-] M Brennen *n*; Jucken *n*
escribir schreiben; **~ a máquina** Maschine schreiben, tippen
escrito **1** ADJ geschrieben; **por ~** schriftlich **2** M Schreiben *n* **escritor(a)** M(F) Schriftsteller(in) **escritorio** M Schreibtisch **escritura** F Schrift; JUR Urkunde
escrúpulo M Skrupel, Bedenken *n*; **sin ~s** skrupellos **escrupuloso** gewissenhaft, peinlich genau
escrutar *Stimmen* zählen
escuadra F Geschwader *n*; MATH Zeichendreieck *n*
escucha-bebés M Babyphon *n* **escuchar** [-tʃ-] (zu-, an)hören
escudo M Schild; Wappen *n*
escuela F Schule; **~ superior** Hochschule; **~ universitaria** *Sp* ≈ Fachhochschule
escueto schlicht; einfach
escultor(a) M(F) Bildhauer(in)
escultura F Skulptur
escupir (aus)spucken
escurridizo [-θo] glatt, schlüpfrig **escurrir** abtropfen lassen **escurrirse** ausrutschen; entgleiten
ese, **esa**, **eso**, PL **esos**, **esas** diese(r, -s); **eso es** ganz richtig!; **por eso** deswegen
esencia [-θ-] F Wesen *n*; *a.* CHEM Essenz **esencial** wesentlich, Haupt…
esfera F Sphäre (*a. fig*); Kugel; Zifferblatt *n*; **~ privada** Privatsphäre
esférico kugelförmig
esforzado [-θ-] tapfer **esforzar** ermutigen; verstärken **esforzarse** sich anstrengen
esfuerzo [-θo] M Anstrengung *f*; **sin ~** mühelos
esfumarse verschwinden; *umg* verduften
esgrima F Fechten *n*; Fechtkunst **esgrimir** fechten; *Argument* vorbringen
esguince [-ɣinθe] M MED Verstauchung *f*; Zerrung *f*
eslabón M (Ketten)Glied *n*; *fig* Bindeglied *n*
eslogan M Slogan
eslovaco **1** ADJ slowakisch **2**

M, -a F Slowake m, -in f
Eslovaquia F Slowakei f
Eslovenia F Slowenien n
esloveno 1 ADJ slowenisch 2 M, -a F Slowene, Slowenin
esmaltar emaillieren **esmalte** M Email n; ~ **de uñas** Nagellack
esmerado sorgfältig
esmeralda F Smaragd m
esmerarse sich Mühe geben **esmerilar** schmirgeln **esmero** M Sorgfalt f
eso → ese
esófago M Speiseröhre f
espabilado aufgeweckt
espacial [-θ-] Raum... **espacio** M Raum; Zeitraum; Zwischenraum; TV Sendereihe f; ~ **en blanco** IT Leerzeichen n; ~ **natural** Naturschutzgebiet n **espacioso** weit; geräumig
espada 1 F Degen m; Schwert n 2 M Matador
espagueti [-ɣe-] M Spaghetti pl
espalda F Rücken m; **a ~s de** hinter dem Rücken von; **por la ~** von hinten
espantajo [-x-] M, **espantapájaros** M Vogelscheuche f **espantar** erschrecken; verscheuchen
espanto M Schrecken, Entsetzen n **espantoso** schrecklich; entsetzlich
España F Spanien n
español [-ɲ-] 1 ADJ spanisch 2 M, **española** F Spanier(in)
esparadrapo M Heftpflaster n
esparcir [-θ-] ausstreuen; fig verbreiten **esparcirse** sich zerstreuen (a. fig)
espárrago M Spargel
espasmo M Krampf
especia [-θ-] F Gewürz n
especial [-θ-] besondere(r, -s), speziell; Sonder...; **nada en ~** nichts Besonderes **especialidad** F Spezialität; Fachgebiet n; Spezialgebiet n **especialista** M/F Spezialist(in); MED Facharzt, -ärztin **especialización** F Spezialisierung **especializarse** sich spezialisieren (**en** auf akk) **especialmente** besonders
especie [-θ-] F Art (a. BIOL); Gerücht n **especificar** im Einzelnen angeben; spezifizieren **específico** spezifisch
espectacular aufsehenerregend **espectáculo** M Schauspiel n; Vorstellung f **espectador(a)** M(F) Zuschauer(in)
espectro M PHYS Spektrum n; fig Gespenst n
especular spekulieren
espejismo [-x-] M Fata Morgana f (a. fig) **espejo** M Spiegel; ~ **deformante** Zerrspiegel
espeluznante [-θ-] grauenhaft
espera F Warten n; **en ~ de** in Erwartung (gen) **esperanza** [-θa] F Hoffnung **esperar** (er)warten, hoffen auf (ac); ~ **un hijo** ein Kind erwarten
esperma F Sperma n

espeso dick; dicht **espesor** M Dicke *f*, Stärke *f*
espetón GASTR Bratspieß
espía M/F Spion(in)
espiar (aus)spionieren
espiga F Ähre; TECH Zapfen *m*, Stift *m*
espina F Dorn *m*, Stachel *m*; *Fisch* Gräte; ~ **dorsal** Rückgrat *n* **espinacas** FPL Spinat *m*
espinilla [-ʎa] F Schienbein *n*; MED Mitesser *m*
espino M Weißdorn **espinoso** dornig; *fig* heikel
espionaje [-xe] M Spionage *f*
espiral 1 ADJ spiralförmig 2 F Spirale
espirar ausatmen
espíritu M Geist **espiritual** geistig; geistlich
espléndido prächtig; glänzend **esplendor** M Glanz, Pracht *f*
espliego M Lavendel
esponja [-xa] F Schwamm *m* **esponjoso** porös; locker
espontáneo spontan
esposa F Gattin; ~**s** *pl* Handschellen **esposo** M Gatte
espuma F Schaum *m*; Schaumstoff *m* **espumoso** schaumig; **vino** *m* ~ Sekt
esquela [-ke-] F ~ **(de defunción)** Todesanzeige
esqueleto [-ke-] M Skelett *n*
esquema [-ke-] M Schema *n*
esquí [-ki] M Ski; Skilauf(en *n*); ~ **náutico** (*od* **acuático**) Wasserski; ~ **de fondo** Skilanglauf **esquiador(a)** M(F) Skifahrer(in), Skiläufer(in) **esquiar** Ski laufen
esquina [-ki-] F Ecke
esquivar [-ki-] vermeiden; ausweichen
esta → este², esta, esto
estabilidad F Beständigkeit; Stabilität
estable beständig; fest, stabil **establecer** [-θ-] errichten; festlegen, festsetzen **establecimiento** [-θ-] M Festsetzung *f*; Anstalt *f*; Geschäft *n*
establo M Stall
estaca F Pfahl *m*, Pflock *m*
estación [-θ-] F Station, Jahreszeit; Bahnhof *m*; ~ **de autobuses** Busbahnhof *m*; ~ **espacial** Raumstation; ~ **de esquí** Skiort *m*; Skigebiet *n*; ~ **de metro** U-Bahn-Station; ~ **de servicio** Tankstelle; ~ **terminal** Endstation; ~ **de trabajo** IT Arbeitsplatz *m*
estacionamiento [-θ-] M Parken *n*; ~ **prohibido** Parkverbot *n* **estacionar** parken
estadio M Stadium *n*; SPORT Stadion *n*
estadística F Statistik
estado M Stand; Zustand; ~ **civil** Familienstand; ~ **general** Allgemeinbefinden *n*, -zustand; ~ **de emergencia** Notstand; **en mal** ~ in schlechtem Zustand
Estado Staat; ~ **miembro** Mitgliedsstaat; ~**s** *mpl* **Unidos de América** Vereinigte Staaten von Amerika, USA

estafa F Betrug *m* **estafador(a)** M(F) Betrüger(in) **estafar** betrügen
estallar [-ʎ-] explodieren; platzen; *fig* ausbrechen **estallido** M Knall; *fig* Ausbruch
Estambul F Istanbul *n*
estampa F Bild *n*; Druck *m* **estampado** *Stoff* bedruckt; gemustert **estampar** (be)drucken; prägen; *Unterschrift* setzen (**en** auf, unter *akk*) **estampilla** [-ʎa] F Stempel *m*; *Am* Briefmarke
estancar stauen **estancarse** stagnieren **estancia** [-θ-] F Aufenthalt *m*; *Am* Farm **estanco** M *Sp* Tabakladen
estandarte M Standarte *f*
estanque [-ke] M Teich
estante M Bücherbrett *n*; Bord *n* **estantería** F Regal *n*
estaño [-ɲo] M Zinn *n*
estar sein; sich befinden; **no está** er (sie) ist nicht da; **estoy bien/mal** es geht mir gut/schlecht; **¿cómo está usted?** wie geht es Ihnen?; **~ leyendo** gerade lesen; **estamos a 4 de junio** heute ist der 4. Juni
estatal staatlich
estatua F Statue **estatura** F Statur; Körpergröße **estatutos** MPL Satzung *f*
este[1] M Osten; **al ~** im Osten
este[2], **esta**, **esto** diese(r, -s); PL **estos, estas** diese
esté → estar
estepa F Steppe
estera F (Fuß)Matte
estéreo, **estereofónico** stereo; Stereo...
estéril unfruchtbar; steril
esterilizar [-θ-] sterilisieren
esterlina: **libra** *f* **~** Pfund *n* Sterling
esteticista [-θ-] F Kosmetikerin **estético** ästhetisch
estiércol M Dung, Mist
estigma M Stigma *n*
estilo M Stil **estilográfica** F (**pluma** F) **~** Füllfederhalter *m*
estima F (Hoch)Achtung **estimación** [-θ-] F Schätzung **estimado** geehrt **estimar** V/T schätzen (*a. fig*); (hoch) achten; V/I meinen
estimulante **1** ADJ anregend **2** M Stimulans *n* **estimular** anregen; anspornen
estímulo M Reiz (*a.* MED); *fig* Anreiz, Ansporn
estipulación [-θ-] F JUR Klausel **estipular** vereinbaren
estirar ziehen, strecken; recken; **~ la pata** *umg* ins Gras beißen
Estiria F Steiermark
estirón M Ruck
estival sommerlich; **epoca** *f* **~** Sommerzeit
esto → este[2], esta, esto
Estocolmo M Stockholm *n*
estofado **1** ADJ geschmort **2** M Schmorgericht *n*, -braten
estómago M Magen
Estonia F Estland *n*
estorbar stören, behindern **es-**

torbo M Störung *f*; Hindernis *n*
estornino M ZOOL Star
estornudar niesen
estoy → estar
estrago M Verheerung *f*, Verwüstung *f*
estragón M Estragon
estrambótico extravagant
estrangular erwürgen, erdrosseln
Estrasburgo M Straßburg *n*
estrategia [-x-] F Strategie **estratégico** [-x-] strategisch
estrato M Schicht *f*
estrechar [-tʃ-] verengen; *Kleid* enger machen; *Hand* drücken **estrecho** 1 ADJ eng, schmal 2 M Meerenge *f*
estrella [-ʎa] F Stern *m*; (Film)-Star *m*; **~ de mar** Seestern *m* **estrellarse** zerschellen; AUTO **~ contra** fahren gegen
estremecer [-θ-] erschüttern **estremecerse** schaudern; (er)zittern **estremecimiento** M Schauder
estrenar erst-, uraufführen; *fig* einweihen **estreno** M Einweihung *f*; THEAT Premiere *f*; *fig* Debüt *n*; **~ absoluto** (*od* **riguroso**) Uraufführung *f*
estreñimiento [-ɲ-] M MED Verstopfung *f*
estrépito M Lärm, Getöse *n* **estrepitoso** lärmend
estrés M Stress **estresante** stressig **estresar** stressen
estría F Streifen *m*; Rille
estribo M Steigbügel; Trittbrett *n*
estribor M SCHIFF Steuerbord *n*
estricto streng; strikt
estridente schrill, gellend
estrofa F Strophe
estropeado defekt, kaputt **estropear** beschädigen; kaputt machen; *fig* verderben
estructura F Struktur, Gefüge *n*
estruendo M Getöse *n*
estrujar [-x-] zerdrücken; *Frucht* auspressen
estuche [-tʃe] M Futteral *n*; Etui *n*
estuco M Stuck
estudiante M/F Student(in); Schüler(in) **estudiar** studieren; lernen; MUS üben **estudio** M Studium *n*; Studie *f*; Atelier *n*; Studio *n*; Appartement *n* **estudioso** fleißig, eifrig
estufa F Ofen *m*
estupefaciente [-θ-] M Rauschgift *n* **estupefacto** sprachlos, verblüfft
estupendo fabelhaft, *umg* toll, super
estupidez [-θ-] F Dummheit
estúpido 1 ADJ dumm 2 M Dummkopf
esturión M ZOOL Stör
estuve → estar
ETA ABK (Euskadi Ta Askatasuna) Baskenland und Freiheit (*baskische Terrororganisation*)
etapa F Etappe; Phase

ETB M (Euskal Telebista) *baskisches Fernsehen*
eternidad F Ewigkeit **eterno** ewig
ética F Ethik
Etiopía F Äthiopien *n*
etiqueta [-ke-] F Etikette; Etikett *n*
eucalipto M Eukalyptus
Eurocopa F EM, Europameisterschaft **eurocrítico** M, **-a** F Eurokritiker(in)
Europa F Europa *n*; **~ Occidental/Oriental** West-/Osteuropa *n*
europeo **1** ADJ europäisch **2** M, **-a** F Europäer(in)
eurotúnel M Eurotunnel *m*
eurozona F Euroland *n*
evacuación [-θ-] F Evakuierung; Räumung **evacuar** evakuieren; räumen
evadir vermeiden; ungehen
evadirse fliehen
evaluación [-θ-] F Schätzung, Bewertung **evaluar** schätzen, bewerten
evangélico [-x-] evangelisch
evangelio M Evangelium *n*
evaporación [-θ-] F Verdunstung **evaporarse** verdunsten
evasión F Flucht **evasiva** F Ausrede **evasivo** ausweichend
evento M Ereignis *n*
eventual möglich, eventuell
eventualidad F Möglichkeit
evidencia [-θ-] F Offenkundigkeit **evidente** offenkundig, klar; **ser ~** einleuchten
evitable vermeidbar **evitar** vermeiden
evocar heraufbeschwören, erinnern an (*akk*)
evolución [-θ-] F Entwicklung
evolucionar sich (weiter)entwickeln
ex **ex marido** M Ex(mann) **ex mujer** *f* Ex(frau) **ex novio, -a** *m,f* Exfreund(in)
exactitud F Genauigkeit; Richtigkeit **exacto** genau, exakt; richtig; pünktlich
exageración [-xeraθ-] F Übertreibung **exagerar** übertreiben
exaltado überspannt; exaltiert
exaltarse sich begeistern
examen M Prüfung *f*, Examen *n*; *a.* MED Untersuchung *f* **examinar** prüfen, untersuchen
examinarse e-e Prüfung ablegen
excavación [-θ-] F Ausgrabung **excavadora** F Bagger *m* **excavar** ausgraben, -baggern
excedente [-θ-] **1** ADJ überzählig **2** M Überschuss **exceder** übersteigen; übertreffen
excederse zu weit gehen
excelencia [-θelenθ-] F Exzellenz **excelente** vortrefflich, ausgezeichnet
excepción [-θεβθ-] F Ausnahme **excepcional** [-θ-] außerordentlich **excepto** außer, ausgenommen **exceptuar** ausnehmen
excesivo [-θ-] übermäßig;

maßlos **exceso** M Übermaß *n*; **~ de equipaje** FLUG Übergepäck *n*; **~ de peso** Übergewicht *n*; *Verkehr* **~ de velocidad** Geschwindigkeitsüberschreitung *f*
excitación [-θitaθ-] F Reiz *m*; Auf-, Erregung **excitante** auf-, erregend **excitar** anregen; erregen; reizen **excitarse** sich aufregen
exclamar ausrufen
excluir ausschließen **exclusión** F Ausschluss *m* **exclusiva** F Alleinverkauf *m*, -vertretung; Exklusivrecht *n* **exclusivo** ausschließlich
excomulgar exkommunizieren
excremento(s) M(PL) Ausscheidung(en) *f(pl)*; Kot *m*
excursión F Ausflug *m*
excusa F Entschuldigung; Ausrede **excusar** entschuldigen
exento: **~ de** frei, befreit von
exhausto erschöpft
exhibición [-θ-] F Ausstellung; Vorführung, Schau **exhibir** ausstellen; vorführen
exhortar ermahnen
exigencia [-xenθ-] F Forderung **exigente** anspruchsvoll **exigir** (er)fordern
exiliar verbannen **exiliarse** ins Exil gehen **exilio** M Exil *n*
existencia [-θ-] F Dasein *n*; Existenz; **~s** *pl* HANDEL Bestände *mpl* **existir** bestehen; existieren; leben
exitazo M *umg* Riesenerfolg
éxito M Erfolg; **sin ~** erfolglos
exitoso erfolgreich
exótico fremdartig, exotisch
expansión F Ausdehnung; Expansion; **en ~** *Firma* expandierend **expansivo** expansiv; *fig* mitteilsam
expatriarse auswandern
expectación [-θ-] F Erwartung **expectante** abwartend **expectativa** F Erwartung
expedición [-θ-] F Beförderung, Versand *m*; Expedition **expediente** M Akte *f*; Rechtssache *f* **expedir** (ab-, ver)senden; *Dokument* ausstellen
expendedora F **~ de bebidas/de billetes** Getränke-/Fahrscheinautomat *m*
experiencia [-θ-] F Erfahrung; Versuch *m* **experimentar** V/T erproben; *fig* erfahren, erleiden; V/I experimentieren **experimento** M Experiment *n*
experto **1** ADJ sachkundig, erfahren **2** M Fachmann, Experte
expiar sühnen
expido → expedir
expirar sterben; *Frist* ablaufen
explicable erklärlich **explicación** [-θ-] F Erklärung **explicar** erklären; **no me lo explico** das ist mir unbegreiflich **explicativo** erläuternd
exploración [-θ-] F Erforschung; MED Untersuchung **explorador(a)** M(F) Forscher(in); *Sp* Pfadfinder(in) **explorar** erforschen; auskundschaften;

MED untersuchen **explosión** F Explosion **explosionar** explodieren **explosivo** 1 ADJ explosiv; Spreng… 2 M Sprengstoff, -körper
explotación [-θ-] F Ausbeutung; Nutzung; Abbau *m* **explotar** V/T (aus)nutzen; ausbeuten; *Land etc* bewirtschaften; V/I explodieren
Expo F Expo, Weltausstellung
exponer darlegen; ausstellen; FOTO belichten **exponerse** sich aussetzen (*e-r Gefahr etc*)
exportación [-θ-] F Export *m*, Ausfuhr **exportador(a)** M(F) Exporteur(in) **exportar** HANDEL ausführen, exportieren
exposición [-θ-] F Ausstellung; *fig* Darlegung; FOTO Belichtung **expositor(a)** M(F) Aussteller(in)
expresar ausdrücken; äußern **expresión** F Ausdruck *m* **expresivo** ausdrucksvoll **expreso** 1 ADJ ausdrücklich 2 M BAHN Expresszug
exprimidor M Zitronenpresse *f* **exprimir** auspressen
expropiar enteignen
expuesto ausgesetzt, gefährdet
expulsar vertreiben; ausstoßen; ausweisen **expulsión** F Ausweisung; Vertreibung
exquisito [-ki-] erlesen, vorzüglich; köstlich
éxtasis M Verzückung *f*, Ekstase *f*
extender ausbreiten, ausdehnen; erweitern **extenderse** sich erstrecken; sich ausbreiten
extensible ausziehbar **extensión** F Ausdehnung, Umfang *m*; Ausbreitung; TEL Durchwahl **extenso** weit; ausgedehnt
exterior 1 ADJ äußerlich; Außen… 2 M Äußere(s) *n*; Ausland *n*; **~es** *mpl Film* Außenaufnahmen *fpl*
exterminar ausrotten, vernichten
externo äußerlich; extern
extinción [-θ-] F Löschung; BIOL Aussterben *n* **extinguir** [-ɣir] (aus)löschen **extinguirse** [-ɣ-] erlöschen; BIOL aussterben **extintor** M Feuerlöscher
extirpar ausrotten; MED entfernen
extorsión F Erpressung
extra 1 ADJ Extra…, Sonder… 2 M Zulage *f* 3 M/F *Film* Statist(in)
extracción [-ɣθ-] F Ziehen *n* (*eines Zahns*); Förderung **extracto** M Auszug, Extrakt; **~ de cuenta** Kontoauszug **extractor** M **~ de humos** Rauchabzug
extraditar POL ausliefern
extraer (heraus)ziehen; entnehmen, entfernen
extranjero [-x-] 1 ADJ ausländisch 2 M Ausland *n* 3 M, **-a** F Ausländer(in)

extrañar [-ɲ-] wundern; *bes Am* vermissen **extrañarse** sich wundern (**de** über) **extrañeza** F Erstaunen *n*, Verwunderung **extraño** fremd; sonderbar, seltsam
extraordinario außergewöhnlich; **horas** *pl* **-as** Überstunden **extraviar** *Gegenstand* verlegen **extraviarse** sich verirren; abhandenkommen
Extremadura F Estremadura
extremar übertreiben **extremidad** F äußerstes Ende *n*; **~es** *pl* ANAT Gliedmaßen *pl* **extremista** 1 ADJ extremistisch 2 M/F Extremist(in)
extremo 1 ADJ äußerst; letzt; extrem; **la -a derecha/izquierda** POL die extreme Rechte/Linke 2 M Ende *n*; Extrem *n*; SPORT Außenstürmer
exuberante üppig
eyacular ejakulieren

F

fabada F *asturisches Gericht aus weißen Bohnen, Speck, Würsten etc*
fábrica F Fabrik
fabricación [-θ-] F Fabrikation, Herstellung **fabricante** M/F Fabrikant(in), Hersteller(in)
fabricar herstellen
fabuloso fabelhaft
Facebook® ['feɪsbuk] *red social* **estar en ~** auf Facebook® sein
faceta [-θ-] F *fig* Seite, Aspekt *m*
fachada F Fassade
facial [-θ-] Gesichts...
fácil [-θ-] leicht; **~ de entender** leicht zu verstehen; **~ de usar** benutzerfreundlich
facilidad [-θ-] F Leichtigkeit; **~es** *pl* Erleichterungen **facilitar** erleichtern; be-, verschaffen
factible machbar **factor** M Faktor; **~ de riesgo** Risikofaktor
factura F Rechnung **facturación** F HANDEL Rechnungstellung; *v. Gepäck:* Einchecken *n*
facturar berechnen, in Rechnung stellen; *Gepäck* aufgeben, einchecken
facultad F Fähigkeit; UNIV Fakultät
faena F Arbeit
fagot M Fagott *n*
faisán M Fasan
falda F Rock *m* **falda-pantalón** F Hosenrock *m*
falla [-ʎa] F Fehler *m*, Defekt *m*
fallar JUR das Urteil fällen; *fig* fehlschlagen; TECH versagen
fallas [-ʎ-] PL *Volksfest in Valencia am 19. März*
fallecer [-ʎeθ-] sterben **fallecimiento** M Tod
fallo [-ʎo] M Fehler; *a.* TECH Versagen *n*; JUR Urteil *n*; **~ del**

sistema IT Systemfehler; ~ de seguridad Sicherheitslücke *f*
falsedad F Falschheit
falsificación [-θ-] F Fälschung **falsificar** fälschen
falso falsch; unwahr
falta F Fehler *m*; Mangel *m* (**de** an *dat*); **~ de atención** Unaufmerksamkeit; **~ de consideración/de respeto** Rücksichts-/Respektlosigkeit; **a** (*od* **por**) **~ de** mangels (*gen*); **hacer ~** nötig sein
faltar fehlen; **~ a** verstoßen gegen; **falta poco** es fehlt nicht mehr viel; es dauert nicht mehr lange; **faltó poco para que …** beinahe …
fama F Ruf *m*; Ruhm *m*
familia F Familie
familiar 1 ADJ Familien…; familiär; vertraut 2 M/F Verwandte(r) *m*/*f*(*m*), Angehörige(r) *m*/*f*(*m*) **familiarizar** [-θ-] vertraut machen (**con** mit)
famoso berühmt
fanático fanatisch
fanatismo M Fanatismus
fanfarrón(-ona) M(F) Angeber(in), Aufschneider(in) **fanfarronear** angeben, aufschneiden
fango M Schlamm
fantasía F Fantasie **fantasma** M Gespenst *n*
fantástico fantastisch
faringe [-xe] F Rachen *m* **faringitis** F Rachenentzündung
farmacéutico,-a [-θ-] M,F Apotheker(in) **farmacia** [-θ-] F Apotheke; **farmacia de guardia** Notfallapotheke
fármaco M Arzneimittel *n*
faro M Leuchtturm; AUTO Scheinwerfer; **~ antiniebla** Nebelscheinwerfer **farol** M Laterne *f*; Straßenlaterne *f*
farsa F THEAT Posse; *fig* Farce **farsante** M/F Schwindler(in)
fascinar [-θ-] faszinieren
fascismo [-θ-] M Faschismus **fascista** 1 ADJ faschistisch 2 M/F Faschist(in)
fase F Phase; *Computerspiel* Level *m*/*n*
fastidiar anöden; lästig sein **fastidio** M Ärger; Überdruss; **¡qué ~!** wie lästig! **fastidioso** lästig; langweilig
fatal verhängnisvoll; *umg* verheerend; **me siento ~** *umg* ich fühle mich ganz mies **fatalidad** F Verhängnis *n*
fatiga F Ermüdung, Müdigkeit; Mühe **fatigado** müde, abgespannt **fatigar** ermüden; anstrengen **fatigoso** mühsam, anstrengend
favor M Gunst *f*; Gefälligkeit *f*, Gefallen; **a ~ de** zugunsten von; **por ~** bitte!; **hacer el ~ de** so freundlich sein zu **favorable** günstig **favorecer** [-θ-] begünstigen **favorito** 1 ADJ Lieblings… 2 M, **-a** F Favorit(in)
fax M Fax(gerät) *n*; **número** *m* **de ~** Faxnummer *f*; **mandarle**

un ~ a alg j-m ein Fax schicken
faz [-θ-] F Antlitz *n*
fe F Glaube *m*; **de buena ~** gutgläubig
fealdad F Hässlichkeit
febrero M Februar
febril fieberhaft (*a. fig*)
fecha [-tʃa] F Datum *n*; **~ de nacimiento** Geburtsdatum *n*; **~ de caducidad** Verfallsdatum *n*; *Lebensmittel etc*: **~ de duración mínima** Mindesthaltbarkeitsdatum *n*; **hasta la ~** bis heute, bis jetzt **fechar** datieren
fecundar befruchten **fecundidad** F Fruchtbarkeit **fecundo** fruchtbar (*a. fig*)
federación [-θ-] F Verband *m*; Bund *m* **federal** Bundes…
feed-back M Feedback *n*
felicidad [-θ-] F Glück *n*; **¡(muchas) ~es!** herzlichen Glückwunsch! **felicitación** [-θ-] F Glückwunsch *m* **felicitar** beglückwünschen; gratulieren (**por** zu)
feliz [-θ-] glücklich; **¡felices fiestas!** frohes Fest!, frohe Weihnachten!; **¡~ Año Nuevo!** ein gutes neues Jahr!
felpa F Plüsch *m*
femenino **1** ADJ weiblich; Frauen…, Damen… **2** M GRAM Femininum *n*
feminista M/F Feminist(in)
fenomenal *umg* phänomenal **fenómeno** **1** M Phänomen *n* (*a. fig*); Erscheinung *f* **2** ADJ *umg* toll
feo hässlich
féretro M Sarg
feria F Jahrmarkt *m*; HANDEL Messe
fermentación [-θ-] F Gärung **fermentar** gären
ferocidad [-θ-] F Wildheit **feroz** [-θ-] wild, grausam
ferretería F Eisenwarenhandlung
ferrocarril M Eisenbahn *f* **ferroviario** **1** ADJ Eisenbahn… **2** M Eisenbahner
ferry M (Auto)Fähre *f*
fértil fruchtbar (*a. fig*)
fertilidad F Fruchtbarkeit *f* **fertilizante** [-θ-] M Düngemittel *n* **fertilizar** [-θ-] fruchtbar machen; düngen
ferviente heftig, inbrünstig
festival M Festival *n*, Festspiele *npl* **festivo** festlich; fröhlich; **día** *m* **~** Feiertag
feto M Fötus, Fetus
FEVE MPL ABK (Ferrocarriles Españoles de Vía Estrecha) *Schmalspurbahn im Norden Spaniens*
FF.CC. MPL ABK (Ferrocarriles) Eisenbahn(en) *f(pl)*
fiable zuverlässig **fiado**: **al ~** auf Pump **fiador(a)** M(F) Bürge, Bürgin
fiambre M Aufschnitt
fianza [-θa] F Bürgschaft; Kaution **fiar** bürgen für **fiarse** sich verlassen (**de** auf *akk*)
fibra F Faser; MED Ballaststoffe *mpl*; **~ óptica**, **~ de vidrio** Glas-

faser
ficha [-tʃa] F Spielmarke; Karteikarte **fichar** registrieren, erfassen; SPORT verpflichten **fichero** M Kartei *f*; IT Datei *f*; ~ **adjunto** IT Attachment *n*
fidelidad F Treue; **alta** ~ Hi-Fi *f*
fideos MPL (Faden)Nudeln *fpl*
fiebre F Fieber *n*; **tener ~ (alta)** (hohes) Fieber haben
fiel 1 ADJ treu 2 M/F REL Gläubige(r) *m/f(m)*
fieltro M Filz
fiera F Raubtier *n*
fiesta F Fest *n*; Feiertag *m*; *umg* Fete *f*; **~ mayor** Patronatsfest *n*; **¡felices ~s!** schöne Feiertage!; **hacer** ~ *umg* blaumachen
fiestorro M *umg* Megaparty *f*
figura F Figur; Gestalt **figurado** figürlich; bildlich **figurante** M/F Statist(in) **figurar** aufgeführt sein, stehen (**en** auf, in *dat*) **figurarse ~ a/c** sich (*dat*) etw vorstellen
fijación [-xaθ-] F Festsetzung; FOTO Fixierung; *Ski* Bindung **fijador** M Haarfestiger **fijar** befestigen; festsetzen; *Plakat* ankleben; FOTO fixieren; *Aufmerksamkeit* richten (**en** auf *akk*) **fijarse** aufpassen; **~ en** bemerken, achten auf (*akk*); **¡fíjate!** stell dir vor!; **¡fíjate bien!** pass gut auf!, hör gut zu!
fijo [-xo] 1 ADJ fest 2 M *umg* Festnetzanschluss; **número** *m* **del ~** Festnetznummer *f*
fila F Reihe; **en ~ india** im Gänsemarsch; **llamar a ~s** MIL einziehen, einberufen
filete M Scheibe *f* Fleisch; (Fisch)Filet *n*
Filipinas FPL Philippinen *pl*
film M Film **filmación** [-θ-] F Verfilmung **filmar** (ver)filmen
filólogo, -a M,F Philologe, login
filosofía F Philosophie **filósofo, -a** M,F Philosoph(in)
filtrar filtern **filtrarse** durchsickern (*a. fig*)
filtro M Filter; **~ ultravioleta** UV-Filter
fin M Ende *n*; Ziel *n*, Zweck; **~ de semana** Wochenende *n*; **¡buen ~ de semana!** schönes Wochenende!; **a ~es de …** Ende …; **al** (*od* **por**) **~** endlich; **tocar a su ~** zu Ende gehen
final 1 ADJ End…; Schluss… 2 M Ende *n*; **al ~** am Ende, zum Schluss; **a ~es de …** Ende … 3 F SPORT Endrunde, Finale *n*
finalizar [-θ-] beendigen **finalmente** endlich
financiación [-θĭaθ-] F Finanzierung
finca F Grundstück *n*; **~ (rural)** Landgut *n*
fineza [-θa] F Feinheit
fingir [-x-] vortäuschen, tun als ob
finlandés 1 ADJ finnisch 2 M, **-esa** F Finne(Finnin) **Finlandia** F Finnland *n*
fino fein **finura** F Feinheit
firma F Unterschrift; HANDEL Firma **firmar** unterschreiben

firme 1 ADJ fest, beständig; sicher 2 M (Straßen)Belag **firmeza** [-θa] F Festigkeit; Beharrlichkeit
fiscal 1 ADJ Steuer... 2 M/F Staatsanwalt *m*, -anwältin *f*
física F Physik **físico** 1 ADJ körperlich, physisch; physikalisch 2 M, **-a** F Physiker(in) 3 M Aussehen *n*
fisioterapia F Heilgymnastik
fitness M Fitness *f*; **centro** *m* **de ~** Fitness-Center *n*
flaco mager, dürr; *fig* schwach
flamante nagelneu
flamenco 1 ADJ flämisch 2 M Flamenco; ZOOL Flamingo
flan M Eierpudding
Flandes M Flandern *n*
flaqueza [-keθa] F Magerkeit; *fig* Schwäche
flash [flas] M Blitzlicht *n* **flashmob** ['flasmɔβ] M Flashmob *m*
flato M Blähung *f*
flauta F Flöte; **~ dulce** Blockflöte **flautista** M/F Flötist(in)
flecha [-tʃa] F Pfeil *m*
flequillo [-kiʎo] M *Frisur* Pony *n*
fletar chartern
flexible biegsam; flexibel
flirtear flirten
flojo [-xo] locker; schlaff; schwach
flor F Blume; Blüte **flora** F Flora; **~ intestinal** Darmflora **florecer** [-θ-] blühen; *fig* florieren
Florencia F Florenz *n*
florero M Blumenvase *f* **florista** M/F Blumenhändler(in) **floristería** F Blumengeschäft *n*
flota F Flotte **flotador** M Schwimmring; TECH Schwimmer; **~es** *pl* **de brazos** Schwimmflügel **flotar** schwimmen, treiben; *in der Luft* schweben
fluctuación [-θ-] F Schwankung **fluctuar** schwanken
fluido flüssig; fließend **fluir** fließen **flujo** [-xo] M Fluss, Fließen *n*; MED Ausfluss
fluorescente [-θ-] (**tubo** M) **~** Leuchtstoff-, Neonröhre *f*
fluvial Fluss...
FM (Frecuencia Modulada) UKW (*Ultrakurzwelle*)
foca F Seehund *m*
foco M Brennpunkt; Scheinwerfer; MED *u. fig* Herd
fogón M (Küchen)Herd
follaje [-ʎaxe-] M Laub(werk) *n*
follar [-ʎ-] *vulg* ficken, vögeln
folleto [-ʎ-] M Prospekt, Flyer; *größer* Broschüre *f*
follón [-ʎ-] M *umg* Krach; Durcheinander *n*
fomentar fördern **fomento** M Förderung *f*
fonda F Gasthaus *n*
fondo M Grund, Boden; MAL Hintergrund; HANDEL Fonds; **~ de inversiones** Investmentfonds; **~s** *pl* Geldmittel *npl*; **a ~** gründlich; **en el ~** im Grunde (genommen), eigentlich; **tocar ~** den Grund berühren; *fig* den

Tiefpunkt erreichen
fontanero M Klempner
footing M Jogging *n*
forastero **1** ADJ fremd, auswärtig **2** M, **-a** F Fremde(r) *m/f(m)*
forestal Forst..., Wald...
forjar [-x-] schmieden
forma F Form; Gestalt; **estar en ~** in Form sein; **~s** *pl* Umgangsformen **formación** [-θ-] F (Aus)Bildung; **~ de adultos** Erwachsenenbildung; **~ profesional** Berufsausbildung
formal formal; förmlich; zuverlässig **formalidad** F Förmlichkeit; Formalität; Zuverlässigkeit **formalmente** ADV formell, förmlich
formar bilden; ausbilden
formatear IT formatieren **formateo** M Formatierung *f* **formato** M *a.* IT Format *n*; **en gran ~** in Großformat
formidable *umg* toll, prima
fórmula F Formel
formular formulieren **formulario** M Formular *n*
foro M Forum *n*
forofo M *umg* Fan
forraje [-xe] M (Vieh)Futter *n* **forrar** *Kleid etc* füttern **forro** M Futter *n*; Überzug
fortalecer [-θ-] stärken **fortaleza** [-θa] F Festung
fortificación [-θ-] F Befestigung **fortificar** befestigen
fortuito zufällig **fortuna** F Schicksal *n*; Glück *n*; Vermögen *n*; **por ~** zum Glück
forzado [-θ-] Zwangs...; ge-, erzwungen **forzar** zwingen (**a** zu); *Tür etc* aufbrechen; *fig* erzwingen **forzoso** notgedrungen, zwangsläufig
fosa F Grube; **~ nasal** Nasenhöhle
fósforo M Phosphor; Streichholz *n*
foso M Graben; Grube *f*; THEAT Versenkung *f*
foto F Foto *n*; **~ de(l) perfil** Profilfoto *n* **fotocopia** F Fotokopie **fotocopiar** fotokopieren **fotogalería** F INTERNET Fotogalerie, Fotobuch
fotografía F Fotografie **fotografiar** fotografieren **fotógrafo,-a** M,F Fotograf(in) **fotoperiodista** M/F Fotoreporter(in) *m(f)*
fracasar scheitern; misslingen
fracaso M Scheitern *n*; Fehlschlag, Misserfolg; **ser un ~** *Person* ein Versager sein
fracción [-ɣθ-] F MATH Bruch *m*; Bruchteil *m*
fractura F MED Bruch *m*; **robo** *m* **con ~** Einbruch
frágil [-x-] zerbrechlich
fragmento M Fragment *n*; Bruchstück *n*
fraile M Mönch
frambuesa F Himbeere
francés [-θ-] **1** ADJ französisch **2** M, **-esa** F Franzose, Französin
Francfort M Frankfurt *n* (**del**

Meno am Main)
Francia F Frankreich *n*
franco 1 ADJ frei; offen(herzig) 2 M Franc; Franken
Franconia F Franken *n*
franela F Flanell *m*
franja [-xa] F Streifen *m*
franquear [-ke-] *Brief etc* frankieren **franqueo** M Porto *n* **franqueza** [-θa] F Offenheit
franquismo [-ki-] POL Franco-Regime **franquista** franquistisch, aus der Franco-Zeit
frasco M Flakon, Fläschchen *n*
frase F Satz *m*
fraternal brüderlich
fraude M Betrug; **~ fiscal** Steuerhinterziehung *f* **fraudulento** betrügerisch
frecuencia [-θ-] F Häufigkeit; Frequenz; **con ~** häufig **frecuentar** (häufig) besuchen **frecuente** häufig
fregadero M Spülbecken *n* **fregar** scheuern; *Geschirr* spülen, abwaschen **fregona** F Wischmopp *m*
freidora F Fritteuse *f* **freír** braten; frittieren
frenar bremsen **freno** M Bremse *f*; Zaum; **~ de mano/de alarma** Hand-/Notbremse *f*
frente 1 F Stirn 2 M Vorderseite *f*; MIL Front *f*; **de ~** von vorn; **en ~** gegenüber; **~ a** gegenüber (*dat*)
fresa F Erdbeere; TECH Fräse
fresco 1 ADJ frisch; kühl; *fig* frech 2 M Kühle *f*; MAL Fresko *n* **frescura** F Kühle; *fig* Frechheit
fresno M Esche *f*
fresón M Erdbeere *f*
fricción [-γθ-] F Einreibung; TECH *u. fig* Reibung
frigorífico 1 ADJ Kühl… 2 M Kühlschrank; *Am* Kühlhaus *n*
fríjol [-x-], **frijol** [-x-] M *Am* Bohne *f*
frikada F *umg* Spinnerei *f*
friki M/F *umg* Freak *m*; **friki de los cómics** Comicfreak *m*
frío 1 ADJ kalt 2 M Kälte *f*; **tengo ~** ich friere; **hace ~** es ist kalt; **coger ~** sich erkälten
Frisia F Friesland *n*
frito gebraten; gebacken
frívolo leichtfertig, frivol
frontal Stirn…; frontal
frontera F Grenze **fronterizo** [-θo] angrenzend, Grenz…
frotar (ab-, ein)reiben; frottieren
fructuoso *fig* fruchtbar; einträglich
fruncir [-θ-] runzeln
frustrar frustrieren; vereiteln, zunichtemachen **frustrarse** scheitern, misslingen
fruta F Obst *n*; Frucht; **~ del tiempo** Obst der Saison; **~ de la pasión** Passionsfrucht, Maracuja **frutal** M Obstbaum **frutería** F Obsthandlung **fruto** M Frucht *f* (*a. fig*); *fig* Nutzen, Gewinn
fue → ir, ser
fuego M Feuer *n*; **~s** *pl* **artifi-**

ciales Feuerwerk *n*
fuel M Heizöl *n*
fuelle [-ʎe] M Blasebalg
fuente F Quelle (*a. fig*); Brunnen *m*; Schüssel
fuera[1] → ir, ser
fuera[2] außen; auswärts, außerhalb; heraus; **~ de** außer; **~ de servicio** außer Betrieb; **¡~ (de aquí)!** raus (hier)! **¡~ con esto!** weg damit!
fueraborda M SCHIFF Außenborder; Außenbordmotor
fuerte 1 ADJ stark; kräftig; hart 2 M Fort *n*; *fig* starke Seite *f*
fuerza [-θa] F Kraft; Stärke; Gewalt; **~s** *fpl* **armadas** Streitkräfte; **a la** (*od* **por**) **~** mit Gewalt; notgedrungen
fuga F Flucht; MUS Fuge **fugarse** fliehen **fugaz** [-θ] *fig* flüchtig, vergänglich **fugitivo** [-x-] 1 ADJ flüchtig 2 M, **-a** F Flüchtling
fui, **fuimos** → ir, ser
fulana F *umg* Nutte **fulano** M Kerl, Typ; **~ de tal** Herr Soundso
fulminante blitzartig; heftig; Zünd…
fumador(a) M(F) Raucher(in); **no ~(a)** Nichtraucher(in) **fumar** rauchen
función [-θ-] F Funktion; Amt *n*; THEAT Vorstellung; **entrar en ~** tätig werden, ein Amt antreten **funcionar** funktionieren, gehen; **no funciona** außer Betrieb **funcionario** M, **-a** F Beamte(r), Beamtin
funda F Bezug *m*, Hülle; ZAHNMED Krone
fundación [-θ-] F Gründung; Stiftung **fundador(a)** M(F) Gründer(in)
fundamental grundlegend **fundamento** M Grundlage *f*; Fundament *n*
fundar gründen; *fig* stützen (**en** auf *akk*)
fundición [-θ-] F Gießen *n*; Gießerei **fundir** schmelzen, gießen **fundirse** schmelzen; ELEK durchbrennen; *fig* sich zusammenschließen
fúnebre Trauer…, Grab…
funeral M Trauerfeier *f* **funeraria** F Bestattungsinstitut *n*
funesto unheilvoll
funicular M Drahtseilbahn *f*
furgón M BAHN Gepäckwagen **furgoneta** F Lieferwagen *m*
furia F Wut, Raserei **furioso** rasend; wütend **furor** M Wut *f*; **hacer ~** Furore machen
furtivo heimlich; **cazador** *m* **~** Wilderer
fusible M ELEK Sicherung *f*
fusil M Gewehr *n*; Flinte *f* **fusilamiento** M Erschießung *f* **fusilar** erschießen
fusión F Schmelzen *n*; *fig* Verschmelzung; WIRTSCH Fusion
fútbol M Fußball
futbolín M Tischfußball **futbolista** M/F Fußball(spiel)er(in)
futuro 1 ADJ (zu)künftig 2 M Zukunft *f*; GRAM Futur *n*

G

gabardina F Regenmantel *m*
gabinete M Kabinett *n*
gafas FPL Brille *f*; **~ de sol/de buceo/de leer** Sonnen-/Taucher-/Lesebrille *f*; **llevar ~** e-e Brille tragen
gaita F Dudelsack *m*
gala F Festkleidung, Gala; Galavorstellung; **de ~** in Gala; Gala... **galante** galant, zuvorkommend
galardón M Auszeichnung *f*, Preis **galardonar** auszeichnen
galería F Galerie; Stollen *m*
Galicia F *Spanien* Galicien *n*; *Osteuropa* Galizien *n*
gallego [-ʎ-] **1** ADJ galicisch **2** M, **-a** F Galicier(in)
galleta [-ʎ-] F Keks *m*
gallina [-ʎ-] **1** F Henne, Huhn *n*; **~ ciega** *Spiel* Blindekuh **2** M *fig* Memme *f*; **carne** *f* (*Am* **piel** *f*) **de ~** *fig* Gänsehaut **gallinero** M Hühnerstall; THEAT Olymp
gallo [-ʎo] M Hahn
galopar galoppieren **galope** M Galopp
gama F Tonleiter; *fig* Palette, Skala; **~ baja** Billigware
gamba F Garnele **gamberro** M Halbstarke(r), Rowdy
gamuza [-θa] F Gämse; Fensterleder *n*; *bes Am* Wildleder *n*
gana F Hunger *m*, Appetit *m*; **~s** *pl* Lust *f*; **de buena ~** gern; **de mala ~** ungern; **no me da la ~** ich habe keine Lust (dazu); **tener ~s de** Lust haben zu
ganadería F Viehzucht **ganadero** M Viehzüchter **ganado** M Vieh *n*
ganador **1** ADJ siegreich **2** M, **ganadora** F Gewinner(in); Sieger(in) **ganancia** [-θ-] F Gewinn *m* **ganar** gewinnen (**por dos a uno** zwei zu eins); verdienen **ganarse**: **~ la vida** s-n Lebensunterhalt verdienen
ganchillo [-tʃiʎo] M Häkelnadel *f*; Häkelarbeit *f*; **hacer ~** häkeln **gancho** M Haken
gandul **1** ADJ faul **2** M Faulenzer **gandula** F Liegestuhl *m*
ganga F Schnäppchen *n*
ganso M Gans *f*
ganzúa [-θ-] F Dietrich *m*
garaje [-xe] M Garage *f*
garantía F Garantie **garantizar** [-θ-] garantieren
garapiñado [-ɲ-] kandiert
garbanzo [-θo] M Kichererbse *f*
garbo M Anmut *f*, Grazie *f*
garganta F Kehle; Hals *m*; GEOG Schlucht; **dolor** *m* **de ~** Halsschmerzen *pl* **gargantilla** [-ʎa] F Halskette, -band *n*
gárgara F Gurgeln *n*; **hacer ~s** gurgeln
garra F Klaue, Kralle **garrafa**

F Karaffe **garrapata** F Zecke
garza [-θa] F Reiher *m*
gas M Gas *n*; ~ **de escape** Abgas *n*; ~ **natural** Erdgas *n*
gasa F Gaze; Mull *m*
gaseosa F (Zitronen)Limonade
gasoducto M Erd-, Ferngasleitung *f* **gasóleo** M Diesel(öl) *n*
gasolina F Benzin *n*; **echar** ~ tanken **gasolinera** F Motorboot *n*; Tankstelle
gastar ausgeben; aufwenden; abnutzen; verbrauchen **gastarse** sich abnutzen **gasto** M Ausgabe *f*; Verbrauch; ~**s** *pl* Kosten *pl*; Spesen *pl*
gastronomía F Gastronomie
gastrónomo,-a M,F Gastronom(in); Feinschmecker(in)
gatillo [-ʎo] M *Waffe* Abzug
gato M Katze *f*; Kater; AUTO Wagenheber
gaviota F Möwe; ~ **argéntea/reidora** Silber-/Lachmöwe
gay *umg* **1** M Schwule(r) **2** ADJ schwul
gazpacho [-θpatʃo] M *kalte Suppe aus Tomaten, Paprikaschoten, Zwiebeln, Essig und Öl*
gel [x-] M Gel *n*; ~ **de baño** *o* **ducha** Duschgel *n*; ~ **fijador** Haarfestiger **gelatina** F Gelatine
gemelo [x-] **1** ADJ Zwillings... **2** M, **-a** F Zwilling *m*; ~**s** *pl* Zwillinge; Fernglas *n*; Opernglas *n*; Manschettenknöpfe *mpl*
Géminis [x-] M ASTROL Zwillinge *pl*
gemir [x-] seufzen, stöhnen
genciana [xenθ-] F Enzian *m*
generación [x-] F Generation; Erzeugung
general [x-] **1** ADJ allgemein **2** M General; **en** (*od* **por lo**) ~ im Allgemeinen **generalidad** F Allgemeinheit **generalizar** [-θ-] verallgemeinern **generalmente** im Allgemeinen
generar [x-] erzeugen
género [x-] M Gattung *f*; Art *f*; Sorte *f*; HANDEL Ware *f*; ~**s de punto** Strick-, Wirkwaren *fpl*
generosidad [x-] F Großmut *m* **generoso** großzügig
genial [x-] genial **genio** M Gemütsart *f*; Wesen *n*; Genie *n*
genitales [x-] MPL Genitalien *pl*
genitivo M GRAM Genitiv
genoma M BIOL Genom *n*
Génova F Genua *n*
gente [x-] F Leute *pl*, Volk *n*; ~ **de bien** anständige Leute *pl*
gentil hübsch; nett **gentileza** [-θa] F Liebenswürdigkeit
gentío M Menschenmenge *f*
gentrificación [-θ-] F Gentrifizierung *f*
GEO M ABK (Grupo Especial de Operaciones) *Eliteeinheit der spanischen Polizei*
geografía [x-] F Geografie
geolocalización [-θ-] F Geolokalisierung *f* **geología** [-x-] F Geologie **geometría** F Geometrie
Georgia F Georgien *n*
geranio [x-] M Geranie *f*

gerencia [xerenθ-] F Geschäftsführung **gerente** M/F Geschäftsführer(in)
geriatría [x-] F Geriatrie
germen [x-] M Keim (*a. fig*) **germinar** keimen
gesticular [x-] gestikulieren
gestión [x-] F Führung; Leitung; Verwaltung; **mala ~** Missmanagement *n* **gestionar** betreiben, besorgen
gesto [x-] M Miene *f*; Geste *f*; Gebärde *f*
gestor [x-] M **~ de redes** Netzwerkadministrator **gestoría** F Agentur zur Erledigung amtlicher Formalitäten
gigante [x-] M Riese **gigantesco** riesenhaft; gewaltig
gilipollas [xilipoʎas] M *umg* Blödmann
gimnasia [x-] F Turnen *n*, Gymnastik **gimnasio** M Turnhalle *f*; Fitness-Center *n*
gimo → gemir
ginebra [x-] F Gin *m*
Ginebra [x-] F Genf *n*
ginecólogo, -a [x-] M,F Frauenarzt, -ärztin
gira [x-] F Rundreise; THEAT Tournee **girar** (sich) drehen, kreisen; *Geld* überweisen; **~ a la derecha /izquierda** nach rechts/links abbiegen **girasol** M Sonnenblume *f* **giratorio** Dreh..., Kreis...
giro [x-] M Drehung *f*, Wendung *f*; HANDEL Überweisung *f*; **~ postal** Postanweisung *f*
gitano, -a [x-] M,F *Spanien neg!* Zigeuner(in)
glacial [-θ-] eiskalt, eisig **glaciar** M Gletscher
glándula F ANAT Drüse
glaucoma M MED Glaukom *n*, grüner Star
glicerina [-θ-] F Glyzerin *n*
global global; Pauschal... **globalización** [-θaθ-] F Globalisierung **globalizado** [-θ-] F globalisiert
globo M Kugel *f*; Erdball; Luftballon; FLUG **~ aerostático** Ballon; **~ del ojo** Augapfel
gloria F Ruhm *m* **glorificar** verherrlichen; rühmen **glorioso** glorreich; rühmlich
glosa F Randbemerkung, Glosse **glosar** glossieren **glosario** M Glossar *n*
glucemia [-θ-] F Blutzucker *m*
glucómetro M Blutzuckermessgerät *n*
glucosa F Traubenzucker *m*
gluten M Gluten *n*; **sin ~** glutenfrei
gobernación [-θ-] F Regierung, Regieren *n* **gobernador(a)** M(F) Gouverneur(in) **gobernar** regieren; leiten; SCHIFF steuern
gobierno M Regierung *f*
goce [-θe] M Genuss
gol M SPORT Tor *n*
golf M SPORT Golf *n* **golfillo** [-ʎo] M Straßenjunge **golfista** M/F Golfspieler(in) **golfo** M GEOG Golf *m*

golondrina F Schwalbe
golosina F Nascherei; Leckerbissen *m* **goloso** naschhaft
golpe M Schlag; Stoß; **~ de calor** Hitzschlag; **~ de Estado** Staatsstreich; **de ~ (y porrazo)** plötzlich; **no dar ~** faulenzen
golpear schlagen; klopfen
goma F Gummi *n*; Radiergummi *m*
gonorrea F MED Tripper *m*
gordo 1 ADJ dick 2 M **el ~** das große Los **gordura** F Fett *n*; Korpulenz
gorila M Gorilla (*a. fig*)
gorra F Mütze; Kappe
gorrear *umg* schmarotzen **gorrino** M Schwein *n* (*a. fig*)
gorrión M Sperling, Spatz
gorro M Mütze *f*; **~ de baño** Badekappe *f*
gorrón M *umg* Schnorrer
gota F Tropfen *m*; MED Gicht; **~ a ~** *m* MED Tropf
gotear tröpfeln **gotera** F undichte Stelle (im Dach)
gótico 1 ADJ gotisch 2 M Gotik *f*
gozar [-θ-] genießen; sich erfreuen (**de** *gen*) **gozo** M Freude *f*, Vergnügen *n* **gozoso** freudig; fröhlich
GPS [xe pe 'ese] M ABK (Global Positioning System) GPS *n*; *umg* Navi *n*
grabación [-θ-] F Aufnahme, Aufzeichnung **grabado** M Stich; Abbildung *f* **grabadora** F Aufnahmegerät *n*; **~ de CD/DVD** CD-/DVD-Brenner *m* **grabar** gravieren; einritzen; **~ (en vídeo)** (auf Video) aufnehmen
gracia [-θ-] F Anmut, Grazie; Witz *m*; REL Gnade; **¡~s!** danke!; **~s a** dank; **dar las ~s a alg** j-m danken **gracioso** 1 ADJ anmutig, graziös; witzig 2 M Spaßmacher
grada F Stufe **gradería** F Stufen-, Sitzreihe; Ränge *mpl* **grado** M Grad; Rang
graduación [-θ-] F Graduierung; Abstufung; Rangstufe
gradual allmählich **graduar** abstufen, graduieren **graduarse** e-n akademischen Titel erwerben
gráfico 1 ADJ grafisch 2 M Grafik *f*; Diagramm *n*
grafista M/F Grafiker(in)
gragea [-x-] F Dragée *n*
gramática F Grammatik **gramático** grammatisch
gramo M Gramm *n*
granada F Granatapfel *m*; MIL Granate
Gran Bretaña [-ɲa] F Großbritannien
grande (*vor* SUBST SG **gran**) groß
grandeza [-θa] F Größe
grandilocuente hochtrabend, geschwollen **grandioso** großartig, herrlich
granel: **a ~** lose, unverpackt
granizado [-θ-] M Eisgetränk *n*
granizar hageln **granizo** M Hagel
granja [-xa] F Bauernhof *m*;

Farm; *Sp a.* Milchbar
grano M Korn *n*; MED Pickel; **ir al ~** zur Sache kommen
grapa F Heftklammer **grapadora** F Heftmaschine
grasa F Fett *n*; **bajo en ~** fettarm **grasiento** fettig; schmierig **graso** fett
gratificación [-θ-] F Gratifikation; Belohnung; Vergütung **gratificante** erfreulich, angenehm **gratificar** belohnen
gratinar überbacken, gratinieren
gratis gratis, umsonst
gratitud F Dankbarkeit **grato** angenehm **gratuito** kostenlos, gratis; *fig* grundlos
grava F Kies *m*; Schotter *m* **gravamen** M Last *f*; Auflage *f* **gravar** belasten; besteuern
grave schwer; ernst; *Ton* tief; **estar ~** schwer krank sein **gravedad** F Schwere; Ernst *m*
gravilla [-ʎa] F Kies *m*; **~ (suelta)** Rollsplitt *m*
gravitación [-θ-] F Schwerkraft
Grecia F Griechenland *n*
gremio M Innung *f*; Gremium *n*
gres M Steingut *n*
griego **1** ADJ griechisch **2** M, **-a** F Grieche *m*, Griechin *f*
grieta F Spalte; Riss *m*
grifo M (Wasser)Hahn **agua del ~** Leitungswasser *n*
grillo [-ʎo] M ZOOL Grille *f*
gripe F Grippe; **~ estacional** saisonale Grippe; **~ intestinal** Darmgrippe; **~ porcina** Schweinegrippe
gris grau
gritar schreien; rufen **gritería** F Geschrei *n* **grito** M Schrei
Groenlandia F Grönland *n*
grosella [-ʎa] F Johannisbeere; **~ espinosa** Stachelbeere
grosería F Grobheit **grosero** **1** ADJ grob; flegelhaft **2** M Flegel
grúa F Kran *m*; Abschleppwagen *m*
grueso **1** ADJ dick; **mar *f* -a** schwere See **2** M Dicke *f*; Gros *n*
grulla [-ʎa] F Kranich *m*
gruñir [-ɲ-] grunzen; *fig* murren
grupo M Gruppe *f*; **~ sanguíneo** Blutgruppe *f*
gruta F Grotte, Höhle
g-string [xe-] M Stringtanga
Guadalquivir [-ki-] M *Fluss im Süden Spaniens*
guadaña [-ɲa] F Sense
guante M Handschuh **guantera** F AUTO Handschuhfach *n*
guapo hübsch
guarda M Wächter, Wärter; **~ forestal** Förster **guardabarros** M Schutzblech *n*; AUTO Kotflügel **guardabosque** [-ke] M Forstaufseher **guardacoches** [-tʃ-] M Parkwächter **guardaespaldas** M Leibwächter **guardameta** M Torwart
guardar (auf)bewahren; behal-

ten; bewachen; IT abspeichern; ~ **cama** das Bett hüten; ~ **silencio** schweigen **guardarropa** M Garderobe *f*; Kleiderschrank **guardarse** sich hüten (**de** vor *dat*)

guardería F ~ **(infantil)** Kinderkrippe, Kita

guardia **1** F Wache; Schutz *m*; **estar de** ~ MED Bereitschaftsdienst haben; MIL Wache stehen; ~ **civil** *Sp* Landpolizei; ~ **urbana** Stadtpolizei **2** M Posten; Polizist; ~ **civil** *Sp* Landpolizist

guarnecer [-θ-] garnieren **guarnición** [-θ-] F GASTR Beilage; MIL Garnison; **con** ~ garniert

guarro *umg* **1** ADJ dreckig **2** M Schwein *n* (*a. fig*)

guayaba F Guave **guayabera** F Buschhemd

gubernamental, **gubernativo** Regierungs…

guerra [gɛ-] F Krieg *m*; ~ **civil** Bürgerkrieg *m*; ~ **mundial** Weltkrieg *m*; ~ **nuclear** Atomkrieg *m* **guerrero** **1** ADJ kriegerisch **2** M, **-a** F Krieger(in)

guerrilla [-ʎa] F Guerilla; Guerillakrieg *m*

guglear® *umg* googeln®

guía [gia] **1** M/F *Person* Führer(in); Reiseleiter(in) **2** F *Buch* Reiseführer *m*; ~ **comercial** Adressbuch *n*; ~ **de ferrocarriles** Kursbuch *n*; ~ **telefónica** Telefonbuch *n*

guiar [gĭ-] führen; leiten; lenken

guijarro [gix-] M Kieselstein

guinda [gi-] F Sauerkirsche

guindilla [-ʎa] F scharfe Pfefferschote, Peperoni

Guinea F ~ **Ecuatorial** Äquatorialguinea *n*

guiñar [giɲ-] blinzeln; ~ **los ojos** zwinkern **guiño** [-ɲo] *umg* M Zwinkern *n*; *umg* Anmache *f*

guión [gĭ-] M GRAM Bindestrich; *Film* Drehbuch *n*

guirnalda [gi-] F Girlande

guisado [gi-] M GASTR Schmorgericht *n*

guisante [gi-] M Erbse *f*

guisar [gi-] kochen; schmoren

guiso M GASTR Gericht *n*

güisqui ['gŭiski] M Whisky

guitarra [gi-] F Gitarre

gusano M Wurm; ~ **de seda** Seidenraupe *f*

gustar V/T kosten, probieren; V/I gernhaben (*od* gerntun); gefallen; schmecken; **me gustaría** … ich würde gern … **gusto** M Geschmack; Vergnügen *n*; Gefallen *n*; **con mucho** ~ sehr gern; **de buen** ~ geschmackvoll; **de mal** ~ geschmacklos; **¡mucho** ~**!** sehr erfreut! **gustoso** schmackhaft; gern

H

ha → haber
haba F Saubohne, dicke Bohne
Habana: **La ~** Havanna *n*
haber 1 *Hilfsverb* haben, sein; **~ de** sollen, müssen; **hay** es gibt; **hay que** man muss; **no hay de qué** nichts zu danken 2 M HANDEL Haben *n*; Guthaben *n*
haberes PL Vermögen *n*; Habe *f*
habichuela [-tʃ-] F Bohne
hábil geschickt, fähig; **día** *m* **~** Werktag **habilidad** F Geschicklichkeit, Fähigkeit **habilitar** befähigen; ermächtigen
habitable bewohnbar **habitación** [-θ-] F Zimmer *n*; Schlafzimmer *n*; **~ doble/individual** Doppel-/Einzelzimmer *n*
habitante M/F Bewohner(in); Einwohner(in) **habitar** bewohnen; wohnen
hábito M Gewohnheit *f*
habitual 1 ADJ üblich; gewohnt 2 M **(cliente) ~** Stammgast **habituar(se)** (sich) gewöhnen (**a** an *akk*)
habla F Sprache; Mundart; **de habla alemana** deutschsprachig **habladurías** FPL Gerede *n*; Klatsch *m* **hablar** sprechen, reden
hacendado, -a [aθ-] M,F Gutsbesitzer(in)
hacer [aθ-] machen, tun; *Koffer* packen; *Frage* stellen; **hace una semana** vor einer Woche **hacerse** werden; **se hace tarde (de noche)** es wird spät (Nacht)
hacha [atʃa] F Axt, Beil *n*
hachís [atʃ-] M Haschisch
hacia [aθ-] gegen, nach, zu; **~ aquí** hierher; **~ la tarde** gegen Abend
hacienda [aθ-] F Landgut *n*; Besitz *m*; **Hacienda (pública)** Finanzverwaltung; **Delegación** *f* **de Hacienda** Finanzamt *n*
hada F Fee
hago, haga → hacer
hala INT **¡hala!** wow!
halagar *j-m* schmeicheln **halago** M Schmeichelei *f* **halagüeño** [-ɣŭeɲo] schmeichelhaft
halcón M Falke (*a.* POL *fig*)
hall [xɔl] M (Hotel)Halle *f*, Foyer *n*
hallar [aʎ-] finden **hallarse** sich befinden, sein **hallazgo** [-θ-] M Fund
halógeno [-x-] Halogen…
halterofilia F SPORT Gewichtheben *n*
hamaca F Hängematte; Liegestuhl *m*
hambre F Hunger *m* **hambriento** hungrig
Hamburgo M Hamburg *n*
hamburguesa [-ɣe-] F GASTR Hamburger *m*
han → haber

harapiento zerlumpt **harapo** M Lumpen
haré, **haría** → hacer
harina F Mehl *n*
hartar sättigen **harto** satt; *fig* überdrüssig; **estar ~ de a/c** etw satthaben
has → haber
hasta **1** PRÄP bis; **¡~ luego!** bis gleich, bis dann!; *bes Am a.* auf Wiedersehen!; **~ que** bis **2** ADV sogar, selbst
hastío M Überdruss
hay, **haya** → haber
haya F Buche
Haya: **La ~** Den Haag *n*
haz[2] → haber
hazaña [aθaɲa] F Heldentat
he → haber
hebilla [-ʎa] F Schnalle
hebra F Faden *m*; Faser
hechizar [etʃiθ-] bezaubern **hechizo** [-θo] M Zauber
hecho [etʃo] **1** ADJ gemacht; fertig; **~ a mano** handgemacht; **estoy ~ polvo** *umg* ich bin total fertig **2** M Tatsache *f*; Tat *f*
hectárea F Hektar *m*
hedor M Gestank
helada F Frost *m* **heladería** F Eisdiele, Eiscafé *n* **helado** **1** ADJ (zu)gefroren; vereist; GASTR Eis...; *fig* eiskalt **2** M (Speise)Eis *n* **helarse** gefrieren, zufrieren; vereisen
helecho [-tʃo] M Farn
hélice [-θe] F Propeller *m*; SCHIFF Schraube
helicóptero M Hubschrauber
helipuerto M Hubschrauberlandeplatz
hematoma M Bluterguss
hembra F ZOOL Weibchen *n*
hemisferio M Halbkugel *f*
hemorragia [-x-] F Blutung; **~ nasal** Nasenbluten *n* **hemorroides** FPL Hämorr(ho)iden
hemos → haber
hender spalten **hendidura** F Spalt *m*; Schlitz *m*
heno M Heu *n*
hepático Leber... **hepatitis** F Hepatitis, Leberentzündung
heredar erben; beerben **heredero** M, **-a** F Erbe *m*, Erbin *f* **hereditario** erblich, Erb...
hereje [-xe] M Ketzer
herencia [-θ-] F Erbschaft; Erbe *n*
herida F Verletzung; Wunde **herir** verwunden, verletzen
hermana F Schwester **hermanastra** F, **hermanastro** M Stiefschwester, -bruder **hermandad** F *a.* REL Bruderschaft
hermano M Bruder **hermanos** MPL Geschwister *pl*
hermético hermetisch; luftdicht
hermoso schön **hermosura** F Schönheit
hernia F MED Bruch *m*; **~ inguinal** Leistenbruch *m*
héroe M Held
heroico heroisch, heldenhaft **heroína** F Heldin; *Droge* Heroin *n*
herradura F Hufeisen *n* **he-**

rramienta F Werkzeug *n* **herrar** *Pferd* beschlagen **herrumbre** F Rost *m*
hervidero M *fig* Gewimmel *n*, Gewühl *n* **hervir** kochen, sieden
heterosexual heterosexuell
híbrido hybrid; **coche** *m* ~ Hybridauto *n*
hice ['iθo] → hacer
hidrato M ~ **de carbono** Kohle(n)hydrat *n*
hidráulico hydraulisch
hidroavión M Wasserflugzeug *n* **hidrocarburo** M Kohlenwasserstoff
hidrógeno [-x-] M Wasserstoff
hidropedal M Tretboot *n*
hiedra F Efeu *m*
hiel F Galle (*a. fig*)
hielo M Eis *n*; Frost
hiena F Hyäne
hierba F Gras *n*; Kraut *n*; *umg* Marihuana *n*; **mala** ~ Unkraut *n* **hierbabuena** F Minze
hiero → herir
hierro M Eisen *n*
hiervo → hervir
hígado M Leber *f*
higiene [-x-] F Hygiene **higiénico** hygienisch
higo M Feige *f*; ~ **chumbo** *m* Kaktusfeige *f* **higuera** [-ɣe-] F Feigenbaum *m*
hija [ixa] F Tochter **hijastra** F, **hijastro** M Stieftochter *f*, -sohn *m* **hijo** M Sohn; ~ **de puta** *vulg* Hurensohn, *vulg* Saukerl; **~s** *pl* Kinder *pl*
hilar spinnen
hilo M Faden; Garn *n*; Schnur *f*; feiner Draht
himno M Hymne *f*; ~ **nacional** Nationalhymne *f*
hincapié M **hacer ~ en** Nachdruck legen auf (*akk*)
hincha [-tʃa] M *bes* SPORT Fan **hinchado** geschwollen **hinchar** aufblasen, aufpumpen; *fig* aufbauschen **hincharse** anschwellen; *fig* sich aufblähen
hinchazón [-θ-] F MED Schwellung
hinojo [-xo] M Fenchel
hiperactivo hyperaktiv **hiperenlace** [-θe] M INTERNET Hyperlink *m/n* **hipermercado** M (großer) Supermarkt **hipertensión** F Bluthochdruck *m*
hipertexto M IT Hypertext
hipervínculo M → hiperenlace
hípica F Reitsport *m*
hipo M Schluckauf
hipócrita **1** ADJ heuchlerisch **2** M/F Heuchler(in)
hipódromo M (Pferde)Rennbahn *f*
hipoglucemia F Unterzucker *m*
hipopótamo M Nilpferd *n*
hipoteca F Hypothek **hipotecar** mit e-r Hypothek belasten
hirío → herir
hirviente siedend, kochend
hirvío → hervir
hispánico (hi)spanisch **hispanidad** F **Día de la Hispanidad**

Feiertag der Entdeckung Amerikas
histérico hysterisch
historia F Geschichte **histórico** geschichtlich
hito M Grenzstein; *fig* Meilen-, Markstein
hizo ['iθo] → hacer
hockey M Hockey *n*; ~ **sobre hielo** Eishockey *n*
hogar M Herd; *fig* Heim *n* **hoguera** [-ɣe-] F Scheiterhaufen *m*; Lagerfeuer *n*
hoja [ɔxa] F Blatt *n*; ~ **de afeitar** Rasierklinge **hojalata** F Blech *n* **hojear** [ɔx-] durchblättern
¡hola! hallo!, guten Tag!
Holanda F Holland *n*
holandés 1 ADJ holländisch 2 M, **-esa** F Holländer(in)
holgado geräumig; *Kleid* weit, bequem; *fig* sorgenfrei **holgazán, -ana** [-θ-] M(F) Faulenzer(in)
hollín [ʎ-] M Ruß
hombre M Mann; Mensch; ~ **de negocios** Geschäftsmann; **¡~ al agua!** Mann über Bord
hombrera F Schulterpolster *n* **hombro** M Schulter *f*
homenaje [-xe] M Ehrung *f* **homenajear** ehren, feiern
homeópata M/F Homöopath(in)
homicidio [-θ-] M Totschlag
homogéneo [-x-] homogen
homoparental ADJ **familia** *f* ~ Homo-Familie *f* **homosexual** homosexuell
honda F Schleuder **hondo** tief **hondura** F Tiefe
honesto ehrlich; anständig
hongo M Pilz
honor Ehre *f* **honorable** ehrenwert **honorario** Ehren... **honorarios** MPL Honorar *n*
honra [-rra] F Ehre **honradez** [-θ] F Rechtschaffenheit **honrado** redlich; ehrlich; rechtschaffen **honrar** ehren **honroso** ehrenvoll
hora F Stunde; Zeit; ~ **y media** anderthalb Stunden; ~ **de llegada/salida** Ankunfts-/Abfahrtszeit *f*; ~ **feliz** Happy Hour; ~**s** *pl* **extra(ordinarias)** Überstunden; ~**s** *pl* **punta** Stoßzeit *f*; **¿qué ~ es?** wie spät ist es?
horario M Stundenplan; BAHN Fahrplan; FLUG Flugplan; ~ **comercial** Geschäftszeit *f*
horca F Galgen *m*
horchata [-tʃ-] F ~ **(de chufa)** Erdmandelmilch
horizontal [-θ-] horizontal, waagerecht **horizonte** M Horizont
hormiga F Ameise **hormigón** M Beton; ~ **armado** Stahlbeton **hormiguero** [-ɣe-] M Ameisenhaufen
hormona F Hormon *n* **hormonal** hormonell
hornillo [-ʎo] M Kocher; Kochplatte *f*; ~ **de gas** Gaskocher
horno M Ofen, Backofen; **alto** ~ Hochofen
horóscopo M Horoskop *n*

horquilla [-kiʎa] F Haarnadel; TECH Gabel **horrendo** grausig **horrible** schrecklich **horror** M Schrecken; Schauder; Abscheu; **¡qué ~!** wie schrecklich! **horroroso** entsetzlich
hortaliza [-θa] F Gemüse *n* **horticultura** F Gartenbau *m*
hospedaje [-xe] M Beherbergung *f* **hospedar** beherbergen **hospedarse** logieren, absteigen
hospital M Krankenhaus *n* **hospitalario** gastfreundlich **hospitalidad** F Gastfreundschaft
hostal M Hotel *n*; Gasthof
hostia F Hostie
hostigar belästigen, bedrängen; mobben
hostil feindlich **hostilidad** F Feindseligkeit
hotel M Hotel *n*
hotspot ['xɔtspɔt] M Hotspot *m*
hoy heute; **de ~ en adelante** von heute an; **~ por ~** vorläufig; **~ (en) día** heutzutage
hoyo M Grube *f*; Grab *n* **hoyuelo** M Grübchen *n*
hube, hubo → haber
hucha [utʃa] F Sparbüchse
hueco 1 ADJ hohl, leer (*a. fig*) 2 M Hohlraum, Lücke *f*
huele → oler
huelga F Streik *m*; **~ de celo** Bummelstreik *m*; **~ general** Generalstreik *m*; **~ de hambre** Hungerstreik *m*; **hacer ~, estar en ~** streiken **huelguista** [-ɣi-] M/F Streikende(r) *m/f(m)*
huella [-ʎa] F Spur; **~ ecológica** ökologischer Fußabdruck *m*
huérfano 1 ADJ verwaist 2 M, **huérfana** F Waise *f*
huerta F Obst-, Gemüseland *n*
huerto M Obst-, Gemüsegarten
hueso M Knochen
huésped M Gast
huevera F Eierbecher *m*
huevo M Ei *n*; **~ pasado por agua** weiches Ei; **~ duro** hart gekochtes Ei; **~ frito, ~ al plato** Spiegelei *n*; **~s** *pl* **revueltos** Rühreier *npl*; **¡y un ~!** *umg* denkste!
huida F Flucht; **~ del conductor** Fahrerflucht **huir** fliehen, flüchten; **~ de** (ver)meiden
hule M Wachstuch *n*
hulla [uʎa] F Steinkohle
humanidad F Menschheit; Menschlichkeit **humano** menschlich, human
humareda F Rauchwolke **humear** rauchen
humedad F Feuchtigkeit **humedecer** [-θ-] anfeuchten
húmedo feucht
humilde bescheiden, demütig **humillar** [-ʎ-] demütigen
humo M Rauch; **echar ~** rauchen, qualmen
humor M Laune *f*; Humor; **estar de buen/mal ~** gute/schlechte Laune haben **humo-**

rismo M Humor **humorista** M/F Humorist(in)
hundimiento M Einsturz; Untergang (*a. fig*) **hundir** versenken; *fig* vernichten **hundirse** versinken; *a. fig* untergehen
húngaro 1 ADJ ungarisch 2 M, **-a** F Ungar(in)
Hungría F Ungarn *n*
huracán M Orkan
hurtadillas [-ʎ-] **a ~** verstohlen **hurtar** stehlen **hurto** M Diebstahl
husmear wittern; *fig* (herum)schnüffeln
huyó → huir

I

iba → ir
ibérico, íbero, ibero iberisch **iberoamérica** F Iberoamerika
iceberg [-θ-] M Eisberg; **lechuga** *f* **~** Eisbergsalat *m*
ictericia [-θ-] F Gelbsucht
ida F Hinweg *m*, -reise, -fahrt
idea F Idee; **no tengo ~** ich habe keine Ahnung
ideal 1 ADJ ideal 2 M Ideal *n*
idealismo M Idealismus **idealista** M/F Idealist(in)
idear ersinnen, sich ausdenken
idéntico identisch
identidad F Identität
identificar identifizieren **identificarse** sich ausweisen
idilio M Idyll *n*
idioma M Sprache *f*
idiota 1 ADJ idiotisch 2 M/F Idiot(in) **idiotez** [-θ] F Idiotie
ídolo M Idol *n*
idóneo geeignet
iglesia F Kirche
ignorancia [-θ-] F Unwissenheit **ignorante** unwissend **ignorar** nicht wissen (*od* kennen); **no ~** wohl wissen
igual gleich(mäßig, -förmig); **es ~** das ist egal; **sin ~** unvergleichlich **igualar** gleichmachen, -stellen; *Gelände* planieren **igualdad** F Gleichheit **igualmente** ebenfalls, gleichfalls
iguana M ZOOL Leguan *m*
ilegal ungesetzlich, illegal **ilegalidad** F Gesetzwidrigkeit
ilegible [-x-] unleserlich
ilegítimo [-x-] ungesetzlich; *Kind* unehelich
ileso unverletzt
ilícito unerlaubt
ilimitado unbeschränkt; unbefristet
iluminación [-θ-] F Beleuchtung **iluminar** beleuchten
ilusión F Illusion **ilusionista** M/F Zauberkünstler(in) **iluso** naiv, leichtgläubig **ilusorio** trügerisch, illusorisch
ilustración [-θ-] F Illustration; Abbildung **ilustrado** gebildet; illustriert **ilustrar** erläutern;

bebildern, illustrieren **ilustre** berühmt, erlaucht

imagen [-x-] F Bild *n*; **~ (pública)** Image *n*

imaginable [-x-] vorstellbar **imaginación** [-θ-] F Fantasie; Einbildung **imaginar** sich ausdenken, ersinnen **imaginarse** sich *etw* vorstellen, sich *etw* einbilden **imaginativo** einfallsreich

imán M Magnet

imbécil [-θ-] 1 ADJ blöd(sinnig) 2 M Dummkopf, Idiot

IMC [-θ-] M ABK (índice de masa corporal) BMI *m* (Body-Mass-Index)

imitación [-θ-] F Nachahmung, Imitation **imitar** nachahmen, imitieren

impaciencia [-θĭenθ-] F Ungeduld **impacientarse** ungeduldig werden **impaciente** ungeduldig

impacto M Aufprall; Einschlag; *fig* Wirkung *f*

impar ungerade

imparable unaufhaltsam

imparcial [-θ-] unparteiisch, unvoreingenommen

impartir *Unterricht* erteilen

impávido unerschütterlich

impecable tadellos, einwandfrei

impedir (ver)hindern

impenetrable undurchdringlich; unerforschlich

impensado unerwartet

imperar (vor)herrschen

imperceptible [-θ-] unmerklich

imperdible M Sicherheitsnadel *f*

imperdonable unverzeihlich

imperfecto unvollkommen

imperial kaiserlich **imperio** M (Kaiser)Reich *n* **imperioso** gebieterisch

impermeable 1 ADJ wasserdicht; undurchlässig 2 M Regenmantel

impertinente ungehörig; unverschämt

ímpetu M Ungestüm *n*; Schwung **impetuoso** heftig; ungestüm

implacable unerbittlich

implantar einpflanzen; *fig* einführen **implante** M **~ (dental)** (Zahn)Implantat *n*

implicar verwickeln, hineinziehen; mit sich bringen

implorar anflehen

imponente imposant

imponer auferlegen; aufdrängen; *Steuern* erheben **imponerse** sich durchsetzen

impopular unbeliebt

importación [-θ-] F Einfuhr **importador(a)** M(F) Importeur(in)

importancia [-θ-] F Wichtigkeit, Bedeutung; **no tiene ~** das macht nichts; **sin ~** unwichtig **importante** wichtig, bedeutend **importar** V/T einführen; V/I wichtig sein; **no importa** das macht nichts

importe M Betrag
importuno lästig
imposibilidad F Unmöglichkeit **imposible** unmöglich
imposición [-θ-] F (Geld)Einlage
impotencia [-θ-] F Unvermögen *n*; MED Impotenz **impotente** machtlos; unfähig; MED impotent
impregnar imprägnieren; durchtränken (**de** mit) **imprenta** F Druckerei; Druck *m*
imprescindible [-θ-] unentbehrlich; unumgänglich
impresión F (Ab)Druck *m*; *fig* Eindruck *m* **impresionar** beeindrucken **impreso** **1** ADJ gedruckt **2** M Drucksache *f*; Formular *n* **impresora** F ~ (**en color**) (Farb)Drucker *m*
imprevisto unvorhergesehen
imprimir (ab)drucken; *fig* einprägen; IT ausdrucken
improbable unwahrscheinlich
improductivo unproduktiv; unergiebig
improvisar improvisieren
imprudente unvorsichtig
impuesto M Steuer *f*; ~ **sobre el valor añadido** Mehrwertsteuer *f*
impugnar anfechten
impulsar antreiben **impulsión** F Antrieb *m*, Anstoß *m* **impulsivo** impulsiv **impulso** M Antrieb; Impuls
impunidad F Straflosigkeit
imputar *Schuld* zuschreiben
inacabable endlos **inacabado** unvollendet
inaccesible [-ɣθ-] unerreichbar; unzugänglich
inaceptable [-θ-] unannehmbar
inadmisible unzulässig
inadvertido unachtsam
inaguantable unerträglich
inalámbrico drahtlos, kabellos
inaudito unerhört
inauguración [-θ-] F Einweihung, Eröffnung **inaugurar** einweihen, eröffnen
incansable unermüdlich
incapacidad [-θ-] F Unfähigkeit; ~ **laboral** Arbeitsunfähigkeit; ~ **mental** geistige Behinderung **incapacitado** unfähig; behindert; ~ **para el trabajo** arbeitsunfähig
incapaz [-θ] unfähig (**de** zu)
incauto unvorsichtig
incendiar [-θ-] anzünden; in Brand stecken **incendio** M Brand; ~ **provocado** Brandstiftung *f*
incentivo [-θ-] M Anreiz, Ansporn
incertidumbre [-θ-] F Ungewissheit
incesante [-θ-] unablässig, andauernd
incidente [-θ-] M Zwischenfall
incienso [-θ-] M Weihrauch
incierto [-θ-] ungewiss; unsicher
incineración [-θineraθ-] F

Einäscherung; ~ **de basuras** Müllverbrennung
incisivo [-θ-] **(diente)** ~ M Schneidezahn
incitar [-θ-] anreizen, antreiben
inclinación [-θ-] F Neigung (*a. fig*) **inclinar** neigen, beugen **inclinarse** *fig* neigen (a zu)
incluir einschließen; beifügen **inclusive** einschließlich **incluso** sogar
incoherente unzusammenhängend
incoloro farblos
incomodar belästigen
incómodo unbequem
incomparable unvergleichlich **incompatible** unvereinbar **incompetente** unzuständig; unfähig **incompleto** unvollständig **incomprensible** unverständlich
incomunicado *Ort* abgeschnitten; *Gefangener* isoliert
inconfundible unverwechselbar **inconsciente** [-θ-] unbewusst; MED bewusstlos **inconstante** unbeständig **inconveniente** 1 ADJ unangebracht; unpassend 2 M Nachteil; **no tengo** ~ ich habe nichts dagegen
incorporar eingliedern, einfügen **incorporarse** sich aufrichten
incorrecto unrichtig; *fig* unhöflich **incorregible** [-x-] unverbesserlich
incrédulo ungläubig
increíble unglaublich
incremento M Zunahme *f*, Zuwachs
incubadora F Brutapparat *m*; MED Brutkasten *m* **incubar** (aus)brüten
inculpar beschuldigen
inculto ungebildet
incurable unheilbar
indecente [-θ-] unanständig
indeciso [-θ-] unentschlossen
indefenso wehrlos
indefinido unbestimmt
indemnización [-θaθ-] F Entschädigung **indemnizar** [-θ-] entschädigen
independencia [-θ-] F Unabhängigkeit **independiente** unabhängig; selbstständig **independista** Unabhängigkeits…; Freiheits…; **movimiento** *m* ~ Unabhängigkeitsbewegung *f*
indescriptible unbeschreiblich
indeseable unerwünscht
indeterminado unbestimmt
India F Indien *n* **indiano** M (reicher) Amerikaheimkehrer
indicación [-θ-] F Hinweis *m*; Angabe; Anzeige **indicador** M (An)Zeiger; ~ **de camino** Wegweiser **indicar** (an)zeigen; angeben; hinweisen auf (*akk*)
índice [-θe] M Anzeichen *n*; Inhaltsverzeichnis *n*; Index; ~ **de paro** Arbeitslosenquote *f*; **(de-**

do *m)* ~ Zeigefinger **indicio** [-θ-] M Anzeichen *n* **Índico**: **Océano** *m* ~ Indischer Ozean **indiferencia** [-θ-] F Gleichgültigkeit **indiferente** gleichgültig **indígena** [-x-] **1** ADJ eingeboren, einheimisch **2** M/F Einheimische(r) *m/f(m)* **indigente** [-x-] arm, bedürftig **indigestión** [-x-] F Verdauungsstörung **indigesto** unverdaulich (*a. fig*) **indignar** empören **indignarse** sich entrüsten **indigno** unwürdig (**de** *gen*) **indio** **1** ADJ indisch; indianisch **2** M, **-a** F Inder(in); Indianer(in) **indirecta** F Anspielung **indirecto** indirekt **indiscreción** [-θ-] F Indiskretion **indiscreto** indiskret **indiscutible** unbestreitbar **indispensable** unerlässlich **indispuesto** unwohl, unpässlich **individual** individuell; Einzel... **individuo** M Individuum *n* (*a. pej*) **indivisible** unteilbar **índole** F Art; Natur **indolencia** [-θ-] F Trägheit **indolente** träge; gleichgültig **indomable** un(be)zähmbar **Indonesia** F Indonesien *n* **indudable** zweifellos **indulgente** [-x-] nachsichtig **indultar** begnadigen **indulto** M Begnadigung *f* **industria** F Industrie; Gewerbe *n* **industrial** **1** ADJ industriell **2** M Industrielle(r) **inédito** unveröffentlicht **ineficaz** [-θ] unwirksam **INEM** ABK (Instituto Nacional de Empleo) ≈Bundesagentur für Arbeit **inepto** unfähig, untüchtig **inequívoco** [-ki-] eindeutig **inesperado** unerwartet; unverhofft **inestable** unbeständig **inestimable** unschätzbar **inevitable** unvermeidlich **inexperto** unerfahren **inexplicable** unerklärlich **infalible** unfehlbar (*a.* REL) **infame** schändlich; gemein **infamia** F Schande; Gemeinheit **infancia** [-θ-] F Kindheit **infanta** F *Sp* Infantin **infantil** Kinder..., kindlich; kindisch **infarto** M MED Infarkt **infatigable** unermüdlich **infección** [-ɣθ-] F Infektion; ~ **viral** Virusinfektion **infeccioso** ansteckend **infectar** anstecken; infizieren **infeliz** [-θ] unglücklich **inferior** untere(r); niedriger **infiel** untreu; REL ungläubig **infierno** M Hölle *f* **ínfimo** unterst, niedrigst **infinidad** F Unendlichkeit; *fig* Unmenge **infinito** unendlich **inflación** [-θ-] F Inflation **inflamable** entzündbar **infla-**

mación [-θ-] F Entzündung (a. MED) **inflamarse** sich entzünden
inflar aufblasen, aufpumpen
inflexible *fig* unbeugsam, unerbittlich
influencia [-θ-] F Einfluss *m* **influir** beeinflussen **influjo** [-xo] M Einfluss **influyente** einflussreich
información [-θ-] F Information, Auskunft **informal** ungezwungen; unzuverlässig **informar** informieren **informática** F Informatik **informático** 1 ADJ Informatik ... 2 M, **-a** F Informatiker(in)
informe M Bericht; JUR Plädoyer *n*
infracción [-ɣθ-] F Verstoß *m*; Übertretung
infrarrojo [-xo] infrarot
infructuoso nutz-, zwecklos
infusión F GASTR (Kräuter)Tee *m*; MED Infusión
ingeniería F ~ **genética** Gentechnik **ingeniero** [-x-] M, **-a** F Ingenieur(in)
ingenio [-x-] M Geist; Genie *n* **ingenioso** erfinderisch; geistreich
Inglaterra F England *n*
ingle F ANAT Leiste
inglés 1 englisch 2 M, **-esa** F Engländer(in)
ingratitud F Undankbarkeit **ingrato** undankbar; unangenehm
ingrediente M Bestandteil; Zutat *f*
ingresar V/I eintreten; eingeliefert werden; V/T *Geld* einzahlen **ingreso** M Eintritt; **~s** *pl* Einnahmen *fpl*
inhabitado unbewohnt
inhalador M Inhalator **inhalar** einatmen; MED inhalieren
inhibición [-θ-] F Hemmung; JUR Untersagung
inhumano unmenschlich
inicial [-θ-] anfänglich, Anfangs... **iniciar** anfangen, einleiten; einführen **iniciativa** F Initiative **inicio** M Beginn, Anfang
inigualable unvergleichlich
injerto [-x-] M Transplantat *n*
injuria [-x-] F Beschimpfung; Beleidigung **injuriar** beleidigen
injusticia [-xustiθ-] F Ungerechtigkeit **injusto** ungerecht
inmediato unmittelbar; sofortig
inmenso unermesslich
inmigración [-θ-] F Einwanderung, Zuwanderung **inmigrante** M/F Einwanderer(in); Immigrant(in) **inmigrar** einwandern
inminente nahe bevorstehend
inmoral unmoralisch
inmortal unsterblich
inmóvil unbeweglich
inmueble M Gebäude *n* **inmuebles** MPL Immobilien *fpl*
inmune immun **inmunitario**, **inmunológico**: Immun...;

sistema *m* **inmunitario** *o* **inmunológico** Immunsystem *n*
innato angeboren
innecesario [-θ-] unnötig
innovación [-θ-] F Neuerung
innumerable zahllos
inocencia [-θenθ-] F Unschuld
inocentada F ≈ Aprilscherz
inocente unschuldig
inodoro 1 ADJ geruchlos 2 M WC *n*
inofensivo harmlos
inolvidable unvergesslich
inoportuno ungelegen; unpassend
inoxidable rostfrei
inquietar [-ki-] beunruhigen
inquieto unruhig
inquilino [-ki-] M, **-a** F Mieter(in)
insalubre, **insano** ungesund
inscribir einschreiben; eintragen **inscripción** [-βθ-] F Inschrift; Anmeldung **inscrito** → inscribir
insecticida [-θ-] M Insektizid *n*
insecto M Insekt *n*
inseguridad F Unsicherheit
inseguro unsicher
insensato unvernünftig **insensible** unempfindlich; gefühllos
insertar einschalten; einfügen
inservible unbrauchbar
insignificante geringfügig
insinuar andeuten
insistir dringen, bestehen (**en** auf *dat*)
insolación [-θ-] F Sonnenstich *m*
insolencia [-θ-] F Unverschämtheit **insolente** unverschämt, frech
insólito ungewöhnlich
insolvencia [-θ-] F Zahlungsunfähigkeit **insolvente** zahlungsunfähig
insomnio M Schlaflosigkeit *f*
insoportable unerträglich
inspección [-ɣθ-] F Kontrolle, Prüfung; **~ fiscal** Steuerprüfung **inspeccionar** [-ɣθ-] inspizieren; kontrollieren **inspector(a)** M(F) Aufseher(in); Inspektor(in)
inspiración [-θ-] F Inspiration, Eingebung **inspirar** einatmen; *fig* inspirieren
instalación [-θ-] F Einrichtung, Anlage **instalador** M Monteur **instalar** einrichten; aufstellen, installieren **instalarse** sich niederlassen
instancia [-θ-] F Gesuch *n*; Eingabe
instantánea F Schnappschuss *m* **instantáneo** augenblicklich **instante** M Augenblick; **al ~** sofort; **a cada ~** andauernd, ständig
instigador(a) M(F) Anstifter(in)
instinto M Instinkt, Trieb; **~ sexual** Geschlechts-, Sexualtrieb; **~ de conservación** Selbsterhaltungstrieb
institución [-θ-] F Einrichtung; Anstalt **instituir** einrichten; gründen **instituto** M An-

stalt *f*, Institut *n*; ~ **(de educación secundaria)** *Sp staatliches* Gymnasium *n*; ~ **de belleza** Kosmetiksalon

institutriz [-θ] F Erzieherin

instrucción [-ɣθ-] F Unterricht *m*; Bildung; Anweisung; JUR Untersuchung **instructivo** lehrreich **instruido** gebildet **instruir** unterrichten; schulen **instrumento** M Instrument *n* (*a.* MUS)

insuficiencia [-θĭenθ-] F Unzulänglichkeit **insuficiente** ungenügend

insulina F Insulin *n*

insultar beleidigen **insulto** M Beleidigung *f*

insuperable unüberwindlich; unübertrefflich

intachable [-tʃ-] tadellos

intacto unberührt, intakt

integración F Integration **integrar** integrieren; bilden **integrista** M/F *bes* REL Fundamentalist(in) **íntegro** vollständig; redlich, integer

intelectual 1 ADJ intellektuell 2 M/F Intellektuelle(r) *m/f(m)*

inteligencia [-xenθ-] F Intelligenz **inteligente** klug, intelligent

intención [-θ-] F Absicht; **sin** ~ unabsichtlich **intencional** absichtlich

intensidad F Stärke; Intensität **intenso** intensiv; stark

intentar versuchen **intento** M Versuch **intentona** F Putschversuch *m*

interactividad F Interaktivität

interactivo interaktiv **intercalar** einfügen, einschieben

intercambio M Austausch; ~ **de datos** Datenaustausch

interceptar [-θ-] abfangen **intercomunicador** M Gegensprechanlage *f*; *für Babys* Babyfon® *n* **interconectado** vernetzt **intercontinental** interkontinental **intercultural** interkulturell

interés M Interesse *n*; HANDEL Zins(en *pl*)

interesado interessiert (**en** an *dat*); beteiligt **interesante** interessant **interesar** interessieren; betreffen **interesarse** sich interessieren (**por** für)

intergeneracional [-θ-] ADJ generationsübergreifend, Mehrgenerationen...

interino einstweilig **interior** 1 ADJ innere(r), Innen... 2 M *das* Innere; Inland *n* **interlocutor(a)** M(F) Gesprächspartner(in)

intermediación F Vermittlung **intermediario,-a** M,F Vermittler(in); HANDEL Zwischenhändler(in) **intermedio** 1 ADJ Zwischen... 2 M Zwischenzeit *f*; THEAT Pause *f*

intermitente M AUTO Blinker; **luz** *f* ~ Blinklicht *n* **internacional** [-θ-] international **internado** 1 ADJ interniert 2 M Internat *n*

internauta M/F Internetsurfer(in)
Internet *ohne Artikel* Internet *n*; **navegar por ~** im Internet surfen
internista M/F MED Internist(in)
interno **1** ADJ inner(lich); intern **2** M, **-a** F Interne(r) *m/f(m)* **interpretar** deuten; dolmetschen; THEAT darstellen; MUS spielen
intérprete M/F Dolmetscher(in); THEAT Darsteller(in); MUS Interpret(in)
interrogación [-θ-] F Frage; Fragezeichen *n* **interrogar** befragen; verhören **interrogatorio** M Verhör *n*
interrumpir unterbrechen **interrupción** [-βθ-] F Unterbrechung **interruptor** M (Licht-) Schalter
interurbano zwischen Städten **autobús** *m* **~** Fernbus
intervalo M Zwischenzeit *f*; MUS Intervall *n*
intervención [-θ-] F Eingreifen *n*, Vermittlung *f*; MED Eingriff *m* **intervenir** vermitteln; eingreifen; MED operieren; TEL abhören
intestinal Darm... **intestino** M Darm; **~s** *pl* Eingeweide *npl*
intimidad F Intimität **intimidar** einschüchtern
íntimo innerst; vertraut; intim
intolerable unerträglich **intolerante** unduldsam, intolerant
intoxicación [-θ-] F Vergiftung **intoxicar** vergiften
intranet F (*meist ohne art*) Intranet *n*
intranquilo [-ki-] unruhig; ängstlich
intransferible nicht übertragbar **intransigente** [-x-] unnachgiebig **intransitable** unwegsam, nicht befahrbar
intratable unzugänglich, abweisend
intravenoso intravenös
intrépido unerschrocken
intriga F Intrige **intrigar** intrigieren
introducción [-ɣθ-] F Einführung; Einleitung **introducir** [-θ-] einführen; IT eingeben
intuición [-θ-] F Intuition **intuir** (er)ahnen
inundación [-θ-] F Überschwemmung **inundar** überschwemmen (*a. fig*)
inútil unnütz, zwecklos; MIL untauglich **inutilizable** unbenutzbar
invadir einfallen in (*akk*)
inválido **1** ADJ ungültig; MED invalide **2** M, **-a** F Invalide *m*, -in *f*
invariable unveränderlich
invasión F Invasion
invencible [-θ-] unbesiegbar
invención [-θ-] F Erfindung
inventar erfinden **inventario** M Inventar *n*; Inventur *f* **invento** M Erfindung *f* **inventor(a)** M(F) Erfinder(in)

invernadero M Treibhaus *n* **invernal** winterlich, Winter… **inverosímil** unwahrscheinlich **inversión** F Umkehrung; HANDEL Investition, Anlage **inverso** umgekehrt **inversor(a)** M(F) Investor(in), Anleger(in) **invertir** umkehren; *Geld* anlegen, investieren

investigación [-θ-] F Forschung; Untersuchung (*a.* JUR) **investigador(a)** M(F) Forscher(in) **investigar** (er)forschen; untersuchen

invierno M Winter

invierto → invertir

invisible unsichtbar

invitación [-θ-] F Einladung **invitar** einladen; auffordern (a zu)

involuntario unfreiwillig

inyección [-ɣθ-] F Spritze, Injektion **inyectar** injizieren; einspritzen (*a.* TECH)

ir gehen; fahren; reisen; **~ de compras** einkaufen (gehen), shoppen; **~ en coche/tren** mit dem Auto/Zug fahren; **~ a más** zunehmen; **¡(ya) voy!** ich komme (schon)!; **¡vamos!** los!, gehen wir!; **¡vaya!** na, so was!

ira F Zorn *m*; Wut

Irak M Irak

Irán M Iran

irgo → erguir

iris M ANAT Iris *f*; **arco** *m* **~** Regenbogen

Irlanda F Irland *n* **irlandés** 1 ADJ irisch 2 M, **-esa** F Ire, Irin

ironía F Ironie

irónico ironisch, spöttisch

IRPF ABK (Impuesto sobre la Renta de las Personas Físicas) *spanische Einkommensteuer*

irracional [-θ-] vernunftwidrig; *a.* MATH irrational

irradiación [-θ-] F Ausstrahlung; MED Bestrahlung

irreal unwirklich, irreal

irregular unregelmäßig **irregularidad** F Unregelmäßigkeit

irreprochable [-tʃ-] tadellos, einwandfrei

irresistible unwiderstehlich

irresponsable verantwortungslos

irrevocable unwiderruflich

irrigar bewässern; MED spülen

irritación [-θ-] F Reizung (*a.* MED); Gereiztheit **irritar** reizen; ärgern **irritarse** sich aufregen

irrompible unzerbrechlich

irrumpir eindringen, einbrechen

irse (weg)gehen, wegfahren

isla F Insel

islámico islamisch **islamismo** M Islam; Islamismus **islamista** islamistisch

Islandia F Island *n*

isleño 1 ADJ Insel… 2 M, **-a** F Inselbewohner(in)

Israel M Israel *n* **israelí** 1 ADJ israelisch 2 M/F Israeli

Italia F Italien *n* **italiano** 1 ADJ italienisch 2 M, **-a** F Italie-

ner(in)
itinerancia [-θi̯a] F TEL Roaming *n*
itinerario M Reiseroute *f*
ITV ABK (Inspección Técnica de Vehículos) spanischer TÜV
IU F ABK (Izquierda Unida) Vereinigte Linke (*linkes Parteienbündnis*)
IVA M ABK (Impuesto sobre el Valor Añadido) Mehrwertsteuer, Mwst.
izar [iθ-] hissen
izquierda [iθki̯-] F linke Hand; POL *die* Linke; **a la** (*od* **por la**) ~ links **izquierdista** M/F POL Linke(r) *m/f(m)* **izquierdo** linke(r)

J

jabalí [x-] M Wildschwein *n*
jabalina [x-] F SPORT Speer *m*
jable [x-] M *Kanaren* Sand
jabón [x-] M Seife *f* **jabonera** F Seifenschale
jacinto [xaθ-] M Hyazinthe *f*
jactarse [x-] prahlen (**de** mit)
jadear [x-] keuchen
jaguar [x-] M Jaguar
jalea [x-] F Gelee *n* **jaleo** M *umg* Rummel, Radau
jamacuco M *umg* (leichte) Ohnmacht *f*, Schwindel
Jamaica [x-] F Jamaika *n*
jamás [x-] niemals; je(mals)
jamón [x-] M Schinken; ~ **dulce,** ~ **cocido** gekochter Schinken; ~ **serrano** roher Schinken
Japón [x-] M Japan *n*
japonés [x-] **1** ADJ japanisch **2** M, **-esa** F Japaner(in)
jaque [xake] M Schach *n*; ~ **mate** schachmatt
jaqueca [xake-] F Migräne
jarabe [x-] M Sirup
jardín [x-] M Garten; ~ **de infancia** Kindergarten
jardinera [x-] F Gärtnerin; Blumenkasten *m* **jardinería** F Gärtnerei; Gartenarbeit **jardinero** M Gärtner
jarra [x-] F Krug *m* **jarro** M Krug, Kanne *f*
jaula [x-] F Käfig *m*
jazmín [xaθ-] M Jasmin
jefa [x-] F Chefin; Leiterin **jefatura** F Behörde; ~ **del Estado** Amt des Staatschefs
jefe [x-] M Chef; Leiter; ~ **de departamento** (*od* **de sección**) Abteilungsleiter; ~ **de gobierno** Regierungschef; ~ **de tren** Zugführer
jenjibre [xenx-] M Ingwer
jeque [xeke] M Scheich
jerez [xereθ] M Sherry
jerga [x-] F Jargon *m*, Slang *m*
jeringa [x-] F, **jeringuilla** [-ɣiʎa] F MED Spritze
jersey [x-] M Pullover
Jerusalén [x-] F Jerusalem *n*
jinete [x-] M Reiter
jirafa [x-] F Giraffe

jocoso [x-] spaßig, lustig
joder [x-] *vulg* bumsen, ficken
Jónico [x-] **Mar** *m* ~ Ionisches Meer *n*
Jordania [x-] F Jordanien *n*
jornada [x-] F Arbeitstag *m*; ~(s) Tagung *f* **jornal** M Tagelohn **jornalero** M Tagelöhner
joroba [x-] F Buckel *m* **jorobado** buckelig **jorobar** *umg* belästigen
joven [x-] **1** ADJ jung **2** M/F junger Mann *m*, junges Mädchen *n*
joya [x-] F Juwel *n*; Schmuckstück *n*; *fig* Perle **joyería** F Juweliergeschäft *n* **joyero,-a** M, F Juwelier(in); M Schmuckkasten
jubilación [xuβilaθ-] F Pensionierung; Ruhestand *m*; *Geld* Pension, Rente **jubilado** **1** ADJ pensioniert; im Ruhestand **2** M, **-a** F Rentner(in) **jubilarse** in Pension gehen
júbilo [x-] M Jubel
judía [x-] F Jüdin; GASTR Bohne
judicial [xuðiθ-] richterlich, gerichtlich
judío [x-] **1** ADJ jüdisch **2** M Jude
juego[1] [x-] M Spiel *n*; Satz, Garnitur *f*; ~ **electrónico** Computerspiel *n*; **hacer** ~ zueinanderpassen; **poner en** ~ aufs Spiel setzen
juego[2] [x-] → jugar
juerga [x-] F lärmendes Fest *n* *od* Vergnügen *n*; **irse de** ~ sich toll amüsieren
jueves [x-] M Donnerstag; **Jueves Santo** Gründonnerstag
juez [xũeθ] M/F (*a.* **jueza** F) Richter(in)
jugada [x-] F *Spiel* Zug *m*; (übler) Streich *m* **jugador(a)** M(F) Spieler(in) **jugar** spielen; ~ **limpio/sucio** fair/unfair spielen **jugarse** einsetzen; aufs Spiel setzen
jugo [x-] M Saft **jugoso** saftig
juguete [xuɣe-] M Spielzeug *n* **juguetería** F Spielwarenhandlung
juicio [-xũiθ-] M Urteil *n*; Meinung *f*; JUR Prozess; Verhandlung *f* **juicioso** vernünftig, verständig
julio [x-] M Juli
jungla [x-] F Dschungel *m*
junio [x-] M Juni; **en** ~ im Juni
junta [x-] F Versammlung; TECH Dichtung; ~ **directiva** Vorstand *m* **juntamente** zusammen **juntar** versammeln; verbinden **juntarse** sich zusammentun
junto [x-] verbunden, vereint; nahe; ~**s** zusammen; ~ **a** neben, bei **juntura** F TECH Gelenk *n*; Fuge
jurado [x-] **1** ADJ be-, vereidigt **2** M Schwurgericht *n*; Jury *f* **juramentar** vereidigen **juramento** M Eid, Schwur **jurar** schwören; **te lo juro** ich schwöre es dir
jurídico [x-] rechtlich; juristisch; Rechts...

jurisdicción [xurizðiɣθ-] F Rechtsprechung; Gerichtsbarkeit **jurista** M/F Jurist(in)
justicia [xustiθ-] F Gerechtigkeit; Justiz **justificante** M Beleg **justificar** rechtfertigen; belegen
justo [x-] gerecht; richtig; **comercio ~** fairer Handel; eng, knapp; **~ a tiempo** gerade noch rechtzeitig; **~ después** gleich danach
juvenil [x-] jugendlich **juventud** F Jugend
juzgado [xuθ-] M Gericht *n* **juzgar** richten; beurteilen

K

karate M Karate *n* **karateca** M Karateka, Karatekämpfer
Kenia F Kenia *n*
kilo M Kilo *n*; **medio ~ de ...** ein Pfund ...
kilómetro M Kilometer; **~ cuadrado** Quadratkilometer
kilovatio M Kilowatt *n*
kiosco M Kiosk
kit M Bau-, Bastelsatz; Set *n*; **~ de manos libres** TEL Freisprechset *n*, Headset *n*
kiwi M BOT Kiwi *f*
kosovar ADJ 1 kosovarisch, aus dem Kosovo 2 M,F Kosovare *m*, -in *f* **Kósovo** M Kosovo *m/n*

L

la PRON die; sie; ihr (*dat*)
laberinto M Labyrinth *n*
labio M Lippe *f*
labor F Arbeit **laborable**: **día** *m* **~** Werktag **laboral** Arbeits... **laboratorio** M Labor (-atorium) *n*
labrador M Landmann **labrar** bearbeiten; *Feld* bestellen
laca F Lack *m*; Haarspray *n*; **~ de uñas** Nagellack *m*
lacrar versiegeln
lactante M Säugling **lactosa** F Laktose; **sin ~** laktosefrei
lado M Seite *f*; **al ~** daneben, nebenan
ladrar bellen
ladrillo [-ʎo] M Ziegelstein
ladrón(-ona) M(F) Dieb(in)
lagartija [-xa] F (Mauer)Eidechse **lagarto** M Echse *f*
lago M See; **Lago de Constanza** Bodensee; **Lago de los Cuatro Cantones** Vierwaldstättersee; **Lago Lemán** Genfer See
lágrima F Träne
laguna F Lagune; *fig* Lücke
laico 1 ADJ Laien..., weltlich 2 M, **-a** F REL Laie *m*, -in *f*
lamentable kläglich; bedauerlich **lamentar** beklagen; bedauern
lamer lecken

lámina F (dünne) Platte, Blech *n*; Folie; (Bild)Tafel
lámpara F Lampe; **~ colgante** Hängelampe; **~ de pie** Stehlampe
lana F Wolle
lance [-θe] M Vorfall; **de ~** antiquarisch
lancha [-tʃa] F Boot *n*
langosta F Languste; Heuschrecke **langostino** M *Art* Garnele *f*
lanzadera [-θ-] F Shuttlebus *m*
lanzamiento [-θ-] M Werfen *n*; MIL Abschuss, Abwurf; SPORT **~ de peso** Kugelstoßen *n* **lanzar** werfen, schleudern **lanzarse** sich stürzen
lápiz [-θ] M Bleistift; **~ de cejas** Augenbrauenstift; **~ de labios** Lippenstift
larga: **a la ~** auf die Dauer **largamente** lange; reichlich; ausgiebig **largarse** *umg* abhauen
largo 1 ADJ lang; **a lo ~ de** längs, entlang; **¡~ de aquí!** weg da!, raus! 2 M Länge *f* **largometraje** M Spielfilm
laringe [-xe] F Kehlkopf *m*
lascivo [-θ-] geil, lüstern
láser M Laser; **rayos** *mpl* **~** Laserstrahlen; **impresora** *f* **~** Laserdrucker *m*
lástima F Mitleid *n*; **dar ~** leidtun; **es una ~** es ist schade; **¡qué ~!** wie schade!
lata F Blech *n*; Büchse, Dose; **dar la ~ a alg** *umg* j-m auf den Wecker gehen; **¡qué ~!** das nervt!
lateral seitlich, Seiten...
latido M Klopfen *n*; Herzschlag
látigo M Peitsche *f*
latín M Latein *n* **latino** lateinisch
latir *Herz* klopfen
latitud F GEOG Breite
latón M Messing *n*
laurel M Lorbeer
lavable waschbar **lavabo** M Waschbecken *n*, -raum; Toilette *f* **lavado** M Waschen *n*, Wäsche *f*; **~ en seco** chemische Reinigung *f* **lavadora** F Waschmaschine **lavandería** F Wäscherei **lavaparabrisas** M AUTO Scheibenwaschanlage *f* **lavaplatos** M Tellerwäscher; Geschirrspülmaschine *f* **lavar** waschen **lavativa** F MED Einlauf *m* **lavavajillas** [-xiʎ-] M Geschirrspülmaschine *f*
laxante M Abführmittel *n*
lazo [-θo] M Schleife *f*; Lasso *n*; Schlinge *f*
le ihm; ihr; Ihnen; ihn, Sie
leal treu; loyal **lealtad** F Treue; Loyalität
leasing ['lisin] M Leasing *n*; **contrato** *m* **de ~** Leasingvertrag
lección [-ɣθ-] F (Unterrichts-)Stunde; Lektion
leche [-tʃe] F Milch; **~ entera** Vollmilch; **~ semidesnatada** (*od* **semidescremada**) fettarme Milch

lecho [-tʃo] M Bett *n*; Lager *n*; Flussbett *n*
lechón [-tʃ-] M Spanferkel *n*
lechuga [-tʃ-] F Kopfsalat *m*
lechuza [-tʃ-] F Eule
lector(a) M(F) 1 Leser(in); *Verlag*, UNIV Lektor(in) 2 *nur m* ~ **de DVD** DVD-Laufwerk *n* ~ **de libros electrónicos** E-(Book-)Reader
lectura F Lesen *n*; Lektüre
leer lesen; vorlesen
legación [-θ-] F Gesandtschaft, Abordnung
legal legal, gesetzlich **legalidad** F Legalität **legalizar** [-θ-] beglaubigen; legalisieren
legar vermachen
legendario [-x-] sagenhaft
legislación [-xizlaθ-] F Gesetzgebung **legislativo** gesetzgebend
legitimar [-x-] legitimieren, für rechtmäßig erklären
legítimo [-x-] rechtmäßig, legitim; echt
lego M Laie
legua F (Land)Meile
legumbre F Hülsenfrucht
lejano [-x-] entfernt, fern
lejía [-x-] F (Bleich)Lauge
lejos [-x-] weit weg; **a lo** ~ in der Ferne; ~ **de** weit entfernt von, fern von
lema M Motto *n*
lencería [-θ-] F Wäschegeschäft *n*
lengua F Zunge; Sprache; ~ **materna/de signos** Mutter-/Zeichensprache **lenguado** M ZOOL Seezunge *f* **lenguaje** [-xe] M Sprache *f*; Ausdrucksweise *f*
lente M/F FOTO, OPT Linse *f*; ~**s** *pl* Brille *f*; ~**s de contacto** Kontaktlinsen *fpl* **lenteja** [-xa] BOT F Linse **lentejuela** [-x-] F Paillette
lentillas [-ʎ-] FPL Kontaktlinsen
lentitud F Langsamkeit **lento** langsam
leña [-ɲa] F Brennholz *n* **leñador** M Holzfäller
Leo M ASTROL Löwe
león M Löwe
leopardo M Leopard
leotardos MPL Strumpfhose *f*
les ihnen, Ihnen; sie, Sie
lesbiano, **lésbico** lesbisch
lesión F Verletzung **lesionar** verletzen
letal tödlich
Letonia F Lettland *n*
letra F Buchstabe *m*; Handschrift; HANDEL Wechsel *m*; ~**s** *pl* Geisteswissenschaften *fpl*; **al pie de la** ~ wörtlich
letrero M Schild *n*; Etikett *n*
levadura F Hefe; ~ **en polvo** Backpulver *n*
levantamiento M Erhebung *f*; ~ **de pesos** Gewichtheben *n*
levantar (er)heben; errichten
levantarse aufstehen; sich erheben
levante M Osten; Ostwind
leve leicht; gering(fügig)
léxico M Wortschatz

ley F Gesetz *n*
leyenda F Legende, Sage **leyendo, leyó** → leer
liar binden; *fig* verwickeln
Líbano M Libanon
liberación [-θ-] F Befreiung **liberal** liberal **liberar** befreien
libertad F Freiheit **libertar** befreien **libertinaje** [-xe] M Zügellosigkeit *f*
Libia F Libyen *n*
libra F Pfund *n*
Libra ASTROL Waage
librar befreien
libre frei; **~ de impuestos** steuerfrei; **trabajar por ~** freiberuflich arbeiten
librería F Buchhandlung; Bücherei; Bücherschrank *m*; **~ de viejo** Antiquariat *n* **librero,-a** M,F Buchhändler(in)
libreta F Notizbuch *n*; **~ de ahorros** Sparbuch *n*
libro M Buch *n*; **~ electrónico** E-Book *n*; **~ de texto** Schulbuch *n*
licencia [-θenθ-] F Lizenz; Genehmigung; **~ de caza/pesca** Jagd-/Angelschein *m*
licitar [-θ-] bieten; ausschreiben
licor M Likör; GASTR *a.* Schnaps *m* **licuado** M *bes Am* Frucht(milch)shake *m*, Smoothie *m* **licuadora** F Entsafter *m*
líder M HANDEL, POL, SPORT Führer; SPORT *a.* Spitzenreiter
lidia F (Stier)Kampf *m*
liebre F Hase *m*
lienzo [-θo] M Leinwand *f*
liga F Bund *m*; SPORT Liga; Strumpfband *n* **ligamento** M ANAT Band *n* **ligar** (ver)binden; *fig* anbändeln
ligero [-x-] leicht; flink; *fig* leichtfertig
ligue [-ɣe] M *umg* Beziehung *f*; (Liebes)Verhältnis *n*; *umg* Anmache *f*
lija [-xa] **papel** *m* **de ~** Schmirgelpapier *n*
lila 1 ADJ lila 2 F Flieder *m*
lima¹ F FRUCHT (süße) Limette
lima² F Feile **limar** feilen
limitar begrenzen; be-, einschränken
límite M Grenze *f*; **~ de velocidad** Tempolimit *n*
limón M Zitrone *f*; **hierba** *f* **limón** Zitronengras *n*
limonada F Zitronenlimonade **limonero** M Zitronenbaum
limosna F Almosen *n*
limpiabotas M Schuhputzer **limpiador** M *Produkt*: Reiniger; *Person*: **~(a)** *m(f)* Raumpfleger(in) **limpiaparabrisas** M Scheibenwischer **limpiar** reinigen, putzen, säubern; **~ en seco** chemisch reinigen
limpieza [-θa] F Reinheit, Sauberkeit; Reinigung, Putzen *n*; **producto** *m* **de ~** Reiniger, Putzmittel *n* **limpio** rein, sauber
linaje [-xe] M Abstammung *f*, Geschlecht *n*
linaza [-θ-] F Leinsamen *m*

lince [-θe] M Luchs
lindante angrenzend **lindar** angrenzen (**con** an *akk*)
lindo hübsch, nett; **de lo ~** gründlich, tüchtig
línea F Linie; Zeile; **~ aérea** Fluglinie; **no hay ~** TEL die Leitung ist belegt; **~ 24 horas** TEL Hotline
linfa F Lymphe
lingüístico [-ɣŭi-] sprachlich, sprachwissenschaftlich, Sprachen…
lino M Leinen *n*; BOT Flachs
linterna F Laterne; Taschenlampe
lío M Bündel *n*; *umg* Durcheinander *n*; (Liebes)Verhältnis *n*
liquidación [-kiðaθ-] F HANDEL Liquidation; Ausverkauf *m*
liquidar abwickeln, auflösen
líquido [-ki-] 1 ADJ flüssig 2 M Flüssigkeit *f*
lira F Leier; *hist Währung* Lire
lírica F Lyrik
Lisboa F Lissabon *n*
liso glatt; eben; *Stoff* einfarbig, uni
lisonja [-xa] F Schmeichelei **lisonjear** schmeicheln
lista F Liste; **~ de control** Checkliste; **~ de platos** Speisekarte **listado** 1 ADJ gestreift 2 M Auflistung *f*; IT Ausdruck
listar auflisten
listo fertig, bereit; schlau
listón M Leiste *f*; Latte *f*
litera F Sänfte; Etagenbett *n*; BAHN Liegewagen(platz) *m*
literario literarisch **literatura** F Literatur
litigio [-x-] M Streit (*a.* JUR)
litoral 1 ADJ Küsten… 2 M Küstenstreifen, -gebiet *n*
litro M Liter *m/n*
Lituania F Litauen *n*
llaga [ʎ-] F (offene) Wunde
llama [ʎ-] F Flamme; ZOOL Lama *n* **llamada** F Ruf *m*; TEL Anruf *m* **llamamiento** M Aufruf
llamar rufen; nennen; TEL anrufen **llamarse** heißen **llamativo** auffällig
llano [ʎ-] 1 ADJ eben; *fig* schlicht 2 M Ebene *f*, Flachland *n*
llanta [ʎ-] F AUTO Felge; *Am* Reifen *m*
llanura [ʎ-] F Ebene
llave [ʎ-] F Schlüssel *m*; (Wasser-, Gas)Hahn *m*; **~ de contacto/inglesa** Zünd-/Schraubenschlüssel *m* **llavero** M Schlüsselring
llegada [ʎ-] F Ankunft **llegar** ankommen; **~ a** (heran)reichen an (*akk*); **~ a ser** werden
llenar [ʎ-] füllen; *Formular* ausfüllen **lleno** voll
llevar [ʎ-] (mit-, hin)bringen; bei sich haben; *Kleid* tragen, anhaben **llevarse** mitnehmen; **~ bien** sich gut vertragen
llorar [ʎ-] V/I weinen; V/T beklagen; trauern um
llover [ʎ-] regnen **llovizna** [-θ-] F Nieselregen *m*
llueve [ʎ-] → llover

lluvia [ʎ-] F Regen *m*; ~ **ácida** saurer Regen *m* **lluvioso** regnerisch
lo das; es ihn; ~ **que** was
lobo M Wolf
local 1 ADJ örtlich 2 M Lokal *n*; Raum **localidad** F Örtlichkeit; Ort *m*; THEAT Eintrittskarte
localizar [-θ-] lokalisieren
locería [-θ-] F *Am* Töpferei *f*
loción [-θ-] F Lotion; ~ **capilar/facial** Haar-/Gesichtswasser *n*
loco 1 ADJ verrückt; *sl* ~ **de remate** durchgeknallt; **a lo** ~ wie verrückt 2 M, **-a** F Verrückte(r) *m/f(m)*
locomoción [-θ-] F Fortbewegung **locomotora** F Lokomotive
locuaz [-θ] geschwätzig
locura F Verrücktheit; Wahnsinn *m*; **de** ~ *fig* traumhaft
locutor(a) M(F) RADIO, TV Sprecher(in), Ansager(in)
lodo M Morast, Schlamm
lógica [-x-] F Logik **lógico** logisch
logrado (gut) gelungen **lograr** erreichen, erlangen **logro** M Gewinn; Erfolg; Errungenschaft *f*
Loira M Loire *f*
lombarda F Rotkohl *m*
Lombardía F Lombardei
lomo M Lende *f* (*a.* GASTR); (Buch)Rücken
lona F Segeltuch *n*
loncha [-tʃa] F GASTR Scheibe
lonchera [-tʃ-] F *Am* Lunchbox *f*
Londres M London *n*
longaniza [-θa] F *Art* Hartwurst
longitud [-x-] F Länge
lonja [-xa] F Scheibe; HANDEL Warenbörse
loro M Papagei
los MPL die; sie (*akk*)
lote M Anteil; HANDEL Posten
lotería F Lotterie **lotero,-a** M,F Losverkäufer(in)
loza [-θa] F Steingut *n*
lubina F ZOOL Wolfsbarsch *m*
lubricante M Schmieröl *n* **lubricar** ölen, schmieren
Lucerna F Luzern *n*
lucha [-tʃa] F Kampf *m*; Ringkampf *m* **luchar** kämpfen
luciente [-θ-] strahlend **luciérnaga** F Glühwürmchen *n*
lucio [-θ-] M Hecht
lucir [-θ-] leuchten; glänzen **lucirse** sich hervortun
lucrativo einträglich, lukrativ
lucro M Gewinn, Nutzen
luego nachher, dann; **desde** ~ selbstverständlich; **hasta** ~ bis gleich, bis dann; *Am a.* auf Wiedersehen
lugar M Ort, Stelle *f*; **dar** ~ **a** Anlass geben zu; **tener** ~ stattfinden; **ponte en mi** ~ versetz dich in meine Lage; **en primer/segundo** ~ erstens/zweitens; **en** ~ **de** statt
lujo [-xo] M Luxus; **de** ~ Luxus... **lujoso** luxuriös
lumbago M MED Hexenschuss

lumbar Lenden…
luminoso leuchtend; glänzend
luna F Mond *m*; Spiegelglas *n*; **~ llena/nueva** Voll-/Neumond *m*; **media ~** Halbmond *m*; **~ de miel** Flitterwochen *fpl* **lunar** 1 ADJ Mond… 2 M Muttermal *n* 3 **de ~es** *Stoff* gepunktet
lunes M Montag; **Lunes de Pascua** Ostermontag
luneta F **~ trasera** AUTO Heckscheibe
lupa F Lupe
lúpulo M Hopfen
lustrar blank putzen; polieren **lustre** M Glanz; Politur *f*
luto M Trauer *f*; Trauerkleidung *f*
Luxemburgo M Luxemburg *n*
luz [-θ] F Licht *n*; AUTO **~ de población/de cruce/de carretera** Stand-/Abblend-/Fernlicht *n*; **dar a ~** gebären
luzco [-θ-] → lucir

M

macabro makaber, schaurig
macadamia F **(nuez** *f* **de) ~** Macadamianuss
macarrón MPL 1 *Gebäck* Makrone, Macaron *n* 2 PL *Nudeln* Makkaroni
macedonia [-θ-] F **~ (de frutas)** Obstsalat *m*
Macedonia [-θ-] F Mazedonien *n*
maceta [-θ-] F Blumentopf *m*
machacar [-tʃ-] zerstoßen; zerquetschen **machete** M Buschmesser *n*
machista M *umg* Macho, Chauvi **macho** [-tʃo] 1 M ZOOL Männchen *n*; *umg fig* Mann 2 ADJ *Am* tapfer
macizo [-θiθo] 1 ADJ massiv 2 M Massiv *n*
macro M IT Makro *n* **macrofiesta** F Megaparty
Madagascar M Madagaskar *n*
madeja [-xa] F (Haar)Strähne; Strang *m*
madera F Holz *n*; **¡toca ~!** toi, toi, toi! **madero** M Stück *n* Holz; Balken
madrastra F Stiefmutter
madre F Mutter; **~ de día** Tagesmutter; **¡~ mía!** *umg* mein Gott!
madrina F (Tauf)Patin
madrugada F Morgenfrühe; **de ~** sehr früh **madrugador(a)** M(F) Frühaufsteher(in) **madrugar** früh aufstehen
madurar reifen (*a. fig*) **madurez** [-θ] F Reife **maduro** reif
maestra F Lehrerin **maestría** F Meisterschaft **maestro** 1 ADJ Meister… 2 M Meister; Lehrer
magia [-x-] F Magie, Zauberei; Zauber *m* **mágico** [-x-] magisch, Zauber…
magistrado [-x-] M Richter

magistral meisterhaft
magnético magnetisch
magnetoscopio M Videorekorder
magnífico prächtig; herrlich
magnitud F Größe
mago M Zauberer, Magier
magro mager
magulladura [-ʎ-] F MED Quetschung; Prellung
maíz [-θ] M Mais
majestad [-x-] F Majestät **majestuoso** majestätisch
majo [-xo] nett, hübsch; sympathisch
mal **1** *vor* SUBST M → malo **2** ADV schlecht; **tomar a ~** übel nehmen **3** M Übel *n*; Leiden *n*
Malasia F Malaysia *n*
malcriado ungezogen **maldad** F Bosheit; Schlechtigkeit
maldecir [-θ-] lästern; (ver)fluchen **maldición** [-θ-] F Fluch *m* **maldito** verflucht, verdammt **maleante** M Bösewicht, Übeltäter
malentendido M Missverständnis *n* **malestar** M Unwohlsein *n*; *fig* Unbehagen *n*
maleta F Koffer *m*; **~ troley** (*od* **con ruedas**) Rollkoffer *m*, Trolley *m* **maletero** M Gepäckträger; AUTO Kofferraum **maletín** M Hand-, Aktenkoffer
maleza [-θa] F Gestrüpp *n*; Unkraut *n*
malformación F Missbildung
malgastar verschwenden
malhechor [-tʃ-] M Übeltäter
malhumorado schlecht gelaunt
Malí M Mali *n*
malicia [-θ-] F Bosheit; Tücke
malicioso boshaft; tückisch
maligno bösartig (*a.* MED)
malintencionado [-θ-] übel gesinnt; heimtückisch
malla [-ʎa] F Masche; Trikot *n*
malo schlecht; böse; krank
malogrado früh verstorben **malograrse** misslingen
maloliente stinkend **malparado** übel zugerichtet **malsano** ungesund
malta F Malz *n*
maltratar misshandeln **maltrecho** übel zugerichtet **malvado** **1** ADJ böse, verrucht **2** M Bösewicht **malvender** verschleudern **malversación** [-θ-] F Veruntreuung
mama F (weibliche) Brust
mamá F Mama, Mutti
mamar saugen; **dar de ~** stillen
mamífero M Säugetier *n*
mamografía F MED Mammografie
manada F Herde, Rudel *n*
manantial M Quelle *f* **manar** quellen, fließen
mancha [-tʃa] F Fleck *m*; *fig* Schandfleck *m* **manchar** beflecken, beschmutzen
mandar befehlen; senden, schicken; **¿mande?** wie bitte?
mandarina F Mandarine
mandato M Befehl; Auftrag; POL Mandat *n*

mandíbula F Kiefer *m*
mandil M Schürze *f*
mandioca F Maniok *m*
mando M Herrschaft *f*; Kommando *n*; TECH Steuerung *f*; **~ a distancia** Fernbedienung *f*
mandón, -ona herrschsüchtig
manecilla [-θiʎa] F (Uhr)Zeiger *m* **manejar** [-x-] handhaben; führen; *Maschine* bedienen; *Am Auto* fahren **manejo** [-xo] M Handhabung *f*; Bedienung *f*; **de fácil ~** benutzerfreundlich
manera F Art, Weise; **~s** *pl* Manieren *pl*; **de alguna ~** irgendwie; **de otra ~** anders; sonst; **de tal ~** derart; **de ninguna ~** auf keinen Fall; **de ~ que** sodass
manga F Ärmel *m*; Schlauch *m*; **de ~ corta/larga** kurz-/langärmelig
mango M Stiel; Griff; BOT Mango *f*
manguera [-ɣe-] F (Wasser)-Schlauch *m* **manguito** [-ɣi-] M Muff; TECH Muffe *f*
maní M *Am* Erdnuss *f*
manía F Manie
manicomio M Irrenanstalt *f*
manicura F Maniküre (*a. Person*)
manifestación [-θ-] F Äußerung; POL Kundgebung, Demonstration **manifestante** M/F Demonstrant(in) **manifestar** äußern; zeigen **manifestarse** sich äußern; demonstrieren
manifiesto **1** ADJ offenkundig, deutlich **2** M Manifest *n*
manillar [-ʎ-] M Lenker, Lenkstange *f* (*am Fahrrad*)
maniobra F Manöver *n* (*a.* MIL); *fig* Kniff *m*; **~s** *pl* Ränke *pl* **maniobrar** manövrieren (*a. fig*); BAHN rangieren
manipulación [-θ-] F Handhabung; Manipulation (*a. fig*)
manipular handhaben; manipulieren (*a. pej*)
manivela F Kurbel
manjar [-x-] M LIT Speise *f*
mano F Hand; ZOOL Vorderfuß *m*; **~ de obra** Arbeitskräfte *fpl*; **de segunda ~** aus zweiter Hand, gebraucht
manojo [-xo] M Bündel *n*
manopla F Fausthandschuh *m*; Waschhandschuh *m*
manosear betasten, *umg* befummeln
mansión F (herrschaftliche) Villa
manso sanft; mild; zahm
manta F Decke
manteca F Schmalz *n*; *bes Am* Butter **mantecado** M *Art* Schmalzgebäck *n*
mantel M Tischtuch *n*; **~ individual** Platzdeckchen *n*, Set *n*
mantelería F Tischwäsche
mantener halten; erhalten, unterhalten, aufrechterhalten **mantenerse** sich behaupten; leben (**de** von) **mantenimiento** M Erhaltung *f*; TECH Wartung *f*

mantequilla [-kiʎa] F Butter
mantero *umg* M (illegaler) Straßenhändler
mantilla [-ʎa] F Mantille **manto** M Umhang **mantón** M Schultertuch *n*
manual 1 manuell, Hand... 2 M Handbuch *n*, Lehrbuch *n* **manualidades** FPL *Fach* Handarbeit *f*, Werken *n*
manuscrito M Handschrift *f*, Manuskript *n*
manutención [-θ-] F Unterhalt *m*
manzana [-θ-] F Apfel *m*; ARCH Häuserblock *m* **manzanilla** [-ʎa] F Kamille(ntee *m*) *f* **manzano** M Apfelbaum
maña [-ɲa] F Geschicklichkeit
mañana [-ɲ-] 1 F Morgen *m*; Vormittag *m* 2 ADV morgen; **por la ~** morgens; vormittags; **pasado ~** übermorgen
mapa M Landkarte *f*; **~ de carreteras** Straßen-, Autokarte *f*
maqueta [-ke] F ARCH Modell *n*
maquillaje [-kiʎaxe] M Make-up *n*; Schminke *f* **maquillar(se)** (sich) schminken
máquina [-k-] F Maschine; **~ (fotográfica)** Fotoapparat *m*; **~ de afeitar** Rasierapparat *m*; **~ de coser** Nähmaschine; **~ de escribir** Schreibmaschine
maquinista F Maschinist(in); BAHN Lokomotivführer(in)
mar M/F Meer *n*, See *f*; **en alta ~** auf hoher See; **de alta ~** Hochsee...; *umg* **la ~ de** e-e Unmenge (von); **Mar Caspio** Kaspisches Meer *n*; **Mar Muerto** Totes Meer *n*; **Mar Negro** Schwarzes Meer *n*; **Mar del Norte** Nordsee *f*; **Mar Rojo** Rotes Meer *n*
maraña [-ɲa] F Gestrüpp *n*; *fig* Wirrwarr *m*
maravilla [-ʎa] F Wunder *n* **maravillarse** sich wundern **maravilloso** wunderbar
marca F Marke; Warenzeichen *n*; *Mode a.* Label *n*; SPORT Rekord *m* **marcación** [-θ-] F Markierung; **(tecla *f* de) ~ rápida** TEL Kurzwahl(taste) *f* **marcador** M Markierstift, Marker **marcapáginas** [-xi-] M Lesezeichen *n* **marcapasos** M MED (Herz)Schrittmacher
marcar kennzeichnen; markieren; TEL wählen; SPORT *Tor* schießen; *Haare* (ein)legen
marcha [-tʃa] F Marsch *m*; Abreise; TECH Lauf *m*, *a.* AUTO Gang *m*; SPORT Gehen *n*; **~ atrás** Rückwärtsgang *m* **marchante** M/F Kunsthändler(in) **marchar** marschieren; gehen (*a.* TECH) **marcharse** weggehen
marchitarse [-tʃ-] (ver)welken **marchito** welk, verwelkt
marco M 1 Rahmen 2 *frühere Währung* Mark *f*
marea F Gezeiten *pl*; **~ alta** Flut; **~ baja** Ebbe **mareado**: **estoy ~** mir ist schlecht **mare-**

arse seekrank, schwind(e)lig werden; **me mareo** *a.* mir wird schlecht **marejada** [-x-] F hoher Seegang *m* **mareo** M Seekrankheit *f*; Schwindel; Übelkeit *f*
marfil M Elfenbein *n*
margarina F Margarine **margarita** F Gänseblümchen *n*; TECH Typenrad *n*
margen [-x-] M Rand; HANDEL Spanne *f*; *fig* Spielraum *m* **marginado** M, **-a** F Außenseiter(in) **marginal** Rand...
marica, **maricón** M *sl pej* Schwule(r) **mariconera** F *umg* Herrenhandtasche
marido M Ehemann
marina F Marine **marinero** 1 ADJ See...; seetüchtig; GASTR **a la -a** in Knoblauch-Petersilien-Soße 2 M Matrose **marino** M Seemann
marioneta F Marionette (*a. fig*)
mariposa F Schmetterling *m*
mariquita [-ki-] F Marienkäfer *m*
mariscos MPL Meeresfrüchte *fpl* **marítimo** Meer..., See...
marmita F Kochtopf *m*
mármol M Marmor
marquesina F Schutzdach *n*; Markise
marrano M Schwein *n* (*a. fig*)
marrón braun
Marruecos M Marokko *n*
Marsella F Marseille *n*
marta F Marder *m*
martes M Dienstag
martillar [-ʎ-] hämmern **martillo** M Hammer
mártir M/F Märtyrer(in)
marzo [-θo] M März
mas aber
más mehr; MATH plus; **a lo ~** höchstens; **~ bien** eher; **~ o menos** mehr oder weniger; **sin ~** ohne weiteres; **estar de ~** überflüssig sein
masa F Masse; GASTR Teig *m*
masacre F Massaker *n*
masaje [-xe] M Massage *f*; **dar (un) ~** massieren **masajista** M/F Masseur(in)
mascar kauen
máscara F Maske
mascarilla [-ʎ-] F *Kosmetik* Gesichtsmaske
mascota F Maskottchen *n*
masculino 1 ADJ männlich; Herren... 2 M GRAM Maskulinum *n*
masivo massiv; Massen...
masticar kauen
mástil M SCHIFF Mast
mata F Strauch *m*, Busch *m*
matadero M Schlachthof **matanza** [-θa] F Schlachten *n*; *fig* Gemetzel *n* **matar** töten, umbringen; schlachten; *Zeit* totschlagen **matarse** ums Leben kommen **matasellos** [-ʎ-] M (Post)Stempel
mate 1 ADJ matt, glanzlos 2 M *Tee* Mate; *Schach* Matt *n*
matemáticas FPL Mathematik *f* **matemático** 1 ADJ mathe-

matisch **2** M, **-a** F Mathematiker(in)
materia F Materie, Stoff *m*; **~ prima** Rohstoff *m* **material** **1** ADJ materiell; Sach... **2** M Material *n*
maternal mütterlich, Mutter... **maternidad** F Mutterschaft **materno** Mutter...
matinal morgendlich
matiz [-θ] M Farbton; *fig* Nuance *f* **matizar** schattieren; *fig* nuancieren
matón M Schlägertyp; Rausschmeißer
matorral M Gestrüpp *n*
matrícula F AUTO Kennzeichen *n*; *Schule* Einschreibung **matricular** immatrikulieren; einschreiben
matrimonial ehelich **matrimonio** M Ehe *f*; Ehepaar *n*
matriz [-θ] F Gebärmutter; TECH Matrize; **casa** *f* **~** Stammhaus *n*
matrona F Hebamme *f*
matutino früh; Morgen...
Mauritania F Mauretanien *n*
maxilar Kiefer...
máxima F Maxime **máximo** **1** ADJ größte(r); Höchst... **2** M Maximum *n*
mayo M Mai
mayonesa F Mayonnaise
mayor **1** ADJ größer, größte(r); älter, älteste(r); Ober..., Haupt...; **~ de edad** volljährig; **al por ~** HANDEL en gros **2** M Major **mayoría** F Mehrheit; **~ absoluta/simple** absolute/einfache Mehrheit; **~ de edad** Volljährigkeit **mayorista** M/F Großhändler(in)
mayúscula F Großbuchstabe *m*
maza [-θa] F Keule
mazapán [-θ-] M Marzipan *n*
mazorca [-θ-] F Maiskolben *m*
me mir; mich
mear *sl* pinkeln
Meca: **La ~** Mekka *n*
mecánica F Mechanik **mecánico** **1** ADJ mechanisch **2** M Mechaniker
mecanografía F Maschineschreiben *n*
mecedora [-θ-] F Schaukelstuhl *m*
mecenas [-θ-] M Mäzen
mecer [-θ-] wiegen, schaukeln
mecha [-tʃa] F Docht *m*; Haarsträhne **mechero** M Feuerzeug *n* **mechón** M Haarbüschel *n*
medalla [-ʎa] F Medaille
media **1** F Strumpf *m*; **~ corta/de compresión** Knie-/Stützstrumpf *m* **2** F Durchschnitt *m*; **a ~s** halb
mediación [-θ-] F Vermittlung **mediado**: **a ~s de junio** Mitte Juni **mediador(a)** M(F) Vermittler(in); Schlichter(in) **mediana** F *Straße* Mittelstreifen *m* **mediano** mittelmäßig **medianoche** F Mitternacht **mediar** vermitteln
mediateca F Mediathek

médica F Ärztin **medicamento** M Medikament *n*
medicina [-θ-] F Medizin
médico 1 ADJ ärztlich 2 M Arzt; ~ **de cabecera** Hausarzt; ~ **de urgencia** Notarzt
medida F Maß *n*; Maßnahme; a ~ nach Maß
medio 1 ADJ halb, Mittel… 2 M Mitte *f*; (Hilfs)Mittel *n*; ~ **ambiente** Umwelt *f*; ~**s** *pl* **de comunicación social** Massenmedien; **en** ~ **de** inmitten (*gen*); **por** ~ **de** anhand von **medioambiental** Umwelt…
mediocre mittelmäßig **mediodía** M Mittag
medir messen
meditar nachdenken über (*akk*)
Mediterráneo M Mittelmeer *n*
médula F Mark *n*; ~ **espinal/ósea** Rücken-/Knochenmark *n*
medusa F Qualle
megalópolis F Megacity. Megastadt
mejicano [-x-] 1 ADJ mexikanisch 2 M, **-a** F Mexikaner(in)
Méjico [-x-] M Mexiko *n*
mejilla [-xiʎa] F Wange **mejillón** M Miesmuschel *f*
mejor [-x-] besser; **lo** ~ das Beste **mejora** F Verbesserung
mejorana F Majoran *m*
mejorar (ver)bessern **mejoría** F Besserung
melena F Mähne
mellizo,-a [-ʎiθo] M,F Zwilling *m*
melocotón M Pfirsich
melón M Melone *f*
membrana F Häutchen *n*; Membran(e)
membrillo [-ʎo] M Quitte *f*
memoria F Gedächtnis *n*; Erinnerung; IT Speicher *m*; ~ **de trabajo** IT Arbeitsspeicher *m*; ~ **USB** IT USB-Stick *m*; **de** ~ auswendig; ~**s** *pl* Memoiren *pl* **memorizar** [-θ-] IT speichern
mención [-θ-] F Erwähnung
mencionar erwähnen
mendigar betteln **mendigo,-a** M,F Bettler(in)
menear schwenken; *mit dem Schwanz* wedeln
meningitis [-x-] F Hirnhautentzündung
menopausia F Wechseljahre *npl*
menor 1 ADJ kleiner, kleinste(r); jünger; ~ **de edad** minderjährig; **al por** ~ HANDEL en detail, Einzel… 2 M/F Minderjährige(r) *m/f(m)*
menos weniger; MATH minus; **al** ~ wenigstens; **a** ~ **que** sofern nicht; ~ **mal** zum Glück
menospreciar [-θ-] gering schätzen; verachten **menosprecio** M Verachtung *f*
mensaje [-xe] M Botschaft *f*; **dejar un** ~ eine Nachricht hinterlassen **mensajero,-a** M,F Bote, Botin
menstruación [-θ-] F Menstruation, Monatsblutung
mensual monatlich **mensua-**

lidad F Monatsgehalt *n*; Monatsrate
menta F Minze
mental geistig **mentalidad** F Denkweise, Mentalität
mentar erwähnen
mente F Geist *m*; Verstand *m*
mentir lügen **mentira** F Lüge; **¡parece ~!** unglaublich! **mentiroso** 1 ADJ verlogen 2 M, **-a** F Lügner(in)
menú M Menü *n* (*a.* IT); Speisekarte *f*; **~ desplegable** Pull-down-Menü *n*; **~ del día** Tagesmenü *n*
menudo klein, winzig; *fig* geringfügig; **¡~ lío!** ein schönes Durcheinander!; **a ~** oft
meñique [-ɲike] M kleiner Finger
mercadería F *Am* Ware **mercado** M Markt; **Mercado Único** Gemeinsamer Markt **mercancía** [-θ-] F Ware **mercantil** kaufmännisch; Handels…
mercenario [-θ-] M Söldner
mercería [-θ-] F Kurzwarengeschäft *n*; Kurzwaren *fpl*
Mercosur M *Gemeinsamer Markt des südlichen Lateinamerika*
mercurio M Quecksilber *n*
merecer [-θ-] verdienen
merendar vespern **merendero** M Ausflugs-, Gartenlokal *n*
merengue [-ɣe] M Baiser *n*; *Tanz* Merengue
merezco [-θ-] → merecer
meridiano M Meridian **meridional** südlich
merienda F Vesper; *im Freien*: Picknick *n*
mérito M Verdienst *n*
meritorio verdienstvoll
merluza [-θa] F Seehecht *m*
mermelada F Marmelade
mero 1 ADJ rein, bloß 2 M Zackenbarsch
mes M Monat; **al ~** im Monat
mesa F Tisch *m*; **~ de centro** Couchtisch *m* **meseta** F Hochebene **mesita** F **~ de noche** Nachttisch *m* **mesón** M Gaststätte *f*
mestizo,-a [-θo] M,F Mestize, Mestizin
mesura F Mäßigung; Maß *n*
mesurado gemäßigt; gesetzt
meta F Ziel; SPORT Tor *n* **metabolismo** M Stoffwechsel
metal M Metall *n*; MUS Blech *n*; **~ precioso** Edelmetall *n*
metálico metallen; **en ~** in bar
metalúrgico [-x-] 1 ADJ Metall… 2 M Metallarbeiter
meteorología [-x-] F Meteorologie **meteorológico** [-x-] Wetter…; **parte** *m* (*od* **boletín** *m*) **~** Wetterbericht
meter (hinein)tun, (hinein)stecken, legen **meterse** sich einmischen (**en** in *akk*); **~ con alg** sich mit j-m anlegen
meticuloso peinlich genau; pedantisch; gewissenhaft
metódico methodisch
método M Methode *f*
metro M 1 Meter; **~ cuadra-**

do/cúbico Quadrat-/Kubikmeter **2** U-Bahn *f*, Metro *f*
metrópoli F Metropole; Weltstadt **metropolitano** welt-, hauptstädtisch
mexicano [-x-] **1** ADJ mexikanisch **2** M, **-a** F Mexikaner(in)
México [-x-] M Mexiko *n*
mezcal [-θ-] M Agavenschnaps
mezcla [-θ-] F Mischung **mezclar** mischen **mezclarse** sich einmischen (**en** in *akk*)
mezquino [-θki-] knauserig; kleinlich
mezquita [-θki-] F Moschee
mi, mis mein(e)
mí mir; mich (*nach präp*)
micosis F MED Pilzerkrankung, Mykose
microbio M Mikrobe *f*
microbús M Kleinbus **microchip** [-tʃ-] M Mikrochip **microfibra** F Mikrofaser **microfilm** M Mikrofilm
micrófono M Mikrofon *n*
microonda F (**horno** M) **~s** M Mikrowellenherd **microprocesador** M Mikroprozessor
microscopio M Mikroskop *n*
mide → medir
miedo M Furcht *f*, Angst *f* (**a** vor *dat*); **dar ~** Angst machen **miedoso** furchtsam
miel F Honig *m*
miembro M Glied *n*; Mitglied *n*
miento → mentir
mientras während; solange; **~ (tanto)** unterdessen, inzwischen
miércoles M Mittwoch
mierda *sl* **1** F Scheiße; **¡a la ~ con ...!** zum Teufel mit ...! **2** M Scheißkerl
miga F Brotkrume
migración [-θ-] F Wanderung **migrante** M/F Migrant(in)
mil tausend; **a ~es** zu Tausenden
milagro M Wunder *n* **milagroso** wunderbar
Milán M Mailand *n*
milenio M Millennium *n*; **fin** *f* **de ~** Jahrtausendwende
mili F *umg* Wehrdienst *m* **milicia** [-θ-] F Miliz **militar** **1** ADJ militärisch; **servicio** *m* **~** Wehrdienst **2** M/F Soldat(in); Militär *m*
milla [-ʎa] F Meile **millar** M Tausend *n* **millón** M Million *f* **millonario** M, **-a** F Millionär(in)
milonga F **1** Milonga *f* (*Volkstanz aus dem Río-de-la Plata-Gebiet*); *Volksfest mit Tanz* **2** *umg* Schwindelei *f*
mimar verhätscheln, verwöhnen
mimbre M Korbweide *f*; **muebles** *mpl* **de ~** Korbmöbel *npl*
mímica F Mimik
mina F Bergwerk *n*; Mine (*a.* MIL); **~ terrestre** Landmine **minar** verminen; *fig* untergraben
mineral **1** ADJ Mineral... **2** M Erz *n*; Mineral *n* **minería** F Bergbau *m* **minero** **1** ADJ Bergbau... **2** M Bergmann

minicadena F Kompaktanlage **minifalda** F Minirock *m*

mínimo **1** ADJ kleinste(r); Mindest… **2** M Minimum *n*; **como ~** mindestens

ministerio M Ministerium *n* **ministro,-a** M,F Minister(in)

minoría F Minderheit; **~ de edad** *f* Minderjährigkeit

mintió → mentir

minuciosidad [-θ-] F Kleinlichkeit; peinliche Genauigkeit **minucioso** eingehend, peinlich genau

minúscula F Kleinbuchstabe *m* **minúsculo** winzig

minusválido **1** ADJ behindert **2** M, **-a** F Behinderte(r) *m/f(m)*

minuta F Gebührenrechnung; Speisekarte **minuto** M Minute *f*

mío, mía mein, meine; **los ~s** die Meinen, meine Familie

miope kurzsichtig **miopía** F Kurzsichtigkeit

mirada F Blick *m* **mirador** M Erker; Aussichtspunkt **mirar** (an)sehen; zusehen; schauen

mirlo M Amsel *f*

mirón(-ona) M(F) Gaffer(in); Zaungast

misa F REL Messe **misal** M Messbuch *n*

miserable elend; knauserig **miseria** F Elend *n*, Not *f* **misericordia** F Barmherzigkeit, Erbarmen *n*

mísero elend; unglücklich

misil M Rakete *f*

misión F Mission; Sendung **misionero,-a** M,F Missionar(in)

mismo selbst; **el ~** derselbe, der gleiche; **el ~ rey** selbst der König; **aquí ~** gleich hier, genau hier; **hoy ~** noch heute; **da lo ~** das ist egal

misterio M Mysterium *n*; Geheimnis *n* **misterioso** geheimnisvoll

mística F Mystik

mitad F Hälfte; **a ~ de camino** auf halbem Wege

mitigar mildern; beschwichtigen

mitin M Meeting *n*

mito M Mythos **mitología** F Mythologie

mixto gemischt **mixtura** F Mixtur; Mischung

mobiliario M Mobiliar *n*

mocedad [-θ-] F Jugendzeit

mochila [-tʃ-] F Rucksack *m*

moción [-θ-] F POL Antrag *m*

moco M Nasenschleim **mocoso** **1** ADJ *sl* rotzig **2** M *umg* Rotznase *f*

moda F Mode; **~ de diseño** Designermode; **fuera** (*od* **pasado**) **de ~** unmodern; **estar de ~** in Mode sein; **pasarse de ~** aus der Mode kommen

modales MPL Manieren *fpl* **modalidad** F Modalität

modelar formen, modellieren

modelo **1** M Vorbild *n*; Modell *n* **2** F *Mode etc*: Model *n*

moderación [-θ-] F Mäßigung

moderador(a) M(F) TV *etc* Moderator(in) **moderar** mäßigen; TV moderieren **modernizar** [-θ-] modernisieren **moderno** modern; **edad** *f* **-a** Neuzeit **modestia** F Bescheidenheit **modesto** bescheiden **módico** mäßig, gering **modificar** (ab-, ver)ändern **modismo** M Redewendung *f* **modista** F Modistin; Schneiderin **modisto** M Modeschöpfer **modo** M Art *f*, Weise *f*; **de ~ que** sodass; **en cierto ~** gewissermaßen; **de ningún ~** keineswegs; **de todos ~s** jedenfalls; **~ de empleo** Gebrauchsanweisung *f* **mofa** F Spott *m* **mofarse** sich lustig machen (**de** über *akk*) **moho** M Schimmel **mohoso** schimmelig **mojado** [-x-] nass, feucht **mojar** anfeuchten; eintunken **mojón** [-x-] M Grenzstein **molar**: (**diente**) **~** M Backenzahn **molde** M Form *f* **moldear** formen, modellieren **mole** M *Am* GASTR (würzige) Soße *f* **molécula** F Molekül *n* **moler** mahlen; **~ a palos** verprügeln **molestar** belästigen; stören **molestarse** sich bemühen **molestia** F Belästigung; Mühe; **~s** *pl* MED Beschwerden **molesto** lästig; unbequem **molinero** M Müller **molinillo** [-ʎo] M **~ de café** Kaffeemühle *f* **molino** M Mühle *f* **molleja** [-ʎexa] F ANAT, GASTR Bries *n* **molusco** M Weichtier *n* **momentáneo** augenblicklich **momento** M Augenblick; **al ~** sofort; **de ~** zurzeit; **por ~s** zusehends; **no es el ~** das ist nicht der passende Moment **momia** F Mumie **mona** F Äffin; *umg* Rausch *m* **Mónaco** M Monaco *n* **monarca** M Monarch **monarquía** [-ki-] F Monarchie **monasterio** M Kloster *n* **mondadientes** M Zahnstocher **mondar** schälen; reinigen **moneda** F Münze; Geldstück *n*; Währung **monedero** M Portemonnaie *n*, Geldbeutel **monetario** Währungs...; **masa** *f* **-a** Geldmenge **Mongolia** F Mongolei *f* **monitor(a)** 1 M(F) (Turn-, Ski- *etc*)Lehrer(in) 2 *nur m* TV Monitor **monja** [-xa] F Nonne **monje** [-xe] M Mönch **mono** 1 M Affe; Overall 2 ADJ niedlich, hübsch **monopatín** M Skateboard *n* **monopolio** M Monopol *n* **monótono** eintönig **monstruo** M Ungeheuer *n*, Monstrum *n* **monstruosidad** F Ungeheuerlichkeit **mons-**

truoso ungeheuerlich; scheußlich
montacargas M Lastenaufzug
montado beritten **montador(a)** M(F) Monteur(in); *Film* Cutter(in) **montaje** [-xe] M Einbau; Montage *f*
montaña [-ɲa] F Gebirge *n*; Berg *m*; ~ **rusa** Achterbahn
montañoso [-ɲ-] bergig; gebirgig **montar** montieren; aufstellen; ~ (**a caballo**) reiten; ~ (**en bicicleta**) Rad fahren
monte M Berg; Wald
montón M Haufen (*a. fig*)
montura F Reittier *n*; *Brille* Fassung
monumental gewaltig, monumental **monumento** M Denkmal *n*
monzón [-θ-] M Monsun
moño [-ɲo] M Haarknoten
moqueta [-ke-] F Teppichboden *m*
mora F **1** Maulbeere; Brombeere **2** Maurin **morado** (dunkel)violett
moral **1** ADJ moralisch; sittlich **2** F Moral **moralidad** F Sittlichkeit; Moral
morcilla [-θiʎa] F Blutwurst
mordaz [-θ] beißend (*a. fig*)
morder beißen **mordisco** M Biss
moreno (dunkel)braun; dunkelhaarig, -häutig
morfina F Morphium *n*
morir sterben (**de** an *dat*); umkommen **morirse** sterben; ~ **de risa** sich totlachen; ~ **de sed** verdursten; ~ **por** *fig* darauf brennen zu
morisco maurisch
moro **1** ADJ maurisch **2** M, **-a** Maure, Maurin
moroso HANDEL säumig
morro M ZOOL Maul *n*, Schnauze *f*; **beberse a** ~ aus der Flasche trinken
mortal sterblich; tödlich **mortalidad** F Sterblichkeit
mortero M Mörser; Mörtel
mortífero tödlich
Mosa M Maas *f*
mosaico M Mosaik *n*
mosca F Fliege **moscatel** M Muskateller(wein)
Moscú M Moskau *n*
Mosela M Mosel *f*
mosquetón M Karabiner(-haken)
mosquitero [-ki-] M Moskitonetz *n* **mosquito** M Mücke *f*; Moskito
mostaza [-θa] F Senf *m*
mosto M Most
mostrador M Ladentisch; Theke *f*; ~ **de facturación** FLUG Abfertigungsschalter **mostrar** zeigen
motín M Meuterei *f*
motivar verursachen; motivieren **motivo** M Grund; Anlass, Motiv *n*; **sin** ~ grundlos
moto F *umg*, **motocicleta** [-θ-] F Motorrad *n* **motociclista** [-θ-] M/F Motorradfahrer(in)

motor M Motor; INTERNET ~ **de búsqueda** Suchmaschine *f*; ~ **de dos/cuatro tiempos** AUTO Zwei-/Viertaktmotor; ~ **trasero** AUTO Heckmotor
motora F Motorboot *n* **motorismo** M Motorsport **motorista** M/F Motorradfahrer(in)
motriz [-θ] F **fuerza** *f* ~ Triebkraft
mover bewegen, antreiben; anregen **movible** beweglich
móvil 1 ADJ beweglich 2 M *fig* Motiv, Beweggrund 3 M TEL Handy *n*; ~ **con cámara** Fotohandy *n*
movilidad F Beweglichkeit; **con ~ reducida** gehbehindert
movilizar [-θ-] mobil machen; mobilisieren **movimiento** M Bewegung *f*; Unruhe *f*; Betrieb; MUS Satz
moza [-θa] F Mädchen *n*; Magd
mozo 1 ADJ jung 2 M junger Mann; Bursche; Gepäckträger
MP3 M MP3 *n*; *Gerät* (**reproductor** *m* **de**) ~ MP3-Player
muchacha [-tʃatʃa] F Mädchen *n*; Dienstmädchen *n* **muchacho** M Junge
muchedumbre [tʃ-] F (Menschen)Menge
mucho 1 ADJ viel 2 ADV sehr; viel; lange, oft; **por ~ que** wie sehr auch
mucosa F Schleimhaut **mucosidad** F Schleim *m*
muda F Stimmbruch *m*; ZOOL Mauser **mudanza** [-θa] F Umzug *m*; **camión** *m* **de ~s** Möbelwagen **mudar** ändern; wechseln **mudarse (de casa)** umziehen; ~ **(de ropa)** sich umziehen
mudez [-θ] F Stummheit **mudo** stumm
mueble 1 ADJ beweglich 2 M Möbel *n*
mueca F Grimasse
muela F Schleifstein *m*; Backenzahn *m*; ~ **del juicio** Weisheitszahn *m*; **dolor** *m* **de ~s** Zahnschmerzen *mpl*
muelle [-ʎe] 1 ADJ weich 2 M Sprungfeder *f*; SCHIFF Kai; Mole *f*
muerdo → morder
muero → morir
muerte F Tod *m* **muerto** 1 ADJ tot; gestorben 2 M, **-a** F Tote(r) *m*/*f*(*m*)
muesca F Kerbe
muestra F (Waren)Probe; Muster *n*; *fig* Beweis *m* **muestrario** M Musterbuch *n*; Musterkollektion *f*
muevo → mover
mugre F Schmutz *m* **mugriento** schmutzig
mujer [-x-] F Frau; Ehefrau *f* ~ **de (la) limpieza** Putzfrau, Reinigungskraft **ropa** *f* **de ~** Damenkleidung **mujeriego** M Schürzenjäger
mula F Maultier *n* **mulato,-a** M,F Mulatte, Mulattin **muleta** F Krücke; STIERK Muleta **mulo** M Maulesel

multa F Geldstrafe
multicolor bunt **multiconferencia** [-θ-] F TEL Konferenzschaltung *f* **multicopista** F Kopiergerät *n* **multicultural** F multikulturell **multimedia** Multimedia..., multimedial
multinacional F multinationaler Konzern *m*, *umg* Multi *m*
múltiple vielfältig; mehrfach
multiplicación [-θ-] Vermehrung; Multiplikation **multiplicar** vermehren; multiplizieren **multiplicarse** sich vermehren
multitud F Menge **multitudinario** Massen...
multiuso Mehrzweck...
mundial 1 ADJ Welt... 2 M SPORT Weltmeisterschaft *f*
mundialización [-θaθ-] F Globalisierung
mundo M Welt *f*; **venir al ~** auf die Welt kommen
Múnich [-ik] F München *n*
munición [-θ-] F Munition
municipal [-θ-] städtisch; Stadt...; Gemeinde... **municipio** M Gemeinde *f*
muñeca [-ɲ-] F Handgelenk *n*; Puppe **muñeco** M Puppe *f*
mural 1 ADJ Mauer... 2 M Wandbild *n* **muralla** [-ʎa] F (Stadt)Mauer
murciélago [-θ-] M Fledermaus *f*
murió → morir
murmurar murmeln; rauschen; murren; lästern
muro M Mauer *f*; Wand *f*
muscular Muskel... **musculatura** F Muskulatur
músculo M Muskel
musculoso muskulös
museo M Museum *n*
musgo M Moos *n*
música F Musik; Noten *fpl*
musical Musik...
músico 1 ADJ musikalisch 2 M, **-a** F Musiker(in)
musli M, **muesli** M Müsli *n*
muslo M Oberschenkel
musulmán moslemisch, muslimisch
mutación [-θ-] F Wechsel *m*; BIOL Mutation
mutilado,-a M,F Versehrte(r) *m/f(m)* **mutilar** verstümmeln
mutuo gegenseitig
muy sehr

N

nabo M weiße Rübe *f*
nácar M Perlmutt *n*
nacer [-θ-] geboren werden; *Fluss* entspringen; *fig* entstehen
nacido [-θ-] geboren **nacimiento** M Geburt *f*
nación [-θ-] F Nation
nacional [-θ-] National... **nacionalidad** F Nationalität; Staatsangehörigkeit **nacionalizar** [-θ-] verstaatlichen

nada nichts; ~ **de eso** keineswegs; ~ **más** nichts weiter; **¡de ~!** keine Ursache!
nadador(a) M(F) Schwimmer(in); **no** ~ Nichtschwimmer
nadar schwimmen
nadie niemand
nado: **a** ~ schwimmend
naipe M Spielkarte *f*
nalgas FPL Gesäß *n*
nanopartícula F Nanopartikel *n*, Nanoteilchen *n* **nanosegundo** M Nanosekunde *f* **nanotecnología** [-'xia] F Nanotechnologie *f*
Nápoles M Neapel *n*
naranja [-xa] **1** F Apfelsine, Orange **2** ADJ *inv* orange **naranjo** [-xo] M Orangenbaum
narciso [-θ-] M Narzisse *f*
narcótico **1** ADJ betäubend **2** M Betäubungsmittel *n* **narcotráfico** M Drogenhandel
nariz [-θ] F Nase
narración [-θ-] F Erzählung
narrar erzählen
nasal Nasen…, nasal
nata F Sahne; ~ **batida** (*od* **montada**) Schlagsahne
natación [-θ-] F Schwimmen *n*
natal: **casa** *f* ~ Geburtshaus *n*; **ciudad** *f* ~ Geburts-, Heimatstadt
natillas [-ʎ-] FPL Cremespeise *f*
nativo **1** ADJ gebürtig (**de** aus) **2** M, **-a** F Einheimische(r) *m/f(m)*; ~ **digital** Digital Native
natural **1** ADJ natürlich; **al** ~ GASTR nature; ~ **de** (gebürtig) aus **2** M Naturell *n* **naturaleza** [-θa] F Natur; ~ **muerta** MAL Stillleben *n* **naturalidad** F Natürlichkeit **naturalizar** [-θ-] POL einbürgern
naturista: **medicina** *f* ~ Naturheilkunde **naturópata** M/F Naturarzt *m*, -ärztin *f*
naufragar Schiffbruch erleiden (*a. fig*) **naufragio** [-x-] M Schiffbruch
náufrago **1** ADJ schiffbrüchig **2** M Schiffbrüchige(r)
náuseas FPL Übelkeit *f*; Brechreiz *m*; **dar** ~ anekeln; **tengo** ~ mir ist übel
náutico nautisch; **deporte** *m* ~ Wassersport
navaja [-xa] F Taschenmesser *n*; ~ **de afeitar** Rasiermesser *n*
naval See…; Schiffs…
nave F Schiff *n* (*a.* ARCH); TECH Halle **navegable** schiffbar
navegación [-θ-] F Schifffahrt **navegador** M(F) **1** Seefahrer(in) **2** *nur m* IT Browser *m* **navegar** zur See fahren; ~ **por Internet** (*o* **la red**) im Internet surfen
Navidad F Weihnachten *n*; **¡feliz ~!** fröhliche Weihnachten!
naviero M Reeder **navío** M Schiff *n*
nazco → nacer
neblina F Dunst *m* **nebuloso** neblig, dunstig; *fig* nebelhaft
necesario [-θ-] notwendig, nötig; erforderlich **necesidad** F Notwendigkeit **necesitado**

bedürftig **necesitar** benötigen, brauchen
necrología [-x-] F Nachruf *m*
neerlandés 1 ADJ niederländisch 2 M, **-esa** F Niederländer(in)
negación [-θ-] F Verneinung **negar** verneinen, leugnen; abschlagen **negarse** sich weigern (**a** zu) **negativa** F abschlägige Antwort, Absage; Weigerung **negativo** 1 ADJ negativ 2 M FOTO Negativ *n*
negligencia [-xenθ-] F Nachlässigkeit **negligente** nachlässig
negociación [-θĭaθ-] F Verhandlung **negociado** M Amt *n*; Referat *n* **negociante** M/F Geschäftsmann, -frau **negociar** handeln; verhandeln
negocio [-θ-] M Geschäft *n*; Laden; **hombre** *m* **de ~s** Geschäftsmann
negra F Schwarze; MUS Viertelnote **negro** 1 ADJ schwarz 2 M Schwarze(r)
nena F, **nene** M kleines Kind *n*
nervio M Nerv **nerviosismo** M Nervosität *f* **nervioso** Nerven...; nervös
neto rein; HANDEL netto, Netto...
neumático M AUTO Reifen **neumonía** F Lungenentzündung
neuralgia [-x-] F Neuralgie **neurólogo,-a** M,F Neurologe, -login **neurosis** F Neurose
neutral neutral **neutralidad** F Neutralität **neutro** neutral; GRAM sächlich
nevada F Schneefall *m* **nevar** schneien **nevera** F Kühlschrank *m*
ni auch nicht; **~ … ~** weder … noch
Nicaragua F Nicaragua *n*
nicho M Nische *f*
nido M Nest *n*
niebla F Nebel *m*
niega, niego → negar
nieto M, **nieta** F Enkel(in)
nieva → nevar **nieve** F Schnee *m*; **~ acumulada** Schneewehe
NIF M ABK (Número de Identificación Fiscal) ≈ Steuernummer *f*
Níger [-x-] M Niger *n*
Nigeria [-x-] F Nigeria *n*
Nilo M Nil
nilón M Nylon *n*
ninfa F Nymphe
ningún, ninguno kein(er); niemand
nini M/F *umg junger Mensch, der weder studiert noch arbeitet*
niña [-ɲa] F Mädchen *n*, Kind *n*; **~ del ojo** *umg* Pupille **niñera** F Kindermädchen *n* **niñez** [-eθ] F Kindheit **niño** 1 ADJ kindlich 2 M Kind *n*
NIP M ABK (número de identificación personal) PIN-Nummer *f*
níquel [-kel] M Nickel *n*
níspero M Mispel *f*

nitidez [-θ] F Klarheit; FOTO, TV Schärfe
nítido rein; FOTO, TV scharf
nitrógeno M Stickstoff
nivel M Niveau *n*; TECH Wasserwaage *f*; *fig* Ebene *f*; **~ de vida** Lebensstandard; **a ~ mundial/nacional** weltweit/auf nationaler Ebene **nivelar** ebnen, planieren; nivellieren (*a. fig*)
Niza [-θ-] F Nizza *n*
no nein; nicht
noble **1** ADJ adlig; edel **2** M/F Adlige(r) *m/f(m)* **nobleza** [-θa] F Adel *m*; *fig* Vornehmheit
noche [-tʃe] F Nacht; Abend *m*; **de** (*od* **por la**) **~** nachts
Nochebuena F Heilig-, Weihnachtsabend *m* **Nochevieja** [-xa] F Silvester(abend) *n(m)*
noción [-θ-] F Begriff *m* **nociones** PL Grundkenntnisse
nocivo [-θ-] schädlich
nocturno nächtlich, Nacht…
nogal M (Wal)Nussbaum
nombrado berühmt **nombramiento** M Ernennung *f* **nombrar** (er)nennen
nombre M Name; *fig* Ruf; **~ de familia/de pila** Familien-/Vorname; **~ propio** Eigenname; **~ de usuario** Benutzername
nómina F Gehaltsliste, -abrechnung
nominal namentlich; **valor** *m* **~** Nennwert **nominar** nominieren
nordeste M Nordost(en)
noria F Schöpfrad *n*; **~ (gigante)** Riesenrad *n*
norma F Norm; Regel; **~ europea** Euronorm **normal** normal **normalizar** [-θ-] normalisieren; TECH normen
noroeste M Nordwest(en)
norte M Norden; **al ~** im Norden (**de** von); **perder el ~** die Orientierung verlieren
Noruega F Norwegen *n*
noruego **1** ADJ norwegisch **2** M, **-a** F Norweger(in)
nos uns **nosotros** wir; uns
nostalgia [-x-] F Heimweh *n*; Sehnsucht; Nostalgie **nostálgico** nostalgisch, wehmütig; *Mode* retro
nota F Notiz; Rechnung; MUS Note; **~ adhesiva** Haftnotiz; **tomar ~ (de)** notieren; zur Kenntnis nehmen **notable** bemerkenswert **notar** (be)merken
notario,-a M,F Notar(in)
noticia [-θ-] F Nachricht; **~s** *pl* RADIO, TV Nachrichten
notificación [-θ-] F *amtliche* Benachrichtigung **notificar** mitteilen
notorio offenkundig
novato M Neuling
novecientos neunhundert
novedad F Neuheit; Neuigkeit
novela F Roman *m*; **~ corta** Novelle; **~ policíaca** Kriminalroman *m*; **~ rosa** Kitschroman *m* **novelista** M/F Romanautor(in)
noveno neunte **noventa** neunzig

novia F Braut, Verlobte; Freundin
noviembre M November
novillada [-ʎ-] F Stierkampf *m* mit Jungstieren **novillo** M Jungstier
novio M Bräutigam; Freund; Verlobte(r); **~s** *pl* Brautpaar *n*
nube F Wolke; **~ tóxica** Giftwolke; **estar por las ~s** *Preise* unerschwinglich sein; **estar en las ~s** geistesabwesend sein **nublado** bewölkt **nublarse** sich bewölken **nubosidad** F Bewölkung **nuboso** bewölkt, wolkig
nuca F Nacken *m*
nuclear Kern..., nuklear
núcleo M Kern
nudillo [-ʎo] M (Finger)Knöchel
nudista M/F Nudist(in); **playa** *f* **~** FKK-Strand *m*
nudo M Knoten; **~ ferroviario** Eisenbahnknotenpunkt
nuera F Schwiegertochter
nuestro unser; **es ~** das gehört uns
Nueva Guinea F Neuguinea *n*
Nueva York F New York *n*
Nueva Zelanda F Neuseeland *n*
nueve neun
nuevo neu; **de ~** von neuem, nochmals; **¿qué hay de ~?** was gibt es Neues?
nuez [-θ] F Nuss; *bes* Walnuss; ANAT Adamsapfel *m*; **~ moscada** Muskatnuss
nulo nichtig; ungültig
numeración [-θ-] F Nummerierung **numerar** zählen; nummerieren
número M Zahl *f*; Nummer *f*; **~ de identificación personal** PIN-Nummer *f*; **~ personal** *Bank* Geheimnummer *f*; **un gran ~ de** e-e große Anzahl von; **sin ~** unzählig(e)
numeroso zahlreich
nunca nie; niemals; **~ más** nie mehr; nie wieder
nupcial [-θ-] Hochzeits...
Nuremberg M Nürnberg *n*
nutria F Fischotter *m*
nutrición F Ernährung **nutrir** (er)nähren **nutritivo** nahrhaft

Ñ

ñame [ɲ-] M BOT Jamswurzel *f*
ñandú [ɲ-] M ZOOL *Am* Nandu
ñoñería [ɲoɲ-] F Gefasel *n*
ñoño kindisch
ñu M ZOOL Gnu *n*

O

o oder; **o ... o** entweder ... oder;

o sea das heißt
oasis M Oase *f*
obcecado [-θ-] verblendet
obedecer [-θ-] gehorchen
obediencia [-θ-] F Gehorsam *m* **obediente** gehorsam
obelisco M Obelisk
obertura F Ouvertüre
obispo M Bischof
objeción [-xeθ-] F Einwand *m* **objetable** anfechtbar **objetar** einwenden **objetivo** 1 ADJ objektiv, sachlich 2 M Ziel *n*; FOTO Objektiv *n* **objeto** M Gegenstand, Objekt *n*; Zweck
objetor M: **~ de conciencia** Wehrdienstverweigerer
oblea F Oblate
oblicuo schräg
obligación [-θ-] F Pflicht, Verpflichtung; HANDEL Obligation; **sin ~** unverbindlich
obligar zwingen; verpflichten **obligarse** sich verpflichten (a zu) **obligatorio** verbindlich, obligatorisch; Pflicht…
oboe M MUS Oboe *f*
obra F 1 Werk *n*; Arbeit; Bauwerk *n*; **~ de arte** Kunstwerk *n*; **~ de consulta/de referencia** Nachschlage-/Standardwerk *n* 2 **~s** *pl* Bauarbeiten *fpl*; **~s completas** Gesamtausgabe *f*
obrar handeln, vorgehen; wirken
obrero 1 ADJ Arbeiter… 2 M, **-a** F Arbeiter(in)
obsceno [-θ-] obszön
obsequiar [-ki-] bewirten; beschenken **obsequio** M Gefälligkeit *f*; Geschenk *n*
observación [-θ-] F Beobachtung; Bemerkung **observar** beobachten; bemerken; befolgen **observatorio** M Observatorium *n*
obsesión F Besessenheit; fixe Idee
obstaculizar [-θ-] behindern **obstáculo** M Hindernis *n*
obstante: **no ~** trotzdem
obstetricia [-θ-] F MED Geburtshilfe
obstinación [-θ-] F Eigensinn *m* **obstinado** hartnäckig, eigensinnig **obstinarse** sich versteifen (**en** auf *akk*)
obstrucción [-ɣθ-] F Verstopfung **obstruir** verstopfen; versperren
obtener erlangen, erreichen
obturación [-θ-] F Abdichtung; ZAHNMED Füllung; **~ provisional** Provisorium *n*
obvio einleuchtend; offensichtlich
oca F Gans
ocasión F Gelegenheit; **con ~ de** anlässlich (*gen*); **de ~** Gebraucht…, Gelegenheits…
ocasionar veranlassen; verursachen
ocaso M ASTROL, *fig* Untergang
occidental [oɣθ-] westlich **occidente** M Abendland *n*
Oceanía [oθ-] F Ozeanien *n*
océano [oθ-] M Ozean
ochenta [otʃ-] achtzig

ocho [otʃo] acht; **~cientos** achthundert
ocio [oθ-] M Muße *f*; Freizeit *f*
ocioso müßig, untätig
octagonal achteckig **octava** F MUS Oktave **octavilla** [-ʎa] F Flugblatt *n* **octavo** 1 ADJ achte 2 M Achtel *n*
octubre M Oktober; **en (el mes de) ~** im Oktober
ocular 1 ADJ Augen... 2 M Okular *n* **oculista** M/F Augenarzt *m*, -ärztin *f*
ocultar verbergen, verheimlichen **oculto** geheim, verborgen
ocupación [-θ-] F Besetzung; Beschäftigung **ocupado** besetzt (*a.* TEL) **ocupante** M/F AUTO Insasse, Insassin **ocupar** beschäftigen; besetzen (*a.* MIL); *Raum* einnehmen; *Amt* innehaben **ocuparse** sich beschäftigen, sich befassen (**de** mit); sich kümmern (**de** um)
ocurrencia [-θ-] F (witziger) Einfall *m* **ocurrente** witzig
ocurrir sich ereignen; vorkommen; **se me ocurre que** mir fällt ein, dass; **¿qué ocurre?** was ist los?
odiar hassen **odio** M Hass **odioso** gehässig; verhasst
odontología [-x-] F Zahnmedizin **odontólogo** M, **-a** F Zahnarzt *m*, -ärztin *f*
oeste M Westen; **al ~** im Westen (**de** von)
ofender beleidigen; kränken
ofenderse beleidigt sein
ofensa F Beleidigung **ofensiva** F Angriff *m*, Offensive
oferta F Angebot *n*; **~ especial** Sonderangebot *n*; **~ de empleo** Stellenangebot *n*
oficial [-θ-] 1 ADJ offiziell, amtlich 2 M Offizier; HANDEL Geselle **oficina** [-θ-] F Amt *n*; Büro *n*; **~ de turismo** Fremdenverkehrsamt *n*, Touristeninformation *f*
oficio [-θ-] M Handwerk *n*; Beruf; REL Gottesdienst; **de ~** von Amts wegen **oficioso** offiziös, halbamtlich
ofimática F Bürokommunikation
ofrecer [-θ-] anbieten; **¿qué se le ofrece?** was kann ich für Sie tun? **ofrecimiento** M Angebot *n*
oftalmólogo,-a M,F Augenarzt, -ärztin
oída: **de ~s** vom Hörensagen
oído M Gehör *n*; Ohr *n*
oiga, **oigo** → oír
oír (an-, zu)hören; **¡oiga!** hören Sie (mal)!; TEL hallo!
ojal [ɔx-] M Knopfloch *n*
¡ojalá! [ɔx-] hoffentlich!
ojeada [ɔx-] F Blick *m* **ojeras** FPL Augenringe *mpl* **ojete** M Öse *f*
ojiva [ɔx-] F Spitzbogen *m*
ojo [ɔxo] M Auge *n*; **~ de la aguja** Nadelöhr *n*; **~ de buey** SCHIFF Bullauge *n*; **¡~!** Vorsicht!; **no pegar ~** kein Auge

zutun
ola F Welle (*a. fig*)
¡olé! bravo!
oleada F *bes fig* Welle **oleaje** [-xe] M Wellengang
óleo M Öl *n*; MAL Ölgemälde *n*
oleoducto M Pipeline *f* **oleoso** ölhaltig; ölig
oler riechen (a nach)
olfatear (be)riechen; *fig* wittern **olfato** M Geruchssinn
olimpíada F Olympiade
oliva F Olive **olivo** M Ölbaum
olla [oʎa] F (Koch)Topf *m*; GASTR Eintopfgericht *n*; **~ a presión** Schnellkochtopf *m*
olmo M Ulme *f*
olor M Geruch **oloroso** wohlriechend
olvidar vergessen; verlernen **olvidarse**: **~ de a/c** etw vergessen **olvido** M Vergesslichkeit *f*; Vergessenheit *f*
ombligo M Nabel
OMC F (Organización Mundial del Comercio) WTO (Welthandelsorganisation)
omega F **1** *Zeichen* Omega *n* **2** GASTR **ácidos** *mpl* **grasos ~ 3** Omega-3-Fettsäuren *fpl*
omisión F Unterlassung; Auslassung **omitir** unterlassen; übergehen, auslassen
omnipotente allmächtig **omnipresente** allgegenwärtig
omóplato M Schulterblatt *n*
once [-θe] elf
ONCE [onθe] F ABK (Organización Nacional de Ciegos de España) *spanische Blindenorganisation, von ihr organisierte Lotterie*
onda F Woge, Welle; **~ corta/media/larga** Kurz-/Mittel-/Langwelle **ondear** wogen; flattern **ondulación** [-θ-] F Wellenbewegung **ondular** *Haar* sich wellen
ONG F ABK (Organización No Gubernamental) NGO (*Nichtregierungsorganisation*)
ONU F ABK (Organización de las Naciones Unidas) UNO *f*
opaco undurchsichtig
ópalo M Opal
opción [-θ-] F Wahl; Option **opcional** wahlweise
ópera F Oper
operación [-θ-] F MED, MIL Operation; HANDEL Geschäft *n* **operador** M MED Operateur **operadora** F Telefonistin **operar** (be)wirken; *a.* MED operieren **operario** M, **-a** F Arbeiter(in) **operarse** sich operieren lassen
opereta F Operette
opinar meinen, glauben **opinión** F Meinung
opio M Opium *n*
oponente M/F Gegner(in) **oponer** entgegensetzen; einwenden **oponerse** sich widersetzen
oporto M Portwein
oportunidad F Gelegenheit; Chance **oportunista** opportunistisch **oportuno** gelegen;

zweckmäßig, angebracht
oposición [-θ-] F Widerstand *m*; POL Opposition **oposiciones** PL Auswahlprüfung *f*
opresión F Unterdrückung
oprimir unterdrücken
optar sich entscheiden, optieren (**por** für)
óptica F Optik **óptico** 1 ADJ optisch 2 M, **-a** F Optiker(in)
optimismo M Optimismus
optimista 1 ADJ optimistisch 2 M/F Optimist(in)
óptimo optimal
opuesto entgegengesetzt
opulencia [-θ-] F Üppigkeit
opulento üppig
oración [-θ-] F Gebet *n*; GRAM Satz *m*; **~ del viernes** Freitagsgebet *n*
orador(a) M(F) Redner(in)
oral mündlich; MED oral
orden 1 M Ordnung *f*; **~ del día** Tagesordnung *f*; **poner en ~** ordnen; aufräumen 2 F Befehl *m* (*a.* MIL); REL Orden *m* **ordenado** ordentlich **ordenador** M Computer; **~ personal** Personal Computer, PC; **~ portátil** Laptop; **~ de mano** Palmtop **ordenanza** [-θa] 1 F Verordnung 2 M Amtsbote **ordenar** ordnen; *Priester* weihen
ordeñar [-ɲ-] melken
ordinario gewöhnlich, ordinär
oreja [-xa] F Ohr *n*; **hasta las ~s** bis über beide Ohren
orfanato M Waisenhaus *n*
orfebre M Goldschmied **orfebrería** F Goldschmiedekunst, -arbeit
orgánico organisch
organillo [-ʎo] M Drehorgel *f*, Leierkasten
organismo M Organismus
organista M/F Organist(in)
organización [-θaθ-] F Organisation **organizador(a)** M(F) Veranstalter(in); Organisator(in) **organizar** organisieren; veranstalten
órgano M Organ *n* (*a. fig*); MUS Orgel *f*
orgasmo M Orgasmus
orgía [-x-] F Orgie
orgullo [-ʎo] M Stolz **orgulloso** stolz (**de** auf *akk*); hochmütig
orientación [-θ-] F Orientierung **oriental** orientalisch **orientar** orientieren; beraten **orientarse** sich zurechtfinden **oriente** M Osten; Orient
Oriente M **Extremo/Próximo ~** Ferner/Naher Osten; **~ Medio** Mittlerer Osten
orificio [-θ-] M Öffnung *f*, Loch *n*
origen [-x-] M Ursprung; Herkunft *f*; *fig* Ursache *f*
original [-x-] 1 ADJ ursprünglich; originell 2 M Original *n* (*a. fig*) **originalidad** F Ursprünglichkeit, Originalität
originar veranlassen; verursachen **originario** ursprünglich; stammend (**de** aus)
orilla [-ʎa] F Rand *m*; Ufer *n*
orín M Rost

orina F Urin *m* **orinar** Wasser lassen, urinieren
ornamentar verzieren **ornamento** M Verzierung *f*; Schmuck
ornar schmücken, verzieren
oro M Gold *n*; **~ blanco/fino** Weiß-/Feingold *n*; **de ~** golden; aus Gold; Gold...
orquesta [-ke-] F Orchester *n*
orquídea [-ki-] F Orchidee
ortiga F Brennnessel
ortodoncia [-θ-] F MED Kieferorthopädie **ortodoxo** orthodox **ortografía** F Rechtschreibung **ortopédico** orthopädisch **ortopedista** M/F Orthopäde, -pädin
oruga F Raupe
orujo [-x-] M Trester(schnaps)
orzuelo [-θ-] M MED Gerstenkorn *n*
os euch
osado kühn **osar** wagen
oscilar [-θ-] schwingen; *a. fig* schwanken
oscurecer [-θ-] verdunkeln; dunkel werden **oscuridad** F Dunkelheit **oscuro** dunkel, finster; unklar; unbekannt
óseo knöchern; Knochen...
oso M Bär
ostensible offensichtlich; deutlich **ostentar** vor-, aufweisen; *Titel* innehaben
ostra F Auster; **¡~s!** Mensch, so was!
OTAN F ABK (Organización del Tratado del Atlántico Norte) NATO *f*
otoñal [-ɲ-] herbstlich **otoño** M Herbst
otorgar bewilligen; ausfertigen
otorrinolaringólogo M, **-a** F HNO-, Hals-Nasen-Ohren--Arzt(-Ärztin)
otro andere(r); noch ein; **el ~ día** neulich; **~ tanto** noch einmal so viel; **otra vez** noch einmal; MUS **¡otra!** Zugabe!
ovación [-θ-] F Beifallssturm *m*, Ovation
oval, **ovado** oval
ovario M ANAT Eierstock
oveja [-xa] F Schaf *n*
ovillo [-ʎo] M Knäuel *n*
ovino Schaf...
ovni M ABK (objeto volante no identificado) UFO *n*
óvulo M ANAT Eizelle *f*
oxidarse oxidieren; rosten
óxido M Oxid *n*
oxígeno [-x-] M Sauerstoff
oye, **oyó** → oír
oyente M/F Hörer(in)
ozono [-θ-] M Ozon *n*; **capa de ~** Ozonschicht; **agujero** *m* **(en la capa) de ~** Ozonloch *n*

P

p. ABK (página) S. (*Seite*)
pabellón [-ʎ-] M Pavillon; SCHIFF Flagge *f*

pacer [-θ-] weiden
paciencia [-θïenθ-] F Geduld
paciente 1 ADJ geduldig 2 M/F Patient(in)
pacífico [-θ-] friedfertig
Pacífico M Pazifik
pacifista [-θ-] M/F Pazifist(in)
pacotilla [-ʎa] F Schund *m*; **de ~** minderwertig
pactar paktieren; vereinbaren
pacto M Pakt; Vertrag
padecer [-θ-] erleiden; leiden (**de** an *dat*)
padrastro M Stiefvater
padre M Vater; **~s** *pl* Eltern **padrenuestro** M Vaterunser *n*
padrino M (Tauf)Pate; **~ (de boda)** Trauzeuge
paella F Paella (*Reisgericht*)
paf INT **¡~!** paff!, bums!
paga F Zahlung; Lohn *m* **pagadero** zahlbar
pagano 1 ADJ heidnisch 2 M, **-a** F Heide *m*, Heidin *f*
pagar (be)zahlen; **~ al contado/a plazos** in bar/in Raten bezahlen **pagaré** M Schuldschein
página [-x-] F Seite; INTERNET **~ web** Webseite; INTERNET **~ principal** Startseite, Homepage; TEL **~s** *pl* **amarillas** gelbe Seiten
pago M Zahlung *f*; **~ al contado/a plazos** Bar-/Ratenzahlung *f*
país M Land *n*; **~ comunitario** EU-Land *n*; **~ de origen** Herkunftsland; **~ en (vías de) desarrollo** Entwicklungsland *n*; **Países Bajos** Niederlande *pl*; **del ~** einheimisch
paisaje [-xe] M Landschaft *f*
paisano M, **paisana** F Zivilist(in); Landsmann, -männin; **de paisano** in Zivil
paja [-xa] F Stroh *n*; Stroh-, Trinkhalm *m* **pajar** M Scheune *f* **pajarita** F *Krawatte* Fliege
pájaro [-x-] M Vogel
Pakistán M Pakistan *n*
pala F Schaufel; SPORT Schläger *m*
palabra F Wort *n*; **de ~** mündlich **palabrota** F Schimpfwort *n*
palacio [-θ-] M Palast, Schloss *n* **paladar** M Gaumen **paladear** schmecken; genießen
palanca F Hebel *m*
Palatinado M Pfalz *f*
palco M THEAT Loge *f*
Palestina F Palästina *n*
paleta 1 F Palette; Maurerkelle; TECH Schaufel 2 M *umg* Maurer **paletilla** [-ʎa] F Schulterblatt *n*
palidecer [-θ-] erbleichen, erblassen **palidez** [-θ] F Blässe
pálido bleich, blass
palillo [-ʎo] M Zahnstocher
paliza [-θa] F Tracht Prügel
palma F Palme; Handfläche; **~ de Oro** Goldene Palme *f* **palmada** F **dar ~s** in die Hände klatschen;
palmar *umg* **palmarla** abkratzen
palmera F Palme

palmo M Spanne *f*; Handbreit *f*
palo M Stock; SCHIFF Mast; *Karten* Farbe *f*
paloma F Taube **palomitas** FPL Puffmais *m*, Popcorn *n*
palpable tastbar, fühlbar; *fig* deutlich **palpar** (be)tasten, befühlen
palpitación [-θ-] F Herzklopfen *n* **palpitar** klopfen; zucken
pan M Brot *n*; **~ integral** Vollkornbrot *n*; **~ moreno** Graubrot *n*; **~ rallado** Paniermehl *n*; **~ tostado** Toastbrot *n*
pana F Kord(samt) *m*
panadería F Bäckerei **panadero** M Bäcker
panal M (Honig)Wabe *f*
Panamá M Panama *n*
pancarta F Spruchband *n*, Transparent *n*
páncreas M Bauchspeicheldrüse *f*, Pankreas
pandereta F, **pandero** M Tamburin *n*
pandilla [-ʎa] F Bande, Clique
panecillo [-θiʎo] M Brötchen *n*
panga M Pangasius; **filete** *m* **de ~** Pangasiusfilet
pánico M Panik *f*
pantaleta F *Am* (Damen)Slip *m*
pantalla [-ʎa] F TV, IT Bildschirm *m*; *Kino*: Leinwand; TEL Display *n*; *Lampe*: Lampenschirm *m*; **~ plana** Flachbildschirm *m*; **~ táctil** Touchscreen *m*
pantallazo [-θo] M Screenshot *m*
pantalón M Hose *f*; **~ de peto** Latzhose *f*
pantano M Sumpf; Stausee **pantanoso** sumpfig
pantera F Pant(h)er *m*
pantorrilla [-ʎa] F Wade
panty M Strumpfhose *f*
panza [-θa] F Bauch *m*, Wanst *m*
pañal [-ɲ-] M Windel *f* **paño** M Tuch *n*; Stoff **pañuelo** M Taschen-, Halstuch *n*; **~ (de cabeza)** Kopftuch *n*
papa **1** F *Am* Kartoffel **2** M Papst
papá M Papa; **los ~s** *umg* die Eltern *pl*
papada F Doppelkinn *n*
papagayo M Papagei
papaya F BOT Papaya
papel M Papier *n*; Zettel; THEAT Rolle *f* (*a. fig*); **~ higiénico** Toilettenpapier *n*; **~ pintado** Tapete *f*; **~ reciclado** Umweltschutzpapier *n*; **~ de aluminio** Alufolie *f*; **~ de cartas/de embalar/de regalo** Brief-/Pack-/Geschenkpapier *n*
papelera F Papierkorb *m* **papelería** F Schreibwarengeschäft
paperas FPL MED Mumps *m*
papilla [-ʎa] F Brei *m*
paquete [-ke-] M Paket *n*; **pequeño ~** Päckchen *n*
par **1** ADJ & ADV gerade *Zahl*; **de ~ en ~** sperrangelweit (offen); **sin ~** unvergleichlich **2** M Paar *n*; **un ~ de** zwei

para 1 *örtlich* nach; **salir ~** abfahren nach 2 *zeitlich* für; bis; **¿~ cuándo?** bis wann?; **~ siempre** für immer 3 *Zweck* für; um zu; **~ eso** dazu; dafür; **~ que** damit; **¿~ qué?** wozu?

parabólico: **antena** *f* **-a** Parabolantenne, Satellitenschüssel **parabrisas** M Windschutzscheibe *f* **paracaídas** M Fallschirm **paracaidista** M/F Fallschirmspringer(in) **parachoques** [-tʃokes] M Stoßstange *f*

parada F Stillstand *m*; Anhalten *n*; Aufenthalt *m*; Haltestelle; **~ discrecional** Bedarfshaltestelle; **~ de taxis** Taxistand *m* **paradero** M Verbleib; Aufenthaltsort **parado** 1 ADJ (still)stehend; arbeitslos 2 M, **-a** F Arbeitslose(r) *m/f(m)* **paradójico** [-x-] paradox **parador** M *Sp* staatliches Hotel *n*

paraguas M Regenschirm

Paraguay M Paraguay *n* **paraguayo** 1 ADJ paraguayisch 2 M BOT Weinbergpfirsich

paraíso M Paradies *n*

paraje [-xe] M Gegend *f*

paralela F Parallele; **~s** *pl* SPORT Barren *m* **paralelo** 1 ADJ parallel 2 M *fig* Parallele *f*; GEOG Breitenkreis

parálisis F Lähmung

paralítico 1 ADJ gelähmt 2 M, **-a** F Gelähmte(r) *m/f(m)*

paralizar [-θ-] lähmen (*a. fig*) **paralizarse** erlahmen; stocken

parapente M Gleitschirmfliegen *n*, Paragliding *n* **parapeto** M Brüstung *f* **parapléjico** [-x-] querschnitt(s)gelähmt

parar V/T anhalten, stoppen; TECH abstellen; V/I halten; aufhören (**de** zu); **sin ~** unaufhörlich

pararrayos M Blitzableiter

pararse stehen bleiben; *Am* aufstehen

parásito M Parasit, Schmarotzer

parasol M Sonnenschirm; AUTO, FOTO Sonnenblende *f*

parcela [-θ-] F Parzelle

parche [-tʃe] M MED Pflaster *n*; AUTO, *Fahrrad* Flicken

parcial [-θ-] teilweise, Teil...; parteiisch

parco spärlich, karg; **~ en palabras** wortkarg

pardo braun

parecer [-θ-] 1 scheinen; **me parece bien** das finde ich richtig; **¿qué te parece ...?** wie gefällt dir ...? 2 M Meinung *f*; **al ~** anscheinend **parecerse** sich ähneln **parecido** 1 ADJ ähnlich 2 M Ähnlichkeit *f*

pared F Wand; Mauer

pareja [-xa] F Paar *n*; (Lebens-)Partner(in) *m(f)*; **~ de hecho** Lebenspartnerschaft *f*

parentela F Verwandtschaft

parentesco M Verwandtschaft *f*

paréntesis M Klammer *f*; **entre ~** in Klammern

parezco → parecer

paridad F Gleichheit; WIRTSCH Parität

pariente M/F Verwandte(r) *m/f(m)* **parir** gebären; ZOOL werfen

París M Paris *n*

parking M Parkplatz, -haus *n*

parlamento M Parlament *n*; **Parlamento Europeo** europäisches Parlament *n*

paro M Stillstand (*a.* MED); WIRTSCH Arbeitslosigkeit *f*

parodia F Parodie **parodiar** parodieren

parpadear blinzeln

párpado M Augenlid *n*

parque [-ke] M Park; ~ **de atracciones** Vergnügungs-/Freizeitpark; ~ **infantil** Kinderspielplatz; ~ **nacional/natural** National-/Naturpark

parqué [-ke] M, **parquet** M Parkett *n* **parquímetro** [-ki-] M Parkuhr *f*

párrafo M Paragraf; Absatz

parrilla [-ʎa] F Rost *m*; Grill *m*; **a la** ~ gegrillt **parrillada** F GASTR Grillplatte

párroco M Pfarrer

parroquia [-ki-] F REL Gemeinde; Pfarrei **parroquiano,-a** M,F Gemeindemitglied *n*

parte **1** M Nachricht *f*; Bericht **2** F Teil *m*; JUR Seite, Partei; THEAT, MUS Part *m*; **de** ~ **de** (im Namen) von; **en** ~ teilweise; **en ninguna** ~ nirgends; **en otra** ~ anderswo; **en todas** ~**s** überall; **por una** ~ einerseits; **por otra** ~ andererseits; **tomar** ~ teilnehmen (**en** an *dat*)

partera F Hebamme

parterre M (Blumen)Beet *n*

participación [-θipaθ-] F Teilnahme; Beteiligung, Anteil *m*; (Heirats-/Geburts)Anzeige **participante** M/F Teilnehmer(in)

participar teilnehmen; mitteilen

particular **1** ADJ besonders; Privat...; **en** ~ im Besonderen **2** M/F Privatperson *f* **particularidad** F Besonderheit; Eigenheit

partida F Abreise; Abfahrt; HANDEL Partie (*a. Spiel*); Posten *m*; ~ **de nacimiento/de matrimonio** Geburts-/Heiratsurkunde **partidario,-a** M,F Anhänger(in); Befürworter(in); **ser** ~ **de** dafür sein, dass **partido** M Partei *f*; SPORT Spiel *n*; ~ **popular** Volkspartei *f*; **sacar** ~ **de** Nutzen ziehen aus

partir V/T teilen; V/I abreisen; ~ **de** ausgehen von; **a** ~ **de hoy** von heute an; **a** ~ **de las tres** ab drei Uhr

parto M Geburt *f*

parvulario M Kindergarten

pasa F Rosine

pasada F Durchgang *m*; **mala** ~ übler Streich *m* **pasado** **1** ADJ vergangen; *Obst etc* verdorben **2** M Vergangenheit *f* **pasador** M Riegel; Haarspange *f*; Sieb *n*

pasaje [-xe] M Durchgang; Passage *f*, *im Buch a.* Stelle *f* **pasajero** **1** ADJ vorübergehend **2** M, **-a** F Reisende(r) *m/f(m)*; Passagier(in)

pasamano(s) M Treppengeländer *n* **pasante** M/F Praktikant(in) **pasaporte** M (Reise)-Pass

pasar V/T über-, durchqueren; *a. fig* überschreiten; durchmachen; (über)geben; AUTO überholen; *Zeit* verbringen; *Prüfung* ablegen; GASTR passieren, (durch)sieben; V/I vorbei-, vorübergehen, -fahren; *Zeit* vergehen; *im Spiel* passen; sich ereignen, passieren; ~ **por** gehen, fahren, kommen durch; *Straße* führen durch; *Fluss* fließen durch; *fig* gelten als; **~lo bien** es sich gut gehen lassen; sich amüsieren; **¿qué pasa?** was ist los?, was ist passiert?; **¡pase!** herein!

pasarela F Laufsteg *m*; SCHIFF Gangway

pasarse zu weit gehen (*a. fig*)

pasatiempo M Zeitvertreib

Pascua F ~ **(de Resurrección)** Ostern *n*; **¡felices ~s!** frohe Ostern!; *a.* fröhliche Weihnachten!

pase M Freikarte *f*; Freifahrschein *f*; SPORT Pass **pasearse** spazieren gehen **paseo** M Spaziergang; Promenade *f*; **dar un** ~ e-n Spaziergang machen

pasillo [-ʎo] M Flur; Gang

pasión F Leidenschaft; REL Passion

pasivo **1** ADJ passiv **2** M GRAM Passiv *n*; HANDEL Soll *n*

pasmar verblüffen **pasmarse** starr sein; erstaunen

paso M Schritt; Durchgang; Durchfahrt *f*; ~ **cebra** Zebrastreifen; ~ **a nivel** Bahnübergang; ~ **de peatones** Fußgängerüberweg; **ceder el** ~ den Vortritt lassen; **cerrar el** ~ den Weg versperren; **de** ~ auf der Durchreise; **a cada** ~ auf Schritt und Tritt

pasota M *umg* Null-Bock-Typ, Aussteiger

pasta F Paste; GASTR Teig *m*; *umg* Knete, *umg* Zaster *m*; **~s** *pl* Nudeln *pl*; Gebäck *n*

pastel M Kuchen; Pastete *f*; Pastell(malerei *f*) *n* **pastelería** F Konditorei

pastilla [-ʎa] F *Seife* Stück *n*; *Schokolade* Tafel; MED Tablette; Pastille

pasto M Weide *f*; Futter *n* **pastor** M Hirt, Schäfer; REL Pastor

pata F Pfote; *umg* Bein *n*; **meter la** ~ *fig* ins Fettnäpfchen treten

patada F Fußtritt *m*

Patagonia F Patagonien *n*

patalear strampeln; trampeln

patata F Kartoffel; **~s** *pl* **bravas** Kartoffeln mit scharfer Soße; **~s** *pl* **fritas** Pommes frites; *umg* Fritten; *a.* (Kartoffel)Chips

paté M Leberpastete *f*

patear trampeln

patente **1** ADJ klar **2** F Patent *n*
paternal väterlich **paternidad** F Vaterschaft; **prueba** *f* **de ~** Vaterschaftstest *m* **paterno** Vater...
patético pathetisch
patíbulo M Galgen
patín M Schlittschuh; **~ (acuático)** Tretboot *n*; **~ de ruedas** Rollschuh; **~ (de ruedas) en línea** Inline-Skate *m*
patinador(a) M(F) Schlittschuh-, Rollschuhläufer(in) **patinaje** [-xe] M Schlittschuh-, Rollschuhlaufen *n*; **~ (artístico) sobre hielo** Eis(kunst)lauf **patinar** Schlittschuh, Rollschuh laufen; skaten; AUTO schleudern **patinete** M Roller
patio M Innenhof; **~ de butacas** THEAT Parkett *n*; **~ de recreo** Schulhof
pato M Ente *f*; **~ real** Stockente *f*; **pagar el ~** etw ausbaden müssen
patológico [-x-] krankhaft, pathologisch
patraña [-ɲa] F (grobe) Lüge; Schwindel *m*
patria F Vaterland *n*; Heimat **patrimonio** M Erbe *n*, Vermögen *n*; **~ mundial (cultural)** Weltkulturerbe *n*; **~ mundial natural** Weltnaturerbe *n* **patriota** M/F Patriot(in) **patriótico** patriotisch
patrocinador(a) [-θ-] M(F) Förderer(in), Sponsor(in) **patrocinar** fördern, sponsern
patrón M Schutzheilige(r); Hauswirt; Schnittmuster *n*; *bes Am* Chef, Arbeitgeber **patrona** F Schutzheilige; Chefin; Hauswirtin **patrono** M *Sp* Arbeitgeber, Chef
patrulla [-ʎa] F Patrouille; Streife **patrullar** patroullieren
paulatino bedächtig; allmählich
pausa F Pause **pausado** ruhig; langsam
pava F Truthenne, Pute
pavimento M Bodenbelag
pavo M Puter; **~ real** Pfau **pavonearse** einherstolzieren
pavor M Schreck, Entsetzen *n*
payaso M Clown
paz [-θ] F Friede(n) *m*; Ruhe
PC¹ [-θ] M ABK (Partido Comunista) Kommunistische Partei *f*
PC² [-θ] M ABK (Pensión Completa) VP (Vollpension)
PDF M IT **(archivo** *od* **fichero** *m*) **~** PDF *n*, PDF-Datei *f*
peaje [-xe] M Autobahngebühr *f* **peatón** M, **peatona** F Fußgänger(in)
peca F Sommersprosse
pecado M Sünde *f* **pecador(a)** M(F) Sünder(in) **pecar** sündigen
pecho [-tʃo] M Brust *f*; Busen; **dar el ~** stillen **pechuga** F Bruststück *n* (*des Geflügels*)
pecoso sommersprossig
peculiar eigentümlich
pedagógico [-x-] pädagogisch
pedal M Pedal *n*; **~ de freno/de**

gas Brems-/Gaspedal *n*
pedante **1** ADJ pedantisch **2** M Pedant **pedantería** F Pedanterie
pedazo [-θo] M Stück *n*; **un ~ de pan** ein Stück Brot
pediatra M/F Kinderarzt *m*, -ärztin *f*
pedicura F Fußpflege, Pediküre; Fußpfleger(in)
pedido M HANDEL Auftrag, Bestellung *f*; **a ~ de** im Auftrag von **pedir** bitten; fordern; HANDEL bestellen
pedo M *sl* Furz
pegadizo [-x-] klebrig; *fig* aufdringlich **pegamento** M Klebstoff **pegar** (an)kleben; (ver)prügeln; *Krankheit* übertragen; *Schrei* ausstoßen; *Schuss* abgeben; *Feuer* legen **pegarse** haften; *Essen* anbrennen **pegatina** F Aufkleber *m*
peinado M Frisur *f* **peinar** kämmen **peine** M Kamm
p. ej. (por ejemplo) z. B.
Pekín M Peking *n*
peladuras FPL (Obst)Schalen **pelaje** [-x-] M Fell *n* **pelar** schälen
peldaño [-ɲo] M (Treppen)Stufe *f*; (Leiter)Sprosse *f*
pelea F Streit *m*; Schlägerei **pelear** kämpfen **pelearse** sich streiten, sich zanken
peletería F Pelzgeschäft *n*; Pelzwaren *fpl*
película F Häutchen *n*; (Kino)-Film *m*; **~ de acción/de animación/de terror** Action-/Animations-/Horrorfilm *m*; **~ policíaca** Kriminalfilm *m*
peligro M Gefahr *f*; **~ de muerte** Lebensgefahr *f*; **fuera de ~** außer Gefahr; **sin ~** ungefährlich **peligroso** gefährlich
pelirrojo [-x-] rothaarig
pellejo [-ʎexo] M Fell *n*
pellizcar [-ʎiθ-] kneifen
pelo M Haar *n*; **tomar el ~** *umg* auf den Arm nehmen; **ni un ~** überhaupt nicht
Peloponeso M Peloponnes *m*
pelota F Ball *m*; **~ (vasca)** Pelota *f* (*baskisches Ballspiel*); **~s** *pl sl* (*Hoden*) Eier *npl*; *sl* **en ~s** (splitter)nackt
peluca F Perücke **peluche** [-tʃe] M Plüsch **peludo** behaart
peluquera [-ke-] F Friseurin **peluquería** F Friseursalon *m* **peluquero** M Friseur
pelusa F Flaum *m*; Fussel
pelvis F ANAT Becken *n*
pena F Strafe; Kummer *m*, Leid *n*; **(no) vale la ~** es lohnt sich (nicht); **¡qué ~!** wie schade!; **dar ~** leidtun **penal** **1** ADJ Straf... **2** M Strafanstalt *f* **penalizar** [-θ-], **penar** bestrafen
pender hängen **pendiente** **1** ADJ hängend; *fig* unerledigt **2** M Ohrring **3** F Abhang *m*, Gefälle *n*
péndulo M Pendel *n*
pene M ANAT Penis
penetración [-θ-] F Eindrin-

gen *n*; *fig* Scharfsinn *m* **penetrante** durchdringend; schrill **penetrar** durch-, eindringen
penicilina [-θ-] F Penicillin *n*
península F Halbinsel; **Península Ibérica** Iberische Halbinsel
penitencia [-θ-] F Buße
penoso schmerzlich; mühsam
pensamiento M Gedanke; Denken *n*; BOT Stiefmütterchen *n* **pensar** denken (**en** an *akk*); gedenken (*etw zu tun*); meinen **pensativo** nachdenklich
pensión F Rente; Pension; **~ completa** Vollpension; **media ~** Halbpension; **~ de vejez** Altersrente **pensionista** M/F Rentner(in)
Pentecostés M Pfingsten *n*
penúltimo vorletzte(r)
penuria F Mangel *m*, Not
peña [-ɲa] F Fels *m*; Klub *m*, Kreis *m*
peñón [-ɲ-] M Felskuppe *f*; **El Peñón** Gibraltar *n*
peón M Hilfsarbeiter; *Schach* Bauer
peonza [-θa] F Kreisel *m*
peor schlechter, schlimmer; **ir a ~** schlechter, schlimmer werden, sich verschlimmern
pepinillo [-ʎo] M Essiggurke *f* **pepino** M Gurke *f*
pepita F (Obst)Kern *m*
pequeñez [-keɲeθ] F Kleinheit; *fig* Lappalie **pequeño** [-ɲo] klein
pera F Birne **peral** M Birnbaum
perca F Barsch *m*
percance [-θe] M Zwischenfall; Missgeschick *n*
percepción [-θεβθ-] F Wahrnehmung **perceptible** wahrnehmbar
percha [-tʃa] F Stange; Kleiderbügel *m*; Kleiderständer *m*
percibir [-θ-] wahrnehmen; *Gehalt etc* beziehen
percusión F MUS Schlaginstrumente *npl*
perdedor(a) M(F) Verlierer(in) **perder** verlieren; versäumen; **echar a ~** ruinieren; **echarse a ~** verderben **perderse** verloren gehen; zugrunde gehen; sich verirren
pérdida F Verlust *m*
perdigones MPL Schrot *m*
perdiz [-θ] F Rebhuhn *n*
perdón M Verzeihung *f*; Vergebung *f*, Gnade *f*; **pedir ~** um Verzeihung bitten; **¡~!** wie bitte? **perdonar** vergeben; verzeihen
perdurable dauerhaft **perdurar** andauern, fortbestehen
perecedero [-θ-] vergänglich; *Lebensmittel* (leicht) verderblich **perecer** umkommen, sterben
peregrinación [-θ-] F Wallfahrt; Pilgerfahrt **peregrinar** pilgern **peregrino,-a** M,F Pilger(in)
perejil [-x-] M Petersilie *f*
perezoso [-θ-] **1** ADJ faul, träge **2** M *umg* Faulpelz; ZOOL Faultier *n*

perfección [-ɣθ-] F Vollendung; Vollkommenheit **perfeccionar** vervollkommnen; verbessern **perfecto** vollkommen, perfekt
pérfido treulos; verräterisch
perfil M Profil *n* **perfilar** umreißen **perfilarse** sich abzeichnen
perforar durchbohren; lochen
perfumar parfümieren **perfume** M Parfüm *n*; Duft **perfumería** F Parfümerie(waren *fpl*)
pergamino M Pergament *n*
pericia [-θ-] F Erfahrung; Sachkenntnis
periferia F Peripherie; Stadtrand *m*
perífrasis F Umschreibung **perímetro** M Umfang
periódico 1 ADJ periodisch 2 M Zeitung *f*
periodismo M Journalismus **periodista** M/F Journalist(in)
período M Periode *f*; Zeitraum
periquito [-ki-] M Wellensittich
perito 1 ADJ erfahren 2 M, **-a** F Sachverständige(r) *m/f(m)*, Fachmann *m*, -frau *f*
peritonitis F Bauchfellentzündung *f*
perjudicar [-x-] schaden, schädigen **perjuicio** [-θ-] M Schaden; Nachteil
perla F Perle
permanecer [-θ-] bleiben; fortdauern **permanencia** [-θ-] F Fortdauer; Verweilen *n*
permanente 1 ADJ bleibend; dauernd 2 F Dauerwelle
permeable durchlässig
permisible zulässig
permiso M Erlaubnis *f*; Urlaub; **~ de conducir** Führerschein; **~ de maternidad** Mutterschaftsurlaub, Elternzeit; **~ de residencia/de trabajo** Aufenthalts-/Arbeitserlaubnis *f*; **dar ~** genehmigen
permitir erlauben; zulassen; gestatten
pernicioso [-θ-] schädlich
perno M Bolzen; Zapfen
pernoctar übernachten
pero aber, jedoch
perpendicular senkrecht
perpetuar verewigen **perpetuo** ewig; ständig
Perpiñán [-ɲ-] M Perpignan *n*
perplejo [-xo] verdutzt, perplex
perra F Hündin **perro** M Hund; **~ caliente** Hot Dog
persecución [-θ-] F Verfolgung **perseguidor(a)** [-ɣi-] M(F) Verfolger(in) **perseguir** [-ɣi-] verfolgen
perseverancia [-θ-] F Ausdauer; Beharrlichkeit **perseverante** beharrlich **perseverar** beharren
Persia F Persien *n*
persiana F Jalousie
persignarse sich bekreuzigen
persistencia [-θ-] F Andauern *n*; Fortbestand *m* **persistente** andauernd **persistir** andau-

ern, -halten; fortbestehen
persona F Person; **en ~** persönlich **personaje** [-xe] M Persönlichkeit *f*; THEAT Person *f* **personal** 1 ADJ persönlich 2 M Personal *n* **personalidad** F Persönlichkeit **personarse** (persönlich) erscheinen
personificar verkörpern
perspectiva F Perspektive; *fig* Aussicht
perspicacia [-θ-] F Scharfblick *m*, -sinn *m* **perspicaz** [-θ] scharfsinnig
persuadir überreden; überzeugen **persuasión** F Überredung; Überzeugung **persuasivo** überzeugend
pertenecer [-θ-] gehören (a zu) **perteneciente** zugehörig
pértiga F Stange; **salto** *m* **con ~** Stabhochsprung
pertinaz [-θ] hartnäckig
pertinente sachgemäß; zutreffend; einschlägig
perturbación [-θ-] F Störung; Unruhe **perturbado** geistesgestört **perturbador(a)** M(F) Ruhestörer(in) **perturbar** stören; verwirren
Perú M Peru *n*
perversidad F Verderbtheit **perversión** F Entartung **perverso** verderbt; pervers **pervertir** verderben
pesa F Gewicht(stein *m*) *n*; SPORT Hantel **pesadamente** schwerfällig **pesadez** [-θ] F Schwere; Schwerfälligkeit **pesadilla** [-ðiʎa] F Albtraum *m*
pesado schwer; schwerfällig; lästig; aufdringlich **pesadumbre** F Kummer *m*
pésame M Beileid *n*; **dar el ~** sein Beileid aussprechen
pesar 1 V/T wiegen 2 M Kummer; Leid *n*; **a ~ de** trotz
pesca F Fischfang *m*; Fischerei **pescadería** F Fischgeschäft *n* **pescadero,-a** M,F Fischhändler(in) **pescadilla** [-ʎ-] F junger Seehecht *m* **pescado** M GASTR Fisch **pescador** M Fischer **pescaíto** M **~s** *pl* **fritos** kleine gebratene Fische
pescar fischen; *umg fig* erwischen; **~ (con caña)** angeln
pese: **~ a** trotz; **~ a que** obwohl
pesebre M Krippe *f*
peseta F *hist* Pesete
pesimismo M Pessimismus
pesimista 1 ADJ pessimistisch 2 M/F Pessimist(in)
pésimo sehr schlecht
peso M Gewicht *n*; Waage *f*; *fig* Bürde *f*, Last *f*; *Am Münze* Peso; **de ~** schwerwiegend
pesquisa [-ki-] F Fahndung; Nachforschung; **hacer ~s** Nachforschungen anstellen
pestaña [-ɲa] F Wimper **pestañear** [-ɲ-] blinzeln
peste F Pest; *fig* Gestank *m*; **echar ~s** schimpfen (**contra** auf *akk*)
pestillo [-ʎo] M Riegel
PET M (polietilenotereftalato) PET *n*

petardo M Feuerwerkskörper; Knallfrosch
petición [-θ-] F Bitte; Gesuch *n*; **a ~ de** auf Wunsch von
petrificar versteinern **petróleo** M Erdöl *n* **petrolero** **1** ADJ Erdöl... **2** M SCHIFF Öltanker
petulancia [-θ-] F Anmaßung
petulante anmaßend
pez [-θ] **1** M Fisch; **~ espada** Schwertfisch **2** F Pech *n*
pezón [-θ-] M Brustwarze *f*
piadoso fromm; barmherzig
pianista M/F Pianist(in) **piano** M Piano *n*; **~ de cola** Flügel; **tocar el ~** Klavier spielen
PIB (Producto Interior Bruto) BIP (Bruttoinlandsprodukt) *n*
pica F Spieß *m*, Lanze; Spitzhacke **picadero** M Reitbahn *f*
picadillo [-ʎo] M Haschee *n*
picador M STIERK Picador; *Bergbau* Hauer **picadura** F Insektenstich *m* **picante** scharf, pikant (*a. fig*) **picar** V/T stechen; picken; GASTR (klein) hacken; V/I jucken; brennen **picardía** F Schlauheit; Pfiffigkeit
pícaro **1** ADJ schlau; spitzbübisch **2** M Schelm; Schlingel
picarse *umg* einschnappen
pico M Schnabel; Bergspitze *f*; Spitzhacke *f*; ZOOL Specht; **a las tres y ~** kurz nach drei (Uhr) **picor** M Brennen *n*; Jucken *n* **picotear** picken
pide, **pido** → pedir
pie M Fuß; **~ plano** Plattfuß; **a ~** zu Fuß; **de ~** stehend; **estar de ~** stehen; **ponerse de ~** aufstehen
piedad F Frömmigkeit; Mitleid *n*; **monte** *m* **de ~** Pfandhaus *n*, Leihhaus *n*
piedra F Stein *m*; **~ preciosa** Edelstein *m*
piel F Haut; Leder *n*; Pelz *m*; Fell *n*
pienso¹ → pensar
pienso² M Viehfutter *n*
pierdo → perder
pierna F Bein *n*; GASTR Keule
pieza [-θa] F Stück *n* (*a.* MUS, THEAT); Zimmer *n*; (Spiel)Stein *m*, Figur; **~ de repuesto** (*od* **recambio**) Ersatzteil *n*
pijama [-x-] M Schlafanzug
pila F Spülbecken *n*; Stapel *m*; ELEK Batterie; **~ botón** Knopfzelle **pilar** M Pfeiler
píldora F Pille; **~ anticonceptiva** Antibabypille; **la ~ del día después** die Pille danach
pileta F *Am* Schwimmbassin *n*
pillar [-ʎ-] plündern; rauben; *umg* erwischen; ertappen
pillo [-ʎo] M Spitzbube
pilotar AUTO, FLUG lenken **piloto** M/F Pilot(in) *m(f)*; ELEK Kontrolllampe *f*
pil-pil: **bacalao al ~** in Öl, Knoblauch und Pfefferschote gedünsteter Stockfisch
pimentón M Paprika(pulver *n*)
pimienta F Pfeffer *m* **pimiento** M Paprikaschote *f*; **~s** *pl* **de Padrón** kleine, grüne

gebratene Paprikaschoten *fpl*; **~s** *pl* **del piquillo** kleine, leicht scharfe rote Paprikaschoten
pincel [-θ-] M Pinsel
pinchar [-tʃ-] V/T stechen; MED e-e Spritze geben; *Telefon* anzapfen; *fig* anstacheln; V/I AUTO *umg* e-n Platten haben **pinchazo** [-θo] M Stich; AUTO Reifenpanne *f* **pincho** M Stachel; GASTR Appetithäppchen *n*; **~s** *pl* **morunos** Fleischspießchen
pingüino [-ɣŭ-] M Pinguin
pino M Pinie *f*; Kiefer *f*
pinta F *umg* Aussehen *n* **pintada** F Wandschmiererei; ZOOL Perlhuhn *n* **pintar** malen; anstreichen **pintarse** sich schminken
pintor,-a M,F Maler(in) **pintoresco** malerisch **pintura** Malerei; Anstrich *m*; (Mal)Farbe *f*; (*Bild*) Gemälde *n*
pinza [-θa] F Wäscheklammer; ZOOL Schere; **~s** *pl* Pinzette *f*
piña [-ɲa] F **1** Kiefern-, Pinienzapfen *m* **2** **~ (de América)** Ananas **piñón** M Pinienkern
pío fromm
piojo [-xo] M Laus *f*
pionero,-a M,F Pionier(in)
pipa F Tabakspfeife; **~s** *pl* Sonnenblumenkerne *mpl*; **fumar en ~** Pfeife rauchen
pipí M Pipi *n*
pique [-ke] M SCHIFF **irse a ~** untergehen; *fig* zugrunde gehen
piragua F Paddelboot *n*, Kanu *n* **piragüismo** [-ɣŭ-] M Kanusport
pirámide F Pyramide
pirata M/F Seeräuber *m*; Pirat(in); **~ informático** Hacker
piratería F Seeräuberei
Pirineos MPL Pyrenäen *pl*
piropo M Kompliment *n*
pirotécnico M Feuerwerker
pisada F Fußspur **pisapapeles** M Briefbeschwerer **pisar** treten auf (*akk*); betreten
piscina [-θ-] F Schwimmbecken *n*, -bad *n*; **~ cubierta** Hallenbad *n*
Piscis [-θ-] M ASTROL Fische *mpl*
pisco M Traubenschnaps; **~ sour** Cocktail aus Pisco und Limonensaft
piso M Boden; Stockwerk *n*, Etage *f*; Wohnung *f*; **~ alto** Obergeschoss *n*; **~ bajo** Erdgeschoss *n*; Untergeschoss *n*; **~ compartido** Wohngemeinschaft *f*; **de tres ~s** dreistöckig **pisotear** zertreten
pista F Spur, Fährte; SPORT Rennbahn; Piste; FLUG *a.* Rollbahn; **~ de esquí** Skipiste; **~ de fondo** Loipe; **~ de tenis** Tennisplatz *m*
pistacho [-tʃo] M Pistazie *f*
pistola F Pistole **pistolero** M Revolverheld; Killer
pistón M Kolben; MUS Ventil *n*
pita F Agave
pitar pfeifen **pitillo** [-ʎ-] M

umg Zigarette *f* **pito** M Trillerpfeife *f*
pitón F Python(schlange) *f*
pizarra [-θ-] F Schiefer *m*; (Schiefer)Tafel
pizca [-θ-] F **una ~ (de)** ein bisschen
placa F Platte; Schild *n*; Plakette *f*; **~ dental** Plaque
placer [-θ-] M Vergnügen *n*
¡plaf! paff!, bums!
plaga F Plage
plan M Plan; Entwurf; **~ de empleo** Arbeitsbeschaffungsprogramm *n*
plancha [-tʃa] F Platte; Blech *n*; Bügeleisen *n*; **~ de vapor** Dampfbügeleisen *n* **planchado** M Bügeln *n* **planchar** bügeln
planeador M Segelflugzeug *n*
planear V/T planen; V/I gleiten
planeta M Planet
planicie [-θ-] F Ebene
planificador M **~ anual** Jahresplaner *m*; **~ de ruta(s)** Routenplaner *m* **planificar** planen
plano **1** ADJ flach, eben **2** M Fläche *f*; Ebene *f*; (Bau-, Stadt)-Plan
planta F Pflanze; Fußsohle; Stockwerk *n*; TECH Anlage; **~ baja** Erdgeschoss *n*; **~ medicinal** Heilpflanze **plantación** [-θ-] F Pflanzung, Plantage
plantar pflanzen
plantear entwerfen; *Frage etc* aufwerfen
plantilla [-ʎa] F Einlegesohle; TECH Schablone; HANDEL Belegschaft
plantón M **dar un ~ a alg** j-n versetzen
plástico **1** ADJ plastisch; **artes** *fpl* **plásticas** bildende Künste **2** M Kunststoff; **de ~** Plastik…
plata F Silber *n*; *Am* Geld *n*
plataforma F Plattform
plátano M Banane *f*; Platane *f*
platea F THEAT Parkett *n* **plateado** versilbert
platicar *bes Am* plaudern
platillo [-ʎo] M Untertasse *f*; **~ volante**, *Am* **~ volador** fliegende Untertasse *f*; UFO *n*
platina F Kassettendeck *n*; TECH Platine **platino** M Platin *n*
plato M Teller; Gericht *n*; **~ combinado** GASTR gemischter Teller; **~ hondo** (*od* **sopero**) Suppenteller; **~ preparado** (*od* **precocinado**) Fertiggericht *n*
playa F Strand *m*; Seebad *n*
playeras FPL Strandschuhe *mpl*
plaza [-θa] F Platz *m*; Markt (-platz) *m*; **~ de toros** Stierkampfarena
plazo [-θo] M Frist *f*; Rate; **a ~s** auf Raten; **a corto/medio/largo ~** kurz-/mittel-/langfristig
plegable biegsam; Falt…, Klapp… **plegar** falzen; falten
plegarse nachgeben
pleito M Prozess, Rechtsstreit
pleno **1** ADJ voll **2** M Plenum *n*

pleura F ANAT Brustfell *n* **pliego** M *Papier* Bogen **pliegue** [-ɣe] M Falte *f* **plis-plas**: **en un ~** im Handumdrehen, im Nu **plomero** M *Am* Klempner **plomo** M Blei *n*; **sin ~** bleifrei **pluma** F Feder **plural** M GRAM Plural **PNB** M ABK (Producto Nacional Bruto) BSP *n* (*Bruttosozialprodukt*) **PNV** M ABK (Partido Nacionalista Vasco) Baskische Nationalpartei *f* **p.o.** (por orden) i.A. (*im Auftrag*) **población** [-θ-] F Bevölkerung; Ortschaft **poblado** **1** ADJ bevölkert **2** M Ort, Ortschaft *f* **poblar** bevölkern; bepflanzen (**de** mit) **pobre** **1** ADJ arm; armselig **2** M/F Arme(r *m*) *f* **pobreza** [-θa] F Armut **poco** wenig; **un ~** ein bisschen; **~ a ~** nach und nach; **hace ~** vor Kurzem; **desde hace ~** seit kurzem; **por ~** fast, beinahe **poder** **1** V/T können; dürfen; **no ~ menos de** nicht umhin können zu; **puede ser** vielleicht, kann sein **2** M Macht *f*; Kraft *f*; POL Gewalt *f*; JUR Vollmacht *f*; **~ adquisitivo** Kaufkraft *f* **poderoso** mächtig **podio** M, **podium** M Podium *n* **podólogo,-a** M,F Facharzt, -ärztin für Fußleiden **podré** → poder **podrido** faul, verfault **poesía** F Gedicht *n*; Poesie **poeta** M/F (F *a.* **poetisa**) Dichter(in) **polaco** **1** ADJ polnisch **2** M, **-a** F Pole *m*, Polin *f* **policía** [-θ-] **1** F Polizei **2** M/F Polizist(in) **policíaco** Kriminal... **polideportivo** M Sportanlage *f* **polifacético** [-θ-] vielseitig **poligamia** F Polygamie **polilla** [-ʎa] F Motte **Polinesia** F Polynesien *n* **polio(mielitis)** F MED Kinderlähmung **política** F Politik **políticamente**: **~ correcto** politisch korrekt **político** **1** ADJ politisch **2** M, **-a** F Politiker(in) **póliza** [-θa] F Police **polizón** [-θ-] M blinder Passagier; Schwarzfahrer **pollo** [-ʎo] M junges Huhn *n*; GASTR Hähnchen *n*; **~ asado** gebratenes Hähnchen *n* **polo** M GEOG, ELEK Pol; GASTR Eis *n* am Stiel; *Hemd* Polohemd *n* **Polonia** F Polen *n* **polución** [-θ-] F Verschmutzung **polvo** M Staub; **~s** *pl* Puder *m*; *umg* **hecho ~** erschöpft, fertig **polvoriento** staubig **pomada** F Pomade; Salbe **pomelo** M Grapefruit *f*

pompa F Pracht, Pomp *m*
pon → poner
ponderar abwägen
pondré → poner
ponencia [-θ-] F Referat *n* **ponente** M/F Referent(in), Vortragende(r) *m/f(m)*
poner stellen; setzen; legen; AUTO *Gang* einlegen; *Kleidung* anziehen; *Tisch* decken; ELEK einschalten; TEL verbinden (**con** mit) **ponerse** *Sonne etc* untergehen; *Kleidung* anziehen; ~ (*+adj*) werden; ~ **a** (*+inf*) anfangen zu
pongo, **ponga** → poner
popa F SCHIFF Heck *n*
popular volkstümlich, populär; Volks… **popularizar** [-θ-] allgemein verbreiten **populismo** M Populismus **populista** populistisch
por 1 durch; *beim Passiv* von; für; wegen, aus; … ~ **hora** … pro Stunde; ~ **mil euros** für tausend Euro; MATH **dos** ~ **dos** zwei mal zwei 2 **¿~ qué?** warum?
porcelana [-θ-] F Porzellan *n*
porcentaje [-θɛntaxe] M Prozentsatz
porche [-tʃe] M überdachter Vorbau
porción [-θ-] F Portion
¡porfa! INT *umg* bitte!
pormenor M Einzelheit *f*
pornografía F Pornografie
poro M Pore *f* **poroso** porös
porque [-ke] weil **porqué** [-ke] M Warum *n*, Grund
porquería [-ke-] F Schweinerei; *fig* Dreck *m*, Mist *m*
porra F Knüppel *m* **porro** M *umg* Joint **porrón** M *bauchiges Trinkglas mit langer Tülle*
portada F Titelblatt *n* **portafotos** M Fotorahmen
portal M *a.* INTERNET Portal *n*; ~ **de servicios** Serviceportal *n*
portarse: ~ **bien/mal** sich gut/schlecht betragen
portátil tragbar; Hand…
portavoz [-θ] M Sprecher; *fig* Sprachrohr *n*
porte M Porto *n*; **a** ~ **pagado** portofrei
porteño [-ɲo] aus Buenos Aires
portería F Pförtnerloge; SPORT Tor *n* **portero,-a** M,F Pförtner(in); Hausmeister(in); SPORT Torwart; ~ **automático** Türöffner mit Sprechanlage
pórtico M Säulengang
Portugal M Portugal *n* **portugués** [-ɣes] 1 ADJ portugiesisch 2 M, **-esa** F Portugiese, Portugiesin
porvenir M Zukunft *f*
posada F Gasthaus *n* **posar** Modell stehen **posarse** sich setzen; FLUG aufsetzen
pose F Pose
poseer besitzen **posesión** F Besitz *m*; **tomar** ~ **de** Besitz ergreifen von; *Amt* antreten
posguerra [-ɣe-] F Nachkriegszeit
posibilidad F Möglichkeit **po-**

sibilitar ermöglichen
posible möglich
posición [-θ-] F Stellung; **~ de espera** Stand-by *n* **positivo** 1 ADJ positiv 2 M FOTO Positiv *n*
postal 1 ADJ Post... 2 **(tarjeta) ~** *f* Postkarte
poste M Pfosten; Mast
postear *umg* INTERNET posten
postergar zurücksetzen; *bes Am* verschieben
posterior spätere; hintere **posterioridad** F Nachwelt; **con ~** nachträglich
postizo [-θo] 1 ADJ falsch, künstlich 2 M Haarteil *n*
postre M Nachtisch
postura F Haltung; Lage; Stellung
posventa F **servicio** *m* **~** Kundendienst
potable trinkbar; Trink...
potaje [-xe] M dicke Suppe *f*; Eintopf
potasio M Kalium *n*
pote M Topf
potencia [-θ-] F Macht; TECH Kraft, Leistung; *des Mannes* Potenz **potente** stark; potent
potito M (Baby)Gläschen *n*
potro M Fohlen *n*; SPORT Bock
pozo [-θo] M Brunnen; *Bergbau* Schacht
PP M (Partido Popular) Volkspartei *f* (*konservative spanische Partei*)
práctica F Übung; Praxis; **hacer unas ~s** ein Praktikum machen
practicable ausführbar **practicar** ausüben; *Sport* treiben
práctico 1 ADJ praktisch 2 M Lotse
pradera F, **prado** M Wiese *f*
Prado M *Museum in Madrid*
Praga F Prag *n*
pral. (principal) erster Stock
preaviso M **sin ~** ohne Vorankündigung
precario prekär; heikel
precaución [-θ-] F Vorsicht
precedencia [-θeðenθ-] F Vorrang *m* **precedente** 1 ADJ vorhergehend 2 M Präzedenzfall **preceder** vorhergehen
precintar [-θ-] verplomben **precinto** M Verschluss
precio [-θ-] M Preis; **~ fijo/final** Fest-/Endpreis; **a bajo ~** billig; **a ~ de oro** sehr teuer **precioso** kostbar
precipicio [-θipiθ-] M Abgrund **precipitación** [-θ-] F Überstürzung; *Wetter* Niederschlag *m* **precipitado** hastig **precipitar** hinabstürzen; *fig* übereilen **precipitarse** sich stürzen
precisar [-θ-] brauchen; genau angeben, präzisieren **precisión** F Genauigkeit **preciso** nötig; genau, präzis
precoz [-θ] frühreif **precuela** F LIT, KINO Prequel *n*, LIT Vorläufer *n* **precursor(a)** M(F) Vorläufer(in) **predecesor(a)** [-θ-] M(F) Vorgänger(in) **predecir**

[-θ-] voraussagen **predicar** predigen **predicción** [-ɣθ-] F Vorhersage
predilecto bevorzugt **predispuesto** MED anfällig (**a** für); **ser ~ a** *a.* neigen zu
predominar vorherrschen; überwiegen **predominio** M Vorherrschaft *f*
prefacio [-θ-] M Vorwort *n*
preferencia [-θ-] F Vorzug *m*; Vorliebe; **~ (de paso)** *Verkehr* Vorfahrt **preferente** Vorzugs… **preferido** Lieblings… **preferir** vorziehen
prefijo [-xo] M TEL Vorwahl *f*; GRAM Vorsilbe *f*, Präfix *n*
pregunta F Frage **preguntar** fragen
preimplantacional diagnóstico *m* **genético ~** Präimplantationsdiagnostik *f*
preinstalado vorinstalliert
prejuicio [-xŭiθ-] M Vorurteil *n* **prematuro** frühreif
premiar belohnen; auszeichnen **premio** M Preis; Prämie *f*; **~ Nobel** Nobelpreis
prenda F Pfand *n*; Kleidungsstück *n* **prendedor** M Brosche *f* **prender** ergreifen; befestigen, anstecken; *Feuer* legen
prensa F Presse (*a.* TECH) **prensar** pressen
preocupación [-θ-] F Sorge, Besorgnis **preocupado** besorgt **preocupante** besorgniserregend **preocupar** Sorgen machen **preocuparse** sich sorgen (**por** um)
prepago IN ZSSGN Prepaid-…; **tarjeta** *f* **~** Prepaidkarte
preparación [-θ-] F Vorbereitung **preparado** M Präparat *n* **preparar** vorbereiten **preparativos** MPL Vorbereitungen *fpl*
preposición [-θ-] F GRAM Präposition
presa F Beute, Fang *m*; Gefangene; Staudamm *m*, Talsperre
présbita weitsichtig
prescribir vorschreiben; MED verschreiben **prescripción** [-βθ-] F Vorschrift; MED Verordnung
preselección F Vorauswahl
presencia [-θ-] F Gegenwart; Anwesenheit
presentación [-θ-] F Vorstellung; Vorlage **presentador(a)** M(F) TV Ansager(in); Moderator(in); Showmaster(in) **presentar** vorstellen; einreichen; aufweisen **presentarse** sich vorstellen; auftreten
presente **1** ADJ gegenwärtig, jetzig; anwesend; **estar ~** anwesend sein; dabei sein **2** M Gegenwart *f*
presentir ahnen
preservar bewahren, schützen **preservativo** M Präservativ *n*
presidencia [-θ-] F Vorsitz *m*
presidente M/F Präsident(in)
presidio M Zuchthaus *n*
presidir den Vorsitz führen bei; vorstehen (*dat*)

presión F Druck *m*; **~ sanguínea** Blutdruck *m* **presionar** Druck ausüben (**sobre** auf *akk*)
preso M Gefangene(r)
prestación [-θ-] F Leistung; **~ por desempleo/por hijo** Arbeitslosen-/Kindergeld *n*
préstamo M Darlehen *n*
prestar leihen; *Schwur, Hilfe* leisten; **~ atención** aufpassen
prestigio [-x-] M Ansehen *n*, Ruf **prestigioso** angesehen
presumido eingebildet **presumir** vermuten, annehmen; *fig* angeben
presunto vermeintlich **presuntuoso** eingebildet
presupuesto M Voranschlag; Haushalt, Budget *n*
pretencioso [-θ-] anmaßend **pretender** beanspruchen; vorgeben **pretendiente** M/F Bewerber(in) **pretensión** F Anspruch *m*
pretexto M Vorwand
prevención [-θ-] F Vorbeugung, Verhütung **prevenir** vorbeugen, verhüten; warnen **preventivo** vorbeugend; **preso** *m* **~** Untersuchungshäftling
prever voraussehen **previo** vorhergehend **previsión** F Voraussicht; Vorhersage
prima F Cousine; HANDEL Prämie
primavera F Frühling *m*; BOT Primel
primer(o), -a ADJ erste(r, -s); **poner la -a** den ersten Gang einlegen **primero** ADV zuerst
primitivo ursprünglich; primitiv
primo M Vetter, Cousin
primordial grundlegend, wesentlich
princesa [-θ-] F Prinzessin; Fürstin **principal** **1** ADJ hauptsächlich **2** M erster Stock
príncipe [-θ-] M Fürst; Prinz; *fig* **~ azul** Märchenprinz
principiante [-θ-] M/F Anfänger(in) **principio** M Anfang; Grundsatz; Prinzip *n*; **al ~** anfangs; **a ~s de abril** Anfang April
prioridad F Vorrang *m*; *Verkehr* Vorfahrt
prisa F Eile; **de ~** eilig; **no corre ~** das ist nicht eilig; **darse ~** sich beeilen
prisión F Gefängnis *n*; Haft **prisionero,-a** M,F Gefangene(r) *m/f(m)*
prismáticos MPL Fernglas *n*
privado privat, Privat... **privar** entziehen; berauben **privarse**: **~ de** verzichten auf (*akk*)
privatizar [-θ-] privatisieren
privilegiar [-x-] bevorzugen; privilegieren **privilegio** M Vorrecht *n*, Privileg *n*
proa F SCHIFF Bug *m*
probabilidad F Wahrscheinlichkeit **probable** wahrscheinlich **probar** beweisen; probieren (*a. Essen*); *Kleid* anprobieren
probeta F Reagenzglas *n*

problema M Problem *n*; MATH Aufgabe *f*; **no hay ~** kein Problem; **sin ~** problemlos
procedencia [-θeðenθ-] F Herkunft **procedente** stammend (**de** aus, von) **proceder** stammen; herrühren; *fig* vorgehen, verfahren; **~ a** übergehen zu **procedimiento** M Verfahren *n* (*a.* JUR); Vorgehen *n*
procesal: **derecho** *m* **~** Prozess-, Verfahrensrecht *n* **procesamiento** [-θ-] M **~ de datos** Datenverarbeitung *f* **procesar** gerichtlich verfolgen; IT verarbeiten **procesión** F Prozession **proceso** M Prozess (*a.* JUR)
proclamación [-θ-] F Verkündigung **proclamar** ausrufen; proklamieren
procurador(a) M(F) Bevollmächtigte(r) *m/f(m)*; Anwalt, Anwältin **procurar** besorgen, verschaffen; versuchen zu
prodigio [-x-] M Wunder *n*
producción [-ɣθ-] F Produktion, Erzeugung **producir** [-θ-] erzeugen; herstellen, produzieren; hervorrufen **productivo** produktiv **producto** M Produkt *n*, Erzeugnis *n*; **~ ecológico** Bioprodukt *n* **productor(a)** M(F) Hersteller(in); Produzent(in)
profanar entweihen
profesión F Beruf *m* **profesional** 1 ADJ beruflich, Berufs... 2 M Fachmann; *umg* Profi **profesor(a)** M(F) Lehrer(in)
profeta M/F Prophet(in)
profundidad F Tiefe **profundo** tief
programa M Programm *n*; **~ gestor** IT Treiber; **~ de talentos** Castingshow *f* **programador(a)** M(F) Programmierer(in) **programar** programmieren
progresar Fortschritte machen **progresivo** progressiv **progreso** M Fortschritt
prohibición [-θ-] F Verbot *n* **prohibido** verboten **prohibir** verbieten
prólogo M Vorwort *n*, Prolog
prolongar verlängern
promedio M Durchschnitt
promesa F Versprechen *n* **prometedor** vielversprechend **prometer** versprechen **prometido** 1 ADJ verlobt 2 M, **-a** F Verlobte(r) *m/f(m)*
prominente hervorragend; *fig* prominent
promoción [-θ-] F Förderung; Beförderung **promocionar** fördern
promulgar verkünden, bekannt geben; *fig* verbreiten
pronombre M Fürwort *n*, Pronomen *n*
pronóstico M Prognose *f*
pronto schnell; bald; **de ~** plötzlich; **lo más ~ posible** möglichst bald
pronunciación [-θĭaθ-] F Aussprache **pronunciar** aussprechen; *Rede* halten

propagación [-θ-] F Ver-, Ausbreitung **propaganda** F Propaganda; Werbung **propagar** verbreiten
propenso geneigt, bereit (**a** zu); MED anfällig (**a** für)
propicio [-θ-] günstig; **ser ~ a** geneigt sein zu
propiedad F Eigentum *n* **propietario** M, **-a** F Eigentümer(in); Besitzer(in)
propina F Trinkgeld *n*; **de ~** obendrein
propio eigen; selbst
proponer vorschlagen **proponerse** sich vornehmen
proporción [-θ-] F Verhältnis *n* **proporcional** verhältnismäßig **proporcionar** ver-, beschaffen
proposición [-θ-] F Vorschlag *m* **propósito** M Absicht *f*; **a ~** übrigens; gelegen; **a** (*od* **de**) **~** absichtlich
propuesta F Vorschlag *m*
prórroga F Verlängerung; Aufschub *m* **prorrogar** verlängern
prosa F Prosa
proseguir [-ɣir] *Absicht* verfolgen; fortfahren, -setzen
prospecto M Prospekt
prosperar gedeihen; florieren **prosperidad** F Gedeihen *n*; Wohlstand *m*
próspero blühend, erfolgreich
prostitución [-θ-] F Prostitution **prostituta** F Prostituierte
protagonista M/F Hauptdarsteller(in); *fig* Hauptperson *f*
protección [-ɣθ-] F Schutz *m*; **~ anticopia** Kopierschutz *m*; **~ al consumidor** Verbraucherschutz *m*; **~ de especies** Artenschutz *m* **protector** M **~ labial** Lippenpflegestift, Lippenbalsam; **~ solar** (starkes) Sonnenschutzmittel *n*
proteger [-x-] (be)schützen (**de** vor *dat*)
proteína F Protein *n*, Eiweiß *n*
prótesis F Prothese
protesta F Protest *m* **protestante** REL **1** ADJ protestantisch **2** M, **-a** F Protestant(in) **protestar** protestieren **protesto** M HANDEL Wechselprotest
protocolo M Protokoll *n*
provecho [-tʃo] M Vorteil, Nutzen; **¡buen ~!** guten Appetit!
provechoso nützlich
proveedor(a) M(F) **1** Lieferant(in) **2** *nur* M INTERNET Provider **proveer** versehen (**de** mit)
proverbio M Sprichwort *n*
providencia [-θ-] F Vorsehung
provincia [-θ-] F Provinz **provincial** provinziell
provisión F Vorrat *m*; **~ de fondos** HANDEL Deckung **provisional**, *Am a.* **provisorio** vorläufig, provisorisch
provocar herausfordern; provozieren; bewirken **provocativo** provozierend
proxeneta M/F Zuhälter(in)

proximidad F Nähe **próximo** nahe; nächste(r); **¡hasta la -a!** bis zum nächsten Mal!; bis bald!

proyección [-ɣθ-] F Projektion **proyectar** projizieren; planen; *Film* vorführen **proyectil** M Geschoss *n*

proyecto M Plan, Projekt *n*; **~ de ley** Gesetzentwurf **proyector** M Projektor; **~ de transparencias** Overheadprojektor

prudencia [-θ-] F Klugheit; Vorsicht **prudente** klug; vorsichtig

prueba F Beweis *m*; Probe; **a ~ de agua** wasserdicht; **poner a ~** auf die Probe stellen

pruebo → probar

Prusia F Preußen *n*

psico... Psycho... **psicología** [-x-] F Psychologie **psicosis** F Psychose **psicosomático** psychosomatisch **psicoterapeuta** M/F Psychotherapeut(in)

psiquiatra [-ki-] M/F Psychiater(in) **psíquico** [-ki-] psychisch, seelisch

PSOE [pesoe] M ABK (Partido Socialista Obrero Español) Sozialistische Arbeiterpartei Spaniens

pta. (peseta) *hist*, **pt(a)s.** (pesetas) Pesete(n)

púa F Stachel *m*

publicación [-θ-] F Bekanntmachung; Veröffentlichung; Publikation **publicar** veröffentlichen; herausgeben **publicidad** [-θ-] F Reklame, Werbung **publicitario** [-θ-] **1** ADJ Werbe... **2** M, **-a** F Werbefachmann *m*, -frau *f*

público **1** ADJ öffentlich **2** M Publikum *n*

puchero [-tʃ] M Kochtopf; Eintopfgericht *n*

pude, pudo → poder

pudín M Pudding

pudor M Scham(haftigkeit) *f*

pudrirse (ver)faulen

pueblo M Volk *n*; Dorf *n*

pueda, puedo → poder

puente M Brücke *f*; SCHIFF Deck *n*; MUS Steg; MED Bypass; **hacer ~** e-n Brückentag machen

puerco M Schwein *n*

pueril kindisch

puerro M Lauch, Porree

puerta F Tür; Tor *n*; **~ trasera** (*od* **de atrás**) Hintertür; **~de embarque** Flugsteig, Gate

puerto M Hafen; (Berg)Pass; **~ deportivo/marítimo/pesquero** Jacht-/See-/Fischereihafen; **~ USB** USB-Schnittstelle *f*

pues da; denn; also; **¡~ bien!** also gut!

puesta F *im Spiel* Einsatz *m*; ASTROL Untergang *m* **puesto** **1** M Stelle *f*; Posten; (Verkaufs-)Stand; **~ de socorro** Unfallstation *f* **2** KONJ **~ que** da (ja), weil **3** PPERF → poner

puesto → poder

pulcro sauber, reinlich

pulga F Floh *m*

pulgar M Daumen
pulgón M Blattlaus *f*
pulido poliert, blank **pulimento** M Politur *f* **pulir** polieren
pulmón M Lunge *f* **pulmonar** Lungen... **pulmonía** F Lungenentzündung
pulóver M *Am* Pullover
pulpa F Fruchtfleisch *n*
púlpito M Kanzel *f*
pulpo M Krake; Oktopus
pulsación [-θ-] F Anschlag *m*
pulsar V/T *Knopf* drücken; V/I pulsieren **pulso** M Puls(schlag)
pulverizar pulverisieren; zerstäuben
¡pum! bum!
punible strafbar
punta F Spitze **puntada** F (Nadel)Stich *m* **puntapié** M Fußtritt
puntilla [-ʎa] F STIERK Genickstoß *m*; **de ~s** auf Zehenspitzen
punto M Punkt; **~ máximo**, *fig* **~ fuerte** Höhepunkt; **~ muerto** AUTO Leerlauf; **~ de vista** Gesichtspunkt; **dos ~s** Doppelpunkt *m*; **estar a ~** fertig, GASTR gar sein; **estar a ~ de** im Begriff sein zu; **a las tres en ~** Punkt drei Uhr; **¡y ~!** und damit hat sich's
puntuación [-θ-] F Zeichensetzung; SPORT Punktwertung
puntual pünktlich **puntualidad** F Pünktlichkeit **puntualizar** [-θ-] klarstellen
puñal [-ɲ-] M Dolch **puñetazo** [-θo] M Faustschlag **puño** M Faust *f*; Griff; Manschette *f*
pupila F Pupille
pupitre M Pult *n*
puré M Püree *n*
pureza [-θa] F Reinheit
purgante M Abführmittel *n* **purgar** abführen; POL säubern **purgatorio** M Fegefeuer *n*
purificar reinigen
puro 1 ADJ rein 2 M Zigarre *f*
púrpura F Purpur *m*
pus M Eiter
puse, puso → poner
pústula F Pustel
puta F *sl* Hure **putada** F *sl* Gemeinheit
putrefacción [-ɣθ-] F Fäulnis; Verwesung **putrefacto** verfault; verwest

Q

QR ABK (Quick Response) IT; **código** *m* **QR** QR-Code *m*
que [ke] 1 PRON welche(r, -s); der, die, das 2 KONJ dass 3 *beim Komparativ* als; wie
qué [ke] **¿~?** welche(r, -s)?, was?; **¡~!** welch!, was für ein!; *mit adj* wie!
quebradizo [keβraðiθo] zerbrechlich; brüchig **quebrado** M MATH Bruch **quebrar** (zer)brechen; HANDEL Bankrott ma-

chen
quechua *Am* **1** N Quechua, Ketschua **2** ADJ Quechua…
quedada F *meist informell* Treffen *n*, Meeting *n*
quedar [ke-] bleiben; übrig bleiben; **~ en** vereinbaren **quedarse** bleiben; **~ con** *etw* behalten, nehmen
quehacer [keaθ-] M Arbeit *f*; Aufgabe *f* **quehaceres** PL Beschäftigung *f*
queja [kɛxa] F Klage; Beschwerde **quejarse** sich beklagen; sich beschweren (**de** über *akk*)
quema [ke-] F Verbrennung **quemadura** F Brandwunde; **~ de sol** Sonnenbrand *m* **quemar** (ver)brennen
quepo → caber
querella [kereʎa] F Streit *m*; JUR Klage
querer [ke-] wollen; mögen; lieben **querido** **1** ADJ lieb, geliebt **2** M, **-a** F Geliebte(r) *m/f(m)*
queso [ke-] M Käse; **~ azul** (Blau-)Schimmelkäse; **~ manchego** Manchego; **~ rallado** Reibkäse, geriebener Käse
quiebra [k-] F Bankrott *m*, Konkurs *m*
quien [k-], PL **quienes** wer; **con ~(es)** mit dem (denen); **hay ~ …** manch einer, einige …; **¿quién?** wer?
quiero, quiere → querer
quieto [kĭ-] ruhig **quietud** F Ruhe
quilate [ki-] M Karat *n*
quilla [kiʎa] F SCHIFF Kiel *m*
química [ki-] F Chemie **químico** **1** ADJ chemisch **2** M, **-a** F Chemiker(in) **quimioterapia** [ki-] F, **quimio** F *umg* Chemotherapie *f*, *umg* Chemo *f*
quince [kinθe] fünfzehn; **en ~ días** in vierzehn Tagen
quinientos [ki-] fünfhundert
quinina [ki-] F Chinin *n*
quinta [k-] F Landhaus *n*
quinto [ki-] fünfte
quiosco [kĭ-] M Kiosk
quirófano [ki-] M Operationssaal, OP **quirúrgico** [-x-] chirurgisch
quise, quiso → querer **quisiera** ich möchte; → querer
quisquilloso [kiskiʎ-] *umg* pingelig
quitaesmalte [ki-] M Nagellackentferner **quitamanchas** [-tʃ-] M Fleckenentferner **quitanieves** M Schneepflug
quitar [ki-] wegnehmen; entfernen; **¡quita!** lass das! **quitarse** *Kleidung* ausziehen; *Hut, Brille* abnehmen **quitasol** M Sonnenschirm
quizá(s) [kiθ-] vielleicht

R

rabanito M Radieschen *n*
rábano M Rettich; **~ picante** Meerrettich
rabia F Wut; MED Tollwut; **dar ~** wütend machen **rabiar** wüten(d sein) **rabioso** wütend; MED tollwütig
rabo M Schwanz
RACE [-θe] M ABK (Real Automóvil Club de España) *spanischer Automobilclub*
racha [-tʃa] F Windstoß *m*; **buena/mala ~** Glücks-/Pechsträhne
racial [-θ-] Rassen…
racimo [-θ-] M Traube *f*; Büschel *n*
ración [-θ-] F Portion; Ration
racional [-θ-] rational; rationell **racionalizar** [-θ-] rationalisieren **racionar** rationieren
radar M Radar *n*
radiación [-θ-] F Strahlung **radiactividad** F Radioaktivität **radiactivo** radioaktiv **radiador** M Heizkörper; AUTO Kühler **radiante** strahlend **radiar** *a.* RADIO ausstrahlen
radical gründlich; *a.* POL radikal
radio **1** M Radius; Radium *n* **2** F Radio *n*; Rundfunk *m* **radiodespertador** M Radiowecker
radiografía F Röntgenbild *n*
radiograma M Funkspruch
radiología [-x-] F Radiologie
radiotaxi M Funktaxi *n* **radioterapia** F Strahlenbehandlung
RAE F ABK (Real Academia Española) *königliche spanische Sprachakademie*
ráfaga F Windstoß *m*
rafia F Bast *m*
raído *Stoff* abgewetzt
raíl M (Eisenbahn)Schiene *f*
raíz [-θ] F Wurzel (*a. fig*); **a ~ de** aufgrund von
raja [-xa] F Riss *m*; Spalte; *Wurst etc* Scheibe **rajar** spalten **rajarse** *umg* kneifen
rallador [-ʎ-] M Reibe *f* **rallar** raspeln; reiben
rama F Ast *m*; Zweig *m*
ramadán M REL Ramadan
rambla F Promenade, Allee
ramificarse sich verzweigen
ramo M Zweig; HANDEL Branche *f*; **~ (de flores)** Blumenstrauß; **del ~** vom Fach
rampa F Rampe
rana F Frosch *m*; **salir ~** *umg* missraten
rancho [-tʃo] M MIL Verpflegung *f*; *Am* Ranch *f*
rancio [-θ-] ranzig; *fig* alt
ranura F Nute; Schlitz *m*
rapaz [-θ] **1** ADJ raubgierig; **ave** *f* **~** Greifvogel *m* **2** M Bengel
rape M *Fisch*: Seeteufel
rapé M Schnupftabak

rapidez [-θ] F Schnelligkeit **rápido** 1 ADJ schnell 2 M BAHN Eilzug; GEOG Stromschnelle *f* **rapiña** [-ɲa] F Raub *m* **raptar** entführen **rapto** M Raub, Entführung *f* **raqueta** [-ke-] F SPORT Schläger *m* **raramente** selten **rareza** [-θa] F Seltenheit; Seltsamkeit **raro** selten; seltsam; **¡qué ~!** (wie) komisch! **ras**: **a ~ de** dicht über **rascacielos** [-θ-] M Wolkenkratzer **rascar** kratzen **rasgar** zerreißen; schlitzen **rasgo** M Strich; (Gesichts-, Charakter)Zug **rasguñar** [-ɲ-] kratzen **rasguño** [-ɲ-] M Kratzer; MED Kratzwunde *f* **raso** 1 ADJ flach; glatt 2 M Satin **raspado** M MED Ausschabung *f* **raspar** abschaben, abkratzen; radieren **rastrear** nachspüren; *Gelände* durchkämmen **rastrillo** [-ʎ-] M Rechen, Harke *f* **rastro** M Rechen; Harke *f*; *a. fig* Spur *f*; Trödel-, Flohmarkt **rata** F Ratte **ratero** M Taschendieb **ratificar** *Vertrag* ratifizieren **Ratisbona** F Regensburg *n* **rato** M Weile *f*; Augenblick; **pasar el ~** sich die Zeit vertreiben; **al poco ~** kurz darauf **ratón** M *a.* IT Maus *f*

ratonera F Mausefalle **raya** F Strich *m*; Streifen *m*; Scheitel *m*; ZOOL Rochen *m* **rayado** gestreift **rayar** verkratzen; ausstreichen; lini(i)eren **rayo** M Strahl; Blitz; *Rad* Speiche *f*; **~s** *pl* X Röntgenstrahlen; **como un ~** blitzschnell **raza** [-θa] F Rasse **razón** [-θ-] F Vernunft; Verstand *m*; Grund *m*; Recht *n*; **por esta ~** aus diesem Grund; **perder la ~** den Verstand verlieren; **(no) tener ~** recht (unrecht) haben **razonable** [-θ-] vernünftig; *Preis* angemessen **RDSI** F ISDN *n*; **conexión** *f* **~** ISDN-Anschluss *m* **reacción** [-ɣθ-] F Reaktion **reaccionar** reagieren (a auf *akk*) **reaccionario** reaktionär **reacio** [-θ-] widerspenstig; **~ a** abgeneigt (*dat*) **reactor** M Reaktor; FLUG Düsenflugzeug *n* **real** tatsächlich; wirklich; königlich **realidad** F Wirklichkeit; **en ~** eigentlich **realista** 1 ADJ realistisch 2 M/F Realist(in) **realizador(a)** [-θ-] M(F) *Film*, TV Regisseur(in) **realizar** verwirklichen; aus-, durchführen **realzar** [-θ-] hervorheben; verschönern **reanimar** wieder beleben **reanudar** wieder aufnehmen **rebaja** [-xa] F Rabatt *m*; Abzug *m*; **~s** *pl* Schlussverkauf *m* **re-**

bajar herabsetzen (*a. fig*)
rebanada F Brotscheibe
rebaño [-ɲo] M Herde *f*
rebasar *fig* überschreiten
rebatir widerlegen
rebeca F Strickjacke
rebelarse rebellieren **rebelde** 1 ADJ rebellisch 2 M/F Rebell(in) **rebelión** F Aufstand *m*
rebosar überlaufen; **~ de** strotzen vor (*dat*) **rebotar** V/T zurückschlagen; V/I abprallen
rebozar [-θ-] GASTR panieren
recado M Nachricht *f*; Besorgung *f*; **dar un ~ a alg** j-m etw ausrichten, etw bestellen
recaer *fig* fallen (**en** auf *akk*); MED e-n Rückfall erleiden **recaída** F Rückfall *m*
recalentar erhitzen; TECH überhitzen; *Essen* aufwärmen
recambio M Umtausch; Ersatzteil *n*; **de ~** Ersatz...
recargar überladen; überlasten **recargo** M Zuschlag
recaudación [-θ-] F *von Steuern* Erhebung; Einnahme **recaudador(a)** M(F) Steuereinnehmer(in) **recaudar** *Steuern* erheben; *Geld* einnehmen
recelar [-θ-] argwöhnen; **~ de** misstrauen **recelo** M Argwohn
receloso argwöhnisch; misstrauisch
recepcion [-θɛβθ-] F Empfang *m*; Aufnahme **recepcionista** M/F Empfangschef *m*, -dame *f*
receptor(a) [-θ-] M(F) Empfänger(in)
receta [-θ-] F Rezept *n* (*a.* MED) **recetar** MED verschreiben
rechazar [-tʃaθ-] zurückweisen; ablehnen **rechazo** M Ablehnung *f*
rechinar [-tʃ-] quietschen; knarren; knirschen
recibir [-θ-] erhalten, bekommen; empfangen **recibo** M Empfang; Empfangsbescheinigung *f*; Quittung *f*
reciclable [-θ-] wiederverwertbar **reciclado** M, **reciclaje** [-xe] M Recycling *n* **reciclar** wiederverwerten, recyceln
recién [-θ-] frisch..., neu...; *Am a.* kürzlich; soeben; **~ nacido** neugeboren **reciente** jüngst, kürzlich; neu
recinto [-θ-] M Bereich; Gebiet *n*; **~ ferial** Messegelände *n*
recipiente [-θ-] M Gefäß *n*; Behälter
recíproco [-θ-] gegenseitig
recital [-θ-] M (Solo)Konzert *n*
recitar vortragen, rezitieren
reclamación [-θ-] F Einspruch *m*; Reklamation; Beanstandung
reclamar zurückfordern; reklamieren **reclamo** M Reklame *f*; *Am* Beschwerde *f*
reclinar(se) (sich) an-, zurücklehnen
recluta F Rekrut(in)
recobrar wiedererlangen
recodo M Biegung *f*
recogedor [-x-] M Kehrschau-

fel *f* **recoger** aufheben; aufnehmen; sammeln; weg-, aufräumen **recogida** F Sammeln *n*; Abholen *n*; *Briefkasten* Leerung; **~ de basuras** Müllabfuhr; **~ selectiva de basuras** Mülltrennung
recolección [-ɣθ-] F Ernte **recolectar** ernten
recomendable empfehlenswert **recomendación** [-θ-] F Empfehlung **recomendar** empfehlen
recompensa F Belohnung **recompensar** belohnen; ersetzen
reconciliación [-θiliaθ-] F Versöhnung **reconciliar(se)** (sich) versöhnen
reconocer [-θ-] wiedererkennen; anerkennen; zugeben; MED untersuchen **reconocido** anerkannt; dankbar **reconocimiento** M Anerkennung *f*; MED Untersuchung *f*; Dankbarkeit *f*; **en ~ de** als Dank für
reconquista [-ki-] F Wiedereroberung **reconstruir** wieder aufbauen; rekonstruieren
récord M Rekord
recordar (sich) erinnern an (*akk*)
recorrer durchlaufen, -fahren; bereisen; *Strecke* zurücklegen; *Buch* überfliegen **recorrido** M Strecke *f*; **tren** *m* **de largo ~** Fernzug
recortar be-, ab-, ausschneiden; kürzen **recorte** M Ausschnitt; WIRTSCH Kürzung *f*
recrear ergötzen, erquicken **recrearse** sich erholen, entspannen **recreativo** belustigend; **salón** *m* **~** Spielhalle *f*
recreo M Erholung *f*; *Schule* Pause *f*
recriminar Vorwürfe machen; beschuldigen
recrudecer(se) [-θ-] (sich) verschlimmern; *fig* (sich) verschärfen
rectángulo M Rechteck *n* **rectificar** berichtigen; verbessern
recto **1** ADJ gerade; *fig* redlich; ADV **seguir todo ~** immer geradeaus gehen **2** M ANAT Mastdarm
recuerdo M **1** Erinnerung *f*, Andenken *n*; Souvenir *n* **2** → recordar **recuerdos** PL Grüße *mpl*; **muchos ~ a ...** viele Grüße an ...
recuperación [-θ-] F Wiedererlangung; Rückgewinnung **recuperar** wiedererlangen; nachholen **recuperarse** sich erholen
recurrir sich wenden (**a** an *akk*); greifen (**a** zu); JUR Berufung einlegen
recurso M Zuflucht *f*; Ausweg; **~s** *pl* Hilfsquellen *fpl*; **~s (económicos)** Geldmittel *npl*; **~s energéticos** Energiequellen *fpl*; **sin ~s** mittellos
red F Netz *n* (*a.* IT, TEL, *fig*); **la ~** das Netz, das Internet; **~ fija** TEL Festnetz *n*; **~ inalámbrica**

IT WLAN *n*; ~ **social** soziales Netzwerk *n*; ~ **de telefonía móvil** TEL Mobilfunknetz *n*
redacción [-ɣθ-] F Abfassung; Redaktion; *Schule* Aufsatz *m* **redactar** ver-, abfassen **redactor(a)** M(F) Redakteur(in)
redada F Razzia
redención [-θ-] F Erlösung **redimir** loskaufen; erlösen
rédito M Rendite *f*
redoblar verdoppeln
redonda F MUS ganze Note; **a la** ~ rundherum **redondear** ab-, aufrunden **redondo** rund
reducción [-ɣθ-] F Verminderung, Herabsetzung **reducir** [-θ-] vermindern; reduzieren **redujo, reduzco** → reducir
reeducación [-θ-] F Umschulung; MED Rehabilitation **reeducar** umschulen
reelección [-ɣθ-] F Wiederwahl **reelegir** [-x-] wieder wählen
reembolsar zurückzahlen, erstatten **reembolso** M Rückzahlung *f*; **contra** ~ gegen Nachnahme
reemplazar [-θ-] ersetzen **reemplazo** [-θo] M Ersatz
reexpedir nachsenden
referencia [-θ-] F Hinweis *m*; Verweis *m*; HANDEL Bezug *m*; Referenz **referente**: ~ **a** in Bezug auf (*akk*); bezüglich
réferi M/F, **referí** M/F *Am* Schiedsrichter(in) *m(f)*
referir berichten **referirse** sich beziehen (**a** auf *akk*)
refinación [-θ-] F, **refinamiento** M Verfeinerung *f* **refinar** verfeinern; TECH raffinieren **refinería** F Raffinerie
reflejar [-x-] reflektieren, (wider)spiegeln (*a. fig*) **reflejo** [-xo] M Reflex (*a.* MED); Spiegelbild *n* **reflexión** F Spiegelung; *fig* Überlegung **reflexionar** überlegen; nachdenken **reflexivo** nachdenklich; GRAM reflexiv
reforestación [-θ-] F (Wieder)Aufforstung **reforestar** (wieder) aufforsten
reforma F Reform; REL Reformation; ~ **ortográfica** Rechtschreibreform; ~**s** *pl* Umbau *m*, Renovierung *f*
reformar umgestalten; reformieren; umbauen
reforzar [-θ-] verstärken
refracción [-ɣθ-] F (Strahlen)-Brechung **refractario** widerspenstig; TECH feuerfest
refrán M Sprichwort *n*
refregar (ab)reiben
refrendar gegenzeichnen
refrescante erfrischend; **bebida** *f* ~ Softdrink *m* **refrescar** erfrischen; (sich) abkühlen **refresco** M *Imbiss* Erfrischung *f*; *Getränk* Softdrink
refrigeración [-xeraθ-] F Kühlung **refrigerador** M Kühlschrank **refrigerar** (ab)kühlen
refrigerio [-x-] M Imbiss
refuerzo [-θo] M Verstärkung *f*

refugiado [-x-] M, **-a** F Flüchtling *m* **refugiarse** (sich) flüchten **refugio** M Zuflucht *f*; Schutzhütte *f*
refundir *fig* neu bearbeiten; umarbeiten
refutar widerlegen
regadera F Gießkanne **regadío** M (**tierra** *f* **de**) ~ Bewässerungsland *n*
regalar schenken; bewirten
regaliz [-θ] M Süßholz *n*, Lakritze *f*
regalo M Geschenk *n*
regañar [-ɲ-] (aus)schimpfen
regar bewässern; sprengen, gießen
regata F Regatta
regatear feilschen **regateo** M Feilschen *n*
regazo [-θo] M Schoß (*a. fig*)
regenerar [-x-] regenerieren; erneuern
régimen [-x-] M Regime *n*; MED Diät *f*
regio [-x-] königlich; *fig* herrlich
región [-x-] F Gegend, Region; Gebiet *n* **regional** regional
regir [-x-] regieren; leiten
registrar [-x-] verzeichnen; registrieren; durchsuchen **registro** M Verzeichnis *n*; Register *n*; Durchsuchung *f*; *Ton* Aufnahme *f*; ~ **civil** Standesamt *n*; ~ **domiciliario** Haussuchung *f*
regla F Regel (*a.* MED); Lineal *n*; ~**s** *pl* **del juego** Spielregeln (*a. fig*)
reglamentar regeln **reglamentario** vorschriftsmäßig
reglamento M Vorschrift *f*
regrabable ADJ *CD, DVD* wieder beschreibbar
regresar zurückkehren **regreso** M Rückkehr *f*
regulable regulierbar; verstellbar **regulación** [-θ-] F Regulierung **regular** **1** V/T regeln; regulieren, einstellen **2** ADJ regelmäßig; regulär; (mittel)mäßig **regularidad** F Regelmäßigkeit
rehabilitación [-θ-] F Rehabilitation (*a.* MED); ARCH Renovierung **rehabilitar** rehabilitieren
rehén M Geisel *f*
rehuir vermeiden; aus dem Weg gehen **rehusar** verweigern; ablehnen
reimpresión F Nachdruck *m*
reina F Königin; *Schach* Dame
reinado M Regierung(szeit) *f*
reinante regierend; herrschend **reinar** herrschen (*a. fig*); regieren
reincidente [-θ-] JUR rückfällig **reincidir** rückfällig werden
reino M Königreich *n*; **Reino Unido** Vereinigtes Königreich *n*
reintegrar wieder einsetzen; *Geld* rückvergüten; *Verlust* ersetzen **reintegro** M Ersatz; (Rück)Erstattung *f*
reír lachen **reírse** lachen; ~ **de** sich lustig machen über (*akk*)
reiterar wiederholen
reivindicar fordern, beanspru-

chen
reja [-xa] F Gitter *n* **rejilla** [-ʎa] F Gitter *n*; BAHN Gepäcknetz *n*
rejoneador M Stierkämpfer zu Pferd
rejuvenecer [-xuβeneθ-] verjüngen
relación [-θ-] F Beziehung; Verhältnis *n*; Bericht *m*; Liste, Aufstellung; **~ calidad-precio** Preis-Leistungs-Verhältnis *n*; **~ a distancia** Fernbeziehung **relacionar** in Verbindung bringen (**con** mit)
relajación [-xaθ-] F Entspannung; Erschlaffung **relajar(se)** (sich) entspannen; (sich) lockern
relámpago M Blitz
relampaguear [-γe-] blitzen
relatar erzählen, berichten **relativo** relativ; **~ a** bezüglich **relato** M Bericht **relator(a)** M(F) *Am* Berichterstatter(in)
relegar verweisen; verbannen
relevar entheben; ablösen **relevo** M Ablösung *f*; SPORT Staffel *f*; **carrera** *f* **de ~s** Staffellauf *m*
relieve M Relief *n*; **poner de ~** hervorheben
religión [-x-] F Religion **religiosidad** F Frömmigkeit **religioso** **1** ADJ fromm; religiös **2** M Mönch
relinchar [-tʃ-] wiehern
rellano [-ʎ-] M Treppenabsatz
rellenar [-ʎ-] füllen (*a.* GASTR); *Formular* ausfüllen **relleno** **1** ADJ voll; gefüllt **2** M Füllung *f* (*a.* GASTR)
reloj [-x] M Uhr *f*; **~ de bolsillo/de pared/de pulsera** Taschen-/Wand-/Armbanduhr *f* **relojería** F Uhrengeschäft *n* **relojero,-a** M,F Uhrmacher(in)
relucir [-θ-] glänzen, strahlen
remanente M Überrest; HANDEL Restbetrag
remar rudern
rematar vollenden; abschließen; *Am* versteigern **remate** M Abschluss; HANDEL Ausverkauf; *Am* Versteigerung *f*; STIERK Todesstoß
rembolsar → reembolsar
remediar abhelfen **remedio** M Mittel *n*, Abhilfe *f*; MED Heilmittel *n*
remendar flicken, ausbessern
remero,-a M,F Ruderer, Ruderin
remesa F Sendung
remiendo M Flicken
remilgado geziert; zimperlich
remilgo M Ziererei *f*; Getue *n*
remisión F Übersendung; Nachlassen *n* **remitente** M/F Absender(in) **remitir** V/T übersenden, erlassen; V/I nachlassen
remo M Ruder *n*; Rudersport
remodelar umgestalten
remojar [-x-] einweichen
remolacha [-tʃa] F Rübe
remolcador M SCHIFF Schlepper **remolcar** (ab)schleppen
remolino M Wirbel, Strudel; Haarwirbel

remolque [-ke] M (Ab)Schleppen *n*; AUTO Anhänger; **a ~** im Schlepptau
remordimientos MPL Gewissensbisse *pl*
remoto entlegen, entfernt
remover umrühren; durchwühlen; entfernen
remplazar → reemplazar
remuneración [-θ-] F Vergütung; Bezahlung **remunerar** belohnen; vergüten
renacimiento [-θ-] M Wiedergeburt *f*; Renaissance *f*
renacuajo [-xo] M Kaulquappe *f*
renal Nieren…
Renania F Rheinland *n*
rencor M Groll **rencoroso** nachtragend
rendición [-θ-] F Bezwingung; Übergabe **rendido** erschöpft
rendija [-xa] F Schlitz *m*, Spalt *m*
rendimiento M Ertrag; Leistung *f* **rendir** bezwingen; leisten; *Ertrag* abwerfen; **~ las armas** *a. fig* kapitulieren **rendirse** sich ergeben
renegado **1** ADJ abtrünnig **2** M, **-a** F Abtrünnige(r) *m/f(m)*
renegar ableugnen
RENFE F ABK (Red Nacional de Ferrocarriles Españoles) *spanische Eisenbahngesellschaft*
renglón M Zeile *f*; Reihe *f*
renombrado berühmt **renombre** M Ruhm, Ruf
renovable erneuerbar; *Vertrag* verlängerbar **renovación** [-θ-] F Erneuerung **renovar** erneuern; renovieren
renta F Rente, Ertrag *m*; Zins *m*; Einkommen *n*; **de ~ fija** festverzinslich **rentable** rentabel; wirtschaftlich **rentar** einbringen
renuncia [-θ-] F Verzicht *m* **renunciar** verzichten (**a** auf *akk*)
reñir [-ɲ-] V/T ausschimpfen; V/I sich zanken
reo,-a M,F Angeklagte(r) *m/f(m)*
reorganizar [-θ-] neugestalten; umorganisieren
reparación [-θ-] F Reparatur, Ausbesserung **reparar** ausbessern, reparieren; *Schaden* wieder gutmachen; **~ en** bemerken; achten auf (*akk*) **reparo** M Bedenken *n*; Einwand; **sin ~** bedenkenlos, anstandslos
repartir ver-, austeilen **reparto** M Verteilung *f*; *von Briefen* Zustellung *f*; THEAT Besetzung *f*
repasar durchsehen; *Lektion* wiederholen; *a.* TECH überholen **repaso** M Durchsicht *f*; TECH Überholung *f*; Wiederholung *f*
repatriación [-θ-] F Repatriierung **repatriarse** heimkehren
repelente abstoßend **repeler** abweisen; abstoßen
repente: **de ~** plötzlich **repentino** plötzlich
repercusión F Rück-, Auswirkung **repercutir** sich auswirken (**en, sobre** auf *akk*)

repertorio M Verzeichnis *n*; THEAT Spielplan, Repertoire *n*
repetición [-θ-] F Wiederholung **repetir** wiederholen
repicar *Glocken* läuten **repique** [ke] M Glockenläuten *n*
repito, **repite** → repetir
repleto voll; überfüllt
réplica F Erwiderung; Nachbildung, Replik
replicar erwidern
repoblación [-θ-] F Wiederbevölkerung; **~ forestal** Wiederaufforstung
repollo [-ʎo] M (Weiß)Kohl
reponer ersetzen; erwidern; THEAT wieder aufführen **reponerse** sich erholen
reportaje [-xe] M Reportage *f* **reportero, -a** M,F Reporter(in)
reposacabezas [-θ-] M AUTO Kopfstütze *f* **reposado** ruhig; gelassen **reposar** ruhen; sich ausruhen
reposición [-θ-] F Wiedereinsetzung; THEAT Wiederaufführung; Neuinszenierung
reposo M Ruhe *f*
repostar auf-, nachtanken
repostería F Konditorei; Konditorwaren *fpl*
reprender tadeln, rügen **reprensión** F Tadel *m*, Verweis *m*
represa F *Am* Staudamm *m*
represalia F Vergeltung (-smaßnahme), Repressalie
representación [-θ-] F Darstellung; THEAT Vorstellung, Aufführung; HANDEL Vertretung **representante** M/F Vertreter(in); Repräsentant(in) **representar** darstellen; vorstellen; aufführen; vertreten
represión F Unterdrückung
reprimenda F (scharfer) Verweis *m* **reprimir** unterdrücken
reprobable verwerflich **reprobación** [-θ-] F Missbilligung **reprobar** missbilligen
reprochable [-tʃ-] tadelnswert
reprochar vorwerfen **reproche** M Vorwurf, Tadel
reproducción [-ɣθ-] F Nachbildung; Reproduktion; BIOL Fortpflanzung **reproducir** [-θ-] wiedergeben; nachbilden; reproduzieren **reproducirse** [-θ-] sich fortpflanzen **reproductor** M Wiedergabegerät *n*
reptar kriechen **reptil** M Reptil *n*, Kriechtier *n*
república F Republik; **República Checa** Tschechische Republik; **República Dominicana** Dominikanische Republik; **~ federal** Bundesrepublik
republicano **1** ADJ republikanisch **2** M, **-a** F Republikaner(in)
repudiar verstoßen
repuesto M Vorrat; Ersatz; Ersatzteil *n*; **de ~** Ersatz..., Reserve...
repugnancia [-θ-] F Widerwille *m*; Ekel *m* **repugnante** abstoßend, widerlich **repugnar** anekeln, anwidern

repulsión F Abneigung; Widerwille *m* **repulsivo** abstoßend
reputación [-θ-] F Ruf *m*, Name *m* **reputado** angesehen
requerimiento [-ke-] M Aufforderung *f* **requerir** auffordern, ersuchen; erfordern
requesón [-ke-] M Quark
requisar [-ki-] requirieren **requisito** M Erfordernis *n*; Formalität *f*
res F Stück *n* Vieh; *Am* Rind (-fleisch) *n*
resaca F Dünung; *umg fig* Kater *m*
resaltar heraus-, hervorragen (*a. fig*)
resbaladizo [-θo] rutschig, glatt **resbalar** ausrutschen; AUTO schleudern
rescatar loskaufen, auslösen; *fig* retten, bergen **rescate** M Rettung *f*, Bergung *f*; Lösegeld *n*
rescindir [-θ-] *Vertrag* aufheben, kündigen
resentido nachtragend **resentimiento** M Ressentiment *n*; Groll **resentirse**: **~ de** (noch) spüren
reseña [-ɲa] F Rezension
reserva F Reserve; Reservierung; Vorbehalt *m* **reservado** zurückhaltend **reservar** reservieren; aufbewahren; **~ mesa** e-n Tisch bestellen (reservieren)
resfriado M Erkältung *f*; Schnupfen **resfriarse** sich erkälten
resguardar verwahren; schützen (**de** vor *dat*) **resguardo** M Schutz; HANDEL Beleg
residencia [-θ-] F Wohnsitz *m*; Residenz; **~ de ancianos** Altenheim *n*; **~ de estudiantes** Studenten(wohn)heim *n* **residir** wohnen
residuo M Rest; Rückstand; **~s** *pl* Abfall *m*; **~s** *pl* **contaminantes** Altlasten; **~s** *pl* **orgánicos/radiactivos/tóxicos** Bio-/Atom-/Giftmüll *m*
resignación [-θ-] F Verzicht *m*; Resignation **resignarse** resignieren; sich abfinden (**con** mit)
resina F Harz *n*
resistencia [-θ-] F Widerstand *m*; Ausdauer **resistente** widerstandsfähig; dauerhaft **resistir** widerstehen; aushalten, ertragen **resistirse** sich sträuben (**a** gegen)
resolución [-θ-] F (Auf)Lösung; Entschluss *m*; *fig* Entschlossenheit; **tomar una ~** e-n Entschluss fassen
resolver (auf)lösen; beschließen **resolverse** sich entschließen
resonancia [-θ-] F Resonanz; *fig* Anklang *m* **resonar** widerhallen
respaldar unterstützen **respaldo** M Rückenlehne *f*; *fig* Rückhalt
respectivo betreffend; jeweilig

respecto M **con ~ a** hinsichtlich

respetable achtbar; ansehnlich **respetar** achten, respektieren **respeto** M Respekt, Achtung *f* **respetuoso** respektvoll

respirable *Luft* atembar **respiración** [-θ-] F Atmung **respirar** atmen; *fig* aufatmen; **~ hondo** tief durchatmen **respiro** M *fig* Atempause *f*

resplandecer [-θ-] glänzen; strahlen **resplandor** M Glanz; Schimmer

responder antworten (**a** auf *akk*), erwidern; **~ a** entsprechen (*dat*); **~ de** haften für

responsabilidad F Verantwortung; Haftung; **~ civil** Haftpflicht **responsable** verantwortlich (**de** für)

respuesta F Antwort; **en ~ a** als Antwort auf (*akk*)

restablecer [-θ-] wiederherstellen **restablecerse** sich erholen, genesen **restablecimiento** M Wiederherstellung *f*; Genesung *f*

restar V/T abziehen, subtrahieren; V/I übrig bleiben

restaurante M Restaurant *n* **restaurar** wiederherstellen; restaurieren

restitución [-θ-] F Rückerstattung **restituir** zurückerstatten

resto M Rest

restricción [-ɣθ-] F Einschränkung **restringir** [-x-] ein-, beschränken

resuelto entschlossen; *Problem, Rätsel* gelöst

resultado M Ergebnis *n*, Resultat *n* **resultar** sich ergeben; sich herausstellen (als)

resumen M Zusammenfassung *f* **resumir** zusammenfassen

resurrección [-ɣθ-] F REL Auferstehung; **Domingo** *m* **de Resurrección** Ostersonntag

retablo M Altarbild *n*

retama F Ginster *m*

retar herausfordern

retardar verzögern **retardarse** sich verspäten

retención [-θ-] F Einbehaltung; *Verkehr* Stau *m* **retener** zurückbehalten; einbehalten; *Atem* anhalten

retina F ANAT Netzhaut

retirada F Rückzug *m*; Entzug *m* **retirar** zurückziehen; entziehen; *Geld* abheben **retirarse** sich zurückziehen **retiro** M Zurückgezogenheit *f*; Ruhestand; Ruhegehalt *n*; MIL Abschied

reto M Herausforderung *f*

retocar überarbeiten; FOTO retuschieren

retorcer [-θ-] verdrehen (*a. fig*) **retorcerse** sich krümmen

retorno M Rückkehr *f*; Rückgabe *f*

retractar widerrufen

retransmisión F RADIO, TV Übertragung; **~ en directo** Livesendung **retransmitir**

übertragen; ~ **en directo** live übertragen
retrasar verzögern; aufschieben **retrasarse** sich verspäten
retraso M Verzögerung *f*; Verspätung *f*
retratar porträtieren; schildern
retrato M Porträt *n*
retrete M Klo(sett) *n*
retrovisor M AUTO Rückspiegel
retumbar dröhnen
reuma(tismo) M Rheuma (-tismus *m*) *n*
reunificación [-θ-] F Wiedervereinigung **reunión** F Versammlung; Sitzung; Vereinigung **reunir** (ver)sammeln; vereinigen **reunirse** sich treffen; zusammenkommen
revalorizar [-θ-] aufwerten
revancha [-tʃa] F Revanche
revelado M FOTO Entwickeln *n*
revelar enthüllen; FOTO entwickeln
reventa F Wiederverkauf *m*
reventar platzen **reventón** M Reifenpanne *f*
reverencia [-θ-] F Ehrfurcht; Verbeugung
reversible umkehrbar **reverso** M Rückseite *f*; *fig* Kehrseite *f*
revés M Rückseite *f*; *fig* Missgeschick *n*; **al ~** umgekehrt
revestimiento M TECH Verkleidung *f*; Belag **revestir** ver-, auskleiden; überziehen
revisar nachsehen, -prüfen **revisión** F Überprüfung; AUTO Überholung **revisor(a)** M(F) Revisor(in); BAHN Schaffner(in)
revista F Zeitschrift; Revue **revistero** M Zeitungsständer
revisto → rever
revocar widerrufen
revolución [-θ-] F Revolution; TECH Umdrehung **revolucionar** revolutionieren
revolver umwälzen; durcheinanderbringen; umrühren
revólver M Revolver
revuelo M Durcheinander *n*
revuelta F Aufruhr *m*, Revolte **revuelto** → revolver
rey M König (*a. Schach*); **los ~es** das Königspaar; **Día** *m* **de Reyes** Dreikönigstag
rezar [-θ-] beten
ría[1] F *Sp* fjordähnliche Flussmündung
ría[2], **ríe** → reír
ribera F Ufer *n*
ribete M Saum; Besatz
rico reich; *Essen* köstlich
ridículo lächerlich; **poner(se) en ~** (sich) lächerlich machen
riego M Bewässerung *f*
riel M Schiene *f*
ríen → reír
rienda F Zügel *m*
riesgo M Gefahr *f*; Risiko *n*; **correr (el) ~ de** Gefahr laufen zu; **de alto/bajo ~** risikoreich/-arm
rifa F Tombola; Verlosung
rifle M Büchse *f*, Gewehr *n*
rigidez [-xiðeθ] F Starrheit; *fig* Strenge
rígido [-x-] starr; streng

rigor M Strenge *f*, Härte *f*; **ser de ~** unerlässlich sein
riguroso streng; rigoros
rima F Reim *m* **rimar** reimen
rímel M Wimperntusche *f*
Rin M Rhein
rincón M Winkel, Ecke *f* **rinconera** F Ecktisch *m*, Eckschrank *m*, Eckbank
rinoceronte [-θ-] M Nashorn *n*
riña [-ɲa] F Streit *m*
riñón [-ɲ-] M Niere *f* **riñonera** F Gürteltasche
río[1] M Fluss, Strom
río[2], **rió** → reír
Rioja [-x-] F **La ~** *spanische Weingegend*
riojano aus La Rioja
riqueza [-keθa] F Reichtum *m*
risa F Lachen *n*; **ser de ~** zum Lachen sein, lachhaft sein **risueño** [-ɲo] lachend; heiter
ritmo M Rhythmus
rito M Ritus
rival M Rivale **rivalizar** [-θ-] wetteifern
rizado [-θ-] lockig; kraus **rizador** M **~ (de pelo)** Lockenstab
rizar kräuseln **rizo** M *Haar*: Locke *f*; *Stoff*: Frottee *m/n*
RNE F ABK (Radio Nacional de España) *staatlicher spanischer Radiosender*
robar rauben; stehlen
roble M Eiche *f*
robo M Raub; Diebstahl
robot M Roboter; **retrato** *m* **~** Phantombild *n*
robusto stark, robust
roca F Fels(en) *m*
rociar [-θ-] besprengen
rocío [-θ-] M Tau
rodaballo [-ʎo] M Steinbutt
rodaja [-xa] F Scheibe **rodaje** [-xe] M AUTO Einfahren *n*; *Film* Dreharbeiten *fpl*
rodar rollen; sich drehen; AUTO einfahren; *Film* drehen
rodear umgeben **rodeo** M Umweg; **sin ~s** ohne Umschweife
rodilla [-ʎa] F Knie *n*; **de ~s** kniend, auf den Knien
roedor M Nagetier *n* **roer** nagen
rogar bitten
rojo [-xo] rot; **ponerse ~** rot werden, erröten
rollo [-ʎo] M Rolle *f*; *umg* langweiliges Zeug *n*; **dar el ~ (a)** *umg* nerven; **¡qué ~!** das nervt!
Roma F Rom *n*
románico romanisch **romano** römisch **romántico** romantisch
romería F Wallfahrt
romper zerbrechen; *umg* kaputtmachen; zerreißen; **~ a** *inf* (plötzlich) anfangen zu
ron M Rum
roncar schnarchen **ronco** heiser, rau
ronda F Runde, Streife
ronquera [-ke-] F Heiserkeit
ropa F Kleidung; Wäsche; **~ de cama** Bettzeug *n*; **~ interior** Unterwäsche, Dessous *pl*; **~ de**

mesa Tischwäsche
ropero M Kleiderschrank
rosa 1 ADJ rosa 2 F Rose **rosado** 1 ADJ rosa 2 M Rosé(-wein)
rosario M REL Rosenkranz
rosbif M Roastbeef *n*
rosca F TECH Gewinde *n*
rostro M Gesicht *n*, Antlitz *n*
rotación [-θ-] F Umdrehung
roto zerbrochen; *umg* kaputt
rotulador M Filzstift, Marker; ~ **fluorescente** Leuchtmarker
rotular beschriften; HANDEL etikettieren
rótulo M Aufschrift *f*; Etikett *n*; Schild *n*
rotura F Brechen *n*; Bruch *m*
router ['rrutɛr] M Router
rozar [-θ-] streifen
RTVE F ABK (Radiotelevisión Española) *staatliche spanische Rundfunk- und Fernsehanstalt*
rubéola F MED Röteln *pl*
rubí M Rubin
rubio blond
rúcula F Rucola(salat) *m*
rudo roh; plump
rueda F Rad *n*; ~ **de prensa** Pressekonferenz
ruedo[1] M STIERK Arena *f*
ruedo[2] → rodar
ruego[1] M Bitte *f*
ruego[2] → rogar
rufián M Zuhälter; Gauner
ruido M Lärm **ruidoso** lärmend, geräuschvoll
ruina F Ruine; Ruin *m*; **estar hecho una** ~ *Person* ein Wrack sein
ruiseñor [-ɲ-] M Nachtigall *f*
ruleta F Roulett(e) *n*
rulo M Lockenwickel
Rumania F Rumänien *n*
rumbo M Kurs; Richtung *f*; ~ **a** mit Kurs auf (*akk*)
rumor M Gerücht
running ['rranin] M DEP Running *n*
ruptura F Bruch *m*
ruqueta [-k-] F Rucola(salat) *m*
rural ländlich, Land...
Rusia F Russland *n*
ruso 1 ADJ russisch 2 M, **-a** F Russe *m*, Russin *f*
rústico ländlich
ruta F Weg *m*; Route
rutina F Routine

S

S. A. F (*Sociedad Anónima*) AG (*Aktiengesellschaft*)
sábado M Sonnabend, Samstag
sabana F Savanne
sábana F Betttuch *n*
saber 1 V/T wissen; können; schmecken (**a** nach); ~ **alemán** Deutsch können; **nunca se sabe** man kann nie wissen; **a** ~ nämlich; **¡qué sé yo!**, **¡yo qué sé!** was weiß ich!, keine Ahnung! 2 M Wissen *n* **sabido** bekannt

sabio 1 ADJ weise; gelehrt 2 M, **-a** F Gelehrte(r) *m/f(m)*
sable M Säbel
sabor M Geschmack **saborear** genießen
sabotaje [-xe] M Sabotage *f*
sabotear sabotieren
sabroso schmackhaft
sacacorchos [-tʃ-] M Korkenzieher **sacapuntas** M Bleistiftspitzer
sacar herausnehmen, -ziehen, -holen; *Zahn* ziehen; *Foto* machen; FOTO **~ bien** gut treffen
sacarina F Saccharin *n*
sacerdote [-θ-] M Priester
saco M Sack; *Am* Sakko *n*; **~ de dormir** Schlafsack
sacramento M Sakrament *n*
sacrificar opfern; *Tier* schlachten **sacrificio** [-θ-] M Opfer *n* **sacrilegio** [-x-] M Sakrileg *n*; Frevel
sacristán M Küster **sacristía** F Sakristei
sacudida F Erschütterung; Stoß *m* **sacudir** schütteln
saeta F 1 Pfeil *m*; Uhrzeiger *m* 2 *religiöses Lied bei den Osterprozessionen*
sagaz [-θ] scharfsinnig
Sagitario [-xi-] M ASTROL Schütze
sagrado heilig
Sáhara M Sahara *f*
Sajonia [-x-] F Sachsen *n*; **Baja ~** Niedersachsen *n*
sal F Salz *n*; **bajo en ~** salzarm; **sin ~** ungesalzen
sala F Saal *m*; Raum *m*; **~ de espera** Wartesaal *m*, -zimmer *n*; **~ de estar** Wohnzimmer *n*
salado gesalzen; *fig* witzig, geistreich
salafismo M Salafismus *m* **salafista** 1 M/F REL Salafist(in) 2 ADJ REL salafistisch
salar salzen
salario M Lohn; **~ por hora** Stundenlohn; **~ mínimo** Mindestlohn
salchicha [-tʃitʃa] F Würstchen *n* **salchichón** M *Art* Hartwurst *f*
saldar HANDEL begleichen **saldo** M Saldo
saldré → salir
salero M Salzstreuer; *fig* Charme, Grazie *f*
salgo, salga → salir
salida F Ausgang *m*; Ausfahrt; Abfahrt; SPORT Start *m*; **~ a bolsa** Börsengang *m*; **~ del sol** Sonnenaufgang *m* **saliente** vorspringend **salir** (hin)ausgehen; weggehen; abreisen, abfahren; ASTROL aufgehen; **~ corriendo** weg-, loslaufen; **~ del armario** sich outen **salirse** auslaufen; **~ con la suya** s-n Kopf durchsetzen
saliva F Speichel *m*
salmón M Lachs **salmonete** M Rotbarbe *f*
salón M Salon; Wohnzimmer *n*; *im Hotel a.* Lounge *f*; **~ de manicura** Nagelstudio *n*
salpicar bespritzen **salpicón**

M ~ **de mariscos** Meeresfrüchtesalat
salsa F Soße; MUS Salsa **salsera** F Sauciere
saltar springen; hüpfen **salteado** GASTR gedünstet **salto** M Sprung; ~ **de altura/longitud** Hoch-/Weitsprung; ~ **atrás** *fig* Rückschritt; **de un** ~ *fig* mit e-m Satz; **dar un** ~ e-n Satz (*od* Sprung) machen
salud F Gesundheit; ¡~! zum Wohl!, prost! **saludar** (be)grüßen **saludo** M Gruß
salvación [-θ-] F Rettung **salvador** **1** M, **-a** F Retter(in) **2** M **Salvador** REL Heiland
salvaje [-xe] wild; *fig* roh
salvamento M Rettung *f*, Bergung *f* **salvapantallas** [-ʎas] M Bildschirmschoner **salvar** retten **salvaslip** M Slipeinlage *f* **salvavidas** M Rettungsring; (**chaleco** *m*) ~ Schwimmweste *f*
salvia F Salbei *m*
salvo ADJ unbeschädigt, heil; ADV außer; **a** ~ in Sicherheit
Salzburgo M Salzburg *n*
San *vor Namen für:* → Santo
sanar heilen; gesund werden **sanatorio** M Sanatorium *n*
sanción [-θ-] F Sanktion; Strafe **sancionar** bestätigen; bestrafen
sandalia F Sandale
sandía F Wassermelone
saneamiento M Sanierung *f* **sanear** sanieren
sangrar bluten **sangre** F Blut *n*; **a** ~ **fría** kaltblütig **sangría** F Sangria (*Art Rotweinbowle*); *a. fig* Aderlass *m* **sangriento** blutig
sanidad F Gesundheit(swesen *n*)
sano gesund; ~ **y salvo** wohlbehalten, unversehrt
santa F Heilige
santiguarse sich bekreuzigen
santo **1** ADJ heilig **2** M Heilige(r); Namenstag; **Día** *m* **de todos los Santos** Allerheiligen *n* **santuario** M Heiligtum *n*
sapo M Kröte *f*
saque [-ke] M SPORT Anstoß; Aufschlag **saquear** plündern
sarampión M MED Masern *pl*
sardina F Sardine
sargento [-x-] M Unteroffizier
Sarre M Saar *f*; Saarland *n*
sarro M Zahnstein
sartén F (Brat)Pfanne
sastre M Schneider **sastrería** F Schneiderei
satélite M Satellit (*a. fig*)
sátira F Satire
satisfacción [-ɣθ-] F Genugtuung; Zufriedenheit **satisfacer** [-θ-] zufriedenstellen **satisfactorio** befriedigend, zufriedenstellend **satisfecho** [-tʃ-] befriedigt; zufrieden
sauce [-θe] M BOT Weide *f*
saúco M Holunder
sauna F Sauna
sazonar [-θ-] würzen
scooter M Motorroller
se sich; man

sé → saber, ser **sea** → ser
sebo M Talg
secador M Trockenhaube *f*; ~ **(de mano)** Föhn, Haartrockner **secadora** F (Wäsche)Trockner *m* **secapelo(s)** M Föhn, Haartrockner **secar** trocknen **secarse** ver-, eintrocknen
sección [-ɣθ-] F Schnitt *m*; Abschnitt *m*; Abteilung
seco trocken (*a. Wein*)
secretaria F Sekretärin **secretaría** F Sekretariat *n* **secretario** M Sekretär
secreto 1 ADJ geheim; heimlich; **en ~** insgeheim 2 M Geheimnis *n*; ~ **bancario/profesional** Bank-/Berufsgeheimnis *n*
secta F Sekte
sector M Sektor; ~ **de servicios** Dienstleistungssektor
secuestrador(a) M(F) Entführer(in) **secuestrar** beschlagnahmen; entführen; kapern (*a.* IT) **secuestro** M Beschlagnahme *f*; Entführung *f*
secular hundertjährig; weltlich
secundario zweitrangig; nebensächlich; Neben…
sed F Durst *m*
seda F Seide
sedante M Beruhigungsmittel *n*
sede F Sitz *m*
sediento durstig
seducir [-θ-] verführen; verlocken **seductor(a)** M(F) Verführer(in)
segadora F Mähmaschine **segar** mähen
seguida [-ɣi-] F **en ~** sofort **seguido** ununterbrochen; hintereinander **seguir** folgen; fortfahren, weitermachen
según nach, gemäß; je nachdem; ~ **eso** demnach
segundo 1 ADJ zweite(r) 2 M Sekunde *f*; zweiter Stock
seguridad F Sicherheit
seguro 1 ADJ sicher; gewiss 2 M Versicherung *f*; ~ **de dependencia/del hogar/de jubilación** Pflege-/Hausrats-/Rentenversicherung *f*; ~ **a todo riesgo** AUTO Vollkaskoversicherung *f*; ~ **de vida** Lebensversicherung *f*
seis sechs **seiscientos** sechshundert
seísmo M Erdbeben *n*
selección [-ɣθ-] F Auswahl, Auslese; ~ **de residuos** Mülltrennung; ~ **nacional** SPORT Nationalmannschaft **seleccionar** [-ɣθ-] auswählen **selecto** auserwählt; erlesen
selfie M Selfie *n*; **hacer(se) un ~** ein Selfie machen
sellar [-ʎ-] (ver)siegeln; stempeln **sello** M Siegel *n*; Stempel; Briefmarke *f*; ~ **ecológico** Ökosiegel *n*
selva F Wald *m*; **Selva Negra** Schwarzwald *m*; ~ **pluvial/virgen** Regen-/Urwald *m*
semáforo M Ampel *f*
semana F Woche; **Semana Santa** Karwoche; **entre ~** unter der Woche **semanal** wöchent-

lich **semanario** M Wochenzeitung *f*
sembrar säen; *fig* verbreiten
semejante [-x-] ähnlich; solch, so ein
semen M BIOL Samen
semestre M Halbjahr *n*
semicírculo [-θ-] M Halbkreis **semifinal** F SPORT Halbfinale *n*
semilla [-ʎa] F Same(n) *m*
seminario M Seminar *n*
sémola F Grieß *m*
Sena M Seine *f*
senado M Senat **senador(a)** M(F) Senator(in)
sencillez [-θiʎeθ] F Einfachheit **sencillo** einfach; schlicht
senda F, **sendero** M Pfad, Wanderweg *m* **senderismo** M Wandern *n*
senil greisenhaft, senil
seno M Busen; *fig* Schoß
sensación [-θ-] F Gefühl *n*; Empfindung; *fig* Sensation **sensacional** aufsehenerregend, sensationell
sensato vernünftig
sensibilidad F Empfindlichkeit; Empfindsamkeit **sensible** empfindlich; spürbar (*a. fig*)
sensual sinnlich **sensualidad** F Sinnlichkeit
sentado sitzend; **estar ~** sitzen **sentar** setzen; *Kleid* stehen; **~ bien/mal** gut/schlecht bekommen **sentarse** sich setzen
sentencia [-θ-] F JUR Urteil *n*; *fig* Ausspruch *m*
sentido M Sinn; Bedeutung *f*; Richtung *f*; **~ común** gesunder Menschenverstand; **en cierto ~** in gewissem Sinn(e) **sentimental** gefühlvoll, sentimental **sentimiento** M Gefühl *n*, Empfindung *f*
sentir fühlen, empfinden; bedauern; **lo siento (mucho)** es tut mir (sehr) leid; **siento calor** mir ist heiß; **sin ~lo** ohne es zu merken
seña [-ɲa] F Zeichen *n*; **~s** *pl* Anschrift *f*
señal F Zeichen *n*; Signal *n*; HANDEL Anzahlung; **~ de llamada/ocupado** TEL Frei-/Besetztzeichen *n*; **~ de prohibición** Verbotsschild *n*; **dejar una ~** e-e Anzahlung machen **señalar** kennzeichnen; anzeigen; festsetzen
señor [-ɲ-] M Herr **señora** F Frau; Dame **señorita** F Fräulein *n*
sepa → saber
separación [-θ-] F Trennung **separar** trennen
sepia F Tintenfisch *m*
septicemia [-θ-] F MED Blutvergiftung
septiembre M September
séptimo siebte(r), siebente(r)
sepulcro M Grab *n* **sepultar** begraben **sepultura** F Bestattung
sequía [-ki-] F Dürre
ser ▮ V/I sein; *beim Passiv* werden; **soy yo** ich bin's; **~ de** ge-

hören (zu); kosten; **soy de Sevilla** ich bin aus Sevilla; **a no ~ que** falls nicht; **sea quien sea** egal wer; **o sea** das heißt **2** M **~ (vivo)** (Lebe)Wesen *n*; **~ humano** Mensch
Serbia F Serbien *n* **serbio** **1** ADJ serbisch **2** M, **-a** F Serbe, Serbin
serenidad F Gelassenheit **sereno** **1** ADJ heiter; gelassen **2** M Nachtwächter
serie F Reihe, Serie
seriedad F Ernst *m*
serio ernst; seriös; **tomar en ~** ernst nehmen
sermón M Predigt *f*
seronegativo MED HIV-negativ **seropositivo** MED aidsinfiziert, HIV-positiv
serpentina F Serpentine; Luftschlange
serpiente F Schlange
serrano Berg…; **jamón** *m* **serrano** *span* luftgetrockneter Schinken
serrar sägen **serrín** M Sägemehl *n* **serrucho** [-tʃo] M *Säge* Fuchsschwanz
servicio [-θ-] M **1** Dienst; Bedienung *f*, Service; TECH Betrieb; **~ a domicilio** Heimservice; **~ militar/religioso/secreto/de urgencias** Wehr-/Gottes-/Geheim-/Notdienst; **poner en ~** in Betrieb nehmen **2** **~s** *pl* Toilette *f*; **¿dónde están los ~s?** wo ist die Toilette? **servidor** M Diener; INTERNET Server
servidumbre F Gesinde *n*
servilleta [-ʎ-] F Serviette
servir dienen; bedienen; servieren **servirse** sich bedienen
servodirección [-ɣθ-] F AUTO Servolenkung **servofreno** M AUTO Servobremse *f*
sésamo M Sesam
sesenta sechzig
sesión F Sitzung; *Kino* Vorstellung; **~ de fotos** Fotoshooting *n*
seso M Gehirn *n*; *fig* Verstand
sesos PL GASTR Hirn *n*
seta F Pilz *m*
setecientos siebenhundert
setenta siebzig
seto M Zaun; **~ vivo** Hecke *f*
seudónimo M Pseudonym *n*
severo streng; hart
sexo M Geschlecht *n*; Sex; **~ oral** Oralverkehr, Oralsex
sexto sechste(r)
sexual sexuell; Sexual…
si KONJ wenn; ob
sí **1** ADV ja; **¡que sí!** aber ja (doch)! **2** PRON sich
Siberia F Sibirien *n*
sida M MED Aids *n*
sido → ser
sidoso,-a M,F Aidskranke(r) *m/f(m)*
sidra F Apfelwein *m*
siembra F Säen *n*; Saatzeit
siembro → sembrar
siempre immer; **~ que** sofern; jedesmal wenn; **lo de ~** das Übliche
sien F Schläfe
siento **lo siento** es tut mir leid;

→ sentir, sentar
sierra F Säge; Bergkette
siesta F Mittagsruhe, Siesta
siete sieben
sifón M Siphon
sigla F Abkürzung
siglo M Jahrhundert *n*
significar bedeuten **significativo** bezeichnend; bedeutsam
signo M Zeichen *n*; **~ de puntuación** Satzzeichen *n*
sigo, **siguió** → seguir
siguiente [-ɣĭ-] folgend
sílaba F Silbe
silbar pfeifen **silbato** M Pfeife *f* **silbido** M Pfeifen *n*
silenciador [-θ-] M Schalldämpfer **silenciar** verschweigen **silencio** Schweigen *n*; Stille *f*, Ruhe *f* **silencioso** still; schweigsam
silla [-ʎa] F Stuhl *m*; Sattel *m*; **~ de ruedas** Rollstuhl *m*
sillón [-ʎ-] M Sessel
silueta F Silhouette
silvestre wild
simbólico symbolisch
símbolo M Symbol *n*
simétrico symmetrisch
similar gleichartig; ähnlich
simpatía F Sympathie **simpático** sympathisch, nett
simple einfach; einfältig; bloß **simplificar** vereinfachen
simular vortäuschen, simulieren
simultáneo gleichzeitig
sin ohne; **~ decir nada** wortlos; **~ más** ohne weiteres; **~ que** ohne dass
sincero [-θ-] aufrichtig, ehrlich
sindical Gewerkschafts... **sindicato** M Gewerkschaft *f*
síndrome M Syndrom *n*; **~ del burnout** Burnout
sinergia [-x-] F Synergie
sinfonía F Symphonie
singular **1** ADJ einzeln; einzig(-artig); außergewöhnlich **2** M GRAM Singular
siniestro **1** ADJ unheilvoll **2** M Unheil *n*; Schaden(sfall); **~ total** Totalschaden; **en caso de ~** im Schadensfall
sino **1** KONJ sondern, sonst; außer **2** M Schicksal *n*
síntesis F Synthese
sintético synthetisch
sintió → sentir
síntoma M Symptom *n*
sinvergüenza [-ɣŭenθa] M unverschämter Kerl
siquiera [-kĭ-] auch wenn; wenigstens; **ni ~** nicht einmal
sirena F Sirene
Siria F Syrien *n*
sirve → servir **sirvienta** F Dienstmädchen *n* **sirviente** M Diener
sismo M Erdbeben *n* **sismorresistente** erdbebensicher
sistema M System *n*; **~ inmunológico** MED Immunsystem *n*; **~ operativo** IT Betriebssystem *n*; **~ de alarma** Alarmsystem *n*; TEL **~ de manos libres** Freisprechanlage *f*; INTERNET,

AUTO ~ **de navegación** Navigationssystem *n*; AUTO *a.* Routenplaner *m* **sistemático** systematisch

sitiar MIL belagern **sitio** M Ort; Lage *f*; Stelle *f*; MIL Belagerung *f*; ~ **web** Webseite *f*

situación [-θ-] F Lage; Situation **situado** gelegen; **bien** ~ gut situiert

skypear *umg* INTERNET skypen

S.L. F (Sociedad Limitada) GmbH (*Gesellschaft mit beschränkter Haftung*)

slalom M Slalom

smartphone M Smartphone *n*

SME M ABK (Sistema Monetario Europeo) EWS *n* (*Europäisches Währungssystem*)

SMI M ABK (Salario Mínimo Interprofesional) *Spanien*: (gesetzlicher) Mindestlohn

sobaco M Achselhöhle *f*

soberbio stolz; hochmütig

sobornar bestechen **soborno** M Bestechung *f*

sobra F **de** ~ im Überfluss **sobrado** reichlich **sobrante** M Überrest; Überschuss **sobrar** übrig bleiben; überflüssig sein

sobre 1 PRÄP auf; über; ~ **las tres** gegen drei (Uhr) 2 M Briefumschlag **sobrecargar** überladen **sobreestimar** überschätzen **sobremanera** ADV außerordentlich **sobremesa**: **de** ~ nach Tisch; Tisch... **sobrenombre** M Spitzname **sobresaliente** hervorragend; *Note* sehr gut

sobreviviente M/F Überlebende(r) *m/f(m)* **sobrevivir** überleben

sobrina F Nichte **sobrino** M Neffe

sobrio mäßig; nüchtern

social [-θ-] gesellschaftlich; sozial **socialismo** M Sozialismus **socialista** 1 ADJ sozialistisch 2 M/F Sozialist(in)

sociedad [-θ-] F Gesellschaft; Verein *m*; ~ **anónima** Aktiengesellschaft **socio,-a** M,F Mitglied *n*; Teilhaber(in)

socorrer helfen; unterstützen **socorro** M Hilfe *f*; **pedir** ~ um Hilfe rufen

soda F Soda(wasser) *n*

sodio M Natrium *n*

sofá M Sofa *n* **sofá-cama** M Bettcouch *f*, Schlafsofa *n*

sofocar ersticken

soga F Seil *n*, Strick *m*

soja [-xa] F Soja(bohne)

sol M Sonne *f*; **tomar el** ~ sich sonnen

solar 1 ADJ Sonnen..., Solar; **energía** *f* ~ Sonnenenergie, Solarenergie; **célula** *f* /**instalación** *f* ~ Solarzelle/-anlage 2 M Bauplatz **solario** M Solarium *n*

soldado,-a M,F Soldat(in)

soldar löten; schweißen

soleado sonnig

soledad F Einsamkeit

solemne feierlich **solemnidad** F Feierlichkeit; Förmlichkeit

soler pflegen (zu)
solicitante [-θ-] M/F Bewerber(in); Antragsteller(in); **~ de asilo** Asylbewerber(in) **solicitar** sich bewerben um; beantragen; **~ un empleo** sich um e-e Stelle bewerben
solícito [-θ-] eifrig; hilfsbereit
solicitud [-θ-] F Gesuch *n*; Antrag *m*
solidario solidarisch
solidez [-θ] F Festigkeit
sólido fest; solide
solista M/F Solist(in)
solitaria F Bandwurm *m* **solitario** 1 ADJ einsam 2 M, **-a** F Einzelgänger(in)
sollozar [-ʎoθ-] schluchzen **sollozo** [-θo] M Schluchzen *n*
solo 1 ADJ allein; einzig 2 M Solo *n*; **a solas** (ganz) allein
sólo nur; **no ~ ... sino también** nicht nur ..., sondern auch
solomillo [-ʎo] M Filet *n*
soltar losmachen, loslassen
soltero 1 ADJ ledig 2 M, **soltera** F Junggeselle *m*, Junggesellin *f*
soluble löslich **solución** [-θ-] F Lösung **solucionar** [-θ-] lösen
solvente zahlungsfähig, solvent
sombra F Schatten *m*; **~ de ojos** Lidschatten *m* **sombrero** M Hut **sombrilla** [-ʎa] F Sonnenschirm *m* **sombrío** schattig, düster
someter unterwerfen; unterbreiten; unterziehen
somnífero M Schlafmittel *n*
somnolencia [-θ-] F Schläfrigkeit
somos, son → ser
sonar klingen; ertönen; läuten
sonda F Sonde; SCHIFF Lot *n*
sond(e)ar sondieren (*a. fig*); loten **sondeo** M Umfrage *f*
sonido M Ton, Klang; Laut
sonoro klangvoll; **película** *f* **-a** Tonfilm *m*
sonreír [-rr-] lächeln; **~ a alg** j-n anlächeln, j-m zulächeln **sonrisa** F Lächeln *n*
sonrojarse [-rrɔx-] erröten
soñar [-ɲ-] träumen (**con** von) **soñoliento** schläfrig
sopa F Suppe; **~ de sobre** Tütensuppe **sopera** F Suppenschüssel
soplar blasen; *Wind* wehen **soplo** M Hauch; *fig* Wink **soplón** M, **soplona** F Spitzel, Denunziant(in)
soportable erträglich **soportar** stützen, tragen; ertragen **soporte** M Stütze *f*; Ständer; IT **~ de datos** Datenträger
soprano 1 M Sopran 2 F Sopranistin
sorber schlürfen **sorbete** M Fruchteis *n* **sorbo** M Schluck
sordera F Taubheit **sordo** 1 ADJ taub; dumpf 2 M, **-a** F Taube(r) *m/f(m)* **sordomudo** taubstumm
soroche [-tʃe] M *Am* Höhenkrankheit *f*

sorprendente überraschend **sorprender** überraschen **sorpresa** F Überraschung
sortear aus-, verlosen **sorteo** M Aus-, Verlosung *f*
sortija [-xa] F Ring *m*
sosiego M Ruhe *f*
soso fade, geschmacklos
sospecha [-tʃa] F Verdacht *m*, Argwohn *m* **sospechar** vermuten; argwöhnen; **~ de alg** j-n verdächtigen **sospechoso** argwöhnisch; verdächtig
sostén M Büstenhalter
sostener (unter)stützen; unterhalten; behaupten **sostenibilidad** F Nachhaltigkeit **sostenible** ÖKOL nachhaltig
sota F *Spielkarte* Bube *m*
sótano M Keller
soy → ser
soya F *Am* Soja(bohne)
spa [es'pa] M Spa *n*, Wellnessbad *n*
spray M Spray *n*; **~ nasal** Nasenspray *n*
Sr. ABK (Señor) Hr. (Herr)
Sra. ABK (Señora) Fr. (Frau)
Sres. ABK (Señores) Herren
Srta. ABK (Señorita) Frl. (Fräulein)
Sta. ABK (Santa), **Sto.** ABK (Santo) St. (*Sankt*)
su, **sus** PL sein(e); ihr(e); Ihr(e)
suave sanft; mild
suavizante [-θ-] M Weichspüler **suavizar** *fig* mildern
subasta F Versteigerung **subastar** versteigern
subestimar unterschätzen
subida F (An)Steigen *n*; Aufstieg *m*; *im Preis*: Steigerung; *in Zug, Bus*: Einsteigen *n* **subir** V/T hinaufbringen, -gehen, -steigen; *Preis* erhöhen; V/I (an)steigen; *in Zug, Bus*: einsteigen; **~ al poder** an die Macht kommen (*od* gelangen); **~ al trono** den Thron besteigen
súbito plötzlich
subjuntivo [-x-] M GRAM Konjunktiv **sublevar** aufwiegeln
sublime erhaben, hoch
submarinismo M Sporttauchen *n* **submarino** **1** ADJ unterseeisch **2** M Unterseeboot *n*
subnormal (geistig) zurückgeblieben **subordinado** untergeordnet **subrayar** unterstreichen (*a. fig*); *fig a.* betonen
subsidio M Beihilfe *f*; **~ de paro** Arbeitslosengeld *n* **subsistencia** [-θ-] F Lebensunterhalt *m* **subsistir** fortbestehen
subsuelo M Untergrund **subterráneo** **1** ADJ unterirdisch **2** M *Am* Untergrundbahn *f*
subtítulo M *Film* Untertitel
suburbio M Vorstadt *f*; Vorort
subvención [-θ-] F Subvention **subvencionar** subventionieren
suceder [-θ-] folgen; geschehen **sucesión** F Folge **sucesivo** folgend; **tres días ~s** drei Tage hintereinander **suceso** M Vorfall, Ereignis *n* **sucesor(a)** M(F) Nachfolger(in)

suciedad [-θ-] F Schmutz *m*
sucio schmutzig
sucumbir unterliegen
sucursal F Zweigstelle, Filiale
sudadera F *Am* Sweatshirt *n*; *Am* Trainingsanzug *m*
Sudáfrica F Südafrika *n* **Sudamérica** F Südamerika *n*
Sudán M Sudan
sudar schwitzen; ~ **sangre** (*od* **la gota gorda**) *fig* Blut und Wasser schwitzen, sich gewaltig anstrengen
sudeste M Südost(en) **sudoeste** M Südwest(en)
sudor M Schweiß **sudoroso** verschwitzt
Suecia [-θ-] F Schweden *n*
sueco 1 ADJ schwedisch 2 M, **-a** F Schwede *m*, Schwedin *f*
suegra F, **suegro** M Schwiegermutter, -vater
suela F Schuhsohle
sueldo M Gehalt *n*
suele → soler
suelo M Boden, Fußboden; **en el** ~ auf dem (*bzw* den) Boden; **suelo radiante** Fußbodenheizung *f*
suelto 1 ADJ lose; einzeln; *Haar* offen 2 M Kleingeld *n*
sueno → sonar
sueño [-ɲo] 1 M Schlaf; Traum; **tener** ~ müde sein; **de** ~ *umg fig* traumhaft, Traum… 2 → soñar
suero M MED Serum *n*
suerte F Schicksal *n*; Glück *n*; **por** ~ zum Glück; **mala** ~ Pech *n*; **¡~!** viel Glück!
suéter M Pullover
suficiente [-θ-] genug, genügend, ausreichend; **ser** ~ genügen, ausreichen
sufrido geduldig **sufrir** leiden; ertragen, dulden
sugerencia [-xerenθ-] F Vorschlag *m*; Anregung **sugerir** nahelegen, anregen
suicida [-θ-] M/F Selbstmörder(in) **suicidarse** Selbstmord begehen **suicidio** M Selbstmord
suite F *Hotel* Suite
Suiza [-θa] F Schweiz
suizo 1 ADJ schweizerisch 2 M, **-a** F Schweizer(in)
sujetador [-x-] M Büstenhalter
sujetar unterwerfen; festhalten; befestigen **sujeto** 1 ADJ unterworfen 2 M Stoff, Gegenstand; *a.* GRAM Subjekt *n*
suma F Summe; Betrag *m* **sumar** zusammenzählen, addieren
sumergible [-x-] *Uhr* wasserdicht **sumergir** ein-, untertauchen
sumidero M Abfluss; Gully
suministrar liefern **suministro** M Lieferung *f*
sumisión F Unterwerfung **sumiso** unterwürfig
sumo höchste(r); **a lo** ~ höchstens
suntuoso prunkvoll
supe → saber
superar übertreffen; überwin-

den **superávit** M Überschuss **superficial** [-θ-] oberflächlich **superficie** [-θ-] F Oberfläche; Fläche **superfluo** überflüssig
superior 1 ADJ höher; überlegen; Ober... 2 M/F Vorgesetzte(r) *m/f(m)* **superioridad** F Überlegenheit
supermercado M Supermarkt **supersónico**: **avión** *m* **~** Überschallflugzeug *n*
superstición [-θ-] F Aberglaube *m* **supersticioso** abergläubisch
supiera → saber
suplementario ergänzend; zusätzlich **suplemento** M Ergänzung *f*; Aufpreis; BAHN Zuschlag; (Zeitungs)Beilage *f*
suplente M/F Stellvertreter(in)
suplicar bitten, anflehen **suplicio** [-θ-] M Folter *f*; *fig* Qual *f*
supo → saber
suponer voraussetzen; vermuten, annehmen; **supongo que sí** *Antwort* ich glaube schon **suposición** [-θ-] F Vermutung **supositorio** M MED Zäpfchen *n*
supremacía [-θ-] F Überlegenheit **supremo** höchste(r); oberste(r)
supresión F Unterdrückung; Abschaffung **suprimir** unterdrücken; abschaffen, aufheben
supuesto vermeintlich; **por ~** selbstverständlich; **dar por ~** für selbstverständlich halten; **~ que** vorausgesetzt, dass
supurar eitern
sur M Süden
surcar furchen; durchqueren **surco** M Furche *f*; Rille *f*
surf(ing) M Surfen *n* **surfista** M/F Surfer(in)
surgir [-x-] auftauchen
surtido M HANDEL Sortiment *n*; Auswahl *f* **surtidor** M Springbrunnen; **~ de gasolina** Tankstelle *f*; Zapfsäule *f* **surtir** versorgen, beliefern
susceptible [-θ-] empfindlich; empfänglich (**a** für); MED anfällig (**a** für)
suscitar [-θ-] hervorrufen
suscribir unterschreiben; *Zeitung etc* abonnieren **suscripción** [-βθ-] F Abonnement *n* **suscriptor(a)** M(F) Abonnent(in)
suspender aufhängen; unterbrechen; *Zahlung* einstellen; *Schüler* durchfallen lassen; *Examen* nicht bestehen **suspensión** F Unterbrechung; AUTO Federung; SPORT Sperre; **~ de pagos** Zahlungseinstellung **suspenso** durchgefallen; **en ~** in der Schwebe
suspicacia [-θ-] F Misstrauen *n* **suspicaz** [-θ-] argwöhnisch
suspirar seufzen **suspiro** M Seufzer
sustancia [-θ-] F Substanz; Stoff *m*; **sin ~** gehaltlos **sustancial** [-θ-] wesentlich **sus-**

tantivo M Hauptwort *n*, Substantiv *n*
sustitución F Vertretung; Ersetzung; Ersatz *m* **sustituir** ersetzen **sustituto** M, **sustituta** F (Stell)Vertreter(in)
susto M Schreck(en); **dar un ~ a alg** j-m e-n Schrecken einjagen; **llevarse un ~** erschrecken
sustraer entwenden; MATH abziehen, subtrahieren
susurrar flüstern; murmeln
sutil fein; *fig* spitzfindig
sutura F MED Naht
suyo, suya sein(e); ihr(e); **esto es muy ~** das ist typisch für ihn (sie)

T

tabaco M Tabak
tabaquero: **compañía** *f* **-a** Tabakkonzern *m*; **industria** *f* **-a** Tabakindustrie
taberna F Schenke, Taverne
tabique [-ke] M Zwischen-, Trennwand *f*
tabla F Brett *n*; Planke; Tafel; Tabelle; **~ de planchar** Bügelbrett *n*; **~ de surf** Surfbrett *n*
tablado M Podium *n*; Bühne *f*
tablero M Tafel *f*; Brett *n*; Platte *f*; **~ de instrumentos** (*od* **de mandos**) Armaturenbrett *n* **tableta** F *Schokolade* Tafel; MED Tablette; *Computer*: Tablet *n*, Tablet PC *m*
tablista M/F SPORT Surfer(in)
taburete M Schemel, Hocker
tacaño [-ɲo] geizig, *umg* knauserig
tachar [-tʃ-] ausstreichen; *fig* tadeln
tácito [-θ-] stillschweigend
taco M Pflock; Dübel; Abreißblock; Kraftausdruck
tacón M (Schuh)Absatz
táctica F Taktik
tacto M Tastsinn; *fig* Takt (-gefühl *n*)
Tailandia F Thailand *n*
tajada [-x-] F Schnitte; Scheibe **tajante** *fig* scharf; kategorisch
tal solche(r, -s); derartig; **~ como** wie zum Beispiel; **un ~ ...** ein gewisser ...; **con ~ que** vorausgesetzt, dass; **~ vez** vielleicht; **¿qué ~?** wie geht's?
taladradora F Bohrmaschine **taladrar** (durch)bohren **taladro** M Bohrer **talar** *Baum* fällen
talento M Talent *n*; Begabung *f*
TALGO M ABK (Tren Articulado Ligero Goicoechea Oriol) *spanischer Leichtmetallzug*, Talgo
talla [-ʎa] F Wuchs *m*; Gestalt; *Kunst* Schnitzerei; *Kleidung* Größe **tallar** einkerben, einschneiden; *in Holz* schnitzen; *in Stein* meißeln **tallarines** MPL Bandnudeln *fpl*
talle M Taille *f*; Figur *f*
taller M Werkstatt *f*; **~ de repa-**

raciones Reparaturwerkstatt *f*
tallo [-ʎo] M BOT Stiel, Stängel
talón M Ferse *f*; HANDEL Abschnitt, Schein
tamaño [-ɲo] 1 M Größe *f*; Format *n*; **de ~ natural** in Lebensgröße 2 ADJ so groß, derartig
tambalearse schwanken, taumeln
también auch
tambor M Trommel *f* (*a.* TECH); *Person* Trommler(in)
tamiz [-θ-] M (feines) Sieb *n* **tamizar** sieben
tampoco auch nicht
tampón M Stempelkissen *n*; MED Tampon
tan so, so sehr; ebenso; **~ grande como** so groß wie
tanga M Tanga
tanque [-ke] M Tank; MIL Panzer(wagen)
tanto 1 ADJ so viel; so groß; ADV so sehr, ebenso viel; **~ (me) da** das ist (mir) egal; **entre ~** inzwischen; **~ mejor** umso besser; **en ~ que** solange; **por (lo) ~** daher; **¡y ~!** und ob! 2 M SPORT Punkt; Tor *n*
Tanzanía F Tansania *n*
tapa F Deckel *m*; **~s** *pl* Appetithäppchen *npl* **tapacubos** M AUTO Radkappe *f* **tapadera** F Deckel *m*; *fig* Deckmantel *m*
tapado bedeckt, verdeckt; zugedeckt; *Nase* verstopft **tapar** zu-, be-, verdecken; verstopfen
tapeo M **ir de ~** Tapas essen gehen
tapete M Zierdecke *f*; **poner sobre el ~** aufs Tapet bringen
tapiz [-θ-] M (Wand)Teppich
tapizar beziehen; polstern
tapón M Korken; Stöpsel; **~ para el oído** Ohrstöpsel **taponar** verkorken
taquilla [-kiʎa] F (Fahrkarten-, Karten)Schalter *m*
tarántula F Tarantel
tardanza [-θa] F Verzögerung
tardar zögern; lange brauchen (*od* dauern); **sin ~** unverzüglich **tarde** 1 ADJ spät; **llegar ~** zu spät kommen; **se me hace ~** ich bin spät dran 2 F Nachmittag *m*; Abend *m* **tardío** Spät...
tarea F Arbeit; Aufgabe; **~s** *pl* **domésticas** Hausarbeit *f*
tarifa F Tarif *m*; Gebühr; **~ plana** Flatrate; **~ urbana** Ortstarif *m*
tarjeta [-x-] F Karte; **~ chip** IT Chipkarte; **~ gráfica** IT Grafikkarte; **~ monedero** Geldkarte, Paycard; **~ postal/telefónica** Post-/Telefonkarte; **~ de crédito** Kreditkarte; **~ de embarque** FLUG Bordkarte; **~ (de) prepago** TEL Prepaid-Karte; **~ SIM** TEL SIM-Karte;; **~ de sonido** IT Soundkarte; **~ de visita** Visitenkarte
tarro M Einmachglas *n*
tarta F Torte
tartamudear stottern
tarugo M Pflock; Dübel

tasa F Gebühr; Taxe **tasar** schätzen; taxieren
tasca F *umg* Kneipe
tatuaje [-xe] M Tätowierung *f*, Tattoo *n*
taurino Stier(kampf)...
Tauro M ASTROL Stier
tauromaquia [-kia] F Stierkampf, Stierkämpferkunst
taxi M Taxi *n* **taxista** M/F Taxifahrer(in)
taza [-θa] F Tasse
te dir, dich
té M Tee
teatral theatralisch; Theater... **teatro** M Theater *n*
tebeo M Comicheft *n*
techo [-tʃo] M Dach *n*; (Zimmer)Decke *f*; **~ corredizo** Schiebedach *n*; AUTO **~ panorámico** Panorama-Schiebedach *n*
tecla F Taste; **~ control/de comando** IT Steuerungs-/Befehlstaste; **~ Enter** IT Enter- *od* Returntaste; **~ de borrar/retroceso** Lösch-/Rücktaste; **~ del cursor/ratón** Cursor-/Maustaste; **~ de reproducción** Wiedergabetaste **teclado** M Tastatur *f* **teclear** tippen; klimpern
técnica F Technik; **~ laser** Lasertechnik **técnico** **1** ADJ technisch **2** M, **-a** F Techniker(in)
tecnología [-x-] F Technologie; **~ punta** Spitzentechnologie; **~ de la información** Informationstechnik, -technologie, IT
Teide M *Berg auf den Kanaren, höchster Berg Spaniens*
teja [-xa] F Dachziegel *m* **tejado** M Dach *n* **tejador** M Dachdecker
tejano, -a [-x-] M,F Texaner(in); **~s** *mpl* Jeans
tejer [-x-] weben; *Am a.* stricken
tejido M Gewebe *n* (*a.* ANAT); Stoff; **~s** *pl* Textilien
tejón [-x-] M Dachs
tela F Gewebe *n*; Stoff *m*; Leinwand **telar** M Webstuhl **telaraña** [-ɲa] F Spinnwebe, Spinnennetz *n*
telebanca F Tele(fon)banking *n* **telecomando** M Fernsteuerung *f* **telecomunicaciones** [-θ-] FPL Fernmeldewesen *n* **telediario** M TV Tagesschau *f* **teledirigido** [-x-] ferngelenkt, -gesteuert **teleférico** M Drahtseilbahn *f* **telefonear** telefonieren **telefonía** F TEL **~ móvil** Mobilfunk *m* **telefónico** telefonisch
teléfono M Telefon *n*; **~ móvil** Handy *n*; **~ fijo** Festnetztelefon *n*; **por ~** telefonisch; **hablar por ~** telefonieren
telegrafiar telegrafieren
telenovela F TV Fernsehserie *f*
telescopio M Teleskop *n* **telesilla** [-ʎa] F Sessellift *m* **telespectador(a)** M(F) Fernsehzuschauer(in) **telesquí** [-ki] M Skilift **teletexto** M Videotext **teletrabajo** [-xo] M Tele-

arbeit *f*
televidente M/F Fernsehzuschauer(in) **televisión** F Fernsehen *n*; **~ por cable/via satélite** Kabel-/Satellitenfernsehen *n* **televisivo** Fernseh... **televisor** M Fernseher
telón M THEAT Vorhang *m*; **~ de fondo** *fig* Hintergrund
tema M Thema *n*; Aufgabe *f*
temblar zittern **temblor** M Zittern *n*; **~ de tierra** Erdbeben *n* **tembloroso** zitterig
temer fürchten **temerario** verwegen **temeridad** F Tollkühnheit **temeroso** furchtsam
temible Furcht erregend
temor M Furcht *f*
temperamento M Temperament *n* **temperatura** F Temperatur
tempestad F Sturm *m*; Unwetter *n* **tempestuoso** stürmisch
templado maßvoll, gemäßigt; *Klima* mild; *Wasser* lau(warm) **templar** mäßigen
templo M Tempel; Kirche *f*
temporada F Zeitraum *m*; Jahreszeit; Saison; **~ alta** Hochsaison; **~ baja** Vor- *od* Nachsaison **temporal** **1** ADJ zeitweilig **2** M Sturm, Unwetter *n*
temprano ADJ frühzeitig, früh; ADV (zu) früh
ten → tener
tenacidad [-θ-] F Zähigkeit
tenaz [-θ] zäh; hartnäckig **tenazas** [-θ-] FPL Zange *f*
tendedero M Wäscheständer
tendencia [-θ-] F Neigung; Tendenz; Trend *m* **tendencioso** tendenziös
tender (aus)spannen; ausbreiten; *Wäsche* aufhängen; **~ a** neigen zu
tendón M ANAT Sehne *f*
tendré → tener
tenebroso finster, dunkel
tenedor M Gabel *f*; HANDEL Inhaber
tener haben; halten; **~ por** halten für; **~ que** müssen; **~ tres años** drei Jahre alt sein
Tenerife F Teneriffa *n*
tengo, tenga → tener
tenia F Bandwurm *m*
tenía → tener
tenis M Tennis *n* **tenista** M/F Tennisspieler(in)
tenor M MUS Tenor (*a. fig*); Wortlaut; **a ~ de** laut, gemäß
tensión F Spannung (*a. fig*); **~ baja/alta** niedriger/hoher Blutdruck *n*; **tomar la ~** den Blutdruck messen **tenso** gespannt (*a. fig*); verkrampft
tentación [-θ-] F Versuchung
tentador verlockend **tentar** betasten; verlocken **tentativa** F Versuch *m*
tenue dünn; schwach
teñir [-ɲ-] färben
teología [-x-] F Theologie
teoría F Theorie
teórico theoretisch
tequila [-ki-] M Tequila (*Agavenschnaps*)

terapia F Therapie; ~ **génica/ocupacional** Gen-/Beschäftigungstherapie
tercer(o) [-θ-] dritte(r) **tercio** [-θ-] M Drittel *n*
terciopelo [-θ-] M Samt
terco starrköpfig
termal Thermal… **termas** FPL Thermalquellen
terminación [-θ-] F Beendigung; GRAM Endung **terminal** 1 ADJ End… 2 F FLUG Terminal *m/n*; *Verkehr:* Endhaltestelle
terminar V/T beenden; abschließen; V/I enden
término M Ende *n*; Frist *f*; Ausdruck; **por ~ medio** im Durchschnitt; **llevar a ~** zu Ende bringen
termo M Thermosflasche® *f*
termómetro M Thermometer *n* **termostato** M Thermostat
ternera F Kalbfleisch *n*; (Kuh)-Kalb *n* **ternero** M (Stier)Kalb *n*
terno M dreiteiliger (Herren)-Anzug
ternura F Zärtlichkeit; Zartheit
terraplén M Damm; Wall **terrateniente** M/F Grundbesitzer(in) **terraza** [-θa] F Terrasse
terremoto M Erdbeben *n* **terreno** M Boden; Gelände *n* **terrestre** irdisch; Erd…
terrible schrecklich
territorio M Gebiet *n*; Territorium *n* **terrón** M Erdklumpen; *Zucker* Stück *n*
terror M Schrecken; Terror **terrorismo** M Terrorismus **terrorista** M/F Terrorist(in); ~ **suicida** Selbstmordattentäter(in)
terso *Haut* glatt
tertulia F Gesellschaft; Stammtisch *m*
tesis F These; ~ **doctoral** Doktorarbeit, Dissertation
tesorería F Schatzamt *n* **tesorero,-a** M,F Schatzmeister(in); Kassenwart(in) **tesoro** M Schatz
test M Test; ~ **visual/genético** Seh-/Gentest; ~ **de resistencia** Stresstest
testaferro M *fig* Strohmann
testamento M Testament *n*; ~ **vital** Patientenverfügung *f*
testarudo halsstarrig
testículo M Hoden
testificar bezeugen; aussagen
testigo M/F Zeuge, Zeugin; SPORT *m* (Staffel)Stab; ~ **ocular/de boda** Augen-/Trauzeuge
testimoniar bezeugen **testimonio** M Zeugenaussage *f*; **dar ~ de** bezeugen
teta F Zitze; *umg* Brust
tétanos M MED Tetanus
tetera F Teekanne
textil M Textil…; **~es** *mpl* Textilien *pl*
texto M Text **textual** wörtlich
textura F Gewebe *n*; Textur
tez [-θ] F Hautfarbe, Teint *m*
ti dir, dich
tía F Tante; *sl* Weib *n*, Tussi
tibia F Schienbein *n*

tibio lau(warm)
tiburón M Hai(fisch)
TIC FPL ABK (Tecnologías de la Información y Comunicación) IT *f* (*Informationstechnik*)
ticket M Kassenzettel
tiemblo → temblar
tiempo M 1 Zeit *f*; MUS Tempo *n*; ~ **libre** Freizeit *f*; **a** ~ rechtzeitig; **hace** ~ vor langer Zeit; **por poco** ~ kurzzeitig; **trabajar a** ~ **completo/parcial** Vollzeit/Teilzeit arbeiten 2 Wetter *n*; **hace buen/mal** ~ es ist gutes/schlechtes Wetter
tienda F 1 Laden *m*; ~ **de bricolaje** Baumarkt *m*; ~ **virtual** Onlineshop *m* 2 ~ **(de campaña)** Zelt *n*
tiendo, tiene → tender
tiento → tentar
tierno zart, mürbe, weich; *Brot* frisch; *fig* zärtlich
tierra F Erde; Land *n*; Heimat; **Tierra del Fuego** Feuerland *n*; **tomar** ~ FLUG landen
tieso steif; starr
tiesto M Blumentopf
tifus M Typhus
tigre M Tiger; *Am* Jaguar
tijeras [-x-] FPL Schere *f*; ~ **de uñas** Nagelschere *f*
tila F Lindenblütentee *m*
tildar bezeichnen (**de** als)
tilde F GRAM Tilde
tilo M Linde *f*
timador(a) M(F) Schwindler(in)
timar *umg* übers Ohr hauen
timbal M MUS (Kessel)Pauke *f*
timbre M Stempel; Klingel *f*; **tocar el** ~ klingeln, läuten
timidez [-θ] F Schüchternheit
tímido schüchtern, scheu
timo M Schwindel, Betrug
timón M SCHIFF Steuer *n* **timonel** M Steuermann
tímpano M Giebelfeld *n*; ANAT Trommelfell *n*
tina F Bottich *m*
tinieblas FPL Finsternis *f*
tinnitus M MED Tinnitus
tinta F Tinte; ~ **china** Tusche; ~ **simpática** Geheimtinte
tinte M Färben *n*; Färbemittel *n*
tintero M Tintenfass *n*
tinto 1 ADJ gefärbt 2 M **(vino** M) ~ Rotwein; ~ **de verano** *Getränk aus Rotwein und Zitronenlimonade* **tintorería** F Färberei; chemische Reinigung
tío M Onkel; *umg* Kerl
tiovivo M Karussell *n*
típico typisch (**de** für)
tipo M Typ; Art *f*; ~ **de cambio** Wechselkurs **tipografía** F Typografie, Buchdruckerkunst
tiquete [-ke-] M *Am* Fahrkarte *f*; Flugschein
tira F Streifen *m* **tirada** F Wurf *m*; Auflage (e-r Zeitung) **tirado** *umg fig* spottbillig; kinderleicht
tirador(a) M(F) 1 Schütze, Schützin 2 NUR M *Tür etc* Griff
tiranía F Tyrannei
tiránico tyrannisch
tiranizar [-θ-] tyrannisieren **tirano** M Tyrann
tirante 1 ADJ gespannt (*a. fig*);

straff **2** M *am Kleid etc* Träger; **~s** *pl* Hosenträger **tirantez** [-θ] F Spannung (*a. fig*)
tirar ziehen; werfen; schießen; wegwerfen; *Geld* verschwenden **tirarse** sich stürzen
tirita F (Heft)Pflaster *n*
tiritar frösteln
tiro M Wurf; Schuss; **~ con arco** Bogenschießen *n*; **~ al aire** Warnschuss
tiroides M ANAT Schilddrüse *f*
tirón M Ruck; **de un ~** auf einmal
tiroteo M Schießerei *f*
tisana F Kräutertee *m*
títere M Marionette *f*
titilar zittern; flimmern
titubear schwanken; zögern
titular **1** V/T betiteln **2** M Schlagzeile *f* **3** M/F HANDEL, JUR Inhaber(in)
título M Titel; HANDEL Wertpapier *n*
tiza [-θa] F Kreide
toalla [-ʎa] F Handtuch *n*; **~ de baño** Badetuch *n* **toallero** Handtuchhalter
tobillo [-ʎo] M Fußknöchel
tobogán M (Rodel)Schlitten; Rutschbahn *f*; **~ acuático** Wasserrutsche *f*
tocadiscos M Plattenspieler **tocado** M Frisur *f*; Kopfputz **tocador** M Toiletten-, Frisiertisch **tocante**: **(en lo) ~ a** was ... anbetrifft
tocar V/T berühren (*a. fig*); MUS spielen; *Glocken* läuten; V/I betreffen; zukommen, zufallen; **me toca a mí** ich bin an der Reihe
tocino [-θ-] M Speck
todavía noch (immer); **~ no** noch nicht
todo **1** ADJ alles; ganze(r); jeder **2** M Ganze(s) *n*; **ante ~, sobre ~** vor allem **todoterreno** M AUTO Geländewagen
toldo M Sonnendach *n*
tolerable erträglich **tolerancia** [-θ-] F Toleranz **tolerante** tolerant **tolerar** dulden, zulassen
toma F Nehmen *n*; **~ de posesión** Amtsantritt *m*; **~ de posición** Stellungnahme
tomar nehmen; einnehmen (*a.* MIL); *Kaffee, Tee* trinken; *Foto* machen; *Maßnahme* treffen; **~ por** halten für; **¡toma ya!** das hat gesessen!
tomate M Tomate *f*
tomillo [-ʎo] M Thymian
tomo M Band; Buch *n*
tonel M Tonne *f*; Fass *n* **tonelada** F *Gewicht* Tonne
tóner M Toner
tónica F Tonic *n* **tónico** M MED Tonikum *n*
tono M Ton; MUS Tonart *f*; TEL Klingelton; **~ de marcar** TEL Freizeichen *n*; **darse ~** sich wichtigmachen
tontería F Dummheit; Albernheit **tonto** **1** ADJ dumm; albern **2** M Dummkopf
topar (zusammen)stoßen; **~**

con stoßen auf (*akk*); gegen
tope M Spitze *f*; SCHIFF Topp; BAHN Puffer; TECH Anschlag
tópico M Gemeinplatz
topo M Maulwurf
topográfico topografisch
toque [-ke] M Berührung *f*; *fig* Hauch, Touch
torbellino [-ʎ-] M Wirbel, Strudel; *fig* Wirbelwind
torcer [-θ-] drehen; krümmen; *Wäsche* (aus)wringen; **~ a la izquierda/derecha** nach links/rechts abbiegen **torcerse**: **~ el pie** sich den Fuß verstauchen, *umg.* verknacksen
torcido [-θ-] krumm, verbogen
tordo M ZOOL Drossel *f*
torear mit Stieren kämpfen **toreo** M Stierkampf **torero** M Stierkämpfer, Torero
tormenta F Sturm *m*; Gewitter *n*; **~ tropical** Tropensturm *m*
tormento M Folter *f*
torneo M Turnier *n*
tornero M Dreher **tornillo** [-ʎo] M Schraube *f* **torniquete** [-ke-] M Drehkreuz *n*; MED Aderpresse *f* **torno** M Drehbank *f*; Töpferscheibe *f*; **en ~ a** um... herum
toro M Stier, Bulle; **~s** *pl* Stierkampf *m*
toronja [-xa] F bittere Orange
torpe ungeschickt; schwerfällig
torpedear torpedieren (*a. fig*)
torpedero M Torpedoboot *n*
torpedo M Torpedo
torpeza [-θa] F Ungeschicklichkeit; Plumpheit
torre F Turm *m*; **~ de control** FLUG Kontrollturm *m*
torrencial [-θ-] strömend **torrente** M Sturzbach; *fig* Schwall
torrijas [-x-] FPL GASTR arme Ritter *mpl*
torsión F Drehung
torta F Kuchen *m*; Fladen *m*; *umg* Ohrfeige **tortilla** [-ʎa] F Eierkuchen *m*; *Am* Art Maisfladen *m*; **~ (francesa)** Omelett *n*; **~ (a la) española, ~ de patatas** Kartoffelomelett *n*
tortuga F Schildkröte
tortuoso gewunden
tortura F Folter; *fig* Qual **torturar** foltern
tos F Husten *m*; **~ ferina** Keuchhusten *m*
tosco unbearbeitet, roh; *fig* ungehobelt
toser husten
tostada F Toast *m* **tostador** M **~ (de pan)** Toaster **tostar** rösten; toasten
total **1** ADJ ganz, völlig, total **2** M Gesamtsumme *f*; **en ~** insgesamt **totalidad** F Gesamtheit
tour M: Tour *f*
tóxico **1** ADJ giftig **2** M Gift *n*
toxicómano drogen-, rauschgiftsüchtig
tozudo [-θ-] dickköpfig
traba F Band *n*; Fessel; *fig* Hindernis *n*; **sin ~s** ungehindert
trabajador [-x-] **1** ADJ arbeitsam **2** M, **-a** F Arbeiter(in) **tra-**

bajar V/I arbeiten; V/T verarbeiten **trabajillo** [-ʎo] *umg* M Nebenjob, Minijob
trabajo [-xo] M Arbeit *f*; *fig* Mühe *f* **trabajoso** mühsam
tracción [-ɣθ-] F Ziehen *n*, Zug *m*; ~ **delantera/trasera** Vorder-/Hinterradantrieb *m* **tractor** M Traktor
tradición [-θ-] F Tradition; Überlieferung **tradicional** traditionell
traducción [-ɣθ-] F Übersetzung **traducir** [-θ-] übersetzen **traductor(a)** M(F) Übersetzer(in)
traer (her)bringen; mitbringen
traficante M/F Händler(in); ~ **de drogas** Drogenhändler(in)
traficar handeln
tráfico M Handel; Verkehr; ~ **de armas/drogas** Waffen-/Drogenhandel
tragaluz [-θ] M Dachfenster *n*; Luke *f* **tragaperras** M Spielautomat **tragar** (ver)schlucken
tragedia [-x-] F Tragödie
trágico [-x-] tragisch
trago M Schluck; **un ~ amargo** *fig* e-e bittere Pille; **de un ~** in einem Zug
traición [-θ-] F Verrat *m* **traicionar** [-θ-] verraten **traidor** 1 ADJ verräterisch; treulos 2 M, **-a** F Verräter(in)
traigo, traiga → traer
traje¹ [-xe] M Anzug; Kleid *n*; ~ **de baño** Badeanzug; ~ **chaqueta** Kostüm *n*; **~-pantalón** Hosenanzug; ~ **regional** Tracht *f*
traje², trajo → traer
trama F *fig* Komplott *n* **tramar** *fig* anzetteln
tramitación [-θ-] F *amtliche* Erledigung, Bearbeitung **tramitar** betreiben; bearbeiten
trámite M Dienstweg; Formalität *f*
tramontana F Nordwind *m*
trampa F Falle (*a. fig*); Falltür; *fig* Schwindel *m*; **caer en la ~** in die Falle gehen; **tender una ~** e-e Falle stellen; **hacer ~s** *fig* mogeln
trampolín M Sprungbrett *n* (*a. fig*); *Ski* Sprungschanze *f*
tramposo 1 ADJ betrügerisch 2 M Schwindler
tranquilidad [-ki-] F Ruhe
tranquilizar [-θ-] beruhigen
tranquilo ruhig; gelassen
transacción [-ɣθ-] F HANDEL Geschäft *n* **transatlántico** 1 ADJ überseeisch 2 M Überseedampfer **transbordador** M Fähre *f* **transbordo** M Umladung *f*; *Verkehr* Umsteigen *n*; **hacer ~** umsteigen **transcripción** [-βθ-] F Ab-, Umschrift
transcurrir vergehen **transcurso** M Verlauf **transeúnte** M/F Passant(in)
transferencia [-θ-] F Übertragung, Transfer *m*; HANDEL Überweisung; ~ **de datos** IT Datentransfer **transferible** übertragbar **transferir** übertragen; überweisen

transformación [-θ-] F Umbildung; Verwandlung **transformador** M ELEK Transformator **transformar** umformen; verwandeln (**en** in *akk*)
transfusión F **~ de sangre** Blutübertragung **transgénico** [-x-] transgen **transgresión** F JUR Übertretung **transición** [-θ-] F Übergang *m*; **sin ~** übergangslos
transigente [-x-] nachgiebig; versöhnlich **transigir** nachgeben
Transilvania F Siebenbürgen *n*
transitable gangbar; befahrbar **transitar** durchreisen; verkehren **transitivo** transitiv
tránsito M Durchgang; Transit; Verkehr
transitorio vorübergehend; **periodo** *m* **~** Übergangszeit *f*
transmisión F Übertragung; **~ en directo** Livesendung, Direktübertragung **transmitir** übertragen (*a.* RADIO, TV); übermitteln
transparencia [-θ-] F Durchsichtigkeit; *Am a.* Dia *n* **transparente** durchsichtig
transpirable *Stoff* atmungsaktiv **transpirar** schwitzen; ausdünsten
transportar transportieren, befördern **transporte** M Beförderung *f*, Transport **transportista** M/F Spediteur(in)
transversal quer, Quer...
tranvía M Straßenbahn *f*
trapecio [-θ-] M Trapez *n*
trapo M (Wisch)Lappen; Staubtuch *n*
tráquea [-ke-] F ANAT Luftröhre
tras nach; hinter; **uno ~ otro** hintereinander **trascendental** [-θ-] bedeutend, weit reichend **trasero** **1** ADJ hintere(r) **2** M *umg* Hintern **trasfondo** M *fig* Hintergrund
trasladar verlegen; versetzen (*a. Person*) **trasladarse** sich begeben (**a** nach) **traslado** M Verlegung *f*; Versetzung *f*
traslucirse [-θ-] durchscheinen
trasnochador(a) [-tʃ-] M(F) *umg* Nachtschwärmer(in) **trasnochar** *umg* sich die Nacht um die Ohren schlagen
traspapelar verkramen **traspasar** überschreiten; durchdringen; JUR übertragen **traspaso** M Übertretung *f*; HANDEL Abtretung *f*; Übertragung *f*; Abstandssumme *f*
trasplantar umpflanzen; MED verpflanzen **trasplante** M MED Transplantation *f*
trastero M Abstellraum **trasto** M Gerät *n*; **~s** *pl* Zeug *n*; Kram *m*; **~s viejos** Gerümpel *n*
trastornar durcheinanderbringen; verwirren; (*a.* MED) stören **trastorno** M Verwirrung *f*; Störung *f* (*a.* MED)
trata F **~ de blancas** Mädchen-

handel *m* **tratable** umgänglich **tratado** M Abhandlung *f*; POL Vertrag **tratamiento** M Behandlung *f* (*a.* MED); Anrede *f*; **~ de datos/textos** Daten-/Textverarbeitung *f*; **~ de residuos** Abfallaufbereitung *f* **tratante** M/F Händler(in)
tratar behandeln; **~ en** handeln mit; **~ con** verkehren mit; **~ de** handeln von; versuchen zu; **~ de tú/usted** duzen/siezen **tratarse** sich handeln (**de** um)
trato M Behandlung *f*; Umgang; Abmachung *f*, Vereinbarung *f*; **malos ~s** *pl* Misshandlung *f*
trauma M Trauma *n*, Schock **traumatismo** M Verletzung *f*
través: **de ~** schräg; quer; **a ~ de** durch (*a. fig*) **travesaño** [-ɲo] M Querbalken **travesía** F Querstraße; Überquerung; Überfahrt
travesti(do) M Transvestit
travesura F Streich *m*
travieso mutwillig; unartig
trayecto M Strecke *f*; Weg **trayectoria** F (Lebens)Weg *m*
trayendo → traer
trazado [-θ-] M Entwurf; *Verkehr* Trassierung *f* **trazar** entwerfen; zeichnen, ziehen; *fig* umreißen **trazo** M Strich
trébol M Klee
trece [-θe] dreizehn
trecho [-tʃo] M Strecke *f*, Stück *n*
tregua F Waffenruhe
treinta dreißig
trekking M Trekking *n*; **bicicleta** *f* **de ~** Trekkingbike *n*; **zapatillas** *fpl* **de ~** Trekkingschuhe *mpl*
tremendo fürchterlich
tren M BAHN Zug; **~ de cercanías** Nahverkehrszug; **~ de aterrizaje** FLUG Fahrgestell *n*; **~ de lavado** Autowaschanlage *f*
trenza [-θa] F Zopf *m* **trenzar** flechten
trepar klettern (auf *akk*)
tres drei **trescientos** dreihundert
Tréveris M Trier *n*
triangular dreieckig
triángulo M Dreieck *n*; **~ de peligro** Warndreieck *n*
triatlón M SPORT Triathlon
tribu F Stamm *m*
tribuna F Tribüne **tribunal** M Gericht(shof *m*) *n*
tributario Steuer… **tributo** M Steuer *f*; Tribut (*a. fig*)
triciclo [-θ-] M Dreirad *n*
tricolor dreifarbig
trigal M Weizenfeld *n* **trigo** M Weizen
trimestral vierteljährlich **trimestre** M Quartal *n*, Vierteljahr *n*
trinchar [-tʃ-] tranchieren
trinchera F Schützengraben *m*; *Mantel* Trenchcoat *m*
trineo M Schlitten
trinidad F REL Dreifaltigkeit
tripa F Darm *m*; *umg* Bauch *m*; **~s** *pl* Eingeweide *npl*
triple dreifach

trípode M Stativ *n*
tripulación [-θ-] F SCHIFF, FLUG Besatzung, Crew **tripular** bemannen
triste traurig; betrübt **tristeza** [-θa] F Traurigkeit
triturar zerkleinern, zermahlen
triunfador 1 ADJ siegreich 2 M, **-a** F Sieger(in) **triunfar** triumphieren; siegen **triunfo** M Triumph; SPORT Sieg; *Kartenspiel* Trumpf
trivial trivial, banal
trofeo M Trophäe *f*
trolley [-e(ĭ)] M Trolley *m*, Rollenkoffer *m*
trombón M Posaune *f*
trompa F MUS Horn *n*; ZOOL Rüssel *m* **trompeta** 1 F Trompete 2 M, **trompetista** M/F Trompeter(in)
tronar donnern
tronco M Baumstamm; ANAT Rumpf
trono M Thron
tropa F Trupp *m*; Truppe
tropezar [-θ-] stolpern; **~ con** stoßen an, auf (*akk*)
tropical tropisch
trópico M GEOG Wendekreis; **~s** *pl* Tropen
tropiezo [-θo] M Anstoß; Hindernis *n*
trote M Trab; **ir al ~** traben
trozo [-θo] M Stück *n*
trucha [-tʃa] F Forelle
truco M Trick
trueco → trocar
trueno M Donner
trueque [-ke] M Tausch
trufa F Trüffel
tu, PL **tus** dein(e *pl*)
tú du
tuberculosis F Tuberkulose
tubería F (Rohr)Leitung
tubo M Röhre *f*; Rohr *n*; Tube *f*; **~ de ensayo** Reagenzglas *n*; **~ fluorescente** Leuchtstoffröhre *f*; **~ de respiración** Schnorchel
tuerca F Schraubenmutter
tuerzo → torcer
tuétano M Knochenmark *n*
tuit M Tweet® **tuitear** twittern® **tuiteo** M Tweet® *m*/*n*, Twitternachricht *f*
tulipán M Tulpe *f*
tumba F Grab *n* **tumbar** umwerfen **tumbona** F Liegestuhl *m*
tumor M Geschwulst *f*, Tumor
tumulto M Aufruhr, Tumult **tumultuoso** lärmend
tuna F Studentenkapelle
túnel M Tunnel; **~ de lavado** AUTO Waschstraße *f*
Túnez [-θ] M Tunis *n*; Tunesien *n* **Tunicia** F Tunesien *n*
turbina F Turbine
turbio trübe; *fig* schmutzig
turbulencia [-θ-] F Turbulenz; Unruhe **turbulento** turbulent
turco 1 ADJ türkisch 2 M, **-a** F Türke, Türkin
Turingia [-x-] F Thüringen *n*
turismo M Tourismus, Fremdenverkehr; AUTO Personenwagen; **~ de aventura** Abenteuerurlaub; **~ verde** *o* **sostenible**

sanfter *o* nachhaltiger Tourismus **turista** M/F Tourist(in)
turnarse sich abwechseln **turno** M Reihe(nfolge) *f*; Turnus; *Arbeit* Schicht *f*; **por ~(s)** der Reihe nach
turquesa [-ke-] F Türkis *m*
Turquía [-ki-] F Türkei
turrón M *typisch spanische Süßigkeit zu Weihnachten*
tutear duzen **tutela** F Vormundschaft; *fig* Schutz *m* **tutor(a)** M(F) Vormund *m*
tuve, **tuvo** → tener
tuyo, **tuya** dein, deine; **es ~** das gehört dir; **una amiga tuya** eine Freundin von dir
TV F ABK (Televisión) Fernsehen *n* **TVE** F ABK (Televisión Española) *spanisches Fernsehen*

U

U ABK *Am umg* **la ~** die Uni
u oder (*statt* **o** *vor* **o** *u.* **ho**)
ubicación [-θ-] F *bes Am* Lage; Standort *m* **ubicado** gelegen
ubre F Euter *n*
UCI F ABK (Unidad de Cuidados Intensivos) Intensivstation
Ucrania F Ukraine
Ud. ABK (Usted), PL **Uds.** (Ustedes) Sie
UE F ABK (Unión Europea) Europäische Union
¡uf! uff!; puh!
UHT ABK **leche** *f* **~** H-Milch
úlcera [-θ-] F Geschwür *n*
ulterior weiter; später
últimamente in letzter Zeit
último letzte(r); **de última hora** Last-Minute-...; **oferta** *f* **de última hora** Last-Minute-Angebot *n*; **por ~** zuletzt; schließlich; **a ~s de mes** am Monatsende
ultramar M Übersee *f* **ultrasonido** M Ultraschall **ultravioleta** ultraviolett, UV-...
ulular heulen
umbral M (Tür)Schwelle *f*; **en el ~** auf der Schwelle
UME F ABK (Unión Monetaria Europea) EWU (*Europäische Währungsunion*)
un, **una** ein, eine; **a la una** um ein Uhr, um eins
unánime einmütig
ungüento [-ɣŭ-] M Salbe *f*
únicamente (einzig und) allein, nur **único** einzig(artig); Einzel...; Einheits...; **hijo ~** Einzelkind *n*
unidad F Einheit **unido** vereinigt, verbunden **unificar** vereinen; vereinheitlichen
uniformar uniformieren **uniforme** 1 ADJ gleichförmig; einheitlich 2 M Uniform *f*
unión F Vereinigung; Verbindung; **Unión Europea** Europäische Union
unir vereinigen; verbinden
unirse sich zusammenschließen; **~ a** sich anschließen

universal allgemein; universal **universidad** F Universität **universitario,-a** M,F Akademiker(in); Student(in) **universo** M Weltall *n*

uno eins; eine(r, -s); jemand; man; **~ a ~** einer nach dem andern; **~s** einige; **~(s) a otro(s)** einander

untar (ein)schmieren; *Brot* bestreichen; *umg* schmieren, bestechen

uña [uɲa] F Nagel *m*; Huf *m*

Urales MPL Ural *m*

uranio M Uran *n*

urbanismo M Stadtplanung *f* **urbanización** [-θaθ-] F (bauliche) Erschließung; Wohngebiet *n* **urbanizar** [-θ-] (baulich) erschließen **urbano** **1** ADJ städtisch, Stadt…; urban **2** M **(guardia** *m*) **~** (Stadt)Polizist

urgencia [-xenθ-] F Dringlichkeit; Notfall *m* (*a.* MED) **urgente**, **urgentemente** dringend

urinario Harn…, Urin…

urna F Urne

urólogo M Urologe

urraca F ZOOL Elster

usado gebraucht, abgenutzt **usar** gebrauchen, verwenden, benutzen **uso** M Gebrauch; Verwendung *f*; Brauch; **de ~ externo** zur äußerlichen Anwendung; **hacer ~ de** Gebrauch machen von

usted, PL **ustedes** Sie (*a. pl*)

usual gebräuchlich; üblich

usuario M, **-a** F *bes* IT Benutzer(in), Nutzer(in)

utensilio M Gerät *n*; Werkzeug *n*

útero M ANAT Gebärmutter *f*

útil nützlich **útiles** MPL Geräte *npl*

utilidad F Nutzen *m* **utilitario** M AUTO Kleinwagen, Nutzfahrzeug *n* **utilizar** [-θ-] benutzen, ver-, anwenden

utopía F Utopie

uva F Traube

UVI F ABK (Unidad de Vigilancia Intensiva) Intensivstation

V

va → ir

vaca F Kuh; **enfermedad** *f* (*od* **mal** *m*) **de las ~s locas** Rinderwahn(sinn) *m*

vacaciones [-θ-] FPL Urlaub *m*; *escolares*: Ferien *pl*; **ir de ~** in den Urlaub fahren; **¡buenas ~!** schöne Ferien! **vacante** **1** ADJ unbesetzt; frei **2** F offene Stelle

vaciar [-θ-] (aus)leeren

vacilación [-θilaθ-] F Schwanken *n* **vacilar** schwanken; zaudern

vacío [-θ-] **1** ADJ leer **2** M Leere *f*; Lücke *f*; PHYS Vakuum *n*

vacuna F Impfstoff *m* **vacu-**

nación [-θ-] F Impfung **vacunar** impfen
vacuno Rind(er)...
vado M Furt *f*
vagabundo,-a M,F Landstreicher(in), Vagabund(in) **vagar** faulenzen; umherstreifen
vagina [-x-] F ANAT Scheide
vago **1** ADJ unbestimmt, vage **2** M Faulpelz
vagón M BAHN Wag(g)on
vaho M Dampf, Dunst
vaina F Scheide *e-s Messers*; BOT Hülse, Schote
vainilla [-ʎa] F Vanille
vaivén M Hin und Her *n*
vajilla [-xiʎa] F Geschirr *n*
valdré → valer
vale M Gutschein, Bon; **~ de comida** Essen(s)marke *f*
valer nützen; wert sein; gelten; kosten; **¿cuánto vale?** wie viel kostet das?; **¡vale!** okay!; **¡eso no vale!** das gilt nicht!
valeriana F Baldrian *m*
valerse: **~ de** zurückgreifen auf (*akk*)
valga → valer
validez [-θ] F Gültigkeit
válido gültig; **no ser ~** ungültig sein
valiente tapfer, mutig; **¡~ sorpresa!** *ironisch* e-e schöne Überraschung!
valija [-xa] F *Am* Koffer *m*
valioso wertvoll
valla [-ʎa] F Zaun *m*; SPORT Hürde **vallar** einzäunen
valle [-ʎe] M Tal *n*
valor M Wert; Mut; **~ nutritivo** Nährwert; **~es** *pl* Wertpapiere *npl* **valorar** schätzen, bewerten
vals M Walzer
válvula F Klappe, Ventil *n*; **~ cardiaca/mitral** ANAT Herz-/Mitralklappe
vamos → ir
vampiresa F Vamp *m* **vampiro** M Vampir
van → ir
vanguardia F MIL Vorhut; *fig* Avantgarde
vanidad F Eitelkeit; Nichtigkeit **vanidoso** eitel
vano nichtig; nutzlos; **en ~** vergebens
vapear V/I *umg* dampfen, (e-e) E-Zigarette rauchen
vapor M Dampf; SCHIFF Dampfer; **al ~** gedämpft **vaporizador** [-θ-] M Zerstäuber **vaporizar** verdampfen; zerstäuben
vaquero [-ke-] M Cowboy; **~s** *pl*, **pantalón** *m* **~** Jeans *pl*; **~s (de) pitillo** Röhrenjeans *pl*
vara F Stab *m*; Stange
variable veränderlich (*a. Wetter*) **variación** [-θ-] F Veränderung; MUS Variation **variado** verschieden(artig); abwechslungsreich **variante** F Variante **variar** verändern; wechseln; variieren
varicela [-θ-] F MED Windpocken *fpl*
varices [-θ-] FPL Krampfadern
variedad F Vielfalt; Verschie-

denartigkeit; BOT Sorte **vario** verschieden; **~s** *pl* mehrere; manche
varón M männliches Wesen *n*, Mann **varonil** männlich
Varsovia F Warschau *n*
vas → ir
vasija [-xa] F Gefäß *n* **vaso** M Glas *n*; ANAT Gefäß *n*
vasto weit, ausgedehnt
váter M WC *n*
Vaticano M Vatikan *m*
vatio M ELEK Watt *n*
vaya → ir
Vd. ABK (Usted) Sie
Vds. ABK (Ustedes) Sie *pl*
ve, vea → ver
véase → ver
veces [-θ-] → vez
vecinal [-θ-] nachbarlich **vecindad** F Nachbarschaft; Umgebung **vecindario** M Einwohnerschaft *f* **vecino** 1 ADJ benachbart, Nachbar... 2 M, **-a** F Nachbar(in); Einwohner(in); Anlieger(in)
veda F Schonzeit **vedar** verbieten
vegano ['βe-] 1 ADJ vegan; **comida** *f* **vegana** veganes Essen 2 M, **-a** F Veganer(in)
vegetación [-xetaθ-] F Vegetation **vegetal** 1 ADJ pflanzlich 2 M Pflanze *f* **vegetar** vegetieren **vegetariano** M, **-a** F Vegetarier(in)
vehemencia [-θ-] F Heftigkeit **vehemente** heftig; ungestüm
vehículo M Fahrzeug *n*; **~ todoterreno** Geländefahrzeug *n*
veía → ver
veinte zwanzig **veintidós** zweiundzwanzig *etc* **veintiún, -uno(-una)** einundzwanzig
vejación [-xaθ-] F Belästigung; Schikane
vejez [-xeθ] F (hohes) Alter *n*
vejiga [-x-] F ANAT Blase
vela F 1 Kerze; **~ aromática** (*o* **perfumada**) Duftkerze 2 SCHIFF Segel *n*; Segelsport *m*
velada F Abend *m*, Abendveranstaltung *f* **velar** wachen (**por** über *akk*)
velcro® M Klettverschluss
velero M Segelschiff *n* **veleta** F Wetterfahne
vello [-ʎo] M Flaum; (Körper-)Haar *n*
velo M Schleier
velocidad [-θ-] F Schnelligkeit; AUTO Gang *m*; **~ máxima** Höchstgeschwindigkeit; **ganar ~** schneller werden; **a toda ~** mit voller Geschwindigkeit **velocímetro** M Geschwindigkeitsmesser **velocista** M/F SPORT Sprinter(in)
velódromo M Radrennbahn *f*
velomotor M Mofa *n*
veloz [-θ] schnell
ven → venir
vena F Ader; Vene
venado M Hirsch
vencedor [-θ-] 1 ADJ siegreich 2 M, **vencedora** F Sieger(in)
vencer (be)siegen; HANDEL *Frist* ablaufen; *Zahlung* fällig

sein **vencimiento** M Verfall (-stag); Fälligkeit *f*
venda F Binde **vendaje** [-xe] M Verband **vendar** verbinden
vendedor(a) M(F) Verkäufer(in) **vender** verkaufen
vendimia F Weinlese
Venecia [-θ-] F Venedig *n*
veneno M Gift *n* **venenoso** giftig
venerar verehren
venga → venir
venganza [-θa] F Rache **vengarse** sich rächen (**de a/c** für etw; **de a/g** an j-m) **vengativo** rachsüchtig
vengo → venir
venidero zukünftig
venir kommen; **la semana que viene** nächste Woche; **te veo ~** *fig* ich habe dich durchschaut
venta F Verkauf *m*; **en ~** zu verkaufen
ventaja [-xa] F Vorteil *m* **ventajoso** vorteilhaft
ventana F Fenster *n* **ventanilla** [-ʎa] F Schalter *m*; AUTO, FLUG Fenster *n*
ventilación [-θ-] F Lüftung **ventilador** M Ventilator **ventilar** lüften
ventoso windig
venturoso glücklich
venzo → vencer
ver sehen; **¡a ~!** mal sehen; zeig mal!; *als Antwort* natürlich!; **ir a ~** besuchen; **queda por ~** es bleibt abzuwarten; **no tener nada que ~ con** nichts zu tun haben mit; **véase más arriba/abajo** siehe oben/unten
veraneante M/F Sommergast *m* **veranear** den Sommer (-urlaub) verbringen **veraneo** M Sommerfrische *f*, -aufenthalt
verano M Sommer
veras: **de ~** im Ernst
verbal mündlich; GRAM verbal
verbena F *Sp* Volksfest *n*; BOT Eisenkraut *n*
verbo M Verb *n*; **~ auxiliar** Hilfsverb *n*
verdad F Wahrheit; **¿~?** nicht wahr?; **de ~** im Ernst; **en ~** wirklich, wahrhaftig; **a decir ~** eigentlich; offen gesagt; **(no) es ~** das stimmt (nicht) **verdadero** wahr, wirklich
verde grün; *Obst* unreif; *Witz* unanständig; **los ~s** *pl* POL die Grünen
verdura F Gemüse *n*
vereda F Fußweg *m*; *Am* Gehsteig *m*
veredicto M JUR Spruch (der Geschworenen); *fig* Urteil *n*
vergonzoso [-θ-] beschämend; schamhaft **vergüenza** [-ɣũenθa] F Scham; Schande; **me da ~** ich schäme mich
verídico wahr
verificación [-θ-] F (Über)Prüfung, Kontrolle **verificar** überprüfen, kontrollieren
verja [-xa] F Gitter *n*
vermut M Wermut
verruga F Warze
versado bewandert (**en** in *dat*)

versátil vielseitig **versión** F Version; Fassung **verso** M Vers **vértebra** F ANAT Wirbel *m* **vertedero** M ~ **(de basuras)** Mülldeponie *f* **verter** eingießen; verschütten **vertical** senkrecht **vertiente** F Abhang *m*; *fig* Seite, Aspekt *m* **vertiginoso** [-x-] schwindelerregend; atemberaubend **vértigo** M MED Schwindel **vesícula** F Bläschen *n*; ~ **biliar** Gallenblase **vestíbulo** M Vorhalle *f*; THEAT Foyer *n* **vestido** M Kleid *n* **vestigio** [-x-] M Spur *f* **vestir** anziehen **vestirse** sich anziehen **veterano** M Veteran **veterinario,-a** M,F Tierarzt, -ärztin **vez** [-θ] F Mal *n* **esta** ~ diesmal; **la otra** ~ neulich; **a la** ~ gleichzeitig; **en** ~ **de** anstatt; **de** ~ **en cuando** ab und zu; **a veces** manchmal; **muchas veces** oft; **mil veces** tausendmal, x-mal; **varias veces** mehrmals **vi** → ver **vía** **1** F Weg *m*; Straße; Bahn; BAHN Gleis *n*; ~ **férrea** Eisenbahn; **por** ~ **oficial** auf dem Amtsweg; **por** ~ **oral** *Medikament* oral, zum Einnehmen **2** PRÄP über (*akk*), via **viable** durchführbar **viaducto** M Viadukt **viajante** [x-] M/F Geschäftsreisende(r) *m*/*f*(*m*) **viajar** reisen **viaje** [x-] M Reise *f*; Fahrt *f*; ~**de estudios** Studienreise; ~ **todo incluido** Pauschalreise *f*; **estar de** ~ verreist sein; **¡buen** ~**!** gute Reise! **viajero** M, **-a** F Reisende(r) *m*/*f*(*m*); Fahrgast *m* **viario** Straßen... **víbora** F Viper; Kreuzotter **vibración** [-θ-] F Schwingung; TEL Vibrationsalarm *m* **vibrar** vibrieren **vicepresidente,-a** [-θ-] M,F Vizepräsident(in) **viceversa** [-θ-] umgekehrt **vicio** [-θ-] M Fehler; Laster *n* **vicioso** fehlerhaft, lasterhaft **víctima** F Opfer *n* **victoria** F Sieg *m* **victorioso** siegreich **vid** F Weinstock *m*, Rebe **vida** F Leben *n*; ~ **familiar/privada** Familien-/Privatleben *n*; **de por** ~ auf Lebenszeit; **en mi** ~ noch nie **vidente** M/F Hellseher(in) **vídeo** M Video(gerät) *n*; Videorekorder; **grabar en** ~ auf Video aufnehmen **videocámara** F Videokamera **videochat** [-tʃat] M Videochat *m* **videoclip** M Videoclip **videogalería** F INTERNET Videogalerie **videojuego** M Videospiel *n* **videovigilancia** F Videoüberwachung **vidriera** F Glasfenster *n*; Glastür; *Am* Schaufenster *n* **vidriero** M Glaser **vidrio** M Glas *n*;

Fensterscheibe *f*
viejo [-xo] **1** ADJ alt **2** M, **-a** F Alte(r) *m/f(m)*
Viena F Wien *n*
viene(n) → venir
vienés **1** ADJ wienerisch **2** M, **vienesa** F Wiener(in)
viento M Wind; **~ de cara** (*od* **de frente**) Gegenwind; **hace ~** es ist windig
vientre M Bauch; Leib; **bajo ~** Unterleib
viernes M Freitag; **Viernes Santo** Karfreitag
viga F Balken *m*
vigente [-x-] gültig, geltend
vigilancia [-xilanθ-] F Wachsamkeit; Aufsicht **vigilante** **1** ADJ wachsam **2** M/F Wächter(in); Aufseher(in); **~ nocturno** Nachtwächter **vigilar** be-, überwachen
vigor M Kraft *f*; **entrar en ~** in Kraft treten **vigoroso** stark, kräftig
VIH M ABK (Virus de Inmunodeficiencia) Aidsvirus *m/n*
vil gemein, niederträchtig
villa [-ʎa] F Kleinstadt; Villa
villancico [-ʎanθ-] M Weihnachtslied *n*
vinagre M Essig **vinagreras** FPL Essig- und Ölständer *m* **vinagreta** F Vinaigrettesauce
vínculo M Bindung *f*; Band *n*; INTERNET Link *m/n*
vine, viniera, vino → venir
vino M Wein; **~ blanco/rosado/tinto** Weiß-/Rosé-/Rotwein
viña [-ɲa] F, **viñedo** M Weinberg *m*
vio → ver
viola F Bratsche
violación [-θ-] F Vergewaltigung; JUR Verletzung **violar** vergewaltigen; JUR verletzen
violencia [-θ-] F Gewalt, Gewalttätigkeit; **no ~** Gewaltlosigkeit **violentar** Gewalt antun; vergewaltigen; *Worte* verdrehen; *Tür* aufbrechen; *j-n* in Verlegenheit bringen **violento** heftig; gewalttätig; peinlich
violeta F Veilchen *n*
violín M Geige *f* **violinista** M/F Geiger(in) **violoncelo** [-θ-] M Cello *n*
viraje [-xe] M Wendung *f*; Kurve *f* **virar** wenden; drehen
virgen [-x-] **1** ADJ jungfräulich; unberührt **2** F Jungfrau; **Virgen de Agosto** Mariä Himmelfahrt
Virgo M ASTROL Jungfrau *f*
viril männlich **virilidad** F Männlichkeit
virtual virtuell
virtud F Fähigkeit; Tugend; **en ~ de** auf Grund von **virtuoso** **1** ADJ tugendhaft; virtuos **2** M, **-a** F Virtuose *m*, -in *f*
viruela F Pocken *fpl* **virulento** bösartig, virulent; *fig* boshaft **virus** M Virus *m/n*
visa F *Am*, **visado** M Visum *n*
vísceras [-θ-] FPL Eingeweide *npl*
viscosa F Viskose

visera F (Mützen)Schirm *m*
visibilidad F Sicht(weite) **visible** sichtbar **visión** F Sehen *n*; Sehvermögen *n*; Vision
visita F Besuch *m*; Besichtigung; ~ **oficial** POL Staatsbesuch **visitante** M/F Besucher(in)
visitar besuchen; besichtigen
visón M Nerz
visor M FOTO Sucher
víspera F Vorabend *m*; **en ~s de** kurz vor (*dat*)
vista F Sehen *n*; Sehvermögen *n*; Blick *m*; Anblick *m*; **a primera ~** auf den ersten Blick; **en ~ de** angesichts; im Hinblick auf (*akk*); **hasta la ~** auf Wiedersehen **vistazo** [-θo] M **echar un ~ a** e-n Blick werfen auf (*akk*)
viste → vestir, ver
visto gesehen; **bien/mal ~** beliebt/unbeliebt; **nunca ~** noch nie da gewesen; **por lo ~** offensichtlich **vistoso** auffällig
Vístula M Weichsel *f*
vital lebenswichtig; vital; Lebens... **vitalidad** F Vitalität
vitamina F Vitamin *n*; **rico en ~s** vitaminreich
viticultor(a) M(F) Winzer(in) **viticultura** F Weinbau *m*
vitrina F Vitrine; *Am a.* Schaufenster *n*
viuda F Witwe **viudo** **1** ADJ verwitwet **2** M Witwer
vivaz [-θ] lebhaft
vivencia [-θ-] F Erlebnis *n*
víveres MPL Lebensmittel *npl*; Proviant *m*
vivienda F Wohnung **vivir** leben; wohnen **vivo** lebendig; lebhaft; clever, gescheit
Vizcaya F Biskaya
V.O. F ABK (**Versión Original**) OF (*Originalfassung*) *e-s Films*
vocablo M Wort *n* **vocabulario** M Wortschatz; Vokabular *n*
vocación [-θ-] F Berufung
vocal F GRAM Vokal *m*
vocero,-a [-θ-] M,F *bes Am* Wortführer(in), Sprecher(in)
vol. (*volumen*) Bd. (*Band*)
volante M AUTO Lenkrad *n*
volar V/I fliegen; V/T (in die Luft) sprengen; **irse volando** losrasen, lossausen; **pasar volando** *Zeit* wie im Flug vergehen; **echarse a ~** los-, wegfliegen
volcán M Vulkan **volcánico** vulkanisch
volcar umwerfen
voleibol M Volleyball *n* **vóleyplaya** M Beachvolleyball *n*
Volga M Wolga *f*
voltaje [-xe] M ELEK Spannung *f* **voltio** M Volt *n*
volumen M Umfang, Volumen *n*; *Buch* Band; RADIO, TV Lautstärke *f* **voluminoso** umfangreich
voluntad F Wille *m*; **a ~** nach Belieben **voluntario** **1** ADJ freiwillig **2** M, **-a** F Freiwillige(r) *m/f(m)*
volver drehen, umkehren; zu-

rückkehren; ~ **a casa** nach Hause kommen; ~ **a hacer** *etw* wieder tun **volverse** sich umdrehen; ~ (*+adj*) werden
vomitar (er)brechen, sich übergeben **vómito** M Erbrechen *n*
voraz [-θ] gefräßig; *fig* gierig
vos *Am* du
V.O.S. F ABK (Versión Original subtitulada) OmU (*Originalfassung mit Untertiteln*)
voseo M *bes RPl* Anrede *f* mit „vos"
vosotros ihr; euch
votar (ab)stimmen **voto** M POL Stimme *f*; Votum *n*; ~ **por correo** Briefwahl *f*
voy → ir
voz [-θ] F Stimme; Wort *n*; **a media** ~ halblaut; **en** ~ **alta/baja** laut/leise
vuelo 1 M Flug; ~ **internacional/nacional** Auslands-/Inlandsflug; ~ **de conexión** Anschlussflug; ~ **sin escala** Nonstopflug; ~ **nocturno** Nachtflug 2 → volar
vuelta F (Um)Drehung; Rückkehr, -fahrt; Runde; Wechselgeld *n*; **a** ~ **de correo** postwendend; **dar la** ~ umdrehen; **dar una** ~ e-n Spaziergang machen; **dar la** ~ Wechselgeld herausgeben; **estar de** ~ zurück sein
vuelto → voltar
vuelvo → volver
vuestro euer, eure; **¿es ~?** gehört das euch?
vulcanizar [-θ-] vulkanisieren
vulgar gewöhnlich; vulgär
vulnerable verwundbar, verletzlich **vulnerar** *fig* verletzen
vulva F Scham, Vulva

W

waffle M *Am* Waffel *f*
wasap ['gŭasap] M WhatsApp®-Nachricht *f* **wasapear** ['gŭa-] V/I WhatsApp® nutzen, WhatsApp®-Nachrichten verschicken
wáter M Klo *n*; WC *n*
waterpolo M SPORT Wasserball
Westfalia F Westfalen *n*
wifi, wi-fi M IT WLAN *n*; **conexión** *f* ~ WLAN-Anschluss *m*, WLAN-Verbindung *f*; **zona** *f* ~ WLAN-Hotspot *f*
windsurf(ing): **practicar el** ~ (wind)surfen
wok M GASTR Wok *m*

X

xenófilo fremden-, ausländerfreundlich **xenofobia** F Fremdenfeindlichkeit, -hass *m* **xenófobo** fremden-, ausländerfeindlich
xilófono M MUS Xylofon *n*

Y

y und
ya schon; jetzt; gleich, sofort; **~ que** da (ja); **~ no** nicht mehr; **¡~ lo creo!** das will ich meinen!
yacer [-θ-] liegen **yacimiento** M Lager *n*, Vorkommen *n*; Fundstelle *f*
yanqui [-ki] M Yankee
yate M Jacht *f*
yaya F Oma **yayo** M Opa
yegua F Stute
yema F Eigelb *n*, Dotter *m/n*; BOT Knospe
Yemen M Jemen
yendo → ir
yerba F Gras *n*; Kraut *n*; *Am* **~ (mate)** Matetee *m*
yergo → erguir
yerno M Schwiegersohn
yerro → errar
yeso M Gips **yesoso** gipsartig
yihadismo [jixa-] M REL, POL Dschihadismus *m*
yo ich
yodo M Jod *n*
yogur M Jog(h)urt
yuca F Maniok *m*
yugo M Joch *n* (*a. fig*)
yunque [-ke] M Amboss
yute M Jute *f*
yuyo M *Am* Unkraut *n*

Z

zafiro [θ-] M Saphir
zaguán [θ-] M Diele *f*, Hausflur
zambullida [θambuʎ-] F Kopfsprung *m* **zambullirse** untertauchen; ins Wasser springen
zanahoria [θ-] F Möhre, Karotte
zancada [θ-] F **dar ~s** große Schritte machen
zancos [θ-] MPL Stelzen *fpl*
zancudo M *Am* Stechmücke *f*
zángano [θ-] M ZOOL Drohne
zanja [θaŋxa] F Graben *m* **zanjar** *Graben* ausheben; *Problem* beseitigen; beilegen
zapatería [θ-] F Schuhgeschäft *n* **zapatero** M Schuhmacher
zapatilla [-ʎa] F Hausschuh *m*; Pantoffel *m*; Turnschuh *m*
zapato M Schuh
zapping [θ-] M TV Zappen *n*

zarpa [θ-] F Tatze, Pranke
zarpar [θ-] SCHIFF auslaufen
zarza [θarθa] F Brombeerstrauch *m* **zarzamora** F Brombeere **zarzuela** F *spanische Operette;* GASTR *Eintopf mit Fischen u. Meeresfrüchten* **Zarzuela** F *Sitz der span. Königsfamilie*
¡zas! [θ-] peng!, zack!
zeta [θ-] F *Buchstabe* Z
zigzag [θiɣθ-] M Zickzack **zigzaguear** [-ɣe-] sich schlängeln; *Betrunkener* torkeln
zika [θ-] M **virus** *m* **(del)** ~ Zika-Virus *n*
zinc [θ-] M Zink *n*
zócalo [θ-] M Sockel; Fußleiste *f*
zodíaco [θ-] M Tierkreis
zona [θ-] F Zone; Gebiet *n;* ~ **azul** Kurzparkzone; ~ **climática** Klimazone *n;* ~ **euro** Eurozone *n;* ~ **para no fumadores** Nichtraucherbereich *m*, Nichtraucherzone
zoo [θo] M Zoo **zoología** [θoolɔx-] F Zoologie **zoológico** zoologisch; **parque** *m* (*od* **jardín** *m*) ~ Tierpark
zorro M Fuchs (*a. fig*)
zozobrar [θoθ-] kentern
zueco [θ-] M Holzschuh
zumbar [θ-] summen; brummen; brausen
zumo [θ-] M (Frucht)Saft
zurcir [θurθ-] flicken, stopfen
zurdo [θ-] linkshändig
Zúrich ['θurik, 'θuritʃ] M Zürich *n*
zurra [θ-] F *umg* Tracht Prügel **zurrar** *umg* verprügeln
zutano [θ-] M **fulano, mengano y** ~ Hinz und Kunz

Reisetipps von A bis Z

A

Anrede

In Spanien ist die Anrede mit **tú** (du) sehr verbreitet. Es duzen sich nicht nur junge Leute, sondern alle Altersgruppen und Arbeitskollegen bis hinauf zum Chef. Wundern Sie sich nicht, wenn Sie in einem Laden oder auf der Straße geduzt werden. Das ist kein mangelnder Respekt Ihnen gegenüber.

In Lateinamerika wird längst nicht so viel geduzt. Hier gilt weiterhin die höfliche Anrede mit **usted** (Sie) für unbekannte Personen. Die Anrede mit **tú** ist der Familie und dem engen Freundeskreis vorbehalten. In manchen Ländern, z. B. in Argentinien und Paraguay, verwendet man auch **vos** statt **tú**. Dieses Phänomen bezeichnet man als **voseo**. Das in Spanien übliche **vosotros** (ihr) wird hier kaum verwendet, sondern durch **ustedes** ersetzt. Damit sprechen Sie Personen in der Mehrzahl an, egal ob Sie sie siezen oder duzen.

Aperitivo

Tomar un aperitivo bedeutet in Spanien nicht nur, vor dem Essen einen Drink einzunehmen. Unter **aperitivo** versteht man eine Vorspeise oder eine kleine Zwischenmahlzeit zwischen den Hauptmahlzeiten. Man geht z. B. am frühen Abend in eine Kneipe (**un bar**), um ein Bier (**una cerveza**), ein Glas Wein (**un vino**) oder ein Gläschen Sherry (**un jerez**) zu trinken. Dazu isst man einige **tapas** (Appetithäppchen) oder **algo para picar** (etwas zum Knabbern): **aceitunas** (Oliven), **almendras** (Mandeln), **queso** (Käse) usw. Oft stellt man Ihnen, wenn Sie ein Getränk bestellen, eine kostenlose **tapa** hin.

Apotheken

Bei kleineren Beschwerden können Sie eine Apotheke (**farmacia**) aufsuchen. Sie erkennen sie an einem blinkenden, grünen Kreuz. Sollte sie geschlossen haben, finden Sie die Adresse einer Notfallapotheke (**farmacia de guardia**) im Fenster angegeben. In Spanien sind viele Medikamente frei erhältlich, für die Sie in anderen Ländern ein Rezept benötigen würden (z. B. Antibiotika). Die Kosten für Medikamente liegen deutlich unter dem europäischen Durchschnitt, sodass sich das Mitbringen eines Medikamentenvorrats meistens nicht lohnt.

Ausweispapiere

Sie brauchen in Spanien einen gültigen Personalausweis (**carné de identidad**) oder Reisepass (**pasaporte**). Vielleicht ist beides nützlich, wenn man einen Ausweis im Hotel hinterlegen muss. Bei Verlust ist die Polizei (**la policía**) oder das Konsulat (**el consulado**) zuständig.
Autofahrer müssen den Führerschein (**permiso de conducir**) sowie Kfz-Schein (**documento del vehículo**) mit sich führen, ebenso einen Nachweis über die Versicherung, z. B. die grüne Versicherungskarte (**seguro del automóvil**).

Autobahn

Es gibt in Spanien zwei Arten von Autobahnen: die gebührenfreie **autovía** und die gebührenpflichtige **autopista**. **Autovías** sind meist ausgebaute Nationalstraßen, **autopistas** sind deutlich besser ausgebaut. Autobahnstücke um die größeren Städte herum sind meist gebührenfrei.
Die Autobahngebühr können Sie bar oder per Kreditkarte bezahlen. Vermeiden Sie an der Mautstelle (**peaje**) die mit „T" gekennzeichneten Durchfahrten. Sie sind nur für Besitzer einer speziellen Gebührenkarte gedacht.

Autofahren

Autofahrer benötigen in Spanien ein Warndreieck, einen Verbandskasten und eine Weste mit Reflektoren. Es besteht Anschnallpflicht für alle Sitze. Kindersitze sind Pflicht für Kinder bis zwölf Jahre. Das Telefonieren mit dem Handy ist während der Fahrt verboten. Der Führerschein muss immer mitgeführt werden.

Für Autofahrer gilt die Promillegrenze von 0,5, für Fahranfänger und Berufsfahrer liegt sie bei 0,3 Promille. Wer mit mehr Promille oder unter Drogen am Steuer erwischt wird, verliert für mindestens ein und maximal vier Jahre den Führerschein und muss mit einer Haftstrafe von bis zu zwei Jahren rechnen.

Autovermietung

Autovermietungen (**alquiler de coches** oder **alquiler de automóviles**) finden Sie am Flughafen, in größeren Städten und Urlaubsorten.

Günstiger ist es unter Umständen, das Auto von zu Hause aus über das Internet zu buchen. Sie müssen mindestens 21 Jahre alt sein und den Führerschein mindestens 1 Jahr haben. Oft ist eine Kaution (**depósito**) von ca. 20% der Mietsumme zu entrichten.

B

Bank

Banken (**los bancos**) sind in Spanien in der Regel vormittags bis 14.00 Uhr geöffnet, samstags bis 13.00 Uhr. Halten Sie zum Einlösen von Schecks und Abheben von Bargeld Ihren Personalausweis bereit. Geld bekommen Sie mit der EC-Karte auch an jedem **cajero automático** oder **Bancomat**.

Baskisch

Baskisch (spanisch: **vasco**, baskisch: **euskera**) ist heute eine von vier zugelassenen Verwaltungssprachen in Spanien, wird aber nur von etwa 25% der Basken im Baskenland, in Navarra und im französischen Baskengebiet gesprochen. Der Ursprung dieser Sprache ist bis heute unbekannt. Das Baskische hat mit den romanischen Sprachen nichts gemein und ist für Spanier absolut unverständlich. Allerdings sprechen die allermeisten Basken auch **castellano**, also Spanisch.

Begrüßung

Die Grußformeln wechseln mit den Essenszeiten. In Spanien wird sehr spät gegessen. Bis zum Mittagessen (etwa zwischen 14.00 und 15.00 Uhr) sagt man **Buenos días**, danach **Buenas tardes.** Erst ab dem Abendessen (21.00 bis 22.00 Uhr) verwendet man **Buenas noches**. In Lateinamerika wird früher gegessen, deshalb wechseln auch die Grußformeln früher. **Buenas tardes** sagt man dort ab 12.00 Uhr, und schon ab 18.00 bis 19.00 Uhr grüßt man mit **Buenas noches**.
Mit dem saloppen **Hola** (Hallo) können Sie in Spanien zu jeder Tageszeit grüßen. Auch die Frage **¿Qué tal?** (Wie geht's?) gehört immer dazu. Antworten Sie auf **¿Qué tal?** (Wie geht's?) oder **¿Cómo está?** (Wie geht es Ihnen?) mit **Bien, bien** (Gut, gut) oder **Bien, gracias** (Danke, gut).
Das Händeschütteln ist in Spanien meist den formellen, z. B. beruflichen Situationen vorbehalten. Unter Freunden und Bekannten gibt es je ein Küsschen (**un besito**) links und rechts auf die Wange. Männer untereinander umarmen sich und/oder klopfen einander auf die Schultern.

Bezahlen

Wenn Sie mit spanischen oder lateinamerikanischen Freunden im Café oder in Kneipen unterwegs sind, können Sie gerne annehmen, wenn Sie eingeladen werden. Allerdings wird erwartet, dass Sie, vielleicht im nächsten Lokal, dann auch eine Runde schmeißen. Denn wer sich bei der Kneipentour (**copeo**) mit Freunden nur einladen lässt, ohne selbst zu bezahlen, gilt als Geizkragen (**tacaño**).

Bus

In Spanien wie in Lateinamerika gibt es in der Regel ein gut ausgebautes und preiswertes Busnetz. Selbst abgelegene Dörfer sind mit dem Bus erreichbar. Fahrkarten und Fahrpläne gibt es jeweils am Busbahnhof (**la estación de autobuses**).

In vielen lateinamerikanischen Ländern hält der Bus nicht nur an festgelegten Haltestellen, sondern oft auch nach Bedarf. Dann steigen neben Fahrgästen auch fliegende Händler, die Getränke und Kleinigkeiten zu Essen verkaufen, ein und aus.

C

Café

Spanischer Kaffee ist ebenso gut wie italienischer, nur heißt er anders. Wer **un café** oder **un café solo** bestellt, bekommt einen Espresso. Mit einem Schuss Milch heißt er **un cortado**. Der Milchkaffee heißt **un café con leche**, der Cappuccino **capuchino**. Wer zur Verdauung einen **carajillo** bestellt, bekommt einen Espresso mit einem Schuss Cognac serviert. Wenn Sie Filterkaffee haben möchten, versuchen Sie, **un café americano** zu bestellen. Er ist aber nicht überall zu bekommen.

Möchten Sie koffeinfreien Kaffee (**café descafeinado**), wird man Sie vielleicht fragen: „**¿De máquina** (aus der Maschine) **o de sobre** (oder aus dem Tütchen)?" Letzteres beinhaltet löslichen Kaffee, den Sie sich dann selbst in ein Glas heiße Milch rühren.

Die Cafés heißen in Spanien meist **bar** oder **cafetería**.

In Lateinamerika, wo der Kaffee angebaut wird, bekommt man in vielen Gegenden nur löslichen Kaffee (Nescafé®) oder dünnen Filterkaffee. Der „richtige" Kaffee wird zum Großteil exportiert.

Camarero

Den **camarero** (Kellner, Ober) oder die **camarera** (Kellnerin) rufen Sie mit **¡Por favor!** (Bitte!) oder **¡Señor!** bzw. **¡Señora!** an den Tisch. Aber meistens kommt er oder sie sowieso unaufgefordert und fragt Sie: **¿Qué desean?** (Was wünschen Sie?) oder **¿Ya saben qué van a tomar?** (Wissen Sie schon, was Sie essen oder trinken möchten? / Haben Sie schon gewählt?). In Lateinamerika heißen Kellner und Kellnerin auch **el mozo/la moza** oder **el garzón/la garzona**.

Camping

In Spanien gibt es Campingplätze (**camping**) jeden Niveaus und in allen Preislagen. Außerhalb der Campingplätze muss eine Genehmigung der Polizei und des Grundstückseigentümers eingeholt werden. Es dürfen nicht mehr als drei Zelte oder Wohnwagen aufgestellt werden und nicht mehr als 10 Camper pro Platz übernachten. Privates Zelten ist nur an abgelegenen, einsamen Stellen erlaubt.

Churros

Churros sind ein Spritzgebäck, das in heißem Öl ausgebacken wird. Sie können sie zum Frühstück oder als Zwischenmahlzeit essen. Besonders lecker sind sie in der Kombination **chocolate con churros**: Dazu taucht man das frische Gebäck in eine Tasse mit heißer, dickflüssiger Schokolade. Oder Sie kaufen sich, wie es die jungen Spanier gerne tun, Ihre **churros** nach einer langen Disconacht direkt an einer **churrería** (Straßenverkaufsstand für churros).

E

Einkaufen

Lebensmittel werden sowohl in Spanien wie auch in Lateinamerika oft noch auf dem Markt (**el mercado**) frisch gekauft. Wobei es gerade in den überdachten Markthallen nicht nur Obst (**frutas**) und Gemüse (**verduras**), sondern auch frisches Fleisch (**carne**), Wurstwaren (**embutidos**), Käse (**queso**), Fisch (**pescado**), Meeresfrüchte (**mariscos**) und Trockenfrüchte (**frutos secos**) gibt. Es gibt auch noch viele kleine Supermärkte (**supermercados**) und spezielle Läden wie Bäckereien (**panadería**), Konditoreien (**pastelería**), Obstläden (**frutería**), Metzgereien (**carnicería**) und Fischläden (**pescadería**).

Essen

In Lateinamerika können Sie fast zu den gleichen Zeiten essen wie bei uns. In Spanien dagegen wird viel später gegessen: Das Frühstück (**el desayuno**) gibt es von 8.00 bis 11.00 Uhr. Es fällt in der Regel nicht sehr üppig aus. Mittag (**el almuerzo**) gegessen wird ab 14.00 Uhr, davor haben viele Restaurants noch geschlossen. Das Abendessen (**la cena**) wird ab 21.00 oder 22.00 Uhr serviert. Beide Mahlzeiten sind warm und umfassen immer Vorspeise (**el primer plato**), Hauptgang (**el segundo plato**) und Nachspeise (**el postre**). Wenn Ihnen das zu lange dauert, können Sie einen **aperitivo** und einige **tapas** zu sich nehmen.

Estanco

Den spanischen **estanco** kann man mit Läden wie der österreichischen Trafik oder dem italienischen Tabacchi vergleichen. Wichtig zu wissen: Neben Tabakwaren bekommt man dort auch Briefmarken, Telefonkarten, Lotterielose, Zehnerkarten für Stadtbusse und sogar Formulare für Behördengänge. Der **estanco** ist leicht zu erkennen durch das Schild

TABACOS. In Lateinamerika heißt dieser Laden **tabaquería** und führt ausschließlich Rauchwaren.

F

Feiertage

Neben den üblichen katholischen Feiertagen wird in Spanien und in den lateinamerikanischen Ländern der 12. Oktober als **Día de la Hispanidad** in Erinnerung an die Entdeckung Amerikas durch Columbus gefeiert. Der 6. Dezember ist Nationalfeiertag (**Día de la Constitución**) in Spanien. Neben Weihnachten (**Navidad**) wird vor allem die Karwoche (**la Semana Santa**) vor Ostern mit Prozessionen und Messen gefeiert. Außerdem gibt es unterschiedliche lokale Feiertage zu Ehren des jeweiligen Schutzheiligen, des **patrono**: So feiert man z. B. in Madrid die **Fiestas de San Isidro** am 15. Mai.

Ferien

In Spanien dauern die Sommerferien (**vacaciones de verano**) von Anfang Juli bis Mitte September. Der August ist allgemeiner Ferienmonat, da ist auf den Straßen und an den Stränden am meisten los. Auch für die Karwoche (**Semana Santa**) vor Ostern müssen Sie rechtzeitig Ihren Flug und Ihr Hotelzimmer buchen, sonst kann es durchaus eng werden. Beste Reisezeiten sind von April bis Juli und dann wieder ab Mitte September, wo es im Süden und auf den Inseln immer noch angenehmes Badewetter gibt.

Flamenco

In allen größeren Städten Spaniens gibt es Lokale, **tablaos**, in denen man den Flamenco mehr oder weniger „original" erleben kann. Er besteht aus den drei Hauptteilen **cante** (Gesang), **baile** (Tanz) und **guitarra** (Gitarrenspiel). Es gibt mehr als 30 verschiedene Rhythmen und Liedgattungen innerhalb des Flamenco, der traditionell, aber nicht ausschließlich, den **gitanos**, den spanischen Roma, zugeordnet wird.

Flughafen

Als Passagier (**pasajero**) am Flughafen (**aeropuerto**) finden Sie sich leicht zurecht: **Llegadas** heißt Ankunft und **Salidas** Abflug. Das Gate heißt im Spanischen **puerta** (**número uno, número dos**, …). Beim Check-in müssen Sie durch die Passkontrolle (**control de pasaporte**) und die Sicherheitskontrolle (**control de seguridad**). Zur Abholung Ihres Gepäcks folgen Sie den Schildern **equipaje**.

„Frei" – Ist hier noch frei?

Diese Frage sollten Sie in Spanien oder Lateinamerika auf keinen Fall stellen! Es gilt als extrem unhöflich, sich zu fremden Menschen mit an einen Tisch zu setzen. Was man schon tun kann, ist, sich einen freien Stuhl am Nebentisch zu organisieren. Dazu fragt man: **¿Puedo coger la silla?** (Darf ich den Stuhl nehmen?) oder einfach **¿Puedo?**, in Lateinamerika auch **¿Me permite?** (Gestatten Sie?).

Frühstück

Das Frühstück (**el desayuno**) ist in den spanischsprachigen Ländern nicht besonders üppig. Wenn Sie in einem Café frühstücken – in Spanien heißt das Café **el bar** –, dann bestellen Sie einen Milchkaffee (**un café con leche**) und dazu ein getoastetes Mini-Baguette (**una tostada**), entweder mit Butter (**con mantequilla**) und Marmelade (**y mermelada**) oder mit Olivenöl (**con aceite**) beträufelt. Sie können auch nur ein Gebäckstück (**un bollo**) aussuchen, z. B. ein Croissant (**un cruasán**) oder eine Hefeschnecke (**una ensaimada**).

G

Galicisch

Galicisch (**gallego**) ist eine der vier Regionalsprachen Spaniens und in Galicien, im Nordwesten Spaniens, als zweite Amtssprache zugelassen. **Gallego** ist mit dem Portugiesischen fast näher verwandt als mit dem Spanischen. Auf Galicisch grüßen Sie z. B. mit **bos días** (spanisch **buenos días,** Guten Tag) oder **ola** (spanisch **hola,** Hallo).

Geldautomat

Einen **cajero automático** oder **Bancomat** finden Sie in Spanien an jeder Ecke. Geld mit der EC-Karte abzuheben ist also überhaupt kein Problem. Selbst in Orten, wo es keine Banken gibt, gibt es Geldautomaten. Sie können im Menü die Sprache auswählen und werden dann in der gewählten Sprache geführt. Die Gebühren pro Abhebung sind etwa so hoch wie bei uns.

Geld / Währungen

Während Sie in Spanien bequem mit **euro** (Euro, gesprochen ['eŭro]) bezahlen können, müssen Sie sich in Lateinamerika mit anderen Währungen zurechtfinden: dem Mexikanischen Peso (**peso mexicano**), dem Argentinischen, Chilenischen oder Kolumbianischen Peso (**peso argentino, chileno, colombiano**) oder dem **Bolívar Fuerte** in Venezuela. In manchen Ländern Mittelamerikas und in Ecuador hat der US-Dollar die Landeswährungen ersetzt. Der Euro spielt in Lateinamerika keine Rolle.

Geschwindigkeitsbeschränkungen

In Spanien dürfen Sie in geschlossenen Ortschaften 50 km/h fahren, auf Landstraßen (**carreteras**) 90, auf zweispurigen **autovías** (Schnellstraßen) 100 und auf Autobahnen (**autopistas**) 120. Für Pkw mit Anhänger und Wohnmobile gilt 70 außerorts, 80 auf **autovías** und 90 auf Autobahnen.

Gesundheit

Als EU-Bürger können Sie in Spanien die Krankenversicherung Ihres Heimatlandes weiternutzen. Seit Juni 2004 benötigen Sie hierzu eine europäische Krankenversicherungskarte.

In Notfällen sollten Sie direkt die nächste Notaufnahme (**urgencias**) eines Krankenhauses (**el hospital**) aufsuchen und sich um Ihre Versicherung keine Sorgen machen.

Falls Sie nicht privat versichert sind, sollten Sie nach Möglichkeit ein öffentliches Krankenhaus aufsuchen. Falls Sie einen Krankenwagen benötigen, wählen Sie die Notrufnummer 112. Eine Liste von deutschsprachigen Ärzten erhalten Sie normalerweise von Ihrer Botschaft oder Ihrem Konsulat.

H

Handy

Handys sind in den spanischsprachigen Ländern überall sehr verbreitet, auch wenn sie unterschiedlich genannt werden: In Lateinamerika heißt das Handy **el celular**, in Spanien heißt es **el móvil.** Die Schmerzgrenze, was das Klingeln an allen öffentlichen Orten (Restaurants, Kinos etc.) und die Lautstärke des Sprechenden betrifft, liegt eindeutig höher als bei uns.

I

Internetcafé

Internetcafés (**cibercafés**) finden Sie in allen größeren Städten Spaniens sowie in vielen Telefonläden. Die Kombination aus Telefonladen und Internetcafé heißt auch oft **locutorio**. Am günstigsten sind normalerweise größere Cafés mit mehr als 20 Computern. Normalerweise zahlen Sie am Ende Ihrer Online-Sitzung die Zeit, die Sie verbraucht haben. Normalerweise beschränken sich die Gebühren auf den reinen Internet-Zugang. Alle weiteren Dienstleistungen kosten extra. Achtung: Internet-Cafés sind beliebte Ziele von Dieben, vor allem in größeren Städten. Achten Sie also auf Ihre Wertsachen!

J

Jugendherberge

Es gibt ca. 200 Jugendherbergen (**albergues juveniles**), die im Spanischen Jugendherbergsverband (REAJ) zusammengeschlossen sind. Auskünfte erhalten Sie dort, im Internet oder in den Fremdenverkehrsbüros. Der Besitz eines Jugendherbergsausweises (**el carné de alberguista**) ist von Vorteil.

K

Katalanisch

Katalanisch (**catalán**) ist eine romanische Sprache, die von ca. 6 Millionen Sprechern, zum Teil in unterschiedlichen Dialekten und Ausprägungen, gesprochen wird. Katalanisch ist neben Spanisch Amts-

sprache in Katalonien (**Cataluña**), in Valencia (dort heißt es **valenciano**) und auf den Balearen (wo es **mallorquín** heißt). Im Pyrenäen-Staat Andorra ist Katalanisch alleinige Amtssprache.
Sie grüßen auf Katalanisch z. B. mit: **Bon dia** (Guten Tag) oder **Bona tarda** (der Gruß am Nachmittag) und verabschieden sich mit **Adéu** (Auf Wiedersehen). Kenntnisse dieser Regionalsprache können sehr nützlich sein, vor allem in Geschäften in Katalonien oder auf den Balearen.

Kirchen

Die spanischsprachigen Länder sind zu einem großen Teil katholisch. Der Glaube ist vor allem in Lateinamerika sehr lebendig, auch wenn Einflüsse eingeborener Religionen noch vorhanden sind. Die Kirchen (**las iglesias**) sind Kultstätten und beherbergen zugleich viele Kunstschätze.
Angemessene Kleidung wird zur Besichtigung (**visita**) fast überall erwartet. Während der Messfeier (**la misa**) ist das Umhergehen und Fotografieren verständlicherweise untersagt.

Kleidergrößen

Schuhgrößen sind in Spanien vergleichbar mit den unseren, die Kleidergrößen fallen meist kleiner aus. Wer normalerweise 40 trägt, probiert besser 42 und ein deutsches „S" ist in Spanien eher ein „M". Wenn die Verkäuferin fragt: **¿Qué talla tiene?** (Welche Größe haben Sie?), antworten Sie z. B.: **La treinta y ocho** (38). Bei den Schuhen wird gefragt: **¿Qué número calza?** Sie antworten: **El cuarenta** (40), **el cuarenta y dos** (42). Generell werden Sie ab Damen-Schuhgröße 41 und Herren-Schuhgröße 44 Probleme bekommen, ein passendes Paar zu finden.

M

Markt

Neben den Lebensmittelmärkten gibt es in Lateinamerika noch die berühmten Kunsthandwerksmärkte (**mercados de artesanía**), auf denen vor allem die indianischstämmige Bevölkerung ihre Produkte verkauft. Auf diesen Märkten ist Handeln oder Feilschen (**regatear**) Pflicht! Auch interessante Flohmärkte finden sich überall. In Lateinamerika heißen sie **mercadillo**, in Spanien **rastro**, nach dem berühmten Madrider Flohmarkt, der immer sonntags geöffnet ist.

Müll

Der Müll (**la basura**) ist auch in den spanischsprachigen Ländern ein Problem. Die Mülltrennung ist im Aufbau. Es gibt mancherorts, nicht überall, Container (**contenedores**) für Glas (**vidrio**), Papier (**papel**) und Plastik (**plástico**).
Achtung: Die Müllabfuhr (**la recogida de basura**) kommt in Spanien mitten in der Nacht. Das kann zur Lärmbelästigung werden.

Museum

Die Öffnungszeiten für Museen (**el museo**) sind unterschiedlich, fast alle haben jedoch montags geschlossen. Die normalen Eintrittspreise (**tarifas**) gelten für Erwachsene (**adultos**). Ermäßigung (**descuento**) gibt es für Kinder (**niños**), Rentner (**jubilados**), Gruppen (**grupos**) und Studenten (**estudiantes**), mit einem internationalen Studentenausweis.

N

Notruf

Den Notruf erreichen Sie in Spanien unter 112, die Polizei unter 091, die Pannenhilfe des spanischen Automobilclubs (RACE) unter 902300505.

O

Öffnungszeiten

Kleinere Geschäfte haben bis etwa 19.00 oder 20.00 Uhr geöffnet, schließen aber mittags. In den großen Städten sind sie oft auch bis in die späten Abendstunden geöffnet. Die **siesta** (Mittagsruhe) dauert je nach Gegend von 14.00 bis maximal 17.00 Uhr. Supermärkte und Kaufhäuser haben durchgehend geöffnet, viele bis 22.00 Uhr.

Ostern

Die **Semana Santa** (Karwoche vor Ostern) wird vor allem in Südspanien, aber auch in Lateinamerika, z. B. in Kolumbien, mit tiefer Religiosität begangen. Lebensgroße Heiligenfiguren oder Figurengruppen (**pasos**), die die Passion Christi darstellen, werden in Prozessionen (**procesiones**) durch die Straßen getragen. Auf einen einzelnen Träger (**costalero**) können bis zu 100 Kilo Last kommen. Voran schreiten die **nazarenos** in langen Mänteln mit spitzen Kapuzen, die nur die Augen freilassen, und die **penitentes** (beides sind Büßergruppen) mit schweren Kreuzen auf den Schultern oder Ketten an den Füßen. In manchen Orten wird dazu tage- und nächtelang getrommelt – ein ergreifendes Erlebnis.

P

Paella

Die **paella** ist ein spanisches Nationalgericht. Ursprünglich stammt die Reispfanne aus Valencia. Sie wird regional mit verschiedenen Zutaten zubereitet: mit **mariscos** (Meeresfrüchten), **carne** (Fleisch), **pollo** (Huhn), **conejo** (Kaninchen) oder **verduras** (Gemüse). Seine charakteristische gelbe Farbe erhält der Reis durch den Safran (**azafrán**), der in der Region La Mancha angebaut wird.

Parken

Parken ist immer am sichersten auf einem bewachten Parkplatz (**parking vigilado**) oder in der Tiefgarage (**garaje**). Dort ist man vor Diebstahl und Vandalismus relativ gut geschützt. Trotzdem am besten nichts im Auto liegen lassen!

Vorsicht bei farbigen Markierungen auf Parkstreifen und Gehsteigen. Hier muss man Einheimische fragen, wann und wer dort parken darf. Das Risiko, dass wegen Falschparkens der Abschleppwagen (**la grúa**) kommt, ist relativ hoch. Wenn es einen Parkautomaten (**parquímetro**) gibt, müssen Sie dort ein Ticket lösen und sichtbar ins Auto legen.

Post

Briefmarken und Telefonkarten (**tarjetas telefónicas**) bekommen Sie nicht nur in der Post, sondern auch im Tabakladen (**estanco**).

Die Gebühren für Briefe (**una carta**) oder Postkarten (**una postal**) ändern sich laufend. Briefe werden schneller befördert. Wenn man Postkarten in einen Umschlag steckt, kommen sie also früher an.

R

Rauchen

Ein Rauchverbot gilt in Spanien in allen öffentlichen Einrichtungen und Verkehrsmitteln, in Telefonzellen und Räumen, in denen sich Geldautomaten befinden. Das Rauchverbot gilt zudem in allen Gasträumen, wobei diese ab einer Fläche von hundert Quadratmetern mit einer streng abgetrennten Raucherzone ausgestattet werden dürfen.
In kleineren Kneipen entscheidet der Wirt, ob das Rauchen (**fumar**) erlaubt oder verboten ist. Am besten fragen Sie vorsichtshalber: **¿Puedo fumar?** (Darf ich hier rauchen?)

Rechnung

Wenn Sie im Restaurant zahlen möchten, sagen Sie: **La cuenta, por favor.** (Die Rechnung, bitte.) Im Café fragen Sie den Kellner/die Kellnerin einfach: **¿Cuánto es?** (Wie viel macht das?)
Es ist nicht üblich, getrennt zu bezahlen. Sie müssen extra darauf hinweisen: **Por separado, por favor.** Einfacher ist es, eine Person bezahlt, und Sie teilen die Rechnung anschließend untereinander auf.

S

Sangría

Die spanische **sangría** ist ein erfrischendes Sommergetränk. Sie enthält Rotwein (**vino tinto**), Orangensaft (**zumo de naranja**), Zucker (**azúcar**), Zimt (**canela**) und Pfrisiche (**melocotones**). Auch ein Schuss Brandy (**brandy**) schadet nicht. Die **sangría** wird nie zum Essen getrunken, sondern allenfalls von ein paar kleinen **tapas** begleitet.

Sicherheit

In großen Städten, besonders an vollen Plätzen, auf Flaniermeilen und in öffentlichen Bussen und Bahnen sollte man auf seine Wertsachen stets besonders achten, hier sind oft geschickte Taschendiebe am Werk. Manchmal werden Urlauber, die mit dem Auto unterwegs sind, auch Opfer von Raubüberfällen. Auf Parkplätzen kann es vorkommen, dass jemand Reifen aufsticht und sich hinterher beim Reifenwechsel als Helfer anbietet, während seine Komplizen die Gelegenheit nutzen und blitzschnell Wertsachen aus dem Auto holen. Merken Sie sich für den Notfall diese Hilferufe: **¡Socorro!** (Hilfe!) oder **¡Ladrones!** (Diebe!)

Silvester

In Spanien, speziell in Madrid, ist es Tradition, an Silvester (**la Nochevieja**) um Mitternacht auf die Straße zu gehen. Wenn die Glocken des Turms an der **Puerta del Sol**, im Zentrum der Stadt, Mitternacht schlagen, wird zu jedem Glockenschlag eine Weintraube gegessen. Das sind die **uvas de la suerte** (Glückstrauben). Dieses Spektakel wird live im Fernsehen übertragen. Danach stößt man mit einheimischem Sekt (**cava**) an und wünscht sich ein frohes neues Jahr: **¡Feliz año nuevo!**

Souvenirs

Wunderbar stöbern kann man auf dem **Rastro**, dem bekannten Madrider Flohmarkt, der immer sonntags geöffnet hat. In Spanien gibt es Markenmode und -schuhe, wie die der bekannten Marke Camper aus Mallorca. Spanische Leder- und Wildlederwaren sind meist von hoher Qualität.

In Lateinamerika gibt es in jeder größeren Stadt Märkte, in denen Kunsthandwerk angeboten wird, von Textilien über Keramik bis zu Nachbildungen vorkolumbianischer Kunstgegenstände.

T

Tanken

An Hauptstraßen sind die Tankstellen (**estación de servicio, gasolinera**) meist bis 24.00 Uhr geöffnet, an kleineren Straßen bis 22.00 Uhr. An fast allen Tankstellen werden Kreditkarten akzeptiert. Die Benzinsorten heißen in Spanien **diésel** oder **gasóleo** (beides bedeutet Diesel), **gasolina sin plomo 95** (Bleifrei Super) und **gasolina sin plomo 98** (Bleifrei Super plus). Die Preise sind im Durchschnitt niedriger als bei uns. Möchten Sie voll tanken, sagen Sie **lleno, por favor**, sonst nennen Sie die Liter, z. B. **veinte litros** (20 Liter). An vielen Tankstellen werden Sie bedient. Trinkgeld wird nicht unbedingt erwartet, aber natürlich gern genommen.

Tapas

Tapas sind kleine Häppchen oder Zwischenmahlzeiten, die man zum Bier oder Wein genießt. Bestellt man z. B. **una tapa de calamares** (Tintenfisch), bekommt man eine kleine Probierportion. Man kann auch **una ración**, eine etwas größere Portion, bestellen, von der man oft schon satt wird. Dazwischen gibt es die **media ración**, also die halbe Portion.
Jede spanische Bar hat ihre eigene Tapas-Spezialität. Probieren Sie sich durch! Hier ein paar bekannte warme (**calientes**) und kalte (**frías**) Tapas: **boquerones fritos** (gebackene Sardellen), **gambas al ajillo** (Garnelen in Knoblauch), **jamón serrano** (roher Schinken), **pinchos** (Fleischspießchen), **albóndigas** (Fleischbällchen), **croquetas de bacalao** (Stockfisch-Kroketten) oder **tortilla española** (Kartoffelomelett), die warm oder kalt gegessen wird.

Taxis

Das Taxifahren ist sowohl in Spanien als auch in Lateinamerika vergleichsweise preiswert. Man hält das Taxi (**el taxi**) per Handzeichen an. In Spanien leuchtet bei freien Taxis ein grünes Licht auf dem Autodach. Alle Taxis sind mit Taxameter (**taxímetro**) ausgestattet. Zuschläge sind bei Nachtfahrten und Gepäckbeförderung fällig. In Lateinamerika sollte man tagsüber darauf achten, dass das Taxameter eingeschaltet wird und nachts, wenn viele Fahrer es grundsätzlich nicht einschalten, am besten vor Fahrtbeginn den Preis aushandeln.

Telefon

In Spanien nennt man seinen Namen nicht, wenn man ans Telefon geht, sondern man meldet sich mit **¿Diga?**, **¿Dígame?** oder **¿Sí?** (Ja, bitte?), in Lateinamerika auch mit **¿Aló?** oder **¿Hola?**
Man verabschiedet sich mit: **Adiós, ¡hasta luego!** (Tschüs, bis bald!)

Toiletten

Mit **¿Dónde están los servicios?** fragen Sie nach den Toiletten. Sie heißen auch **aseos** oder **lavabos**. Es gibt auch öffentliche Toiletten (**servicios públicos**). Frauen folgen der Aufschrift **Señoras (S)** oder **Damas**, Männer der Aufschrift **Señores** oder **Caballeros (C)**.

Touristeninformation

In einer **oficina de turismo** bekommen Sie Auskünfte aller Art, Veranstaltungskalender (**guía del ocio**), Hotelverzeichnisse (**lista de hoteles**) und Empfehlungen für Unternehmungen und Ausflüge (**excursiones**). Fragen Sie so danach: **¿Dónde está la oficina de turismo, por favor?** (Wo ist bitte die Touristeninformation?)

Trinkgeld

Über Trinkgeld (**la propina**) wird in Spanien nicht gesprochen. Runden Sie also nicht, wie bei uns üblich, die Summe auf. Bezahlen Sie und lassen Sie von dem Geld, das Sie zurückbekommen, einfach einen Teil, ca. 5-10 % der Gesamtsumme, auf dem Tellerchen mit der Rechnung oder auf dem Tisch liegen. Als äußerst unhöflich gilt es, nur Kleinstbeträge wie Zwei- oder Fünf-Cent-Stücke liegen zu lassen.
Bedienungsgeld ist im Allgemeinen in den Hotel- und Restaurantrechnungen enthalten, trotzdem ist es üblich, dem Zimmerpersonal ein kleines Trinkgeld zu hinterlassen. Gepäckträger erhalten eine geringe Summe pro Gepäckstück.

U

Übernachten

Spanien bietet ein breit gefächertes Angebot von Hotelunterkünften aller Klassen, einschließlich Apartments, Motels und **residencias** (Hotel Garni). **Residencias** haben keinen Speisesaal, bieten aber Frühstück und eine Cafeteria. Rechtzeitiges Buchen empfiehlt sich immer, besonders während der Ferienzeit oder in beliebten Urlaubsorten an der Küste vom späten Frühling bis Oktober. Buchungen können schriftlich direkt ans Hotel geschickt oder im Internet gebucht werden.
Größere Hotels können auf Deutsch oder Englisch angeschrieben werden, alle anderen Hotels sollte man besser auf Spanisch anschreiben.
Staatliche Hotels (**paradores**) befinden sich in landschaftlich schönen Gegenden und oft in historischen Gebäuden wie Burgen, Palästen etc. Der Standard ist durchweg hoch.

Pensiones (Pensionen) gibt es überall in Spanien. Das Niveau reicht von „anspruchsvoll" bis zu „sehr einfach". Fast alle **pensiones** sind in Familienbesitz. Ein Frühstück wird in der Regel nicht angeboten. Es wird im Café an der Ecke eingenommen.

Unfall

Für die Schadensregulierung bei Unfällen ist ein polizeiliches Protokoll unbedingt nötig. Wenn Sie gar kein Spanisch sprechen, verlangen Sie einen Dolmetscher oder setzen Sie sich mit dem Konsulat in Verbindung.

Ureinwohner

Die korrekte Bezeichnung für einen indianischstämmigen Ureinwohner Lateinamerikas lautet **indígena**. Die **indígenas** stellen in vielen Ländern (México, Guatemala, Ecuador, Peru, Bolivien) einen sehr hohen Anteil an der Gesamtbevölkerung. Leider sind sie sozial und politisch immer noch sehr benachteiligt. In Mittelamerika sind die stärksten Gruppen Nachfahren der vorkolumbianischen Maya, im Andenraum sind es die Quechua und Aymara, Nachfahren der Inka, die jeweils eigene Sprachen sprechen und ihre kulturellen Traditionen lebendig erhalten.

V

Verpflegung

Vergewissern Sie sich am besten vorher, ob das Frühstück (**el desayuno**) im Übernachtungspreis inbegriffen ist. Nicht jedes kleinere Hotel oder jede Pension bietet diesen Service. Das spanische Frühstück ist generell nicht sehr üppig. Sie können es auch in jedem Café einnehmen.
In größeren Hotels können Sie auch Halbpension (**media pensión**) oder

Vollpension (**pensión completa**) buchen. Wenn Sie in Restaurants essen, ist in der Regel das jeweils angebotene Tagesgericht bzw. Tagesmenü (**menú del día**) empfehlens- und preiswert. Abzuraten ist von den in stark touristischen Gegenden angebotenen **platos combinados** (Tellergerichte), für die meist fastfood-artige Zutaten (Fleisch, Pommes, Eier) miteinander kombiniert werden. Das hat mit guter einheimischer Küche meist nichts mehr zu tun.

W

Wasser

Mineralwasser heißt **agua mineral**. Es wird in den spanischsprachigen Ländern meist ohne Kohlensäure (**sin gas**) getrunken. Fragen Sie nach **agua mineral con gas**, wenn Sie Wasser mit Kohlensäure möchten. Leitungswasser (**agua del grifo**) ist oft gechlort und – besonders in Lateinamerika – in der Regel nicht zum Trinken geeignet. Wenn Sie sich nicht sicher sind, was bei Ihnen auf dem Tisch steht, fragen Sie: **¿Es agua del grifo?** (Ist das Leitungswasser?)

Weihnachten | Navidad

Weihnachten ist, wie in allen katholischen Ländern, auch in Spanien und Lateinamerika ein großes Familienfest, das mit Sekt (**cava**), Truthahn (**pavo**) oder einem anderen Festessen und **turrón**, einer Art türkischem Honig aus Mandeln, sehr festlich gefeiert wird. Geschenke (**regalos**) gab es in Spanien früher erst am Tag vor Dreikönig (**Día de Reyes**), heute zunehmend schon am Heiligen Abend (**Nochebuena**). In den Häusern stehen immer häufiger Christbäume (**árbol de Navidad**) und Krippen (**belén**) und es werden fröhliche Weihnachtslieder (**villancicos**) gesungen. In den Städten werden Weihnachtsmärkte (**mercadillos de Navidad**) aufgebaut. Man wünscht sich **¡Feliz Navidad!** (Frohe Weihnachten!).

Z

Zitronen

Zitronen (**limón**) sind in Spanien wie in Deutschland in der Regel gelb. In Lateinamerika gibt es aber fast ausschließlich die kleinere, intensiv grüne Variante, die in deutschen Läden oft als Limone oder Limette bezeichnet wird. Eine Überraschung erleben Sie, wenn Ihnen eine **lima** angeboten wird. Diese Limettenart ähnelt der europäischen Zitrone sehr, schmeckt aber zuckersüß.
Auch Orangen (**naranja**) haben in Lateinamerika nicht immer die typisch orangefarbene Schale, sondern können gelb oder grünfleckig sein. Was dem feinen Geschmack keinerlei Abbruch tut.

Zug

Das Schienennetz der staatlichen Eisenbahngesellschaft RENFE ['rrɛmfe] verbindet Städte und Regionen der gesamten Iberischen Halbinsel. Für die modernen Intercity-Züge (z. B. **Alvia**, **Alaris**, **Avant**) müssen Sitzplätze reserviert werden. Hochgeschwindigkeitszüge (**AVE**) ['aβe] verkehren z. B. von Madrid nach Sevilla, Barcelona und Zaragoza. Autoreisezüge gibt es von Barcelona oder Madrid aus in alle Richtungen. Ermäßigungen (**descuentos**) gibt es für Tagesrückfahrkarten, für Kinder, Jugendliche und Senioren sowie für Gruppen.
Beliebt, aber kostspielig sind die Sonderzüge wie der luxuriöse **Al-Andalus Express**, der eine attraktive Route durch Andalusien bietet, oder der **Transcantábrico**, der den Norden Spaniens von León bis nach Santiago de Compostela befährt.

Deutsch – Spanisch

A

A N MUS la *m*
Aachen N Aquisgrán *m*
Aal M anguila *f*
Aas N carroña *f*; *fig* mal bicho *m*
ab 1 PRÄP (*dat*) *Zeit* a partir de; **~ heute** a partir de hoy; **~ 8 Uhr** desde las ocho; *Raum* de, desde **~ Berlin** de Berlín 2 ADV **~ und zu** de vez en cuando, a veces
AB M ABK (Anrufbeantworter) TEL contestador automático
Abbau M desmontaje; *Bergbau* explotación *f*; *fig* reducción *f* **abbauen** desmontar; *Erze* explotar; *fig* reducir
abbeißen dar un bocado (*od* mordisco) (**von** a) **abbekommen** recibir **abbestellen** anular; *Zeitung* dar de baja **abbezahlen** pagar a plazos **abbiegen**: **nach rechts/links ~** girar a la derecha/izquierda
abbilden reproducir **Abbildung** F ilustración; *bes Buch* lámina
abbinden MED ligar
abblenden AUTO poner las luces de cruce **Abblendlicht** N luz *f* de cruce
abbrechen V/T romper; *Lager* levantar; *Haus* derribar; (*unterbrechen*) interrumpir; V/I romperse **abbremsen** frenar **abbrennen** V/I quemarse; V/T quemar **abbringen** disuadir; apartar (*j-n* **von** *dat* de) **Abbruch** M *Gebäude* demolición *f*; *Verhandlungen* ruptura *f* **abbuchen** HANDEL cargar en cuenta **abbürsten** cepillar
abdanken abdicar **abdecken** destapar; *Tisch* quitar (la mesa); (*zudecken*) cubrir, tapar **abdichten** impermeabilizar; tapar **abdrehen** V/T *Gas, Wasser* cerrar; V/I SCHIFF, FLUG cambiar de rumbo
Abdruck M impresión *f*; TECH molde **abdrucken** imprimir; reproducir
abdrücken *Waffe* disparar
Abend M noche *f*; (*früher Abend*) tarde *f*; **am ~** por la noche; **guten ~!** ¡buenas noches! (*od* tardes!); **zu ~ essen** cenar
Abendanzug M traje de etiqueta **Abendbrot** N cena *f* **Abenddämmerung** F crepúsculo *m* **Abendessen** N cena *f*; anochecer *m* **Abendkleid** N traje *m* de noche

Abendkurs M clases *fpl* nocturnas **Abendland** N Occidente *m* **Abendmahl** N REL comunión *f*
abends por la tarde **Abendveranstaltung** F velada
Abenteuer N aventura *f* **abenteuerlich** aventurero
aber pero; **~ nein!** ¡que no!
Aberglaube M superstición *f* **abergläubisch** supersticioso
abfahren VI salir, partir (**nach** para); VT *Müll* recoger; *Strecke* recorrer
Abfahrt F salida; marcha; SPORT descenso *m* **Abfahrtslauf** M SPORT descenso **Abfahrtszeit** F hora de salida
Abfall M desechos *mpl*, desperdicios *mpl*; (*Müll*) basura *f* **Abfallbeseitigung** F eliminación de desechos **Abfalleimer** M cubo de (la) basura
abfallen caer; *Gelände* ir en declive, descender
abfällig despectivo
abfangen interceptar **abfärben** desteñir(se)
abfertigen despachar; *Gepäck* facturar **Abfertigung** F despacho *m*; facturación
abfinden *j-n* indemnizar; **sich ~ mit** conformarse con **Abfindung** F indemnización
abfliegen partir (en avión); *Flugzeug* salir **abfließen** salir, escurrirse
Abflug M salida *f* **Abflughalle** F sala de embarque **Abflugtag** M día de salida **Abflugzeit** F hora de salida
Abfluss M desagüe **Abflussrohr** N tubo *m* de desagüe
abführen *Häftling* llevar detenido; *Gelder* pagar; VI MED purgar **Abführmittel** N laxante *m*
abfüllen envasar; *in Flaschen* embotellar **Abgabe** F entrega; (*Steuer*) impuesto *m*; SPORT pase *m*
Abgas N gas *m* de escape **Abgasuntersuchung** F AUTO control *m* de (los) gases de escape
abgeben dar; HANDEL entregar; *Gepäck* consignar; *Schuss* disparar; *Ball* pasar; **sich ~ mit** ocuparse de
abgebrannt *umg fig* sin blanca **abgebrüht** *fig* taimado **abgedroschen** trillado **abgehärtet** *fig* curtido, endurecido
abgehen salir; (*sich lösen*) desprenderse **was geht ab?** ¿qué pasa?; , (*wie geht's?*) ¿qué tal?
abgelaufen *Pass etc* caducado **abgelegen** apartado **abgemacht ~!** ¡de acuerdo! **abgenutzt** usado, gastado
Abgeordnete(r) M/F(M) diputado,-a *m(f)*
abgepackt envasado **abgerissen** *fig* andrajoso **abgeschieden** aislado, retirado **abgeschlossen** *Tür* cerrado; *beendet* concluido, completo
abgesehen: **~ von** sin contar;

prescindiendo de; **davon ~** aparte de eso
abgespannt cansado **abgestanden** desabrido, soso
abgewöhnen desacostumbrar (**j-m etw** a alg de); **sich das Rauchen ~** dejar de fumar
abgrenzen deslindar; *fig* delimitar **Abgrenzung** F deslinde *m*; delimitación
Abgrund M abismo (*a. fig*)
abhacken cortar **abhaken** marcar, señalar **abhalten** impedir, retener; distraer (**von** de); *Sitzung etc* celebrar **abhandenkommen** perderse, extraviarse
Abhang M cuesta *f*, declive
abhängen V/T descolgar; V/I depender (**von** de) **abhängig** dependiente (**von** de) **Abhängigkeit** F dependencia
abhauen V/T cortar; *umg v/i* largarse **abheben** V/T *Geld* retirar, sacar; *Karten* cortar; V/I *Flugzeug* despegar; **sich ~ von** destacarse de **abheilen** cicatrizarse **abhetzen**: **sich ~** ajetrearse
abholen recoger; *j-n a.* ir a buscar **abholzen** de(s)forestar
abhorchen MED auscultar
abhören TEL intervenir; *Schüler* tomar la lección a **Abhörgerät** N micro-espía *m*
Abi N *umg* → Abitur
Abitur N bachillerato *m* **Abiturient(in)** M(F) bachiller
abkaufen *j-m etw* comprar a

abklingen *Schmerz etc* ir disminuyendo **abknöpfen** *fig j-m etw* sacar a **abkochen** hervir **abkommen** apartarse (de); abandonar; *vom Weg* perderse
Abkommen N convenio *m*, acuerdo *m*
abkratzen V/T raspar, rascar; V/I *sl* diñarla **abkriegen** *umg* recibir; (*ablösen*) lograr, quitar
abkühlen enfriar, refrescar; **sich ~** refrescarse; *fig* entibiarse **Abkühlung** F enfriamiento *m*
abkürzen abreviar; *Weg* acortar **Abkürzung** F abreviatura; *Weg* atajo *m*
abladen descargar
Ablage F *von Akten*: archivo *m*
Ablagekorb M bandeja *f* portadocumentos
ablassen *Wasser, Dampf, Luft* dar salida a
Ablauf M (*Verlauf*) desarrollo; *Frist* expiración *f*; **nach ~ von ...** al cabo de ... **ablaufen** *Frist* expirar; *Pass* caducar; *Wasser* salir, escurrirse; *fig* desarrollarse
ablecken lamer, chupar
ablegen deponer; *Prüfung* hacer, pasar; *Eid* prestar; *Akten* archivar; *Gewohnheit* dejar; *Kleidung* quitarse
ablehnen rechazar, denegar
Ablehnung F negativa; rechazo *m*
ableiten desviar; *fig* deducir,

derivar
ablenken desviar; *fig* distraer **Ablenkung** F distracción
ablesen leer
abliefern entregar **Ablieferung** F entrega
ablösen desprender; despegar; *bes* MIL relevar; **sich ~** turnarse **Ablösung** F desprendimiento *m*; relevo *m*
abmachen quitar; *fig* convenir, acordar **Abmachung** F acuerdo *m*
abmagern adelgazar **Abmagerungskur** F cura de adelgazamiento
Abmarsch M partida *f*
abmelden dar de baja; anular la inscripción; **sich ~** darse de baja **Abmeldung** F baja; anulación de la inscripción
abmessen medir **abmontieren** desmontar
Abnahme F HANDEL compra; *fig* disminución; pérdida
abnehmbar amovible, desmontable **abnehmen** V/T quitar; *Hörer* descolgar; *Ware* comprar; *Hut* quitarse; V/I disminuir, decrecer; *an Gewicht* adelgazar
Abneigung F antipatía, aversión (**gegen** a)
abnutzen (des)gastar **Abnutzung** F desgaste *m*
Abonnement N abono *m*; *Zeitung* suscripción *f* **Abonnent(in)** M(F) abonado (-a); suscriptor(a) **abonnieren** abonarse, suscribirse a

Abordnung F delegación
abpacken envasar **abpassen** *Gelegenheit, j-n* esperar, aguardar **abpfeifen** SPORT dar la pitada final **abpflücken** (re)coger **abprallen** rebotar **abputzen** limpiar **abraten**: **j-m von etw ~** desaconsejar a/c a alg **abräumen** *Tisch* quitar (la mesa)
abrechnen echar la cuenta; (*abziehen*) descontar; *fig* ajustar las cuentas **Abrechnung** F liquidación; *fig* ajuste *m* de cuentas
abreiben frotar
Abreise F salida, partida **abreisen** salir, partir (**nach** para) **Abreisetag** M día de salida
abreißen V/T arrancar; *Haus* derribar; V/I romperse **Abreißkalender** M calendario de taco
abrichten amaestrar
abriegeln *Polizei* acordonar
Abriss M derribo; *fig Buch* compendio
abrunden redondear
abrupt abrupto
abrüsten desarmar **Abrüstung** F desarme *m*
abrutschen resbalar
Abs. ABK (Absender) remitente
ABS N ABK (Antiblockiersystem) Sistema *m* Antibloqueo de Frenos
Absage F negativa **absagen** *Veranstaltung* suspender, desconvocar, cancelar

absägen (a)serrar
Absatz M (*Schuhabsatz*) tacón; (*Textabsatz*) párrafo; HANDEL venta *f*
absaugen aspirar
abschaffen abolir; suprimir **Abschaffung** F abolición; supresión
abschalten ELEK desconectar, cortar; *Maschine* parar; V/I *fig* relajarse **abschätzen** evaluar; estimar **abschätzig** despectivo, peyorativo
Abscheu M aversión *f* (**vor** *dat* a); horror (de) **abscheulich** abominable, horrible
abschicken enviar **abschieben** *Ausländer* expulsar
Abschied M despedida *f*; MIL retiro; **~ nehmen** despedirse; **s-n ~ nehmen** retirarse
abschießen matar; *Flugzeug* derribar; *Rakete* lanzar; *Waffe* disparar **abschirmen** proteger (**gegen** contra)
Abschlag M HANDEL descuento **abschlagen** cortar; *Angriff* rechazar; *Bitte* rehusar
Abschlagszahlung F pago *m* a cuenta
abschleifen pulir, rebajar
Abschleppdienst M servicio de grúa **abschleppen** remolcar; **sich ~ mit** cargar con **Abschleppseil** N cable *m* de remolcar **Abschleppwagen** M grúa *f*
abschließen cerrar con llave; (*beenden*) terminar, acabar; *Vertrag* concluir **abschließend** definitivo; final
Abschluss M fin, término; conclusión *f* **Abschlussprüfung** F examen *m* final
abschmecken probar, degustar **abschminken** desmaquillar **abschneiden** cortar; *fig* **gut/schlecht ~** salir bien/mal
Abschnitt M sección *f*; (*Kontrollabschnitt*) talón, cupón; (*Zeitabschnitt*) período; *im Buch* párrafo
abschrauben destornillar **abschrecken** escarmentar; *a.* POL disuadir **abschreiben** copiar **Abschrift** F copia
Abschürfung F erosión, excoriación
Abschuss M disparo; *e-r Rakete* lanzamiento; FLUG derribo **abschüssig** escarpado
abschütteln *Verfolger* sacudirse, dar (el) esquinazo a **abschwächen** atenuar **abschweifen** apartarse (**von** de) **abschwellen** MED deshincharse
absehbar: **in ~er Zeit** dentro de poco **absehen** prever; **~ von** prescindir de
abseilen: **sich ~** descolgarse
abseits **1** ADV aparte; apartado **2** **Abseits** N SPORT fuera *m* de juego
absenden remitir, enviar **Absender(in)** M(F) remitente
absetzen poner en el suelo; *j-n* dejar; *Beamten* destituir; *Ware*

vender, colocar; *Hut etc* quitarse; *von der Steuer* desgravar
Absicht F intención, propósito *m* **absichtlich** intencionado; ADV adrede
absitzen *Strafe* cumplir
absolut absoluto; **~ nicht** en absoluto
absondern apartar, separar; MED secretar; **sich ~** aislarse
absorbieren absorber **abspeichern** IT almacenar, guardar
absperren acordonar; *Tür* cerrar con llave **Absperrung** F acordonamiento *m*
abspielen *Platte* tocar; **sich ~** suceder, ocurrir **Absprache** F acuerdo *m* **absprechen** negar; (*verabreden*) concertar **Absprung** M salto **abspülen** lavar; *Geschirr* fregar
abstammen descender (**von** de) **Abstammung** F descendencia, origen *m*
Abstand M distancia *f* (**halten** guardar); *zeitlich* intervalo; *fig* **mit ~** con mucho
abstauben quitar el polvo (a), desempolvar; *umg fig* birlar
Abstecher M **e-n ~ machen nach** dar una vuelta por
abstehend: **~e Ohren** orejas de soplillo
absteigen descender, bajar; *vom Fahrzeug* apearse; *im Hotel* alojarse
abstellen poner, dejar; *Wasser etc* cerrar, cortar; *Maschine* parar; *Radio*, TV apagar; *fig* remediar **Abstellraum** M trastero
abstempeln timbrar; *Marke* matasellar
Abstieg M bajada *f*, descenso
abstimmen votar (**über** *akk*); **aufeinander ~** armonizar **Abstimmung** F votación
abstinent abstemio
abstoßen repeler; *fig* repugnar **abstoßend** repugnante
abstrakt abstracto
abstreiten negar, desmentir
Abstrich M MED frotis **Abstufung** F graduación; (*Farbe*) matiz *m* **Absturz** M caída *f* **abstürzen** caer(se); FLUG *a.* estrellarse; *im Gebirge* despeñarse; IT colgarse **absuchen** *Gelände* batir, peinar
absurd absurdo
Abszess M absceso
Abt M abad
abtasten palpar **abtauen** descongelar
Abtei F abadía
Abteil N BAHN departamento *m*, compartimiento *m* **Abteilung** F sección; departamento *m* **Abteilungsleiter(in)** M(F) jefe (jefa) de departamento
abtippen pasar a máquina **abtransportieren** llevarse
abtreiben V/I SCHIFF ir a la deriva; V/T MED abortar **Abtreibung** F MED aborto *m* (provocado)
abtrennen separar
abtreten V/T ceder; V/I retirarse

Abtretung F cesión **abtrocknen** secar, enjugar; **sich ~** secarse **abwägen** ponderar, sopesar **abwarten** aguardar, esperar
abwärts hacia abajo
Abwasch M **den ~ machen** fregar los platos **abwaschbar** lavable **abwaschen** lavar; *Geschirr* fregar (los platos)
Abwässer NPL aguas *fpl* residuales
abwechseln alternar; **sich ~** turnarse **abwechselnd** ADV por turno **Abwechslung** F variación; (*Zerstreuung*) distracción; **zur ~** para variar **abwechslungsreich** variado
abwegig desacertado
Abwehr F defensa (*a.* SPORT) **abwehren** rechazar; *Schlag* parar
abweichen apartarse; desviarse **abweichend** divergente; discrepante **Abweichung** F divergencia; *fig* discrepancia
abweisen rechazar; *Klage* desestimar **abweisend** *Blick* negativo, frío **abwenden** *Blick* apartar; *fig* evitar **abwerfen** lanzar; *Reiter* derribar; *Gewinn* rendir, producir
abwerten devaluar **Abwertung** F devaluación
abwesend ausente; *fig* distraído **Abwesenheit** F ausencia
abwickeln *Geschäft* realizar; *fig* **sich ~** desarrollarse **abwiegen** pesar **abwimmeln** *umg* *j-n* quitarse de encima **abwischen** limpiar **abwürgen** *Motor* estrangular **abzahlen** pagar a plazos **abzählen** contar **Abzahlung** F **auf ~** a plazos
Abzeichen N distintivo *m* **abzeichnen** dibujar, copiar; (*unterschreiben*) firmar; **sich ~** destacarse (**gegen** de)
abziehen V/T MATH restar; *Truppen* retirar; HANDEL deducir; V/I *Rauch* salir; *umg* largarse
Abzocke *umg* F estafa; *umg* timo *m* **abzocken** *umg* V/T **j-n ~** desplumar a alg
Abzug M HANDEL deducción *f*, descuento; *Waffe* gatillo; FOTO copia *f*; MIL retirada *f*; TECH escape **abzüglich** menos, deduciendo
abzweigen V/I *Weg* bifurcarse **Abzweigung** F bifurcación
Account M IT cuenta *f* de usuario
ach! ¡ah!; *klagend* ¡ay!, ¡oh!; **ach so!** ¡(ah) ya!; **ach wo!** ¡que va!
Achse F eje *m* (*a. fig*)
Achsel F hombro *m*; **mit den ~n zucken** encogerse de hombros **Achselhöhle** F sobaco *m*, axila
acht ocho; **in ~ Tagen** en ocho días
Acht F: **außer ~ lassen** descuidar; **sich in ~ nehmen** tener cuidado (**vor** *dat* con)
achte octavo

Achtel N octavo *m* **Achtelnote** F MUS corchea
achten estimar; respetar; ~ **auf** (*akk*) fijarse en; prestar atención a
Achterbahn F montaña rusa
Achterdeck N cubierta *f* de popa
achtgeben tener cuidado; ~ **auf** (*akk*) cuidar de
achthundert ochocientos
achtlos negligente
achtmal ocho veces
Achtstundentag M jornada *f* de ocho horas
Achtung F respeto *m*; estima (-ción); ~! ¡cuidado!, ¡atención!, *umg* ¡ojo!
achtzehn dieciocho
achtzig ochenta **Achtzigerjahre** PL **die** ~ los años ochenta
ächzen gemir
Acker M campo **Ackerbau** M agricultura *f* **Ackerland** N tierra *f* de labor (*od* de cultivo)
ADAC (Allgemeiner Deutscher Automobil-Club) Automóvil Club General de Alemania
Adamsapfel M ANAT nuez *f*
Adapter M ELEK adaptador
addieren adicionar, sumar
Addition F adición, suma
ade! *umg* ¡adiós!
Adel M nobleza *f*
Ader F arteria, vena
ADHS N ABK (Aufmerksamkeits-Defizit-Hyperaktivitäts-Syndrom) TDAH *m* (trastorno por déficit de atención con hiperactividad)
Adjektiv N adjetivo *m*
Adler M águila *f*
adlig noble **Adlige(r)** M/F(M) noble
Admiral M almirante
adoptieren adoptar **Adoption** F adopción **Adoptiveltern** PL padres *mpl* adoptivos
Adoptivkind N hijo *m* adoptivo, hija *f* adoptiva
Adressanhänger N etiqueta *f* de equipaje *f* **Adressat(in)** M(F) destinatario,-a **Adressbuch** N directorio *m*, guía *f* comercial **Adresse** F señas *fpl*, dirección **adressieren** dirigir (**an** *akk* a); poner las señas
Adria F Adriático *m*
ADS N ABK (Aufmerksamkeits-Defizit-Syndrom) TDA *m* (trastorno por déficit de atención)
Advent M adviento
Adverb N adverbio *m*
AfD F (Alternative für Deutschland) *partido político alemán de derecha*
Affäre F asunto *m*
Affe M mono
affektiert afectado
Afghanistan N Afganistán *m*
Afrika N Africa *f* **Afrikaner(in)** M(F) africano,-a **afrikanisch** africano
AG[1] F (Aktiengesellschaft) S. A. (Sociedad Anónima)
AG[2] F → Arbeitsgruppe
Ägäis F Egeo *m*

Agave F agave *m*, pita **Agavendicksaft** M sirope *m od* miel *f* de agave
Agent(in) M(F) agente **Agentur** F agencia
Aggression F agresión
aggressiv agresivo **Aggressivität** F agresividad
Agrar... agrario, agrícola
Ägypten N Egipto *m* **Ägypter(in)** M(F) egipcio,-a **ägyptisch** egipcio
ähneln parecerse a
ahnen presentir; (*vermuten*) sospechar
Ahnen MPL antepasados
ähnlich semejante, parecido; **~ sehen, ~ sein** (*dat*) parecerse a, salir a **Ähnlichkeit** F semejanza, parecido *m*
Ahnung F presentimiento *m*; **keine ~ haben** no tener idea
ahnungslos desprevenido
Ahorn M arce
Ähre F espiga
Aids N sida *m* **aidskrank** enfermo de sida **aidspositiv** seropositivo **Aidstest** M prueba *f* del sida
Airbag M airbag **Airbus** M airbus
Akademie F academia **Akademiker(in)** M(F) universitario (-a)
Akazie F acacia
akklimatisieren: **sich ~** aclimatarse
Akkord M MUS acorde; **im ~ arbeiten** trabajar a destajo **Akkordarbeit** F destajo *m*
Akkordeon N acordeón *m*
Akku(mulator) M acumulador
Akkusativ M acusativo
Akne F acné *m*
Akrobat(in) M(F) acróbata
Akt M THEAT acto; MAL desnudo
Akte F expediente *m*; JUR acta; **zu den ~n legen** archivar
Aktendeckel M carpeta *f* **Aktenkoffer** M attaché, *bes Am* maletín ejecutivo **Aktenmappe** F cartera **Aktenschrank** M archivador **Aktentasche** F cartera **Aktenzeichen** N referencia *f*
Aktie F acción **Aktiengesellschaft** F sociedad anónima
Aktion F acción; POL operación, campaña **Aktionär(in)** M(F) accionista
aktiv activo **aktivieren** activar **Aktivität** F actividad **Aktivurlaub** M vacaciones *fpl* con actividades
aktualisieren poner al día
aktuell actual, de actualidad
Akupunktur F acupuntura
Akustik F acústica **akustisch** acústico
akut agudo (*a.* MED)
Akzent M acento
akzeptieren aceptar
Alarm M alarma *f* **Alarmanlage** F sistema *m* de alarma
alarmieren alarmar
Albaner(in) M(F) albanés, -esa

m,f **Albanien** N Albania *f* **albanisch** albanés
albern tonto **Albernheit** F tontería
Albtraum M pesadilla *f*
Album N álbum *m*
Alcopops PL alcopops *mpl*
Alge F alga
Algerien N Argelia *f* **Algerier(in)** M(F) argelino,-a **algerisch** argelino
Algier N Argel *m*
Alibi N coartada *f*
Alkohol M alcohol **alkoholfrei** sin alcohol **Alkoholiker(in)** M(F) alcohólico,-a **alkoholisch** alcohólico **Alkoholtest** M prueba *f* de alcoholemia
all todo; **vor ~em** sobre todo
All N universo *m*
Allah (M) Alá *m*
alle PL todos; **~e zwei Jahre** cada dos años
Allee F avenida, paseo *m*
allein solo; **von ~** automáticamente **alleinerziehend**: **~e Mutter** madre sola **alleinstehend** solo; solitario; (*ledig*) soltero
allenfalls a lo sumo; acaso
allerdings sin embargo; **~!** ¡ya lo creo!
Allergen N alérgeno *m* **Allergie** F alergia **Allergiepass** M carnet *m* de alergias **Allergiker(in)** M(F) alérgico,-a **allergisch** alérgico (**gegen** a)
allerhand varios, diversos **Allerheiligen** N Todos los Santos **allerlei** toda clase de **allerletzt** último; **zu ~** en último lugar
alles todo
allgemein general; **~ verständlich** comprensible para todos; **im Allgemeinen** en general
Allgemeinarzt M, **-ärztin** F médico,-a (de medicina) general **Allgemeinbildung** F cultura general **Allgemeinheit** F público *m* (en general) **Allgemeinzustand** M estado general
All-inclusive-Urlaub M vacaciones *fpl* todo incluido
alljährlich anual; ADV anualmente **allmählich** paulatino; ADV poco a poco
Alltag M vida *f* cotidiana **alltäglich** cotidiano **alltagstauglich** ADJ *Sache* práctico (para el uso diario), *Idee* pragmático
allzu demasiado
Alm F pasto *m* alpino
Almosen N limosna *f*
Alpen PL **die ~** los Alpes *mpl*
Alphabet N alfabeto *m* **alphabetisch** alfabético
als *zeitlich* cuando; *nach Komparativ* que; *Art, Eigenschaft* como; de; **~ ob** como si
also así que; **~ gut** pues bien
alt viejo; (*antik*) antiguo; **wie ~ bist du?** ¿cuántos años tienes?; **ich bin … Jahre ~** tengo …

años; ~ **werden** envejecer
Alt M MUS contralto
Altar M altar
Altbau M edificio *m* antiguo **Altbauwohnung** F piso *m* en un edificio antiguo
Alte(r) M/F(M) viejo,-a, anciano,-a
Altenheim N residencia *f* de ancianos (*od* para la tercera edad)
Alter N edad *f*; *hohes* vejez *f*; **im ~ von** a la edad de
älter más viejo; *Person* mayor
alternativ alternativo **Alternative** F alternativa
Altersgrenze F límite *m* de edad **Altersheim** N asilo *m* (*od* residencia *f*) de ancianos
Altertum N antigüedad *f* **altertümlich** antiguo
Altlasten PL residuos *mpl* contaminantes **altmodisch** anticuado; pasado de moda **Altpapier** N papel *m* viejo **Altstadt** F casco *m* antiguo
Alufolie F papel *m* de aluminio
am → an
Amateur M aficionado
ambulant ambulante; MED ambulatorio **Ambulanz** F dispensario *m*, ambulatorio *m*
Ameise F hormiga **Ameisenhaufen** M hormiguero
Amerika N América *f* **Amerikaner(in)** M(F) americano,-a
amerikanisch americano
Amnestie F amnistía
Amok: ~ **laufen** tener un ataque de locura homicida
Ampel F semáforo *m*
Amphitheater N anfiteatro *m*
Ampulle F ampolla
amputieren amputar
Amsel F mirlo *m*
Amt N oficina *f*; (*Aufgabe*) cargo *m*, función *f* **amtlich** oficial **Amtsantritt** M toma *f* de posesión
Amulett N amuleto *m*
amüsant divertido **amüsieren** divertir; **sich ~** divertirse
an **1** ADV *Licht, Radio* encendido **2** PRÄP (*dat; Richtung: akk*) **am Tisch** a la mesa; ~ **der Grenze** en la frontera; ~ **der Wand** en la pared; **am 3. Mai** el tres de mayo; ~ **die 100 Euro** unos cien euros; **reich ~** (*dat*) rico en
Analphabet(in) M(F) analfabeto,-a
Analyse F análisis *m*
Ananas F piña, *Am* ananá(s) *m*
Anarchie F anarquía
anbahnen: **sich ~** iniciarse
Anbau M cultivo; ARCH anexo; **biologischer/ökologischer ~** cultivo biológico/ecológico
anbauen cultivar; añadir **Anbaumöbel** NPL muebles *mpl* por elementos
anbehalten *Mantel etc* dejar puesto
anbei adjunto
anbelangen: **was ... anbelangt** en cuanto a
anbeten adorar
Anbetracht: **in ~** (*gen*) en con-

sideración a
anbieten ofrecer **anbinden** atar
Anblick M aspecto **anblicken** mirar
anbrechen V/T empezar; V/I *Zeit* empezar; *Tag* nacer; *Nacht* entrar **anbrennen** *Essen* quemarse, pegarse **anbringen** fijar; colocar
Anbruch M **bei ~ des Tages/der Nacht** al amanecer/anochecer
anbrüllen gritar a
Anchovis F anchoa
Andacht F devoción **andächtig** devoto
Andalusien N Andalucía *f*
Andalusier(in) M(F) andaluz(a) **andalusisch** andaluz
andauern continuar, persistir **andauernd** continuo, permanente
Anden PL Andes *mpl*
Andenken N recuerdo *m*; **zum ~ an** (*akk*) en memoria de
andere(r, -s) otro, *pl* otros; **am ~n Tag** al día siguiente; **ein ~s Mal** otro día; **unter ~m** entre otras cosas **andererseits** por otra parte
ändern cambiar; modificar; **sich ~** cambiar
andernfalls de lo contrario
anders de otra manera, diferente; **jemand ~** algún otro **anderswo** en otra parte
anderthalb uno y medio
Änderung F cambio *m*; modificación **Änderungsschneiderei** F, **-service** M taller *m* de arreglos (de ropa)
andeuten insinuar **Andeutung** F insinuación; alusión
Andrang M afluencia *f*
andrehen *Licht* encender; *Radio* poner; *Wasser* abrir; *umg* **j-m etw ~** adosar a/c a alg
aneignen: **sich ~** apropiarse; *Kenntnisse* adquirir
aneinander uno(s) a (*od* con) otro(s) **aneinanderfügen** juntar
Anekdote F anécdota
anekeln dar asco, repugnar
anerkennen reconocer; *lobend* apreciar **Anerkennung** F reconocimiento *m*; aprecio *m*
anfahren V/T chocar contra; *Fußgänger* arrollar; V/I *Auto* arrancar
Anfahrtsskizze F mapa de ubicación, indicaciones *fpl* (para ir en coche)
Anfall M MED ataque, acceso **anfallen** atacar
anfällig propenso (**für** a)
Anfang M principio; comienzo; **am ~, zu ~** al principio
anfangen comenzar, empezar (**zu** a)
Anfänger(in) M(F) principiante **Anfängerkurs** M curso para principiantes
anfangs al principio **Anfangsstadium** N fase *f* inicial
anfassen tocar **anfechten** impugnar **anfertigen** hacer;

fabricar, elaborar **anfeuchten** mojar **anfeuern** *fig* animar, alentar **anfliegen** VT hacer escala en
Anflug M FLUG vuelo de aproximación; *fig* asomo
anfordern pedir; exigir **Anforderung** F exigencia, demanda
Anfrage F pregunta; POL interpelación **anfragen** preguntar
anfreunden: **sich ~ mit** hacerse amigo de
anführen dirigir; *Liste* encabezar; *Gründe* alegar; (*zitieren*) citar; *fig* tomar el pelo a **Anführer(in)** M(F) jefe (jefa); POL, SPORT líder **Anführungszeichen** NPL comillas *fpl*
Angabe F indicación; información **Angaben** PL datos *mpl*
angeben VT dar; declarar; indicar; VI *umg* fanfarronear **Angeber(in)** M(F) farolero,-a **angeblich** ADJ supuesto, presunto; ADV dicen que
angeboren innato; congénito
Angebot N oferta *f*
angebracht oportuno, conveniente **angeheiratet** político **angeheitert** *umg* achispado
angehen concernir; **das geht dich nichts an** no te importa nada; **was … angeht** en cuanto a …
angehören pertenecer a **Angehörige(r)** M/F(M) familiar; POL miembro *m*
Angeklagte(r) M/F(M) acusado,-a *m(f)*
Angel F caña de pescar; (*Türangel*) gozne *m*
Angelegenheit F asunto *m*
angelehnt *Tür* entreabierto
Angelhaken M anzuelo **angeln** pescar con caña **Angelrute** F caña de pescar **Angelschein** M licencia *f* de pesca
Angelsport M pesca *f* con caña
angemessen adecuado; *Preis* razonable **angenehm** agradable; simpático **angenommen**: **~, dass** supuesto que
angesehen respetado, reputado **angesichts** en vista de
Angestellte(r) M(F) empleado,-a
angetrunken medio borracho
angewiesen: **~ sein auf** (*akk*) depender de **angewöhnen**: **sich etw ~** acostumbrarse a a/c
Angewohnheit F costumbre; **schlechte ~** vicio *m*
Angina F angina(s); **~ pectoris** *f* angina de pecho
Angler M pescador (de caña)
angreifen atacar **Angreifer(in)** M(F) asaltante; agresor(a)
angrenzen lindar (**an** *akk* con) **angrenzend** contiguo, adyacente; *Gebiet* limítrofe
Angriff M ataque **angriffslustig** agresivo, belicoso
Angst F miedo *m* (**vor** *dat* a) **Angstattacke** F ataque *m* *od* crisis *f* de angustia **ängsti-**

gen dar miedo (a); **sich ~** tener miedo **ängstlich** temeroso, miedoso
anhaben *Kleider* llevar
anhalten V/T parar, detener; *Atem* contener; V/I parar(se); (*andauern*) persistir **Anhalter(in)** M(F) autostopista; **per ~ fahren** hacer autostop **Anhaltspunkt** M punto de referencia
anhand: **~ (von)** por medio de
Anhang M apéndice; anexo
anhängen colgar; enganchar **Anhänger** M partidario; SPORT seguidor; AUTO remolque; *Schmuck* colgante **Anhängerin** F partidaria; SPORT seguidora **anhänglich** apegado; fiel
anhäufen amontonar, apilar **anheben** levantar; *Preis* aumentar
Anhieb: **auf ~** de golpe, a la primera
Anhöhe F colina, cerro *m*
anhören escuchar; **sich gut ~** sonar bien
Animateur(in) M(F) animador(a) **Animation** F animación
Anis M, **Anislikör** M anís
Anker M ancla *f*; TECH áncora *f* **ankern** anclar, fondear **Ankerplatz** M fondeadero
Anklage F acusación **anklagen** acusar (**wegen** de)
ankleben pegar; fijar **anklopfen** llamar (a la puerta) **anknipsen** *Licht* dar la luz **ankommen** llegar; **es kommt darauf an** depende **ankreuzen** marcar con una cruz
ankündigen anunciar **Ankündigung** F aviso *m*, anuncio *m*
Ankunft F llegada
Ankunftstag M día de llegada **Ankunftszeit** F hora de llegada
ankurbeln *fig* reactivar **anlächeln** sonreír a
Anlage F instalación; (*Werk*) planta *f*; HANDEL anexo *m*; (*Geldanlage*) inversión; (*Grünanlage*) parque *m*, zona verde; (*Talent*) don *m*, disposición; **in der ~** adjunto **Anlageberater(in)** M(F) asesor(a) de inversiones
Anlass M motivo; ocasión *f*; **~ geben zu** dar lugar a
anlassen *Motor* arrancar; *Kleid* dejar puesto; *Licht* dejar encendido **Anlasser** M arranque
anlässlich (*gen*) con motivo de, con ocasión de
Anlauf M **~ nehmen** tomar carrera **anlaufen** V/T *Hafen* hacer escala en; V/I *Spiegel, Metall* empañarse
anlegen V/T poner (contra); *Geld* invertir; *Gewehr* apuntar; *Verband* aplicar; V/I SCHIFF atracar **Anlegeplatz** M, **Anlegestelle** F atracadero *m*
anlehnen adosar (**an** *akk* a), apoyar (en, contra); *Tür* entor-

nar; **sich ~ an** (*akk*) apoyarse en **Anleihe** F empréstito *m* **anleiten** instruir **Anleitung** F instrucciones *fpl* **anlernen** instruir, iniciar **anliegen** *Kleidung* quedar ajustado **Anliegen** N deseo *m*; petición *f* **anliegend** HANDEL adjunto; *Kleid* ceñido **Anlieger(in)** M(F) vecino,-a **anlocken** atraer **anlügen** mentir a **Anmache** *umg* F *umg* guiño *m*, ligue *m* **anmachen** fijar; *Licht* encender; *Salat* aderezar, aliñar; *umg* **j-n ~** (*reizen, verlocken*) atraer a alg; (*provozieren*) provocar a alg; (*aufreißen*) ligarse a alg **anmalen** pintar **anmaßen**: **sich** *etw* **~** arrogarse; permitirse **anmaßend** presuntuoso; arrogante **Anmaßung** F arrogancia; presunción **Anmeldeformular** N formulario *m* de inscripción **Anmeldefrist** F plazo *m* de inscripción **Anmeldegebühr** F derechos *mpl* de inscripción **anmelden** anunciar; AUTO matricular; **sich ~** inscribirse; *beim Arzt* pedir hora **Anmeldung** F inscripción **anmerken**: **sich nichts ~ lassen** disimular **Anmerkung** F nota **Anmut** F gracia **anmutig** gracioso **annageln** clavar **annähen** coser **annähernd** ADV aproximadamente **Annäherung** F acercamiento *m* **Annäherungsversuche** PL insinuaciones *fpl* **Annahme** F aceptación; *fig* suposición **Annahmestelle** F despacho *m* de entrega **annehmbar** aceptable; *Preis* razonable **annehmen** aceptar; (*voraussetzen*) suponer **Annehmlichkeit** F comodidad **Annonce** F anuncio *m*, *Am* aviso *m* **annoncieren** anunciar **annullieren** anular **anonym** anónimo **Anorak** M anorak **anordnen** disponer; (*befehlen*) *a.* ordenar **Anordnung** F disposición; orden **anpacken** *Problem* abordar **anpassen** adaptar; ajustar; **sich ~ an** (*akk*) adaptarse a **Anpassung** F adaptación **anpassungsfähig** adaptable **Anpfiff** M SPORT pitada inicial **anpflanzen** plantar, cultivar **anpöbeln** *umg* atropellar **anpreisen** encarecer **Anprobe** F prueba **anprobieren** probar **anpumpen** *umg* dar un sablazo a **anrechnen** cargar en cuenta; imputar **Anrecht** N derecho *m* **Anrede** F tratamiento *m* **anreden** dirigir la palabra a; **mit Sie**

~ tratar de usted a
anregen animar; estimular; *fig* sugerir **anregend** estimulante **Anregung** F sugerencia
Anreise F llegada **Anreisetag** M día de llegada
Anreiz M incentivo, aliciente
Anrichte F aparador *m* **anrichten** *Speisen* aderezar; *fig* (*verursachen*) causar, ocasionar
Anruf M llamada *f* **Anrufbeantworter** M contestador automático **anrufen** llamar (por teléfono)
Ansage F anuncio *m* **ansagen** anunciar **Ansager(in)** M(F) TV presentador(a), RADIO locutor(a)
ansammeln acumular **Ansammlung** F *von Menschen* aglomeración
ansässig domiciliado (**in** *dat* en)
anschaffen adquirir, comprar **Anschaffung** F adquisición
anschalten encender
anschauen mirar **anschaulich** expresivo; plástico **Anschauung** F opinión
Anschein M apariencia *f*; **allem ~ nach** a lo que parece **anscheinend** ADV por lo visto
anschieben *Auto* empujar
Anschlag M cartel, anuncio, *Am* afiche; POL atentado; MUS pulsación *f* **Anschlagbrett** N tablón *m* de anuncios
anschließen TECH, ELEK conectar; enchufar; **sich ~** asociarse (a) **anschließend** siguiente; ADV a continuación
Anschluss M TECH conexión *f*, enchufe; BAHN correspondencia *f*, enlace; *v. Gas-, Wasser* acometida *f* **Anschlussflug** M vuelo de enlace
anschnallen: **sich ~** abrocharse el cinturón
anschnauzen *umg* echar una bronca a **anschneiden** empezar; *fig* abordar
anschrauben atornillar **anschreien** gritar a **Anschrift** F dirección, señas *fpl* **anschwellen** hincharse
ansehen mirar; *fig* **~ als** considerar como; **man sieht es ihm an** se le ve en la cara
Ansehen N prestigio *m*, reputación *f*
ansehnlich considerable; *Person* de buena presencia
anseilen: **sich ~** encordarse
ansetzen *Termin* fijar
Ansicht F vista; *fig* opinión; **meiner ~ nach** en mi opinión; **zur ~** como muestra
Ansichtskarte F (tarjeta) postal **Ansichtssache** F cuestión de pareceres
Anspannung F tensión
anspielen: **~ auf** (*akk*) aludir a **Anspielung** F alusión
Ansporn M estímulo **anspornen** estimular, incitar
Ansprache F alocución
ansprechbar: **sie ist nicht ~**

no se puede hablar con ella **ansprechen** VT dirigir la palabra a; VI agradar **ansprechend** agradable, simpático **Ansprechpartner(in)** M(F) persona *f* de contacto **anspringen** AUTO arrancar **Anspruch** M pretensión *f*; derecho; **in ~ nehmen** ocupar; *j-n* recurrir a **anspruchslos** modesto **anspruchsvoll** exigente **Anstalt** F establecimiento *m*, instituto *m* **Anstand** M decencia *f*, decoro **anständig** decente; respetable **anstarren** mirar de hito en hito **anstatt** en vez de **anstecken** prender; *Ring etc* ponerse; *Zigarette* encender; MED contagiar; **sich ~** contagiarse **ansteckend** contagioso **Ansteckung** F contagio *m* **anstehen** hacer cola **ansteigen** subir **anstelle**: **~ (von)** en lugar de **anstellen** *j-n* emplear; *Radio*, TV poner; *(machen)* hacer; **sich ~** hacer cola; *fig* hacer melindres **Anstieg** M subida *f* (*a. fig*) **anstiften** instigar (**zu** a) **anstimmen** entonar **Anstoß** M impulso; SPORT saque inicial; **~ erregen** causar escándalo; **~ nehmen an** *(dat)* escandalizarse de (*od* con) **anstoßen** tropezar (**an** *akk* con); **auf j-n ~** brindar por alg **anstößig** indecente, escandaloso **anstrahlen** iluminar **anstreben** aspirar a **anstreichen** *Wand etc* pintar **anstrengen** cansar; **sich ~** esforzarse **anstrengend** fatigoso, penoso **Anstrengung** F esfuerzo *m* **Anstrich** M (capa *f* de) pintura *f* **Ansturm** M *fig* afluencia *f* **Antarktis** F Antártida **Anteil** M parte *f*; **~ nehmen an** *(dat)* interesarse por **Anteilnahme** F interés *m*; simpatía **Antenne** F antena **Antibabypille** F píldora anticonceptiva **antibakteriell** ADJ antibacteriano **Antibiotikum** N antibiótico *m* **Antiblockiersystem** N AUTO sistema *m* antibloqueo de frenos, ABS *m* **antik** antiguo **Antike** F antigüedad **Antikörper** M anticuerpo **Antipathie** F antipatía **Antiquariat** N librería *f* de lance (*od* de viejo) **antiquarisch** de lance, de ocasión **Antiquitäten** PL antigüedades *fpl* **Antiquitätenhändler(in)** M(F) anticuario,-a **Antiquitätenladen** M tienda *f* de antigüedades **antisemitisch** antisemita **Antisemitismus** M antisemitis-

mo
Antrag M solicitud *f*; instancia *f* **Antragsteller(in)** M(F) solicitante
antreffen encontrar **antreiben** TECH accionar; propulsar; *fig* estimular **antreten** V/I formar; V/T *Reise* emprender; *Dienst* empezar **Antrieb** M accionamiento; *fig* impulso; iniciativa *f* **antun** *Leid* hacer; causar
Antwerpen N Ámberes *f*
Antwort F respuesta, contestación **antworten** contestar
anvertrauen confiar; **sich j-m ~** confiarse a alg
Anwalt M, **Anwältin** F abogado,-a
anwärmen calentar, templar
Anwärter(in) M(F) candidato,-a, aspirante
anweisen (*zuweisen*) asignar; (*anleiten*) instruir; *Platz* indicar; *Geld* consignar; girar **Anweisung** F instrucciones *fpl*; *von Geld* giro *m*
anwenden utilizar; aplicar **Anwendung** F aplicación (*a.* IT, MED); uso *m*
anwerben *Arbeiter* contratar; *Soldaten* reclutar
anwesend presente **Anwesenheit** F presencia
anwidern repugnar
Anzahl F número *m*, cantidad **anzahlen** pagar a cuenta **Anzahlung** F pago *m* a cuenta
Anzeichen N señal *f*; indicio *m*; MED síntoma *m*
Anzeige F anuncio *m*; JUR denuncia (**erstatten** presentar) **anzeigen** anunciar; JUR denunciar
anziehen *Kleid* ponerse; *Schraube, Bremse* apretar; *fig* atraer; **sich ~** vestirse **anziehend** atractivo
Anziehung F atracción **Anziehungskraft** F fuerza de atracción
Anzug M traje, *Am a.* vestido
anzüglich alusivo; atrevido
anzünden encender, poner fuego a, *bes Am* prender
AOK F (*Allgemeine Ortskrankenkasse*) *caja local de enfermedad*
Apartment N apartamento *m* **Apartmenthaus** N edificio *m* de apartamentos
apathisch apático
Aperitif M aperitivo
Apfel M manzana *f* **Apfelbaum** M manzano **Apfelkuchen** M tarta *f* de manzana **Apfelmus** N puré *m* de manzana **Apfelsaft** M zumo (*Am* jugo) de manzana **Apfelsine** F naranja **Apfelwein** M sidra *f*
Apostel M apóstol
Apostroph M apóstrofo
Apotheke F farmacia **Apotheker(in)** M (*f*) farmacéutico,-a
App F TEL, IT aplicación *f*
Apparat M aparato; **bleiben Sie am ~!** ¡no cuelgue!; **wer ist am ~?** ¿con quién hablo?

Appartement N apartamento *m*
Appell M *fig* llamamiento **appellieren** apelar (**an** *akk* a)
Appetit M apetito; **guten ~!** ¡que aproveche! **appetitlich** apetitoso **Appetitlosigkeit** F desgana, falta de apetito
Applaus M aplauso
Après-Ski N après-ski *m*
Aprikose F albaricoque *m*; *Am* damasco *m*
April M abril; **im ~** en abril **Aprilscherz** M inocentada *f*
Aquädukt M acueducto
Aquarell N acuarela *f* **Aquarium** N acuario *m*
Äquator M ecuador **Äquatorialguinea** N Guinea *f* Ecuatorial
Ära F era
Araber(in) M(F) árabe **Arabien** N Arabia *f* **arabisch** árabe
Aragonien N Aragón *m*
Arbeit F trabajo *m* **Arbeit suchen** buscar empleo **arbeiten** trabajar **Arbeiter(in)** M(F) trabajador(a); obrero,-a **Arbeitgeber(in)** M(F) empresario,-a, patrón(-ona) **Arbeitnehmer(in)** M(F) empleado,-a; trabajador(a)
Arbeitsagentur F *BRD* oficina de empleo; *Spanien etwa* Instituto *m* Nacional de Empleo **Arbeitsamt** N oficina *f* de empleo **Arbeitserlaubnis** F permiso *m* de trabajo **arbeitsfähig** capaz de trabajar **Arbeitsgruppe** F grupo *m* de trabajo **Arbeitskräfte** PL mano *f* de obra **Arbeitslohn** M salario
arbeitslos sin trabajo, en paro **Arbeitslose(r)** M/F(M) parado,-a **Arbeitslosengeld** N subsidio *m* de paro (*od* desempleo) **Arbeitslosigkeit** F paro *m*, desempleo *m*
Arbeitsplatz M puesto, empleo **Arbeitstag** M jornada *f* laboral **arbeitsunfähig** incapaz para el trabajo **Arbeitsunfähigkeit** F incapacidad laboral **Arbeitsunfall** M accidente de trabajo **Arbeitszeit** F horario *m* de trabajo; **gleitende ~** horario *m* flexible **Arbeitszimmer** N estudio *m*, despacho *m*
Archäologie F arqueología
Architekt(in) M(F) arquitecto,-a **Architektur** F arquitectura
Archiv N archivo *m*
ARD F *primer canal de la televisión alemana*
Arena F arena; STIERK plaza de toros
Arganöl N aceite *m* de argán
Argentinien N Argentina *f* **Argentinier(in)** M(F) argentino,-a **argentinisch** argentino
Ärger M disgusto; enfado **ärgerlich** fastidioso; *Person* enfadado **ärgern** enojar, enfadar; **sich ~ über** (*akk*) enfadarse por (**über j-n** con alg)
arglos confiado; ingenuo

Argument N argumento *m*
Argwohn M recelo; sospecha *f* **argwöhnisch** desconfiado, receloso
Arie F aria
Aristokrat M, **Aristokratin** F aristócrata
Arktis F Ártico *m* **arktisch** ártico
arm pobre (*a. fig*)
Arm M brazo
Armaturenbrett N cuadro *m* de mandos
Armband N pulsera *f* **Armbanduhr** F reloj *m* de pulsera
Armee F ejército *m*
Ärmel M manga *f* **Ärmelkanal** M Canal de la Mancha **ärmellos** sin mangas
Armenien N Armenia *f* **Armenier(in)** M(F) armenio,-a **armenisch** armenio
ärmlich, **armselig** pobre, miserable
Armut F pobreza
Aroma N aroma *m*
Arrest M arresto
arrogant arrogante
Arsch *sl* M culo
Art F clase; *a.* BIOL especie; (*Weise*) manera; **auf diese ~** de este modo; **eine ~ ...** una especie de ...; **aller ~** de todas clases
Artenschutz M protección *f* de especies **Artenvielfalt** F biodiversidad
Arterie F arteria **Arterienverkalkung** F arterio(e)sclerosis
Arthrose F artrosis
artig bueno, formal
Artikel M HANDEL, GRAM artículo
Artillerie F artillería
Artischocke F alcachofa
Artist(in) M(F) artista (de circo)
Arznei F, **Arzneimittel** N medicina *f*, medicamento *m*
Arzt M médico **Arzthelferin** F auxiliar de médico
Ärztin F médica **ärztlich** médico; **~e Hilfe** asistencia médica
Asbest M asbesto; amianto
Asche F ceniza **Aschenbahn** F SPORT pista de ceniza **Aschenbecher** M cenicero **Aschermittwoch** M miércoles de ceniza
aseptisch aséptico
Asiat(in) M(F) asiático,-a **asiatisch** asiático **Asien** N Asia *f*
asozial asocial
Aspekt M aspecto
Asphalt M asfalto **asphaltieren** asfaltar
Aspirin® N aspirina® *f*
Ass N as *m* (*a. fig*)
Assistent(in) M(F) asistente; *Universität* ayudante
Ast M rama *f*
ästhetisch estético
Asthma N asma *f*
Astrologe M, **Astrologin** F astrólogo,-a **Astrologie** F astrología **Astronaut(in)** M(F) astronauta **Astronomie** F as-

tronomía
Asturien N Asturias *fpl*
Asyl N asilo *m* **Asylbewerber(in)** M(F) solicitante de asilo
Atelier N estudio *m*; taller *m*
Atem M aliento; **außer ~** sin aliento; **~ holen** tomar aliento **Atembeschwerden** PL molestias *fpl* respiratorias **atemlos** sin aliento **Atemnot** F disnea **Atempause** F *fig* respiro *m* **Atemzug** M inspiración *f*; **in einem ~** de un aliento
Atheist(in) M(F) ateo,-a
Athen N Atenas *f*
Äther M éter
Äthiopien N Etiopía *f*
Athlet(in) M(F) atleta
Atlantik M Atlántico
atlantisch atlántico; **der Atlantische Ozean** el océano Atlántico
Atlas M atlas
atmen respirar
Atmosphäre F atmósfera; *fig* ambiente *m*
Atmung F respiración **atmungsaktiv** *Bekleidung* transpirable
Atom N átomo *m* **Atom...** IN ZSSGN, **atomar** atómico, nuclear **Atombombe** F bomba atómica **Atomenergie** F energía atómica **Atomkraftgegner** MPL antinucleares **Atomkraftwerk** N central *f* nuclear **Atommüll** M residuos *mpl* radiactivos **Atomwaffen** FPL armas nucleares
Attachment N IT attachment *m*, adjunto *m*
Attentat N atentado *m* **Attentäter(in)** M(F) autor(a) del atentado
Attest N certificado *m*
Attraktion F atracción **attraktiv** atractivo
At-Zeichen N arroba *f*
ätzend corrosivo (*a. fig*)
au! ¡ay!
Aubergine F berenjena
auch también; **~ nicht** tampoco; **wenn ~** aunque
Audioguide M audioguía *f*
audiovisuell audiovisual
auf **1** PRÄP (*dat; Richtung: akk*) sobre, en, encima de; **~ und ab** arriba y abajo; **~ dem Land** en el campo; **~ der Straße** en la calle; **~ Deutsch** en alemán **2** ADV (*offen*) abierto; (*aufgestanden*) levantado
aufatmen *fig* respirar **aufbahren** amortajar
Aufbau M construcción *f*; estructura *f*; montaje **aufbauen** construir; montar
aufbekommen lograr abrir
aufbereiten preparar **aufbessern** *Gehalt* aumentar
aufbewahren conservar; guardar **Aufbewahrung** F conservación
aufbieten movilizar **aufblasen** inflar, hinchar **aufbleiben** quedar abierto; *abends* velar **aufblenden** AUTO poner las luces de carretera **aufbli-**

cken alzar la vista **aufblühen** abrirse; *fig* florecer **aufbrausen** *fig* encolerizarse **aufbrechen** V/T romper; forzar; V/I marcharse
Aufbruch M marcha *f*, partida *f*
aufdecken destapar; *fig* descubrir **aufdrängen**: **sich ~** imponerse **aufdrehen** *Hahn etc* abrir **aufdringlich** importuno, pesado **Aufdruck** M impresión *f*
aufeinander uno(s) sobre (*od* tras) otro(s) **aufeinanderfolgen** seguirse **aufeinanderfolgend** sucesivo **aufeinanderprallen** colisionar
Aufenthalt M estancia *f*, *Am* estadía *f*
Aufenthaltserlaubnis F, **Aufenthaltsgenehmigung** F permiso *m* de residencia **Aufenthaltsort** M paradero **Aufenthaltsraum** M sala *f* (de descanso)
auferlegen imponer **Auferstehung** F resurrección **aufessen** comerse (todo)
auffahren chocar (**auf** *akk* contra); *fig* sobresaltarse
Auffahrt F rampa; *Autobahn* acceso *m* **Auffahrunfall** M accidente por alcance
auffallen llamar la atención **auffallend, auffällig** vistoso
auffangen coger (al vuelo); recoger; captar
auffassen comprender; interpretar; considerar (**als** como) **Auffassung** F modo *m* de ver, concepción
auffordern invitar (**zu** a); *amtlich* requerir; **zum Tanz ~** sacar a bailar **Aufforderung** F requerimiento *m*; invitación
Aufforstung F reforestación
auffrischen refrescar; *Kenntnisse* reciclar **Auffrischungskurs** M curs(ill)o de reciclaje
aufführen citar, mencionar; THEAT representar; **sich ~** portarse **Aufführung** F THEAT representación; MUS audición
Aufgabe F función; tarea; MATH problema *m*; (*Verzicht*) abandono *m* **Aufgang** M escalera *f*; ASTROL salida *f* **aufgeben** *Brief* echar al correo; *Anzeige, Telegramm* poner; *Gepäck* facturar; (*verzichten*) renunciar a; abandonar (*a. v/i*)
aufgebracht airado; irritado
aufgehen abrirse; deshacerse; *Naht* descoserse; ASTROL salir; *Vorhang* levantarse; *Rechnung* salir bien
aufgelegt: **~ sein zu** estar de humor para; **gut ~** de buen humor **aufgeregt** nervioso; excitado **aufgeschlossen** abierto (a) **aufgeweckt** espabilado
aufgießen *Tee* hacer
aufgrund *gen od* **~ von** a causa de; en razón de
aufhaben V/T *Hut* llevar puesto; V/I *Geschäft* estar abierto

aufhalten (man)tener abierto; *fig* parar; detener; **sich ~** encontrarse; permanecer
aufhängen colgar; *Wäsche* tender **Aufhänger** M tira *f* (para colgar) **Aufhängung** F AUTO suspensión
aufheben recoger; (*aufbewahren*) guardar; (*abschaffen*) suprimir, abolir **aufheitern** animar; **sich ~** despejarse **Aufheiterungen** FPL apertura de claros **aufhellen** aclarar **aufhetzen** instigar **aufholen** recobrar, recuperar; SPORT ganar terreno **aufhören** dejar, cesar (**zu** de); (*enden*) terminar
aufklären aclarar, esclarecer; *j-n* abrir los ojos (a) **Aufklärung** F aclaración
aufkleben pegar (en) **Aufkleber** M (auto)adhesivo; pegatina *f*
aufknöpfen desabotonar
aufkochen hervir **aufkommen** *Mode etc* surgir; *Wind* levantarse; **~ für** responder de
aufladen *a.* ELEK cargar
Auflage F *Buch* edición; JUR condición
auflassen dejar abierto **auflauern** *j-m* acechar **Auflauf** M agolpamiento; GASTR soufflé
auflaufen *Schiff* encallar **aufleben** reanimarse **auflegen** poner, colocar; TEL colgar; *Buch* editar **auflehnen**: **sich ~** rebelarse (**gegen** contra)
auflösen disolver; *in Wasser* diluir; *Geschäft* liquidar; **sich ~** disiparse **Auflösung** F solución, disolución
aufmachen abrir; deshacer; **sich ~** ponerse en camino **Aufmachung** F presentación
aufmerksam atento; **~ machen auf** (*akk*) llamar la atención sobre **Aufmerksamkeit** F atención
aufmuntern animar
Aufnahme F acogida; recepción; (*Zulassung*) admisión; (*Tonaufnahme*) grabación; FOTO foto **Aufnahmeprüfung** F examen *m* de ingreso
aufnehmen recoger; *Gast* acoger; (*zulassen*) admitir; *Geld* tomar prestado; *Protokoll* levantar; *Ton, Video* grabar
aufpassen prestar atención (**auf** *akk* a); tener cuidado; *auf j-n* cuidar de; **pass(en Sie) auf!** ¡cuidado!
Aufprall M choque **aufprallen** chocar (contra)
Aufpreis M suplemento
aufpumpen inflar **Aufputschmittel** N estimulante *m* **aufraffen**: **sich ~** animarse (**zu** a) **aufräumen** arreglar, poner en orden
aufrecht en pie, *Am* parado; *a. fig* recto **aufrechterhalten** mantener
aufregen excitar; **sich ~ über** (*akk*) alterarse por **aufregend** excitante; emocionante **Aufregung** F excitación; emoción

aufreibend agotador **aufreißen** abrir bruscamente; *Straße* levantar **aufreizend** provocativo **aufrichten** poner en pie, levantar; *fig* alentar; **sich ~** incorporarse **aufrichtig** sincero **Aufrichtigkeit** F sinceridad **aufrollen** enrollar; desenrollar **aufrücken** avanzar **Aufruf** M proclama *f*; llamamiento; FLUG llamada *f* **aufrufen** llamar **Aufruhr** M alboroto **Aufrührer(in)** M(F) rebelde **aufrunden** redondear **Aufrüstung** F rearme *m* **aufrütteln** sacudir **aufsagen** recitar **aufsammeln** recoger **aufsässig** rebelde **Aufsatz** M composición *f*; (*Schulaufsatz*) redacción *f*; LIT ensayo **aufsaugen** absorber **aufschieben** aplazar **Aufschlag** M impacto; HANDEL recargo, suplemento; SPORT saque **aufschlagen** V/T abrir; V/I chocar (**auf** *akk* contra)
aufschließen abrir
aufschlussreich revelador
aufschneiden cortar; *fig* fanfarronear **Aufschnitt** M fiambres *mpl* (surtidos)
aufschrecken V/T espantar; V/I sobresaltarse **Aufschrei** M grito **aufschreiben** anotar
Aufschrift F inscripción **Aufschub** M aplazamiento; HANDEL prórroga *f*

aufschürfen: **sich etw ~** escoriarse, rozarse a/c
Aufschwung M *fig* auge
Aufsehen N **~ erregen** hacer sensación **aufsehenerregend** sensacional **Aufseher(in)** M(F) vigilante
aufsetzen *Brille, Hut* ponerse; *Text* redactar; FLUG tomar tierra
Aufsicht F vigilancia, inspección **Aufsichtsrat** M consejo de administración
aufspannen *Schirm* abrir **aufsperren** abrir (**weit** de par en par) **aufspielen**: **sich ~** darse tono **aufspringen** saltar; *Haut* agrietarse; *Tür* abrirse de golpe **aufspüren** *j-n* dar con la pista de **aufstacheln** incitar
Aufstand M sublevación *f*, insurrección *f* **Aufständische(n)** MPL insurrectos
aufstapeln apilar **aufstecken** *Haar* recoger; *umg aufgeben* abandonar, dejar **aufstehen** levantarse, *Am* pararse; *Tür* estar abierto **aufsteigen** subir, ascender (*a. fig*)
aufstellen poner, colocar; TECH montar, instalar; SPORT alinear, formar; *Kandidaten* designar **Aufstellung** F alineación; (*Liste*) lista, listado *m*
Aufstieg M subida *f*, ascensión *f*; *fig* ascenso (*a.* SPORT)
aufstoßen V/T *Tür* abrir de un empujón; V/I eructar **aufstützen**: (**sich**) **~** apoyar(se) (**auf**

akk en) **aufsuchen** ir a ver; *Arzt* consultar
Auftakt M *fig* preludio
auftanken echar gasolina **auftauchen** emerger; *fig* surgir **auftauen** V/I deshelarse; V/T *Kost* descongelar **aufteilen** repartir
Auftrag M encargo; HANDEL pedido, orden *f*; **im ~ von** por orden (*od* encargo) de **auftragen** *Farbe etc* aplicar; *Speisen* servir **Auftraggeber(in)** M(F) comitente
auftreiben conseguir **auftrennen** *Naht* descoser **auftreten** pisar; *Problem* surgir; THEAT entrar en escena **Auftritt** M THEAT (entrada *f* en) escena *f*
aufwachen despertarse **aufwachsen** criarse **Aufwand** M gastos *mpl*; lujo; despliegue **aufwärmen** recalentar **aufwärts** (hacia) arriba **aufwecken** despertar **aufweichen** ablandar
aufwenden emplear; *Geld* gastar **aufwendig** costoso **Aufwendungen** PL gastos *mpl*
aufwerten revalorizar **Aufwertung** F revalorización
aufwickeln arrollar **aufwiegeln** amotinar, alborotar **aufwirbeln** levantar; **Staub ~** *fig* levantar una polvareda **aufwischen** limpiar **aufzählen** enumerar
aufzeichnen dibujar; (*notieren*) apuntar; TV grabar **Aufzeichnung** F TV *etc* grabación; **in e-r ~** en diferido; **~en** *pl* apuntes *mpl*
aufziehen *Uhr* dar cuerda a; *Vorhang* descorrer; *Kind* criar; (*necken*) tomar el pelo **Aufzug** M ascensor; THEAT acto; *umg fig* atavío **aufzwingen** imponer
Augapfel M globo del ojo
Auge N ojo *m*; **ins ~ fallen** saltar a la vista; **ein ~ zudrücken** hacer la vista gorda; **unter vier ~n** a solas
Augenarzt M oculista
Augenblick M momento, instante **augenblicklich** ADJ momentáneo; ADV por el momento; (*sofort*) al instante
Augenbraue F ceja **Augenbrauenstift** M lápiz de cejas
Augenfarbe F color *m* de los ojos **Augenhöhe** F **auf ~** de igual a igual **Augenhöhle** F cuenca del ojo **Augenlid** N párpado *m* **Augenmaß** N **nach ~** a ojo **Augenringe** PL ojeras *fpl* **Augentropfen** MPL colirio *m* **Augenzeuge** M testigo ocular (*od* presencial)
August M agosto; **im ~** en agosto
Auktion F subasta, *Am* remate *m*, licitación
Aula F salón *m* de actos; *Universität* paraninfo *m*
Au-pair-Mädchen N (chica *f*) au pair *f*

aus **1** PRÄP *dat örtlich* de; *Material* de; *Grund* por; **~ e-m Glas trinken** beber en un vaso; **von mir ~** por mí **2** ADV *Licht* apagado; (*zu Ende*) acabado
Aus N SPORT fuera *m* de juego
ausarbeiten elaborar **ausarten** degenerar (**in** *akk* en) **ausatmen** espirar **ausbaden**: **es ~ (müssen)** pagar los platos rotos **ausbauen** ampliar **ausbessern** arreglar; *Wäsche* remendar **ausbeulen** TECH desabollar
Ausbeute F rendimiento *m*; *fig* fruto *m* **ausbeuten** explotar **Ausbeutung** F explotación
ausbilden formar, instruir **Ausbilder(in)** M(F) instructor(a) **Ausbildung** F formación, instrucción
ausblasen apagar **ausbleiben** faltar; tardar **Ausblick** M vista *f* **ausbrechen** *Feuer*, MED declararse; *Krieg* estallar; *Gefangene* evadirse; **in Tränen ~** romper a llorar **ausbreiten** extender **Ausbruch** M *Krieg* comienzo; estallido; (*Vulkanausbruch*) erupción *f*; *von Gefangenen* evasión *f*; MED aparición *f* **ausbrüten** empollar, incubar **ausbuhen** *umg* abuchear **auschecken** *Hotel etc* hacer los trámites de salida
Ausdauer F perseverancia **ausdauernd** constante; persistente
ausdehnen extender; *zeitlich* alargar; **sich ~** extenderse; dilatarse **Ausdehnung** F extensión; dimensión
ausdenken: **sich ~** idear, inventar
Ausdruck M expresión *f*; término; IT listado; **zum ~ bringen** expresar **ausdrucken** IT imprimir
ausdrücken exprimir; *Zigarette* apagar; *fig* expresar **ausdrücklich** expreso, terminante
ausdruckslos inexpresivo **ausdrucksvoll** expresivo **Ausdrucksweise** F manera de expresarse
auseinander separado **auseinanderbringen** separar **auseinandergehen** separarse; *Meinungen* diferir **auseinandernehmen** deshacer, desmontar **auseinandersetzen**: **sich ~ mit** enfrentarse con **Auseinandersetzung** F disputa; altercado *m*
Ausfahrt F salida
Ausfall M pérdida *f*, baja *f*; TECH fallo **ausfallen** *Haare etc* caerse; *Veranstaltung* suspenderse; *Maschine* fallar **ausfallend** injurioso **Ausfallstraße** F carretera de salida
ausfegen barrer
ausfertigen extender **Ausfertigung** F **in doppelter ~** por duplicado
ausfindig: **~ machen** encontrar; localizar **Ausflüchte** FPL

~ **machen** buscar subterfugios **Ausflug** M excursión *f* **Ausflügler(in)** M(F) excursionista **Ausfluss** M MED flujo **ausfragen** interrogar, sonsacar **Ausfuhr** F exportación **ausführen** ejecutar, realizar; *fig* exponer; HANDEL exportar **ausführlich** detallado; ADV en detalle **Ausführung** F ejecución, realización **ausfüllen** (re)llenar **Ausgabe** F reparto *m*; (*Geldausgabe*) gasto *m*; *Buch* edición; IT salida **Ausgang** M salida *f*; *fig* desenlace; resultado **Ausgangspunkt** M punto de partida **ausgeben** repartir; *Geld* gastar; **sich ~ für** hacerse pasar por **ausgebucht** completo **ausgedehnt** extenso, vasto **ausgefallen** raro, insólito **ausgeglichen** equilibrado **ausgehen** salir; *Ware* agotarse; *Geld* acabarse; *Licht etc* apagarse; *Haare* caerse; **gut/schlecht ~** salir (*od* resultar) bien/mal; **~ von** partir de **ausgehungert** famélico **ausgelassen** travieso **ausgenommen** excepto, salvo **ausgeprägt** pronunciado **ausgerechnet** justamente **ausgeschlossen** imposible; **~!** ¡ni hablar! **ausgeschnitten** *Kleid* escotado **ausgesprochen** ADV francamente **ausgesucht** selecto, exquisito **ausgezeichnet** excelente **ausgiebig** abundante **ausgießen** verter; *Gefäß* vaciar **Ausgleich** M compensación *f*; SPORT empate **ausgleichen** igualar; compensar **ausgraben** desenterrar **Ausgrabungen** FPL excavaciones **Ausguss** M pila *f* **aushalten** soportar, aguantar **aushändigen** entregar **Aushang** M cartel, anuncio **ausharren** perseverar **aushelfen** ayudar **Aushilfe** F ayuda; *Person* suplente *m* **Aushilfskraft** F auxiliar **aushorchen** sondear **auskennen**: **sich ~ in** (*dat*) estar enterado de **ausknipsen** *Licht* apagar **auskommen**: **gut mit j-m ~** llevarse bien con alg; **ohne etw ~** poder pasar sin a/c **auskugeln** *Gelenk* dislocar **Auskunft** F información **auskuppeln** AUTO desembragar **auslachen** reírse de **ausladen** descargar **Auslage** F escaparate *m*; **~n** *pl* (*Kosten*) gastos *mpl* **Ausland** N extranjero *m* **Ausländer(in)** M(F) extranjero,-a **Ausländerfeindlichkeit** F xenofobia **ausländisch** extranjero **Auslandsaufenthalt** M estancia *f* en el extranjero **Auslandsgespräch** N TEL conferencia *f* internacional **Auslandsporto** N tarifa *f* interna-

cional **Auslandsreise** F viaje *m* al extranjero
auslassen *Wort etc* omitir; *Fett* derretir **auslaufen** derramarse; SCHIFF zarpar **Ausläufer** M GEOG estribación *f* **ausleeren** vaciar **auslegen** *Waren* exponer; *Geld* adelantar; *fig* interpretar **ausleihen** prestar; **(sich) ~** tomar prestado
Auslese F selección
ausliefern entregar; POL extraditar **Auslieferung** F entrega; POL extradición
ausloggen IT (*a.* **sich ~**) desconectarse
auslöschen *Licht* apagar; *Feuer* extinguir **auslosen** sortear **auslösen** *Gefangene* rescatar; (*verursachen*) desencadenar **Auslöser** M FOTO disparador **Auslosung** F sorteo *m* **auslüften** airear **ausmachen** apagar; (*vereinbaren*) convenir; (*bedeuten*) importar
Ausmaß N dimensión *f*
ausmerzen eliminar **ausmessen** medir
Ausnahme F excepción; **mit ~ von** excepto **Ausnahmezustand** M estado de excepción
ausnahmslos sin excepción **ausnahmsweise** excepcionalmente
ausnehmen destripar; *Fisch* limpiar; *umg fig* **j-n ~** timar, desplumar a alg **ausnutzen**, **ausnützen** aprovechar(se de) **auspacken** desembalar; *Koffer* deshacer; *fig* desembuchar **ausplaudern** irse de la lengua **ausplündern** desvalijar **auspressen** exprimir **ausprobieren** probar
Auspuff M escape **Auspuffgase** NPL gases *mpl* de escape
auspumpen achicar **ausradieren** borrar **ausrangieren** eliminar **ausrauben** desvalijar, robar **ausräumen** vaciar **ausrechnen** calcular
Ausrede F evasiva; excusa **ausreden**: **j-m etw ~** disuadir a alg de a/c; **~ lassen** dejar hablar
ausreichen bastar **ausreichend** bastante, suficiente
Ausreise F salida **ausreisen** salir **Ausreisevisum** N visado *m* (*Am* visa *f*) de salida
ausreißen arrancar; *umg fig* escaparse **ausrenken** dislocar **ausrichten** alinear; *Grüße* dar; *fig* conseguir; **j-m etw ~** dar un recado a alg **ausrotten** exterminar, erradicar
Ausruf M grito; exclamación *f* **ausrufen** exclamar **Ausrufezeichen** N signo *m* de exclamación
ausruhen: **(sich) ~** descansar
ausrüsten equipar **Ausrüstung** F equipo *m*
ausrutschen resbalar
Aussage F declaración (*a.* JUR); **die ~ verweigern** negarse a declarar **aussagen** declarar

ausschalten *Licht etc* apagar; ELEK desconectar; *fig* excluir, eliminar **Ausschank** M venta f de bebidas; cantina f
ausscheiden V/T separar; eliminar; MED excretar; V/I retirarse; SPORT ser eliminado **Ausscheidung** F eliminación; MED excreción; SPORT eliminatoria f
ausscheren AUTO salirse (**aus** de) **ausschimpfen** regañar, reñir **ausschlafen** dormir a gusto; **s-n Rausch ~** dormir la mona
Ausschlag M MED erupción f, exantema; **den ~ geben** ser decisivo **ausschlagen** 1 V/I *Pferd* cocear; BOT brotar; *Zeiger* desviarse 2 V/T *Zahn* romper; *Angebot* rechazar **ausschlaggebend** decisivo
ausschließen excluir **ausschließlich** exclusivo; ADV exclusivamente
Ausschluss M exclusión f
ausschmücken adornar, decorar **ausschneiden** recortar **Ausschnitt** M recorte; *Kleid* escote **ausschreiben** escribir en letra(s); (*ausstellen*) extender; *öffentlich* sacar a concurso; licitar **Ausschreitungen** FPL excesos *mpl*
Ausschuss M comité, comisión f; (*Abfall*) desecho
ausschütteln sacudir **ausschütten** verter, derramar; *Gewinn* repartir
aussehen 1 V/I tener cara (**wie** de); parecer (**als ob** que); **gut/schlecht ~** tener buena/mala cara 2 **Aussehen** N apariencia f; aspecto m
außen (a)fuera; **nach/von ~** hacia/de fuera
Außen... IN ZSSGN exterior **Außenaufnahmen** FPL exteriores *mpl* **Außenbordmotor** M fuera-borda **Außengrenze** F frontera f exterior **Außenhandel** M comercio exterior **Außenministerium** N Ministerio m de Asuntos Exteriores **Außenseite** F exterior m **Außenseiter(in)** M(F) marginado,-a; SPORT outsider **Außenspiegel** M AUTO retrovisor exterior
außer además de; salvo, excepto (**dass** que); **~ wenn** a no ser que; **alle ~** todos menos; **~ sich sein** estar fuera de sí **außerdem** además
äußere exterior **Äußere(s)** N exterior m
außerehelich extramatrimonial; *Kind* natural **außergewöhnlich** extraordinario **außerhalb** PRÄP fuera de; ADV fuera, al exterior
äußerlich exterior, externo; **~ anzuwenden** MED para uso externo **äußern** expresar; **sich ~** manifestarse (**in** *dat* en)
außerordentlich extraordinario, singular
äußerst extremo; *Preis* último;

ADV sumamente
außerstande: ~ **sein** ser incapaz (**zu** de)
Äußerung F declaración; *fig* manifestación
aussetzen V/T exponer (a); *Belohnung* ofrecer; JUR suspender; V/I *Motor etc* pararse; **etw auszusetzen haben an** (*dat*) poner reparos a
Aussicht F vista; panorama *m*; *fig* perspectiva
aussichtslos desesperado; inútil **Aussichtspunkt** M mirador **aussichtsreich** prometedor **Aussichtsturm** M mirador
aussöhnen reconciliar **Aussöhnung** F reconciliación
aussortieren eliminar **ausspannen** *fig* descansar
aussperren cerrar la puerta a
Aussprache F pronunciación; (*Gespräch*) discusión **aussprechen** pronunciar; (*äußern*) expresar; **sich** ~ desahogarse; **sich** ~ **für** declararse a favor de **Ausspruch** M dicho
ausspucken escupir **ausspülen** *Wäsche* aclarar; *Mund* enjuagar
ausstatten equipar, dotar (**mit** de) **Ausstattung** F equipo *m*; AUTO equipamiento *m*
ausstehen estar pendiente, faltar; **nicht** ~ **können** no poder aguantar **aussteigen** bajar, apearse; *fig* retirarse
ausstellen *Scheck etc* extender; *Ware* exponer **Aussteller(in)** M(F) expositor(a) **Ausstellung** F exposición **Ausstellungsgelände** N recinto *m* ferial
aussterben extinguirse **Aussteuer** F ajuar *m* **Ausstieg** M salida *f* **ausstopfen** rellenar; *Tiere* disecar **ausstoßen** *Schrei etc* lanzar; *j-n* expulsar
ausstrahlen irradiar; RADIO emitir; radiar **ausstrecken** extender; **sich (lang)** ~ tenderse **ausströmen** *Gas* escaparse
aussuchen escoger, seleccionar
Austausch M (inter)cambio; TECH recambio **austauschen** (inter)cambiar **Austauschstudent(in)** M(F) estudiante de intercambio
austeilen repartir, distribuir
Auster F ostra
austoben: **sich** ~ desfogarse
austragen *Briefe* repartir; *Kampf, Spiel* disputar
Australien N Australia *f* **Australier(in)** M(F) australiano,-a **australisch** australiano
austreiben expulsar **austreten** darse de baja; *WC* ir al servicio (*Am* al baño) **austrinken** beber; *Glas* apurar **Austritt** M salida *f*; baja *f* **austrocknen** (de)secar **ausüben** ejercer; *Amt* desempeñar
Ausverkauf M liquidación *f* (total) **ausverkauft** agotado
Auswahl F elección, selección; HANDEL surtido *m* **auswäh-**

len escoger; seleccionar **Auswanderer(in)** M(F) emigrante **auswandern** emigrar **Auswanderung** F emigración **auswärtig** forastero; POL exterior **auswärts** fuera (de casa) **auswaschen** lavar **auswechseln** cambiar **Ausweg** M salida *f*; solución *f* **ausweglos** sin salida **ausweichen** apartarse; esquivar; *fig* eludir **ausweichend** evasivo **Ausweis** M carnet **ausweisen** expulsar; **sich ~** identificarse **Ausweispapiere** NPL documentación *f* **Ausweisung** F expulsión **ausweiten** dilatar; ensanchar **auswendig** de memoria **auswerten** evaluar, analizar **Auswertung** F evaluación **auswickeln** desenvolver **auswirken**: **sich ~** repercutir (**auf** *akk* en) **auswischen** limpiar **auswringen** retorcer **auswuchten** *Rad* equilibrar; *Am* balancear **Auswurf** M MED esputo **auszahlen** pagar **auszählen** contar **Auszahlung** F pago *m* **auszeichnen** *Waren* marcar; *j-n* distinguir **Auszeichnung** F distinción; condecoración **Auszeit** F *Sport* tiempo *m* muerto; *beruflich etc* **e-e ~ brauchen/nehmen** necesitar/tomar un respiro **ausziehbar** extensible **ausziehen** V/T *Kleid* quitar(se); V/I mudarse (de casa); **sich ~** desnudarse **Ausziehtisch** M mesa *f* extensible **Auszubildende(r)** M/F(M) aprendiz(a) *m(f)* **Auszug** M (*Buch-, Kontoauszug*) extracto; *Wohnung* mudanza *f* **authentisch** auténtico **Auto** N auto(móvil) *m*, coche *m*, *Am a.* carro *m* **Autoapotheke** F botiquín *m* **Autobahn** F autopista **Autobahnauffahrt** F entrada a la autopista **Autobahnausfahrt** F salida de la autopista **Autobahndreieck** N cruce *m* de autopista **Autobahngebühr** F peaje *m* **Autobahnkreuz** N cruce *m* de autopista **Autobahnraststätte** F área de servicio **Autobahnzubringer** M carretera *f* de acceso a la autopista **Autobatterie** F batería **Autobiografie** F autobiografía **Autobombe** F coche-bomba *m* **Autobus** M autobús; (*Reisebus*) autocar; (*Überlandbus*) interurbano **Autodach** N techo *m* del vehículo **Autofähre** F transbordador *m*, ferry *m* **Autofahrer(in)** M(F) automovilista, conductor(a) **Autofahrt** F *kurze* ex-

cursión en coche; *längere* viaje *m* en coche **Autogramm** N autógrafo *m* **Autokarte** F mapa *m* de carreteras **Autokino** N autocine *m* **Autokolonne** F caravana de coches
Automat M *für Geld, Waren* distribuidor automático, máquina *f* expendedora; TECH *u. fig* autómata **Automatik** F AUTO cambio *m* automático **Automation** F automatización
automatisch automático
Automechaniker M mecánico de automóviles **Automobilklub** M automóvil club
autonom autónomo **Autonomie** F autonomía
Autonummer F (número *m* de) matrícula
Autor(in) M(F) autor(a)
Autoradio N autorradio *f* **Autoreifen** M neumático **Autoreisezug** M auto-expreso, autotrén **Autorennen** N carrera *f* de automóviles **Autoreparaturwerkstatt** F taller *m* (de reparaciones)
autorisieren autorizar **autoritär** autoritario **Autorität** F autoridad
Autoschlange F caravana de coches **Autoschlüssel** M llave *f* de coche **Autostopp** M autostop **Autotelefon** N teléfono *m* (móvil) de coche **Autounfall** M accidente de coche **Autovermietung** F alquiler *m* de coches **Autowaschanlage** F autolavado *m*, tren *m* (*od* túnel *m*) de lavado **Autowerkstatt** F taller *m* (de reparaciones) **Autozubehör** N accesorios *mpl* de coche
Avatar M *Internet* avatar
Avocado F aguacate *m*
Axt F hacha
Azalee F azalea
Azoren PL Azores *mpl*
Azubi M/F aprendiz(a) *m(f)*

B

B N MUS si *m* bemol
Baby N bebé *m* **Babyausstattung** F canastilla **Babyfon®** N intercomunicador *m* **Babynahrung** F alimentos *mpl* para bebé **Babypause** *umg* F → Elternzeit **Babysitter(in)** M(F) *umg* canguro **Babytragetasche** F portabebés *m*, moisés *m*
Bach M arroyo
Bachelor M UNIV ≈ diplomatura *f* **Bachelorstudiengang** M estudios *mpl* de grado
Backblech N bandeja *f* de horno **Backbord** N babor *m*
Backe F mejilla
backen cocer (al horno), hornear; *Kuchen* hacer
Backenzahn M muela *f*
Bäcker M panadero **Bäckerei**

F panadería **Bäckerin** F panadera
Backform F molde *m* **Backofen** M horno
Backpacker(in) M(F) *umg* mochilero,-a
Backpflaumen FPL ciruelas pasas **Backpulver** N levadura *f* en polvo **Backshop** M ≈ panadería **Backstein** M ladrillo
Bad N baño *m*; *Ort* balneario *m*
Badeanzug M traje de baño, bañador **Badehose** F bañador *m* **Bademantel** M albornoz, *Am* bata *f* de baño **Bademeister** M socorrista
baden V/T bañar; V/I bañarse
Baden-Württemberg N Baden-Wurtemberg *m*
Badeort M balneario **Badeschuhe** PL zapatillas *fpl* de baño **Badestrand** M playa *f* **Badetuch** N toalla *f* de baño **Badewanne** F bañera **Badezeug** N utensilios *mpl* de baño **Badezimmer** N (cuarto *m* de) baño *m* **Badezusatz** M: producto *m* para el baño; *körnig*: sales *fpl* de baño
Badreiniger M producto de limpieza para el baño
Bagatelle F bagatela
Bagger M draga *f*; excavadora *f* **Baggersee** M *etwa* lago artificial
Bahn F SPORT pista; BAHN ferrocarril *m*; **mit der ~** en tren **Bahncard** F tarjeta de tren (*para obtener descuentos*) **Bahndamm** M terraplén
bahnen: **sich e-n Weg ~** abrirse camino
Bahnfahrt F viaje *m* en tren **Bahnhof** M estación *f*
Bahnhofshalle F vestíbulo *m*
Bahnlinie F línea férrea **Bahnsteig** M andén **Bahnübergang** M **(un)beschrankter ~** paso a nivel con (sin) barreras
Bahre F camilla; (*Totenbahre*) féretro *m*
Baiser N merengue *m*
Bakterie F bacteria
balancieren balancear
bald pronto, en breve; **~ darauf** poco después; **so ~ wie möglich** cuanto antes
Baldrian M valeriana *f*
Balearen PL Baleares *fpl*
Balkan M Balcanes *mpl*
Balken M viga *f*, madero
Balkon M balcón
Ball M pelota *f*, balón; (*Tanz*) baile
Ballaststoffe MPL fibras *fpl*
Ballen M HANDEL bala *f*, bulto; MED pulpejo
Ballett N ballet *m*
Ballon M globo
Ballungsraum M zona *f* de aglomeración
Balsam M bálsamo
Balz F época de celo
Bambus M bambú
banal trivial, banal
Banane F plátano *m*, *Am* banana, banano *m*

Band 1 M tomo, volumen 2 N cinta *f*; ANAT ligamento *m*; *fig* lazo *m*; **auf ~ aufnehmen** grabar en cinta 3 F MUS grupo *m*, banda *f*
Bandage F vendaje *m* **bandagieren** vendar
Bande F banda; *umg* pandilla
Bänderriss M rotura *f* de ligamento(s) **Bänderzerrung** F distensión de ligamentos
bändigen domar; *fig a.* controlar
Bandit M bandido
Bandmaß N cinta *f* métrica **Bandnudeln** FPL tallarines *mpl* **Bandscheibe** F disco *m* intervertebral **Bandscheibenvorfall** M hernia *f* discal **Bandwurm** M tenia *f*, solitaria *f*
bang(e) inquieto, temeroso
bangen inquietarse (**um** por)
Bank F banco *m* **Bankangestellte(r)** M/F(M) empleado,-a *m(f)* de banco **Bankanweisung** F giro *m* bancario
Banker(in) M(F) banquero,-a
Bankier M banquero **Bankkonto** N cuenta *f* bancaria **Bankleitzahl** F clave bancaria **Banknote** F billete *m* de banco **bankrott** en quiebra **Bankrott** M quiebra *f*; **~ machen** quebrar
bar: **in ~, gegen ~** al contado, en efectivo
Bar F bar *m* americano; (*Theke*) barra
Bär M oso
Baracke F barraca
Barbar M bárbaro **barbarisch** bárbaro
Barcode M código *m* de barras
barfuß descalzo
Bargeld N dinero *m* (en) efectivo **bargeldlos** con cheque *bzw* por giro
Barhocker M taburete de bar
Bariton M barítono
Barkasse F barcaza
Barkeeper M barman
barmherzig compasivo; caritativo
barock barroco
Barock N/M barroco *m*
Barometer N barómetro *m*
Barren M barra *f*; SPORT (barras *fpl*) paralelas *fpl*; *Gold*: lingote
Barriere F barrera **barrierefrei** sin barreras arquitectónicas **Barrikade** F barricada
barsch áspero, rudo, seco
Barsch M perca *f*
Barscheck M cheque abierto
Bart M barba *f*
Barzahlung F pago *m* al contado *od* en metálico
Basar M bazar
Base F prima; CHEM base
Baseball M béisbol
Basel N Basilea *f*
basieren basarse (**auf** *dat* en)
Basilika F basílica
Basilikum N albahaca *f*
Basis F base (*a. fig*)
Baske M vasco **Baskenland**

N País *m* Vasco **Baskenmütze** F boina
Basketball M baloncesto, *Am a.* básquetbol **Baskin** F vasca **baskisch** vasco
Bass M bajo
Bast M rafia *f*; BOT líber
basteln V/I dedicarse al bricolaje; V/T hacer (a mano)
Batterie F batería (*a.* AUTO), pila
Bau M construcción *f*; edificio **Bauarbeiten** FPL obras **Bauarbeiter** M obrero de la construcción
Bauch M vientre **Bauchbinde** F faja; *e-r Zigarre* vitola **Bauchfell** N peritoneo *m* **Bauchfellentzündung** F peritonitis **bauchfrei** *Mode* **~es T-Shirt** top *m*, T-Shirt *m* enseñando el ombligo **Bauchschmerzen** MPL dolor *m* de vientre **Bauchspeicheldrüse** F páncreas *m* **Bauchtanz** M danza *f* de vientre
Baudenkmal N monumento *m* **bauen** construir
Bauer 1 M campesino; *Schach* peón 2 N jaula *f*
Bäuerin F campesina **bäuerlich** campesino
Bauernhaus N casa *f* de labor **Bauernhof** M finca *f*, granja *f* **Bauernmöbel** PL muebles *mpl* rústicos
baufällig ruinoso **Baufirma** F empresa constructora **Baugenehmigung** F permiso *m* de construcción **Baugerüst** N andamio *m* **Baujahr** N año *m* de construcción (AUTO de fabricación) **Baukosten** PL gastos *mpl* de construcción **Baukunst** F arquitectura
Baum M árbol
Baumarkt M tienda *f* de bricolaje
Baumaterial N materiales *mpl* de construcción
Baumeister M arquitecto
baumeln bambolear(se)
Baumkrone F copa **Baumschule** F vivero *m* **Baumstamm** M tronco **Baumstumpf** M tocón, cepellón **Baumwolle** F algodón *m*
Bauplatz M solar **Bausparen** N ahorro-vivienda *m* **Bausparvertrag** M contrato (de) ahorro-vivienda **Baustelle** F obras *fpl* **Baustil** M estilo arquitectónico **Bauunternehmer(in)** M(F) contratista (de obras) **Bauwerk** N edificio *m*
Bayer(in) M(F) bávaro,-a **Bayern** N Baviera *f* **bayrisch** bávaro
Bazillus M bacilo
beabsichtigen tener la intención (**zu** de)
Beachball M paleta *f* de playa
beachten considerar, tener en cuenta; *Vorschrift* observar; **nicht ~** no hacer caso de **beachtlich** considerable
Beachtung F atención, consideración

Beachvolleyball M vóley-playa *m*
Beamer M cañón *m* (de proyección)
Beamte(r) M funcionario **Beamtin** F funcionaria
beängstigend alarmante
beanspruchen reclamar; pretender; *Platz, Zeit* requerir **beansprucht** *Person* ocupado
beanstanden protestar, reclamar (contra) **Beanstandung** F reclamación, *Am* reclamo *m*
beantragen solicitar
beantworten contestar **Beantwortung** F contestación
bearbeiten elaborar; TECH labrar; *Buch* refundir; *Gesuch* tramitar; THEAT *etc* adaptar **Bearbeitung** F elaboración; refundición; adaptación
Beatmung F **(künstliche) ~** respiración asistida
beaufsichtigen vigilar; *Kind* cuidar **Beaufsichtigung** F supervisión
beauftragen encargar **Beauftragte(r)** M/F(M) encargado,-a
bebauen urbanizar; *Land* cultivar
beben temblar
Becher M vaso
Becken N pila *f*; GEOG cuenca *f*; ANAT pelvis *f*; MUS platillos *mpl*
bedächtig mesurado
bedanken: **sich ~** dar las gracias (**bei** a; **für** por)
Bedarf M necesidad(es) *f(pl)*; demanda *f* (**an** *dat* de); **nach ~** según fuera preciso
Bedarfshaltestelle F parada discrecional
bedauerlich deplorable **bedauern** sentir; *j-n* compadecer **Bedauern** N sentimiento *m*, pesar *m* **bedauernswert** digno de lástima; *etw* lamentable
bedecken cubrir; tapar **bedeckt** *Himmel* cubierto
bedenken considerar, tener en cuenta **Bedenken** PL escrúpulos *mpl* **bedenklich** grave
bedeuten significar, querer decir **bedeutend** importante, considerable **Bedeutung** F significación, sentido *m*; importancia **bedeutungslos** insignificante
bedienen servir; HANDEL atender; TECH manejar; **sich ~** servirse (*gen* de) **Bedienung** F servicio *m*; *Person* camarero,-a *m(f)* **Bedienungsanleitung** F instrucciones *fpl* para el uso
Bedingung F condición; **unter der ~, dass** a condición de que
bedingungslos incondicional
bedrängen acosar, asediar
Bedrängnis F apuro *m*
bedrohen amenazar **bedrohlich** amenazador
bedrücken agobiar, oprimir

bedrückend deprimente **bedrückt** deprimido
Bedürfnis N necesidad *f*
Beefsteak N bistec *m*, biftec *m*
beeilen: **sich ~** darse prisa, *Am* apurarse
beeindrucken impresionar **beeinflussen** influir (**j-n, etw** en alg, a/c) **beeinträchtigen** afectar, perjudicar
beenden acabar, terminar
beerben ser heredero de
beerdigen enterrar **Beerdigung** F entierro *m* **Beerdigungsinstitut** N funeraria *f*
Beere F baya
Beet N parterre *m*, macizo *m*
befahrbar transitable **befahren** circular; **stark ~** muy transitado
befangen cohibido; *(voreingenommen)* parcial
befassen: **sich ~ mit** ocuparse de
Befehl M orden *f* **befehlen** mandar, ordenar **Befehlshaber(in)** M(F) comandante
befestigen fijar; sujetar
befinden **1** **sich ~** hallarse, encontrarse **2** **Befinden** N (estado *m* de) salud *f*
befolgen seguir; observar
befördern HANDEL expedir, transportar; *im Rang* ascender, promover **Beförderung** F transporte *m*; promoción, ascenso *m*
befragen interrogar; consultar
befreien liberar; *von Pflicht* eximir, dispensar **Befreiung** F liberación; exención
befremden extrañar
befreunden: **sich ~ mit** *j-m* trabar amistad con; *etw* familiarizarse con **befreundet**: **~ sein** ser amigo (**mit** de)
befriedigen satisfacer **befriedigend** satisfactorio **befriedigt** satisfecho, complacido **Befriedigung** F satisfacción
befristet a plazo fijo, limitado
befruchten fecundar **Befruchtung** F fecundación
Befugnis F competencia, autorización **befugt** autorizado (**zu** para)
Befund M resultado
befürchten temer **Befürchtung** F temor *m*
befürworten abogar por
begabt talentoso; dotado (**für** para) **Begabung** F talento *m*
Begebenheit F suceso *m*, acontecimiento *m*
begegnen *j-m* encontrar (a) **Begegnung** F encuentro *m*
begehen *Fest* celebrar; *Verbrechen etc* cometer
begehren desear, codiciar **begehrenswert** apetecible **begehrt** solicitado
begeistern: **(sich) ~** entusiasmar(se) (**für** por) **Begeisterung** F entusiasmo *m*
begierig ávido, ansioso (**auf** *akk*, **nach** de)
begießen regar

Beginn M comienzo, principio; **zu ~** al principio **beginnen** comenzar, empezar (**zu** a)
beglaubigen certificar; JUR legalizar **Beglaubigung** F certificación; legalización
begleichen pagar, arreglar
begleiten acompañar (*a.* MUS) **Begleiter(in)** M(F) acompañante **Begleitschreiben** N carta *f* adjunta **Begleitung** F acompañamiento *m* (*a.* MUS)
beglückwünschen felicitar (**zu** por)
begnadigen indultar **Begnadigung** F indulto *m*, gracia
begnügen: **sich ~ mit** contentarse con
begonnen → beginnen
begraben enterrar
Begräbnis N entierro *m*
begreifen comprender, concebir **begreiflich** comprensible; **~ machen** hacer comprender
begrenzen limitar; restringir **Begrenzung** F limitación
Begriff M concepto, idea *f*; **im ~ sein zu** estar a punto de
begründen motivar, fundar **begründet** fundado, justificado **Begründung** F motivación
begrüßen saludar **Begrüßung** F salutación; bienvenida
begünstigen favorecer **Begünstigung** F protección
begutachten dictaminar sobre **behaart** peludo **behäbig** tardo, espacioso
behagen agradar **behaglich** agradable; cómodo; **sich ~ fühlen** sentirse a gusto
behalten guardar; quedarse con; (*sich merken*) retener
Behälter M recipiente
behandeln tratar (*a.* MED) **Behandlung** F tratamiento *m*
beharren perseverar, insistir (**auf** *dat* en) **beharrlich** perseverante, insistente **Beharrlichkeit** F perseverancia, persistencia
behaupten afirmar; **sich ~** mantenerse **Behauptung** F afirmación
beheben *Schaden* reparar
behelfen: **sich ~ mit** arreglarse con **behelfsmäßig** provisional, improvisado
behelligen importunar **beherbergen** hospedar, alojar
beherrschen dominar (*a. fig*), controlar; **sich ~** dominarse, controlarse **Beherrschung** F dominio *m*; **die ~ verlieren** perder los estribos
beherzigen tomar a pecho
behilflich: **j-m bei etw ~ sein** ayudar a alg en a/c
behindern estorbar; obstaculizar **behindert** minusválido, disminuido (**geistig** mental) **Behinderte(r)** M/F(M) minusválido,-a **behindertengerecht** ADJ adaptado a personas con movilidad reducida **Be-**

hinderung F estorbo *m*; MED minusvalía, discapacidad
Behörde F autoridad
behüten guardar, preservar (**vor** *dat* de)
behutsam cauteloso
bei PRÄP *dat* cerca de, junto a; en, de, a; **~ mir** conmigo; **~ sich haben** llevar consigo; **~ Nacht** de noche **beibehalten** conservar **beibringen**: **j-m etw ~** enseñar a/c a alg
Beichte F confesión **beichten** confesar(se) **Beichtstuhl** M confesionario
beide ambos, los dos; **alle ~** los dos; **eins von ~n** uno de los dos
beieinander juntos
Beifahrer(in) M(F) copiloto *m/f* **Beifahrersitz** M asiento del copiloto **Beifall** M aplauso **beifügen** incluir
beige beige
Beigeschmack M gustillo; *fig* deje **Beihilfe** F subsidio *m*; JUR complicidad
Beil N hacha *f*
Beilage F *e-r Zeitung* suplemento *m*; GASTR guarnición **beiläufig** ADV de paso **beilegen** incluir; *Streit* zanjar **Beileid** N pésame *m*; **(mein) herzliches ~!** ¡le acompaño en el sentimiento! **beiliegend** adjunto, incluido
Bein N pierna *f*; *vom Tier* pata *f*; *vom Tisch* pie *m*
beinah(e) casi
Beinbruch M fractura *f* de pierna
Beipackzettel M hoja *f* informativa
beirren: **sich nicht ~ lassen** no dejarse desconcertar
beisammen juntos, reunidos **Beisammensein** N reunión *f*
Beischlaf M coito **Beisein** N **im ~ von** en presencia de **beiseite** aparte **Beiseitelassen** dejar a un lado **Beisetzung** F sepelio *m* **Beisitzer(in)** M(F) vocal; JUR asesor(a)
Beispiel N ejemplo *m*; **zum ~** por ejemplo **beispielhaft** ejemplar **beispiellos** sin ejemplo, sin precedentes **beispielsweise** por ejemplo
beißen morder; *fig* picar **beißend** *fig* mordaz **Beißzange** F tenazas *fpl*
Beistand M asistencia *f* **beistehen** *j-m* asistir **Beitrag** M contribución *f*; (*Mitgliedsbeitrag*) cuota *f* **beitragen** contribuir (**zu** a) **beitreten** ingresar en; POL afiliarse a **beiwohnen** (*dat*) presenciar (*a/c*)
Beize F barniz *m*; GASTR adobo *m*
beizeiten a tiempo
bejahen responder afirmativamente a **bejahend** afirmativo
bekämpfen luchar contra **Bekämpfung** F lucha (*+gen* contra), represión (de)
bekannt conocido; **~ geben** dar a conocer; **~ machen** publicar; anunciar; *j-n* **~ machen**

(**mit**) presentar (a)
Bekannte(r) M/F(M) conocido,-a **Bekanntgabe** F publicación **bekanntlich** como es sabido **Bekanntmachung** F publicación; aviso *m*; *amtlich* bando *m* **Bekanntschaft** F conocimiento *m*
bekehren convertir
bekennen confesar; **sich ~ zu** hacer profesión de **Bekenntnis** N confesión *f*
beklagen lamentar; **sich ~ über** (*akk*) quejarse de **beklagenswert** deplorable **Beklagte(r)** M/F(M) JUR demandado,-a
bekleiden *Amt etc* desempeñar **Bekleidung** F vestidos *mpl*, ropa
beklemmend angustioso
bekommen recibir, obtener; conseguir; *Krankheit* contraer; *Kind* tener; *Hunger* ir teniendo; **j-m gut/schlecht ~** sentar bien/mal a alg
bekömmlich digestible **bekräftigen** corroborar **bekreuzigen**: **sich ~** persignarse, santiguarse **bekümmert** afligido **bekunden** manifestar **belächeln** sonreír de **beladen** cargar (**mit** de)
Belag M capa *f*; revestimiento
belagern sitiar; *fig* asediar **Belagerung** F sitio *m*
Belang M **von ~** importante **Belange** PL intereses *mpl* **belangen**: **j-n ~ wegen** demandar a alg por **belanglos** irrelevante
belasten cargar (**mit** de); *Umwelt* perjudicar; *Konto* cargar (en cuenta); *fig* preocupar
belästigen molestar, importunar **Belästigung** F molestia
Belastung F carga (*a. fig*)
belaufen: **sich ~ auf** (*akk*) importar, elevarse a
beleben animar; HANDEL activar **belebend** estimulante **belebt** animado; *Ort* frecuentado
Beleg M comprobante; justificante **belegen** documentar, justificar; *Platz* reservar; *Kurs* matricularse **Belegschaft** F plantilla; personal *m*
belegt *Platz* ocupado; *Zunge* sucio; TEL comunicando, *Am* ocupado; **~es Brötchen** bocadillo *m*
belehren instruir **Belehrung** F instrucción
beleidigen ofender, insultar **beleidigend** ofensivo, insultante **beleidigt** ofendido **Beleidigung** F ofensa, insulto *m*
belesen leído
beleuchten alumbrar, iluminar **Beleuchtung** F alumbrado *m*, iluminación
Belgien N Bélgica *f* **Belgier(in)** M(F) belga **belgisch** belga
Belgrad N Belgrado *m*
belichten FOTO exponer **Belichtung** F exposición

Belichtungsmesser M fotómetro **Belichtungszeit** F FOTO tiempo *m* de exposición
Belieben N **nach ~** a discreción **beliebig** cualquiera
beliebt querido; popular; *etw* en boga **Beliebtheit** F popularidad
beliefern abastecer, proveer (**mit** de)
bellen ladrar
belohnen recompensar **Belohnung** F recompensa; *für Fundsachen* gratificación
Belüftung F ventilación
belügen mentir a
Belustigung F diversión
bemalen pintar **bemängeln** criticar
bemerkbar: **sich ~ machen** hacerse notar (*od* sentir) **bemerken** notar; (*sagen*) decir, observar **bemerkenswert** notable
Bemerkung F observación
bemitleiden compadecer(se de)
bemühen: **sich ~** esforzarse; **sich ~ um** (*akk*) esforzarse por; solicitar; **~ Sie sich nicht!** ¡no se moleste! **Bemühung** F esfuerzo *m*
benachbart vecino
benachrichtigen avisar; informar **Benachrichtigung** F aviso *m*; información
benachteiligen perjudicar; discriminar **Benachteiligung** F perjuicio *m*; discriminación
benehmen: **sich ~** (com)portarse **Benehmen** N conducta *f*, comportamiento *m*
beneiden envidiar (**j-n um etw** a alg (por) a/c) **beneidenswert** envidiable
Bengel M rapaz, mocoso
benommen atontado, aturdido **Benommenheit** F aturdimiento *m*
benötigen necesitar
benutzen usar, utilizar **Benutzer(in)** M(F) IT usuario,-a
Benutzername M IT nombre de usuario **Benutzeroberfläche** F IT superficie *f* de utilización **Benutzung** F uso *m*; empleo *m* **Benutzungsgebühr** F tasa de utilización; *e-r Straße* peaje *m*
Benzin N gasolina *f*; CHEM bencina *f* **Benzinkanister** M bidón (de gasolina) **Benzinpumpe** F bomba de gasolina **Benzintank** M depósito de gasolina **Benzinuhr** F indicador *m* de gasolina **Benzinverbrauch** M consumo de gasolina
beobachten observar **Beobachter(in)** M(F) observador(a) **Beobachtung** F observación
bequem cómodo; *umg Person* comodón; **es sich ~ machen** ponerse cómodo **Bequemlichkeit** F comodidad, confort *m*
beraten *j-n* aconsejar (a); *etw*

deliberar (sobre) **Berater(in)** M(F) consejero,-a, asesor(-a) **Beratung** F deliberación; consulta **Beratungsstelle** F consultorio *m*
berauben robar (**j-n** a alg)
berauschen: **sich ~ an** (*dat*) embriagarse de **berauschend** embriagador **berauscht** ebrio (*a. fig*)
berechnen calcular; HANDEL cargar (en cuenta) **berechnend** calculador **Berechnung** F cálculo *m*
berechtigen autorizar, habilitar (**zu** para) **berechtigt** autorizado; *Sache* fundado **Berechtigung** F autorización
Beredsamkeit F elocuencia
Bereich M ámbito, campo
bereichern: **sich ~** (**an** *dat*) enriquecerse (con)
bereisen viajar por, recorrer
bereit dispuesto (**zu** a); (*fertig*) listo (para) **bereiten** preparar; *fig* causar, dar **bereithalten** tener preparado **bereits** ya
Bereitschaft F disposición **Bereitschaftsdienst** M guardia *f*
bereitstellen poner a disposición **bereitwillig** gustoso
bereuen arrepentirse de
Berg M montaña *f*; *fig* montón **bergab** cuesta abajo **bergan**, **bergauf** cuesta arriba **Bergarbeiter** M minero **Bergbahn** F ferrocarril *m* de montaña **Bergbau** M minería *f*
bergen salvar, rescatar
Bergführer(in) M(F) guía (de montaña) **Berghütte** F refugio *m* (de montaña) **bergig** montañoso **Bergkette** F sierra **Bergmann** M minero **Bergrutsch** M desprendimiento de tierras **Bergsee** M lago de montaña **Bergsteigen** N alpinismo *m*, montañismo *m* **Bergsteiger(in)** M(F) alpinista **Bergtour** F escalada, excursión por la montaña **Bergung** F salvamento *m*, rescate *m* **Bergwacht** F servicio *m* de salvamento (en la montaña) **Bergwanderung** F excursión por la montaña **Bergwerk** N mina *f*
Bericht M informe, relación *f*; relato; *Zeitung* crónica *f* **berichten** informar (**über** *akk* de, sobre); relatar **Berichterstatter(in)** M(F) reportero,-a; corresponsal
berichtigen rectificar; corregir **Berichtigung** F rectificación; corrección
Berlin N Berlín *m*
Bermudashorts FPL bermuda(s) *fpl &mpl*
Bern N Berna *f*
Bernstein M ámbar
bersten reventar, estallar
berüchtigt de mala fama
berücksichtigen tener en cuenta; considerar **Berücksichtigung** F consideración
Beruf M profesión *f*; oficio; **von**

~ ... de profesión; **was sind Sie von ~?** ¿qué profesión tiene usted? **berufen** nombrar; **sich ~ auf** (*akk*) referirse a **beruflich** profesional
Berufsausbildung F formación profesional **Berufsberatung** F orientación profesional **Berufserfahrung** F experiencia profesional **Berufsschule** F escuela de formación profesional **Berufssportler(in)** M(F) profesional **berufstätig**: **~ sein** trabajar **Berufsverkehr** M tráfico en hora punta
Berufung F vocación; (*Ernennung*) nombramiento *m*; JUR apelación; **~ einlegen** apelar
beruhen basarse, fundarse (**auf** *dat* en); **auf sich ~ lassen** dejar correr
beruhigen: (**sich**) ~ calmar(se), tranquilizar(se) **beruhigend** tranquilizador **Beruhigung** F apaciguamiento *m*; **zu Ihrer ~** para su tranquilidad **Beruhigungsmittel** N sedante *m*, calmante *m*
berühmt famoso, célebre **Berühmtheit** F renombre *m*; celebridad (*a. Person*)
berühren tocar; *fig* afectar **Berührung** F toque *m*; contacto *m*
besagen significar **besagt** citado, mencionado
besänftigen apaciguar
Besatzung F tripulación; MIL ocupación **Besatzungsmitglied** N FLUG, SCHIFF tripulante *m*
besaufen *sl* **sich ~** emborracharse
beschädigen deteriorar, estropear **Beschädigung** F deterioro *m*, desperfecto *m*
beschaffen **1** V/T proporcionar, facilitar **2** ADJ hecho **Beschaffenheit** F estado *m*; índole
beschäftigen ocupar, dar trabajo; **sich ~ mit** ocuparse de (*od* en) **beschäftigt** ocupado; empleado **Beschäftigung** F ocupación; empleo *m*
beschämen avergonzar **beschämend** vergonzoso
Bescheid M respuesta *f*; **~ wissen** estar al corriente; **~ geben** avisar
bescheiden modesto **Bescheidenheit** F modestia
bescheinigen certificar; **den Empfang ~** acusar recibo (**von** de) **Bescheinigung** F certificado *m*
Bescherung F reparto *m* de regalos; **schöne ~!** ¡estamos listos!
bescheuert *umg* chiflado, chalado **beschießen** tirar sobre, *Am* abalear **beschimpfen** insultar
Beschlag M **in ~ nehmen** embargar; ocupar **beschlagen** V/T *Pferd* herrar; V/I *Glas* empañarse; ADJ *fig* versado **Be-**

schlagnahme F confiscación **beschlagnahmen** confiscar **beschleunigen** acelerar **Beschleunigung** F aceleración **beschließen** resolver, decidir **Beschluss** M decisión *f* **beschmieren** embadurnar **beschmutzen** ensuciar **beschneiden** recortar; *Pflanzen* podar **beschönigen** cohonestar, colorear **beschränken** limitar; reducir; **sich ~ auf** (*akk*) limitarse a **beschränkt** limitado, restringido; *geistig* corto de alcances **Beschränkung** F limitación; restricción **beschreiben** describir **Beschreibung** F descripción **beschriften** marcar, rotular **beschuldigen** (in)culpar **Beschuldigung** F inculpación **Beschuss** M fuego **beschützen** proteger, amparar **Beschützer(in)** M(F) protector(a) **Beschwerde** F reclamación; queja **Beschwerden** PL MED molestias *fpl* **beschweren**: **sich ~ über** (*akk*) quejarse de; reclamar (*akk*) **beschwerlich** oneroso, fatigoso **beschwichtigen** calmar, apaciguar **beschwingt** animado, alegre **beschwipst** achispado **beschwören** *etw* jurar **beseitigen** eliminar **Besen** M escoba *f* **besessen** poseído; obseso

besetzen MIL, *Platz* ocupar; *Stelle* cubrir **besetzt** ocupado (*a.* TEL); (*voll*) completo **Besetztzeichen** N señal *f* de ocupado **Besetzung** F MIL ocupación; THEAT reparto *m* **besichtigen** inspeccionar; visitar **Besichtigung** F inspección; visita **besiedelt**: **dicht ~** densamente poblado **besiegen** vencer **besinnlich** pensativo **Besinnung** F conocimiento *m*, sentido *m*; **die ~ verlieren** perder el conocimiento; **zur ~ kommen** recobrar el conocimiento; *fig* entrar en razón **besinnungslos** inconsciente **Besitz** M posesión *f*; propiedad *f* **besitzen** poseer **Besitzer(in)** M(F) dueño,-a; propietario,-a **besoffen** *umg* borracho **besondere** particular; especial; **~ Kennzeichen** *npl* señas *fpl* particulares; **nichts Besonderes** nada del otro mundo **Besonderheit** F particularidad **besonders** especialmente; sobre todo **besonnen** ADJ prudente **besorgen** procurar; ir por **Besorgnis** F preocupación **besorgniserregend** alarmante **besorgt** preocupado; **~ sein (um)** inquietarse (por) **Besorgung** F recado *m*; **~en ma-**

chen ir de compras
besprechen discutir; *Buch* reseñar; **sich ~** entrevistarse (**mit** con) **Besprechung** F conferencia, entrevista; LIT reseña
besser mejor; **um so** (*od* **desto**) **~** tanto mejor; **es geht mir ~** estoy mejor **bessern**: (**sich**) **~** mejorar **Besserung** F mejoría; **gute ~!** ¡que se mejore!
Bestand M duración *f*; HANDEL existencias *fpl* **beständig** constante, *a. Wetter* estable; (*andauernd*) continuo
Bestandsaufnahme F inventario *m* **Bestandteil** M parte *f* (integrante); componente, elemento
bestätigen confirmar; **den Empfang ~** acusar recibo **Bestätigung** F confirmación
Bestattung F sepultura **Bestattungsinstitut** N funeraria *f*
beste(r, -s) mejor; **am ~n** lo mejor; **der erste Beste** el primero que se presente
bestechen sobornar **bestechlich** sobornable, corruptible **Bestechung** F soborno *m*; corrupción
Besteck N cubertería *f*; *einzelnes* cubierto *m*
bestehen V/T *Examen* aprobar; V/I existir; **~ auf** (*dat*) insistir en; **~ aus** componerse de, constar de
bestehlen robar **besteigen** subir a; *Berg a.* escalar; *Pferd* montar a
bestellen *Ware, im Restaurant* pedir; encargar; *j-n* citar a; *Zimmer* reservar; *j-m etw* dar un recado (*a. alg*) **Bestellnummer** F número *m* de pedido **Bestellschein** M nota *f* de pedido **Bestellung** F pedido *m*, orden; **auf ~** por encargo
bestenfalls en el mejor de los casos **bestens** óptimamente
Bestie F bestia
bestimmen determinar, decidir; (*festlegen*) fijar; (*aussehen*) destinar; (*anordnen*) disponer
bestimmt ADJ cierto; fijo; determinado, decidido; ADV seguramente **Bestimmtheit** F **mit ~** con certeza **Bestimmung** F disposición; *fig* destino *m* **Bestimmungsort** M (lugar de) destino
Bestleistung F SPORT mejor marca
bestrafen castigar **Bestrafung** F castigo *m*
bestrahlen irradiar; MED tratar con rayos **Bestrahlung** F radioterapia
bestreiten negar; *Kosten* cubrir
bestreuen espolvorear (**mit** de)
bestürzt consternado, desconcertado **Bestürzung** F consternación
Besuch M visita *f*; (*Teilnahme*) asistencia *f* **besuchen** visitar; ir a ver; *Schule* ir a; *Vortrag etc*

asistir a **Besucher(in)** M(F) visitante **Besuchervisum** N visado *m* de turista **Besuchszeit** F horas *fpl* de visita
betasten palpar
betätigen accionar; **sich ~** actuar (**als** de) **Betätigung** F actividad; TECH accionamiento *m*
betäuben anestesiar; *fig* aturdir **Betäubung** F anestesia (**örtliche** local) **Betäubungsmittel** N narcótico *m*, anestésico *m*
Bete F: **Rote ~** remolacha roja
beteiligen: **sich ~ an** (*dat*) tomar parte en, participar en **Beteiligung** F participación
beten orar, rezar
beteuern aseverar
Bethlehem N Belén *m*
Beton M hormigón, *Am* concreto
betonen acentuar; *fig a.* subrayar **Betonung** F acento *m*
Betr. (Betreff) objeto
Betracht M **in ~ ziehen** tomar en consideración; **nicht in ~ kommen** no venir al caso
betrachten contemplar; *fig* considerar (**als** como)
beträchtlich considerable
Betrachtung F contemplación
Betrag M importe, cantidad *f*
betragen ascender a, importar; **sich ~** (com)portarse **Betragen** N comportamiento *m*, conducta *f*
Betreff M asunto, objeto **betreffen** concernir, afectar; **was mich betrifft** en cuanto a mí **betreffend** respectivo **betreffs** en cuanto a, respecto a
betreiben dedicarse a
betreten entrar en; ADJ *fig* cortado; **Betreten verboten!** ¡prohibido el paso!
betreuen atender a, cuidar (a, de) **Betreuer(in)** M(F) *e-r Reise-, Jugendgruppe* acompañante; SPORT cuidador(a)
Betrieb M empresa *f*; TECH funcionamiento, (*a. fig*) marcha *f*; *fig* animación *f*; **in ~ sein** funcionar; **außer ~** fuera de servicio; no funciona; **in ~ setzen** poner en marcha
Betriebsferien PL vacaciones *fpl* de la empresa **Betriebsleitung** F gestión de la empresa **Betriebsrat** M comité de empresa **Betriebsstörung** F fallo técnico **Betriebsunfall** M accidente de trabajo **Betriebswirtschaft** F ciencias *fpl* empresariales
betrinken: **sich ~** emborracharse
betroffen afectado
betrogen → betrügen
betrübt afligido, triste
Betrug M engaño, estafa *f*; JUR fraude
betrügen engañar; estafar **Betrüger(in)** M(F) estafador(a)
betrügerisch fraudulento
betrunken borracho **Betrunkene(r)** M/F(M) borracho,-a

Bett N cama *f*; **zu ~ gehen** acostarse **Bettbezug** M funda *f* nórdica **Bettcouch** F sofá-‑cama *m* **Bettdecke** F manta; (*Überdecke*) colcha
betteln mendigar
Bettlaken N sábana *f*
Bettler(in) M(F) mendigo,-a
Bettruhe F reposo *m* en cama **Betttuch** N sábana *f* **Bettvorleger** M alfombrilla *f* **Bettwäsche** F ropa de cama
beugen doblar; *fig* doblegar; **sich ~** *fig* rendirse
Beule F bollo *m*, abolladura; *am Kopf* chichón *m*
beunruhigen inquietar, preocupar
beurteilen juzgar de **Beurteilung** F juicio *m*
Beute F presa; (*Diebesbeute*) botín *m* **Beutel** M bolsa *f*
Bevölkerung F población
bevollmächtigen autorizar; apoderar **Bevollmächtigte(r)** M/F(M) apoderado,-a
bevor antes de (*inf*); antes (de) que **bevorstehen** estar próximo; ser inminente **bevorzugen** preferir; *j-n* favorecer
bewachen vigilar **Bewacher(in)** M(F) vigilante, guarda **Bewachung** F custodia, vigilancia
bewaffnen armar **Bewaffnung** F armamento *m*
bewahren conservar; guardar; **~ vor** (*dat*) preservar de
bewähren: **sich ~** acreditarse; dar (buen) resultado **bewährt** acreditado **Bewährung** JUR **mit ~** condicional
bewaldet boscoso
bewältigen superar; *Aufgabe* llevar a cabo
bewässern regar **Bewässerung** F riego *m*
bewegen mover; *fig* conmover **bewegend** conmovedor **Beweggrund** M móvil **beweglich** móvil; *fig* ágil **Bewegung** F movimiento *m*; *fig* emoción; **in ~ setzen** poner en marcha **Bewegungsfreiheit** F libertad de acción **bewegungslos** inmóvil
Beweis M prueba *f* **beweisen** probar; demostrar **Beweisstück** N prueba *f*; cuerpo *m* del delito
bewerben: **sich ~ um** solicitar (*akk*) **Bewerbung** F solicitud **Bewerbungsgespräch** N entrevista *f* personal **Bewerbungsschreiben** N solicitud *f* de trabajo
bewerten evaluar; *a. im Internet* valorar **Bewertung** F valoración, evaluación
bewilligen otorgar, conceder **Bewilligung** F otorgamiento *m*; concesión
bewirken causar, originar
bewirten agasajar; obsequiar **bewirtschaften** explotar **Bewirtung** F agasajo *m*
bewohnbar habitable **bewohnen** habitar **Bewoh-**

ner(in) M(F) habitante; (*Mieter,-in*) inquilino,-a
bewölken: **sich ~** nublarse **bewölkt** *Himmel* nublado **Bewölkung** F nubosidad
bewundern admirar **bewundernswert** admirable **Bewunderung** F admiración
bewusst *fig* consabido; ADV conscientemente; de propósito; **sich e-r Sache ~ sein** ser consciente de a/c **bewusstlos** sin conocimiento; **~ werden** desmayarse **Bewusstlosigkeit** F desmayo *m* **Bewusstsein** N conciencia *f*; MED conocimiento *m*; **bei ~** consciente
bezahlen pagar **bezahlt** pagado; **sich ~ machen** valer la pena **Bezahlung** F pago *m*
bezaubernd encantador
bezeichnen marcar; señalar; **~ als** calificar de **bezeichnend** significativo; típico **Bezeichnung** F denominación, nombre *m*
bezeugen atestiguar, testimoniar
beziehen *Haus* ocupar, instalarse en; *Ware* comprar; *Rente, Gehalt* cobrar, percibir; *Bett* poner ropa a; **sich ~** *Himmel* encapotarse; **sich ~ auf** (*akk*) referirse a **Beziehung** F relación; **in jeder ~** en todos los aspectos **beziehungsweise** o sea
Bezirk M distrito
Bezug M *von Möbeln* funda *f*; HANDEL compra *f*; *von Rente etc* percepción *f*; *fig* referencia *f* (**auf** *akk* a); **~ nehmen auf** (*akk*) referirse a; **in ~ auf** (*akk*) respecto a
bezüglich (*gen*) referente (a)
bezwecken proponerse **bezweifeln** dudar de **bezwingen** vencer; *fig* dominar
BH M (**Büstenhalter**) sujetador
Bhf. → Bahnhof
Bibel F Biblia
Biber M castor
Bibliothek F biblioteca **Bibliothekar(in)** M(F) bibliotecario,-a
biegen torcer, doblar; **um die Ecke ~** doblar la esquina **biegsam** flexible **Biegung** F recodo *m*; curva
Biene F abeja **Bienenstich** M picadura *f* de abeja **Bienenstock** M colmena *f*
Bier N cerveza *f* (**helles** rubia; **dunkles** negra); **~ vom Fass** cerveza de barril **Biergarten** M cervecería *f* al aire libre
Bierkrug M jarra *f*
Biest N *umg* mal bicho *m*
bieten ofrecer; *Versteigerung* pujar; **sich ~** presentarse; **sich nicht ~ lassen** no tolerar
Bikini M bikini
Bilanz F balance *m*; balanza; **~ ziehen** hacer balance
Bild N imagen *f*; MAL cuadro *m*; FOTO foto *f*; **im ~e sein** estar enterado
bilden formar; (*ausmachen*)

constituir; **~de Künste** *fpl* artes plásticas
Bilderbuch N libro *m* de estampas **Bildergalerie** F galería de pinturas **Bildhauer(in)** M(F) escultor(a) **bildlich** figurativo
Bildschirm M pantalla *f* **Bildschirmschoner** M salvapantallas **Bildschirmtext** M videotex
Bildung F cultura; educación; formación
Billard N billar *m* **Billardstock** M taco
billig barato **billigen** aprobar
Billigflug M vuelo de bajo coste **Billigung** F aprobación **Billigware** F gama baja
Bimsstein M piedra *f* pómez
bin → sein
Binde F venda; (*Damenbinde*) compresa **Bindegewebe** N tejido *m* conjuntivo
Bindehaut F conjuntiva **Bindehautentzündung** F conjuntivitis
binden atar; *Buch* encuadernar **Bindestrich** M guión
Bindfaden M cordel; bramante **Bindung** F *am Ski* fijación; *fig* vínculo *m*
binnen PRÄP *dat* en, dentro de; **~ Kurzem** dentro de poco
Binnen... IN ZSSGN interior **Binnenhafen** M puerto fluvial *od* interior **Binnenmarkt** M: **europäischer ~** mercado único
Binse F junco *m*
bio *umg* ecológico **Bioei** N huevo *m* ecológico
Biografie F biografía
Bioladen M tienda *f* de productos naturales **Biologie** F biología **biologisch** biológico; **~ abbaubar** biodegradable
Biomüll M residuos *mpl* biológicos **Bioprodukt** N producto *m* ecológico **Biosphärenreservat** N reserva *f* de la biosfera **Biosprit** M biocombustible **Biotonne** F contenedor *m* para basura orgánica
Biotop M/N biotopo *m*
Birke F abedul *m*
Birnbaum M peral **Birne** F pera; ELEK bombilla
bis hasta, a; **~ jetzt** hasta ahora; **~ auf** (*akk*) excepto, menos; **2 ~ 3 Tage** dos o tres días
Bischof M, **Bischöfin** F obispo
bisher hasta ahora
Biskaya F Vizcaya
Biskuit N bizcocho *m*
biss → beißen
Biss M mordedura *f*
bisschen: **ein ~** un poco
Bissen M bocado, mordisco **bissig** mordedor; *fig* mordaz **Bisswunde** F mordedura
bist → sein
bisweilen a veces
bitte por favor; *auf Dank* no hay de qué, de nada; **wie ~?** ¿cómo dice(s)?, ¿mande?
Bitte F ruego *m* **bitten** rogar; pedir (**j-n um etw** a/c a alg)

bitter amargo **Black Box** F caja *f* negra **Blähungen** FPL flatos *mpl* **Blamage** F *umg* plancha **blamieren** comprometer; **sich ~** *umg* meter la pata **blank** pulido; *umg* **~ sein** estar sin blanca **Bläschen** N MED vesícula *f* **Blase** F burbuja; MED ampolla; ANAT vejiga **blasen** soplar; MUS tocar **Blasenentzündung** F cistitis **Blasinstrument** N instrumento *m* de viento **Blaskapelle** F charanga, banda **blass** pálido **Blatt** N hoja *f* **blättern** hojear (**in** *dat* a/c) **Blätterteig** M hojaldre **Blattlaus** F pulgón *m* **blau** azul; *umg fig* borracho; **~er Fleck** cardenal *m*, moratón *m* **blauäugig** de ojos azules **Blaubeere** F arándano *m* **Blauhelm** M casco azul **Blaukraut** N lombarda *f* **bläulich** azulado **Blaulicht** N luz *f* azul **blaumachen** *umg* hacer fiesta **Blazer** M *Mode*: blazer *m* **Blech** N hojalata *f*, chapa *f*; MUS metal **Blechdose** F lata **blechen** *umg* aflojar la mosca **Blechschaden** M daños *mpl* en la carrocería **Blei** N plomo *m* **bleiben** quedarse; seguir; **~ lassen** dejar (de hacer); **es bleibt dabei** quedamos en lo convenido **bleibend** permanente, duradero **bleich** pálido **bleichen** blanquear **bleifrei** sin plomo **Bleistift** M lápiz **Bleistiftspitzer** M sacapuntas **Blende** F FOTO diafragma *m* **blenden** cegar; *fig* deslumbrar **blendend** deslumbrante **Blick** M mirada *f*; (*Aussicht*) vista *f*; **auf den ersten ~** a primera vista **blicken** mirar; **sich ~ lassen** dejarse ver **blind** ciego; **~er Alarm** falsa alarma *f*; **~er Passagier** polizón *m* **Blinddarm** M apéndice **Blinddarmentzündung** F apendicitis **Blinde(r)** M/F(M) ciego,-a, invidente **Blindenhund** M perro lazarillo **Blindenschrift** F escritura Braille **Blindenstock** M bastón *m* blanco *od* para invidentes **Blindheit** F ceguera **blindlings** a ciegas **blinken** relucir; AUTO poner el intermitente **Blinker** M AUTO intermitente **Blinklicht** N luz *f* intermitente **blinzeln** parpadear **Blitz** M relámpago; (*Blitzschlag*) rayo; FOTO *umg* flash; **automatischer ~** autoflash **Blitzableiter** M pararrayos **blitzen** relampaguear **Blitzer** M *umg* radar *m* de control de veloci-

dad **Blitzlicht** N FOTO flash *m* **Blitzschlag** M rayo **blitzschnell** (rápido) como un rayo
Block M bloque (*a.* POL); (*Schreibblock*) bloc; (*Häuserblock*) manzana *f* **Blockade** F bloqueo *m* **Blockflöte** F flauta dulce **Blockhaus** N cabaña *f* de madera **blockieren** bloquear **Blockschrift** F caracteres *mpl* de imprenta
blöd(e) imbécil, tonto
Blödsinn M tontería *f*, disparate **blödsinnig** idiota; imbécil
Blog M IT blog, bitácora *f* **Blogeintrag** M entrada *f* de blog, post *m* **bloggen** bloguear **Blogger(in)** M(F) blogger *m/f*
blöken *Schaf* balar
blond rubio **blondiert** teñido de rubio **Blondine** F rubia
bloß (*nur*) mero; ADV sólo **bloßstellen** comprometer
Blouson N cazadora *f*
Bluejeans PL vaqueros *mpl*, tejanos *mpl*
Bluff M bluf(f), farol **bluffen** echarse un farol
blühen florecer **blühend** floreciente; *Fantasie* exuberante
Blume F flor; *von Wein* buqué *m*
Blumenbeet N parterre *m*; macizo *m* de flores **Blumengeschäft** N floristería *f* **Blumenkohl** M coliflor *f* **Blumenstrauß** M ramo de flores **Blumentopf** M maceta *f*, tiesto **Blumenvase** F florero *m*
Bluse F blusa
Blut N sangre *f* **Blutalkohol** M alcoholemia *f* **Blutbank** F banco *m* de sangre **Blutbild** N cuadro *m* hemático **Blutdruck** M presión *f* sanguínea; **den ~ messen** tomar la tensión **Blutdruckmesser** M tensiómetro
Blüte F flor; (*Blütezeit*) florescencia
Blutegel M sanguijuela *f* **bluten** echar sangre, sangrar **Bluter** M hemofílico **Bluterguss** M hematoma **Blutfleck** M mancha *f* de sangre **Blutgefäß** N vaso *m* sanguíneo **Blutgruppe** F grupo *m* sanguíneo **Bluthochdruck** M hipertensión *f* **blutig** sangriento **Blutkreislauf** M circulación *f* sanguínea **Blutprobe** F análisis *m* de sangre **Blutspender(in)** M(F) donante de sangre **blutstillend** hemostático **Bluttransfusion** F transfusión de sangre **Blutung** F hemorragia **Blutuntersuchung** F análisis *m* de sangre **Blutvergiftung** F septicemia **Blutverlust** M pérdida *f* de sangre **Blutwurst** F morcilla
Blutzucker M MED glucemia *f* **Blutzuckermessgerät** N glucómetro *m*
BLZ F ABK (Bankleitzahl) clave bancaria
BMI M ABK (Body-Mass-Index)

IMC *m* (índice de masa corporal)
BND M (Bundesnachrichtendienst) Servicio Federal de Inteligencia
Bö F (*Wind*) racha
Bob M SPORT bob(sleigh) **Bobbahn** F pista de bob
Bock M *Gestell* caballete; SPORT potro; (*Ziegenbock*) macho cabrío; *umg fig* **(null) ~ auf etw haben** no tener (ningunas) ganas de a/c **bockig** tozudo **Bockwurst** F *etwa* salchicha
Boden M suelo; (*Erde*) tierra *f*; (*Dachboden*) desván; *Gefäß*: fondo **bodenlos** sin fondo; *fig* increíble, inaudito **Bodenpersonal** N personal *m* de tierra **Bodenschätze** MPL riquezas *fpl* del subsuelo **Bodensee** M Lago de Constanza
Body M *Mode*: body *m* **Bodybuilding** N culturismo *m*
Bogen M arco (*a.* MUS); curva *f*; *Papier* hoja *f* **Bogengang** M ARCH arcada *f* **Bogenschießen** N tiro *m* con arco
Bohne F judía, alubia, *Am* frijol *m*; **dicke ~** haba; **grüne ~n** judías verdes **Bohnenkaffee** M café en grano **Bohnenkraut** N ajedrea *f*
bohnern encerar **Bohnerwachs** N cera *f* (para pisos)
bohren taladrar **Bohrer** M taladro, barrena *f*; MED torno **Bohrmaschine** F taladradora **Bohrturm** M torre *f* de perforación **Bohrung** F sondeo *m*, perforación
Boiler M calentador de agua
Boje F boya, baliza
Bolivianer(in) M(F) boliviano, -a **bolivianisch** boliviano **Bolivien** N Bolivia *f*
bombardieren bombardear
Bombe F bomba
Bombenanschlag M atentado con bomba **Bombendrohung** F amenaza de bomba **Bombenerfolg** M *umg* exitazo
Bon M bono, cupón; (*Kassenbon*) ticket
Bonbon M caramelo
boomen *Geschäft* prosperar; *Wirtschaft* experimentar un auge
Boot N bote *m*, barca *f*
Bootsfahrt F viaje *m*; *kleinere* paseo *m* en barca **Bootssteg** M embarcadero **Bootsverleih** M alquiler de botes
Bord **1** M bordo; **an ~** a bordo; **an ~ gehen** subir a bordo, embarcarse; **von ~ gehen** desembarcarse; **Mann über ~!** ¡hombre al agua! **2** N (*Regalbrett*) estante *m*
Bordeaux N Burdeos *f*
Bordell N burdel *m*
Bordkarte F FLUG tarjeta de embarque **Bordstein** M bordillo (de la acera)
borgen prestar
Börse F HANDEL Bolsa; (*Geldbörse*) monedero *m* **Börsen-**

makler(in) M(F) corredor(a) de Bolsa
Borste F cerda
Borte F pasamano *m*
bösartig malo; MED maligno
Bösartigkeit F malicia
Böschung F talud *m*
böse malo; **~ sein** estar enfadado (**auf** *akk*, **mit** con)
boshaft malicioso **Bosheit** F maldad, malicia
Bosnien N Bosnia *f* **Bosnier(in)** M(F) bosnio,-a **bosnisch** bosnio
Bosporus M Bósforo
Boss M *umg* jefe
böswillig malévolo
Botanik F botánica **botanisch**: **~er Garten** jardín *m* botánico
Bote M **Botin** F mensajero,-a
Botschaft F mensaje *m*; POL embajada **Botschafter(in)** M(F) embajador(a)
Bottich M cuba *f*, tina *f*
Bouillon F consomé *m*, caldo *m*
Boulevard M bulevar **Boulevardpresse** F prensa amarilla
Boutique F boutique
Bowle F cap *m*; ponche *m*
Bowling N bolos *mpl* americanos, bowling *m*
Box F box *m* **boxen** boxear **Boxen** N boxeo *m* **Boxer** M boxeador; *Hund* bóxer **Boxershorts** PL (calzoncillos *mpl*) bóxers *mpl* **Boxkampf** M boxeo
Boykott M boicot(eo) **boykottieren** boicotear
brachte → bringen
Branche F ramo *m* **Branchenverzeichnis** N TEL páginas *fpl* amarillas
Brand M incendio; MED gangrena *f*; **in ~ geraten** inflamarse; **in ~ stecken** pegar fuego a
Brandblase F ampolla
Brandenburg N Brandeburgo *m*
Brandgeruch M olor a quemado **Brandsalbe** F pomada para quemaduras **Brandstifter(in)** M(F) incendiario,-a
Brandstiftung F incendio *m* provocado
Brandung F oleaje *m*
Brandwunde F quemadura
brannte → brennen
Branntwein M aguardiente
Brasilianer(in) M(F) brasileño,-a **brasilianisch** brasileño
Brasilien N Brasil *m*
braten asar; freír
Braten M asado **Bratensaft** M jugo del asado
Bratfisch M pescado frito
Brathähnchen N pollo *m* asado **Bratkartoffeln** FPL patatas doradas **Bratpfanne** F sartén **Bratrost** M parrilla *f*
Bratsche F viola
Bratspieß M asador **Bratwurst** F salchicha (frita)
Brauch M costumbre *f*
brauchbar útil, utilizable
brauchen necesitar; **man braucht nur** … no hay más

que (*inf*)
Braue F ceja
Brauerei F fábrica de cerveza
braun marrón; pardo; *Haar* castaño; *Haut* moreno; **~ gebrannt** bronceado, moreno
Bräune F (*Sonnenbräune*) bronceado *m* **bräunen** tostar; dorar; *Haut* broncear
Braunkohle F lignito *m* **Braunschweig** Brunswick
Brause F (*Dusche*) ducha
Braut F novia **Bräutigam** M novio **Brautpaar** N novios *mpl*
brav bueno, formal
BRD F (Bundesrepublik Deutschland) República Federal de Alemania
Brechdurchfall M colerina *f* **Brecheisen** N palanqueta *f* **brechen** V/T romper, quebrar; V/I quebrarse; MED vomitar **Brechmittel** N vomitivo *m* **Brechreiz** M náuseas *fpl*, ganas *fpl* de vomitar
Brei M papilla *f*; (*Püree*) puré
breit ancho **Breite** F anchura; GEOG latitud **Breitengrad** M grado de latitud **Breitwand** F pantalla panorámica
Bremsbelag M guarnición *f* (*od* forro) de freno **Bremse** F freno *m*; ZOOL tábano *m* **bremsen** frenar **Bremsflüssigkeit** F líquido *m* de freno **Bremslicht** N luz *f* de frenado **Bremspedal** N pedal *m* de freno **Bremsspur** F huella del frenado **Bremsweg** M distancia *f* de frenado
brennbar inflamable, combustible **brennen** V/I arder, (*a. Sonne*) quemar; *Licht* estar encendido; MED escocer **brennend** ardiente (*a. fig*) **Brenner** M TECH quemador
Brennholz N leña *f* **Brennnessel** F ortiga **Brennpunkt** M foco **Brennspiritus** M alcohol de quemar **Brennstoff** M combustible
brenzlig *fig* crítico, espinoso
Brett N tabla *f*; (*Spielbrett*) tablero *m*; **Schwarzes ~** tablón *m* de anuncios
Brexit M Brexit *m*
Brezel F rosquilla
Brief M carta *f* **Briefbombe** F carta-bomba
briefen **j-n briefen** dar instrucciones a alg
Brieffreund(in) M(F) amigo,-a por correspondencia **Briefkasten** M buzón **Briefkopf** M membrete **Briefmarke** F sello *m*, *Am* estampilla **Brieföffner** M abrecartas **Briefpapier** N papel *m* de cartas **Brieftasche** F cartera **Briefträger(in)** M(F) cartero,-a **Briefumschlag** M sobre **Briefwaage** F pesacartas *m* **Briefwahl** F voto *m* por correo
brillant ADJ brillante
Brillant M brillante
Brille F gafas *fpl*

Brillenetui N estuche *m* para las gafas **Brillenfassung** F, **Brillengestell** N montura *f*
bringen (*herbringen*) traer; (*wegbringen*) llevar; (*begleiten*) acompañar; *zum Schweigen etc* ~ hacer *callar, etc*
Brise F brisa
Brite M, **Britin** F británico **britisch** británico
bröckeln desmoronarse
Brocken M pedazo
Brokkoli M brécol *m*
Brombeere F (zarza)mora **Brombeerstrauch** M zarza *f*
Bronchitis F bronquitis
Bronze F bronce *m*
Brosche F broche *m*
Broschüre F folleto *m*
Brot N pan *m* **Brötchen** N panecillo *m* **Brotkorb** M panera *f* **Brotrinde** F corteza
Browser M motor de búsqueda
Bruch M rotura *f*; MATH fracción *f*; MED fractura *f*; ANAT hernia *f*; *fig* ruptura *f*
brüchig frágil; quebradizo
Bruchrechnung F cálculo *m* de fracciones **Bruchstück** N fragmento *m* **Bruchteil** M fracción *f*
Brücke F puente *m* (*a. Zahn*)
Bruder M hermano; REL fraile
brüderlich fraternal **Brüderlichkeit** F fraternidad
Brühe F caldo *m* **Brühwürfel** M cubito de caldo
brüllen bramar, rugir
brummen gruñir (*a. fig*)
brummig gruñón
brünett moreno
Brunnen M pozo; (*Springbrunnen*) fuente *f*
brüsk brusco
Brüssel N Bruselas *f*
Brust F pecho *m*; (*Busen*) seno *m* **Brustbein** N esternón *m* **Brustbeutel** M monedero que se cuelga del cuello
brüsten: **sich ~ mit** jactarse de, ufanarse de
Brustfellentzündung F pleuresía **Brustkorb** M tórax **Brustkrebs** M cáncer de mama **Brustschwimmen** N braza *f* **Brustumfang** M perímetro torácico
Brüstung F parapeto *m*
Brustwarze F pezón *m*
Brut F cría; *Zeit* incubación
brutal brutal **Brutalität** F brutalidad
brüten incubar, empollar
Brutkasten M MED incubadora *f*
brutto bruto (*a. in Zssgn*) **Bruttoeinkommen** N ingreso *m* bruto **Bruttogehalt** N salario *m* bruto **Bruttogewicht** N peso *m* bruto **Bruttosozialprodukt** N producto *m* nacional bruto
Bub M muchacho, chico
Bube M *Karte* sota *f*
Buch N libro *m* **Buchbinder(in)** M(F) encuadernador(a)
Buchdruckerei F imprenta
Buche F haya **Buchecker** F

hayuco *m*
buchen *Flug etc* reservar; HANDEL asentar
Bücherbrett N estante *m* **Bücherei** F biblioteca **Bücherregal** N estantería *f* **Bücherschrank** M librería *f*
Buchfink M pinzón
Buchhalter(in) M(F) contable, *Am* contador(a) **Buchhaltung** F contabilidad
Buchhändler(in) M(F) librero,-a **Buchhandlung** F librería
Buchmacher M corredor de apuestas
Büchse F caja; (*Blechbüchse*) lata; (*Gewehr*) rifle *m* **Büchsenmilch** F leche condensada **Büchsenöffner** M abrelatas
Buchstabe M letra *f* **buchstabieren** deletrear
Buchstütze F sujetalibros *m*
Bucht F bahía; *kleine* cala
Buchung F reserva; HANDEL asiento *m* **Buchungsbestätigung** F confirmación *f* de (la) reserva
Buckel M corcova *f*, joroba *f*
bücken: **sich ~** agacharse
bucklig jorobado
Bude F caseta; *umg* (*Zimmer*) cuartucho *m*
Büfett N *Möbel* aparador *m*; **kaltes ~** buffet *m* frío
Büffel M búfalo **büffeln** *umg* empollar
Bug[1] M SCHIFF proa *f*
Bug[2] M IT error
Bügel M (*Kleiderbügel*) percha *f*, colgador **Bügelbrett** N tabla *f* de planchar **Bügeleisen** N plancha *f* **Bügelfalte** F raya del pantalón **bügelfrei** no necesita plancha **bügeln** planchar
Buggy M (*Kinderwagen*) cochecito plegable
Bühne F escenario *m*
Bühnenbild N escenografía *f*
Bulgare M, **Bulgarin** F búlgaro,-a **Bulgarien** N Bulgaria *f* **bulgarisch** búlgaro
Bullauge N ojo *m* de buey
Bulle M toro; *umg fig* polizonte
Bummel M vuelta *f*, paseo **bummeln** *in der Stadt* callejear; (*trödeln*) remolonear; (*faulenzen*) gandulear **Bummelstreik** M huelga *f* de celo **Bummelzug** M *umg* tren burra
bumsen *vulg* joder, follar
Bund 1 N manojo *m* 2 M unión *f*, alianza *f*; *Rock, Hose* cintura *f*
Bündchen N *am Ärmel*: puño *m* **Bündel** N lío *m*; haz *m*
Bundes... IN ZSSGN federal
Bundesagentur F *BRD* **~ für Arbeit** Instituto *m* alemán de empleo **Bundeskanzler(in)** M(F) canciller *m/f* federal **Bundesland** N estado *m* federal; *in der BRD a.* land *m* **Bundesliga** F liga alemana
Bundesrepublik F **die ~ Deutschland** la República Federal de Alemania

Bundesstaat M Estado federal **Bundesstraße** F carretera federal **Bundestag** M parlamento federal **Bundeswehr** F fuerzas *fpl* armadas de la República Federal de Alemania
Bundfaltenhose F pantalón *m* de pinzas
Bündnis N alianza *f*
Bungalow M bungaló
Bunker M refugio; búnker
bunt multicolor **Buntstift** M lápiz de color **Buntwäsche** F ropa de color
Bürde F carga, peso *m*
Burg F castillo *m*
Bürge M fiador, garante
bürgen: ~ **für** responder por; garantizar, avalar (*a/c*)
Burger M *umg* hamburguesa *f*
Bürger(in) M(F) ciudadano,-a **Bürgerinitiative** F iniciativa ciudadana **Bürgerkrieg** M guerra *f* civil **Bürgerkriegsflüchtling** M refugiado/a *m/f* de (la) guerra civil **bürgerlich** civil; burgués **Bürgermeister(in)** M(F) alcalde(sa) **Bürgersteig** M acera *f* **Bürgertum** N burguesía *f*
Bürgin F fiadora, garante
Bürgschaft F fianza; aval *m*
Burka F burka *m*
Burnout M desgaste *m* profesional, síndrome del burn-out
Büro N oficina *f* **Büroangestellte(r)** M/F(M) oficinista **Büroklammer** F clip *m*
Bürokratie F burocracia **bürokratisch** burocrático
Bürste F cepillo *m* **bürsten** cepillar
Bus M bus; → Autobus
Busch M arbusto **Büschel** N manojo *m*; *Haare* mechón *m* **Buschmesser** N machete *m*
Busen M pecho; *fig* seno **Busenfreund(in)** M(F) amigo íntimo, amiga íntima
Busfahrer(in) M(F) conductor(a) de autobús **Bushaltestelle** F parada de autobús
Businessklasse F FLUG clase ejecutiva, business class
Buslinie F línea de autobús **Busreise** F viaje *m* en autobús
Bussard M ratonero
Buße F penitencia; (*Geldbuße*) multa **büßen** expiar; *fig* pagar **Bußgeld** N multa *f*
Büste F busto *m* **Büstenhalter** M sostén, sujetador, *Am a.* brasier **Bustier** N *Mode*: bustier *m*
Butangas N (gas *m*) butano *m*
Butter F mantequilla, *Am* manteca **Butterbrot** N pan *m* con mantequilla **Butterdose** F mantequera **Buttermilch** F suero *m* de mantequilla
Button M *Mode* insignia *f*; *Internet* botón *m*
Bypass M MED bypass, puente
bzw. (beziehungsweise) respectivamente

C

C N MUS do *m*
Cabrio(let) N descapotable *m*, *Am* convertible *m*
Café N cafetería *f*; café *m*
Callcenter N centro *m* de llamadas
Camcorder M camcorder *m*
campen acampar, hacer camping **Camper(in)** M(F) campista
Camping N camping *m* **Campingausrüstung** F equipo *m* de camping **Campingbus** M autocaravana *f* **Campingplatz** M camping
Cape N capa *f*
Cappuccino M (café) capuchino
Caravan M AUTO caravana *f*
Carport M cochera *f*
Carvingski M carving
Casino N → Kasino
Castingshow F TV programa *m* de talentos
CD F (Compact Disc) CD *m*, disco compacto *m* **CD-Brenner** M grabadora *f* de CD **CD-Player** M (reproductor de) CD **CD-ROM** F CD-ROM *m*, cederrón *m*
CDU F (Christlich-Demokratische Union) Unión Cristiano-Demócrata
CD-Wechsler M cambiador *m* de CD
Cellist(in) M(F) violonc(h)elista
Cello N violonc(h)elo *m*
Celsius N **3 Grad ~** 3 grados centígrados
Cent M (*Eurocent*) céntimo (de euro)
Chalet N chalet *m*
Champagner M champán, champaña
Champignon M champiñón
Chance F oportunidad
Chaos N caos *m*
chaotisch caótico
Charakter M carácter **charakteristisch** característico
charmant encantador
Charme M encanto
Charterflug M vuelo chárter **Chartermaschine** F avión *m* chárter **chartern** fletar
Charts PL lista *f* de éxitos
Chat M IT charla *f* (por internet); chat **Chatroom** M sala *f* de chat **chatten** IT charlar, chatear
Chauvi M *umg pej* machista *m*
checken (*kontrollieren*) revisar, chequear; *umg* (*begreifen*) captar, coger **Check-in** N *bes* FLUG check-in *m*; *v. Gepäck*: facturación *f* **Check-in-Automat** M FLUG máquina *f* de facturación (automática) **Checkliste** F lista de control; FLUG lista de embarque
Chef M jefe **Chef...** IN ZSSGN ... jefe **Chefarzt** M, **Chefärztin**

F médico,-a jefe **Chefin** F jefa **Chefsekretärin** F secretaria de dirección
Chemie F química **Chemiefaser** F fibra sintética
Chemiker(in) M(F) químico,-a **chemisch** químico **Chemotherapie** F, **Chemo** F *fam* quimioterapia
Chiasamen PL semillas *fpl* de chía
Chicorée F endibia
Chiffre F *in Anzeigen* cifra
Chile N Chile *m* **Chilene** M, **Chilenin** F chileno,-a **chilenisch** chileno
chillen *umg* relajarse; *umg* estar de relax
China N China *f* **Chinese** M, **Chinesin** F chino,-a **chinesisch** chino **Chinin** N quinina *f*
Chip M IT chip **Chipkarte** F tarjeta chip
Chips MPL patatas *fpl* fritas
Chirurg M, **Chirurgin** F cirujano,-a **Chirurgie** F cirugía **chirurgisch** quirúrgico
Chlor N cloro *m*
Cholera F cólera *m*
Cholesterin N colesterol *m* **cholesterinfrei** sin colesterol
Chor M coro
Christ M cristiano; (*Christus*) Cristo **Christbaum** M árbol de navidad **Christentum** N cristianismo *m* **Christin** F cristiana **Christkind** N Niño *m* Jesús **christlich** cristiano
Christus M Cristo
Chrom N cromo *m*
chronisch crónico **chronologisch** cronológico
circa aproximadamente; *vor Zahlen* unos
City F centro *m* urbano **Citymaut** F peaje *m* urbano **Citytrip** M → Städtereise
clever *umg* listo, astuto
Clown M payaso
Club M club **Cluburlaub** M vacaciones *fpl* en un complejo turístico
Cockpit N carlinga *f*
Cocktail M cóctel, combinado **Cocktailbar** F coctelería *f* **Cocktail-Shaker** M coctelera *f*
Comic M cómic, tebeo
Compact Disc F → CD
Computer M ordenador, *bes Am* computador(a *f*) *m* **Computerarbeitsplatz** M puesto *m* de trabajo con ordenador **computergesteuert** dirigido por ordenador **computergestützt** asistido por ordenador **Computerprogramm** N programa *m* informático **Computerspiel** N juego *m* de ordenador **Computertisch** M mesa *f* para el ordenador **Computertomografie** F tomografía axial computerizada **Computervirus** M virus informático
Container M contenedor

cool *umg* (*prima*) **(echt) ~** genial; (*ruhig*) tranquilo
Copyshop M copistería *f*
Cord(samt) M pana *f*
Cornflakes PL corn flakes, cereales
Costa Rica N Costa Rica *f*
Costa-Ricaner(in) M(F) costarricense **costa-ricanisch** costarricense
Côte d'Azur F Costa Azul
Couch F sofá *m* **Couchtisch** M mesa *f* de centro
Count-down M cuenta *f* atrás
Coupon M cupón
Cousin M primo **Cousine** F prima
Cowboy M vaquero
Creme F crema **cremig** cremoso
Crew F MAR tripulación *f*
Croissant N/M cruasán *m*
CSU F (Christlich-Soziale Union) Unión Social-Cristiana
Cup M SPORT copa *f*
Curry M/N curry *m*
Cursor M IT cursor **Cursortaste** F IT tecla *f* del cursor

D

D N MUS re *m*
da 1 ADV *örtlich* ahí; allí; aquí; *zeitlich* entonces; **~ drüben** allí; **von ~ an** desde entonces; **~ kommt sie (ja)!** ¡ahí viene! 2 KONJ puesto que, como 3 **~ sein** estar presente; existir; **ich bin gleich wieder ~!** ¡enseguida vuelvo!
dabei además; con todo eso, sin embargo; **~ sein** (*mitmachen*) estar presente; **~ sein etw zu tun** estar haciendo a/c
dableiben quedarse
Dach N tejado *m* **Dachboden** M desván **Dachdecker** M tejador **Dachgepäckträger** M baca *f* **Dachgeschoss** N ático *m* **Dachkammer** F buhardilla
Dachrinne F canalón *m*
dachte → denken
Dachziegel M teja *f*
Dackel M (perro) pachón
dadurch así, de este modo; **~ dass** dado que
dafür por eso; **~ sein** estar en (*od* a) favor de; **ich kann nichts ~** no es culpa mía
dagegen comparado con eso; **~ sein** estar en contra (de); **nichts ~ haben** no tener inconveniente (**zu** en)
daheim en casa **daher** 1 ADV de allí; de ahí 2 KONJ por eso
dahin (hacia) allí; **bis ~** hasta entonces **dahinten** allí detrás
dahinter detrás
damals entonces
Dame F señora; *Karte* caballo *m*; *Schach* reina; **~ spielen** jugar a las damas
Damenbinde F compresa **Damenfriseur** M *Geschäft* pelu-

quería *f* de señoras **Damenmode** F moda de mujer **Damenschuhe** PL zapatos *mpl* de mujer **Damentoilette** F servicio *m* de señoras
damit con es(t)o (*od* ello); KONJ para que
Damm M dique
dämmern *morgens* amanecer; *abends* anochecer **Dämmerung** F alba; crepúsculo *m*
Dampf M vapor **Dampfbad** N baño *m* de vapor, baño *m* turco **Dampfbügeleisen** N plancha *f* de vapor **dampfen** echar vapor; (*E-Zig. rauchen*) vapear
dämpfen amortiguar; *Stimme* bajar; *Licht* atenuar; GASTR cocer al vapor
Dampfer M vapor **Dampfkochtopf** M olla *f* a presión
danach después (de esto), luego
Däne M danés
daneben junto, al lado; (*außerdem*) además
Dänemark N Dinamarca *f* **Dänin** F danesa **dänisch** danés
dank PRÄP (*gen, dat*) gracias a
Dank M gracias *fpl*; agradecimiento; **vielen ~!** ¡muchas gracias!
dankbar agradecido **Dankbarkeit** F gratitud
danke: **~ (schön)!** ¡gracias!
danken dar las gracias (**für** por); agradecer (*a/c*)
dann luego, entonces; **~ und wann** de cuando en cuando
daran de, en, por (eso); **nahe ~ (zu)** por poco ...
darauf encima, sobre ello; **am Tag ~** al día siguiente
daraus de eso; de ahí; **mach dir nichts ~!** ¡no hagas caso!
darf, darfst → dürfen
darin en esto; dentro
Darlehen N préstamo *m*
Darm M intestino **Darmflora** F flora *f* intestinal **Darmgrippe** F gripe intestinal **Darmkrebs** M cáncer del intestino
Darmspiegelung F MED *Dickdarm*: colonoscopia *f*; *Dünndarm*: enteroscopia *f*
darstellen representar; describir; THEAT interpretar **Darsteller(in)** M(F) actor *m*, actriz *f*; *e-r Rolle* intérprete *m/f*
darüber sobre esto; **~ hinaus** *fig* además
darum por esto
darunter (por) debajo; (*zwischen*) entre ello(s)
das ART el, la, lo; PRON esto, eso
Dasein N existencia *f*
dass que
dasselbe lo mismo
Date N *umg* cita *f*; **ein ~ haben** tener una cita
Datei F fichero *m*; archivo *m*
Daten PL datos *mpl* **Datenbank** F banco *m* (*od* base) de datos **Datenschutz** M protección *f* de datos **Datenträger** M soporte (de datos) **Datenverarbeitung** F trata-

miento *m* de datos
datieren fechar
Dativ M dativo
Dattel F dátil *m* **Dattelpalme** F palmera datilera
Datum N fecha *f*
Dauer F duración; **auf die ~** a la larga **Dauerauftrag** M *Bank* orden *f* de pago permanente **dauerhaft** duradero **Dauerkarte** F abono *m*; pase *m* **dauern** durar **dauernd** continuo **Dauerwelle** F permanente
Daumen M pulgar
Daunendecke F edredón *m* **Daunenjacke** F plumífero *m*
davon de ello (*od* esto) **davonlaufen** echar(se) a correr
davor delante (de)
dazu a esto, con esto; para es(t)o; **(noch) ~** además **dazugehören** ser parte de **dazurechnen** añadir, tener en cuenta **dazutun** añadir
dazwischen entre (*od* en medio de) ellos **dazwischenkommen** sobrevenir, ocurrir
DB F (*Deutsche Bahn*) Ferrocarriles *mpl* Alemanes
Debatte F debate *m*
Deck N SCHIFF cubierta *f* **Decke** F manta; (*Zimmerdecke*) techo *m* **Deckel** M tapa *f*, tapadera *f* **decken** cubrir; *Tisch* poner **Deckenlampe** F lámpara de techo **Deckung** F HANDEL cobertura; (*Schutz*) defensa
Decoder M de(s)codificador
defekt defectuoso; deteriorado **Defekt** M defecto
Defibrillator M MED desfibrilador
Definition F definición
Defizit N déficit *m*
deformieren deformar
Defroster M descongelador
Degen M espada *f*
dehnbar extensible, elástico **dehnen** extender, dilatar
Deich M dique
Deichsel F pértigo *m*
dein(e) tu, *pl* tus **deinetwegen** por ti
Deklination F declinación
Dekolleté N escote *m*
Dekorateur(in) M(F) decorador(a) **Dekoration** F decoración **dekorieren** decorar, adornar
Delegation F delegación **Delegierte(r)** M/F(M) delegado,-a *m(f)*
Delfin M delfín
delikat delicado; *Speise* delicioso **Delikatesse** F plato *m* exquisito
Delikt N delito *m*
Delle F abolladura, *umg* bollo *m*
dementieren desmentir
dementsprechend en consecuencia **demnächst** dentro de poco
Demo F *umg* manifestación *f*
Demokrat(in) M(F) demócrata **Demokratie** F democracia **demokratisch** demócrata;

democrático
demolieren demoler
Demonstrant(in) M(F) manifestante **Demonstration** F manifestación **demonstrieren** demostrar; POL manifestarse
demütig humilde **demütigen** humillar **Demütigung** F humillación
Den Haag N La Haya *f*
denkbar imaginable **denken** pensar (**an** *akk* en) **Denkmal** N monumento *m* **denkwürdig** memorable
denn pues; porque; **mehr ~ je** más que nunca
denunzieren delatar
Deo(dorant) N desodorante *m*
Deoroller M desodorante *m* de bola
Deponie F vertedero *m* de basuras, basurero *m* **deponieren** depositar
Depot N depósito *m*
Depression F depresión **deprimiert** deprimido
der ART el; (*welcher*) que, quien
derart tanto, de tal modo
derartig tal, semejante
derb recio; grosero
deren cuyo, cuya **derjenige** el ... (que) **dermaßen** tanto; *vor adj u. adv* tan **derselbe** el mismo
desertieren desertar
deshalb por es(t)o
Design N diseño *m* **Designer(in)** M(F) diseñador(a) **Designermöbel** PL muebles de diseño **Designermode** F moda de diseño
Desinfektionsmittel N desinfectante *m* **desinfizieren** desinfectar
dessen cuyo
Dessert N postre *m*
Dessous PL ropa *f* interior *m*
destillieren destilar **destilliert**: **~es Wasser** agua *f* destilada
desto tanto; **~ mehr** tanto más
deswegen por es(t)o
Detail N detalle *m*
Detektei F agencia de detectives **Detektiv(in)** M(F) detective
deuten interpretar; **~ auf** (*akk*) señalar, indicar **deutlich** claro
Deutlichkeit F claridad
deutsch alemán; **auf Deutsch** en alemán **Deutsche** F alemana **Deutsche(r)** M alemán
Deutschland N Alemania *f*
deutschsprachig de habla alemana
Devise F divisa **Devisen** PL divisas
Dezember M diciembre; **im ~** en diciembre
dezent decente; discreto
DGB M (Deutscher Gewerkschaftsbund) Confederación *f* de Sindicatos Alemanes
d. h. (das heißt) es decir; o sea
Dia N diapositiva *f*
Diabetes M diabetes *f* **Diabetiker(in)** M(F) diabético,-a

Diafilm M película *f* para diapositivas **Diagnose** F diagnóstico *m* **Dialekt** M dialecto **Dialog** M diálogo **Diamant** M diamante **Diapositiv** N diapositiva *f* **Diaprojektor** M proyector de diapositivas
Diät F dieta, régimen *m*; **~ halten** estar a régimen **diätetisch** *Lebensmittel* dietético
dich te; *betont* (a) ti
dicht denso (*a. Verkehr*); espeso; **~ an** *od* **bei** (muy) cerca de, junto a **dichten** hacer versos **Dichter(in)** M(F) poeta **Dichtung** F poesía; TECH junta, *Am* empaque *m*
dick grueso, gordo; (*geschwollen*) hinchado; **~ machen, ~ werden** engordar **Dickdarm** M intestino grueso **Dickicht** N espesura *f* **Dickkopf** M testarudo **dickköpfig** cabezudo, terco **Dickmilch** F cuajada
die ART la; FPL las, *mpl* los
Dieb(in) M(F) ladrón(-ona)
Diebstahl M robo **Diebstahlversicherung** F seguro *m* contra el robo
Diele F (*Gang*) zaguán *m*; *Holzbrett* tablón *m*
dienen servir (**als** de; **zu** para, a) **Diener(in)** M criado,-a
Dienst M servicio; **außer ~** jubilado, MIL retirado; **~ haben, im ~ sein** estar de servicio
Dienstag M martes **dienstags** los martes
dienstbereit *Apotheke* de guardia **dienstfrei** libre (de servicio) **Dienstgrad** M MIL grado **Dienstleistung** F (prestación de) servicio *m*
dienstlich oficial **Dienstreise** F viaje *m* oficial **Dienststelle** F servicio *m*; oficina
diese(r, -s) este, esta, esto; **~** *pl* estos, estas
Diesel(motor) M (motor) Diesel **Dieselöl** N gasóleo *m*, gasoil *m*
diesig calimoso, brumoso
diesjährig de este año **diesmal** esta vez **diesseits** de este lado
Dietrich M ganzúa *f*
Differenz F diferencia
digital digital **Digitalkamera** F cámara digital **Digitaluhr** F reloj *m* digital
Diktat N dictado *m* **Diktator** M dictador **Diktatur** F dictadura **diktieren** dictar **Diktiergerät** N dictáfono *m*
Dill M eneldo
Dimmer M interruptor con regulador
Ding N cosa *f*; objeto *m*; *umg* chisme *m*; **vor allen ~en** ante todo
Dings(da) *umg* **1** N cosa *f*; *umg* chisme **2** M/F fulano,-a
Dinosaurier M, *umg* **Dino** M dinosaurio *m*
Dioptrie F dioptría
Diözese F diócesis
Dip M GASTR salsa *f*; *Am a.* dip
Diplom N diploma *m* **Diplo-**

mat(in) M(F) diplomático,-a **diplomatisch** diplomático
dir te; a ti; **mit ~** contigo
direkt directo **Direktflug** M vuelo directo **Direktion** F dirección **Direktor(in)** M(F) director(a) **Direktübertragung** F transmisión en directo **Direktverbindung** F línea directa
Dirigent(in) M(F) director(a) de orquesta **dirigieren** dirigir
Discounter M supermercado de descuento
Diskjockey M pinchadiscos, disk-jockey
Disko(thek) F disco(teca)
diskret discreto
diskriminieren discriminar **Diskriminierung** F discriminación *f*
Diskus M disco
Diskussion F discusión **diskutieren** discutir
Display N IT display *m*
disqualifizieren descalificar
Distanz F distancia **distanzieren**: **sich ~** distanciarse
Distel F cardo *m*
Disziplin F disciplina
Dividende F dividendo *m* **dividieren** dividir (**durch** por)
DJ M → Diskjockey
DM ABK, **D-Mark** F *hist* marco *m* alemán
doch pues; pero; **~!** ¡que sí!
Docht M mecha *f*, pábilo
Dock N dársena *f*, dique *m*
Dogge F dogo *m*
Doktor(in) M(F) doctor(a)
Doku F ˈDokumentarfilm **Dokument** N documento *m* **Dokumentarfilm** M documental *m* **Dokusoap** F TV docusoap *m*, docudrama *m*
Dolch M puñal
Dollar M dólar
dolmetschen interpretar, hacer de intérprete **Dolmetscher(in)** M(F) intérprete
Dom M catedral *f*
Domain F IT dominio *m*
Dominikanische Republik F República Dominicana
Domino N dominó *m*
Donau F Danubio *m*
Döner M kebab
Donner M trueno **donnern** tronar; **es donnert** está tronando
Donnerstag M jueves **donnerstags** los jueves
doof *umg* tonto
dopen drogar, dopar; **gedopt sein** estar dopado
Doping N doping *m* **Dopingtest** M control *m* antidoping
Doppel N duplicado *m*; SPORT doble *m* **Doppelbett** N cama *f* de matrimonio **Doppelfenster** N doble ventana *f* **Doppelgänger(in)** M(F) doble, sosia **Doppelhaushälfte** F casa adosada **doppelklicken** IT hacer doble clic (**auf** *akk* en)
Doppelpunkt M dos puntos *mpl* **doppelt** doble **Doppelzimmer** N habitación *f* doble

Dorade F *Fisch* dorada *f*
Dorf N pueblo *m*, aldea *f* **Dorfbewohner(in)** M(F) aldeano,-a
Dorn M espina *f*
Dorsch M bacalao
dort ahí, allí **dorthin** (hacia) allí
Dose F caja; (*Konserve*) lata
Dosenbier N cerveza *f* de lata **Dosenmilch** F leche condensada **Dosenöffner** M abrelatas
dosieren dosificar **Dosierer** M dosificador **Dosis** F dosis
Dotter M/N yema *f*
downloaden IT bajar (**aus dem Internet** de la red)
Dozent(in) M(F) profesor(a)
Drache M dragón **Drachen** M (*Papierdrachen*) cometa *f* **Drachenfliegen** N vuelo *m* en ala-delta
Dragee N gragea *f*
Draht M alambre **drahtlos** inalámbrico, sin hilo **Drahtseilbahn** F teleférico *m*
Drama N drama *m* **Dramatiker(in)** M(F) dramaturgo,-a **dramatisch** dramático
dran → daran; **jetzt bin ich ~** me toca a mí
drängen empujar; *fig* atosigar; **die Zeit drängt** el tiempo apremia; **sich ~** agolparse
drankommen *umg* **wer kommt dran?** ¿a quién le toca?
draußen fuera; al aire libre; **nach ~** afuera
Dreck M suciedad *f* **dreckig** sucio
Drehbank F torno *m* **drehbar** giratorio **Drehbuch** N guión *m* **drehen** volver; hacer girar; *Film* rodar; *Zigarette* liar; **sich ~** girar; *fig* tratarse (**um** de) **Drehkreuz** N torniquete *m* **Drehtür** F puerta giratoria **Drehung** F vuelta, giro *m*; rotación **Drehzahlmesser** M AUTO cuentarrevoluciones
drei tres; **~ Viertel** tres cuartos
Drei F tres *m* **Dreibettzimmer** N habitación *f* de tres camas **Dreieck** N triángulo *m*
dreieckig triangular **dreifach** triple **dreihundert** trescientos
dreimal tres veces **dreispurig** de tres carriles
dreißig treinta
dreist atrevido
Dreisternehotel N hotel *m* de tres estrellas **dreistöckig** de tres pisos **dreistündig** de tres horas **dreitägig** de tres días **Dreiviertelstunde** F tres cuartos *mpl* de hora **dreizehn** trece
Dresscode M código *m* de indumentaria **dressieren** amaestrar, adiestrar **Dressur** F doma, adiestramiento *m*
dringen penetrar (**durch, in** *akk* por, en); **~ aus** venir de; **~ bis** llegar hasta **dringend** urgente
drinnen dentro
dritte tercero; **Dritte Welt** Ter-

cer Mundo **Drittel** N tercio *m* **drittens** tercero, en tercer lugar
DRK N (Deutsches Rotes Kreuz) Cruz *f* Roja Alemana
Droge F droga
drogenabhängig drogadicto **Drogenhandel** M narcotráfico **Drogenhändler(in)** M(F) narcotraficante **Drogensucht** F drogadicción **drogensüchtig** drogadicto
Drogerie F droguería
drohen amenazar **drohend** amenazante; *Gefahr* inminente
Drohne F MIL dron *m*, avión *m* teledirigido
dröhnen retumbar, resonar
Drohung F amenaza
drollig chusco; gracioso
Dromedar N dromedario *m*
Drossel F tordo *m*
drüben al otro lado
drüber → darüber
Druck M presión *f*; (*Buchdruck*) imprenta *f*; *Bild* estampa *f* **drucken** imprimir
drücken apretar; *Taste etc a.* pulsar; *Hand* estrechar; (*schieben*) empujar; **sich ~** zafarse (**vor** *dat* de) **drückend** abrumador; *Hitze* sofocante
Drucker M *Person* impresor; *Gerät* impresora *f* **Druckerei** F imprenta **Druckfehler** M errata *f* **Druckknopf** M pulsador, botón; *Kleidung* botón de presión **Druckluft** F aire *m* comprimido
drunter → darunter; **~ und drüber gehen** *umg* estar todo patas arriba
Drüse F glándula
Dschungel M jungla *f*
du tú
Dübel M taco, tarugo
ducken: **sich ~** agazaparse
Dudelsack M gaita *f*
Duell N duelo *m*
Duett N dúo *m*
Duft M perfume, fragancia *f* **duften** oler (**nach** a) **Duftkerze** F vela *f* aromática
dulden tolerar
dumm tonto, estúpido **Dummheit** F estupidez; tontería **Dummkopf** M imbécil
dumpf sordo; *Luft* pesado
Düne F duna
Dünger M abono
dunkel oscuro; *fig* vago; **~ werden** oscurecer; **im Dunkeln** a oscuras **dunkelblau** azul oscuro **dunkelgrün** verde oscuro **Dunkelheit** F oscuridad **dunkelrot** rojo oscuro
dünn delgado; (*fein*) fino; *Kaffee* flojo; *Kleid* ligero **Dünndarm** M intestino delgado
Dunst M neblina *f*; (*Dampf*) vapor, vaho **Dunstabzug** M extractor de humos **dünsten** estofar; rehogar **dunstig** brumoso
Duplikat N duplicado *m*
Dur N modo *m* mayor; **C-~** do mayor
durch por; a través de; (*mittels*)

mediante, por medio de; *zeitlich* durante; MATH entre; **~ und ~** completamente **durchaus** absolutamente; **~ nicht** de ningún modo **durchblättern** hojear **durchblicken**: **~ lassen** hacer entrever
Durchblutung F riego *m* sanguíneo **Durchblutungsstörung** F trastorno *m* circulatorio
durchbohren perforar **durchbrechen** V/T romper; V/I romperse **durchbrennen** ELEK fundirse; *fig* fugarse **durchdenken** pensar bien **durchdrehen** *umg fig* enloquecer **durchdringen** penetrar
durcheinander revuelto; *fig* confuso **Durcheinander** N jaleo *m*, caos *m* **durcheinanderbringen** desordenar; *fig* confundir
durchfahren *durch etw* pasar por
Durchfahrt F paso *m*; puerta **Durchfall** M MED diarrea *f*
durchfallen ser suspendido; THEAT fracasar
durchführen realizar **Durchführung** F realización
Durchgang M paso; **kein ~!** prohibido el paso **Durchgangs...** IN ZSSGN de tránsito **Durchgangsverkehr** M tránsito
durchgebraten bien hecho
durchgehen pasar; **~ lassen** hacer la vista gorda **durchgehend** *Zug* directo; **~ geöffnet** abierto a mediodía; **~e Arbeitszeit** jornada *f* intensiva
durchgeknallt *sl* loco, chiflado
durchhalten resistir **durchkommen** pasar; *Examen* aprobar; *fig* arreglárselas **durchkreuzen** *Pläne* estorbar, contrariar **durchlassen** dejar pasar **durchlässig** permeable, translúcido
durchlaufen pasar; recorrer **Durchlauferhitzer** M calentador continuo
durchlesen recorrer, leer
durchlöchern perforar; agujerear **durchmachen** soportar, sufrir **Durchmesser** M diámetro **durchnässt** mojado, calado **durchqueren** atravesar
Durchreise F **auf der ~** de paso
durchreißen rasgar, romper **Durchsage** F RADIO mensaje *m* personal **durchschauen** mirar (a través de); *fig j-n* verle el juego *a. alg* **durchscheinend** transparente
Durchschlag M (*Sieb*) colador; HANDEL copia *f* **durchschlagen**: **sich ~** defenderse
durchschneiden cortar
Durchschnitt M término medio, promedio; **im ~** por término medio **durchschnittlich** por término medio **Durch-**

schnittsgeschwindigkeit F velocidad media
durchsehen V/I mirar por; V/T examinar, revisar **durchsetzen** conseguir; **s-n Willen ~** *umg* salirse con la suya; **sich ~** imponerse
Durchsicht F revisión, repaso *m* **durchsichtig** transparente
durchsickern filtrarse (*a. fig*)
durchsprechen discutir
durchstreichen borrar, tachar
durchsuchen registrar; *j-n* cachear **Durchsuchung** F registro *m*; cacheo *m*
durchtrieben taimado
durchwachsen *Speck* entreverado, *umg fig* regular
Durchwahl F extensión
durchwandern atravesar a pie **durchweg** sin excepción
durchwühlen revolver
durchzählen recontar
Durchzug M *von Luft* corriente *f* (de aire)
dürfen poder; deber; **darf ich?** ¿puedo?, ¿me permite?; *im Geschäft* **was darf es sein?** ¿qué desea? **durfte** → dürfen
dürftig escaso; (*ärmlich*) pobre
dürr árido; seco; *Person* flaco
Dürre F sequedad; sequía
Durst M sed *f*; **ich habe ~** tengo sed **durstig** sediento
Dusche F ducha **duschen** duchar(se) **Duschgel** N gel *m* de ducha **Duschkabine** F cabina *f* de ducha **Duschvorhang** M cortina *f* de la ducha
Düse F tobera
Dusel M *umg* suerte *f* loca
Düsenflugzeug N avión *m* a reacción, reactor *m*
düster tenebroso; *fig* sombrío
Duty-free-Shop M tienda *f* libre de impuestos
Dutzend N docena *f*
duzen tutear
DVD F (Digital Versatile Disk) DVD *m* **DVD-Brenner** M grabador(a) *m(f)* de DVD **DVD-Player** M (reproductor de) DVD **DVD-Rekorder** M grabador(a) *m(f)* de DVD
Dynamit N dinamita *f*
Dynamo M dínamo *f*

E

E N MUS mi *n*
Ebbe F marea baja
eben[1] ADJ plano; llano
eben[2] ADV justamente; *zeitlich* ahora mismo
Ebene F llanura; TECH plano *m*; POL, *fig* nivel *m*
ebenfalls igualmente
ebenso lo mismo (**wie** que); **~ … wie** tan … como; **~ viel** tanto (**wie** como); **~ wenig** tan poco (**wie** como)
E-Bike N bicicleta *f* eléctrica
ebnen aplanar; allanar (*a. fig*)

E-Book N libro *m* electrónico **E-Book-Reader** M lector *m* de libros digitales
Echo N eco *m*
echt verdadero, auténtico **Echtheit** F autenticidad
Eckball M córner, saque de esquina **Ecke** F esquina; *innen* rincón *m*; **gleich um die ~** a la vuelta de la esquina **eckig** angular, anguloso **Eckzahn** M colmillo
Economyklasse F FLUG clase económica
edel noble **Edelmetall** N metal *m* precioso **Edelpilzkäse** M queso azul **Edelstahl** M acero inoxidable **Edelstein** M piedra *f* preciosa
EDV F (elektronische Datenverarbeitung) informática
Efeu M yedra *f*, hiedra *f*
Effekt M efecto **effektvoll** de gran efecto
EG N ABK → Erdgeschoss
egal igual; **das ist mir ~** me da lo mismo
Egoist(in) M(F) egoista **egoistisch** egoista
ehe antes de (que)
Ehe F matrimonio *m* **Ehebett** N lecho *m* conyugal **Ehebruch** M adulterio **Ehefrau** F esposa **ehelich** conyugal; *Kind* legítimo
ehemalig antiguo; ex...
Ehemann M esposo, marido **Ehepaar** N matrimonio *m*
eher más bien; *zeitlich* antes; **je ~, desto besser** cuanto antes mejor
Ehering M alianza *f* **Eheschließung** F enlace *m* (matrimonial)
Ehre F honor *m*; honra **ehren** honrar; respetar
ehrenamtlich a título honorífico **Ehrenbürger(in)** M(F) hijo *m* predilecto, hija *f* predilecta **Ehrendoktor** M doctor honoris causa **Ehrengast** M invitado de honor **Ehrenwort** N palabra *f* de honor
Ehrfurcht F respeto *m* **ehrfürchtig** respetuoso **Ehrgefühl** N pundonor *m* **Ehrgeiz** M ambición *f* **ehrgeizig** ambicioso
ehrlich sincero; honrado **Ehrlichkeit** F sinceridad
Ehrung F homenaje *m* **ehrwürdig** respetable, venerable
Ei N huevo *m*; **hartes/weiches ~** huevo duro/pasado por agua
Eibe F tejo *m*
Eiche F roble *m* **Eichel** F bellota **Eichhörnchen** N ardilla *f*
Eid M juramento
Eidechse F lagartija
eidesstattlich: **~e Erklärung** F declaración jurada
Eidotter → Eigelb
Eierbecher M huevera *f* **Eierkuchen** M tortilla *f* **Eierlikör** M licor de huevos **Eierschale** F cáscara de huevo **Eierstock** M ovario
Eifer M celo, afán **Eifersucht**

F celos *mpl* **eifersüchtig** celoso (**auf** *akk* de)
eifrig celoso, activo
Eigelb N yema *f* (de huevo)
eigen propio; (*eigentümlich*) peculiar, singular **Eigenart** F peculiaridad **eigenartig** raro, extraño
Eigenbedarf M consumo propio, necesidades *fpl* propias **eigenhändig** *geschrieben* de mi (tu, *etc*) puño y letra **Eigenheim** N casa *f* propia **eigenmächtig** arbitrario **Eigenname** M nombre propio **eigennützig** interesado, egoísta
Eigenschaft F cualidad; característica **eigensinnig** obstinado, terco
eigentlich ADJ verdadero; ADV en el fondo; a decir verdad
Eigentum N propiedad *f* **Eigentümer(in)** M(F) propietario,-a, dueño,-a **Eigentumswohnung** F piso *m* de propiedad
eigenwillig voluntarioso
eignen: **sich ~ für** ser apropiado (*od* adecuado) para **Eignung** F aptitud
Eilbote M **durch ~n** por expreso **Eilbrief** M carta *f* urgente **Eile** F prisa; **ich bin in ~** tengo prisa **eilen** correr; *etw* correr prisa, ser urgente **eilig** apresurado; (*dringend*) urgente; **es ~ haben** tener prisa, *Am a.* estar apurado **Eilzug** M rápido
Eimer M cubo, *Am* balde

ein, **einer**, **eine** un, uno, una; **~ für allemal** una vez para siempre; **~ Uhr** la una
einander uno(s) a otro(s)
einarbeiten: **sich ~** familiarizarse (**in** *akk* con)
Einäscherung F incineración
einatmen aspirar, inspirar
Einbahnstraße F calle de dirección única **Einband** M encuadernación *f*, tapa *f*
einbauen montar, instalar; *in die Wand* empotrar **Einbauküche** F cocina funcional **Einbauschrank** M armario empotrado
einbehalten retener
einberufen *Sitzung* convocar
einbeziehen incluir **einbiegen** torcer, *Am a.* girar, voltear (**nach** a)
einbilden: **sich** *etw* **~** imaginarse; *fig* presumir (**auf** *akk* de) **Einbildung** F imaginación; *fig* presunción
einbrechen robar; escalar **Einbrecher** M(F) ladrón
einbringen *Nutzen* producir, rendir; POL *Antrag* presentar; **sich ~ (in** *akk*) participar (en), contribuir (a, en)
Einbruch M robo con fractura; **bei ~ der Nacht** al anochecer
einbürgern naturalizar **einbüßen** perder **einchecken** *Gepäck* facturar; *Person* embarcar **eindecken**: **sich ~ mit** abastecerse de **eindeutig** inequívoco, claro

eindringen penetrar (en) **eindringlich** insistente **Eindringling** M intruso
Eindruck M impresión *f* **eindrücken** *Scheibe* romper; *Tür* forzar **eindrucksvoll** impresionante
eine → ein
eineiig *Zwillinge* idénticos **eineinhalb** uno y medio
einerlei: **es ist ~** es lo mismo **einerseits** por un lado
einfach sencillo; simple; fácil; *Fahrkarte* de ida
einfahren V/I entrar (**in** *akk* en); V/T AUTO rodar **Einfahrt** F entrada
Einfall M idea *f*; MIL invasión *f* **einfallen** *Haus etc* derrumbarse; MIL invadir (**in** *akk*); *fig* ocurrirse; **es fällt mir ein** se me ocurre; **was fällt dir ein!** ¡cómo te atreves!
Einfamilienhaus N casa *f* unifamiliar
einfarbig unicolor; *Stoff* liso **einfetten** engrasar **einfinden**: **sich ~** personarse, acudir **einflößen** infundir
Einfluss M influencia *f*, influjo **einflussreich** influyente
einförmig uniforme; monótono **einfrieren** congelar
Einfuhr F importación
einführen introducir; *Mode etc a.* lanzar; *j-n* iniciar (**in** *akk* en); HANDEL importar
Einfuhrgenehmigung F permiso *m* de importación
Einführung F introducción
Einfuhrverbot N prohibición *f* de importar **Einfuhrzoll** M derechos *mpl* de importación
Eingabe F instancia, solicitud; IT entrada **Eingang** M entrada *f*; ingreso; HANDEL llegada *f* **Eingangstür** F entrada
eingeben IT introducir
eingebildet imaginario; *Person* presumido
Eingebung F inspiración
eingehen V/T *Verpflichtung* contraer; *Wette* hacer; V/I *Brief* llegar; *Geld* ingresar; *Pflanze, Tier* morirse; *Kleidung* encogerse **eingehend** detallado; ADV a fondo
Eingemachte(s) N conservas *fpl*
eingeschnappt *umg* picado **eingeschneit**: **~ sein** quedar aislado por la nieve **eingeschrieben** *Brief* certificado, *Am* registrado **eingeschweißt** *Bücher etc* envuelto en plástico; en blíster **eingestehen** confesar, reconocer **eingewöhnen**: **sich ~** aclimatarse
eingießen echar; verter **eingliedern** incorporar, integrar **eingreifen** intervenir **Eingriff** M intervención *f* (*a.* MED) **einhalten** *Regel* cumplir con; *Frist* observar
einheimisch nacional, del país **Einheimische(r)** M/F(M) nativo,-a

Einheit F unidad; (*Ganzes*) conjunto *m*; TEL paso *m* **einheitlich** uniforme **Einheitspreis** M precio único
einholen alcanzar; *Versäumtes* recuperar **einhüllen** envolver
einig unido; **sich ~ sein** estar de acuerdo
einige unos, algunos; **~ Mal** algunas veces; **~ Zeit** algún tiempo
einigen: **sich ~** ponerse de acuerdo (**über** *akk* sobre)
einigermaßen más o menos
einiges algo
Einigkeit F unión **Einigung** F acuerdo *m*
einjährig de un año
einkalkulieren tener en cuenta
Einkauf M compra *f* **einkaufen** comprar; **~ gehen** ir de compras
Einkaufsbummel: **e-n ~ machen** ir de tiendas **Einkaufspassage** F galería comercial, pasaje *m* comercial **Einkaufswagen** M carrito de compra **Einkaufszentrum** N centro *m* comercial
einkehren entrar **einklammern** poner entre paréntesis
einklemmen apretar; *Finger* coger(se)
Einkommen N ingresos *mpl*
Einkommensteuer F impuesto *m* sobre la renta
einladen invitar; *Güter* cargar
Einladung F invitación
Einlage F FIN imposición; *im Schuh*) plantilla (ortopédica)
Einlass M entrada *f*; admisión *f*
einlassen dejar entrar; **sich ~ auf** (*akk*) meterse en
einlaufen llegar, entrar; *Stoff, Hose* encogerse
einleben: **sich ~** aclimatarse
einlegen poner (*a. Gang*); GASTR adobar; escabechar; *Haare* marcar **Einlegesohle** F plantilla
einleiten iniciar, entablar; introducir **einleitend** preliminar **Einleitung** F introducción
einleuchtend obvio, evidente
einliefern MED ingresar (en el hospital), hospitalizar **Einlieferung** F ingreso *m*, hospitalización
einloggen IT (*a.* **sich ~**) conectarse (**in** *akk* a)
einlösen *Bon, Scheck* cobrar; *fig* cumplir
einmal una vez; (*künftig*) un día; **auf ~** de una vez; (*plötzlich*) de repente; **nicht ~** ni siquiera; **noch ~** otra vez **Einmaleins** N tabla *f* de multiplicar **einmalig** único (*a. fig*)
einmischen: **sich ~** meterse, mezclarse (**in** *akk* en) **Einmischung** F injerencia
einmünden desembocar
Einnahme F ingreso *m*; recaudación; MED, MIL toma
einnehmen *Stelle, Platz* ocupar; MED, MIL tomar; *Geld* co-

brar; recaudar
einölen engrasar **einordnen** clasificar; AUTO **sich ~** tomar su fila **einpacken** empaquetar, embalar, *Am* empacar **einparken** aparcar **einpflanzen** plantar **einplanen** prever **einprägen** estampar; grabar (*a. fig*); **sich etw ~** grabarse a/c en la memoria **einquartieren** alojar **einrahmen** enmarcar **einräumen** colocar (en su sitio); (*zugeben*) admitir **einreden** hacer creer **einreiben** friccionar, frotar
Einreise F entrada **Einreiseformalitäten** PL requisitos *mpl* de entrada **einreisen** entrar **Einreisevisum** N visado *m*, *Am* visa *f* de entrada
einreißen rasgar; *fig* extenderse **einrenken** MED reducir
einrichten establecer, instalar; organizar; *Wohnung* decorar; amueblar; **es so ~, dass** hacer de modo que **Einrichtung** F organización; institución; instalación; (*Wohnungseinrichtung*) mobiliario *m*
eins uno **Eins** F uno *m*
einsam solo; solitario; *Ort* aislado **Einsamkeit** F soledad
einsammeln recoger
Einsatz M empleo; misión *f*; *Spiel* puesta *f*; MUS entrada *f*
einscannen IT escanear
einschalten ELEK poner, encender; TECH conectar; poner en marcha; *j-n* acudir a; **sich ~** intervenir **Einschaltquote** F TV índice *m* de audiencia
einschätzen valorar; apreciar
einschicken enviar, mandar
einschieben interponer; intercalar
Einschiffung F embarque *m*
einschlafen dormirse; *Glied* entumecerse; **nicht ~ können** no poder conciliar el sueño **einschläfern** adormecer; MED dormir a *alg*; *Tier* matar (con narcótico) **einschlagen** V/T romper; *Nagel* clavar; *Weg* tomar; seguir; V/I *Blitz* caer; *Geschoss* hacer impacto, *a. fig* impactar **einschleppen** *Krankheit* introducir (**in** *akk* en)
einschließen encerrar; *fig* comprender, incluir **einschließlich** inclusive, incluido
einschmuggeln introducir de contrabando; **sich ~** colarse
einschneidend *fig* radical, drástico **Einschnitt** M corte; (*Kerbe*) muesca *f*; *fig* momento crucial
einschränken limitar, restringir; **sich ~** *finanziell* reducir los gastos **Einschränkung** F limitación, restricción; **ohne ~** sin reservas
einschreiben: **sich ~** inscribirse; *Kurs a.* matricularse **Einschreiben** N carta *f* certificada (*Am* registrada) **Einschreibung** F inscripción; matrícula
einschreiten intervenir **ein-**

schüchtern intimidar **einsehen** comprender; *Irrtum* reconocer; *Akten* ver, examinar **einseitig** parcial; POL unilateral
einsenden remitir, enviar **Einsendeschluss** M cierre de admisión
einsetzen V/T instituir; constituir; *j-n* instalar, designar; (*verwenden*) emplear; V/I empezar; MUS entrar; **sich ~ für** abogar por
Einsicht F *fig* comprensión **einsichtig** razonable
Einsiedler M ermitaño **einsparen** ahorrar **einsperren** encerrar; *ins Gefängnis* encarcelar **einspringen** sustituir (**für j-n** a alg)
Einspruch M protesta *f*; reclamación *f*; **~ erheben** protestar
einspurig *Straße* de un (solo) carril
einstecken poner, meter **einstehen** responder (**für** de) **einsteigen** subir
einstellen TECH regular, ajustar; *Arbeiter* contratar; (*aufhören*) suspender (*a. Zahlung*); cesar, parar; **sich ~ auf** (*akk*) prepararse para **Einstellung** F *e-s Geräts* regulación, ajuste *m*; *von Personal* contratación; (*Beendigung*) suspensión; *fig* (*Ansichten*) actitud
Einstieg M entrada *f*
einstimmig *fig* unánime **einstöckig** de un piso **einstufen** clasificar **Einsturz** M derrumbamiento **einstürzen** derrumbarse, hundirse
einstweilen por lo pronto **einstweilig** provisional; JUR interino
eintägig de un día
eintauchen remojar; sumergir **eintauschen** cambiar, trocar (**gegen** por) **einteilen** dividir; clasificar; *Zeit* disponer
einteilig de una pieza
Einteilung F división; clasificación; organización
eintönig monótono **Eintopf** M cocido **eintragen** inscribir, registrar **einträglich** lucrativo **Eintragung** F inscripción; registro *m* **eintreffen** llegar; *fig* cumplirse **eintreten** entrar; *fig* ingresar; (*passieren*) suceder; **~ für** abogar por
Eintritt M entrada *f*; **~ frei** entrada gratuita **Eintrittskarte** F entrada **Eintrittspreis** M precio de entrada
einverstanden: **~ sein mit** estar conforme (*od* de acuerdo) con **Einverständnis** N conformidad *f*; consentimiento *m*
einwählen: **sich ~ (in** *akk*) conectarse (a)
Einwand M objeción *f*
Einwanderer(in) M(F) inmigrante **einwandern** inmigrar **Einwanderung** F inmigración
einwandfrei impecable
Einwegflasche F botella no retornable **Einwegspritze** F

jeringuilla de un solo uso **Einwegverpackung** F embalaje *m* de un solo uso
einweichen remojar **einweihen** inaugurar; iniciar (**in** *etw akk* en) **Einweihung** F inauguración **einwenden** objetar (**gegen** a) **einwerfen** *Brief* echar; *Münze* introducir
einwickeln envolver **Einwickelpapier** N papel *m* de embalar
einwilligen consentir **Einwilligung** F consentimiento *m*
einwirken influir (**auf** *akk* en)
Einwohner(in) M(F) habitante **Einwohnermeldeamt** N oficina *f* de empadronamiento
Einwurf M objeción *f*; SPORT saque de banda
Einzahl F GRAM singular *m* **einzahlen** pagar, ingresar **Einzahlung** F pago *m*, ingreso *m* **Einzahlungsschein** M resguardo de ingreso
einzäunen cercar, vallar **Einzäunung** F cerca, vallado *m*
Einzel N SPORT individual *m* **Einzelbett** N cama *f* individual **Einzelfall** M caso aislado **Einzelgänger(in)** M(F) solitario,-a **Einzelhandel** M comercio al por menor **Einzelheit** F detalle *m* **Einzelkabine** F camarote *m* individual **Einzelkind** N hijo *m* único
einzeln solo, singular; suelto; **im Einzelnen** en detalle; **jeder Einzelne** cada uno
Einzelzimmer N habitación *f* individual
einziehen V/T *Gelder* cobrar; *Steuer* recaudar; MIL llamar a filas; V/I instalarse
einzig único, solo; **~ und allein** únicamente **einzigartig** único, singular
Einzimmerwohnung F estudio *m* **Einzug** M entrada *f*; *Wohnung* instalación *f* (en)
Eis N hielo *m*; (*Speiseeis*) helado *m* **Eisbahn** F pista de hielo **Eisbär** M oso blanco **Eisbecher** M copa *f* de helado **Eisberg** M iceberg **Eisbergsalat** M lechuga *f* iceberg **Eiscafé** N, **Eisdiele** F heladería *f*
Eisen N hierro *m*
Eisenbahn F ferrocarril *m* **Eisenbahnlinie** F vía férrea
eisern de hierro, (*a. fig*) férreo
eisgekühlt helado **Eishockey** N hockey *m* sobre hielo **eisig** glacial (*a. fig*) **Eiskaffee** M café con helado, blanco y negro **eiskalt** helado, glacial **Eis(kunst)lauf** M patinaje (artístico) sobre hielo **eislaufen** patinar sobre hielo **Eisläufer(in)** M(F) patinador(a) **Eisschnelllauf** M patinaje de velocidad **Eisschrank** M nevera *f* **Eistee** M té frío **Eisverkäufer(in)** M(F) heladero,-a **Eiswürfel** M cubito de hielo **Eiszapfen** M canelón, carámbano **Eiszeit** F período *m* glacial
eitel vanidoso **Eitelkeit** F va-

nidad
Eiter M pus **eitern** supurar **eitrig** purulento
Eiweiß N clara *f* de huevo; CHEM proteína *f*
Ekel M asco **ekelhaft** asqueroso **ekeln** dar asco, repugnar
EKG N (Elektrokardiogramm) E.C.G. *m*
Ekzem N eczema *m*
elastisch elástico
Elbe F Elba *m*
Elch M alce
Elefant M elefante
elegant elegante **Eleganz** F elegancia
Elektriker(in) M(F) electricista **elektrisch** eléctrico **Elektrizität** F electricidad
Elektroauto N coche *m* eléctrico **Elektrogerät** N electrodoméstico *m* **Elektrogeschäft** N tienda *f* de electrodomésticos **Elektroherd** M cocina *f* eléctrica **Elektrokardiogramm** N electrocardiograma *m*
Elektronik F electrónica **elektronisch** electrónico **Elektrotechnik** F electrotecnia
Element N elemento *m* **elementar** elemental
elend miserable, mísero **Elend** N miseria *f* **Elendsviertel** N barrio *m* pobre
elf once
Elf F once *m* (*a.* SPORT)
Elfenbein N marfil *m* **Elfenbeinküste** F Costa de Marfil
Elfmeter M penalty
Ell(en)bogen M codo
Elsass N Alsacia *f*
Elster F urraca, picaza
Eltern PL padres *mpl* **Elterngeld** N subsidio por maternidad *bzw* paternidad **elternlos** huérfano **Elternzeit** F permiso *m* parental
Email N esmalte *m*
E-Mail F correo *m* electrónico; correo-e *m*; **per ~** por correo electrónico **E-Mail-Account** M cuenta *f* de correo electrónico **E-Mail-Adresse** F dirección *f* de correo electrónico
Emaille F esmalte *m* **emaillieren** esmaltar
Emanzipation F emancipación **emanzipiert** emancipado
Embargo N embargo *m*
Empfang M recepción *f* (*a.* RADIO, *Hotel*); HANDEL recibo; (*Aufnahme*) acogida *f* **empfangen** recibir; acoger
Empfänger(in) M(F) destinatario,-a; TECH receptor **empfänglich** sensible, susceptible (**für** a) **empfängnisverhütend**: **~es Mittel** N anticonceptivo *m* **Empfängnisverhütung** F anticoncepción
Empfangsbestätigung F acuse *m* de recibo **Empfangschef(in)** M(F) jefe (jefa) de recepción
empfehlen recomendar
empfehlenswert recomen-

dable **Empfehlung** F recomendación
empfinden sentir; considerar (**als** como) **empfindlich** sensible; susceptible **Empfindlichkeit** F sensibilidad **Empfindung** F sentimiento *m*; sensación
empörend escandaloso **empört** indignado, escandalizado **Empörung** F indignación
emsig asiduo
Ende N *zeitlich* fin *m*; final *m*; *örtlich* extremo *m*; cabo *m*; **~ April** a fines de abril; **am ~** al final; **zu ~ gehen** acabar(se), tocar a su fin **enden** acabar(se); terminar(se)
Endergebnis N resultado *m* final **endgültig** definitivo
Endivie(nsalat) F(M) escarola *f*
Endlagerung F almacenamiento *m* final **endlich** ADV finalmente, por (*od* al) fin **endlos** infinito; inacabable **Endspiel** N final *f* **Endspurt** M SPORT recta *f* final **Endstand** M SPORT resultado **Endstation** F final **Endung** F GRAM terminación
Energie F energía **Energie...** IN ZSSGN energético **Energiespar...** IN ZSSGN ... de bajo consumo **Energieversorgung** F abastecimiento *m* energético
energisch enérgico
Energydrink M bebida *f* energética, bebida *f* energizante
eng estrecho; *Freund* íntimo; **~ anliegend** *Kleid* ceñido, ajustado; **~er machen** estrechar
Enge F estrechez; **in die ~ treiben** poner entre la espada y la pared
Engel M ángel
England N Inglaterra *f* **Engländer(in)** M(F) inglés(-esa)
englisch inglés
Engpass M desfiladero; *fig* cuello de botella **engstirnig** estrecho de miras
Enkel(in) M(F) nieto,-a
enorm enorme
Ensemble N THEAT compañía *f*; *Kleid*, *a. fig* conjunto *m*
entbehren carecer de; (*vermissen*) echar de menos; **nicht ~ können** no poder pasar sin **entbehrlich** prescindible
Entbindung F alumbramiento *m*, parto *m*
entdecken descubrir **Entdecker** M descubridor **Entdeckung** F descubrimiento *m*; *fig* revelación
Ente F pato *m*; *fig* bulo
enteignen expropiar **Enteignung** F expropiación
enterben desheredar **entfallen** *fig* olvidarse; *Anteil* recaer (**auf** *akk* en) **entfalten** desplegar; *fig* **sich ~** desarrollarse
entfernen: (**sich**) **~** alejar(se), apartar(se) **entfernt** apartado; lejano **Entfernung** F distancia
entfremden: **sich ~** distanciarse

entführen raptar; secuestrar **Entführer(in)** M(F) secuestrador(a) **Entführung** F secuestro *m*
entgegen en contra de **entgegengehen** *j-m* ir al encuentro de **entgegengesetzt** (*dat*) opuesto, contrario **entgegentreten** *j-m* hacer frente a
entgehen escapar de; *fig* **sich** (*dat*) **etw (nicht) ~ lassen** (no) perderse a/c
Entgelt N remuneración *f*
entgleisen *Zug* descarrilar
Enthaarungscreme F depilatorio *m*
enthalten contener; **sich ~** abstenerse de **enthaltsam** abstinente, abstemio
enthüllen revelar; *Denkmal* descubrir **Enthüllung** F revelación
Enthusiasmus N entusiasmo **enthusiastisch** entusiasta
entkalken descalcificar **entkoffeiniert** descafeinado
entkommen escaparse **entkorken** descorchar **entladen** descargar
entlang a lo largo de **entlanggehen**: (**an** *dat*) **etw ~** pasar por a/c, caminar a lo largo de a/c
entlarven desenmascarar
entlassen despedir; *Häftling* poner en libertad; MED dar de alta **Entlassung** F despido *m*; MED alta
entlasten descargar; *Verkehr* descongestionar **Entlastung** F descargo *m*; descongestión
entlegen remoto
entlüften ventilar **entmündigen** poner bajo tutela **entmutigen** desanimar, desalentar **entnehmen** sacar, tomar (**aus** de); *fig* concluir **entrahmt** descremada, desnatada
entrüsten: **sich ~** indignarse **Entrüstung** F indignación
Entsafter M licuadora *f*
entschädigen indemnizar; compensar **Entschädigung** F indemnización; compensación
entscheiden: **(sich) ~** decidir(se) **entscheidend** decisivo **Entscheidung** F decisión
entschlacken *den Organismus* desintoxicar
entschließen: **sich ~** decidirse, resolverse (**zu** a)
entschlossen resuelto, decidido **Entschlossenheit** F resolución
Entschluss M decisión *f*, resolución *f*; **e-n ~ fassen** tomar una decisión
entschuldigen disculpar, excusar; perdonar; **sich ~** excusarse; **~ Sie!** ¡perdone! **Entschuldigung** F excusa; disculpa; **~!** ¡perdón!
Entsetzen N horror *m*, espanto *m* **entsetzlich** horrible, espantoso **entsetzt** horrorizado

entsorgen eliminar **Entsorgung** F eliminación de desechos
entspannen: **sich ~** relajarse **Entspannung** F relajación; POL distensión
entsprechen corresponder a **entsprechend** correspondiente **Entsprechung** F correspondencia, equivalente *m*
entstehen originarse, formarse **Entstehung** F formación; origen *m*
entstellen desfigurar
enttäuschen desilusionar, decepcionar, desengañar **Enttäuschung** F desengaño *m*, decepción; desilusión
entwaffnen desarmar
Entwässerung F drenaje *m*
entweder: **~ ... oder** o ..., o
entweihen profanar **entwerfen** esbozar; diseñar; *Plan* trazar
entwerten depreciar; *Briefmarke* inutilizar; *Fahrschein* cancelar **Entwerter** M canceladora *f* de billetes
entwickeln desarrollar; FOTO revelar, *Am* desarrollar; **sich ~** desarrollarse **Entwickeln** N FOTO revelado *m* **Entwicklung** F desarrollo *m*; evolución **Entwicklungshelfer(in)** M(F) cooperante **Entwicklungsland** N país *m* en vías de desarrollo
entwirren desembrollar; desenredar **entwischen** *umg* escabullirse **Entwurf** M proyecto; bosquejo; borrador
entziehen quitar, retirar; **sich ~** (*gen*) sustraerse de (*od* a) **Entziehungskur** F cura de desintoxicación
entziffern descifrar
entzückend encantador **entzückt** encantado (**von** de)
Entzug M retirada *f* **Entzugserscheinungen** FPL síndrome *m* de abstinencia
entzünden inflamar; *a. fig* encender; **sich ~** *a.* MED inflamarse **Entzündung** F MED inflamación
entzwei roto **entzweigehen** romperse
Enzian M genciana *f*
Enzym N enzima *m od f*
Epidemie F epidemia
Epilepsie F epilepsia **Epileptiker(in)** M(F) epiléptico,-a
Episode F episodio *m*
Epoche F época
Epos N epopeya *f*
er él; **~ selbst** él mismo
Erachten N **meines ~s** a mi parecer
erbarmen: **sich ~** (*gen*) compadecerse de **Erbarmen** N compasión *f* **erbärmlich** miserable; deplorable **erbarmungslos** despiadado
Erbe **1** N herencia *f* **2** M heredero **erben** heredar
erbeuten capturar
Erbfolge F sucesión **Erbin** F heredera

erbitten solicitar, pedir **erbittert** *Person* exasperado; *Kampf* encarnizado **erblassen** palidecer **erblich** hereditario **erblicken** divisar, ver **erblinden** quedar ciego **erbost** furioso **erbrechen**: **(sich)** ~ vomitar; **Erbrechen** *n* vómito *m* **Erbschaft** F herencia **Erbschaftssteuer** F impuesto *m* sobre sucesiones **Erbse** F guisante *m*, *Am* arveja **Erdapfel** M *österr* patata, *Am* papa **Erdball** M globo terráqueo **Erdbeben** N terremoto *m*, seísmo *m* **Erdbeere** F fresa, fresón *m*; *Am* frutilla **Erdboden** M suelo, tierra *f* **Erde** F tierra **erden** ELEK conectar a tierra **Erdgas** N gas *m* natural **Erdgeschoss** N piso *m* bajo; planta *f* baja **Erdkunde** F geografía **Erdnuss** F cacahuete *m*, *Am a.* maní *m* **Erdöl** N petróleo *m* **erdrücken** aplastar **erdrückend** abrumador, aplastante **Erdrutsch** M desprendimiento de tierras **Erdteil** M continente **erdulden** sufrir, soportar **E-Reader** M lector *m* de libros electrónicos, e-reader *m* **ereifern**: **sich** ~ acalorarse **ereignen**: **sich** ~ suceder, ocurrir **Ereignis** N suceso *m*, acontecimiento *m*, evento *m* **Erektion** F erección **erfahren** **1** V/T saber, enterarse de **2** ADJ experimentado, versado **Erfahrung** F experiencia (**aus** por) **erfassen** registrar; (*verstehen*) comprender **erfinden** inventar **Erfinder(in)** M(F) inventor(a) **erfinderisch** ingenioso **Erfindung** F invención; invento *m* **Erfolg** M éxito; resultado; **viel** ~! ¡mucha suerte! **erfolgen** suceder; efectuarse **erfolglos** sin éxito **erfolgreich** exitoso; ADV con éxito **erforderlich** necesario, preciso **erfordern** requerir, exigir **erforschen** explorar, investigar **erfreuen** alegrar **erfreulich** agradable **erfreut** encantado; **sehr** ~! ¡mucho gusto! *od* ¡encantado,-a! **erfrieren** morir de frío **erfrischen**: **(sich)** ~ refrescar(se) **erfrischend** refrescante **Erfrischung** F refresco *m* **Erfrischungs...** IN ZSSGN ... refrescante **erfüllen** cumplir; corresponder a; *fig* llenar (**mit** de); **sich** ~ realizarse, cumplirse **Erfüllung** F cumplimiento *m*, realización **ergänzen** completar **Ergänzung** F complemento *m* **ergeben** dar (por resultado); arrojar; **sich** ~ resultar (**aus**

de); MIL rendirse
Ergebnis N resultado *m* **ergebnislos** sin resultado; infructuoso
ergreifen coger; *Am* agarrar; *fig* tomar; (*rühren*) emocionar **ergreifend** emocionante **ergriffen** conmovido
erhaben sublime
erhalten obtener, recibir; (*bewahren*) mantener, conservar; **gut ~** en buen estado **erhältlich** en venta
erhängen: **sich ~** ahorcarse
erheben levantar; *Steuern* recaudar; **sich ~** levantarse; POL sublevarse **erheblich** considerable **Erhebung** F GEOG elevación; POL insurrección; *von Gebühren* cobro *m*
erheitern divertir **erhellen** iluminar **erhitzen** calentar
erhöhen elevar, aumentar **Erhöhung** F subida, aumento *m*
erholen: **sich ~** descansar, reposar; MED recuperarse; **~ Sie sich gut!** ¡que se recupere! **Erholung** F recreo *m*, descanso *m*; MED recuperación
erinnern: **j-n an etw ~** recordar a/c a alg; **sich ~** acordarse (**an** *akk* de) **Erinnerung** F recuerdo *m*; **zur ~ an** (*akk*) en memoria de
erkälten: **sich ~** resfriarse, constiparse **Erkältung** F resfriado *m*, constipado *m*
erkennen reconocer (**an** *dat* por) **Erkenntnis** F (re)conocimiento *m* **Erkennungszeichen** N distintivo *m*
Erker M mirador
erklären explicar; (*äußern*) declarar, manifestar **erklärlich** explicable **Erklärung** F explicación; declaración
erklingen (re)sonar
erkranken enfermar, caer enfermo **Erkrankung** F enfermedad
erkunden explorar **erkundigen**: **sich ~** informarse (**nach** de, sobre) **Erkundigung** F información
Erlass M decreto **erlassen** *Gesetz* emitir; promulgar; *j-m etw* dispensar de; *Strafe* condonar
erlauben permitir **Erlaubnis** F permiso *m*, autorización
erläutern explicar **Erläuterung** F aclaración, explicación
Erle F aliso *m*
erleben vivir, ver; experimentar **Erlebnis** N aventura *f*; experiencia *f*; vivencia *f* **Erlebnispark** M parque de atracciones
erledigen arreglar; despachar, ejecutar **erledigt** *umg fig* hecho polvo **Erledigung** F tramitación; (*Besorgung*) compra
erleichtern facilitar; aliviar **Erleichterung** F alivio *m*; **~en** *pl* facilidades
Erlös M producto, beneficio
erlöschen apagarse; *fig* expirar, extinguirse
erlösen salvar **Erlöser** M REL

Redentor **Erlösung** F liberación; REL redención **ermächtigen** autorizar **Ermächtigung** F autorización **ermahnen** amonestar, exhortar **Ermahnung** F amonestación, advertencia **ermäßigen** reducir, rebajar **Ermäßigung** F reducción, rebaja **ermitteln** averiguar; JUR indagar **Ermittlung** F averiguación; **~en** *pl* indagaciones **ermöglichen** posibilitar **ermorden** asesinar **Ermordung** F asesinato *m* **ermüden** V/T cansar; V/I fatigarse **Ermüdung** F cansancio *m* **ermuntern**, **ermutigen** animar, alentar **ermutigend** alentador **ernähren** alimentar **Ernährung** F alimentación **ernennen** nombrar **Ernennung** F nombramiento *m* **erneuerbar** renovable, recuperable **erneuern** renovar **Erneuerung** F renovación **erneut** de nuevo **erniedrigen** envilecer; degradar **ernst** serio; grave; **~ nehmen** tomar en serio **Ernst** M seriedad *f*; **im ~** en serio **Ernstfall** M **im ~** en caso de urgencia **ernsthaft**, **ernstlich** serio, grave **Ernte** F cosecha **ernten** cosechar (*a. fig*), recolectar **ernüchtern** desencantar **Ernüchterung** F desencanto *m* **Eroberer** M conquistador **erobern** conquistar; tomar **Eroberung** F conquista; toma **eröffnen** abrir **Eröffnung** F apertura; inauguración **erörtern** discutir **Erotik** F erotismo *m* **erotisch** erótico **erpressen** extorsionar; hacer chantaje (a) **Erpresser(in)** M(F) chantajista **Erpressung** F chantaje *m*; extorsión **erproben** probar, ensayar **erraten** acertar, adivinar **erregen** excitar; irritar **Erreger** M MED agente patógeno **erregt** excitado; irritado **Erregung** F excitación; emoción **erreichbar** asequible; realizable **erreichen** alcanzar; lograr, conseguir; *Ort* llegar a **errichten** levantar, erigir **Ersatz** M re(e)mplazo, sustitución *f*; *Geld* compensación *f* **Ersatz...** IN ZSSGN de recambio, de repuesto **Ersatzmann** M suplente **Ersatzrad** M rueda *f* de repuesto **Ersatzspieler(in)** M(F) suplente **Ersatzteil** N (pieza *f* de) recambio *m* **erscheinen** aparecer; JUR comparecer; *Buch etc* publicarse **Erscheinung** F aparición (*a. Geist*); fenómeno *m* **erschießen** fusilar **erschlagen** matar (a golpes) **erschließen** *Markt* abrir; *Ge-*

lände urbanizar
erschöpfen cansar; agotar **erschöpfend** agotador; *fig* exhaustivo **erschöpft** agotado **Erschöpfung** F agotamiento *m*; extenuación
erschrecken V/T (*v/i*) asustar(se), espantar(se) **erschreckend** espantoso, alarmante **erschrocken** asustado
erschüttern sacudir; *fig* conmover **Erschütterung** F sacudida; conmoción
erschweren dificultar
ersetzen re(e)mplazar, sustituir; *Kosten* re(e)mbolsar; *Schaden* reparar
ersparen ahorrar (*a. fig*) **Ersparnisse** FPL ahorros *mpl*, economías
erst primero; (*vorher*) antes; ~ **gestern** sólo ayer
erstarrt *fig* estupefacto; *vor Kälte* transido
erstatten *Auslagen* re(e)mbolsar; **Anzeige** ~ poner una denuncia (**gegen** contra); **Bericht** ~ informar
Erstaufführung F estreno *m*
Erstaunen N asombro *m* **erstaunlich** sorprendente, asombroso **erstaunt** asombrado
erste(r, -s) primer(o), primera; **am ~n Juni** el primero de junio; **fürs Erste** de momento; **zum ~n Mal** por primera vez
erstechen acuchillar
erstens en primer lugar
ersticken asfixiar(se); *fig* sofocar
erstklassig de primera clase (*od* categoría) **erstmals** por primera vez
erstreben aspirar a, ambicionar **erstrebenswert** deseable
ertappen sorprender
erteilen dar; conferir
ertönen (re)sonar
Ertrag M rendimiento **ertragen** soportar; **nicht zu** ~ insoportable, inaguantable **erträglich** soportable
ertränken ahogar **ertrinken** ahogarse **erübrigen**: **sich** ~ no ser necesario
erwachen despertarse
erwachsen adulto, mayor (de edad) **Erwachsene(r)** M/F(M) adulto,-a
erwähnen mencionar **Erwähnung** F mención
erwarten esperar **Erwartung** F espera, esperanza
erweitern ensanchar; *fig* ampliar, extender
Erwerb M adquisición *f* **erwerben** adquirir; *fig* ganar
erwerbstätig activo **erwerbsunfähig** incapacitado para el trabajo **Erwerbsunfähigkeit** F incapacidad para el trabajo
erwidern replicar; *Gruß etc* devolver **Erwiderung** F réplica
erwischen atrapar, *umg* pillar
erwünscht deseable; oportu-

no **erwürgen** estrangular
Erz N mineral *m*
erzählen contar **Erzählung** F narración; cuento *m*
Erzbischof M arzobispo
erzeugen producir **Erzeuger** M productor **Erzeugnis** N producto *m*
erziehen educar **Erzieher(in)** M(F) educador(a) **Erziehung** F educación **Erziehungsurlaub** M *hist* → Elternzeit
erzielen obtener, conseguir
erzwingen forzar
es ello; esto; lo; **ich bin ~** soy yo; **~ regnet** llueve; **ich weiß ~** lo sé; **ohne ~** sin ello
Escapetaste F IT tecla *f* Escape
Esche F fresno *m*
Esel M burro, asno **Eseltrekking** N excursión *f* en burro
Eskimo M esquimal
Espresso M café exprés
Essay M ensayo
essbar comestible
essen comer; **zu Mittag ~** almorzar, comer; **zu Abend ~** cenar **Essen** N comida *f*
Essenszeit F hora de comer
Essig M vinagre; **~- und Ölständer** *m* vinagreras *fpl* **Essiggurke** F pepinillo *m* en vinagre
Esslöffel M cuchara *f* **Esszimmer** N comedor *m*
Estland N Estonia *f*
Estragon M estragón
Estremadura F Extremadura
Etage F piso *m*, planta **Etagenbett** N litera *f*
Etappe F etapa
Etat M presupuesto
Ethik F ética *f*
E-Ticket N billete *m* electrónico; *Am* boleto *m* electrónico
Etikett N rótulo *m*, etiqueta *f*
etliche algunos, unos
Etui N estuche *m*
etwa aproximadamente; **~ 10** unos diez **etwaig** eventual
etwas algo; un poco (de)
EU F (Europäische Union) U.E. (*Unión Europea*)
euch (a) vosotros, -as; *unbetont* os; *Am a.* (a) ustedes **euer** vuestro, -a; *Am a.* de ustedes
EU-Kommission F Comisión *f* Europea **EU--Land** N, **EU-Mitgliedsstaat** M POL país *m* miembro de la UE
Eule F lechuza
eure PL vuestros, -as **euretwegen** por vosotros; *Am a.* por ustedes
Euro M euro; IN ZSSGN euro...
Eurocent M céntimo de euro
Euronorm F norma europea
Europa N Europa *f* **Europäer(in)** M(F) europeo,-a
europäisch europeo; **~e Kommission** *f* Comisión Europea; **~es Parlament** *n* Parlamento *m* Europeo; **~e Union** *f* Unión Europea
Europameisterschaft F Campeonato *m* de Europa **Europaparlament** N POL Parlamento *m* Europeo **Europapolitik** F política europea **Euro-**

parat M Consejo de Europa **Europastraße** F eurovía **Europawahlen** FPL elecciones europeas
Eurozone F POL Eurozona, Zona Euro
Euter N ubre *f*
EU-weit ADJ de ámbito europeo, de alcance europeo
e. V. M (eingetragener Verein) asociación registrada
evakuieren evacuar
evangelisch protestante **Evangelium** N evangelio *m*
Event M evento *m*
eventuell eventual
ewig eterno **Ewigkeit** F eternidad
exakt exacto
Examen N examen *m*
Exemplar N ejemplar *m*
Exil N destierro *m*, exilio *m*
Existenz F existencia **Existenzminimum** N mínimo *m* vital **existieren** existir
Exkursion F excursión
Exotik F exotismo *m* **exotisch** exótico
Expedition F expedición
Experiment N experimento *m* **experimentieren** experimentar **Experte** M, **Expertin** F experto,-a
explodieren estallar, hacer explosión; explotar **Explosion** F explosión
Export M exportación *f* **exportieren** exportar
extern externo
extra extra; por separado, aparte; *umg* (*absichtlich*) expresamente; **die Extras** los extras
Extrakt M extracto
extrem extremo **Extremist(in)** M(F) extremista
Eyeliner M delineador *m* (de ojos)
EZB F (Europäische Zentralbank) BCE *m* (Banco Central Europeo)
E-Zigarette F cigarrillo *m* electrónico

F

F N MUS fa *m*
Fa. F (Firma) casa; empresa
Fabel F fábula **fabelhaft** estupendo, fabuloso
Fabrik F fábrica **Fabrikant(in)** M(F) fabricante **Fabrikarbeiter(in)** M(F) obrero,-a industrial **Fabrikat** N producto *m*
Facebook® N Facebook® *m*
Fach N casilla *f*; *fig* ramo *m*; (*Lehrfach*) asignatura *f* **Facharbeiter(in)** M(F) obrero,-a especializado,-a **Facharzt** M, **Fachärztin** F especialista **Fachausdruck** M término técnico
Fächer M abanico
Fachfrau F experta, especialis-

ta **Fachgebiet** N especialidad *f* **Fachgeschäft** N tienda *f* especializada **Fachhochschule** F *etwa* escuela técnica superior **Fachkenntnisse** FPL conocimientos *mpl* especiales **Fachmann** M experto, especialista **Fachwerkhaus** N casa *f* de paredes entramadas
Fackel F antorcha
fad(e) insípido; soso
Faden M hilo **Fadennudeln** PL fideos *mpl*
Fagott N fagot *m*
fähig capaz (**zu** de); apto (**zu** para) **Fähigkeit** F capacidad; aptitud
fahnden buscar (**nach j-m** a alg) **Fahndung** F búsqueda
Fahne F bandera
Fahrbahn F calzada
Fähre F transbordador *m*
fahren V/I ir; V/T conducir; *j-n* llevar; **wann fährt ...?** ¿a qué hora sale ...? **Fahrer(in)** M(F) conductor(a) **Fahrerflucht** F fuga del conductor
Fahrgast M pasajero **Fahrgeld** N precio *m* del billete **Fahrgestell** N chasis *m*; FLUG tren *m* de aterrizaje **Fahrkarte** F billete *m*, *Am* a boleto *m*
Fahrkartenautomat M máquina *f* expendedora de billetes **Fahrkartenschalter** M despacho de billetes, taquilla *f*
fahrlässig negligente; imprudente **Fahrlässigkeit** F negligencia; imprudencia
Fahrlehrer(in) M(F) profesor(a) de autoescuela
Fahrplan M horario **Fahrplanauskunft** F información *f* sobre horarios **fahrplanmäßig** *Zug, Bus* regular; *Ankunft, Abfahrt* según el horario
Fahrpreis M precio del billete
Fahrrad N bicicleta *f* **Fahrradtaxi** N, **Fahrradrikscha** F bicitaxi *m*, velotaxi *m* **Fahrradweg** M pista *f* para ciclistas **Fahrschein** M billete, *Am* *a.* boleto
Fährschiff N → Fähre
Fahrschule F autoescuela
Fahrspur F carril *m* **Fahrstuhl** M ascensor **Fahrstunde** F clase de conducción
Fahrt F viaje *m*; **freie ~** vía libre
Fährte F pista, huella
Fahrtrichtung F dirección; **gegen die ~** en contradirección
Fahrzeit F duración del trayecto
Fahrzeug N vehículo *m* **Fahrzeughalter** M titular del vehículo **Fahrzeugpapiere** PL, **Fahrzeugschein** M *a.* documentación *f* del vehículo
fair correcto; SPORT limpio; **~er Handel** comercio justo
Faktor M factor
Fakultät F facultad
Falke M halcón (*a. fig* POL)
Fall M caída *f*; (*a.* JUR, GRAM) caso; **auf jeden ~** en todo caso; **auf keinen ~** de ningún modo;

für alle Fälle por si acaso
Falle F trampa
fallen caer; bajar **fällen** *Baum* cortar, talar; *Urteil* dictar **fällig** vencido; ~ **werden** vencer **Fälligkeit** F vencimiento *m*
falls si; en caso de que
Fallschirm M paracaídas **Fallschirmspringer(in)** M(F) paracaidista
falsch falso; incorrecto; *Haar etc* postizo **fälschen** falsificar
Falschgeld N moneda *f* falsa **Falschparken** N estacionamiento *m* indebido
Fälschung F falsificación
Faltboot N bote *m* plegable **Falte** F pliegue *m*; arruga (*a. Haut*) **falten** doblar, plegar; *Hände* juntar **Faltenrock** M falda *f* de pliegues
Falter M mariposa *f*
familiär familiar
Familie F familia
Familienangehörige(r) M/F(M) familiar **Familienanschluss** M acogida *f* en una familia **Familienmitglied** N miembro *m* de la familia **Familienname** M apellido **Familienstand** M estado civil
Fan M fan; SPORT *umg* hincha **Fanartikel** M artículo para fans *od* aficionados **Fanatiker(in)** M(F) fanático,-a **fanatisch** fanático
Fang M presa *f*; (*Fischfang*) captura *f* **fangen** coger; *Am* agarrar; *j-n* capturar
Fantasie F imaginación, fantasía **fantastisch** fantástico
Farbdrucker M impresora *f* de color **Farbe** F color *m*; (*Malfarbe*) pintura **farbecht** de color inalterable
färben teñir; colorear
farbenblind daltoniano
Farbfoto N foto *f* en color
farbig de color **Farbige(r)** M/F(M) mujer *f* (hombre *m*) de color **farblos** incoloro
Farbstift M lápiz de color **Farbstoff** M colorante **Farbton** M matiz
Färbung F colorido *m*, coloración
Farm F granja, *Am* hacienda **Farmer(in)** M(F) granjero,-a, *Am* hacendero,-a
Farn(kraut) M(N) helecho *m*
Fasan M faisán
Fasching M carnaval
Faschismus M fascismo
Faser F fibra **faserig** fibroso
Fass N tonel *m*; barril *m*
Fassade F fachada
Fassbier N cerveza *f* de barril
fassen coger; *Am* agarrar; *Raum* caber; *fig* comprender; *Plan* concebir, **sich** ~ calmarse; **sich kurz** ~ ser breve
Fassung F *Brille* montura; ELEK portalámparas *m*; *Text* versión; *fig* serenidad; **aus der** ~ **bringen** desconcertar **fassungslos** consternado **Fassungsvermögen** N capacidad *f*
fast casi

fasten ayunar **Fasten** N ayuno *m* **Fastenzeit** F cuaresma **Fastnacht** F carnaval *m*
faszinierend fascinante
fatal fatal
faul podrido; *Person* perezoso, vago **faulen** pudrirse
faulenzen gandulear **Faulenzer(in)** M(F) holgazán (-ana) **Faulheit** F pereza
faulig podrido **Fäulnis** F putrefacción
Faust F puño *m* **Faustschlag** M puñetazo
Favorit(in) M(F) favorito,-a
Fax N fax *m*; **j-m ein ~ schicken** mandar un fax a alg **faxen** enviar un fax **Faxgerät** N fax *m* **Faxnummer** F número *m* de fax
Fazit N resultado *m*
FCKW PL (Fluorchlorkohlenwasserstoffe) CFC *mpl* **FCKW-frei** sin CFC
FDP F (Freie Demokratische Partei) Partido Liberal Demócrata
Februar M febrero; **im ~** en febrero
Fechten N esgrima *f*
Feder F pluma; TECH resorte *m*, muelle *m* **Federball** M volante; *Spiel a.* bádminton **Federbett** N edredón *m* **Federkernmatratze** F colchón *m* de muelles **federn** ser elástico **Federung** F suspensión
Fee F hada
Feedback N feed-back *m*
fegen barrer
Fehlbetrag M déficit **fehlen** faltar; *Person* estar ausente; **was fehlt Ihnen?** ¿qué le pasa?
Fehler M falta *f*, error; TECH defecto **fehlerfrei** sin falta; impecable **fehlerhaft** defectuoso
Fehlgeburt F aborto *m* (espontáneo) **Fehlschlag** M fallo, fracaso **fehlschlagen** fracasar, fallar **Fehlstart** M salida *f* nula
Feier F fiesta **Feierabend** m fin del trabajo **~ machen** terminar la jornada **feierlich** solemne **feiern** celebrar **Feiertag** M día *m* de fiesta *f*; **schöne ~e!** ¡felices fiestas!
feige cobarde
Feige F higo *m*
Feigheit F cobardía **Feigling** M cobarde
Feile F lima **feilen** limar
feilschen regatear
fein fino; delgado; delicado
Feind M enemigo **feindlich** hostil; enemigo **Feindschaft** F enemistad **feindselig** hostil
feinfühlig sensible **Feingefühl** N delicadeza *f* **Feinheit** F fineza; sutileza **Feinschmecker(in)** M(F) gastrónomo,-a
Feinstaub M partículas *fpl* de polvo
Feld N campo *m*; (*Spielfeld*) casilla *f* **Feldbett** N catre *m* **Feldsalat** M (hierba *f* de) canónigos *mpl* **Feldweg** M camino

rural
Felge F llanta
Fell N piel *f*
Fels(en) M roca *f* **Felsenküste** F acantilado *m* **felsig** rocoso **Felswand** F pared (de una roca)
feminin femenino **Feminismus** M feminismo **Feministin** F feminista **feministisch** feminista
Fenchel M hinojo
Fenster N ventana *f*; AUTO ventanilla *f* **Fensterbrett** N alféizar *m* **Fensterheber** M AUTO elevalunas **Fensterladen** M contraventana *f* **Fensterplatz** M asiento de ventanilla **Fensterscheibe** F cristal *m*
Ferien PL vacaciones *fpl*; **schöne ~!** ¡buenas vacaciones! **Feriendorf** N urbanización *f* turística **Ferienhaus** N chalet *m*; casa *f* de verano **Ferienjob** M *umg* trabajo *m* de vacaciones **Ferienkurs** M curs(ill)o de verano **Ferienlager** N campamento *m* de vacaciones **Ferienwohnung** F apartamento *m* de vacaciones
Ferkel N cochinillo *m*
fern lejano; ADV lejos **Fernbedienung** F mando *m* a distancia **Fernbeziehung** F relación a distancia **Fernbus** M autobús interurbano
Ferne F distancia; **in der ~** a lo lejos
Fernfahrer(in) M(F) camionero,-a **Ferngespräch** N llamada *f* interurbana **ferngesteuert** teledirigido **Fernglas** N gemelos *mpl*, prismáticos *mpl* **Fernheizung** F calefacción a distancia **Fernlicht** N AUTO luz *f* de carretera **Fernreise** F viaje *m* de larga distancia **Fernrohr** N telescopio *m*
Fernseh... IN ZSSGN *oft* televisivo **fernsehen** ver la televisión **Fernsehen** N televisión *f*, *umg* tele *f* **Fernseher** M televisor **Fernsehfilm** m telefilm **Fernsehprogramm** N *Kanal* canal *m* de televisión **Fernsehsendung** F emisión (de televisión)
Fernsicht F vista (panorámica)
Fernsprech... → Telefon *etc*
Fernsteuerung F control *m* remoto **Fernstudium** N estudio *m* por correspondencia (*od* a distancia) **Fernverkehr** M transporte a larga distancia
Ferse F talón *m*
fertig acabado, hecho; (*bereit*) listo, preparado; **~ machen** acabar; **sich ~ machen** prepararse (**zu, für** para) **Fertiggericht** N plato *m* preparado (*od* precocinado) **Fertighaus** N casa *f* prefabricada
Fessel F traba **fesseln** trabar, atar; *fig* cautivar **fesselnd** fascinante, cautivador
fest firme; fijo; sólido
Fest N fiesta *f*; **(ein) frohes ~!**

¡felices fiestas!
festbinden atar
Festessen N banquete *m*
festhalten sujetar; sostener; **sich ~** agarrarse (**an** *dat* a) **Festiger** M fijador **Festigkeit** F firmeza **Festland** N tierra *f* firme **festlegen** fijar; **sich ~** comprometerse (**auf** *akk* a) **festlich** solemne **festmachen** fijar; SCHIFF amarrar
Festnahme F detención **festnehmen** detener
Festnetz N TEL red *f* fija **Festnetzanschluss** M TEL conexión *f* a la red fija **Festnetznummer** F número *m* de teléfono fijo **Festnetztelefon** F teléfono *m* fijo
Festplatte F IT disco *m* duro; *Am* disco *m* rígido **Festpreis** M precio fijo **festsetzen** fijar, establecer **festsitzen** (*klemmen*) estar atrancado; **wir sitzen fest** no podemos avanzar
Festspiele NPL festival *m*
feststehen ser seguro **feststellen** comprobar, averiguar; (*bemerken*) constatar
Festtag M (día de) fiesta *f* **Festung** F fortaleza **Festzug** M cortejo
Fete *umg* F fiesta
fett graso; *Person* gordo **Fett** N grasa *f* **fettarm** pobre en grasa(s); *Milch* semidesnatado **Fettfleck** M mancha *f* de grasa **fettig** grasiento, pringoso **Fettnäpfchen** N *umg* **ins ~ treten** meter la pata
Fetzen M (*Lumpen*) harapo; (*Gesprächsfetzen*) retazo
feucht húmedo **Feuchtigkeit** F humedad **Feuchtigkeitscreme** F crema hidratante
Feuer N fuego *m*; (*Brand*) incendio *m*; *fig* ardor *m* **Feueralarm** M alarma *f* de incendio **Feuerbestattung** F incineración **feuerfest** refractario **feuergefährlich** inflamable **Feuerland** N Tierra *f* del Fuego **Feuerleiter** F escalera de incendios **Feuerlöscher** M extintor **Feuermelder** M avisador de incendios **feuern** (*schießen*) disparar; *umg fig* echar **Feuerwehr** F bomberos *mpl* **Feuerwerk** N fuegos *mpl* artificiales **Feuerwerkskörper** M petardo **Feuerzeug** N mechero *m*, encendedor *m*
feurig ardiente, fogoso
Fewo F → Ferienwohnung
Fichte F abeto *m* rojo
ficken *vulg* joder
Fieber N fiebre *f*; **hohes ~** fiebre *f* alta; **~ haben** tener fiebre **fieberhaft** febril (*a. fig*) **fiebern** tener fiebre **fiebersenkend** antipirético **Fieberthermometer** N termómetro *m*
fiebrig febril
fies *umg* asqueroso; *Person* antipático
Figur F figura; *fig* tipo *m*; (*Spiel-*

figur) pieza
Filet N solomillo *m*; (*Fischfilet*) filete *m* **Filetsteak** N bistec *m* de solomillo
Filiale F sucursal
Film M película *f*, film(e); FOTO carrete **Filmaufnahmen** FPL rodaje *m* **filmen** rodar, filmar **Filmfestspiele** NPL festival *m* cinematográfico **Filmstar** M estrella *f* de cine **Filmvorführung** F función de cine
Filter M filtro **Filterkaffee** M café (de filtro) **filtern** filtrar **Filterpapier** N papel *m* filtro **Filterzigarette** F cigarrillo *m* con filtro
Filz M fieltro **Filzschreiber** M, **Filzstift** M rotulador
Finale N final *m* (SPORT *f*)
Finanzamt N delegación *f* de Hacienda **Finanzen** PL finanzas *fpl* **finanziell** financiero **finanzieren** financiar **Finanzierung** F financiación **Finanzkrise** F crisis *f* financiera **Finanzministerium** N ministerio *m* de Hacienda
finden encontrar, hallar; *fig* estimar, considerar; **wie ~ Sie ...?** ¿qué le parece ...?; **das wird sich ~** ya veremos
Finderlohn M gratificación *f*
Finger M dedo **Fingerabdruck** M huella *f* dactilar **Fingerhut** M dedal **Fingernagel** M uña *f* **Fingerring** M anillo **Fingerspitze** F punta del dedo **Fingerspitzengefühl** N tacto *m*
Fink M pinzón
Finne M, **Finnin** F finlandés, -esa **finnisch** finlandés **Finnland** N Finlandia *f*
finster oscuro; sombrío **Finsternis** F oscuridad
Firma F casa, empresa
Firmung F REL confirmación
Fisch M pez; GASTR pescado; **~e** *pl* ASTROL Piscis **fischen** pescar **Fischer** M pescador **Fischerboot** N barco *m* pesquero **Fischerdorf** N pueblo pesquero **Fischerei** F, **Fischfang** M pesca *f* **Fischfilet** N filete *m* de pescado **Fischgeschäft** N pescadería *f* **Fischhändler(in)** M pescadero,-a **Fischotter** M nutria *f* **Fischstäbchen** PL barritas *fpl* de pescado **Fischsuppe** F sopa de pescado **Fischzucht** F piscicultura
fit: **~ sein** estar en (buena) forma
Fitness F buena forma, fitness *m* **Fitness-Center** N, **Fitnessstudio** N gimnasio *m*
fix rápido, vivo; **~ und fertig** *umg fig* hecho polvo **fixen** *sl* pincharse **fixieren** fijar; *j-n* mirar fijamente
FKK F (des)nudismo *m*, naturismo *m* **FKK-Strand** M playa *f* nudista
flach plano; GEOG llano **Flachbildschirm** M IT, TV pantalla *f* plana

Fläche F superficie; área *f*
Flachland N llanura *f*
Flachs M lino
Flachzange F alicates *mpl*
flackern titilar
Flagge F bandera
Flair N ambiente *m; angenehmes*: encanto *m*
flambiert flam(b)eado
Flamingo M flamenco
flämisch flamenco
Flamme F llama
Flandern N Flandes *m*
Flanell M franela *f*
flanieren pasear (por las calles de una ciudad)
Flanke F flanco *m*
Fläschchen N frasco *m*; (*Babyflasche*) biberón *m* **Flasche** F botella; (*Babyflasche*) biberón *m*
Flaschenbier N cerveza *f* embotellada **Flaschenöffner** M abridor, abrebotellas **Flaschenpfand** N depósito *m* **Flaschenzug** M polea *f*
Flashmob M flashmob *m*
Flatrate F INTERNET, TEL tarifa *f* plana
flattern aletear; *Fahne* ondear
flau flojo
Flaute F SCHIFF calma chicha; HANDEL desanimación
Flechte F BOT liquen *m* **flechten** trenzar
Fleck M mancha *f*; *Stelle* punto, sitio **Fleck(en)entferner** M quitamanchas **fleckig** manchado
Fledermaus F murciélago *m*
flehen suplicar
Fleisch N carne *f* **Fleischbällchen** N albóndiga *f* **Fleischbrühe** F consomé *m*, caldo *m* **Fleischer** M carnicero **Fleischerei** F carnicería *f* **fleischig** carnoso **Fleischkloß** M albóndiga *f* **Fleischwolf** M picadora *f* de carne **Fleischwunde** F herida profunda
Fleiß M diligencia *f*, aplicación *f* **fleißig** aplicado, estudioso; trabajador
flexibel flexible (*a. fig*)
flicken remendar; *Reifen* poner un parche (a) **Flicken** M remiendo; parche
Flieder M lila *f*
Fliege F mosca; *Mode* pajarita
fliegen volar; ir en avión
Fliegengewicht N SPORT peso *m* mosca **Fliegenklatsche** F matamoscas *m* **Fliegenpilz** M oronja *f* falsa
Flieger M aviador, piloto; *umg* avión
fliehen huir (**vor** *dat* de)
Fliese F baldosa; (*Wandfliese*) azulejo *m*
Fließband N cadena *f* de montaje **fließen** correr, fluir **fließend** corriente; *Verkehr* fluido
flimmern titilar
flink ágil, vivo
Flinte F escopeta
Flip-Flops® PL chanclas, chancletas
Flirt M flirteo **flirten** flirtear
Flitterwochen FPL luna *f* de

miel
Flocke F copo *m*
Floh M pulga *f* **Flohmarkt** M mercadillo
Florenz N Florencia *f*
florieren florecer, prosperar
Floß N balsa *f*
Flosse F aleta
Flöte F flauta **Flötist(in)** M(F) flautista
flott alegre; ágil; elegante **Flotte** F flota; MIL armada **flottmachen** sacar a flote (*a. fig*)
Fluch M maldición *f* **fluchen** jurar, maldecir
Flucht F fuga; huida **flüchten** huir, escaparse **flüchtig** fugitivo; (*oberflächlich*) superficial
Flüchtling M refugiado **Flüchtlingskrise** F crisis *f* de (los) refugiados **Flüchtlingsunterkunft** F alojamiento *m* para refugiados **Fluchtursachen** FPL causas *fpl* de la huida
Flug M vuelo **Flugblatt** N octavilla *f* **Flugdauer** F duración del vuelo
Flügel M ala *f*; MUS piano de cola
Fluggast M pasajero **Fluggesellschaft** F compañía aérea **Flughafen** M aeropuerto **Fluginformationen** FPL información *f* sobre vuelos **Fluglinie** F línea aérea **Fluglotse** M controlador aéreo **Flugplan** M horario de vuelos **Flugplatz** M aeródromo **Flugreise** F viaje *m* en avión **Flugschreiber** M caja *f* negra **Flugsicherung** F control *m* aéreo **Flugticket** F billete *m* de avión **Flugverbindung** F comunicación aérea **Flugverkehr** M tráfico aéreo
Flugzeug N avión *m* **Flugzeugabsturz** M accidente de aviación **Flugzeugentführung** F secuestro *m* aéreo **Flugzeugträger** M porta(a)viones
Flunder F platija
Fluor N flúor *m*
Flur M pasillo; zaguán
Fluss M río; *fig* flujo **flussabwärts** río abajo **flussaufwärts** río arriba **Flussbett** N lecho *m*, cauce *m*
flüssig líquido, (*a. fig*) fluido **Flüssigkeit** F líquido *m*
flüstern cuchichear
Flut F marea alta; *fig* torrente *m* **Flutlicht** N luz *f* difusa **Flutwelle** F ola de la marea
Flyer M folleto
Fohlen N potro *m*
Föhn M secador (de pelo) **föhnen** secar (con secador)
Folge F consecuencia; (*Reihe*) serie; **zur ~ haben** tener por consecuencia; **~ leisten** obedecer a
folgen seguir; (*gehorchen*) obedecer a; **daraus folgt** de ello se deduce **folgend** siguiente **folgendermaßen** como si-

gue
folgern deducir **Folgerung** F deducción; conclusión
Folie F lámina
Folklore F folklore *m*
Folter F tortura; *fig* **auf die ~ spannen** tener en vilo **foltern** torturar, atormentar
Fonds M FIN fondo
Fontäne F fuente, surtidor *m*
fordern exigir
fördern *j-n* favorecer; *etw* fomentar, promover; *Erz* extraer **Förderschule** F centro *m* de educación especial
Forderung F exigencia
Förderung F *fig* fomento *m*
Forelle F trucha
Form F forma; TECH molde *m*; **in ~ sein** estar en forma
formal formal **Formalitäten** FPL formalidades, trámites *mpl*
Format N tamaño *m*; *Buch*, IT formato *m* **formatieren** IT formatear **Formel** F fórmula
formell formal **formen** formar
förmlich formal; ceremonioso
formlos *fig* informal
Formular N formulario *m*, impreso *m* **formulieren** formular
forschen investigar **forschend** *Blick* escrutador **Forscher(in)** M(F) investigador(a); (*Entdecker, -in*) explorador(a) **Forschung** F investigación
Forst M bosque, monte **Förster** M inspector de montes; guarda forestal **Forstwirtschaft** F silvicultura
fort ido, marchado; ... **ist ~** ha desaparecido; **in einem ~** sin cesar; **und so ~** etcétera **fortbewegen**: **sich ~** moverse **Fortbildung** F perfeccionamiento *m* **fortfahren** salir; *fig* continuar **fortgeschritten** adelantado; avanzado **Fortpflanzung** F reproducción
Fortschritt M progreso, avance **fortschrittlich** progresista
fortsetzen continuar **Fortsetzung** F continuación; **~ folgt** continuará
Forum N foro *m* (*a.* INTERNET)
Foto N foto *f* **Fotoapparat** M máquina *f* fotográfica **Fotogalerie** F INTERNET fotogalería **Fotogeschäft** N tienda *f* fotográfica
Fotograf M fotógrafo **Fotografie** F fotografía **fotografieren** fotografiar **Fotografin** F fotógrafa
Fotokopie F fotocopia **fotokopieren** fotocopiar **Fotoshooting** M sesión *f* de fotos
Foyer N vestíbulo *m*, *Hotel*: hall *m*
Fr. ABK (Frau) Sra. (*señora*)
Fracht F carga; SCHIFF, FLUG flete *m*; (*Frachtgebühr*) porte *m*, flete *m* **Frachtbrief** M carta *f* de porte **Frachter** M, **Frachtschiff** N buque *m* de

carga, carguero *m*
Frack M frac
Frage F pregunta (**stellen** hacer); *fig* cuestión; **das kommt nicht in ~** *umg* de eso nada; **in ~ stellen** poner en duda; **ohne ~** sin duda **Fragebogen** M cuestionario **fragen** preguntar (**nach** por) **Fragezeichen** N signo *m* de interrogación
fraglich dudoso; (*betreffend*) en cuestión
Fraktion F POL grupo *m* parlamentario
Franken **1** M **Schweizer ~** franco suizo **2** N *Region* Franconia *f* **Frankfurt** N Francfort *m* (**am Main** del Meno)
frankieren franquear **Frankierung** F franqueo *m*
Frankreich N Francia *f*
Franse F fleco *m*
Franzose M, **Französin** F francés, -esa *m,f* **Französisch** francés
fräsen fresar
Fratze F mueca
Frau F mujer; *bes Anrede*: señora; (*Ehefrau*) esposa
Frauenarzt M, **Frauenärztin** F ginecólogo,-a **Frauenbewegung** F feminismo *m* **frauenfeindlich** misógino **Frauenklinik** F clínica ginecológica
Fräulein N *hist* señorita *f*
frech fresco, descarado **Frechheit** F insolencia; *umg* frescura
frei libre; (*gratis*) gratuito; *Stelle* vacante; **~ haben** tener libre; **~ halten** dejar libre; *Platz* reservar; **im Freien** al aire libre
Freibad N piscina *f* al aire libre **Freiberufler(in)** M(F) profesional liberal **Freiburg** N *Ort* Friburgo *m* **freigeben** *fig* desbloquear **freigebig** generoso **Freigepäck** N equipaje *m* libre **Freihandel** M libre comercio, librecambio
Freiheit F libertad **Freiheitsstrafe** F pena privativa de libertad
Freikarte F entrada gratuita **Freikörperkultur** F nudismo *m* **freilassen** soltar, poner en libertad **Freilassung** F puesta en libertad
freilich ¡claro!, *bes Am* ¡cómo no!
Freilichtbühne F teatro *m* al aire libre **freimachen** *Briefe etc* franquear; *Platz* desocupar; *Weg* despejar **freimütig** franco **freisprechen** absolver **Freisprechset** N TEL kit *m* (de) manos libres **Freispruch** M absolución *f* **Freistoß** M SPORT tiro libre
Freitag M viernes **freitags** los viernes **Freitagsgebet** N oración *n* del viernes
freiwillig voluntario **Freiwillige(r)** M/F(M) voluntario,-a *m(f)* **Freizeichen** N TEL señal *f* de libre

Freizeit F tiempo *m* libre, ocio *m* **Freizeitkleidung** F ropa para el tiempo libre **Freizeitpark** M parque de atracciones
fremd extraño; (*ausländisch*) extranjero; (*von auswärts*) forastero; *e-s anderen*: ajeno **fremdartig** extraño, exótico **Fremde(r)** M/F(M) extranjero,-a
Fremdenführer(in) M(F) guía **Fremdenverkehr** M turismo **Fremdenverkehrsamt** N oficina *f* de turismo **Fremdenzimmer** N habitación *f* (para huéspedes)
Fremdsprache F idioma *m* extranjero **Fremdsprachensekretärin** F secretaria con idiomas **Fremdwort** N extranjerismo *m*
Frequenz F frecuencia
Fresko N fresco *m*
fressen *Tiere* comer
Freude F alegría; placer *m*; **mit ~n** con mucho gusto **freudig** alegre, gozoso
freuen: **sich ~ über** (*akk*) alegrarse de; **sich ~ auf** (*akk*) esperar con ilusión; **es freut mich** me alegro
Freund M amigo; *fig* aficionado (**von** a) **Freundin** F amiga **freundlich** amable **Freundlichkeit** F amabilidad **Freundschaft** F amistad **freundschaftlich** amistoso
Frieden M paz *f* **Friedhof** M cementerio **friedlich** pacífico; (*ruhig*) apacible, tranquilo
frieren tener frío; **es friert** está helando, hiela
Fries M ARCH friso **Friesland** N Frisia *f*
Frikadelle F hamburguesa **Frikassee** N fricasé *m*
frisch fresco; (*neu*) nuevo; *Wäsche* limpio; *fig* vivo; **~ gestrichen** recién pintado; **auf ~er Tat** en flagrante **Frische** F frescura **Frischhaltefolie** F film *m* transparente (para alimentos)
Friseur(in) M(F) peluquero,-a **Friseursalon** M peluquería *f* **frisieren** peinar
Frist F plazo *m* **fristlos** sin (pre)aviso
Frisur F peinado *m*
Fritten FPL *umg* patatas fritas **Fritteuse** F freidora **frittieren** freír **frittiert** frito
froh contento (**über** *akk* de); alegre **fröhlich** alegre; feliz
fromm piadoso, religioso
Fronleichnam M (día del) Corpus
Front F ARCH fachada; MIL, POL frente *m* **frontal** frontal **Frontantrieb** M tracción *f* delantera
Frosch M rana *f* **Froschmann** M hombre rana
Frost M helada *f*
frösteln tiritar
frostig *fig* frío **Frostschutzmittel** N anticongelante *m*
Frottee N/M rizo *m* **frottieren** frotar **Frottiertuch** N toalla *f*

de rizo
Frucht F fruto *m*; fruta **Fruchtaufstrich** M fruta *f* para untar, ≈ mermelada *f* **fruchtbar** fértil; fecundo **Fruchteis** N sorbete *m* **Fruchtfleisch** N pulpa *f* **fruchtlos** *fig* infructuoso **Fruchtsaft** M zumo de fruta
früh temprano; **heute ~** esta mañana
Frühaufsteher(in) M(F) madrugador(a) **Frühbucherrabatt** M descuento por compra anticipada **Frühchen** N MED prematuro, -a *m,f* **früher** antiguo; anterior; ADV antes **frühestens** no antes de **Frühgeburt** F *Kind* prematuro *m* **Frühjahr** N, **Frühling** M primavera *f* **frühmorgens** de madrugada **frühreif** precoz
Frühstück N desayuno *m* **frühstücken** desayunar **Frühstücksbüfett** N buffet *m* desayuno
Fruktose F fructosa
Frust M *umg* frustre **frustriert** frustrado
Fuchs M zorro; *Pferd* alazán **Fuchsschwanz** M *Säge* serrucho
Fuge F juntura; MUS fuga
fügen: **sich ~** someterse **fügsam** dócil
fühlbar palpable; perceptible **fühlen** sentir; (*tasten*) palpar; **sich ~** sentirse
führen 1 V/T conducir, guiar; *Ware* tener; *Namen* llevar; *Betrieb* dirigir 2 V/I conducir, llevar; SPORT estar en cabeza
Führer M *Buch* guía *f* **Führer(in)** M(F) *Person* guía; POL, SPORT líder **Führerschein** M carnet (*od* permiso) de conducir
Führung F dirección; gestión; POL, SPORT liderato *m*; (*Besichtigung*) visita guiada; *fig* conducta; **in ~ liegen** estar en cabeza **Führungskraft** F ejecutivo *m*, directivo *m*
Fülle F abundancia **füllen** llenar (**mit** de, con); GASTR rellenar **Füll(federhalt)er** M pluma *f* (estilográfica) **Füllung** F relleno *m* (*a.* GASTR); *im Zahn* empaste *m*
fummeln *umg* manosear
Fund M hallazgo
Fundament N fundamento *m*
Fundbüro N oficina *f* de objetos perdidos **Fundsache** F objeto *m* hallado
fünf cinco **fünfhundert** quinientos **Fünfsternehotel** N hotel *m* de cinco estrellas **fünfte** quinto **Fünftel** N quinto *m* **fünfzehn** quince **fünfzig** cincuenta
Funk M radio *f*
Funke(n) M chispa *f*
funkeln brillar, centellear **funkelnagelneu** flamante
funken radiografiar **Funkgerät** N aparato *m* de radio **Funkloch** N TEL lugar *m* sin cobertura; **ich bin in einem ~**

estoy sin cobertura **Funkspruch** M radiomensaje **Funkstille** F silencio (de radio)

Funktion F función **funktionieren** funcionar **Funktionstaste** F tecla de función

Funkturm M torre *f* de comunicaciones **Funkuhr** F reloj *m* por radio **Funkwecker** M radiodespertador *m*

für para; por; **~ dich** para ti; **~ zehn Euro** por diez euros

Furche F surco *m*

Furcht F miedo *m*, temor *m* **furchtbar** terrible, horrible

fürchten: **sich ~** (**vor** *dat*) tener miedo (a); temer *a/c*; **ich fürchte, dass ...** (me) temo que ... **fürchterlich** horrible, tremendo

füreinander el uno para el otro; unos para otros

Fürsorge F asistencia **Fürsorger(in)** M(F) asistente social **Fürsprache** F intercesión

Fürst M príncipe **Fürstentum** N principado *m* **Fürstin** F princesa **fürstlich** **1** ADJ *a. fig* principesco **2** ADV como un rey

Furunkel M MED forúnculo

Fürwort N pronombre *m*

Furz M *umg* pedo **furzen** *umg* tirar un pedo

Fusion F fusión **fusionieren** fusionar

Fuß M pie; **zu ~** a pie **Fußabtreter** M felpudo

Fußball M balón; *Spiel* fútbol; **~ spielen** jugar al fútbol **Fußballplatz** M campo de fútbol **Fußballspiel** N partido *m* de fútbol **Fußballspieler(in)** M(F) futbolista **Fußballweltmeisterschaft** F campeonato *m* mundial de fútbol

Fußboden M suelo **Fußbodenheizung** F suelo *m* radiante

Fussel F pelus(ill)a

Fußgänger(in) M(F) peatón (-ona) **Fußgängerbrücke** F, **Fußgängerüberweg** M paso de peatones **Fußgängerzone** F zona peatonal

Fußgelenk N articulación *f* del pie

Füßlinge MPL calcetines invisibles

Fußmatte F felpudo *m* **Fußnote** F nota (al pie de la página) **Fußpflege** F pedicura **Fußsohle** F planta del pie **Fußspitze** F **auf ~n** de puntillas **Fußspur** F huella, pisada **Fußtritt** M puntapié, patada *f* **Fußweg** M camino para peatones

Futter N comida *f*; (*Trockenfutter*) pienso *m*; (*Grünfutter*) forraje *m*; *Kleidung* forro *m* **füttern** dar de comer; *Vieh* echar de comer (a); *Kleid* forrar **Fütterung** F alimentación

Futur N futuro *m*

G

G N MUS sol *m*
gab → geben
Gabe F donativo *m*; (*Begabung*) don *m*, talento *m*
Gabel F tenedor *m*; *Fahrrad* horquilla **Gabelflug** M viaje angular, vuelo multitrayecto
gabeln: **sich ~** bifurcarse
gackern cacarear
gaffen *umg* papar moscas **Gaffer** M *umg* mirón
gähnen bostezar
Galerie F galería
Galgen M horca *f*, patíbulo **Galgenhumor** M humor patibulario
Galicien N Galicia *f* **Galicier(in)** M(F) gallego,-a **galicisch** gallego
Galle F bilis; hiel **Gallenblase** F vesícula biliar **Gallenkolik** F cólico *m* biliar **Gallenstein** M cálculo biliar
Galopp M galope **galoppieren** galopar
Gämse F gamuza
Gang M marcha *f*; AUTO *a.* velocidad *f*; (*Gangart*) modo de andar; (*Flur*), *a.* BAHN pasillo; GASTR plato **Gangschaltung** F cambio *m* de marchas
Gangster M gángster
Gangway F escalerilla
Gans F ganso *m*, oca
Gänseblümchen N margarita *f* **Gänsebraten** M ganso asado **Gänsehaut** F *fig* carne de gallina **Gänseleberpastete** F paté *m* de foie-gras **Gänsemarsch** M **im ~** en fila india
ganz todo; entero; completo; **nicht ~** no del todo; **~ gut** bastante bien; **~e Note** MUS redonda
Ganztagsarbeit F trabajo *m* de jornada entera
gar 1 GASTR a punto 2 **~ nicht** en absoluto; **~ nicht leicht** nada fácil; **~ nichts** absolutamente nada
Garage F garaje *m*
Garantie F garantía **garantieren** garantizar **Garantieschein** M certificado de garantía
Garderobe F guardarropa *m*; (*Flurgarderobe*) recibidor *m* **Garderobenfrau** F encargada del guardarropa **Garderobenmarke** F ficha de guardarropa
Gardine F cortina
gären fermentar
Garn N hilo *m*
Garnele F gamba; camarón *m*
garnieren guarnecer
Garnison F guarnición **Garnitur** F (*Satz*) juego *m*; **~ Bettwäsche** juego *m* de cama
Garten M jardín **Gartenbau** M horticultura *f* **Gartenfest** N fiesta *f* en el jardín **Garten-**

zaun M cerca *f*, seto
Gärtner M jardinero **Gärtnerei** F jardinería **Gärtnerin** F jardinera
Gas N gas *m*; **~ geben/wegnehmen** acelerar/quitar el gas **Gasanschluss** M toma *f* de gas **Gasanzünder** M encendedor de gas **Gasflasche** F bombona de gas **Gashahn** M llave *f* de gas **Gasheizung** F calefacción de gas **Gasherd** M cocina *f* de gas **Gasleitung** F tubería de gas **Gasmaske** F máscara antigás **Gaspedal** N acelerador *m*
Gasse F calleja, callejón *m*
Gast M huésped; invitado **Gastarbeiter** M *neg!* trabajador extranjero
Gästebuch N álbum *m* de visitantes **Gästezimmer** N cuarto *m* de huéspedes
Gastfamilie F familia anfitriona **gastfreundlich** hospitalario, acogedor **Gastfreundschaft** F hospitalidad **Gastgeber(in)** M(F) anfitrión, -ona **Gasthaus** N, **Gasthof** M fonda *f*; hostería *f* **Gastronomie** F gastronomía **Gaststätte** F, **Gastwirtschaft** F restaurante *m* **Gastwirt** M hostelero
Gasvergiftung F intoxicación por gas **Gaszähler** M contador de gas
Gate N FLUG puerta *f* de embarque
Gatte M esposo **Gattin** F esposa
Gattung F género *m*
GAU M ABK (größter anzunehmender Unfall) máximo accidente *m* previsible
Gaumen M paladar
Gauner M pícaro, pillo **Gaunerei** F bribonada, estafa
Gazelle F gacela
Gebäck N pastas *fpl* **gebacken** *in der Pfanne* frito; *im Ofen* asado
Gebärde F ademán *m*
gebären dar a luz; *Tier* parir **Gebärmutter** F matriz, útero *m*
Gebäude N edificio *m*
geben dar; **es gibt** hay; **was gibt es?** ¿qué pasa?
Gebet N oración *f* **gebeten** → bitten
Gebiet N región *f*, territorio *m*; *fig* campo *m*, terreno *m*
gebildet instruido, culto
Gebirge N montaña *f*; sierra *f* **gebirgig** montañoso
Gebirgsbach M torrente **Gebirgskette** F, **Gebirgszug** M cordillera *f*
Gebiss N dentadura *f* (**künstliches** postiza)
Gebläse N soplete *m*; AUTO ventilador *m*
geblieben → bleiben
geblümt floreado, de flores
geboren nacido; *fig* nato; **~ in** (*dat*) natural de; **~ werden** nacer
Gebot N *a.* REL mandamiento

m
gebracht → bringen
gebrannt → brennen
gebraten *im Ofen* asado; *in der Pfanne* frito
Gebrauch M uso, empleo; ~ **machen von** hacer uso de **gebrauchen** usar, utilizar
gebräuchlich usual; habitual, corriente
Gebrauchsanweisung F modo *m* de empleo
gebraucht usado; de segunda mano; **gebrauchtes Auto** coche *m* de segunda mano
gebrochen roto; *Arm etc* fracturado
Gebrüll N rugido *m*; *fig* griterío *m*
Gebühr F tasa, tarifa; derecho *m* **gebührend** ADJ debido; ADV debidamente, como es debido **gebührenfrei** exento de derechos **gebührenpflichtig** sujeto a derechos; *Autobahn* de peaje
gebunden → binden
Geburt F parto *m*; nacimiento *m* **gebürtig** ... de nacimiento; ~ **aus** natural de
Geburtsdatum N fecha *f* de nacimiento **Geburtshaus** N casa *f* natal **Geburtsjahr** N año *m* de nacimiento **Geburtsort** M lugar de nacimiento
Geburtstag M cumpleaños; ~ **haben** cumplir años; **alles Gute zum ~!** ¡feliz cumpleaños! **Geburtstagsgruß** M mensaje *m* de cumpleaños, felicitación *f* **Geburtsurkunde** F partida de nacimiento
Gebüsch N arbustos *mpl*, matorral *m*
gedacht → denken
Gedächtnis N memoria *f*
Gedanke M pensamiento; idea *f*; **sich ~n machen (über** *akk*) preocuparse (por); **in ~n sein** estar ensimismado
gedankenlos distraído, irreflexivo **Gedankenstrich** M raya *f* **Gedankenübertragung** F telepatía
Gedeck N cubierto *m*
gedeihen prosperar
gedenken (*gen*) acordarse de; ~ **zu** pensar *inf* **Gedenkstätte** F lugar *m* conmemorativo **Gedenktafel** F placa conmemorativa **Gedenktag** M aniversario
Gedicht N poesía *f*
gediegen sólido
Gedränge N apretura *f*, gentío *m*
Geduld F paciencia **gedulden**: **sich ~** tener paciencia, aguantar **geduldig** paciente
geehrt: **Sehr ~er Herr ...** Estimado Señor ...
geeignet apropiado, adecuado (**für** para); *Person* apto
Gefahr F peligro *m*; ~ **laufen zu** correr el riesgo de; **auf eigene ~** a propio riesgo; **bei ~** en caso de peligro

gefährden poner en peligro; comprometer; arriesgar **gefährlich** peligroso, arriesgado
gefahrlos sin peligro
Gefährte M compañero **Gefährtin** F compañera
Gefälle N declive *m*, pendiente *f*; *a. fig* desnivel *m*
gefallen gustar, agradar; **sich etw ~ lassen** tolerar a/c
Gefallen 1 M favor; **j-m e-n ~ tun** hacer un favor a alg 2 N **~ finden an** (*dat*) tomar gusto a
gefällig complaciente **Gefälligkeit** F complacencia; favor *m*
gefangen prisionero **Gefangene(r)** M/F(M) prisionero,-a; **~ nehmen** MIL hacer prisionero **Gefangenschaft** F cautividad, cautiverio *m*
Gefängnis N cárcel *f*, prisión *f* **Gefängnisstrafe** F (pena de) prisión **Gefängniswärter(in)** M(F) carcelero,-a
Gefäß N recipiente *m*; ANAT vaso *m*
gefasst *fig* sereno; **auf alles ~** preparado para todo
Gefecht N combate *m*
Gefieder N plumaje *m*
geflogen → fliegen
Geflügel N aves *fpl* (de corral) **Geflügelzucht** F avicultura
Geflüster N cuchicheo *m*
Gefolge N séquito *m*
gefragt solicitado
gefräßig voraz, comilón
gefrieren helar(se), congelarse
Gefrierfach N congelador *m*
Gefrierpunkt M punto de congelación **Gefrierschrank** M, **Gefriertruhe** F congelador *m*
gefroren helado; *Lebensmittel* congelado **Gefrorene(s)** N *österr* helado *m*
gefügig dúctil, dócil
Gefühl N sentimiento *m*; sensación *f* **gefühllos** insensible **gefühlvoll** sensible, sentimental
gefüllt GASTR relleno
gefunden → fliegen
gegangen → gehen
gegebenenfalls eventualmente
gegen contra; *Zeit, Ort* hacia
Gegenangriff M contraataque
Gegend F región; comarca
Gegendienst M **e-n ~ erweisen** devolver un favor **gegeneinander** uno(s) contra otro(s) **Gegenfahrbahn** F carril *m* contrario **Gegengewicht** N contrapeso *m* **Gegengift** N contraveneno *m*, antídoto *m* **Gegenlicht** N contraluz *f* **Gegenmittel** N remedio *m*, antídoto *m* **Gegenpartei** F JUR parte contraria **Gegenrichtung** F dirección contraria **Gegensatz** M contraste; **im ~ zu** contrariamente a
Gegenseite F lado *m* opuesto
gegenseitig mutuo, recípro-

co **Gegensprechanlage** F intercomunicador *m*
Gegenstand M objeto; *fig* tema **gegenständlich** *Kunst* figurativo
Gegenstück N (*Entsprechung*) pareja *f*; (*Gegenteil*) contraste *m* **Gegenteil** N **das ~** lo contrario; **im ~** al contrario
gegenüber enfrente (de); frente a; *Person* (para) con **gegenüberstehen**: **j-m ~** estar enfrente de alg; **sich ~** estar frente a frente **gegenüberstellen** poner enfrente, *fig* confrontar **Gegenüberstellung** F confrontación; JUR careo *m*
Gegenverkehr M circulación *f* en sentido contrario **Gegenwart** F actualidad; *von Personen* presencia; GRAM presente *m* **gegenwärtig** ADJ actual, del momento; ADV actualmente **Gegenwehr** F resistencia **Gegenwert** M contravalor; equivalente **Gegenwind** M viento contrario
gegessen → essen
Gegner(in) M(F) adversario,-a
gegoren GASTR fermentado
gegrillt a la parrilla
Gehackte(s) N carne *f* picada
Gehalt **1** M contenido (**an** *dat* de) **2** N sueldo *m*
Gehaltsabrechnung F nómina **Gehaltserhöhung** F aumento *m* de sueldo
gehaltvoll rico, sustancioso
gehässig odioso
Gehäuse N caja *f*, estuche *m*
gehbehindert con movilidad reducida
Gehege N vedado *m*
geheim secreto **Geheimdienst** M servicio secreto **Geheimnis** N secreto *m*; misterio *m* **geheimnisvoll** misterioso **Geheimnummer** F, **Geheimzahl** F número *m* secreto; *Bank* clave bancaria
gehemmt cohibido
gehen ir, andar (*a. Uhr*), caminar, marchar; TECH funcionar; **wie geht's** ¿qué tal?; **wie geht es Ihnen?** ¿cómo está usted?; **es geht mir gut** estoy bien; **das geht nicht** no puede ser; *fig* **~ um** tratarse de; **~ lassen**: **sich ~ lassen** dejarse
Geheul N aullido *m*
Gehilfe M ayudante, asistente
Gehirn N cerebro *m*; encéfalo *m* **Gehirnblutung** F derrame *m* cerebral **Gehirnerschütterung** F conmoción cerebral **Gehirnschlag** M apoplejía *f*
geholfen → helfen
Gehör N oído *m*
gehorchen obedecer
gehören pertenecer a, ser de; **~ zu** formar parte de; **das gehört sich nicht** eso no se hace
gehörig perteneciente (**zu** a); *umg* fuerte **gehörlos** sordo
gehorsam obediente **Gehorsam** M obediencia *f*
Gehsteig M, **Gehweg** M acera *f*

Geier M buitre
Geige F violín *m* **Geiger(in)** M(F) violinista **Geigerzähler** M contador *m* Geiger
geil *umg* (*toll*) genial, cachondo
Geisel rehén *m* **Geiselnahme** F toma de rehenes **Geiselnehmer(in)** M(F) secuestrador(a)
Geist M espíritu; mente *f*; (*Witz*) ingenio; (*Spuk*) espectro **Geisterbahn** F túnel *m* de los sustos **Geisterfahrer(in)** M(F) conductor(a) suicida
geistesabwesend distraído, ausente **Geistesgegenwart** F presencia de ánimo **geistesgestört** perturbado (mental) **Geisteswissenschaften** PL humanidades *fpl*, letras *fpl* **Geisteszustand** M estado mental
geistig mental, intelectual
geistlich espiritual; clerical **Geistliche(r)** M clérigo
geistreich ingenioso
Geiz M avaricia *f* **Geizhals** M avaro, tacaño **geizig** avaro
Gejammer N lamentaciones *fpl*
gekachelt embaldosado
gekannt → kennen
Geklapper N tableteo *m* **Geknatter** N traqueteo *m*
gekonnt logrado, bien hecho
Gekritzel N garrapatos *mpl*
gekünstelt afectado
Gelächter N risa *f*, carcajada *f*
gelähmt MED paralítico, paralizado
Gelände N terreno *m* **Geländefahrzeug** N, **Geländewagen** M (vehículo *m*) todoterreno *m*
Geländer N barandilla *f*; *e-r Treppe a.* pasamano *m*
gelangen llegar (**zu** a)
gelassen sereno, sosegado **Gelassenheit** F serenidad
Gelatine F gelatina
geläufig corriente, usual; (*vertraut*) familiar
gelaunt: **gut/schlecht ~** de buen/mal humor
gelb amarillo **Gelbfieber** N fiebre *f* amarilla **gelblich** amarillento **Gelbsucht** F ictericia
Geld N dinero *m*; *Am* plata *f* **Geldanlage** F inversión **Geldautomat** M cajero automático **Geldbeutel** M monedero **Geldbuße** F multa **Geldkarte** F tarjeta monedero **Geldmenge** F masa monetaria **Geldmittel** NPL recursos *mpl*, medios *mpl* **Geldschein** M billete de banco **Geldschrank** M caja *f* fuerte (*od* de caudales) **Geldstrafe** F multa **Geldstück** N moneda *f* **Geldwechsel** M cambio
Gelee N jalea *f*
gelegen situado; *fig* oportuno; **mir ist daran ~** me importa (, dass que); **das kommt mir sehr ~** me viene de perlas
Gelegenheit F ocasión **Gele-**

genheitsarbeit F trabajo *m* eventual
gelegentlich 1 ADJ ocasional 2 ADV en ocasiones
gelehrig dócil **gelehrt** sabio, erudito **Gelehrte(r)** M/F(M) sabio,-a, erudito,-a
Geleit N escolta *f*
Gelenk N articulación *f*; TECH juntura *f* **gelenkig** ágil
gelernt cualificado
Geliebte(r) M/F(M) amante
gelingen salir bien; **es gelingt mir zu ...** logro ..., consigo ...
gelogen → lügen
gelten ser válido; valer; **das gilt nicht** esto no vale; **~ als** pasar por; **~ lassen** admitir **geltend** vigente **Geltung** F validez; (*Ansehen*) prestigio *m*; **zur ~ kommen** resaltar; **zur ~ bringen** hacer valer
gelungen logrado
gemächlich cómodo, lento
Gemälde N cuadro *m* **Gemäldegalerie** F galería de pinturas
gemäß conforme a, según **gemäßigt** moderado; *Klima* templado
gemein común; vulgar; (*niedrig*) infame; *Soldat* raso
Gemeinde F municipio *m*; REL parroquia **Gemeinde...** IN ZSSGN *oft* municipal **Gemeinderat** M concejo municipal
Gemeinheit F bajeza; infamia
gemeinnützig de utilidad pública **Gemeinplatz** M tópico **gemeinsam** común; ADV en común
Gemeinschaft F comunidad
gemeinschaftlich ADV en común
Gemetzel N carnicería *f*, masacre *f*
Gemisch N mezcla *f* **gemischt** mezclado; mixto
Gemurmel N murmullo *m*
Gemüse N verduras *fpl*, hortalizas *fpl* **Gemüsegarten** M huerto **Gemüsehändler(in)** M(F) verdulero,-a **Gemüsesuppe** F sopa de verduras
gemustert *Stoff* estampado
gemütlich cómodo; acogedor; íntimo **Gemütlichkeit** F ambiente *m* acogedor (*od* íntimo)
Gen N BIOL gen(e) *m*
genannt → nennen
genau exacto; preciso; justo; **es ist ~ zwei Uhr** son las dos en punto; **~ genommen** bien mirado **Genauigkeit** F exactitud; precisión
genauso → ebenso; **genauso ... wie** tan ... como
genehmigen permitir, autorizar **Genehmigung** F autorización, permiso *m*
geneigt inclinado; *fig a.* dispuesto (**zu** a)
General M general **Generaldirektor(in)** M(F) director(a) general **Generalkonsulat** N consulado *m* general **Generalprobe** F ensayo *m* general **Generalstreik** M huelga *f* ge-

neral
Generation F generación **Generator** M generador **generell** general; ADV en general
genesen convalecer, restablecerse **Genesung** F convalecencia
Genetik F genética **genetisch** genético
Genf N Ginebra *f*; **~er See** *m* Lago Lemán *od* de Ginebra
Genforschung F investigación genética
genial genial
Genick N nuca *f*, cerviz *f*
Genie N ingenio *m*; genio *m*
genieren: **sich ~** avergonzarse
genießbar *essbar* comestible; *trinkbar* potable **genießen** saborear; *fig* gozar, disfrutar de **Genießer(in)** M(F) sibarita
Genitiv M genitivo
genmanipuliert transgénico; genéticamente manipulado
genommen → nehmen
genormt estandarizado, normalizado
Genosse M compañero, camarada **Genossenschaft** F cooperativa **Genossin** F compañera, camarada
Gentechnik F, **Gentechnologie** F ingeniería genética **gentechnikfrei** no transgénico **Gentest** M MED test genético, prueba *f* genética
Genua N Génova *f*
genug bastante; suficiente **genügen** bastar; ser suficiente **genügend** suficiente, bastante
Genugtuung F satisfacción
Genuss M goce, placer; *von Alkohol etc* consumo
geöffnet abierto
Geografie F geografía **Geologie** F geología **Geometrie** F geometría
Gepäck N equipaje *m* **Gepäckabfertigung** F facturación de equipajes **Gepäckanhänger** M etiqueta *f* para equipaje, etiqueta *f* de identificación **Gepäckannahme** F recepción de equipajes **Gepäckaufbewahrung** F consigna **Gepäckausgabe** F entrega de equipajes **Gepäckband** N cinta *f* de equipajes **Gepäckgurt** M correa *f* para equipaje **Gepäckkontrolle** F control *m* de equipaje **Gepäcknetz** N rejilla *f* **Gepäckschein** M talón de equipaje **Gepäckstück** N bulto *m* **Gepäckträger** M mozo; *am Rad, Auto* portaequipajes **Gepäckwaage** F báscula *f* de equipaje
gepanzert blindado **gepfeffert** *Rechnung, Preis* exorbitante **gepflegt** bien cuidado
Gepolter N estrépito *m*
gerade recto, derecho; ADV precisamente, justamente; *zeitlich* ahora mismo; **~ dabei sein zu** estar a punto de **Gerade** F recta
geradeaus todo derecho **ge-**

radeheraus francamente, sin rodeos **geradestehen** responder (**für** de); dar la cara **geradewegs** directamente **geradezu** verdaderamente
Geranie F geranio *m*
gerannt → rennen
Gerät N utensilio *m*, (*Haushaltsgerät*) aparato *m*; (*Werkzeug*) herramienta *f*
geraten llegar (**in** *akk*, **nach** a); ir a parar (a); caer (en); (*gelingen*) salir bien; **in Schwierigkeiten ~** encontrar dificultades
Geratewohl N **aufs ~** al azar, a la buena de Dios
geräuchert ahumado
geräumig espacioso, amplio
Geräusch N ruido *m* **geräuschlos** silencioso **geräuschvoll** ruidoso
gerben curtir
gerecht justo; *Strafe* merecido **gerechtfertigt** justificado **Gerechtigkeit** F justicia
Gerede N habladurías *fpl*, chismes *mpl*
gereizt irritado
Gericht N plato *m*, comida *f*; JUR tribunal *m*; *Am* corte *f* **gerichtlich** judicial; forense **Gerichtsbarkeit** F jurisdicción **Gerichtshof** M tribunal, *Am* corte (de justicia) **Gerichtskosten** PL costas *fpl* **Gerichtssaal** M sala *f* de audiencia **Gerichtsverfahren** N procedimiento *m* judicial **Gerichtsverhandlung** F vista **Gerichtsvollzieher** M alguacil
gering pequeño; poco; escaso; **~er** menor; inferior (**als** a); **nicht im Geringsten** de ninguna manera **geringfügig** insignificante **geringschätzig** despectivo; ADV con menosprecio
gerinnen *Blut* coagular(se); *Milch* cuajar
gerissen *fig* astuto, taimado
Germanistik F filología germánica
gern con mucho gusto; **~ geschehen** de nada; no hay de qué; **ich möchte ~** ... quisiera ...; **ich lese ~** me gusta leer **gernhaben**: **j-n ~** querer a alg
Geröll N cantos *mpl* rodados
geröstet tostado; *Kaffee* torrefacto
Gerste F cebada **Gerstenkorn** N MED orzuelo *m*
Gerte F vara
Geruch M olor **geruchlos** inodoro **Geruchssinn** M olfato
Gerücht N rumor *m* **gerührt** emocionado **Gerümpel** N trastos *mpl* viejos
Gerundium N gerundio *m*
Gerüst N andamio *m*
gesalzen salado; *fig* exorbitante
gesamt total, entero; global **Gesamtbetrag** M importe total **Gesamtgewicht** N pe-

so *m* bruto *od* total **Gesamtschule** F escuela integrada

Gesandte(r) M ministro plenipotenciario

Gesang M canto

Geschäft N negocio *m* (*a. fig*); (*Laden*) tienda *f*, comercio *m*

geschäftig activo **geschäftlich** ADJ comercial; ADV por asunto de negocios

Geschäftsbrief M carta *f* comercial **Geschäftsfrau** F mujer de negocios **Geschäftsführer(in)** M(F) gerente **Geschäftsmann** M hombre de negocios **Geschäftsordnung** F reglamento *m* (interior) **Geschäftsstelle** F oficina

geschehen suceder, ocurrir; pasar **Geschehen** N suceso *m*, acontecimiento *m*

gescheit inteligente; sensato

Geschenk N regalo *m* **Geschenkpapier** N papel *m* regalo

Geschichte F historia; LIT cuento *m* **geschichtlich** histórico

Geschicklichkeit F habilidad, maña **geschickt** hábil, mañoso

geschieden divorciado

Geschirr N vajilla *f* **Geschirrspüler** M, **Geschirrspülmaschine** lavaplatos, lavavajillas **Geschirrtuch** N paño *m* de cocina

Geschlecht N sexo *m*; (*Familie*) estirpe *f*; casta *f*; GRAM género *m*

Geschlechtskrankheit F enfermedad venérea **Geschlechtsorgan** N órgano *m* sexual **Geschlechtsverkehr** M relaciones *fpl* sexuales

geschlossen cerrado

Geschmack M sabor; gusto **geschmacklos** soso, insípido; *fig* de mal gusto **Geschmack(s)sache** F **das ist ~** eso es cuestión de gustos **Geschmackssinn** M gusto **geschmackvoll** de buen gusto

geschmeidig flexible; ágil

geschmort estofado

geschnitten → schneiden

Geschöpf N criatura *f*

Geschoss, *österr* **Geschoß** N piso *m*, planta *f*; *Waffe* proyectil *m*

Geschrei N gritos *mpl*

geschrieben → schreiben

Geschwätz N parloteo *m*

Geschwindigkeit F velocidad **Geschwindigkeitsbegrenzung** F limitación de velocidad **Geschwindigkeitsüberschreitung** F exceso *m* de velocidad

Geschwister PL hermanos *mpl*

geschwollen hinchado; *fig* ampuloso

Geschworene(r) M/F(M) jurado,-a

Geschwulst F tumor *m*

Geschwür N úlcera *f*

Geselchte(s) N *österr* carne *f* ahumada
Geselle M oficial **gesellig** sociable
Gesellschaft F sociedad; HANDEL *a.* compañía; **j-m ~ leisten** hacer compañía a alg
Gesellschafter(in) M(F) HANDEL socio,-a **gesellschaftlich** social **Gesellschaftsschicht** F capa social **Gesellschaftsspiel** N juego *m* de sociedad (*od* de mesa)
gesessen → sitzen
Gesetz N ley *f* **Gesetzbuch** N código *m* **Gesetzgebung** F legislación **gesetzlich** legal; legítimo **gesetzwidrig** ilegal; contrario a la ley
Gesicht N cara *f*; **ins ~ sagen** *fig* echar en cara; **sein wahres ~ zeigen** quitarse la máscara
Gesichtsausdruck M expresión *f* facial **Gesichtsfarbe** F tez **Gesichtsmaske** F mascarilla **Gesichtspunkt** M aspecto, punto de vista **Gesichtswasser** N loción *f* facial **Gesichtszüge** MPL facciones *fpl*
Gesindel N chusma *f*, gentuza *f*
gesittet civilizado, decente
gesondert separado; aparte
Gespann N tiro *m* **gespannt** tenso, tirante; **~ auf** (*akk*) ansioso de
Gespenst N fantasma *m* **gespenstisch** fantasmal
gesperrt *Straße* cortado
Gespött N **zum ~ machen** poner en ridículo
Gespräch N conversación *f*; TEL llamada *f* **gesprächig** comunicativo **Gesprächigkeit** F locuacidad
Gesprächspartner(in) M(F) interlocutor(a) **Gesprächsstoff** M, **Gesprächsthema** N tema *m* de conversación
gesprochen → sprechen
gesprungen → springen
Gestalt F forma, figura; (*Wuchs*) estatura **gestalten** formar; crear; organizar **Gestaltung** F formación; configuración
Gestammel N balbuceo *m*
gestanden → stehen, gestehen **geständig** confeso
Geständnis N confesión *f*; **ein ~ ablegen** confesar
Gestank M hedor, mal olor
gestatten permitir; **~ Sie?** con su permiso
Geste F gesto *m*; *fig* detalle
gestehen confesar
Gestein N roca *f*
Gestell N soporte *m*; *Regal* estante *m*; *Brille* montura *f*
gestern ayer; **~ Abend** anoche; **~ Morgen** ayer por la mañana
gestikulieren gesticular
Gestirn N astro *m*
gestohlen → stehlen
gestorben muerto
gestreift rayado, a rayas
gestresst ADJ estresado
gestrig de ayer

Gestrüpp N matorral *m*
Gestüt N criadero *m* de caballos
Gesuch N solicitud *f*; instancia *f* **gesucht** *fig* solicitado
gesund sano; saludable; **~ werden** sanar, curarse **Gesundheit** F salud; **~!** ¡Jesús!
Gesundheitsamt N delegación *f* de Sanidad **gesundheitsschädlich** perjudicial para la salud **Gesundheitswesen** N sanidad *f* **Gesundheitszustand** M estado de salud
gesundschreiben dar de alta
getan → tun
Getöse N estrépito *m*, estruendo *m*
Getränk N bebida *f* **Getränkeautomat** M máquina *f* expendedora de bebidas **Getränkekarte** F carta de bebidas
Getreide N cereales *mpl*
getrennt separado; aparte; ADV por separado
Getriebe N TECH engranaje *m*; AUTO caja *f* de cambios
getrocknet secado
getroffen → treffen
getrost con toda confianza
getrüffelt trufado
getrunken → trinken
Getue N afectación *f*, melindres *mpl* **Getuschel** N cuchicheos *mpl*
Gewächs N planta *f*
gewachsen *e-r Sache od j-m* **~ sein** estar a la altura de
Gewächshaus N invernadero *m*, estufa *f*
gewagt atrevido, arriesgado
Gewähr F garantía **gewähren** conceder, otorgar **gewährleisten** garantizar
Gewahrsam M custodia *f*
Gewalt F violencia; (*Macht*) poder *m*; autoridad; **höhere ~** fuerza mayor; **mit ~** a la fuerza; **die ~ verlieren über** (*akk*) perder el control de **gewaltig** potente; enorme **gewaltsam** violento; ADV a la fuerza **gewalttätig** violento, brutal
gewandt ágil; hábil
Gewässer N agua(s) *f(pl)*
Gewebe N tejido *m*
Gewehr N fusil *m*; escopeta *f*
Geweih N cornamenta *f*
geweiht sagrado; bendito
Gewerbe N industria *f*; oficio *m* **gewerblich** industrial, comercial
Gewerkschaft F sindicato *m* **Gewerkschafter(in)** M(F) sindicalista
gewesen → sein
Gewicht N peso *m*; *fig a.* importancia *f*; **~ legen auf** (*akk*) dar importancia a **Gewichtheben** N levantamiento *m* de pesos, halterofilia *f*
gewieft astuto, taimado
Gewimmel N hervidero *m*, hormigueo *m*
Gewinde N TECH rosca *f*
Gewinn M ganancia *f*; HANDEL

beneficio; *Lotterie* premio **gewinnen** ganar **Gewinner(in)** M(F) ganador(a); *im Lotto etc* acertante **Gewinnung** F *v. Erz* extracción; CHEM obtención **Gewinnzahl** F número *m* premiado

Gewirr N enredo *m*; *von Straßen* laberinto *m*

gewiss cierto, seguro; ADV seguramente; **aber ~!** claro que sí; **ein gewisser (Herr) …** un tal …

Gewissen N conciencia *f* **gewissenhaft** concienzudo, escrupuloso **Gewissensbisse** MPL remordimientos

gewissermaßen en cierto modo

Gewissheit F certeza; **sich ~ verschaffen** cerciorarse

Gewitter N tormenta *f* **Gewitterregen** M chubasco **gewittrig** tormentoso

gewitzt escarmentado

gewöhnen: **(sich) ~** acostumbrar(se), habituar(se) (**an** *akk* a)

Gewohnheit F costumbre

gewöhnlich habitual; común, ordinario; (*unfein*) vulgar; ADV normalmente; **wie ~** como de costumbre

gewohnt habituado, acostumbrado (**an** *akk*, **zu** *inf* a)

Gewölbe N bóveda *f*

gewollt intencionado

gewonnen → gewinnen

geworden → werden

Gewühl N gentío *m*

gewunden sinuoso, tortuoso

Gewürz N especia *f*, condimento *m* **Gewürzgurke** F pepinillo *m* en vinagre **Gewürznelke** F clavo *m* (de olor), clavillo *m*

gewusst → wissen

gezackt dentado

Gezeiten PL marea *f*

geziert afectado

gezogen → ziehen

Gezwitscher N gorjeo *m*

gezwungen *a. fig* forzado

gib, gibt → geben

Gicht F MED gota

Giebel M frontón

Gier F avidez **gierig** ávido

gießen verter; *Blumen* regar; TECH fundir; *Form* moldear; **es gießt** llueve a cántaros **Gießkanne** F regadera

Gift N veneno *m*; tóxico *m* **Giftgas** N gas *m* tóxico (*od* asfixiante) **giftig** venenoso; tóxico **Giftmüll** M residuos *mpl* tóxicos **Giftpilz** M hongo venenoso **Giftschlange** F serpiente venenosa **Giftwolke** F nube tóxica

gigantisch gigantesco

gilt → gelten

Gin M ginebra *f*

ging → gehen

Ginster M retama *f*

Gipfel M cumbre *f*, cima *f*; *fig* apogeo; **das ist der ~!** ¡es el colmo!

Gips M *Gestein* yeso; MED escayola *f* **gipsen** MED escayolar

Giraffe F jirafa
Girlande F guirnalda
Giro N giro *f* **Girokonto** N cuenta *f* corriente
Gitarre F guitarra **Gitarrist(in)** M(F) guitarrista
Gitter N reja *f*; verja *f* **Gitterfenster** N ventana *f* de reja
Gladiole F gladiolo *m*
Glanz M brillo, lustre; *fig* esplendor
glänzen brillar, resplandecer **glänzend** brillante (*a. fig*)
Glas N cristal *m*; vidrio *m*; (*Trinkglas*) vaso *m*; (*Stielglas*) copa *f* **Glascontainer** M contenedor para la recogida selectiva de vidrio **Glaser** M vidriero
gläsern de vidrio (*od* cristal)
Glasfaser F fibra óptica **glasieren** vidriar; esmaltar; *Kuchen* glasear **Glaskeramikkochfeld** N placa *f* de vitrocerámica **Glasscheibe** F vidrio *m*, cristal *m* **Glasscherbe** F casco *m* de vidrio **Glastür** F puerta vidriera **Glasur** F esmalte *m*; (*Kuchenglasur*) baño *m* de azúcar
glatt liso; *Haut a.* terso; (*rutschig*) resbaladizo; ADV sin dificultad **Glätte** F lisura; *auf der Straße* estado *m* resbaladizo **Glatteis** N hielo *m* (resbaladizo) **glätten** alisar, desarrugar
Glatze F calva; **e-e ~ haben** ser calvo
Glaube M fe *f*; creencia *f*; **~n schenken** dar crédito **glauben** creer (**an** *akk* en); **es ist kaum zu ~** parece mentira **Glaubensbekenntnis** N credo *m* **glaubhaft** creíble; digno de crédito **gläubig** creyente
Gläubiger(in) M(F) HANDEL acreedor(a)
glaubwürdig → glaubhaft
gleich igual; (*sofort*) en seguida; ahora mismo; **das ist mir ~** me da igual (*od* lo mismo); **bis ~** hasta luego; **~ groß** del mismo tamaño **gleichaltrig** de la misma edad **gleichartig** similar
gleichberechtigt: **~ sein** tener los mismos derechos **Gleichberechtigung** F igualdad de derechos
gleichen parecerse a **gleichfalls** igualmente, asimismo **Gleichgewicht** N equilibrio *m* **gleichgültig** indiferente **Gleichgültigkeit** F indiferencia **Gleichheit** F igualdad **gleichmäßig** regular **Gleichmut** M ecuanimidad *f* **gleichnamig** del mismo nombre **Gleichnis** N REL parábola *f* **gleichstellen** equiparar a **Gleichstrom** M corriente *f* continua **Gleichung** F MATH ecuación **gleichwertig** equivalente **gleichzeitig** simultáneo; ADV al mismo tiempo
Gleis N vía *f*
Gleitcreme F crema lubrican-

te **gleiten** deslizarse; FLUG planear; **~de Arbeitszeit** horario *m* flexible
Gleitflug M vuelo planeado **Gleitschirm(fliegen)** M(N) parapente *m* **Gleitschutz** M antideslizante **Gleitzeit** F horario *m* flexible
Gletscher M glaciar **Gletscherspalte** F grieta (de glaciar)
Glied N miembro *m*; *e-r Kette* eslabón *m* **gliedern** dividir, clasificar **Gliederung** F división; *e-r Rede etc* estructura *f*
glimmen arder (sin llama)
glitschig resbaladizo
glitzern centellear
global global; (*weltweit*) *a.* universal **globalisiert** F globalizado **Globalisierung** F globalización
Globetrotter M trotamundos
Globus M globo
Glocke F campana
Glockenblume F campánula **Glockengeläut** N toque *m* de campanas **Glockenspiel** N carillón *m* **Glockenturm** M campanario
Glück N felicidad *f*; fortuna *f*, suerte *f*; **zum ~** por suerte; **viel ~!** ¡(mucha) suerte!; **~ haben** tener suerte
glücken salir bien **glücklich** feliz; afortunado **glücklicherweise** afortunadamente
Glücksspiel N juego *m* de azar **Glückwunsch** M felicitación *f*; **herzlichen ~!** ¡enhorabuena!; *zum Geburtstag* ¡feliz cumpleaños!
Glühbirne F bombilla **glühen** arder **glühend** ardiente (*a. fig*); *Hitze* abrasador **Glühwein** M vino caliente **Glühwürmchen** N luciérnaga *f*
Glut F brasa, ascua
Gluten N BIOL gluten *m* **glutenfrei** sin gluten **Glutenunverträglichkeit** F celiaquía
Glyzerin N glicerina *f*
GmbH F (Gesellschaft mit beschränkter Haftung) S.R.L. (sociedad de responsabilidad limitada)
Gnade F gracia **Gnadenfrist** F plazo *m* de gracia **gnadenlos** sin piedad
gnädig clemente
Gold N oro *m* **Goldbarren** M lingote de oro **golden** de oro; dorado **Goldfisch** M pez dorado **goldig** mono, encantador **Goldmedaille** F medalla de oro **Goldmünze** F moneda de oro **Goldschmied** M orfebre
Golf 1 M golfo 2 N SPORT golf *m* **Golfplatz** M campo de golf **Golfschläger** M palo (de golf) **Golfspieler(in)** M(F) golfista **Golfstrom** M Corriente *f* del Golfo
Gondel F góndola
gönnen no envidiar (a); **sich etw ~** permitirse a/c **Gönner(in)** M(F) protector(a)

googeln® buscar en Google®; *umg* guglear®
Gorilla M gorila (*a. fig*)
Gotik F gótico *m* **gotisch** gótico
Gott M Dios; **~ sei Dank!** gracias a Dios; **um ~es willen!** ¡por Dios! **Gottesdienst** M oficio, culto **Gotteslästerung** F blasfemia
Göttin F diosa **göttlich** divino
Götze M, **Götzenbild** N ídolo *m*
Gouverneur M gobernador
GPS N (Global Positioning System) GPS *m*
Grab N tumba *f*, sepulcro *m* **graben** cavar **Graben** M foso **Grabmal** N monumento *m* fúnebre **Grabstein** M lápida *f* (sepulcral)
Grad M grado
Graf M conde
Graffiti PL grafiti *m*
Grafik F artes *fpl* gráficas; (*Zeichnung*) grabado *m* **Grafiker(in)** M(F) grafista **Grafikkarte** F tarjeta de gráficos
Gräfin F condesa
grafisch gráfico
Gramm N gramo *m*
Grammatik F gramática **grammatisch** gramatical
Granatapfel M granada *f*
Granate F granada
Granit M granito
Grapefruit F pomelo *m*
Gras N hierba *f* (*a. umg Marihuana*) **grasen** pacer **Grashalm** M brizna *f*
grässlich atroz, horrible
Grat M cresta *f*
Gräte F espina (de pescado)
gratinieren GASTR gratinar
gratis gratuitamente, gratis
Gratulation F felicitación **gratulieren** felicitar (**j-m zu etw** a alg por a/c)
grau gris **Graubrot** N pan *m* moreno **Graubünden** N los Grisones *mpl*
Gräuel M horror **Gräueltat** F atrocidad
grauen: **mir graut vor** (*dat*) tengo horror a **Grauen** N horror *m* **grauenhaft**, **grauenvoll** horrible, espantoso; *iron* horripilante
grauhaarig cano
Graupeln PL granizo *m* fino **Graupelschauer** M granizada *f*
grausam cruel **Grausamkeit** F crueldad
gravieren grabar **gravierend** grave
Grazie F gracia **graziös** gracioso
greifbar al alcance de la mano; *a. fig* tangible **greifen** asir, tomar; **~ zu** recurrir a; **um sich ~** propagarse **Greifvogel** M (ave *f*) rapaz
grell *Licht* deslumbrante; *Ton* estridente; *Farbe* llamativo, chillón
Grenze F límite *m*; POL frontera **grenzen** confinar, lindar

(**an** *akk* con); *fig* rayar (en) **grenzenlos** ilimitado; inmenso **Grenzgänger** M trabajador fronterizo **Grenzgebiet** N región *f* fronteriza **Grenzkontrolle** F control *m* de aduana **Grenzstein** M mojón, hito **Grenzübergang** M paso fronterizo **Grenzverkehr** M tráfico fronterizo
Grieben FPL chicharrones *mpl*
Grieche M, **Griechin** F griego,-a **Griechenland** N Grecia *f* **griechisch** griego
Grieß M sémola *f*
Griff M asa *f*; puño; (*Messergriff*) mango; (*Türgriff*) tirador; **im ~ haben** dominar **griffbereit** al alcance de la mano
Grill M parrilla *f*; barbacoa *f*; **vom ~** a la parrilla
Grille F grillo *m*; cigarra
grillen asar a la parrilla **Grillfest** N, **Grillparty** F barbacoa *f* **Grillhähnchen** N pollo *m* asado
Grimasse F mueca
grinsen (son)reír irónicamente
Grippe F gripe, *Am a.* gripa; **saisonale ~** gripe estacional; **~ haben** tener (la) gripe
grob grueso; *Stoff* burdo; *Person* grosero, rudo; *Fehler* grave **Grobheit** F grosería
grölen berrear
Groll M rencor
Grönland N Groenlandia *f*
groß gran(de); *Statur* alto **großartig** grandioso, imponente **Großbritannien** N Gran Bretaña *f* **Großbuchstabe** M mayúscula *f*
Größe F tamaño *m*; *Körper, Kleidung* talla; (*Ausdehnung*) extensión, dimensión; *fig* grandeza
Großeltern PL abuelos *mpl* **Großhandel** M comercio al por mayor **Großhändler(in)** M(F) mayorista **großmütig** generoso **Großmutter** F abuela **Großonkel** M tío abuelo **großspurig** arrogante **Großstadt** F gran ciudad **Großtante** F tía abuela
größtenteils por (*od* en) la mayor parte; en general
Großvater M abuelo **großziehen** criar **großzügig** generoso
grotesk grotesco
Grotte F gruta
Grübchen N hoyuelo *m* **Grube** F fosa, hoyo *m*; (*Bergwerk*) mina **grübeln** cavilar **Gruft** F cripta
grün verde; **~e Welle** onda verde; **die Grünen** POL los verdes **Grünanlage** F zona verde
Grund M fondo; *fig* causa *f*, razón *f*; motivo; **im ~e (genommen)** en el fondo; **ohne ~** sin motivo; **aus diesem ~** por esta razón; **auf ~ von** en razón de **Grundbesitz** M terreno **Grundbuch** N registro *m* de la propiedad
gründen fundar **Gründer(in)** M(F) fundador(a)

Grundfläche F base **Grundgebühr** F tarifa básica **Grundgehalt** N sueldo *m* base **Grundgesetz** N ley *f* fundamental **Grundlage** F base, fundamento *m* **grundlegend** fundamental
gründlich profundo; ADV a fondo
grundlos ADJ infundado; ADV sin motivo
Gründonnerstag M Jueves Santo
Grundriss M planta *f*, plano **Grundsatz** M principio **grundsätzlich** por (*od* en) principio **Grundschule** F escuela primaria **Grundsteuer** F impuesto *m* sobre bienes inmuebles **Grundstück** N finca *f*; terreno *m*; solar *m*
Gründung F fundación
Grundwasser N agua *f* subterránea
Grünfläche F espacio *m* verde **Grünkohl** M col *f* verde **Grünstreifen** M mediana *f*
grunzen gruñir
Gruppe F grupo *m* **Gruppenreise** F viaje *m* colectivo **gruppieren** agrupar
gruselig escalofriante
Gruß M saludo, recuerdo; *Brief* **mit freundlichen Grüßen** (con) un cordial saludo *förmlich* atentamente; **viele Grüße an ...** muchos recuerdos a ...
grüßen saludar
gucken *umg* mirar
Gulasch N estofado *m* a la húngara
gültig válido; vigente **Gültigkeit** F validez; vigencia
Gummi N goma *f*; (*Naturkautschuk*) caucho *m*; (*Gummiband*) cinta *f* elástica **Gummiball** M pelota *f* (de goma) **Gummiband** N cinta *f* elástica **Gummibärchen** N osito *m* de gominola **Gummistiefel** MPL botas *fpl* de goma
günstig favorable, ventajoso
Gurgel F garganta **gurgeln** hacer gárgaras
Gurke F pepino *m*; **saure ~n** pepinillos *mpl* en vinagre
Gurt M correa *f*, faja *f*; AUTO, FLUG cinturón
Gürtel M cinturón **Gürtelrose** F (herpes *m*) zoster *m* **Gürteltasche** F riñonera
Guss M (*Regenguss*) chaparrón; GASTR baño de azúcar **Gusseisen** N hierro *m* colado
gut bueno; ADV bien; **~ aussehend** de buena presencia; **~ gehen** *etw* salir bien; **es geht mir gut** estoy bien; **~ gelaunt** de buen humor; **schon ~!** ya está bien; **mir ist nicht ~** no me siento bien
Gut N finca *f*; granja *f*
Gutachten N dictamen *m*, peritaje *m* **Gutachter(in)** M(F) perito,-a **gutartig** MED benigno **Gute** N **das ~** lo bueno; **alles ~!** ¡que te vaya bien!
Güte F bondad; HANDEL cali-

dad; **du meine ~!** ¡Dios mío!
Güter NPL mercancías *fpl* **Güterwagen** M vagón de mercancías **Güterzug** M tren de mercancías (*Am* de carga)
Gütesiegel N sello *m* de calidad
gutgläubig de buena fe
Guthaben N haber *m*, saldo *m* activo
gutmachen: **(wieder) ~** reparar **gutmütig** bondadoso
Gutsbesitzer(in) M(F) propietario,-a de una finca
Gutschein M vale, bono **gutschreiben** abonar en cuenta **Gutschrift** F abono *m* (en cuenta)
Gutshof M finca *f*, *Am* hacienda
Gymnasium N instituto *m* de educación secundaria **Gymnastik** F gimnasia
Gynäkologe M, **Gynäkologin** F ginecólogo,-a

H

H N MUS si *m*
Haar N pelo *m*; (*Kopfhaar*) cabello *m*; **um ein ~** por un pelo
Haarausfall M caída *f* del pelo **Haarbürste** F cepillo *m* para el pelo **Haarfarbe** F color *m* de pelo; *Färbemittel* tinte *m* (para el pelo) **Haarfestiger** M fijador **Haargel** N gel *m* fijador **Haarnadel** F horquilla **Haarnadelkurve** F curva en herradura **Haarschnitt** M corte de pelo **Haarspange** F pasador *m* **Haarspray** N laca *f* **haarsträubend** espeluznante **Haartrockner** M secador de pelo **Haarwasser** N loción *f* capilar
Habe F bienes *mpl*
haben V/T tener; *Hilfsverb* haber; **wir ~ den 3. Mai** estamos a tres de mayo; **was hast du?** ¿qué te pasa?; **bei sich ~** llevar (consigo)
Haben N HANDEL haber *m*
Habicht M azor
Hackbraten M asado de carne picada **Hacke** F azada; (*Ferse*) talón *m* **hacken** picar; *Holz* cortar
Hacker(in) M(F) IT hacker *m/f*, pirata *m/f* informático, -a
Hackfleisch N carne *f* picada
Hafen M puerto **Hafenbecken** N dársena *f* **Hafenrundfahrt** F paseo *m* por el puerto **Hafenstadt** F ciudad portuaria **Hafenviertel** N barrio *m* portuario
Hafer M avena *f* **Haferflocken** FPL copos *mpl* de avena **Hafermilch** F leche *f* de avena
Haft F detención, arresto *m*
haftbar responsable **(für** de)
Haftbefehl M auto de prisión

haften: **~ für** responder de
Häftling M detenido,-a *m,f*
Haftnotiz F nota adhesiva
Haftpflicht(versicherung) F (seguro *m* de) responsabilidad civil **Haftung** F responsabilidad
Hagebutte F escaramujo *m*
Hagel M granizo **hageln** granizar **Hagelschauer** M granizada *f*
hager flaco, enjuto
Hahn M gallo; (*Wasserhahn*) grifo; TECH llave *f* **Hähnchen** N GASTR pollo *m*; **gebratenes Hähnchen** pollo asado
Hai(fisch) M tiburón
häkeln hacer ganchillo **Häkelnadel** F ganchillo *m*
Haken M gancho; corchete
Hakenkreuz N cruz *f* gamada
halb medio; ADV a medias; IN ZSSGN *oft* semi…; **e-e ~e Stunde** media hora; **zum ~en Preis** a mitad de precio; **~ leer/voll** medio vacío/lleno; **~ offen** entreabierto; **~ zwölf** las once y media; **~ so groß** la mitad de grande
Halbdunkel N penumbra *f*
Halbfinale N SPORT semifinal *f* **halbieren** partir en dos
Halbinsel F península **Halbjahr** N semestre *m* **Halbkreis** M semicírculo **Halbkugel** F hemisferio *m* **halblaut** a media voz **Halbmast** M **auf ~** a media asta **Halbmond** M media luna *f* **Halbpension** F media pensión **Halbschlaf** M **im ~** medio dormido **Halbschuh** M zapato (bajo) **Halbstarke(r)** M gamberro **halbtägig** de medio día **Halbtagsarbeit** F trabajo *m* de media jornada **Halbwüchsige(r)** M/F(M) adolescente
Halbzeit F **erste/zweite ~** primer/segundo tiempo *m*
Hälfte F mitad; **zur ~** a mitad
Halle F vestíbulo *m* **hallen** resonar **Hallenbad** N piscina *f* cubierta
hallo! ¡hola!; ¡oiga!; TEL ¡diga!
Halm M tallo
Halogenlampe F lámpara halógena **Halogenscheinwerfer** M faro halógeno
Hals M cuello; (*Kehle*) garganta *f*; **~ über Kopf** atropelladamente **Halsband** N gargantilla *f*; collar *m* **Halskette** F collar *m*, cadena **Hals-Nasen-Ohren-Arzt** M otorrinolaringólogo **Halsschmerzen** MPL dolor *m* de garganta **Halstuch** N pañuelo *m* (de cuello)
Halswirbel M vértebra *f* cervical
Halt M alto, parada *f*; *fig* apoyo, sostén; **halt!** ¡alto!
haltbar resistente; *Lebensmittel* conservable **Haltbarkeitsdatum** N fecha *f* de caducidad
halten V/I parar(se), detenerse; (*festsitzen*) estar fijo; V/T tener;

Wort cumplir; *Rede* pronunciar, dictar; ~ **für** tomar por, creer; ~ **von** pensar (*od* opinar) de; **was ~ Sie davon?** ¿qué le parece?; **sich** ~ mantenerse; *Essen* conservarse; **sich ~ an** (*akk*) atenerse a

Haltestelle F parada **Halteverbot** N parada *f* prohibida

haltmachen pararse, detenerse

Haltung F actitud; (*Körperhaltung*) postura

Halunke F pillo, bribón

Hamburg N Hamburgo *m* **Hamburger** M GASTR hamburguesa *f*

hämisch ADJ malicioso; ADV con sorna

Hammel M carnero

Hammer M martillo **hämmern** martillear, *fig* golpear

Hämorr(ho)iden PL hemorroides *fpl*, almorranas *fpl*

Hamster M hámster

Hand F mano; **zu Händen von** a la atención de; **zur ~, mit der ~** a mano **Handarbeit** F trabajo *m* manual; *Werk* artesanía *f*; *Schulfach* manualidades *fpl* **Handball** M balonmano **Handbewegung** F movimiento *m* de la mano **Handbremse** F freno *m* de mano **Handbuch** N manual *m*

Händedruck M apretón de manos

Handel M comercio **handeln** obrar, actuar; comerciar (**mit** con); (*feilschen*) regatear; ~ **von** tratar de (*od* sobre); **sich ~ um** tratarse de

Handelskammer F Cámara de Comercio

Handfeger M escobón **Handfläche** F palma de la mano **Handgelenk** N muñeca *f* **handgemacht** hecho a mano **Handgemenge** N riña *f*, pelea *f* **Handgepäck** N equipaje *m* de mano **Handgriff** M maniobra *f*; *am Koffer* mango **handhaben** manejar **Handkoffer** M maletín

Händler(in) M(F) comerciante

handlich manejable

Handlung F acto *m*; acción

Handschellen FPL esposas

Handschrift F letra, escritura **handschriftlich** escrito a mano

Handschuh M guante **Handschuhfach** N guantera *f*

Handstand M SPORT vertical *f* **Handtasche** F bolso *m*, *Am a.* cartera **Handteller** M palma *f* **Handtuch** N toalla *f*

Handvoll F **eine ~** un puñado (de)

Handwerk N oficio *m* **Handwerker(in)** M(F) artesano,-a **Handwerkszeug** N útiles *mpl*

Handy N (teléfono *m*) móvil *m* **Handyhülle** F funda de(l) móvil **Handynummer** F número *m* de(l) móvil

Hanf M cáñamo

Hang M cuesta *f*, pendiente *f*; *fig* inclinación *f* (**zu** a)
Hängebrücke F puente *m* colgante **Hängelampe** F lámpara colgante **Hängematte** F hamaca
hängen V/I colgar, pender; V/T colgar, suspender; *fig* **~ an** (*dat*) tener apego a; **~ bleiben** quedar enganchado; **~ lassen** *Mantel* dejar colgado
Hantel F pesa **hantieren** manejar, manipular (**mit etw** a/c)
Happen M bocado
Happy Hour F hora feliz, happy hour
Hardware F hardware *m*
Harfe F harpa
harmlos inofensivo (*a.* MED)
Harmonie F armonía **harmonisch** armonioso
Harn M orina *f* **Harnblase** F vejiga **Harnleiter** M uréter **Harnröhre** F uretra
Harpune F arpón *m*
hart duro; (*streng*) severo
Härte F dureza
Hartgeld N moneda *f* metálica **hartherzig** duro (de corazón) **hartnäckig** obstinado; pertinaz (*a.* MED)
Harz N resina *f*
Haschisch N hachís *m*
Hase M liebre *f*
Haselnuss F avellana **Haselstrauch** M avellano
Hasenfuß M cobarde **Hasenscharte** F labio *m* leporino
Hashtag M/N hashtag *m*, etiqueta *f*
Hass M odio **hassen** odiar
hässlich feo **Hässlichkeit** F fealdad
hast → haben
Hast F prisa **hastig** precipitado
hat, hatte, hätte → haben
Haube F cofia *f*; AUTO capó *m*
Hauch M soplo, aliento **hauchdünn** delgadísimo **hauchen** soplar; *fig* susurrar
hauen pegar (**j-n** a alg); **übers Ohr ~** timar
Haufen M montón (*a. fig*)
häufen apilar, acumular
haufenweise a montones
häufig ADJ frecuente; ADV a menudo **Häufigkeit** F frecuencia
Haupt N cabeza *f*; **~...** *in Zssgn oft* principal **Hauptbahnhof** M estación *f* central **Hauptdarsteller(in)** M(F) protagonista **Haupteingang** M entrada *f* principal **Hauptfach** N *Schule* asignatura *f*; *Studium* especialidad *f* **Hauptgang** M, **Hauptgericht** N plato *m* fuerte **Hauptgewinn** M gordo
Häuptling M jefe de tribu; *Am* cacique
Hauptmahlzeit F comida principal **Hauptperson** F protagonista *m/f* **Hauptpostamt** N Central *f* de Correos **Hauptquartier** N cuartel *m* general **Hauptrolle** F papel

m principal **Hauptsache** F lo principal **hauptsächlich** principal, esencial; ADV sobre todo **Hauptsaison** F temporada alta **Hauptstadt** F capital **Hauptstraße** F calle principal
Hauptverkehrsstraße F carretera general **Hauptverkehrszeit** F horas *fpl* punta
Hauptwäsche F fase principal de lavado
Haus N casa *f*; **nach/zu ~e** a/en casa **Hausangestellte** F empleada de hogar **Hausapotheke** F botiquín *m* **Hausarbeit** F tareas *fpl* domésticas **Hausarzt** M, **Hausärztin** F médico *m*, médica *f* de cabecera **Hausaufgaben** FPL deberes *mpl* **Hausbesitzer(in)** M(F) propietario,-a **Hausbewohner(in)** M(F) inquilino,-a
Häuserblock M manzana *f* (de casas), *Am* cuadra *f*
Hausflur M zaguán **Hausfrau** F ama de casa **Hausfriedensbruch** M allanamiento de morada **hausgemacht** casero **Haushalt** M casa *f*; POL presupuesto **Haushälterin** F ama de llaves **Haushaltsgerät** N aparato *m* doméstico **Hausherr** M amo de la casa **Hausherrin** F señora de la casa **Hausierer** M vendedor ambulante
häuslich casero; doméstico
Hausmannskost F comida casera **Hausmeister(in)** M(F) portero,-a, conserje **Hausmittel** N remedio *m* casero **Hausnummer** F número *m* de la casa **Hausordnung** F reglamento *m* **Hausrat** M menaje **Hausratversicherung** F seguro *m* del hogar **Hausschlüssel** M llave *f* de (la) casa **Hausschuhe** MPL zapatillas *fpl* **Haustelefon** N teléfono *m* interior **Haustier** N animal *m* doméstico **Haustür** F puerta de la calle **Hauswirt** M casero **Hauswirtschaft** F economía doméstica **Hauszelt** N tienda *f* familiar
Haut F piel; *bes Gesicht* cutis *m*
Hautabschürfung F desolladura **Hautarzt** M, **Hautärztin** dermatólogo,-a **Hautausschlag** M erupción *f* cutánea; exantema **Hautcreme** F crema cutánea **hauteng** muy ceñido **Hautfarbe** F color *m* de la piel **Hautkrankheit** F enfermedad cutánea **Hautpflege** F cuidado *m* de la piel
Havanna N La Habana
Hbf. → Hauptbahnhof
Headset N TEL auriculares *mpl*, cascos *mpl*
Hebamme F partera
Hebel M palanca *f*
heben levantar; alzar, elevar
hebräisch hebreo
Hecht M lucio **Hechtsprung** M salto de carpa
Heck N SCHIFF popa *f*; FLUG co-

la *f*; AUTO parte *f* trasera **Heckantrieb** M tracción *f* trasera
Hecke F seto *m* (vivo) **Heckenrose** F rosa silvestre
Heckklappe F portón *m* trasero **Heckmotor** M motor trasero **Heckscheibe** F luneta trasera
Heer N ejército *m*
Hefe F levadura
Heft N cuaderno *m*; folleto *m*; *Zeitschrift* número *m* **heften** *Naht* hilvanar; *Blick* clavar, fijar **Hefter** M *Gerät* grapadora *f*
heftig vehemente, violento; *Gewitter* fuerte **Heftigkeit** F vehemencia, violencia
Heftklammer F grapa **Heftmaschine** F grapadora, cosedora **Heftpflaster** N esparadrapo *m* **Heftzwecke** F chincheta
Hehler(in) M(F) encubridor(a) **Hehlerei** F encubrimiento *m*
Heide 1 M pagano 2 F brezal *m* **Heidekraut** N brezo *m*
Heidelbeere F arándano *m*
heidnisch pagano
heikel delicado
heil intacto; (*gesund*) sano y salvo
Heil N REL salvación *f*; **sein ~ versuchen** probar fortuna
Heiland M Salvador
Heilanstalt F sanatorio *m* **heilbar** curable **Heilbutt** M fletán **heilen** curar, sanar
heilig santo, sagrado **Heiligabend** M Nochebuena *f* **Heilige(r)** M/F(M) santo,-a *m(f)* **heiligsprechen** canonizar **Heiligtum** N santuario *m*
Heilkräuter PL hierbas *fpl* medicinales **Heilmittel** N remedio *m* **Heilpflanze** F planta medicinal **Heilpraktiker(in)** M(F) naturoterapeuta **Heilquelle** F aguas *fpl* medicinales **heilsam** *a. fig* saludable **Heilung** F curación
heim a casa
Heim N asilo *m*; residencia *f*; *fig* hogar *m* **Heimarbeit** F trabajo *m* a domicilio
Heimat F patria **heimatlos** sin domicilio (*od* patria) **Heimatort** M pueblo natal
Heimfahrt F regreso *m*, vuelta **heimisch** local; *fig* familiar; **sich ~ fühlen** sentirse como en casa **Heimkehr** F regreso *m* (a casa) **heimkehren** volver a casa **heimlich** secreto; ADV en secreto, a escondidas **Heimreise** F viaje *m* de vuelta **Heimservice** M servicio a domicilio **Heimspiel** N SPORT partido *m* de casa **heimtückisch** JUR alevoso **Heimweg** M vuelta *f* **Heimweh** N nostalgia *f* **Heimwerken** N bricolaje *m* **Heimwerker** M bricolador
Heirat F casamiento *m* **heiraten** casarse (*j-n* con)
Heiratsantrag M petición *f* de mano **Heiratsanzeige** F par-

ticipación de boda **Heiratsurkunde** F partida de matrimonio **Heiratsvermittlung** F agencia matrimonial
heiser ronco **Heiserkeit** F ronquera
heiß caliente; *Klima* cálido; caluroso; **es /mir ist ~** hace/tengo calor
heißen llamarse; (*bedeuten*) significar; **das heißt** es decir; **es heißt, dass** se dice que
heiter sereno, alegre; *Himmel* despejado **Heiterkeit** F serenidad; hilaridad
heizbar con calefacción **heizen** calentar; *Ofen* encender **Heizgerät** N calefactor *m* **Heizkissen** N almohadilla *f* eléctrica **Heizkörper** M radiador **Heizmaterial** N combustible *m* **Heizöl** N fuel *m* **Heizung** F calefacción
Hektar N hectárea *f*
Hektik F ajetreo *m*, agitación **hektisch** inquieto; febril
Held M héroe **heldenhaft** heroico **Heldentat** F hazaña **Heldin** F heroína
helfen: **j-m ~** ayudar a alg; **kann ich Ihnen ~?** ¿le ayudo?
Helfer(in) M(F) asistente, ayudante
hell claro (*a. Farbe*); **es wird ~** amanece **hellblau**, **hellgelb** *etc* azul, amarillo *etc* claro **Helligkeit** F claridad; luminosidad **Hellseher(in)** M(F) vidente
Helm M casco
Hemd N camisa *f* **Hemdbluse** F blusa camisera **Hemdblusenkleid** N camisero *m*
hemmen detener; impedir, *seelisch* cohibir, inhibir
Hemmung F *fig* escrúpulo *m* **hemmungslos** desenfrenado; sin escrúpulos
Hengst M semental, caballo padre
Henkel M asa *f*
Henker M verdugo
Henne F gallina
Hepatitis F hepatitis
her (hacia) aquí; **von … ~** desde …; **es ist … ~** hace …
herab hacia abajo **herablassen** bajar **herablassend** condescendiente **herabsetzen** *j-n* desacreditar; *Preis* bajar, reducir **herabsteigen** descender
heran por aquí **herankommen** acercarse **heranwachsen** crecer
herauf hacia arriba **heraufbeschwören** evocar **heraufkommen** subir **heraufsetzen** *Preis* aumentar, subir **heraufziehen** *Gewitter* amenazar
heraus fuera; afuera; **von innen ~** desde dentro **herausbekommen** resolver; *Geld* recibir la vuelta; (*entdecken*) descubrir **herausbringen** LIT publicar; HANDEL lanzar; *fig* averiguar

herausfordern provocar, desafiar **Herausforderung** F reto *m*, desafío *m*
herausgeben devolver; LIT editar, publicar **Herausgeber(in)** M(F) editor(a)
herausholen sacar **herauskommen** salir; LIT publicarse
herauslassen dejar salir **herausnehmen** sacar, quitar; *fig* **sich etw ~** permitirse a/c
herausragen sobresalir (*a. fig*) **herausstellen**: **sich ~ als** resultar **herausstrecken** *Zunge* sacar **herausziehen** sacar
herb acerbo; áspero; *Wein* seco
herbei → her
Herberge F albergue *m*
herbringen traer
Herbst M otoño **herbstlich** otoñal
Herd M cocina *f*, fogón; MED foco
Herde F rebaño *m*, manada
herein adentro; **~!** ¡adelante! **hereinbitten**: **j-n ~** rogar(le) a alg que entre **hereinfallen** *fig* llevarse un chasco **hereinkommen** entrar **hereinlassen** dejar entrar **hereinlegen** *umg fig* tomar el pelo a *alg*
Herfahrt F viaje *m* de ida **Hergang** M lo ocurrido **hergeben** (*reichen*) dar; **(wieder) ~** devolver
Hering M arenque; (*Zelthaken*) piquete
herkommen venir; *fig* proceder (**von** de); **wo kommt er/sie her?** ¿de dónde viene?; **komm her!** ¡ven acá! **Herkunft** F procedencia, origen *m* **Herkunftsbezeichnung** F denominación de origen
Heroin N heroína *f* **heroinsüchtig** heroinómano
Herpes M herpes
Herr M señor; caballero
Herren... IN ZSSGN de (*od* para) caballero(s); masculino **Herrenanzug** M traje de caballero **Herrenfriseur** M *Geschäft* peluquería *f* de caballeros **herrenlos** *Tier* abandonado; sin dueño **Herrenmode** F moda de hombre **Herrentoilette** F servicio *m* de caballeros
herrichten preparar; arreglar
Herrin F señora; dueña **herrisch** imperioso; autoritario
herrlich magnífico
Herrschaft F dominación; dominio *m*; **die ~ verlieren über** (*akk*) perder el control de **herrschaftlich** señorial
herrschen dominar; gobernar; *a. fig* reinar **Herrscher(in)** M(F) soberano,-a
herstellen fabricar, producir **Hersteller(in)** M(F) fabricante, productor(a) **Herstellung** F fabricación, producción
herüber a este lado; hacia aquí **herüberreichen**: **j-m etw ~** pasar a/c a alg
herum alrededor (de); **im Kreis ~** a la redonda **herumdre-**

hen dar la vuelta a; *Kopf* volver **herumfahren** dar la vuelta (**um etw** a a/c); *ziellos* dar una vuelta **herumführen** servir de guía a; dar la vuelta (**um** *etw* alrededor de) **herumgehen** pasearse (por); *Zeit* pasar **herumirren** andar errante **herumkriegen** *Person umg* ganarse **herumliegen** estar esparcido **herumlungern** *umg* holgazanear, gandulear **herumtreiben**: **sich ~** vagabundear

herunter (hacia) abajo **herunterfallen** caer (al suelo) **heruntergekommen** *Mensch* debilitado; *Haus* deteriorado **herunterklappen** bajar **herunterkommen** bajar **herunterladen** IT **aus dem Internet ~** bajar de la red **herunterlassen** bajar

hervor adelante **hervorbringen** producir; *Worte* proferir **hervorgehen** resultar (**aus** de) **hervorheben** poner de relieve; destacar **hervorragend** sobresaliente, destacado; excelente **hervorrufen** *fig* causar, provocar

Herz N corazón *m*; *Kartenfarbe* copas *fpl*; **sich zu ~en nehmen** tomar a pecho **Herzanfall** M ataque cardíaco **Herzbeschwerden** PL trastornos *mpl* cardíacos **Herzenslust** F **nach ~** a pedir de boca **Herzfehler** M lesión *f* cardíaca **herzhaft** *nahrhaft* consistente; *würzig* sabroso **Herzinfarkt** M infarto de miocardio, *Am* infarto cardíaco **Herzklopfen** N palpitaciones *fpl* **herzkrank** cardíaco **herzlich** cordial; afectuoso **Herzlichkeit** F cordialidad **herzlos** insensible, sin corazón

Herzog M duque **Herzogin** F duquesa **Herzogtum** N ducado *m*

Herzschlag M latido; MED apoplejía *f* **Herzschrittmacher** M MED marcapasos **Herzspezialist(in)** M(F) cardiólogo,-a **Herzversagen** N fallo *m* cardíaco

Hessen N Hesse *f*

Hetze F prisa; ajetreo *m*; POL agitación **hetzen** V/T acosar; V/I apresurarse

Heu N heno *m*

Heuchelei F hipocresía **heucheln** fingir **Heuchler(in)** M(F) hipócrita

heulen aullar; *umg* (*weinen*) llorar

Heuschnupfen M fiebre *f* del heno **Heuschrecke** F langosta, saltamontes *m*

heute hoy; **~ Morgen** esta mañana; **~ Abend, Nacht** esta noche; **~ in** ... de hoy en ... **heutig** de hoy; actual **heutzutage** hoy (en) día

Hexe F bruja **Hexenschuss** M lumbago **Hexerei** F brujería

Hieb M golpe
hielt → halten
hier aquí; ~ **(nimm)!** ¡toma! **hierbei** en (*od* haciendo) esto **hierbleiben** quedarse (aquí) **hierfür** para esto **hierher** (para) acá; **bis** ~ hasta aquí **hierhin** aquí **hiermit** con esto
hiesig de aquí
hieß → heißen
Hi-Fi-Anlage F equipo *m* de alta fidelidad
high *umg v. Drogen* colocado **Highlight** N (*Höhepunkt*) punto *m* culminante
Hilfe F ayuda; socorro *m*; asistencia; **(zu)** ~! ¡socorro!; **mit ~ von** mediante, con la ayuda de; **Erste** ~ cura de urgencia, primeros auxilios *mpl* **Hilferuf** M grito de socorro
hilflos desamparado
Hilfsarbeiter(in) M(F) peón (-ona) **hilfsbedürftig** necesitado **hilfsbereit** servicial **Hilfskraft** F auxiliar **Hilfsmittel** N (re)medio *m* **Hilfsmotor** M motor auxiliar **Hilfsverb** N verbo *m* auxiliar
hilft → helfen
Himbeere F frambuesa
Himmel M cielo; **unter freiem ~** al aire libre **himmelblau** (azul) celeste **Himmelfahrt** F Ascensión; **Mariä ~** Asunción **Himmelsrichtung** F punto *m* cardinal
himmlisch celeste, celestial; *fig* divino
hin hacia allí (*od* allá); ~ **und wieder** de vez en cuando; ~ **und zurück** ida y vuelta
hinab (hacia) abajo **hinabfahren**, **hinabgehen**, **hinabsteigen** bajar
hinauf (hacia) arriba **hinauffahren**, **hinaufgehen**, **hinaufsteigen** subir
hinaus (hacia) afuera **hinausgehen** salir; *Fenster* dar a **hinauslaufen** *fig* acabar (**auf etw** *akk* en a/c) **hinauslehnen**: **sich** ~ asomarse **hinausschieben** *fig* aplazar **hinauswerfen** echar (**aus** por, a) **hinauszögern** retardar
Hinblick M **im ~ auf** (*akk*) en vista de, con miras a
hinderlich embarazoso; impeditivo **hindern** impedir, estorbar **Hindernis** N obstáculo *m* **Hindernisrennen** N SPORT carrera *f* de obstáculos
hindurch a través de; *zeitlich* durante; **die ganze Nacht ~** toda la noche
hinein (a)dentro; en **hineingehen** entrar **hineinlassen** dejar entrar **hineinpassen** caber **hineintun** meter
hinfahren **1** VI (*hingehen*) ir **2** VT *j-n* llevar; *Lasten* transportar **Hinfahrt** F viaje *m* de ida
hinfallen caerse **hinfällig** caduco; nulo **Hinflug** M vuelo de ida
hing → hängen

Hingabe F (*Aufopferung*) entrega; (*Leidenschaft*) devoción **hingehen** ir (a) **hinhalten** tender; *fig* hacer esperar a *alg* **hinken** cojear **hinlegen** poner, colocar; **sich ~** tenderse; *ins, aufs Bett* acostarse **hinnehmen** aceptar, tolerar **Hinreise** F viaje *m* de ida **hinreißend** fascinante **hinrichten** ejecutar **Hinrichtung** F ejecución **hinschicken** enviar (**zu** a) **hinsetzen**: **sich ~** sentarse **Hinsicht** F **in dieser ~** a este respecto; **in gewisser ~** en cierto modo **hinsichtlich** respecto a **Hinspiel** N SPORT partido *m* de ida **hinstellen** poner, colocar **hinten** detrás; en el fondo; al final; **von ~** por detrás **hinter** (*dat; Richtung: akk*) detrás de, tras **Hinterachse** F eje *m* trasero **Hinterbliebene(n)** MPL deudos **hintere(r, -s)** posterior; trasero **hintereinander** uno tras otro **Hintergrund** M fondo **hinterhältig** insidioso **hinterher** detrás de; *zeitlich* después **Hinterkopf** M occipucio **Hinterland** N interior *m* **hinterlassen** dejar; JUR legar **hinterlegen** depositar **hinterlistig** alevoso **Hintern** M *umg* trasero **Hinterrad** N rueda *f* trasera **Hinterradantrieb** M tracción *f* trasera **Hintertreppe** F escalera de servicio **Hintertür** F puerta trasera **hinterziehen** defraudar **hintun** *umg* poner, meter **hinüber** al otro lado **hinübergehen** atravesar (**über etw** *akk a/c*) **hinüberreichen** pasar **Hin- und Rückfahrt** F ida y vuelta *m* **hinunter** abajo **hinunterbringen**: **j-n ~** acompañar a *alg* hasta abajo **hinunterfallen** caer (al suelo) **hinuntergehen** bajar (a pie) **hinunterschlucken** tragar **hinweg**: **über ... ~** por encima de **Hinweg** M **auf dem ~** a la ida **hinwegsehen**: **~ über** (*akk*) mirar por encima de; *fig* no hacer caso de **hinwegsetzen**: **sich ~ über** (*akk*) no hacer caso de **Hinweis** M indicación *f* **hinweisen** indicar (**auf** *akk* a/c) **Hinweisschild** N letrero *m* indicador **Hinweistafel** F tablón *m* de anuncios **hinziehen** dar largas a; **sich ~** extenderse; *zeitlich* prolongarse **hinzu** a eso; además **hinzufügen** añadir **hinzukommen** añadirse, sumarse (a) **hinzurechnen, hinzuzählen** añadir, incluir **hinzuziehen** consultar **Hirn** N cerebro *m*; GASTR sesos *mpl* **Hirngespinst** N quimera

f **Hirnhautentzündung** F meningitis
Hirsch M ciervo **Hirschkuh** F cierva
Hirse F mijo *m*
Hirt(in) M(F) pastor(a)
Hispanist(in) M(F) hispanista **Hispanistik** F filología hispánica
hissen izar
Historiker(in) M(F) histórico,-a **historisch** histórico
Hit M éxito
Hitze F calor *m* **hitzebeständig** refractario **Hitzewelle** F ola de calor
hitzig acalorado, fogoso **Hitzschlag** M golpe de calor
HIV-negativ seronegativo **HIV-positiv** seropositivo
HNO-Arzt M, **HNO-Ärztin** F otorrinolaringólogo, -a *m,f*
Hobby N afición *f*, hobby *m*
Hobel M cepillo
hobeln (a)cepillar
hoch alto; elevado; *Ton* agudo; **auf hoher See** en alta mar; **~!** ¡viva!
Hoch N *Wetter* anticiclón *m* **Hochachtung** F (gran) estima **Hochbetrieb** M actividad *f* intensa **hochdeutsch** alto alemán
Hochdruck M alta presión *f*; **mit ~ arbeiten** trabajar a toda marcha **Hochdruckgebiet** N zona *f* de alta presión
Hochebene F meseta, altiplanicie, *Am* altiplano *m* **Hochform** F **in ~** en plena forma **Hochgebirge** N alta montaña *f* **hochgeschlossen** *Kleid* cerrado **Hochgeschwindigkeitszug** M tren de alta velocidad **Hochhaus** N edificio *m* da varios pisos
hochheben alzar, levantar **hochklappen** doblar hacia arriba **hochladen** *ins Internet* colgar (en Internet), subir
Hochland N tierra *f* alta **Hochmut** M orgullo **hochmütig** orgulloso, altanero **Hochsaison** F temporada alta **Hochschule** F escuela superior; universidad **Hochsommer** M canícula *f* **Hochspannung** F alta tensión **Hochsprung** M salto de altura
höchst ADV sumamente
Hochstapler(in) M(F) estafador(a)
Höchstbetrag M importe máximo **höchste(r, -s)** ADJ más alto (*od* elevado); *fig* máximo **höchstens** a lo sumo, a lo más **Höchstgeschwindigkeit** F velocidad máxima **Höchstleistung** F rendimiento *m* máximo **Höchstpreis** M precio máximo (*od* tope) **höchstwahrscheinlich** muy probablemente
hochtrabend grandilocuente
Hochwasser N inundación *f*; crecida *f* **hochwertig** de gran valor; *Ware* de gran cali-

dad
Hochzeit F boda **Hochzeitsgeschenk** N regalo *m* de boda **Hochzeitsreise** F viaje *m* de novios
hocken estar en cuclillas; estar agachado
Hocker M taburete
Höcker M corcova *f*, giba *f*
Hoden M testículo
Hof M patio; (*Bauernhof*) granja *f*; (*Fürstenhof*) corte *f*
hoffen esperar (**auf** *akk* a/c) **hoffentlich** espero que; ojalá
Hoffnung F esperanza **hoffnungslos** desesperado **hoffnungsvoll** esperanzado
höflich cortés **Höflichkeit** F cortesía
hohe(r, -s) → hoch
Höhe F altura; *fig* **das ist die ~!** ¡es el colmo!
Höhenangst F vértigo *m* **Höhenkrankheit** F mal *m* de las alturas, *Am* soroche *m* **Höhenlage** F altitud **Höhenunterschied** M desnivel **höhenverstellbar** regulable en altura
Höhepunkt M punto culminante, apogeo
höher más alto; superior
hohl hueco; vacío; cóncavo
Höhle F cueva, caverna; *von Bären etc* guarida
Hohlmaß N medida *f* de capacidad **Hohlraum** M hueco
Hohn M escarnio
höhnisch sarcástico
Hokkaidokürbis M calabaza *f* potimarrón
holen ir a buscar; MED **sich ~** pescar; **~ lassen** mandar por
Holland N Holanda *f* **Holländer(in)** M(F) holandés, -esa **holländisch** holandés
Hölle F infierno *m* **höllisch** infernal; *fig* enorme
holp(e)rig escabroso; áspero
Holunder M saúco
Holz N madera *f*; (*Brennholz*) leña *f* **hölzern** de madera
Holzfäller M leñador **holzig** leñoso **Holzkohle** F carbón *m* vegetal **Holzschnitt** M grabado en madera **Holzschnitzerei** F talla(do *m*) **Holzwolle** F virutas *fpl* **Holzwurm** M carcoma
Homepage F IT página principal; *individuelle*: página personal
Homöopath(in) M(F) homeópata **homöopathisch** *Mittel* homeopático
homosexuell homosexual **Homosexuelle(r)** M/F(M) homosexual
Honig M miel *f* **Honigkuchen** M pan de especias
Honorar N honorarios *mpl*
Hopfen M lúpulo
hörbar oíble, audible
horchen escuchar
Horde F horda
hören oír; (*zuhören*) escuchar; **~ Sie mal!** ¡oiga! **Hörer(in)** M(F) oyente; TEL auricular **Hörfunk**

M radio *f* **Hörgerät** N audífono *m*
Horizont M horizonte **horizontal** horizontal
Hormon N hormona *f* **hormonell** hormonal
Horn N cuerno *m*, asta *f*; MUS trompa *f* **Hörnchen** N GASTR cruasán *m* **Hornhaut** F callo *m*, callosidad *f*; *am Auge* córnea
Hornisse F avispón *m*
Horoskop N horóscopo *m*
Hörsaal M aula *f* **Hörspiel** N pieza *f* radiofónica **Hörweite** F **in ~** al alcance del oído
Hose F pantalón *m*
Hosenanzug M traje pantalón **Hosenbein** N pernera *f* **Hosenrock** M falda *f* pantalón **Hosenschlitz** M bragueta *f* **Hosentasche** F bolsillo *m* (del pantalón) **Hosenträger** MPL tirantes
Hostess F azafata (de congreso *etc*)
Hostie F hostia
Hotel N hotel *m* **Hotelbar** F bar *m* del hotel **Hotelführer** guía *f* de hoteles **Hotelgast** M huésped **Hotelhalle** F hall *m*, vestíbulo *m* **Hotelzimmer** N habitación *f* de (un) hotel
Hotline F línea directa
HP ABK (Halbpension) MP (media pensión)
Hr. (Herr) Sr. (*Señor*)
Hubraum M cilindrada *f*
hübsch guapo, mono; lindo
Hubschrauber M helicóptero
Hubschrauberlandeplatz M helipuerto
huckepack a cuestas
Huf M *Pferd* casco **Hufeisen** N herradura *f*
Hüfte F cadera **Hüftgelenk** N articulación *f* de la cadera
Hügel M colina *f* **hügelig** con colinas
Huhn N gallina *f*
Hühnchen N pollo *m*
Hühnerauge N callo *m* **Hühnerbrühe** F caldo *m* de gallina **Hühnerbrust** F GASTR pechuga de pollo **Hühnerstall** M gallinero
Hülle F envoltura, funda
Hülsenfrüchte FPL legumbres (secas)
human humano **humanitär** humanitario
Hummel F abejarrón *m*
Hummer M bogavante
Humor M humor **Humorist(in)** M(F) humorista **humorvoll** humorístico
humpeln cojear
Hund M perro
Hundefutter N comida *f* para perros **Hundehütte** F perrera **Hundeleine** F correa para el perro
hundert ciento; cien **Hunderter** M *Geldschein* billete de cien
Hundertjahrfeier F centenario *m* **hunderttausend** cien mil
Hündin F perra
Hunger M hambre *f* **hungern**

pasar hambre **Hungersnot** F hambre **Hungerstreik** M huelga *f* de hambre
hungrig hambriento
Hupe F bocina, claxon *m* **hupen** tocar la bocina
hüpfen brincar
Hürde F SPORT valla; *fig* obstáculo *m* **Hürdenlauf** M carrera *f* de vallas
Hure F *sl pej* puta
hüsteln toser ligeramente
husten toser
Husten M tos *f* **Hustenbonbon** N caramelo *m* para la tos **Hustensaft** M jarabe (contra la tos)
Hut 1 M sombrero 2 F **auf der ~ sein** estar sobre aviso
hüten guardar; **sich ~ vor** (*dat*) guardarse de
Hütte F cabaña, choza; (*Schutzhütte*) refugio *m*
Hyäne F ZOOL hiena
Hyazinthe F jacinto
hybrid híbrido **Hybridauto** N coche *m* híbrido
Hydrant M boca *f* de riego
hydraulisch hidráulico
Hygiene F higiene **hygienisch** higiénico
Hymne F himno *m*
Hype M *umg* bombo publicitario **hyperaktiv** hiperactivo **Hyperlink** M/N *Internet* hipervínculo *m*, hiperenlace *m*
Hypnose F hipnosis **hypnotisieren** hipnotizar
Hypothek F hipoteca
Hysterie F histerismo *m*, histeria **hysterisch** histérico

I

i. A. (im Auftrag) p. o. (por orden)
IBAN F ABK (International Bank Account Number) IBAN *m*
iberisch ibérico; **Iberische Halbinsel** *f* Península Ibérica
IC M (Intercity) tren Intercity **ICE** M (Intercity Express) *tren de alta velocidad alemán*
ich yo; **~ bins** soy yo
ideal ideal **Ideal** N ideal *m* **Idealismus** M idealismo
Idee F idea
identifizieren identificar **identisch** idéntico (**mit** a) **Identität** F identidad
Idiot(in) M(F) idiota **idiotisch** idiota
Idol N ídolo *m*
idyllisch idílico
Igel M erizo
ignorieren no hacer caso a
IHK F (Industrie- und Handelskammer) Cámara de Industria y Comercio
ihm a él; le
ihn a él; le, lo
ihnen a ellos, a ellas; les
Ihnen (a) usted; le; PL (a) ustedes; les

ihr **1** FSG a ella; le **2** 2. PERSON PL vosotros,-as
ihr(e) su, *pl* sus
Ihr su; de usted; PL sus; de ustedes
illegal ilegal
Illusion F ilusión
Illustrierte F revista (ilustrada)
im → in; ~ **Mai** en mayo
Image N imagen *f* (pública)
Imbiss M refrigerio; *umg* piscolabis **Imbissbude** F, **Imbissstand** M chiringuito *m*
Imitation F imitación
Imker M apicultor
Immatrikulation F matrícula
immer siempre; ~ **besser** cada vez mejor; ~ **noch** todavía, aun; **für** ~ para siempre **immerhin** así y todo; (*wenigstens*) al menos
Immobilien PL bienes *mpl* inmuebles **Immobilienmakler(in)** M(F) agente de la propiedad inmobiliaria
immun inmune **Immunität** F inmunidad **Immunschwäche** F MED deficiencia inmunitaria **Immunsystem** N sistema *m* inmunológico
Imperativ M imperativo
impfen vacunar **Impfpass** M certificado de vacunación **Impfstoff** M vacuna *f* **Impfung** F vacunación
Implantat N ZAHNMED implante *m*; MED injerto *m*
imponieren impresionar **imponierend** imponente
Import M importación *f* **Importeur** M importador **importieren** importar
imposant imponente
impotent impotente
improvisieren improvisar
impulsiv impulsivo
imstande: **(nicht)** ~ **sein** (no) ser capaz (**zu** de)
in (*Zeit: dat; Richtung: akk; Lage: dat*) en; a; *zeitlich* en; dentro de; ~ **die Schule gehen** ir a la escuela; ~ **Madrid** en Madrid **inbegriffen** incluido, inclusive
indem (*während*) mientras que; ~ **man etw tut** *bei gleichem Subjekt* haciendo a/c
Inder(in) M(F) indio,-a
Index M índice
Indianer(in) M(F) indio,-a **indianisch** indio
Indien N India *f*
Indikativ M indicativo
indirekt indirecto
indisch indio; **Indischer Ozean** *m* Océano Índico
indiskret indiscreto
individuell individual **Individuum** N individuo *m*
Indiz(ien) N(PL) indicio(s) *m(pl)*
Indonesien N Indonesia *f*
Induktionsherd M cocina *f* de inducción
Industrie F industria **Industriegebiet** N zona *f* industrial
industriell industrial
ineinander uno(s) en *od* den-

tro de otro(s)
Infarkt M infarto
Infektion F infección **Infektionskrankheit** F enfermedad infecciosa
infizieren: (**sich**) ~ infectar(se)
Inflation F inflación **Inflationsrate** F tasa de inflación
Info *umg* F información
infolge a consecuencia de **infolgedessen** por consiguiente
Informatik F informática **Informatiker(in)** M(F) informático,-a
Information F información **Informationstechnik** F, **Informationstechnologie** F tecnología de la información **Informationszentrum** N centro *m* de información
informieren: (**sich**) ~ informar(se) (**über** *akk* de, sobre)
Infostand M *umg* información *f*
infrage: ~ **stellen** poner en duda
Infrarotstrahler M radiador infrarrojo **Infrastruktur** F infraestructura
Ingenieur(in) M(F) ingeniero,-a
Ingwer M jengibre
Inhaber(in) M(F) propietario,-a; HANDEL portador(a); tenedor(a); titular
Inhalator M inhalador **inhalieren** inhalar
Inhalt M contenido **Inhaltsverzeichnis** N índice *f* (de materias)
Initiative F iniciativa (**ergreifen** tomar)
Injektion F inyección
inklusive ADV, PRÄP (*gen*) inclusive, incluido
Inland N interior *m* (del país) **Inlandsflug** M vuelo nacional
Inliner MPL, **Inlineskates** MPL patines (en línea)
inmitten en medio de
innen dentro; **nach** ~ adentro **Innenarchitekt(in)** M(F) decorador(a); interiorista **Innenminister(in)** M(F) Ministro,-a del Interior **Innenpolitik** F política interior **Innenstadt** F centro *m* urbano
innere interior, interno **Innere(s)** N interior *m* **Innereien** FPL menudillos *mpl* **innerhalb** dentro de **innerlich** interior, interno; ADV por dentro
inoffiziell oficioso; no oficial
Insasse M, **Insassin** F ocupante
insbesondere particularmente
Inschrift F inscripción
Insekt N insecto *m* **Insektenspray** N spray *m* insecticida **Insektenstich** M picadura *f* de insecto **Insektizid** N insecticida *m*
Insel F isla **Inselbewohner(in)** M(F) isleño,-a **Inselgruppe** F archipiélago *m* **Inselhopping**, **Inselhüpfen**

N ~ **machen** viajar de isla en isla
insgesamt en total
insofern en esto; **insofern(, als)** en tanto que
Inspektion F inspección; AUTO, TECH revisión
Installateur M instalador; *für Gas, Wasser* fontanero, *Am* plomero; ELEK lampista, electricista **installieren** instalar
instand: ~ **halten** mantener; ~ **setzen** arreglar, componer
Instanz F instancia
Instinkt M instinto
Institut N instituto *m* **Institution** F institución
Instrument N instrumento *m* **Instrumentalist(in)** M(F) MUS instrumentista
Insulin N insulina *f*
Inszenierung F puesta en escena
intakt intacto
Integration F integración **Integrationskurs** M curso *m* de integración
intellektuell intelectual **Intellektuelle(r)** M/F(M) intelectual
intelligent inteligente **Intelligenz** F inteligencia
intensiv intenso; intensivo **Intensivkurs** M curso intensivo **Intensivstation** F unidad de cuidados intensivos (*od* de vigilancia intensiva); **auf der ~ liegen** estar en la UCI (*od* UVI)
interaktiv interactivo
interessant interesante **Interesse** N interés *m* **interessieren**: **(sich) ~** interesar(se) **(für** por)
interkulturell intercultural
intern interno
Internat N internado *m*
international internacional
Internet N Internet (*ohne Artikel*), red *f*; **im ~ surfen** navegar por Internet (*od* la red)
Internetadresse F dirección en Internet **Internetanschluss** M acceso a Internet **Internetbanking** N banca *f* en línea *od* online **Internetcafé** N cibercafé *m*; ciberbar *m* **internetfähig** apto para Internet **Internetprovider** M proveedor de servicios de Internet **Internetseite** F página de Internet **Internetserver** M servidor Internet **internetsüchtig** adicto a Internet, ciberadicto **Internetsurfer(in)** M(F) internauta **Internetzugang** M acceso a Internet
Internist(in) M (médico, -a) internista **Interpret(in)** M(F) intérprete **Interview** N entrevista *f*, interviú *f* **interviewen** entrevistar
intim íntimo **Intimität** F intimidad
intolerant intolerante
Intranet N intranet *f* (*meist ohne art*)
intransitiv intransitivo

intravenös intravenoso
Intrige F intriga
Invalide M, **Invalidin** F inválido,-a
Invasion F invasión
Inventur F inventario *m*
investieren invertir **Investition** F inversión **Investmentfonds** M fondo de inversión
inzwischen entretanto
Irak M Irak
Iran M Irán
irdisch terrenal, terrestre
Ire M, **irisch** irlandés
irgendein algún **irgendeiner** alguien **irgendetwas** algo **irgendjemand** alguno; alguien **irgendwann** algún día **irgendwie** de cualquier manera **irgendwo** en alguna parte **irgendwohin** a algún lugar; (*egal wohin*) a donde sea
Irin F irlandesa **Irland** N Irlanda *f*
Ironie F ironía **ironisch** irónico
irre loco, demente **Irre(r)** M/F(M) loco *m*, loca *f* **irreführen** desorientar **irremachen** desconcertar **irren** andar errante; *fig* estar equivocado; **(sich)** ~ equivocarse
irrig erróneo, equivocado
Irrsinn M locura *f* **irrsinnig** **1** ADJ demente, loco; *fig* tremendo **2** ADV *fig* terriblemente **Irrtum** M error, equivocación *f*
irrtümlich ADV equivocadamente
Ischias M ciática *f*
ISDN N ABK RDSI *f* **ISDN-Anschluss** M conexión *f* RDSI
Islam M islam(ismo) **islamisch** islámico **islamistisch** islamista
Island N Islandia *f* **Isländer(in)** M(F) islandés, -esa **isländisch** islandés
Isolierband N cinta *f* aislante
isolieren aislar **Isolierung** F aislamiento *m*
Israel N Israel *m* **Israeli** M/F israelí **israelisch** israelí
iss, isst → essen
ist → sein
Istanbul N Estambul *f*
IT F ABK (Informationstechnologie) TIC *fpl* (Tecnologías de la Información y Comunicación)
Italien N Italia *f* **Italiener(in)** M(F) italiano,-a **italienisch** italiano

J

ja sí
Jacht F yate *m*
Jacke F chaqueta; *längere* chaquetón *m* **Jackett** N chaqueta *f*, americana *f*, *Am* saco *m*
Jagd F caza, *bes Am* cacería **Jagdgewehr** N escopeta *f* **Jagdrevier** N coto *m* (de ca-

za) **Jagdschein** M licencia *f* de caza **Jagdzeit** F temporada de caza
jagen cazar; *fig* perseguir
Jäger M cazador; FLUG caza **Jägerin** F cazadora
jäh súbito
Jahr N año *m*; **letztes/nächstes ~** el año pasado/que viene; **mit zwölf ~en** a los doce años; **(ein) gutes neues ~!** ¡feliz año nuevo! **jahrelang** **1** ADJ de muchos años **2** ADV (durante) muchos años; (*seit Jahren*) desde hace años
Jahres... IN ZSSGN anual **Jahreskarte** F abono *m* anual **Jahrestag** M aniversario **Jahresurlaub** M vacaciones *fpl* del año **Jahreszeit** F estación
Jahrgang M año **Jahrhundert** N siglo *m* **jährlich** ADJ anual; ADV cada año
Jahrmarkt M feria *f* **Jahrtausend** N milenio *m* **Jahrzehnt** N decenio *m*
jähzornig iracundo
Jalousie F persiana, celosía
Jamaika N Jamaica *f*
Jammer M miseria *f*; **es ist ein ~** es una lástima **jämmerlich** lastimoso; lamentable **jammern** lamentarse
Januar M enero; **im ~** en enero
Japan N Japón *m* **Japaner(in)** M(F) japonés, -esa **japanisch** japonés
Jasmin M jazmín
jäten escardar
jauchzen dar gritos de júbilo
jaulen aullar
Jause F *österr* merienda
jawohl ~! ¡sí, claro!
Jazz M jazz **Jazzband** F orquesta de jazz
je jamás, nunca; cada; **~ zwei** dos de cada uno; **~ ein** sendos; **~ ..., desto** cuanto ... (tanto)...; **~ nachdem** según (el caso); **~ nachdem ob** según que, depende de
Jeans PL tejanos *mpl*, vaqueros *mpl*, pantalón *m* vaquero **Jeansjacke** F chaqueta vaquera
jede(r, -s) cada (uno, una)
jedenfalls en todo caso **jederzeit** en cualquier momento **jedesmal** → Mal
jedoch pero, sin embargo
jein *umg* ni sí ni no
jemals jamás **jemand** alguien; alguno, alguna
Jemen M Yemén
jene(r, -s) aquel, aquella, aquello **jenseits** al otro lado de
Jerusalem N Jerusalén *m*
Jesuit M jesuita
Jesus M Jesús
Jet M avión *f* a reacción
jetzig actual **jetzt** ahora; **von ~ an** (de ahora) en adelante
jeweils respectivamente
Jh. (Jahrhundert) s. (siglo)
Job M trabajo, empleo; IT tarea *f*
Jod N yodo *m* **Jodtinktur** F tintura de yodo

Joga N yoga *m*
joggen hacer footing **Jogging** N footing *m* **Jogginganzug** M chándal
Jog(h)urt M yogur
Johannisbeere F grosella **Johannisbrot** N algarroba *f*
Joint M *umg* porro
jonglieren hacer juegos malabares
Jordanien N Jordania *f*
Journalist(in) M(F) periodista
Jubel M júbilo **jubeln** dar gritos de alegría
Jubiläum N aniversario *m*
jucken picar **Juckreiz** M picor
Jude M judío **Jüdin** F judía **jüdisch** judío, hebreo
Jugend F juventud **jugendfrei** apto para menores **Jugendgruppe** F grupo *m* de jóvenes **Jugendherberge** F albergue *m* juvenil **Jugendherbergsausweis** M carné de alberguista **jugendlich** joven; juvenil **Jugendliche(r)** M/F(M) joven; adolescente **Jugendstil** M ARCH Modernismo
Juli M julio; **im ~** en julio
jung joven **Junge** M muchacho, chico **Junge(s)** N ZOOL cría *f*
jünger más joven; menor
Jungfrau F virgen; ASTROL Virgo *m* **Junggeselle** M soltero
jüngste(r, -s) el/la más joven; el/la menor
Juni M junio; **im ~** en junio
Jura ~ studieren estudiar derecho **Jurist(in)** M(F) jurista **juristisch** jurídico
Jury F jurado *m*
Justiz F justicia
Juwelen NPL joyas *fpl* **Juwelier(in)** M(F) joyero,-a
Jux M broma *f*; *umg* cachondeo

K

Kabarett N cabaret *m*
Kabel N cable *m* **Kabelanschluss** conexión *f* por cable **Kabelfernsehen** N televisión *f* por cable
Kabeljau M bacalao
kabellos inalámbrico
Kabine F cabina; SCHIFF camarote *m* **Kabinenbahn** F telecabina
Kabinett N *a.* POL gabinete *m*
Kabrio(lett) N descapotable *m*, *Am* convertible *m*
Kachel F azulejo
Kacke F *umg* caca **kacken** *umg* cagar
Käfer M escarabajo
Kaff N *umg* poblacho *m*, pueblo *m* de mala muerte
Kaffee M café; **schwarzer ~** café solo; **~ mit Milch** café con leche; *mit wenig Milch* cortado **Kaffeekanne** F cafetera **Kaffeekapsel** F cápsula *f* de café

Kaffeelöffel M cucharilla *f* de café **Kaffeemaschine** F cafetera (eléctrica) **Kaffeepads** PL monodosis *fpl* de café **Kaffeetasse** F taza de café
Käfig M jaula *f*
kahl calvo; *Baum* deshojado; *Raum etc* desnudo
Kahn M barca *f*
Kai M muelle
Kairo N El Cairo *m*
Kaiser M emperador **Kaiserin** F emperatriz **Kaiserschnitt** M cesárea *f*
Kajak N kayak *m*; **~ fahren** ir en kayak
Kajüte F camarote *m*
Kakao M cacao; *Getränk* chocolate
Kakerlak(e) M(F) cucaracha *f*
Kaktee F, **Kaktus** M cacto *m*, cactus *m* **Kaktusfeige** F higo *m* chumbo
Kalb N ternero *m* **Kalbfleisch** N ternera *f*
Kalbsbraten M asado (de ternera) **Kalbsschnitzel** N escalope *m* de ternera
Kalender M calendario
Kalifornien N California *f*
Kalium N potasio *m*
Kalk M cal *f* **Kalkstein** M caliza *f*
kalkulieren calcular
Kalorie F caloría **kalorienarm** bajo en calorías
kalt frío; **es ist ~** hace frío; **mir ist ~** tengo frío; **~ werden** enfriarse **kaltblütig** ADV a sangre fría
Kälte F frío *m* **Kältewelle** F ola de frío
Kalzium N calcio *m*
kam, käme → kommen
Kamel N camello *m*
Kamera F cámara
Kamerad M camarada, compañero **Kameradschaft** F compañerismo *m*
Kameraüberwachung F videovigilancia *f*
Kamerun N Camerún *m*
Kamille F manzanilla **Kamillentee** M (infusión *f* de) manzanilla
Kamin M chimenea *f*
Kamm M peine
kämmen: **(sich) ~** peinar(se)
Kammer F cámara **Kammermusik** F música de cámara
Kampagne F campaña
Kampf M combate; lucha *f*
kämpfen combatir, luchar **Kämpfer(in)** M(F) combatiente; *fig* luchador(a)
kampieren acampar
Kanada N Canadá *m* **Kanadier(in)** M(F) canadiense **kanadisch** canadiense
Kanal M canal (*a.* TV) **Kanalisation** F alcantarillado *m*; canalización
Kanarienvogel M canario **Kanarische Inseln** PL (Islas) Canarias
Kandidat(in) M(F) candidato,-a
kandiert: **~e Früchte** FPL frutas escarchadas

Känguru(h) N canguro *m*
Kaninchen N conejo *m*
Kanister M bidón, lata *f*
kann → können
Kännchen N *Kaffee, Tee* jarrita *f* **Kanne** F jarro *m*, jarra
kannst → können
kannte → kennen
Kanone F cañón *m*
Kante F canto *m*; borde *m*
Kantine F cantina
Kanton M *Schweiz* cantón
Kanu N canoa *f*, piragua *f* **Kanute** M piragüista
Kanzel F púlpito *m* **Kanzlei** F cancillería **Kanzler(in)** M(F) canciller *m/f*
Kap N cabo *m*; **~ der Guten Hoffnung** Cabo *m* de la Buena Esperanza
Kapazität F capacidad
Kapelle F capilla; MUS banda, orquesta
Kaper F GASTR alcaparra
kapern V/T SCHIFF apresar, capturar; *a.* IT secuestrar
kapieren *umg* entender
Kapital N capital *m* **Kapitalist(in)** M(F) capitalista **kapitalistisch** capitalista
Kapitän M capitán; FLUG comandante
Kapitel N capítulo *m* **kapitulieren** capitular
Kaplan M capellán
Kappe F gorra; TECH capucha
Kapsel F cápsula
Kapstadt N Ciudad *f* del Cabo
kaputt *umg* roto, estropeado; *Person* rendido; **~ machen** romper, estropear **kaputtgehen** romperse
Kapuze F capucha
Karabiner(haken) M mosquetón
Karaffe F garrafa
Karambolage F colisión
Karamell M caramelo
Karat N quilate *m*
Karawane F caravana
Kardinal M cardenal
Karfiol M *österr* coliflor *f*
Karfreitag M Viernes Santo
Karibik F Caribe *m*
kariert de cuadros; *Papier* cuadriculado
Karies F caries
Karikatur F caricatura
Karneval M carnaval
Kärnten N Carintia *f*
Karo N cuadrado *m*; *Kartenfarbe* oros *mpl*
Karosserie F carrocería
Karotte F zanahoria
Karpfen M carpa *f*
Karre(n) F(M) carro *m*, carretilla *f* **Karriere** F carrera
Karte F **1** tarjeta; (*Spielkarte*) carta, naipe *m*; (*Eintrittskarte*) entrada; **~n spielen** jugar a las cartas **2** (*Speisekarte*) carta, menú *m* **3** GEOG mapa *m*
Kartei F fichero *m* **Karteikarte** F ficha
Kartenspiel N juego *m* de cartas (*od* naipes); (*Satz Karten*) baraja *f* **Kartenzahlung** F pago *m* con tarjeta

Kartoffel F patata, *Am* papa **Kartoffelbrei** M, **Kartoffelpüree** N puré *m* de patatas **Kartoffelpuffer** M tortita *f* de patata **Kartoffelsalat** M ensalada *f* de patatas
Karton M cartón; caja *f*
Karussell N tiovivo *m*
Karwoche F Semana Santa
Käse M queso **Käsekuchen** M tarta *f* de queso
Kaserne F cuartel *m*
Kasino N casino *m*
Kaskoversicherung F AUTO seguro *m* a todo riesgo
Kasperletheater N teatro *m* de títeres, guiñol *m*
kaspisch: **Kaspisches Meer** N Mar *m* Caspio
Kasse F caja
Kassenarzt M, **Kassenärztin** F médico,-a del seguro **Kassenwart** M tesorero **Kassenzettel** M ticket
Kassette F estuche *m*; FOTO chasis *m*; (*Tonkassette*) cassette *m/f*, casete *m/f*
kassieren cobrar **Kassierer(in)** M(F) cajero,-a
Kastagnetten FPL castañuelas **Kastanie** F castaña; *Baum* castaño *m*
Kasten M caja *f*; SPORT plinto
Kastilien N Castilla *f* **Kastilier(in)** M(F) castellano,-a **kastilisch** castellano
Kat *umg* → Katalysator
Katalane M, **Katalanin** F catalán, -ana **katalanisch** catalán
Katalog M catálogo
Katalonien N Cataluña *f*
Katalysator M catalizador
Katarr(h) M catarro
Katastrophe F catástrofe **Katastrophengebiet** N zona *f* catastrófica
Kategorie F categoría
Kater M gato; *umg fig* resaca *f*
Kathedrale F catedral
Katholik(in) M(F) católico,-a **katholisch** católico
Katze F gato *m*, gata *f*
kauen mascar, masticar
Kauf M compra *f* **kaufen** comprar
Käufer(in) M(F) comprador(a)
Kauffrau F comerciante, *Angestellte* empleada de comercio **Kaufhaus** N grandes almacenes *mpl* **Kaufmann** M comerciante; *Angestellter* empleado de comercio **kaufmännisch** comercial, mercantil **Kaufpreis** M precio de compra **Kaufvertrag** M contrato de compraventa
Kaugummi M chicle
Kaukasus M Cáucaso
kaum apenas
Kaution F fianza
Kautschuk M caucho
Kavalier M caballero
Kaviar M caviar
Kegel M MATH cono **Kegelbahn** F bolera **kegeln** jugar a los bolos
Kehle F garganta **Kehlkopf**

M laringe *f*
Kehre F (*Kurve*) curva
kehren barrer **Kehrschaufel** F recogedor *m* **Kehrseite** F revés *m*
Keil M cuña *f*
Keilriemen M AUTO correa *f* trapezoidal
Keim M germen **keimen** germinar **keimfrei** esterilizado
kein ningún, ninguna; no … alguno, alguna; *vor Verb* no… **keine(r, -s)** ninguno, ninguna; nadie **keinerlei** ningún, de ningún tipo **keinesfalls, keineswegs** de ningún modo
Keks M galleta *f*
Kelle F *für Suppe* cucharón *m*; *e-s Maurers* paleta
Keller M sótano
Kellner M, **Kellnerin** F camarero,-a
Kenia N Kenia *f*
kennen conocer **kennenlernen** conocer **Kenner(in)** M(F) conocedor(a); experto,-a **Kenntnis** F conocimiento *m* **Kennung** F, **Kennwort** N contraseña *f*, clave *f* **Kennzeichen** N característica *f*; AUTO matrícula *f* **kennzeichnen** marcar; caracterizar
kentern zozobrar
Keramik F cerámica
Kerbe F muesca
Kerl M tipo; tío
Kern M núcleo; *fig* fondo; (*Obstkern*) hueso; (*Apfelkern etc*) pepita *f* **Kernenergie** F energía nuclear **kerngesund** rebosante de salud
Kernkraft F energía nuclear **Kernkraftgegner(in)** M(F) antinuclear **Kernkraftwerk** N central *f* nuclear
kernlos *Frucht* sin pepitas
Kerze F vela; AUTO bujía **Kerzenhalter** M candelero
Kessel M marmita *f*, olla *f*; *a.* TECH caldera *f*
Ket(s)chup N catsup *m*, *Am* salsa *f* de tomate
Kette F cadena; (*Halskette*) collar *m*
Ketzer(in) M(F) hereje
keuchen jadear **Keuchhusten** M tos *f* ferina
Keule F maza; GASTR pierna
Keyboard N teclado *m*
Kfz N (Kraftfahrzeug) automóvil **Kfz-Steuer** F impuesto *m* sobre los vehículos de motor **Kfz-Versicherung** F seguro *m* de automóviles **Kfz-Werkstatt** F taller *m*
KG F (Kommanditgesellschaft) sociedad en comandita
Kichererbsen FPL garbanzos *mpl* **kichern** hacer risitas
Kiefer **1** M mandíbula *f* **2** F pino *m* **Kieferhöhle** F seno *m* maxilar
Kiel M SCHIFF quilla *f*
Kiemen FPL branquias, agallas
Kies M grava *f*, gravilla *f* **Kiesel(-stein)** M guijarro, canto
Killer *umg* M asesino; *bezahlter a.* sicario

Kilo(gramm) N kilo(gramo) *m* **Kilometer** M kilómetro **Kilometerstand** M kilometraje **Kilometerzähler** M cuentakilómetros

Kilowatt N kilovatio *m* **Kilowattstunde** F kilovatio-hora *m*

Kind N niño *m*

Kinderarzt M, **Kinderärztin** F pediatra **Kinderbett** N cuna *f* **Kindergarten** M jardín de infancia **Kindergärtnerin** F educadora *f* infantil **Kindergeld** N subsidio *m* por hijos **Kinderheim** N hogar *m* infantil **Kinderhort** M guardería *f* infantil **Kinderkrankheit** F enfermedad infantil **Kinderkrippe** F guardería infantil **Kinderlähmung** F poliomielitis **kinderlos** sin hijos **Kindermädchen** N niñera *f* **Kindersitz** M AUTO asiento (de seguridad) para niños **Kinderspielecke** F rincón *m* de juegos para niños **Kinderspielplatz** M parque infantil **Kinderwagen** M cochecito de niño **Kinderzimmer** N habitación *f* de niños

Kindheit F infancia **kindisch** pueril **kindlich** infantil

Kinn N barbilla *f* **Kinnhaken** M gancho a la mandíbula

Kino N cine *m* **Kinofilm** M película *f* **Kinoprogramm** N cartelera *f* (de cine)

Kiosk M quiosco

Kippe F *umg* colilla **kippen** V/T volcar; V/I perder el equilibrio

Kirche F iglesia

Kirchenchor M coro de iglesia **Kirchenfenster** N vitral *m* **Kirchenmusik** F música sacra **Kirchenschiff** N nave *f* **kirchlich** eclesiástico **Kirchturm** M campanario **Kirchweih** F fiesta mayor

Kirschbaum M cerezo **Kirsche** F cereza **Kirschwasser** N kirsch *m*

Kissen N cojín *m*; (*Kopfkissen*) almohada *f* **Kissenbezug** M funda *f*

Kiste F caja

Kitsch M cursilería *f* **kitschig** cursi

Kitt M masilla *f*

kitten enmasillar; pegar

kitzeln hacer cosquillas **kitzlig** cosquilloso

Kiwi F kiwi *m*

Klage F queja; lamentación; JUR demanda, querella **klagen** quejarse (**über** *akk* de); JUR poner pleito (**gegen** a; **auf** *akk* por)

Kläger(in) M(F) demandante

kläglich lastimoso

Klammer F grapa; *im Text* paréntesis *m*, *eckige* corchete *m* **Klammeraffe** M IT *umg* arroba *f* **klammern**: **sich ~ an** (*akk*) agarrarse a *alg*, *a/c*

Klamotten PL *umg* trapos *mpl*

Klang M sonido

Klappbett N cama *f* plegable
Klappe F tapa; válvula (*a.* MED) **klappen** *fig* ir (*od* marchar) bien **klappern** tabletear
Klapprad N bicicleta *f* plegable **Klappsitz** M asiento plegable **Klappstuhl** M silla *f* plegable
Klaps M palmadita *f*; cachete
klar claro (*a. fig*); *Himmel* despejado
Kläranlage F planta depuradora **klären** *fig* aclarar
Klarheit F claridad
Klarinette F clarinete *m*
Klasse F clase **Klassenzimmer** N aula *f* **klassisch** clásico
Klatsch M chismes *mpl* **klatschen** chismorrear; **(Beifall) ~** aplaudir
Klaue F *Kralle* uña; *Greifvögel* garra **klauen** *umg* mangar, birlar
Klausel F cláusula
Klavier N piano *m*
Klebeband N cinta *f* adhesiva (*Am* pegante) **kleben** pegar (*an* a, en) **klebrig** pegajoso **Klebstoff** M pegamento, cola *f*
Klecks M mancha *f*
Klee M trébol **Kleeblatt** N BOT hoja *f* de trébol; *fig* trío *m*
Kleid N vestido *m*, traje *m*
Kleiderbügel M percha *f*, colgador **Kleiderhaken** M colgador **Kleiderschrank** M (armario) ropero **Kleiderständer** M perchero
Kleidung F vestidos *mpl*, ropa
Kleidungsstück N prenda *f* (de vestir)
klein pequeño **Kleinasien** N Asia *f* Menor **Kleingeld** N suelto *m*, cambio *m* **Kleinigkeit** F menudencia; bagatela
Kleinkind N niño *m* de corta edad **kleinlaut** apocado **kleinlich** mezquino **Kleinstadt** F ciudad pequeña
Kleister M engrudo
Klemme F TECH borne *m*; *fig* **in der ~ sitzen** estar en un aprieto (*od* apuro) **klemmen** V/T *Finger* cogerse; V/I *Tür* encajar mal
Klempner M hojalatero; (*Installateur*) fontanero, *Am* plomero
Klette F bardana; *fig* lapa
klettern trepar (**auf** *akk* a), escalar (*a/c*) **Kletterpflanze** F planta trepadora **Kletterschuh** M zapato *m* de escalada **Klettertour** F escalada
Klettverschluss® M cierre adhesivo
Klick M *Laut* clic *m*; (≈ *Mausklick*) clic *m* (en el ratón) **klicken** IT hacer clic (**auf** *akk* en)
Klima N clima *m* **Klimaanlage** F aire *m* acondicionado
Klimaschutz M ÖKOL protección *f* del clima **Klimawandel** M cambio climático
Klinge F hoja, cuchilla
Klingel F timbre *m* **klingeln** tocar el timbre; TEL sonar; **es**

klingelt llaman **Klingelton** M TEL tono **klingen** sonar
Klinik F clínica
Klinke F picaporte *m*
Klippe F escollo *m*, roca
klirren tintinear
Klischee N cliché *m*, *fig* tópico *m*
Klo *umg* N retrete *m;* wáter *m* **Klobrille** F asiento *m* del wáter **Klodeckel** M tapa *f* de retrete **Klopapier** N papel *m* higiénico
klopfen V/T golpear; V/I *Herz* palpitar; **es klopft** llaman (a la puerta)
Klops M albóndiga *f*
Kloß M albóndiga *f*
Kloster N monasterio *m;* convento *m*
Klotz M bloque; (*Hackklotz*) tajo
Klub M club
klug inteligente; sensato **Klugheit** F inteligencia
Klumpen M grumo
knabbern mordiscar (**an** *etw dat* a/c)
Knäckebrot N pan *m* crujiente **knacken** V/T *Nüsse* cascar; V/I crujir
Knall M estallido, estampido **knallen** estallar; detonar **Knaller** M, **Knallfrosch** M petardo
knapp escaso
knarren rechinar, crujir
Knast M *umg* chirona *f*
knattern crepitar
Knäuel M ovillo
knautschen arrugarse **Knautschzone** F zona deformable
kneifen pellizcar **Kneifzange** F tenazas *fpl*
Kneipe F tasca
kneten amasar
Knick M codo; *im Papier* dobladura *f* **knicken** doblar
Knie N rodilla *f;* TECH codo *m* **Kniebeuge** F genuflexión **Kniebundhose** F bombacho *m* **Kniekehle** F corva **knien** estar de rodillas; **sich ~** arrodillarse **Kniescheibe** F rótula **Kniestrümpfe** MPL medias *fpl* cortas
Kniff M pliegue; *fig* truco
knipsen *Fahrkarte* picar; FOTO sacar una foto
knirschen crujir; **mit den Zähnen ~** rechinar los dientes
knistern crepitar
knitterfrei inarrugable **knittern** arrugarse
Knoblauch M ajo **Knoblauchbutter** F mantequilla de ajo **Knoblauchpresse** F picador *m* de ajos **Knoblauchzehe** F diente *m* de ajo
Knöchel M *am Fuß* tobillo; *der Hand* nudillo
Knochen M hueso **Knochenbruch** M fractura *f* **Knochenmark** N médula *f* ósea
Knödel M albóndiga *f*
Knolle F bulbo *m*, tubérculo *m*
Knopf M botón **Knopfloch** N ojal *m* **Knopfzelle** F ELEK pila

botón
Knorpel M cartílago
Knospe F botón *m*, capullo *m*
knoten anudar **Knoten** M nudo **Knotenpunkt** M nudo; BAHN empalme
knüpfen anudar, atar
Knüppel M palo, garrote
knurren gruñir
knusprig crujiente
knutschen *umg* besuquearse
Koalition F coalición
Koch M cocinero **Kochbuch** N libro *m* de cocina **kochen** V/T *u.* V/I cocer, guisar; cocinar; *Kaffee* hacer; V/I *Wasser* hervir
Kocher M hornillo (eléctrico)
Kochgelegenheit F posibilidad para cocinar
Köchin F cocinera
Kochlöffel M cucharón
Kochnische F cocina americana, *Am* cocineta **Kochplatte** F *Herd* fuego; (*Kocher*) hornillo **Kochrezept** N → Rezept
Kochsalz N sal *f* común
Kochtopf M olla *f*, marmita *f*
Köder M cebo; *fig* gancho
koffeinfrei descafeinado
Koffer M maleta *f*, *Am a.* valija *f*; **Koffer...** *in Zssgn a.* → Gepäckband *etc* **Kofferanhänger** M portaetiqueta para maleta **Kofferkuli** M carrito
Kofferradio N radio *f* portátil
Kofferraum M AUTO maletero
Kognak M coñac
Kohl M col *f*, berza *f*
Kohle F carbón *m* **Kohlendioxid** N dióxido *m* de carbono
Kohle(n)hydrat N hidrato *m* de carbono; carbohidrato *m*
Kohlensäure F ácido *m* carbónico **Kohlenstoff** M carbono
Kohlrabi M colinabo
Koje F camarote
Kokain N cocaína *f* **kokainsüchtig** cocainómano
kokett coqueta **kokettieren** coquetear
Kokosnuss F coco *m*
Koks M coque; *umg* (*Kokain*) nieve *f*
Kolben M TECH émbolo, pistón; *am Gewehr* culata *f*
Kolik F cólico *m*
Kollaps M colapso
Kollege M, **Kollegin** F colega
Köln N Colonia *f* **Kölnischwasser** N (agua *f* de) colonia *f*
Kolonie F colonia **Kolonne** F columna; (*Autokolonne*) caravana
Kolumbien N Colombia *f*
Koma N MED coma *m*; **im ~ liegen** estar en coma
Kombi M AUTO combi, monovolumen; (*Lieferwagen*) camioneta *f* **Kombination** F combinación **kombinieren** combinar
Komfort M confort, comodidades *fpl* **komfortabel** cómodo, confortable
Komiker(in) M(F) cómico,-a;

humorista **komisch** cómico; *fig* raro
Komitee N comité *m*
Komma N coma *f*
kommandieren mandar
Kommando N mando *m*
kommen (*herkommen*) venir; (*hinkommen*) ir (a); **~ durch** pasar por
Kommentar M comentario
Kommissar M comisario
Kommission F POL, HANDEL comisión
Kommode F cómoda
kommunal comunal; municipal **Kommune** F comuna, municipio *m* **Kommunion** F REL comunión
Kommunismus M comunismo **Kommunist(in)** M(F) comunista **kommunistisch** comunista
Komödie F comedia
kompakt compacto **Kompaktanlage** F MUS minicadena
Kompanie F compañía
Kompass M brújula *f*
kompatibel *bes* IT compatible (**mit** con)
kompetent competente
Kompetenz F competencia
komplett completo
komplex, **Komplex** M complejo
Komplikation F complicación
Kompliment N cumplido *m*
Komplize M, **Komplizin** F cómplice **kompliziert** complicado
Komponist(in) M(F) compositor(a) **Kompott** N compota *f*
Kompresse F compresa
Kompromiss M compromiso
Kondensmilch F leche condensada
Kondition F condición (*a.* SPORT)
Konditorei F pastelería
kondolieren dar el pésame
Kondom N condón *m*
Konfekt M confites *mpl* **Konfektion** F confección
Konferenz F conferencia
Konfession F REL confesión
Konfirmation F REL confirmación **Konfitüre** F confitura
Konflikt M conflicto
Kongo M Congo
Kongress M congreso **Kongressteilnehmer(in)** M(F) congresista
König M rey **Königin** F reina **königlich** real **Königreich** N reino *m*
Konjunktur F coyuntura
konkret concreto
Konkurrenz F competencia **konkurrenzfähig** competitivo **konkurrieren** competir
Konkurs M WIRTSCH quiebra *f*
können poder; (*gelernt haben*) saber; **(es) kann sein** puede ser, es posible
konnte → können
konservativ conservador
Konserve F conserva **Konservendose** F lata (de con-

servas) **konservieren** conservar **Konservierungsmittel** N conservante *m*
Konsonant M consonante *f*
konstruieren construir **Konstruktion** F construcción
Konsul M cónsul **Konsulat** N consulado *m*
Konsum M consumo **Konsumgüter** NPL bienes *mpl* de consumo
Kontakt M contacto **Kontaktlinsen** FPL lentes de contacto **Kontaktlinsenmittel** N solución *f* para lentes de contacto
Kontinent M continente
Konto N cuenta *f* **Kontoauszug** M extracto de cuenta **Kontonummer** F número *m* de cuenta **Kontostand** M estado de cuenta
Kontrast M contraste
Kontrolle F control *m*; revisión **Kontrolleur** M inspector; revisor **kontrollieren** controlar, revisar **Kontrolllampe** F (lámpara) piloto *m*
konventionell convencional
Konversation F conversación
Konzentration F concentración **Konzentrationslager** N campo *m* de concentración
konzentrieren: **(sich) ~** concentrar(se)
Konzern M consorcio *m*
Konzert N concierto *m* **Konzertsaal** M auditorio
Kopenhagen N Copenhague *f*
Kopf M cabeza *f* **Kopfhörer** M auricular **Kopfkissen** N almohada *f* **Kopfsalat** M lechuga *f* **Kopfschmerzen** MPL dolor *m* de cabeza **Kopfsprung** M zambullida *f* **Kopfstütze** F AUTO reposacabezas *m* **Kopftuch** N pañuelo *m*
Kopie F copia **kopieren** copiar **Kopierer** M copiadora *f* **Kopierschutz** M protección anticopia
Kopilot(in) M(F) copiloto
Koralle F coral *m*
Korb M cesta *f* **Korbball** M baloncesto, *Am* básquetbol **Korbsessel** M sillón de mimbre
Kordhose F pantalón *m* de pana
Korea N Corea *f*
Kork, **Korken** M corcho **Korkenzieher** M sacacorchos
Korn **1** N grano *m*; (*Getreide*) cereales *mpl* **2** M *Schnaps* aguardiente de trigo **Kornblume** F aciano *m*
Körper M cuerpo **Körperbehinderte(r)** M/F(M) minusválido,-a **Körpergröße** F estatura, talla **körperlich** corporal; físico **Körperpflege** F higiene corporal **Körperteil** N parte *m* del cuerpo
korrekt correcto **Korrektur** F corrección **Korrekturtaste** F tecla de corrección
Korridor M corredor, pasillo
korrigieren corregir

Korsett N corsé *m* **Korsika** N Córcega *f* **Kortison** N cortisona *f* **Kosmetik** F cosmética **Kosmetika** NPL cosméticos *mpl* **Kosmetikerin** F esteticista **Kosmetiktasche** F neceser *m* **Kosmetikum** N cosmético *m*
Kost F alimentación; comida
kostbar precioso **kosten** V/T probar; V/I costar, valer; **was kostet ...?** ¿cuánto vale (*od* cuesta) ...? **Kosten** PL gastos *mpl* **kostenlos** gratuito; ADV gratis **Kostenvoranschlag** M presupuesto
köstlich delicioso
kostspielig costoso
Kostüm N traje *m* chaqueta; (*Verkleidung*) disfraz *m*
Kot M excrementos *mpl*
Kotelett N chuleta *f*
Kotflügel M guardabarros
kotzen *sl* arrojar, vomitar **Kotztüte** SL bolsa *f* de papel (para caso de mareo)
Krabbe F gamba, camarón *m*
Krach M ruido, estrépito; (*Streit*) bronca *f*
Kraft F fuerza; vigor *m*; potencia **Kraftbrühe** F consomé *m*
Kraftfahrer(in) M(F) automovilista **Kraftfahrzeug** N automóvil *m*; IN ZSSGN A. → Kfz *etc* **Kraftfahrzeugschein** M permiso de circulación
kräftig fuerte; robusto
kraftlos débil, flojo **Kraftstoff** M carburante **Kraftwerk** N central *f* eléctrica
Kragen M cuello **Kragenweite** F ancho *m* del cuello
Krähe F corneja **krähen** *Hahn* cantar
Kralle F uña, garra
Kram M *umg* trastos *mpl*
Krampf M espasmo, calambre **Krampfadern** FPL varices
Kran M grúa *f*
Kranich M grulla *f*
krank enfermo **Kranke(r)** M/F(M) enfermo,-a *m(f)*
kränken ofender, herir
Krankengymnastik F fisioterapia **Krankenhaus** N hospital *m* **Krankenkasse** F caja de enfermedad **Krankenpfleger** M enfermero **Krankenschwester** F enfermera **Krankenversicherung** F seguro *m* médico; **private ~** seguro *m* médico privado **Krankenwagen** M ambulancia *f*
krankhaft patológico **Krankheit** F enfermedad **krankmelden**: **sich ~** darse de baja (como enfermo)
Kranz M corona *f*
Krapfen M buñuelo
krass *Fehler* craso; *Irrtum, Widerspruch* flagrante; *sl* **voll ~** increíble, fuerte
Krater M cráter
kratzen rascar **Kratzer** M arañazo; raya *f*
kraulen V/T acariciar; V/I (*schwimmen*) nadar a crol

kraus crespo; rizado
Kraut N hierba *f*; (*Kohl*) col *f*
Kräuter PL hierbas *fpl* **Kräutertee** M tisana *f*, infusión *f*
Krawall M alboroto
Krawatte F corbata
Krebs M cangrejo; MED cáncer; ASTROL Cáncer
Kredit M crédito **Kreditkarte** F tarjeta de crédito
Kreide F tiza
Kreis M círculo; POL distrito **Kreisel** M peonza *f* **kreisen** girar **kreisförmig** circular **Kreislauf** M circulación *f* **Kreislaufstörungen** FPL trastornos *mpl* circulatorios **Kreissäge** F sierra circular **Kreisverkehr** M rotonda *f*
Krematorium N crematorio *m*
Kren M *österr* rábano *m* picante
krepieren *umg* estirar la pata
Krepp M crespón
Kresse F berro *m*
Kreta N Creta *f*
Kreuz N cruz *f*; ANAT riñones *mpl*; MUS sostenido *m*; *Kartenfarbe* bastos *mpl*; **kreuz und quer** en todas las direcciones **kreuzen** cruzar **Kreuzer** M crucero **Kreuzfahrt** F crucero *m* **Kreuzgang** M claustro **Kreuzigung** F crucifixión **Kreuzkümmel** M comino **Kreuzotter** F ZOOL víbora (común) **Kreuzschmerzen** FPL dolor *m* de riñones **Kreuzung** F cruce *m* **Kreuzworträtsel** N crucigrama *m*
kriechen reptar, arrastrarse **Kriechspur** F *Verkehr* carril *m* para vehículos lentos
Krieg M guerra *f*
kriegen *umg* → bekommen
Kriegsgefangene(r) M/F(M) prisionero,-a de guerra
Kriegsschiff N buque *m* de guerra **Kriegsverbrecher** M criminal de guerra
Krimi M *umg Film* película *f* policíaca; *Buch* novela *f* policíaca
Kriminalität F delincuencia **Kriminalpolizei** F policía judicial **Kriminalroman** M novela *f* policíaca
kriminell criminal
Kripo F ABK → Kriminalpolizei
Krippe F pesebre *m*; *an Weihnachten a.* belén *m*; (*Kinderhort*) guardería
Krise F crisis **Krisengebiet** N región *f* en crisis **Krisenstab** M estado mayor de crisis
Kristall M/N cristal *m*
Kritik F crítica **Kritiker(in)** M(F) crítico,-a **kritisch** crítico **kritisieren** criticar
Kroate M, **Kroatin** F croata **Kroatien** N Croacia *f* **kroatisch** croata
Kroketten FPL croquetas
Krokodil N cocodrilo *m*
Krokus M croco
Krone F corona (*a. Währung*); *Zahn* funda **Kronleuchter** M araña *f*
Kropf M MED bocio

Kröte F sapo *m*
Krücke F muleta
Krug M jarro, jarra *f*
Krümel M miga *f*
krumm corvo; torcido
Kruste F costra; corteza
Kruzifix N crucifijo *m*
Krypta F cripta
Kuba N Cuba *f* **Kubaner(in)** M(F) cubano,-a **kubanisch** cubano
Kübel M cuba; *(Eimer)* cubo
Kubik... IN ZSSGN cúbico **Kubikmeter** M metro cúbico
Küche F cocina
Kuchen M pastel **Kuchenform** F molde *m*
Küchengeschirr N batería *f* de cocina **Küchenschrank** M armario de cocina **Küchenzeile** F línea de cocina, cocina integral
Kuckuck M cuco, cucú
Kugel F bola; MIL bala **Kugellager** N rodamiento *m* de bolas **Kugelschreiber** M bolígrafo **Kugelstoßen** N lanzamiento *m* de peso
Kuh F vaca
kühl fresco **Kühlbox** F nevera portátil **kühlen** refrescar, enfriar
Kühler M AUTO radiador **Kühlerhaube** F capó *m*
Kühlschrank M frigorífico, nevera *f* **Kühltasche** F bolsa nevera *(od* isotérmica) **Kühltruhe** F congelador *m* **Kühlwasser** N agua *f* de refrigeración
Kuhmilch F leche de vaca
kühn atrevido, osado **Kühnheit** F audacia, intrepidez
Küken N polluelo *m*
Kuli M *umg* boli
kultig *umg (in Mode)* de moda, in
Kultur F cultura, civilización; BIOL, MED cultivo *m* **Kulturbeutel** M, **Kulturtasche** F bolsa *f* de aseo **kulturell** cultural
Kümmel M carvi
Kummer M pena *f*
kümmern: **sich ~ um** (pre)ocuparse de, cuidar *(akk)*
Kunde M cliente **Kundendienst** M servicio posventa **kundenfreundlich** adaptado al cliente **Kundenkarte** F *e-s Geschäfts*: tarjeta de cliente
Kundgebung F manifestación
kündigen *j-m* despedir **Kündigung** F despido *m* **Kündigungsfrist** F plazo *m* de despido
Kundin F clienta **Kundschaft** F clientela
Kunst F arte *m (pl f)* **Kunstfaser** F fibra sintética **Kunstgewerbe** N artesanía *f* **Kunsthändler(in)** M(F) marchante (de arte) **Kunstleder** N cuero *m* artificial
Künstler(in) M(F) artista
künstlerisch **1** ADJ artístico **2** ADV artísticamente **künstlich** artificial; *Haar, Gebiss* pos-

tizo
Kunstsammlung F colección de arte **Kunststoff** M plástico **Kunststück** N artificio *m* **Kunstwerk** N obra *f* de arte
Kupfer N cobre *m* **Kupferstich** M grabado (en cobre)
Kuppel F cúpula
kuppeln *Anhänger, etc* acoplar (**an** *akk* a); AUTO (*einkuppeln*) embragar; (*auskuppeln*) desembragar
Kupplung F AUTO embrague *m* **Kupplungspedal** N pedal *m* de embrague
Kur F cura, tratamiento *m*
Kür F *Turnen* ejercicios *mpl* libres; *Eiskunstlauf* figuras *fpl* libres
Kurbel F manivela **Kurbelwelle** F cigüeñal *m*
Kürbis M calabaza *f*
Kurgast M bañista
Kurier M correo; **per ~** por correo, por servicio de mensajería
kurieren curar **Kurort** M balneario
Kurs M curso, cursillo; SCHIFF rumbo; HANDEL cambio **Kursbuch** N guía *f* de ferrocarriles **Kurswagen** M coche directo
Kurtaxe F tasa (de balneario)
Kurve F curva **kurvenreich** *Straße* de muchas curvas; *umg Person* de formas marcadas
kurz corto; breve; **vor ~em** hace poco **Kurzarbeit** F jornada reducida **kurzärmelig** de manga corta
Kürze F **in ~** en breve, dentro de poco **kürzen** acortar; *fig* recortar, reducir
Kurzfilm M corto(metraje)
kurzfristig a corto plazo
Kurzgeschichte F relato *m* corto
kürzlich hace poco
Kurzparkzone F zona azul
Kurzschluss M cortocircuito
kurzsichtig miope **Kurzurlaub** M vacaciones *fpl* cortas, escapada *f* **Kurzwahl** F TEL marcado *m* directo **Kurzwahltaste** F TEL tecla de marcado directo
Kuscheldecke F manta *f* suave **kuschelig** ADJ suave **kuscheln** *miteinander* hacerse mimos
Kusine F prima
Kuss M beso **küssen** besar
Küste F costa; litoral *m* **Küstenstraße** F carretera costera
Küster M sacristán
Kutsche F coche *m* **Kutscher** M cochero
Kutte F hábito *m*
Kutteln FPL callos *mpl*
Kuvert N sobre *m*

L

Label N label *m*, marca *f*
labil inestable, lábil

Labor(atorium) N laboratorio *m*
lächeln sonreír **Lächeln** N sonrisa *f*
lachen reír (**über** *akk* de) **Lachen** risa *f*
lächerlich ridículo; **sich ~ machen** hacer el ridículo
Lachs M salmón
Lack M laca *f*; barniz **lackieren** barnizar
Ladegerät N cargador *m* **Ladekabel** N cable *m* de carga, cargador *m*
laden ELEK, TEL, *Waffe* cargar
Laden M tienda *f* **Ladenschluss** M cierre de los comercios **Ladentisch** M mostrador
Ladestation F cargador *m*; AUTO punto *m* de carga
Ladung F carga (*a.* ELEK)
Lage F situación; posición; (*Schicht*) capa; **in der ~ sein zu** ser capaz de
Lager N HANDEL almacén *m*, depósito *m*; TECH cojinete *m*; MIL, POL *etc* campo *m* **Lagerfeuer** N hoguera *f* **lagern** V/T almacenar; V/I acampar **Lagerraum** M almacén **Lagerung** F almacenamiento *m*
Lagune F laguna
lahm cojo **lähmen** paralizar (*a. fig*) **Lähmung** F MED parálisis
Laie M profano; REL laico, lego
Laken N sábana *f*
Lakritze F regaliz *m*
Laktose F lactosa **laktosefrei** ADJ sin lactosa **Laktoseunverträglichkeit** F, **Laktoseintoleranz** F intolerancia a la lactosa
Lamm(fleisch) N cordero *m*
Lampe F lámpara **Lampenschirm** M pantalla *f*
Land N campo *m*; POL país *m*; GEOG tierra *f*; **auf dem ~** en el campo **Landebahn** F pista de aterrizaje **landen** V/I aterrizar; SCHIFF desembarcar
Länderspiel N *Fußball etc* partido *m* internacional
Landesgrenze F frontera
Landessprache F lengua vernácula
Landgut N finca *f*, *Am* hacienda *f* **Landhaus** N casa *f* de campo **Landkarte** F mapa *m*
ländlich rural, campesino
Landschaft F paisaje *m*
Landsmann M compatriota, paisano **Landstraße** F carretera **Landstreicher(in)** M(F) vagabundo,-a
Landung F FLUG aterrizaje *m*; SCHIFF desembarco *m* **Landungsbrücke** F desembarcadero *m* **Landungssteg** M pasarela *f*
Landwein M vino del país
Landwirt M agricultor **Landwirtschaft** F agricultura
landwirtschaftlich agrícola
lang largo; **zwei Wochen ~** durante quince días
lange ADV mucho tiempo; **wie**

~? ¿cuánto tiempo?; **seit ~m** desde hace mucho tiempo
Länge F longitud; (*Dauer*) duración **Längengrad** M grado de longitud **länger** ADV más (tiempo)
Langeweile F aburrimiento *m*
langfristig a largo plazo **Langlauf** M (*Skifahren*) esquí de fondo
länglich alargado
längs a lo largo de
langsam lento; ADV despacio
Langschläfer(in) M(F) dormilón(-ona)
längst hace mucho tiempo
Languste F langosta
langweilen: **(sich) ~** aburrir(se) **langweilig** aburrido **langwierig** largo; lento
Lappen M trapo
Lappland N Laponia *f*
Laptop M ordenador portátil
Lärche F alerce *m*
Lärm M ruido, barullo **lärmen** hacer ruido
las → lesen
Laser M láser **Laserchirurgie** F cirugía con rayos láser **Laserdrucker** M impresora *f* láser **Lasershow** F espectáculo *m* de rayos láser **Lasertechnik** F técnica láser
lassen dejar; (*veranlassen*) hacer; **lass das (sein)!** ¡déjalo!
lässig indiferente; *Kleidung* desenfadado; ADV con indiferencia; (*mühelos*) sin esfuerzo; *gekleidet* con desenfado
Last F carga **Lastenaufzug** M montacargas
Laster **1** N vicio *m* **2** M *umg* (*Lkw*) camión
lästern hablar mal (**über** *akk* de)
lästig molesto, engorroso
Last-Minute-Angebot N oferta *f* de última hora **Last-Minute-Flug** M vuelo de última hora **Last-Minute-Urlaub** M vacaciones *fpl* de última hora
Lastwagen M camión **Lastwagenfahrer(in)** M(F) camionero,-a
Latein N latín *m* **Lateinamerika** N América *f* latina, Latinoamérica **lateinamerikanisch** latinoamericano **lateinisch** latino
Laterne F linterna; (*Straßenlaterne*) farol *m*
Latte F ripia, listón *m*
Latz M, **Lätzchen** N *für Kinder*: babero **Latzhose** F pantalón *m* de peto
lau tibio
Laub N follaje *m* **Laubbaum** M árbol de hoja caduca
Lauch M puerro
lauern acechar (**auf** *akk*)
Lauf M carrera *f* (*a.* SPORT); **im ~e** (*gen*) *od* **von** en el curso de **Laufbahn** F *fig* carrera
laufen correr; (*gehen*) andar; TECH marchar **laufend** corriente; **auf dem Laufenden sein** estar al corriente

Läufer M corredor; *Teppich* alfombra *f*; *Schach* alfil **Läuferin** F SPORT corredora

Laufmasche F carrera **Laufrad** N *für Kinder* bicicleta *f* sin pedales **Laufschuh** M zapatilla *f* para correr **Laufstall** M *für Kleinkinder* parque **Laufsteg** M *Mode* pasarela *f*

Laune F humor *m*; capricho *m*; **gute/schlechte ~ haben** estar de buen/mal humor **launisch** caprichoso

Laus F piojo *m*

lauschen escuchar

laut ruidoso; *Stimme* alto; PRÄP (*gen*) según **Laut** M sonido

lauten decir, rezar

läuten sonar (*a.* TEL); (*klingeln*) llamar; *Glocken* tocar

lautlos silencioso **Lautsprecher** M altavoz, *Am* altoparlante **Lautstärke** F volumen *m*; *der Stimme* potencia

lauwarm tibio, templado

Lava F lava

Lavendel M espliego, lavanda *f*

Lawine F alud *m*, avalancha

Leasing N leasing *m* **Leasingvertrag** M contrato de leasing

leben vivir **Leben** N vida *f* **lebendig** viviente; vivo

Lebensgefahr F peligro *m* de muerte **Lebensgefährte** M, **Lebensgefährtin** F compañero,-a (de vida) **Lebenshaltungskosten** PL coste *m* de la vida **lebenslänglich** vitalicio; JUR perpetuo **Lebenslauf** M curriculum vitae

Lebensmittel NPL víveres *mpl*, comestibles *mpl* **Lebensmittelgeschäft** N tienda *f* de comestibles **Lebensmittelvergiftung** F intoxicación alimenticia

Lebenspartner(in) M(F) pareja *f* **Lebenspartnerschaft** F **eingetragene ~** pareja *f* de hecho **Lebensstandard** M nivel de vida **Lebensunterhalt** M subsistencia *f* **Lebensversicherung** F seguro *m* de vida **lebenswichtig** (de importancia) vital

Leber F hígado *m* **Leberfleck** M lunar **Leberpastete** F foiegras *m*

Lebewesen N ser *m* vivo

lebhaft vivo, animado; *Verkehr* intenso **Lebkuchen** M pan de especias

leck: **~ sein** hacer agua **Leck** N vía *f* de agua **lecken** V/T lamer

lecker apetitoso, sabroso **Leckerbissen** M golosina *f*

Leder N cuero *m*; piel *f* **Lederjacke** F chaqueta de cuero **Lederwaren** FPL marroquinería *f*

ledig soltero

LED-Leuchte F lámpara LED

leer vacío; *Batterie* descargado **leeren** vaciar **Leerlauf** M AUTO punto muerto **Leerung** F *Briefkasten* recogida

legal legal

Legasthenie F dislexia
legen poner, meter; colocar; *Haare* marcar; *Karten* echar; **sich ~** echarse; *fig* calmarse
Legende F leyenda
Leggings PL leggings *mpl*, mallas *fpl*
Legierung F aleación
Lehm M barro
Lehne F apoyo *m*; (*Rückenlehne*) respaldo *m* **lehnen**: **(sich) ~** apoyar(se) **(an** *akk* contra) **Lehnstuhl** M sillón
Lehrbuch N manual *m*; *Schule*: libro *m* de texto **Lehre** F aprendizaje *m*; *fig* lección; REL, POL doctrina **lehren** enseñar **Lehrer(in)** M(F) profesor(a) **Lehrling** M aprendiz **lehrreich** instructivo **Lehrstuhl** M cátedra *f*
Leib M vientre; cuerpo **Leibgericht** N plato *m* favorito **Leibwächter** M guardaespaldas
Leiche F cadáver *m* **Leichenhalle** F depósito *m* de cadáveres **Leichenwagen** M coche fúnebre
leicht ligero; (*einfach*) fácil **Leichtathletik** F atletismo *m* **leichtgläubig** crédulo **Leichtmetall** N metal *m* ligero **Leichtsinn** M ligereza *f* **leichtsinnig** imprudente
leid: **ich bin es ~ zu ...** estoy harto de ...; → leidtun **Leid** N pena *f*; dolor *m*
leiden sufrir (**an** *dat* de), padecer; *j-n* **nicht ~ können** no poder tragar a *alg*
Leiden N sufrimiento *m*; MED dolencia *f* **Leidenschaft** F pasión **leidenschaftlich** apasionado
leider desgraciadamente
leidtun: **es tut mir leid** lo siento; **er tut mir leid** me da pena
Leierkasten M organillo
leihen *j-m* prestar; dejar; *sich etw* tomar a/c prestado **Leihgebühr** F alquiler *m* **Leihwagen** M coche de alquiler **leihweise** prestado
Leim M cola *f*
Leine F cuerda **Leinen** N lino *m*, tela *f* **Leinsamen** M linaza *f* **Leinwand** F lienzo *m* (*a.* MAL); *im Kino*: pantalla
leise silencioso; ADV *sprechen* en voz baja; **~r stellen** bajar
Leiste F listón *m*; ANAT ingle
leisten hacer; *Dienst, Hilfe* prestar; **sich etw ~** permitirse a/c
Leistenbruch M hernia *f* inguinal
Leistung F rendimiento *m* (*a.* TECH); prestación **leistungsfähig** productivo; *Mensch* efectivo; *Motor* potente
Leitartikel M artículo de fondo **leiten** dirigir, guiar; conducir **Leiter 1** M director; gerente; PHYS conductor **2** F escalera **Leiterin** F directora **Leitplanke** F valla protectora
Leitung F dirección; TECH conducción; ELEK, TEL línea **Lei-**

tungswasser N agua *f* del grifo
Lektion F lección
Lektüre F lectura
Lende F lomo *m*
lenken dirigir, guiar; AUTO conducir **Lenker** M manillar, guía *f* **Lenkrad** N volante *m* **Lenkradschloss** N cierre *m* antirrobo **Lenkung** F AUTO dirección
Lepra F lepra
Lerche F alondra
lernen aprender
Lesbe F *umg* lesbiana **lesbisch** lesbiano
Lesebrille F gafas *fpl* de leer
lesen leer **Leser(in)** M(F) lector(a) **leserlich** legible **Lesezeichen** N señal *f*
Lettland N Letonia *f*
letzte(r, -s) último, última; ~ **Woche** la semana pasada
Leuchte F lámpara **leuchten** lucir, brillar **leuchtend** luminoso; *Farbe* vivo **Leuchter** M candelabro **Leuchtmarker** M rotulador fluorescente **Leuchtreklame** F anuncio *m* luminoso **Leuchtstoffröhre** F (tubo *m*) fluorescente *m* **Leuchtturm** M faro
leugnen negar
Leukämie F leucemia
Leute PL gente *f*
Lexikon N enciclopedia *f*; (*Wörterbuch*) diccionario *m*
Libanon M Líbano
Libelle F libélula
liberal liberal **Liberalisierung** F liberalización
Libyen N Libia *f*
Licht N luz *f*; ~ **machen** dar la luz **Lichthupe** F claxon *m* luminoso **Lichtschalter** M interruptor
Lichtung F claro *m*
Lid N párpado *m* **Lidschatten** M sombra *f* de ojos
lieb amable; querido **Liebe** F amor *m* **lieben** querer; amar
liebenswürdig amable **Liebenswürdigkeit** F amabilidad
lieber ADV más bien; ~ **tun** *etc* preferir, gustar más …
Liebesbrief M carta *f* de amor **Liebeskummer** M mal de amores **Liebespaar** N amantes *mpl*, enamorados *mpl* **Liebesschloss** N candado *m* de(l) amor
liebevoll cariñoso **Liebhaber** M amante; *fig* aficionado **lieblich** *Wein* dulce **Liebling** M favorito; *Anrede* cariño
Lied N canción *f* **Liedermacher(in)** M(F) cantautor(a)
Lieferant M proveedor **lieferbar** disponible **Lieferbedingungen** FPL condiciones de entrega **liefern** entregar, suministrar **Lieferschein** M talón de entrega, albarán **Lieferung** F entrega; suministro *m* **Lieferwagen** M camioneta *f* (de reparto)
Liege F tumbona **liegen** estar

echado; (*sich befinden*) hallarse; estar situado; **~ lassen** dejar; olvidar **Liegeplatz** M SCHIFF amarre; BAHN litera *f* **Liegesitz** M asiento abatible (*od* reclinable) **Liegestuhl** M tumbona *f* **Liegewagen** M coche-literas

liest → lesen

Lift M ascensor **Liftboy** M ascensorista

Liga F liga; SPORT división

light light, ligero

Likör M licor

lila lila

Lilie F lirio *m*

Limonade F limonada

Limousine F limusina

Linde F tilo *m* **Lindenblütentee** M (infusión *f* de) tila *f*

lindern aliviar, mitigar

Lineal N regla *f*

Linie F línea **Linienflug** M vuelo regular **Linienflugzeug** N avión *m* de línea

Link M/N IT enlace *m*; vínculo *m*

linke(r, -s) izquierdo,-a **Linke** F izquierda (*a.* POL)

links a la izquierda **Linksabbieger** M vehículo que gira a la izquierda **Linkshänder(in)** M(F) zurdo,-a

Linse F *Optik*: lente; BOT lenteja

Lipgloss M gloss, brillo de labios

Lippe F labio *m* **Lippenbalsam** M protector labial, bálsamo labial **Lippenstift** M lápiz de labios (*od* labial)

lispeln cecear

Lissabon N Lisboa *f*

List F astucia

Liste F lista, relación

listig astuto

Litauen N Lituania *f*

Liter M litro *m*

literarisch literario **Literatur** F literatura

Litfaßsäule F columna anunciadora

Litschi F BOT lichi *m*

live TV en directo **Livesendung** F transmisión en directo **Livestream** M transmisión *f* en vivo

Lizenz F licencia; concesión

LKW, Lkw M camión **LKW-Fahrer(in)** M(F) camionero,-a

Lob N alabanza *f*, elogio *m* **loben** alabar **lobenswert** laudable

Loch N agujero *m*; abertura *f* **lochen** agujerear; *Fahrkarte* picar **Locher** M perforador

Locke F rizo *m*

locken atraer

Lockenstab M rizador (de pelo)

locker flojo **lockern**: **(sich) ~** aflojar(se); *fig* relajar(se)

lockig rizado

Lodge F alojamiento *m* turístico

Löffel M cuchara *f*

Loge F THEAT palco *m*

Logik F lógica

Log-in M inicio de sesión

logisch lógico
Logo N emblema *f*; (*Firmenlogo*) logotipo *m*
Log-out N/M cierre *m* de sesión, desconexión *f*
Lohn M salario **lohnen**: **es lohnt sich (nicht)** (no) vale la pena **lohnend** ventajoso; rentable **Lohnerhöhung** F aumento *m* salarial **Lohnkürzung** F recorte *m* salarial **Lohnsteuer** F impuesto *m* sobre el salario **Lohnstopp** M congelación *f* salarial
Loipe F pista de fondo
Lok → Lokomotive
Lokal N local *m*; (*Gaststätte*) restaurante *m* **Lokal...** *mst* local
Lokomotive F locomotora **Lokomotivführer(in)** M(F) maquinista
London N Londres *m*
Lorbeer M laurel **Lorbeerblatt** N hoja *f* de laurel
los suelto; **~!** ¡vamos!; **was ist ~?** ¿qué pasa?
Los N billete *m* de lotería; *fig* suerte *f*, destino *m*; **das große ~** el gordo
losbinden desatar
löschen *Durst, Licht* apagar; *Feuer* extinguir; *Schrift, Tonaufnahme* borrar; SCHIFF descargar
lose flojo; suelto; HANDEL a granel
Lösegeld N rescate *m*
losen echar a suertes (**um etw** a/c)
lösen soltar; *Fahrkarte* sacar; *Vertrag* anular; *Aufgabe* resolver
losfahren, **losgehen** salir, partir **loslassen** soltar
löslich soluble **Lösung** F solución **Lösungsmittel** N disolvente *m*
loswerden deshacerse de; *Geld* gastarse
Lot N plomada *f*; SCHIFF sonda *f* **löten** soldar
Lotion F loción
Lotse M SCHIFF práctico **lotsen** pilotar
Lotterie F, **Lotto** N lotería *f* **Lottoschein** M billete de lotería
Lounge F *im Hotel* salón *m*
Löwe M león; ASTROL Leo **Löwenzahn** M diente de león **Löwin** F leona
Luchs M lince
Lücke F vacío *m*; hueco *m*; *fig* laguna
Luft F aire *m* **Luft...** IN ZSSGN aéreo **Luftballon** M globo **Luftbild** N fotografía *f* aérea **luftdicht** hermético **Luftdruck** M presión *f* atmosférica
lüften ventilar, airear
Luftfahrt F aviación **Luftfracht** F flete *m* aéreo **Luftgewehr** N escopeta *f* de aire comprimido **Luftkissenboot** N aerodeslizador *m* **Luftkurort** M estación *f* climática **Luftloch** N FLUG bache *m* **Luftmatratze** F colchón *m* neumático **Luftpirat** M pirata

aéreo **Luftpost** F correo *m* aéreo; **mit ~** por avión **Luftpumpe** F bomba de inflar **Luftröhre** F tráquea
Lüftung F ventilación
Luftverschmutzung F contaminación atmosférica **Luftwaffe** F fuerzas *fpl* aéreas **Luftzug** M corriente *f* de aire
Lüge F mentira **lügen** mentir **Lügner(in)** M(F) mentiroso,-a
Luke F tragaluz *m*; SCHIFF escotilla
Lump M canalla **Lumpen** MPL harapos
Lunch M almuerzo *m* **Lunchpaket** N bolsa *f* de merienda
Lunge F pulmón *m* **Lungenentzündung** F pulmonía, neumonía **Lungenkrebs** M cáncer del pulmón
Lupe F lupa
Lust F ganas *fpl*; placer *m*; **(keine) ~ haben zu** (no) tener ganas de
lüstern lascivo
lustig alegre; divertido; **sich ~ machen über** (*akk*) burlarse de
lustlos desanimado
Lustspiel N comedia *f*
lutschen chupar **Lutscher** M pirulí, piruleta *f*
Luxemburg N Luxemburgo *m* **luxemburgisch** luxemburgués
luxuriös lujoso
Luxus M lujo **Luxushotel** N hotel *m* de lujo
Luzern N Lucerna *f*
Lymphe F linfa **Lymphknoten** M ganglio linfático
lynchen linchar
Lyrik F lírica **lyrisch** lírico

M

Maas F Mosa *m*
machbar factible **machen** hacer; **wie viel macht das?** ¿cuánto es?; **das macht nichts** no importa
Macho M *umg* machista
Macht F poder *m*; *Staat* potencia
mächtig poderoso; *umg fig* enorme, imponente
machtlos impotente
Mädchen N muchacha *f*, chica *f* **Mädchenname** M apellido de soltera
Made F cresa, gusano **madig** lleno de cresas; *Obst* agusanado
mag → mögen
Magazin N magazine *m*; (*Lager*) almacén *m*
Magen M estómago **Magenbitter** M estomacal **Magengeschwür** N úlcera *f* del estómago **Magenschmerzen** MPL dolores de estómago **Magenverstimmung** F indigestión
mager flaco; *Fleisch* magro **Magermilch** F leche desna-

tada **Magersucht** F anorexia (nerviosa) **magersüchtig** anoréxico
Magie F magia **magisch** mágico
Magnet M imán
magst → mögen
Mahagoni N caoba *f*
mähen segar
mahlen moler **Mahlzeit** F comida
Mähne F melena
mahnen reclamar **Mahnung** F HANDEL reclamación
Mai M mayo; **im ~** en mayo **Maiglöckchen** N muguete *m* **Maikäfer** M abejorro
Mail F correo *m* electrónico; e-mail *m*; **(j-m) eine ~ schicken** enviar *od* mandar un e-mail (a alg)
Mailand N Milán *m*
Mailbox F IT buzón *m* (electrónico); TEL buzón *m* de voz **mailen**: **j-m ~** enviar *od* mandar un e-mail a alg
Mainz N Maguncia *f*
Mais M maíz **Maisfladen** M tortilla *f* **Maiskolben** M mazorca *f*
Majestät F majestad
Majonäse F mayonesa
Majoran M mejorana *f*
makellos intachable
Make-up N maquillaje *m*
Makkaroni PL macarrones *mpl*
Makler(in) M(F) corredor(-a), agente
Makrele F caballa
Makro N IT macro *m*
Makrone F macarrón *m*
mal *umg* (*einmal*) una vez; MATH **zwei ~ zwei** dos por dos
Mal N vez *f*; (*Zeichen*) marca *f*; **jedes ~** cada vez (**wenn** que)
Malaria F malaria
Malaysia N Malasia *f*
malen pintar **Maler(in)** M(F) pintor(a) **Malerei** F pintura **malerisch** pintoresco
Mali N Malí *m*
Malz N malta *f*
Mama F, **Mami** F *umg* mamá
man: **~ sagt** se dice, dicen; **~ muss** hay que
Manager(in) M(F) manager *m/f*, ejecutivo,-a
manch alguno **manche** PL algunos, varios **manchmal** a veces
Mandarine F mandarina
Mandel F almendra; ANAT amígdala **Mandelentzündung** F amigdalitis, angina(s) *f(pl)*
Manege F pista de circo
Mangel M falta *f*, carencia *f* (**an** *dat* de); (*Fehler*) defecto **mangelhaft** defectuoso **mangels** por falta de
Mango F mango *m*
Mangold M acelgas *fpl*
Manie F manía **Manieren** FPL maneras, modales *mpl*
Maniküre F manicura (*a. Person*)
manipulieren manipular
Mann M hombre; (*Ehemann*)

marido **Männchen** N ZOOL macho *m* **männlich** masculino (*a.* GRAM); ZOOL macho **Mannschaft** F equipo *m*; FLUG, SCHIFF tripulación **Manöver** N maniobra *f* **Mansarde** F buhardilla **Manschette** F puño *m* **Manschettenknopf** M gemelo **Mantel** M abrigo; (*Reifenmantel*) cubierta *f* **Manuskript** N manuscrito *m* **Mappe** F cartera; carpeta **Maracuja** F fruta de la pasión, maracuyá *m* **Märchen** N cuento *m* **Märchenbuch** N libro *m* de cuentos **märchenhaft** fabuloso **Märchenprinz** M príncipe azul (*a. fig*) **Marder** M marta *f* **Margarine** F margarina **Marienkäfer** M mariquita *f* **Marille** F *österr* albaricoque *m* **Marinade** F escabeche *m* **Marine** F marina; (*Kriegsmarine*) armada **mariniert** en escabeche **Marionette** F títere *m*, marioneta **Mark** **1** F *früher* marco *m* **2** N médula *f*, tuétano *m* **Marke** F HANDEL marca; (*Spielmarke*) ficha; (*Briefmarke*) sello *m* **Markenartikel** M artículo de marca **Marketing** N marketing *m* **markieren** marcar, señalar **Markierung** F señalización; (*Kennzeichen*) marca **Markise** F toldo *m*; marquesina **Markt** M mercado; **auf dem ~** en el mercado **Markthalle** F mercado *m* cubierto **Marktplatz** M mercado, plaza *f* **Marktstand** M puesto en el mercado **Marmelade** F mermelada **Marmor** M mármol **Marokkaner(in)** M(F) marroquí **marokkanisch** marroquí **Marokko** N Marruecos *m* **Marone** F (*Esskastanie*) castaña **Marsch** M marcha *f* **marschieren** marchar **Märtyrer(in)** M(F) mártir **Marxist(in)** M(F) marxista **marxistisch** M marxista **März** M marzo; **im ~** en marzo **Marzipan** N mazapán *m* **Masche** F malla **Maschendraht** M tela *f* metálica **Maschine** F máquina; FLUG avión *m* **maschinell** mecánico **Maschinenbau** M construcción *f* de máquinas; *Lehrfach* ingeniería *f* mecánica **Maschinengewehr** N ametralladora *f* **Maschinenpistole** F metralleta **Maschinenschaden** M avería *f* **Masern** PL sarampión *m* **Maske** F máscara; *Kosmetik* mascarilla **maskieren**: **sich ~** disfrazar(se) (**als** de) **Maß** N medida *f*; **nach ~** a medida; **e-e ~ Bier** un litro de cer-

veza
Massage F masaje *m*
Massaker N masacre *f*
Maßanzug M traje a medida
Masse F masa; **e-e ~ ...** gran cantidad de
Massenartikel M artículo de gran consumo **massenhaft** en masa **Massenkarambolage** F colisión *m* en cadena **Massenmedien** NPL medios *mpl* de masas **Massentourismus** M turismo de masas
Masseur(in) M(F) masajista
maßgeblich (*entscheidend*) decisivo; ADV de manera decisiva
massieren dar un masaje (a)
mäßig moderado; (*mittelmäßig*) regular **mäßigen**: **(sich) ~** moderar(se)
massiv macizo; *fig* masivo
maßlos desmesurado; enorme **Maßnahme** F medida **Maßstab** M escala *f*; *fig* norma *f* **maßvoll** moderado
Mast M poste; SCHIFF mástil
Mastdarm M recto
mästen cebar, engordar
Master M máster *m*, ≈ licenciatura *f* **Masterstudiengang** M curso *m o* programa *m* de máster
Material N material *m* **Materie** F materia **materiell** material
Mathematik F matemáticas *fpl* **Mathematiker(in)** M(F) matemático,-a
Matratze F colchón *m*
Matrose M marinero
matt mate (*a. Schach*, FOTO); *Glas* opaco; *Person* débil
Matte F estera
Matterhorn N Cervino *m*
Mauer F muro *m*; (*Stadtmauer*) muralla
Maul N boca *f* **Maulesel** M macho **Maulkorb** M bozal **Maultier** N mulo *m* **Maulwurf** M topo
Maurer M albañil
Mauretanien N Mauritania *f*
Maus F ratón *m* (*a.* IT) **Mausefalle** F ratonera
Mausklick M IT click en el ratón **Mauspad** N IT almohadilla *f* **Maustaste** F tecla del ratón
Maut F, **Mautgebühr** F peaje *m* **Mautstelle** F peaje *m* **Mautstraße** F carretera de peaje
maximal máximo; ADV como máximo
Mayonnaise F mayonesa
Mazedonien N Macedonia *f*
Mechanik F mecánica **Mechaniker(in)** M(F) mécanico,-a **mechanisch** mécanico
Mechanismus M mecanismo
meckern *fig umg* quejarse (**über** *akk* de)
Mecklenburg-Vorpommern N Mecklemburgo-Pomerania *m* Occidental
Medaille F medalla
Mediathek F mediateca *f* **Me-**

dien NPL medios *mpl* de comunicación
Medikament N medicamento *m*, medicina *f* **Medizin** F medicina **medizinisch** médico; medicinal
Meer N mar *m*; **ans Meer fahren** ir a la costa **Meerblick** M **mit ~** con vista(s) al mar **Meerenge** F estrecho *m* **Meeresfrüchte** FPL mariscos *mpl* **Meeresspiegel** M **über dem ~** encima del nivel del mar **Meerrettich** M rábano picante **Meerschweinchen** N conejillo *m* de Indias
Mehl N harina *f*
mehr más (**als** que; *vor Zahl* de); **um so ~** tanto más **mehrdeutig** ambiguo **mehrere** varios **mehrfach** múltiple; ADV repetidas veces **Mehrfahrtenkarte** F *für Bus* bonobús *m*; *für U-Bahn* bonometro *m* **Mehrheit** F mayoría **Mehrkosten** PL gastos *mpl* adicionales *od* suplementarios **mehrmals** varias veces **mehrtägig** de varios días **Mehrwegflasche** F botella retornable **Mehrwertsteuer** F impuesto *m* sobre el valor añadido, IVA **Mehrzahl** F plural *m* **Mehrzweck...** IN ZSSGN multiuso
meiden evitar
Meile F legua; SCHIFF milla
mein(e) mi, *pl* mis
Meineid M perjurio
meinen pensar, opinar; (*sagen wollen*) querer decir
meinetwegen por mí; ¡sea!
Meinung F opinión; **meiner ~ nach** en mi opinión **Meinungsumfrage** F sondeo *m* (de opinión)
Meise F paro *m*
Meißel M cincel
meist: **der/die/das ~e** la mayor parte (de); **am ~en** más **meistens** generalmente
Meister(in) M(F) maestro,-a; SPORT campeón(-ona) **Meisterschaft** F maestría; SPORT campeonato *m* **Meisterwerk** N obra *f* maestra
Mekka N La Meca *f*
melden avisar, anunciar; **sich ~** presentarse; TEL contestar **Meldeschluss** M cierre de inscripciones **Meldung** F aviso *m*; noticia
melken ordeñar
Melodie F melodía
Melone F melón *m*; (*Wassermelone*) sandía
Menge F cantidad; multitud; *fig* muchedumbre; **e-e ~ ...** gran número de ...
Meniskus M menisco
Mensa F comedor *m* universitario
Mensch M hombre; **kein ~** nadie
Menschenleben N vida *f* humana **menschenleer** despoblado, desierto **Menschenmenge** F muchedumbre **Menschenrechte** NPL dere-

chos *mpl* humanos **menschenscheu** huraño **Menschenverstand** M **gesunder ~** sentido común
Menschheit F humanidad **menschlich** humano **Menschlichkeit** F humanidad
Menstruation F menstruación
Menü N menú *m* (*a.* IT) **Menüleiste** F IT barra de menús
Merkblatt N hoja *f* informativa **merken** notar, percibir; **sich ~** no olvidar **Merkmal** N característica *f* **merkwürdig** curioso
Messband N cinta *f* métrica
Messe F REL misa; HANDEL feria **Messegelände** N recinto *m* ferial **Messehalle** F pabellón *m*
messen medir
Messer N cuchillo *m*
Messing N latón *m*
Metall N metal *m* **metallisch** metálico
Metastase F MED metástasis
Meteor M meteoro **meteorologisch** meteorológico
Meter M metro *m* **Metermaß** N metro *m*; (*Maßband*) cinta *f* métrica
Methode F método *m*
Metro F metro *m*
Metzger M carnicero **Metzgerei** F carnicería
Meuterei F motín *m*
Mexikaner(in) M(F) mejicano,-a, *Am* méxicano,-a **mexikanisch** mejicano, méxicano
Mexiko N Méjico *m*, *Am* México *m*
mich me; *betont* a mí
Miene F cara
Miesmuschel F mejillón *m*
Miete F alquiler *m* **mieten** alquilar **Mieter(in)** M(F) inquilino,-a **Mietvertrag** M contrato *m* de alquiler (*od* de arrendamiento) **Mietwagen** M coche de alquiler **Mietwohnung** F piso *m* de alquiler
Migräne F jaqueca
Migrant(in) M(F) migrante **Migration** F migración
Mikrofaser F microfibra
Mikrofon N micrófono *m* **Mikroskop** N microscopio *m*
Mikrowelle F, **Mikrowellenherd** M (horno) microondas *m*
Milbe F ácaro *m*
Milch F leche **Milchflasche** F *fürs Baby* biberón *m* **Milchkaffee** M café con leche **Milchpulver** N leche *f* en polvo **Milchreis** M arroz con leche **Milchshake** M batido *m* de leche **Milchzahn** M diente de leche
mild suave **mildern** suavizar; mitigar; atenuar
Milieu N ambiente *m*
Militär N militares *mpl*; ejército *m* **Militärdienst** M servicio militar **militärisch** militar
Milliarde F mil milliones *mpl*

Millimeter M/N milímetro *m* **Million** F millón *m* **Millionär** M millonario
Milz F bazo *m*
Minarett N alminar *m*
Minderheit F minoría **minderjährig** menor (de edad) **minderwertig** (de calidad) inferior
Mindest... IN ZSSGN mínimo **mindeste(r, -s)** 1 ADJ mínimo, menor 2 **das Mindeste** el mínimo **mindestens** al (*od* por lo) menos **Mindesthaltbarkeitsdatum** N fecha *f* de duración mínima *od* de consumo preferente **Mindestlohn** M salario mínimo
Mine F mina
Mineral N mineral *m* **Mineralwasser** N agua *f* mineral (**mit/ohne Kohlensäure** con, sin gas)
Minigolf N minigolf *m* **Minijob** M *BRD, etwa* trabajillo **Minikleid** N minivestido *m* **minimal** mínimo **Minimum** N mínimo *m*, mínimum *m* (**an** *dat* de) **Minirock** M minifalda *f*
Minister(in) M(F) ministro,-a **Ministerium** N ministerio *m*
minus menos; **10 Grad ~** 10 grados bajo cero
Minute F minuto *m*
mir me; *betont*: a mí; **mit ~** conmigo
Mischbrot N pan *m* de trigo y centeno **mischen** mezclar; *Karten* barajar **Mischung** F mezcla
miserabel pésimo
Mispel F níspero *m*
missachten despreciar; no respetar **Missbildung** F malformación **missbilligen** desaprobar
Missbrauch M abuso **missbrauchen** abusar de
Misserfolg M fracaso **Missfallen** N desagrado *m* **Missgeschick** N adversidad *f*, percance *m*
misshandeln maltratar **Misshandlung** F malos tratos *mpl*
Mission F misión *f* **Missionar(in)** M(F) misionero,-a
misslingen fracasar **misstrauen** desconfiar de **Misstrauen** N desconfianza *f* **misstrauisch** desconfiado **Missverständnis** N malentendido *m* **missverstehen** entender mal
Mist M estiércol
Mistel F muérdago *m*
Misthaufen M estercolero
mit PRÄP (*dat*) con; **~ dem Auto/Zug** en coche/tren
Mitarbeit F colaboración **Mitarbeiter(in)** M(F) colaborador(a)
mitbenutzen compartir **mitbringen** traer **miteinander** uno(s) con otro(s) **mitfahren**: **bei j-m ~** ir con alg **mitgeben** dar (**j-m etw** a/c a alg) **Mitgefühl** N simpatía *f* **mitgehen**

acompañar (a)
Mitglied N miembro *m*, socio *m* **Mitgliedsbeitrag** M cuota *f* (de socio) **Mitgliedskarte** F carné *m* de socio
mithilfe: ~ **von** mediante, con la ayuda de **mitkommen** ir (**mit** con)
Mitleid N compasión *f* **mitleidig** compasivo
mitmachen participar (**bei** en) **mitnehmen** llevar (consigo) **Mitreisende(r)** M/F(M) compañero,-a de viaje **mitschreiben** tomar apuntes **mitschuldig** cómplice (**an** *dat* de) **Mitschüler(in)** M(F) condiscípulo,-a **mitspielen** tomar parte (**bei etw** en a/c)
Mittag M mediodía; **zu ~ essen** almorzar, comer **Mittagessen** N almuerzo *m*, comida *f*
mittags a mediodía **Mittagspause** F descanso *m* de mediodía **Mittagsruhe** F, **Mittagsschlaf** M siesta *f*
Mitte F medio *m*; centro *m*; **in der ~** en el (*od* al) centro
mitteilen comunicar, participar **Mitteilung** F comunicación
Mittel N medio *m*; (*Heilmittel*) remedio *m* **Mittelalter** N Edad *f* Media **mittelalterlich** medieval **Mittelamerika** N Centroamérica *f*, América *f* Central **Mittelfinger** M dedo del corazón **mittelfristig** a medio plazo **mittelmäßig** mediano; mediocre **Mittelmeer** N (Mar *m*) Mediterráneo *m* **Mittelohrentzündung** F otitis media **Mittelpunkt** M centro **Mittelstreifen** M *Verkehr* mediana *f*
mitten: ~ **in** (*dat*) en medio de
Mitternacht F medianoche
mittlere(r, -s) medio; *fig* mediano
Mittwoch M miércoles **mittwochs** los miércoles
mitwirken cooperar **Mitwirkung** F cooperación
mixen mezclar **Mixer** M *Gerät* batidora *f*
mobben *j-n* acosar a; **gemobbt werden** sufrir acoso moral
Mobbing N acoso *m* moral
Möbel NPL muebles *mpl* **Möbelwagen** M camión de mudanzas
mobil móvil; movible; ~ **telefonieren** hablar por teléfono móvil **Mobilfunk** M telefonía *f* móvil **Mobilfunknetz** N red *f* de telefonía móvil **mobilisieren**, **mobil machen** movilizar **Mobiltelefon** N teléfono *m* móvil
möbliert amueblado
Mode F moda **Model** N modelo *f* **Modell** N modelo *m*
Modem N módem *m*
Modenschau F desfile *m* de modelos
Moderator(in) M(F) TV moderador(a), presentador(a) **moderieren** presentar

modern moderno **modernisieren** modernizar
Modeschmuck M bisutería *f* **Modeschöpfer** M modisto **Modezeitschrift** F revista de moda
modisch a la moda, de moda
Mofa N velomotor *m*
mogeln *umg* hacer trampa
mögen querer; **ich möchte …** quisiera, desearía …
möglich posible **Möglichkeit** F posibilidad
Mohn M amapola *f*; (*Schlafmohn*) adormidera *f*
Möhre F, **Mohrrübe** F zanahoria
Mole F muelle *m*
Molkerei F lechería
Moll N MUS modo *m* menor; **c-Moll** do menor
Moment M momento; instante **momentan** ADV de momento
Monaco N Mónaco *m*
Monarchie F monarquía
Monat M mes **monatlich** mensual **Monatskarte** F abono *m* mensual **Monatsrate** F mensualidad
Mönch M monje
Mond M luna *f* **Mondfinsternis** F eclipse *m* lunar **Mondlandung** F alunizaje *m* **Mondschein** M claro de luna
Monitor M monitor
Montag M lunes
Montage F montaje *m*
montags los lunes
Monteur M montador; mecánico **montieren** montar
Moor N pantano *m*
Moos N musgo *m*
Moped N ciclomotor *m*
Mops M doguillo
Moral F moral **moralisch** moral
Morchel F colmenilla
Mord M asesinato **morden** asesinar **Mörder(in)** M(F) asesino,-a
morgen mañana; **~ früh** mañana por la mañana
Morgen M mañana *f*; **guten ~!** ¡buenos días! **Morgendämmerung** F, **Morgengrauen** N amanecer *m*; **im ~** al amanecer **Morgenmantel** M bata *f* **Morgenrot** F aurora
morgens de (*od* por la) mañana **morgig** de mañana
Morphium N morfina *f*
morsch podrido
Mörtel M mortero
Mosaik N mosaico *m*
Moschee F mezquita
Mosel F Mosela *m*
Moskau N Moscú *m*
Moskito M mosquito **Moskitonetz** N mosquitero *m*
Moslem(in) M(F) musulmán, -mana
Most M mosto
Motel N motel *m*
Motiv N motivo *m* **motivieren** motivar
Motor M motor **Motorboot** N (lancha *f*) motora *f* **Motorhaube** F capó *m* **Motorrad**

N motocicleta *f* **Motorradfahrer** M motociclista **Motorroller** M escúter **Motorschaden** M avería *f* del motor
Motte F polilla
Mountainbike N bicicleta *f* de montaña
Mouse-Pad N → Mauspad
Möwe F gaviota
MP3 N MP3 *m* **MP3-Player** M (reproductor de) MP3
Mücke F mosquito *m* **Mückenstich** M picadura *f* de mosquito
müde cansado, fatigado **Müdigkeit** F cansancio *m*; fatiga
muffig: ~ **riechen** *schlecht gelüftet* oler a cerrado; *nach Fäulnis* oler a moho
Mühe F esfuerzo *m*; molestia; **sich ~ geben** esforzarse **mühelos** sin esfuerzo
Mühle F molino *m*; *Spiel* tres *m* en raya
mühsam penoso; fatigoso
Mulatte M, **Mulattin** F mulato,-a
Mulde F depresión
Müll M basura *f* **Müllabfuhr** F recogida de basuras **Müllbeutel** M bolsa *f* de basura
Mullbinde F venda de gasa
Müllcontainer M contenedor de basuras **Mülldeponie** F basurero *m* **Mülleimer** M cubo de (la) basura **Müllkippe** F vertedero *m* de basuras **Müllschlucker** M tragabasuras **Mülltonne** F → Mülleimer **Mülltrennung** F recogida selectiva de basuras **Mülltüte** F *umg* bolsa de la basura
Multi... IN ZSSGN multi... **multifunktional** multifuncional
multikulturell multicultural
Multimedia..., **multimedial** multimedia **Multimillionär(in)** M(F) multimillonario,-a
multiplizieren multiplicar
Mumps M paperas *fpl*
München N Múnich *f*
Mund M boca *f* **Mundart** F dialecto *m*
münden desembocar (**in** *akk* en)
Mundharmonika F armónica
mündlich verbal; oral
Mundspülung F enjuague *m* bucal **Mundstück** N boquilla *f*
Mündung F desembocadura; TECH boca
Mundwasser N agua *f* dentífrica **Mund-zu-Mund-Beatmung** F (respiración *f*) boca-a-boca *m*
Munition F munición
munter alegre; despierto
Münze F moneda **Münztelefon** N teléfono público de monedas **Münzwechsler** M máquina *f* automática de cambio
murmeln murmurar
murren gruñir, refunfuñar
mürrisch huraño; gruñón
Mus N *aus Obst*: compota *f*; *aus Gemüse*: puré *m*
Muschel F concha; (*Miesmu-*

schel) mejillón *m*; *(Venusmuschel)* almeja
Museum N museo *m*
Musik F música **musikalisch** musical; músico **Musikbox** F máquina tocadiscos **Musiker(in)** M(F) músico,-a **Musikhochschule** F conservatorio *m* **Musikinstrument** N instrumento *m* de música
musizieren hacer música
Muskat N, **Muskatnuss** F nuez moscada
Muskel M músculo **Muskelkater** M agujetas *fpl* **Muskelzerrung** F distensión muscular
muskulös musculoso
Müsli N mu(e)sli *m*
Muslim M, **-a** → Moslem **muslimisch** ADJ musulmán
Muße F ocio *m*
müssen deber, tener que
Muster N modelo *m*; HANDEL muestra *f*; *(Stoffmuster)* dibujo *m* **mustern** examinar
Mut M ánimo, valor **mutig** valiente **mutlos** desanimado
Mutter F madre; TECH tuerca **mütterlich** maternal
Muttermal N lunar *m* **Muttersprache** F lengua materna **Muttertag** M día de la madre
mutwillig intencionado
Mütze F gorro *m*; gorra
MwSt. F (Mehrwertsteuer) IVA *m (impuesto sobre el valor añadido)*
mysteriös misterioso
Mythologie F mitología **Mythos** M mito

N

Nabe F cubo *m*
Nabel M ombligo
nach *örtlich* a, para; hacia; *zeitlich* después de, tras; al cabo de; *fig* según; **~ und ~** poco a poco; **fünf ~ drei** las tres y cinco
nachahmen imitar **Nachahmung** F imitación
Nachbar(in) M(F) vecino,-a **Nachbarschaft** F vecindad
nachbestellen volver a pedir
nachdem después de (que)
nachdenken reflexionar, meditar **nachdenklich** pensativo
Nachdruck M reproducción *f*; *fig* énfasis **nacheifern** *(dat)* emular a **nacheinander** uno(s) tras otro(s) **Nachfolger(in)** M(F) sucesor(a) **Nachfrage** F HANDEL demanda
nachfüllen rellenar **Nachfüllpack** M, **Nachfüllpackung** F (paquete *m* de) recambio *m*
nachgeben ceder **nachgehen** *j-m* seguir a; *Uhr* retrasar **Nachgeschmack** M gustillo **nachgiebig** indulgente

nachhaltig duradero; ÖKOL sostenible **Nachhaltigkeit** F ÖKOL sostenibilidad *f*
nachher después
Nachhilfe F ayuda; *Schule* clases *fpl* particulares **Nachhilfestunde** F clase particular *od* de repaso
nachholen recuperar
Nachkriegszeit F posguerra
nachlassen ceder; disminuir; *Wind* amainar **nachlässig** negligente, dejado
nachmachen imitar
Nachmittag M tarde *f*; **am ~** por la tarde **nachmittags** por la tarde
Nachnahme F **gegen ~** contra re(e)mbolso **Nachname** M apellido **nachprüfen** comprobar, verificar **nachrechnen** repasar (una cuenta)
Nachricht F noticia; **e-e ~ hinterlassen** dejar un recado; TEL dejar un mensaje
Nachrichten PL TEL *u.* RADIO noticias *fpl* **Nachrichtenagentur** F agencia de noticias
Nachruf M necrología *f*
Nachsaison F temporada baja **nachschicken** reenviar **nachsehen** revisar; ver (**ob** si); *in e-m Buch* consultar **nachsenden** reenviar **nachsichtig** indulgente
Nachspeise F postre *m*
nächste(r, -s) próximo; siguiente; **~e Woche** la semana que viene; **am ~en** más cercano
nachstellen *Uhr* retrasar
Nacht F noche **Nacht...** IN ZSSGN *oft* nocturno; **gute ~!** ¡buenas noches! **Nachtcreme** F crema de noche **Nachtdienst** M servicio nocturno
Nachteil M desventaja *f*, inconveniente
Nachtflug M vuelo nocturno **Nachtfrost** M helada *f* nocturna **Nachthemd** N camisón *m*
Nachtigall F ruiseñor *m*
Nachtisch M postre
Nachtklub M, **Nachtlokal** N club *m* nocturno **Nachtportier** M portero de noche
Nachtrag M suplemento **nachtragen**: **j-m etw ~** guardar rencor a alg por a/c **nachtragend** rencoroso **nachträglich** posterior
nachts de noche
Nachtschicht F turno *m* de noche **Nachttisch** M mesita *f* de noche **Nachttischlampe** F lámpara de cabecera **Nachtwächter** M vigilante nocturno
Nachweis M prueba *f* **nachweisen** (com)probar, demostrar **Nachwirkung** F repercusión **Nachwuchs** M nueva *f* generación; *Kinder umg* prole **nachzahlen** pagar un suplemento **nachzählen** recontar **Nachzahlung** F pago *m* adi-

cional **Nachzügler(in)** M(F) rezagado,-a
Nacken M nuca *f* **Nackenkissen** N *im Auto, Flugzeug* cojín *m* reposacabeza(s)
nackt desnudo **Nacktbadestrand** M playa *f* nudista
Nadel F aguja; (*Stecknadel*) alfiler *m* **Nadelbaum** M conífera *f* **Nadelwald** M bosque de coníferas
Nagel M clavo; ANAT uña *f* **Nagelbürste** F cepillo *m* de uñas **Nagelfeile** F lima de uñas **Nagellack** M laca *f* de uñas **Nagellackentferner** M quitaesmalte **nageln** clavar **nagelneu** flamante **Nagelschere** F tijeras *fpl* de uñas **Nagelstudio** N salón *m* de manicura **Nagelzange** F cortaúñas *m*
nagen roer (**an** *akk*) **Nagetier** N roedor *m*
nah(e) cercano; próximo; ADV cerca (**bei, an** de)
Nähe F proximidad, cercanía
nähen coser
näher más cerca(no) **nähern**: **sich ~** aproximarse, acercarse
Nähgarn N hilo *m* **Nähkasten** M, **Nähkästchen** N costurero *m* **Nähmaschine** F máquina de coser **Nähnadel** F aguja
nahrhaft nutritivo **Nahrung** F alimentación **Nahrungsergänzungsmittel** N aditivo *m* alimentario **Nahrungsmittel** N alimento *m*
Naht F costura; MED sutura
nahtlos sin costura; *fig* sin fisura
Nahverkehr M BAHN tráfico de cercanías **Nahverkehrszug** M tren de cercanías
Nähzeug N útiles *mpl* de costura
naiv ingenuo **Naivität** F ingenuidad, candidez
Name M nombre **Namenstag** M (día del) santo **namentlich** nominal; *fig* particularmente
nämlich ADV a saber; es que
Napf M escudilla *f*; (*Fressnapf*) comedero
Narbe F cicatriz
Narkose F narcosis, anestesia
Narr M loco
Narzisse F narciso *m*
naschen comer (golosinas) **naschhaft** goloso
Nase F nariz **Nasenbluten** N hemorragia *f* nasal **Nasenloch** N ventana *f* de la nariz **Nasenspray** N spray *m* nasal **Nasentropfen** PL gotas *fpl* nasales
Nashorn N rinoceronte *m*
nass mojado; **~ machen** mojar; **~ werden** mojarse
Nässe F humedad
nasskalt frío y húmedo
Nation F nación
national nacional **Nationalelf** F selección (nacional) **Nationalfeiertag** M fiesta *f* na-

cional **Nationalgericht** N plato *m* nacional **Nationalhymne** F himno *m* nacional **Nationalität** F nacionalidad **Nationalmannschaft** F selección nacional **Nationalpark** M parque nacional
NATO F (Nordatlantikpakt-Organisation) OTAN *f*
Natron N sosa *f*
Natur F naturaleza **naturbelassen** *Lebensmittel* natural, no tratado **Naturheilkunde** F naturopatía **Naturkatastrophe** F cataclismo *m* **Naturkosmetik** F (productos *mpl* de) cosmética *f* natural
natürlich natural; ~! ¡por supuesto!
Naturpark M parque natural **Naturschutz** M protección *f* de la naturaleza **Naturschutzgebiet** N reserva *f* natural **Naturwissenschaften** FPL ciencias naturales
Navigationsgerät N, *umg* **Navi** N navegador *m* de coche; *umg* GPS *m* **Navigationssystem** N IT sistema *m* de navegación; AUTO sistema *m* de asistencia al conductor
Nebel M niebla *f* **Nebelscheinwerfer** M faro antiniebla **Nebelschlussleuchte** F luz antiniebla trasera
neben (*dat; Richtung: akk*) al lado de; *fig* además de **nebenan** al lado **Nebenanschluss** M TEL extensión *f* **nebenbei** de paso **nebeneinander** uno(s) al lado de otro(s) **Nebenfach** N asignatura *f* secundaria **Nebenfluss** M afluente **Nebengebäude** N dependencia *f* **Nebenjob** *umg* M trabajillo **Nebenkosten** PL gastos *mpl* accesorios **Nebensache** F cosa de poca importancia **Nebenstraße** F calle lateral **Nebenwirkung** F efecto *m* secundario
neblig: **es ist ~** hace niebla
necken: **j-n ~** tomar el pelo a alg; **sich ~** bromear
Neffe M sobrino
negativ negativo
Negativ N negativo *m*
nehmen tomar
Neid M envidia *f* **neidisch** envidioso
neigen: (**sich**) ~ inclinar(se); *fig* tender (**zu** a) **Neigung** F inclinación; *fig* propensión
nein no
Nelke F BOT clavel *m*; *Gewürz* clavo *m*
nennen llamar; nombrar **nennenswert** notable
Neonröhre F tubo *m* de neón
Nepp *umg* M estafa *f*, timo *m*
Nerv M nervio **nerven** *umg* poner nervioso, -a *od* de los nervios; **das nervt!** ¡qué lata!
Nervenarzt M → Neurologe **Nervenzusammenbruch** M crisis *f* nerviosa
nervös nervioso **Nervosität** F nerviosismo *m*

Nerz M visón
Nesselfieber N urticaria *f*
Nest N nido *m*
nett amable; bonito
netto, Netto... IN ZSSGN neto
Nettopreis M precio neto
Netz N red *f*; IT **ins ~ stellen** poner en la red; TEL **ich habe kein ~** no tengo cobertura **Netzanschluss** M conexión *f* a la red **Netzhaut** F retina **Netzkarte** F abono *m* **Netzwerk** N IT red *f*
neu nuevo; (*kürzlich*) recién **neuartig** nuevo
Neubau M edificio nuevo **Neuerung** F innovación **Neugeborene(s)** N recién nacido,-a *m(f)*
Neugier F curiosidad **neugierig** curioso
Neuheit F novedad **Neuigkeit** F novedad **Neujahr** N año *m* nuevo **neulich** el otro día **Neuling** M novato,-a *m,f* **Neumond** M luna *f* nueva
neun nueve **neunhundert** novecientos **neunte** noveno **Neuntel** N noveno *m* **neunzehn** diecinueve **neunzig** noventa
Neuralgie F neuralgia **Neurodermitis** F neurodermitis *f* **Neurologe** M, **Neurologin** F neurólogo,-a
Neuschnee M nieve *f* recién caída **Neuseeland** N Nueva Zelanda *f*
neutral neutral **Neutralität** F neutralidad
New York N Nueva York *f*
NGO F ONG *f* (*organización no gubernamental*)
nicht no; **~ mehr** ya no; **~ wahr?** ¿verdad?
Nichte F sobrina
Nichtraucher(in) M(F) no fumador(a) **Nichtraucherschutz** N protección *f* de los no fumadores **Nichtraucherzone** F zona para no fumadores
nichts nada; **~ da!** *umg* ¡nada de eso!
Nichtschwimmer(in) M(F) no nadador(a)
nicken inclinar la cabeza
nie nunca, jamás; **~ mehr, ~ wieder** nunca más
nieder bajo; ADV abajo **niedergeschlagen** abatido, deprimido **niederknien** ponerse de rodillas **Niederlage** F derrota
Niederlande PL Países *mpl* Bajos **niederländisch** neerlandés
niederlassen: **sich ~** establecerse **Niederlassung** F establecimiento *m*; (*Filiale*) sucursal **niederlegen** *Amt* dimitir de **Niedersachsen** N Baja Sajonia *f* **Niederschlag** M precipitaciones *fpl*; *fig* reflejo **niederschlagen** abatir **niederträchtig** infame
niedlich bonito, mono
niedrig bajo

niemals nunca, jamás **niemand** nadie; ninguno
Niere F riñón *m*
Nierenentzündung F nefritis **Nierenstein** M cálculo renal
nieseln lloviznar **Nieselregen** M llovizna *f*
niesen estornudar
Niete F *Lotterie*: billete *m* de lotería no premiado; *umg* (*Versager*) inútil
Niger N Níger *m* **Nigeria** N Nigeria *f*
Nikaragua N Nicaragua *f*
Nikotin N nicotina *f* **nikotinarm** bajo en nicotina
Nil M Nilo **Nilpferd** N hipopótamo *m*
nimm, nimmt → nehmen
nirgends en ninguna parte
Nische F nicho *m*; hornacina
nisten anidar
Niveau N nivel *m*
Nobelpreis M premio Nobel
noch todavía, aún; ~ **ein** otro; ~ **etwas?** ¿algo más? **nochmals** una vez más, otra vez
Nomade M **Nomadin** F nómada
Nominativ M nominativo
Nonne F monja, religiosa
Nonstop-Flug M vuelo sin escala
Nordamerika N América *f* del Norte **norddeutsch** del norte de Alemania
Norden M norte
nördlich del norte, septentrional; ~ **von** al norte de
Nordosten M nordeste **Nordpol** M Polo Norte **Nordrhein-Westfalen** N Renania *f* del Norte-Westfalia **Nordsee** F Mar *m* del Norte **Nordwesten** M noroeste **Nordwind** M viento del norte
nörgeln refunfuñar
Norm F norma
normal normal **Normalbenzin** N gasolina *f* normal **normalerweise** normalmente
Normandie F Normandía
Norwegen N Noruega *f* **Norweger(in)** M(F) noruego,-a
norwegisch noruego
Not F miseria; necesidad
Notar(in) M(F) notario,-a
Notarzt M médico de urgencia **Notaufnahme** F urgencias *fpl* **Notausgang** M salida *f* de emergencia **Notbremse** F freno *m* de alarma **Notdienst** M servicio de urgencia
Note F nota; MUS **halbe** ~ blanca **Notebook** N (ordenador *m*) portátil *m* **Notenständer** M atril
Notfall M caso de emergencia, urgencia *f* **notfalls** en caso de necesidad
notieren apuntar, anotar
nötig necesario; ~ **haben** necesitar
Notiz F nota, apunte *m* **Notizblock** M bloc de notas **Notizbuch** N agenda *f*, libreta *f*
Notlage F aprieto *m*, apuro *m*

Notlandung F aterrizaje *m* forzoso **Notlösung** F solución de emergencia **Notruf** M TEL llamada *f* de urgencia **Notrufsäule** F teléfono *m* SOS **Notverband** M vendaje provisional **Notwehr** F legítima defensa **notwendig** necesario, indispensable
November M noviembre; **im ~** en noviembre
Nuance F matiz *m*
nüchtern en ayunas; *fig* sobrio, prosaico
Nudeln FPL pasta *f*, pastas *fpl* alimenticias
null cero **Null** F cero *m*
Nummer F número *m* **nummerieren** numerar **Nummernschild** N placa *f* de matrícula
nun ahora; pues (bien); **von ~ an** de ahora en adelante; **was ~?** ¿y ahora qué?
nur sólo, solamente
Nürnberg N Nuremberg *m*
Nuss F nuez **Nussbaum** M nogal **Nussknacker** M cascanueces
Nutte F *sl* fulana
nutzen, nützen V/T utilizar; *Gelegenheit* aprovechar; V/I ser útil, servir (**zu** para)
Nutzen M utilidad *f*; provecho **Nutzer** M *a.* IT usuario *m* **Nutzfahrzeug** N vehículo *m* utilitario *od* industrial
nützlich útil
nutzlos inútil
Nutzungsbedingungen FPL condiciones de uso
Nylon N nilón *m*

O

Oase F oasis *m*
ob si; **als ~** como si
obdachlos sin hogar **Obdachlose(r)** M/F(M) persona *f* sin hogar
Obduktion F autopsia
oben arriba; **~ auf** (por) encima (de); **von ~ bis unten** de arriba abajo **obenhin** *fig* por encima
Ober M camarero
Oberarm M brazo **Oberdeck** N SCHIFF cubierta *f* (superior)
obere(r, -s) superior
Oberfläche F superficie **oberflächlich** superficial; ADV por encima **Obergeschoss** N piso *m* alto *od* superior **oberhalb** por encima de **Oberkiefer** M maxilar superior **Oberkörper** M busto **Oberlippe** F labio *m* superior
Obers N *österr* nata *f*
Oberschenkel M muslo
oberste(r, -s) superior; supremo **Oberteil** N parte *f* superior **Oberweite** F contorno *m* de pecho
Objekt N objeto *m* **objektiv** objetivo **Objektiv** N objetivo

m

Oboe F oboe *m*

Obst N fruta *f* **Obstbaum** M árbol frutal **Obstgarten** M huerto **Obsthändler(in)** M(F) frutero,-a **Obstkuchen** M tarta *f* de frutas **Obstsalat** M macedonia *f* (de frutas)

obszön obsceno

obwohl aunque, bien que

Ochse M buey

öde desierto; *fig* aburrido

Ödem N MED edema *m*

oder o (*vor* o *od* ho: u); **~ aber** o bien

Ofen M estufa *f*; (*Backofen*) horno

offen abierto; *fig* franco; *Stelle* vacante; **~ gesagt** a decir verdad **offenbar** evidente; ADV por lo visto **Offenheit** F franqueza **offenkundig** manifiesto **offenlassen** dejar abierto; *fig* dejar pendiente **offensichtlich** manifiesto, evidente

Offensive F ofensiva

öffentlich público **Öffentlichkeit** F público *m*

offiziell oficial

Offizier M oficial

offline IT desconectado

öffnen abrir **Öffner** M (*Flaschenöffner*) abrebotellas; (*Dosenöffner*) abrelatas **Öffnung** F abertura **Öffnungszeiten** FPL horas de apertura

oft a menudo, con frecuencia; **wie ~?** ¿cuántas veces? **öfter(s)** con más frecuencia, muy a menudo

OG N ABK → Obergeschoss

OHG F ABK (Offene Handelsgesellschaft) sociedad colectiva

ohne sin **ohnehin** de todos modos

Ohnmacht F desmayo *m* **ohnmächtig** desmayado; **~ werden** desmayarse

Ohr N oreja *f*; *innen*: oído *m*

Ohrenarzt M, **Ohrenärztin** F otólogo,-a **ohrenbetäubend** ensordecedor **Ohrenschmerzen** MPL dolor *m* de oídos

Ohrfeige F bofetada **Ohrhörer** PL auriculares *mpl* **Ohrläppchen** N lóbulo *m* de la oreja **Ohrring** M pendiente **Ohrstecker** M pendiente de botón **Ohrstöpsel** M tapón para el oído

Ökoladen M tienda *f* naturista

Ökologie F ecología **ökologisch** ecológico **Ökosiegel** N sello *m* ecológico **Ökosteuer** N ecotasa **Ökostrom** M electricidad *f* ecológica **Ökosystem** N ecosistema *m* **Ökotourismus** M ecoturismo

Oktober M octubre; **im ~** en octubre

Oktopus M pulpo

Öl N aceite *m*; MAL óleo *m*

Oleander M adelfa *f*

ölen aceitar, engrasar **Ölfarbe** F pintura al óleo **Ölgemälde** N óleo *m* **Ölheizung** F calefacción de fuel(-oil)

Olive F aceituna **Olivenbaum** M olivo **Olivenöl** N aceite *m* de oliva
Ölkanne F aceitera **Ölmessstab** M varilla *f* del nivel de aceite **Ölpest** F marea negra **Ölsardinen** FPL sardinas en aceite **Ölstand** M nivel de aceite **Ölwechsel** M cambio de aceite
Olympiade F olimpiada **Olympiasieger(in)** M(F) campeón(-ona) olímpico,-a
olympisch: **Olympische Spiele** NPL Juegos *mpl* Olímpicos
Oma F *umg* abuelita
Omelett N tortilla *f*
Omnibus M → Autobus
Onkel M tío
online IT en línea; ~ **bestellen** pedir en línea *od* on-line **Onlinebanking** N banca *f* en línea *od* online **Online-Check-in** M check-in online **Onlinedating** N citas *fpl od* contactos *mpl* online **Online-portal** N portal *m* web **Onlineshop** M tienda *f* virtual **Onlineshopping** N compra en línea
OP **1** M → Operationssaal **2** F → Operation
Opa M *umg* abuelito
Open-Air-Konzert N concierto *m* al aire libre
Oper F ópera
Operation F operación **Operationssaal** M quirófano
Operette F opereta
operieren operar; **sich ~ lassen** operarse
Opernglas N gemelos *mpl* (de teatro) **Opernhaus** N ópera *f*
Opfer N sacrificio *m*; *Person* víctima *f* **opfern** sacrificar
Opium N opio *m*
Opposition F oposición
Optiker(in) M(F) óptico,-a
Optimist(in) M(F) optimista **optimistisch** optimista
orange naranja
Orange F naranja **Orangenbaum** M naranjo **Orangensaft** M zumo de naranja
Orchester N orquesta *f*
Orchidee F orquídea
Orden M condecoración *f*; REL orden *f*
ordentlich ordenado; *Mitglied, Professor* numerario; ADV como es debido
ordinär vulgar
ordnen ordenar, arreglar **Ordner** M clasificador **Ordnung** F orden *m*
Organ N órgano *m* **Organisation** F organización **organisch** orgánico **organisieren** organizar **Organismus** M organismo
Orgasmus M orgasmo
Orgel F órgano *m*
Orient M oriente **orientalisch** oriental
orientieren: **sich ~** orientarse **Orientierung** F orientación; **sexuelle Orientierung** orienta-

ción *f* sexual
original, **Original** N original (*m*)
originell original, raro
Orkan M huracán
Ort M lugar; sitio
orthodox ortodoxo
Orthografie F ortografía
Orthopäde M, **Orthopädin** F ortopedista **orthopädisch** ortopédico
örtlich, **Orts...** local
Ortschaft F población, localidad
Ortsgespräch N llamada *f* urbana **Ortszeit** F hora local
Öse F corchete *m*
ostdeutsch del este de Alemania **Ostdeutschland** N Alemania *f* del Este
Osten M este; **Ferner ~** Extremo Oriente; **Mittlerer ~** Oriente Medio; **Naher ~** Oriente Próximo
Osterei N huevo *m* de Pascua
Ostermontag M lunes de Pascua **Ostern** N Pascua *f* (de Resurrección); **an ~** por Pascua; **frohe** *od* **fröhliche ~!** ¡felices Pascuas!
Österreich N Austria *f* **Österreicher(in)** M(F) austríaco,-a
österreichisch austríaco
Ostersonntag M domingo de Pascua
Osteuropa N Europa *f* Oriental
östlich oriental; **~ von** al este de
Ostsee F (Mar *m*) Báltico *m*
Ostwind M viento del este
Otter F *Schlange* víbora
Outdoorjacke F cazadora *f*, anorak *m*
outen: **sich ~** salir del armario; **sich als Raucher** *etc* **~** confesarse fumador *etc*
Outfit N (*Kleidung*) imagen *f*; *umg* look *m*; (*Ausrüstung*) equipamiento *m*
oval oval(ado)
Overall M mono
Oxid, **Oxyd** N óxido *m* **oxidieren** oxidarse
Ozean M océano
Ozon N ozono *m* **Ozonloch** N agujero *m* (en la capa) de ozono **Ozonschicht** F capa de ozono **Ozonwerte** PL nivel *m* de ozono

P

Paar N par *m*; pareja *f*; **ein paar** unos cuantos, algunos; **ein paar Mal** algunas veces
Pacht F arriendo *m*, arrendamiento *m* **pachten** arrendar
Pächter(in) M(F) arrendatario,-a
Päckchen N paquete *m*; *der Post®* pequeño paquete *m*
packen *Koffer* hacer; *j-n* agarrar **packend** cautivador **Packpapier** N papel *m* de embalar

Packung F paquete *m*
Pad N *Watte* disco *m* de algodón; *für Kaffee* (bolsita *f*) monodosis *f* de café; (*Mauspad*) alfombrilla *f* (de ratón)
Paddel N canalete *m* **Paddelboot** N canoa *f*, piragua *f*
paddeln ir en piragua
Page M *im Hotel* botones
Paket N paquete *m* **Paketkarte** F boletín *m* de expedición
Pakistan N Pakistán *m*
Pakt M pacto
Palast M palacio
Palästina N Palestina *f*
Palme F palmera **Palmsonntag** M Domingo de Ramos
Pampelmuse F pomelo *m*
Panama N Panamá *m*
Pangasius M panga **Pangasiusfilet** N filete *m* de panga
Paniermehl N pan *m* rallado
paniert empanado, rebozado
Panik F pánico *m*
Panne F avería **Pannenhilfe** F auxilio *m* en carretera
Panorama N panorama *m*
Pant(h)er M pantera *f*
Pantoffel M zapatilla *f*
Panzer M MIL tanque; ZOOL caparazón **Panzerschrank** M caja *f* fuerte
Papa M papá
Papagei M papagayo, loro
Papier N papel *m*; **~e** *pl* documentación *f* **Papierkorb** M papelera *f* **Papierserviette** F servilleta de papel **Papierstau** M *im Drucker usw.* atasco de papel **Papiertaschentuch** N pañuelo *m* de papel
Pappe F cartón *m*
Pappel F álamo *m*
Paprika M pimentón **Paprikaschote** F pimiento *m*
Papst M papa
Parabolantenne F antena parabólica
Parade F desfile *m*, revista
Paradeiser M *österr* tomate
Paradies N paraíso *m* **paradox** paradójico **Paragraf** M párrafo; JUR artículo **parallel** paralelo (**zu** a) **Parasit** M parásito
Pärchen N parejita *f*
Parfüm N perfume *m* **Parfümerie** F perfumería
Paris N París *m*
Park M parque **parken** aparcar
Parkett N parqué *m*; THEAT platea *f*; patio *m* de butacas
Parkgebühr tarifa de aparcamiento **Parkhaus** N parking *m* **Parklücke** F hueco *m* para aparcar **Parkplatz** M aparcamiento, parking **Parkscheibe** F disco *m* de aparcamiento **Parkscheinautomat** M expendedor automático de tíquets de aparcamiento **Parkuhr** F parquímetro *m* **Parkverbot** N prohibición *f* de aparcamiento
Parlament N parlamento *m*
Parmesan M queso parmesano

Parodie F parodia
Partei F partido *m*; JUR parte **parteiisch** parcial
Parterre N planta *f* baja; THEAT platea *f*
Partie F partida; SPORT partido *m*
Partizip N participio *m*
Partner(in) M(F) compañero,-a; HANDEL socio,-a; (*Tanzpartner*) pareja *f* **Partnerstadt** F ciudad hermanada **Partnersuche** F búsqueda de pareja
Party F fiesta **Partyservice** M servicio de fiestas
Parzelle F parcela
Pass M pasaporte; GEOG puerto, paso **Passage** F pasaje *m* **Passagier** M pasajero **Passant(in)** M(F) transeúnte **Passbild** N foto *f* de pasaporte
passen convenir, ir (*od* venir) bien; *Kleid* sentar bien **passend** conveniente, adecuado; **~ zu** a juego con, a tono con
passieren pasar; **was ist passiert?** ¿que ha pasado?
passiv pasivo
Passiv N GRAM pasivo *m*
Passkontrolle F control *m* de pasaportes
Passwort N IT contraseña *f*
Paste F pasta **Pastell** N pastel *m* **Pastete** F empanada; pastel *m*
pasteurisiert pasteurizado
Pastor(in) M(F) pastor(a)
Patchworkfamilie F familia *f* ensamblada, familia *f* reconstituida
Pate M padrino **Patenkind** N ahijado, -a *m,f* **Patenschaft** F padrinazgo *m*, apadrinamiento *m*
Patent N patente *f*
Patient(in) M(F) paciente **Patientenverfügung** F JUR testamento *m* vital
Patin F madrina
patriotisch patriótico
Patronatsfest N fiesta *f* mayor
Patrone F cartucho *m*
Patsche F **in der ~ sitzen** estar en un apuro
Pauke F timbal *m*; bombo *m*
pauschal global **Pauschale** F importe *m* global **Pauschalpreis** M precio global **Pauschalreise** F viaje *m* todo incluido
Pause F pausa; THEAT descanso *m*; *Schule* recreo *m*; MUS silencio *m* **pausenlos** sin cesar
Pavillon M pabellón
Pay-TV N televisión *f* de pago
Pazifik M Pacífico
pazifisch: **der Pazifische Ozean** M Océano Pacífico
PC M (Personal Computer) ordenador personal
PDF N ABK (Portable Document Format), **Pdf-Datei** F (fichero *m*) PDF *m*, archivo *m* PDF
Pech N *fig* mala suerte *f* **Pechvogel** M *umg* cenizo
Pedal N pedal *m*
pedantisch pedante

Pediküre F pedicura
peinlich embarazoso; violento; ~ **genau** escrupuloso
Peitsche F látigo *m*
Peking N Pekín *m*
Pelikan M pelícano
Pelle F piel **Pellkartoffeln** FPL patatas cocidas con su piel
Pelz M piel *f* **Pelzgeschäft** N peletería *f* **Pelzjacke** F chaquetón *m* de piel **Pelzmantel** M abrigo de piel(es)
pendeln *Zug, Person* ir y venir **Pendelverkehr** M servicio de lanzadera
Penis M pene
Penizillin N penicilina *f*
Pension F pensión **Pensionär** M pensionista **pensioniert** jubilado; MIL retirado **Pensionierung** F jubilación
Pep M *umg* ~ **haben** *umg* tener gancho
Peperoni F guindilla, pimento *m* picante
perfekt perfecto **Perfekt** N GRAM perfecto *m*
Periode F período *m* (*a.* MED)
Peripherie F periferia **Peripheriegeräte** NPL IT periféricos *mpl*
Perle F perla **perlen** burbujear **Perlmutt** N nácar *m*
Persien N Persia *f* **persisch** pérsico
Person F persona
Personal N personal *m* **Personalabbau** M reducción *f* de plantilla **Personalausweis** M carnet de identidad, *Am* cédula *f* personal **Personalien** PL datos *mpl* personales
Personenwagen M (automóvil de) turismo **Personenzug** M tren de pasajeros
persönlich ADJ personal; ADV en persona **Persönlichkeit** F personalidad; personaje *m*
Peru N Perú *m* **peruanisch** peruano
Perücke F peluca
pervers perverso
Pesete F *hist* peseta
Pessimist(in) M(F) pesimista **pessimistisch** pesimista
Pest F peste
Petersilie F perejil *m*
PET-Flasche F botella (de) PET
Petroleum N petróleo *m*
Pfad M sendero, senda *f* **Pfadfinder(in)** M(F) explorador(a), scout
Pfahl M palo
Pfalz F: **die** ~ el Palatinado
Pfand N prenda *f* **Pfandflasche** F botella retornable **Pfandhaus** N monte *m* de piedad, casa *f* de empeños
Pfändung F embargo *m*
Pfanne F sartén **Pfannkuchen** M *etwa* tortilla *f*, crepe *f*; (*Krapfen*) buñuelo
Pfarrei F parroquia **Pfarrer** M párroco, cura **Pfarrer(in)** M(F) *evangelisch*: pastor(a)
Pfau M pavo real
Pfeffer M pimienta *f* **Pfefferkuchen** M pan de especias

Pfefferminze F menta **Pfefferminztee** M infusión *f* de menta **pfeffern** sazonar con pimienta
Pfeife F pipa; (*Trillerpfeife*) silbato *m*, pito *m* **pfeifen** silbar
Pfeil M flecha *f*
Pfeiler M pilar
Pfennig M *hist* pfennig
Pferd N caballo *m*
Pferderennbahn F hipódromo *m* **Pferderennen** N carrera *f* de caballos **Pferdeschwanz** M cola de caballo (*a. Frisur*) **Pferdestall** M cuadra *f* **Pferdestärke** F caballo *m* (de) vapor
Pfiff M pitada *f*, silbido
Pfifferling M cantarela *f*
Pfingsten N Pentecostés *m* **Pfingstmontag** M lunes de Pentecostés
Pfirsich M melocotón, *Am* durazno
Pflanze F planta **pflanzen** plantar **Pflanzenschutzmittel** N pesticida *m* **pflanzlich** vegetal **Pflanzung** F plantación
Pflaster N (*Straßenpflaster*) pavimento *m*; (*Heftpflaster*) esparadrapo *m* **Pflasterstein** M adoquín
Pflaume F ciruela
Pflege F cuidado *m* **pflegen** cuidar, atender a **Pfleger** M cuidador; MED enfermero
Pflicht F deber *m*, obligación **pflichtbewusst** cumplidor **Pflichtversicherung** F seguro *m* obligatorio
Pflock M estaquilla *f*, taco
pflücken coger
Pflug M arado
pflügen arar
Pförtner(in) M(F) portero,-a
Pfosten M poste
Pfote F pata
Pfropfen M tapón
pfui! *umg* ¡qué asco!
Pfund N medio kilo *m*; *Währung* libra *f*
pfuschen chapucear **Pfuscher** M chapucero **Pfuscherei** F chapuza
Pfütze F charco *m*
Phantasie *etc* → Fantasie *etc*
Phase F fase
Philologe(in) M(F) filólogo,-a **Philologie** F filología **Philosoph(in)** M(F) filósofo,-a **Philosophie** F filosofía
Photo N *etc* → Foto *etc*
Physik F física **phys(ikal)isch** físico **Physiker(in)** M(F) físico,-a
Pianist(in) M(F) pianista
Pickel M pico; MED grano
picken picotear
Pickerl N *österr* AUTO pegatina *f* del peaje
Picknick N picnic *m*
Piercing N piercing *m*
Pik N espadas *fpl*
pikant picante
Pilger(in) M(F) peregrino,-a **Pilgerfahrt** F, **Pilgerreise** F peregrinación, romería

Pille F píldora; **die ~ danach** la píldora del día después
Pilot(in) M(F) piloto *m/f*
Pils N, **Pils(e)ner** N Pils *f*
Pilz M hongo (*a.* MED), seta *f*
PIN F pin *m*, número *m* de identificación personal
Pinguin M pingüino
Pinie F pino *m* **Pinienkern** M piñón
pinkeln *umg* mear
PIN-Nummer F IT, TEL número *m* de identificación personal
Pinsel M pincel; *grober* brocha *f*
Pinzette F pinzas *fpl*
Pionier(in) M(F) pionero,-a
Pipifax *umg pej* M mandanga *f*
Pirat(in) M(F) pirata
Pistazie F pistacho *m*
Piste F pista
Pistole F pistola
Pizza F pizza **Pizzabrot** N pizza *f* en (pan) baguette **Pizzaservice** M pizzería *f* con reparto a domicilio **Pizzeria** F pizzería
Pkw M (Personenkraftwagen) (automóvil de) turismo **Pkw-Maut** F peaje *m* para turismos
Plage F molestia **plagen** atormentar; **sich ~** afanarse
Plakat N cartel *m* **Plakette** F placa; pegatina
Plan M plan, proyecto; ARCH, (*Stadtplan*) plano
Plane F lona
planen proyectar
Planet M planeta
planieren aplanar
Planke F tablón *m*, tabla
planmäßig metódico; BAHN, FLUG regular
Plantage F plantación
Plantschbecken N piscina *f* infantil **plantschen** chapotear
Planung F planificación
Plaque F ZAHNMED placa dental
Plastik **1** F escultura **2** N plástico *m* **Plastikbeutel** M bolsa *f* de plástico **Plastikflasche** F botella de plástico **Plastiktüte** F bolsa *f* de plástico
Platane F plátano *m*
Platin N platino *m*
plätschern *Bach* murmurar; *Wellen* chapalear
platt plano, llano; *Reifen* pinchado; *umg fig* **~ sein** estar perplejo; **e-n Platten haben** tener un reventón
Platte F plancha, placa; MUS disco *m*; *Schüssel* fuente; **kalte ~** (plato *m* de) fiambres *mpl*
Plattform F plataforma
Platz M plaza *f*; sitio; (*Sitzplatz*) asiento; **~ nehmen** tomar asiento **Platzanweiser(in)** M(F) acomodador(a)
Plätzchen N pasta *f*
platzen reventar, estallar
Platzkarte F reserva de asiento **Platzregen** M chubasco
plaudern charlar
Pleite F quiebra; **~ machen** quebrar; **pleite sein** *umg* estar

sin blanca
Plombe F precinto *m*; MED empaste *m* **plombieren** precintar; MED empastar
plötzlich súbito, repentino; ADV de repente
plump torpe, grosero
plündern saquear
Plural M plural
plus más; **5 Grad ~** 5 grados sobre cero
PLZ F (Postleitzahl) CP (*código postal*)
Po M *umg* pompis, *Am* cola *f*
Pöbel M populacho
Pocken FPL viruela *f*
Podium N estrado *m*, podio *m*
Poet M, **Poetin** F poeta **poetisch** poético
Pokal M copa *f*
Poker N póquer *m*
Pol M polo **Polarstern** M estrella *f* polar
Pole M polaco **Polen** N Polonia *f*
Police F póliza
polieren pulir; lustrar
Polin F polaca
Politesse F auxiliar de policía
Politik F política **Politiker(in)** M(F) político,-a **politisch** político
Politur F pulimento *m*
Polizei F policía **Polizeirevier** N comisaría *f*
Polizist(in) M(F) (agente de) policía, guardia
polnisch polaco
Polohemd N, **Poloshirt** N *Kleidung* polo *m*
Polster N acolchado *m* **polstern** tapizar **Polstersessel** M sillón tapizado
Polynesien N Polinesia *f*
Pommern N Pomerania *f*
Pommes frites PL, *umg* **Pommes** PL patatas *fpl* fritas
Pony 1 N poney *m*, poni *m* 2 M *Frisur* flequillo
Pool M piscina *f*
Popcorn N palomitas *fpl*
Popmusik F música pop
Popo M *umg* pompis, *Am* cola *f*
Popsänger(in) M(F) cantante pop **Popstar** M estrella *f* del pop
populär popular
Pop-up-Menü N IT menú *m* pop-up
Pore F poro *m*
Pornografie F pornografía
porös poroso
Porree M puerro
Portemonnaie N portamonedas *m*, monedero *m*
Portier M portero
Portion F ración, porción
Porto N porte *m*, franqueo *m*
portofrei franco de porte
Porträt N retrato *m*
Portugal N Portugal *m* **Portugiese** M, **Portugiesin** F portugués, -esa **portugiesisch** portugués
Portwein M oporto
Porzellan N porcelana *f*
Posaune F trombón *m*
Position F posición

positiv positivo
Post¹ F *Briefe, Pakete etc* correo *m*
Post®² F *Firma* correo *m* alemán; **per ~** por correo
Postamt N oficina *f* de correos
Postbote M cartero
posten INTERNET postear
Posten M puesto, empleo, cargo; HANDEL partida *f*, lote; MIL centinela
Postfach N apartado *m* (de correos), *Am* casilla *f* **Postkarte** F (tarjeta) postal **Postleitzahl** F código *m* postal **Poststempel** M matasellos **postwendend** a vuelta de correo
Power *umg* F (*Energie, Elan*) energía, empuje *m*; **~ haben** tener empuje **Powerfrau** *umg* F mujer de ímpetu
PR PL ABK (Public Relations) relaciones *fpl* públicas
Pracht F esplendor *m* **prächtig** magnífico
Prag N Praga *f*
prahlen jactarse (**mit** de)
Praktikant(in) M(F) persona *f* en periodo de prácticas **Praktikum** N prácticas *fpl*; **ein ~ machen** hacer unas prácticas **praktisch** práctico; **~er Arzt** *m* médico general **praktizieren** practicar; MED ejercer
Praline F bombón *m*
prall tenso; **in der ~en Sonne** a pleno sol
Prämie F prima; premio *m*
Präparat N preparado *m* **Präposition** F preposición **Präsens** N GRAM presente *m* **Präservativ** N preservativo *m*
Präsident(in) M(F) presidente
Praxis F práctica; (*Arztpraxis*) consulta, consultorio *m*; (*Anwaltspraxis*) bufete *m* **Praxisgebühr** F MED tasas *fpl* de consulta
predigen predicar **Predigt** F sermón *m*
Preis M precio; *fig* premio **Preisausschreiben** N concurso *m*
Preiselbeere F arándano *m* encarnado
Preiserhöhung F aumento *m* (*od* subida) de precio **preisgekrönt** premiado **preisgünstig** barato, a buen precio **Preisliste** F lista de precios **Preissenkung** F reducción de precios **Preisträger(in)** M(F) premiado,-a **preiswert** barato; a buen precio
Prellung F contusión
Premiere F estreno *m*
Prepaid-Handy N TEL móvil *m* de prepago **Prepaid-Karte** F TEL tarjeta prepago
Presse F prensa (*a.* TECH)
pressen prensar, apretar
Preußen N Prusia *f* **preußisch** prusiano
prickeln picar; *Getränk* burbujear
Priester M sacerdote **Priesterin** F sacerdotisa
prima *umg* estupendo

Primel F prímula, primavera
primitiv primitivo
Prinz M príncipe **Prinzessin** F princesa
Prinzip N principo *m* **prinzipiell** en principio
Prise F GASTR pizca
privat privado; particular; **~ versichert sein** tener un seguro (médico) privado
Privat... IN ZSSGN privado; particular **Privatadresse** F dirección particular **Privateigentum** N propiedad *f* privada **Privatsender** M TV televisión *f* privada **Privatsphäre** F esfera privada, privacidad **Privatunterricht** M clases *fpl* particulares
Privileg N privilegio *m*
pro PRÄP (*akk*): **~ Kopf** por cabeza
Probe F prueba; *a.* THEAT ensayo *m*; HANDEL muestra **Probefahrt** F viaje *m* de prueba **proben** ensayar **probeweise** como (*od* a título de) prueba **Probezeit** F periodo *m* de prueba
probieren probar
Problem N problema *m*; **kein ~** no pasa nada, no hay problema
Produkt N producto *m* **Produktion** F producción **produktiv** productivo **produzieren** producir
Professor(in) M(F) UNIV catedrático,-a, *Titel a.* profesor(a)
Professur F cátedra
Profi M *umg* profesional
Profil N perfil *m* **Profilfoto** N INTERNET foto *f* de(l) perfil
Profit M provecho, beneficio
profitieren: **von etw ~** aprovecharse de a/c
Prognose F pronóstico *m*
Programm N programa *m* (*a.* IT); TV cadena *f*, canal *m* **programmieren** programar
Programmierer(in) M(F) programador(a)
Projekt N proyecto *m* **Projektor** M proyector
Promenade F paseo *m*
Promi *umg* M celebridad *f*; **die ~s** *pl a.* los notables
Promille N tanto *m* por mil
Promillegrenze F grado *m* máximo de alcoholemia
prominent prominente
Promotion F doctorado *m*
promovieren doctorarse
Pronomen N pronombre *m*
Propaganda F propaganda
Propan(gas) N propano *m*
Propeller M hélice *f*
prophezeien pronosticar
Prospekt M prospecto, folleto
prost! ¡salud!
Prostituierte F prostituta
Prostitution F prostitución
Protest M protesta *f* **Protestant(in)** M(F) protestante **protestantisch** protestante **protestieren** protestar
Prothese F prótesis
Protokoll N acta *f*; POL proto-

colo *m*
Provence F Provenza
Proviant M víveres *mpl*
Provider M IT proveedor
Provinz F provincia
Provision F comisión **provisorisch** provisional **Provisorium** N ZAHNMED obturación *f* provisional
provozieren provocar
Prozent N (tanto *m*) por ciento **Prozentsatz** M porcentaje
Prozess M proceso; JUR *a.* pleito **Prozession** F procesión
prüde pudibundo
prüfen examinar; (*nachprüfen*) revisar; comprobar **Prüfung** F examen *m*; prueba
Prügel PL paliza *f* **Prügelei** F pelea **prügeln**: **(sich) ~** pegar(se)
Prunk M fasto, boato
PS F (**Pferdestärke**) CV *m* (*caballo de vapor*)
Psychiater(in) M(F) (p)siquiatra **psychisch** (p)síquico
Psychoanalyse F (p)sicoanálisis *m* **Psychologe** M, **Psychologin** F (p)sicólogo,-a **psychologisch** (p)sicológico
Pubertät F pubertad
Publikum N público *m*
Pudding M pudín
Pudel M (perro) caniche
Puder M polvos *mpl* **Puderdose** F polvera **Puderzucker** M azúcar glas (*od* lustre)
Puff M *sl* (*Bordell*) burdel
Pulli M, **Pullover** M jersey, suéter, *Am* pulóver
Puls M pulso
Pult N pupitre *m*
Pulver N polvo *m* **Pulverschnee** M nieve *f* polvo
Pumpe F bomba **pumpen** bombear; *umg fig* prestar
Punk M *a. Person* punk
Punkt M punto; **~ zwei Uhr** a las dos en punto
pünktlich puntual; a la hora **Pünktlichkeit** F puntualidad
Punsch M ponche
Pupille F pupila
Puppe F muñeca
pur puro
Püree N puré *m*
Pustel F pústula
pusten soplar
Pute F pava; *Fleisch* pavo *m*
Putsch M POL golpe de Estado
Putz M ARCH enlucido **putzen** limpiar; *Zähne* lavar; **sich die Nase ~** sonarse **Putzfrau** F *neg!* señora de (la) limpieza, asistenta **Putzmittel** N producto *m* de limpieza
Puzzle N rompecabezas *m*, puzzle *m*
Pyjama M pijama, *Am* piyama *f od m*
Pyramide F pirámide
Pyrenäen PL **die ~** los Pirineos *mpl*

Q

Quacksalber(in) M(F) curandero,-a
Quad N AUTO quad *m*, cuatriciclo *m*
Quadrat N cuadrado *m* **quadratisch** cuadrado **Quadratmeter** M metro cuadrado
quaken croar
Qual F pena, tormento *m*
quälen atormentar
Qualifikation F calificación
qualifizieren: **sich ~** calificarse (**für** para)
Qualität F calidad **Qualitäts...** IN ZSSGN de alta calidad
Qualle F medusa
Qualm M humo espeso
Quark M requesón
Quartal N trimestre *m* **Quartett** N cuarteto *m* **Quartier** N alojamiento *m*
Quarz M cuarzo
quasseln *umg* charlar, parlotear
Quatsch M *umg* tontería *f*
Quecksilber N mercurio *m*
Quelle F fuente, manantial *m*
quellen *Erbsen* hincharse
quer transversal; ADV a través (de) **Querflöte** F flauta travesera **Querschiff** N ARCH nave *f* transversal **Querschnitt** M MATH sección *f* transversal
querschnitt(s)gelähmt parapléjico **Querstraße** F travesía
quetschen aplastar; magullar **Quetschung** F contusión
quietschen rechinar
Quirl M batidor **quirlen** batir
quitt: **~ sein** estar en paz
Quitte F membrillo *m*
quittieren dar recibo de **Quittung** F recibo *m*
Quiz N concurso *m*
Quote F cuota

R

Rabatt M descuento, rebaja *f*
Rabbi(ner) M rabbino
Rabe M cuervo
Rache F venganza
Rachen M faringe *f*
rächen vengar
Rad N rueda *f*; (*Fahrrad*) bicicleta *f*; **~ fahren** ir en bicicleta
Radar N radar *m* **Radarkontrolle** F control *m* por radar
Radfahrer(in) M(F) ciclista **Radhose** F pantalón *m* de ciclista
radieren borrar **Radierer** M, **Radiergummi** M goma *f* (de borrar) **Radierung** F aguafuerte *m*
Radieschen N rabanito *m*
radikal radical; POL extremista

Radio N radio *f*; → Rundfunk **radioaktiv** radiactivo **Radiogerät** N aparato *m* de radio *f* **Radiosender** M emisora *f* de radio **Radiosendung** F programa *m* de radio **Radiowecker** M radiodespertador
Radius M radio
Radkappe F tapacubos *m* **Radrennen** N carrera *f* ciclista **Radsport** M ciclismo **Radtour** F excursión en bicicleta **Radwechsel** M cambio de neumático(s) **Radweg** M pista *f* para ciclistas, *umg* carril-bici
raffiniert *fig Person* astuto; *etw* sofisticado
Rahm M crema *f*
Rahmen M marco; *Fahrrad* cuadro
Rakete F cohete *m*
Rallye F rally(e) *m*
Ramadan M REL ramadán
Rampe F rampa
Ramsch M pacotilla *f*
Rand M borde; margen
randalieren alborotar
Randstreifen M *Verkehr* arcén
Rang M grado; rango; THEAT anfiteatro
rangieren BAHN maniobrar
Ranke F zarcillo *m*
ranken (*bewerten*) valorar, posicionar
ranzig rancio
Rap M MUS rap **Rapper(in)** M(F) rapero,-a, cantante de rap
rar raro **Rarität** F rareza
rasch rápido
rascheln crujir
rasen correr a toda velocidad
Rasen M césped
rasend furioso; *Schmerz* atroz
Rasenmäher M cortacésped
Rasierapparat M máquina *f* de afeitar **Rasiercreme** F crema de afeitar **rasieren**: **(sich)** ~ afeitar(se) **Rasierklinge** F hoja de afeitar **Rasierpinsel** M brocha *f* de afeitar **Rasierseife** F jabón *m* de afeitar **Rasierwasser** N loción *f* para (después d)el afeitado
Rasse F raza **Rassismus** M racismo **Rassist(in)** M(F) racista **rassistisch** racista
Rast F descanso *m*; alto *m* **rasten** descansar **rastlos** incansable **Rastplatz** M *Autobahn* área *f* de descanso **Raststätte** F restaurante *m* de carretera; *Autobahn* área de servicio
Rasur F afeitado *m*
Rat M consejo; *Person* consejero; **ein guter** ~ un buen consejo
Rate F plazo *m*; **in ~n** a plazos
raten aconsejar (**j-m etw** a/c a alg); (*erraten*) adivinar
Ratenzahlung F pago *m* a plazos
Rathaus N ayuntamiento *m*
Ration F ración **rationalisieren** racionalizar **rationell** racional, económico **rationieren** racionar
ratlos perplejo

Rätsel N acertijo *m*, adivinanza *f*; *fig* enigma *m* **rätselhaft** enigmático
Ratte F rata
rau áspero; *Klima* duro, rudo; *Stimme* ronco
Raub M robo **rauben** robar
Räuber M ladrón
Raubkopie F copia pirata **Raubtier** N animal *m* de presa **Raubüberfall** M atraco **Raubvogel** M (ave) rapaz *f*
Rauch M humo **rauchen** V/I echar humo; V/T *u.* V/I fumar; **Rauchen verboten!** prohibido fumar **Raucher(in)** M(F) fumador(a)
Räucherlachs salmón ahumado **räuchern** ahumar
Rauchfleisch N carne *f* ahumada **rauchig** lleno de humo **Rauchmelder** M detector de humos **Rauchverbot** N prohibición *f* de fumar **Rauchwolke** F humareda
raufen: **sich ~** pelearse **Rauferei** F pelea, riña
Raum M espacio; local; (*Zimmer*) habitación *f*
räumen desocupar; desalojar; *Straße* despejar
Raumfähre F transbordador *m* espacial **Raumfahrt** F astronáutica **Raumflug** M vuelo espacial
räumlich espacial
Raumpflegerin F mujer de la limpieza **Raumschiff** N astronave *f*, nave *f* espacial
Raumstation F estación espacial
Räumung F evacuación; desalojamiento *m* **Räumungsverkauf** M liquidación *f* total
Raupe F oruga
Raureif M escarcha *f*
raus *umg* ¡fuera de aquí!; → heraus *u.* **hinaus**
Rausch M borrachera *f* **rauschen** susurrar; murmurar
Rauschgift N estupefaciente *m*, droga *f*; IN ZSSGN A. → Droge *etc* **rauschgiftsüchtig** toxicómano
räuspern: **sich ~** carraspear
Razzia F redada
reagieren reaccionar (**auf** *akk* a)
real real; efectivo **realistisch** realista **Realität** F realidad
Rebe F vid
Rebell M rebelde **rebellieren** rebelarse
Rechen M rastro, rastrillo
Rechenaufgabe F problema *m* (de aritmética) **Rechenfehler** M error de cálculo **Rechenschaft** F **~ ablegen über** (*akk*) dar cuentas de; **zur ~ ziehen** pedir cuentas (**für** por)
rechnen calcular; contar (**mit** con) **Rechner** M *Gerät* calculadora *f*; (*Computer*) ordenador *m*, *Am* computadora *f* **Rechnung** F cálculo *m*; HANDEL, *Lokal* cuenta; HANDEL *a.* factura

recht derecho; *fig* justo; **~ haben** tener razón
Recht N derecho *m*; **im ~ sein** tener razón
rechte(r, -s) derecho **Rechte** F *Hand*, *a.* POL derecha
Rechteck N rectángulo *m* **rechteckig** rectangular
rechtfertigen (**sich**) **~** justificar(se) **Rechtfertigung** F justificación
rechtlich jurídico; legal **rechtmäßig** legítimo; legal
rechts a la derecha
Rechtsabbieger M vehículo que gira a la derecha **Rechtsanwalt** M, **-anwältin** F abogado,-a *m(f)* **Rechtsberater(in)** M(F) asesor(a) jurídico,-a
Rechtschreibung F ortografía
rechtsextrem de la extrema derecha **Rechtsextremist(in)** M(F) ultraderechista
rechtswidrig ilegal
rechtwinklig rectangular **rechtzeitig** ADV a tiempo
Reck N barra *f* fija
recyceln ÖKOL reciclar **Recycling** N reciclaje *m*; reciclado *m* **Recyclingpapier** N papel *m* reciclado
Redakteur(in) M(F) redactor(a) **Redaktion** F redacción
Rede F discurso *m* **reden** hablar (**über** *akk* de) **Redensart** F dicho *m* **Redewendung** F expresión **Redner(in)** M(F) orador(a)
reduzieren reducir
Reede F rada **Reeder** M armador **Reederei** F compañía naviera
reell real; HANDEL sólido
Referat N ponencia *f*
reflektieren reflejar **Reflektor** M reflector **Reflex** M reflejo **reflexiv** reflexivo
Reform F reforma **Reformhaus** N tienda *f* de productos dietéticos
Regal N estante *m*, estantería *f*
Regatta F regata
rege activo; vivo, animado
Regel F regla (*a.* MED); norma **regelmäßig** regular **regeln** arreglar; *a. Verkehr* regular **Regelung** F arreglo *m*; regulación
regen: **sich ~** moverse
Regen M lluvia *f* **Regenbogen** M arco iris **Regenmantel** M impermeable
Regensburg N Ratisbona *f*
Regenschauer M chubasco **Regenschirm** M paraguas **Regenwasser** N agua *f* pluvial **Regenwurm** M lombriz *f* de tierra **Regenzeit** F estación de lluvias
Regie F dirección **regieren** gobernar **Regierung** F gobierno *m*
Regime N régimen *m* **Regiment** N MIL regimiento *m*
Region F región **regional** regional
Regisseur M director; THEAT

director de escena
Register N registro *m*; *Buch* índice *m* **registrieren** registrar
regnen llover **regnerisch** lluvioso
regulieren regular
regungslos inmóvil
Reh N corzo *m*
Rehabilitation F rehabilitación (*a.* MED) **Reha-Klinik** F MED unidad de rehabilitación
Reibe F rallador *m* **reiben** frotar, fregar; GASTR rallar **Reibung** F fricción **reibungslos** sin dificultades
reich rico
Reich N imperio *m*; reino *m*
reichen V/T pasar; V/I alcanzar, llegar (**bis** hasta); **das reicht** basta, es suficiente **reichhaltig** abundante **reichlich** ADV abundante; ADV bastante **Reichtum** M riqueza *f* **Reichweite** F alcance *m*
reif maduro
Reif M escarcha *f*
Reife F madurez **reifen** madurar
Reifen M aro; AUTO neumático **Reifendruck** M presión *f* del neumático **Reifenpanne** F pinchazo *m*, reventón *m* **Reifenwechsel** M cambio del neumático
Reihe F fila; serie; **der ~ nach** por turno; **ich bin an der ~** me toca a mí **Reihenfolge** F orden *m*; turno *m* **Reihenhaus** N chalet *m* adosado
Reiher M garza *f*
Reim M rima *f* **reimen**: **(sich) ~ (auf** *akk***)** rimar (con)
rein limpio; *fig* puro
Reinfall M *umg* fracaso; chasco
Reinheit F pureza **reinigen** limpiar **Reiniger** M *Mittel*: producto de limpieza; detergente **Reinigung** F *chemische*: limpieza en seco; *Geschäft*: tintorería
Reinigungsmilch F leche limpiadora **Reinigungsmittel** N detergente *m*
Reis M arroz
Reise F viaje *m* **Reiseapotheke** F botiquín *m* **Reisebüro** N agencia *f* de viajes **Reisebus** M autocar **Reiseführer(in)** M(F) **1** *Person* guía *m(f)* turístico,-a **2** *nur m Buch* guía *f* **Reisegepäck** N equipaje *m* **Reisegruppe** F grupo *m* de turistas **Reisekosten** PL gastos *mpl* de viaje **Reiseleiter(in)** M(F) acompañante, guía
reisen viajar **Reisende(r)** M/F(M) viajero,-a *m(f)*; HANDEL viajante **Reisepass** M pasaporte **Reiseroute** F itinerario *m* **Reiserücktrittsversicherung** F seguro *m* (de anulación) de viaje **Reiseschutz** M seguro de viaje **Reisetasche** F bolsa de viaje **Reiseveranstalter** M operador turístico **Reisewarnung** F *des Auswärtigen Amtes*: recomenda-

ción de no viajar; **eine ~ herausgeben** recomendar no viajar a un país **Reisewecker** M despertador de viaje **Reisezeit** F temporada turística **Reiseziel** N destino *m* (del viaje)
reißen romperse **Reißverschluss** M cremallera *f* **Reißzwecke** F, **Reißnagel** M chincheta *f*
reiten montar a caballo; *als Sport* hacer equitación **Reiter** M jinete **Reiterin** F amazona **Reitpferd** N caballo *m* de silla **Reitsport** M equitación *f*; hípica *f* **Reitstiefel** MPL botas *fpl* de montar **Reitweg** M camino de herradura
Reiz M estímulo; *fig* atractivo **reizen** estimular; (*ärgern*) irritar (*a.* MED) **reizend** encantador **Reizung** F MED irritación
Reklamation F reclamación **Reklame** F propaganda, publicidad **reklamieren** reclamar
Rekord M (plus)marca *f*, récord (**aufstellen** establecer; **brechen** batir) **Rekordzeit** F tiempo *m* récord
Rekrut(in) M(F) recluta *f*
relativ relativo
Relief N relieve *m*
Religion F religión **religiös** religioso
Reling F borda
Renaissance F Renacimiento *m*
Rendezvous N cita *f*
Rennauto N coche *m* de carreras **Rennbahn** F pista **rennen** correr **Rennen** N carrera *f* **Rennfahrer** M corredor, piloto (de carreras) **Rennpferd** N caballo *m* de carreras **Rennrad** N bicicleta *f* de carreras **Rennwagen** M coche de carreras
renovieren renovar
rentabel rentable, lucrativo **Rente** F pensión; HANDEL renta **rentieren**: **sich ~** ser rentable **Rentner(in)** M(F) jubilado,-a, pensionista
Reparatur F reparación **Reparaturkosten** PL gastos *mpl* de reparación **Reparaturwerkstatt** F taller *m* de reparaciones
reparieren reparar
Reportage F reportaje *m* **Reporter(in)** M(F) reportero,-a
Reproduktion F reproducción
Republik F república
Reserve F reserva **Reserverad** N rueda *f* de recambio **Reservetank** M depósito de reserva
reservieren reservar **reserviert** reservado **Reservierung** F reserva
resignieren resignar(se)
Respekt M respeto (**vor** *dat* a) **respektieren** respetar **Respektlosigkeit** F falta de respeto

Rest M resto
Restaurant N restaurante *m*
restaurieren restaurar
restlich restante **restlos** entero, total **Restmüll** M residuos *mpl* restantes
Retoure F HANDEL devolución *f*
retro *Stil, Mode* nostálgico, retro
retten salvar **Retter(in)** M(F) salvador(a)
Rettich M rábano
Rettung F salvación, salvamento *m*
Rettungsaktion F operación de rescate **Rettungsboot** N bote *m* salvavidas **Rettungsdienst** M servicio de salvamento **Rettungsmannschaft** F equipo *m* de rescate (*od* salvamento) **Rettungsring** M salvavidas **Rettungswagen** M ambulancia *f*
Returntaste F IT tecla Intro, tecla Enter
Reue F arrepentimiento *m*
Revanche F desquite *m*, revancha **revanchieren**: **sich** ~ desquitarse
Revier N territorio *m*; *Jags* coto *m* de caza; *Polizei* comisaría *f*
Revolution F revolución
Revolver M revólver
Revue F revista
Rezension F reseña
Rezept N receta *f* **rezeptfrei** sin receta **Rezeption** F recepción **Rezeptionist(in)** M(F) recepcionista *m/f* **rezeptpflichtig** con receta médica
Rhabarber M ruibarbo
Rhein M Rin **Rheinland** N Renania *f* **Rheinland-Pfalz** N Renania-Palatinado *f*
Rheuma N reuma(tismo) *m*
Rhythmus M ritmo
Ribisel F *österr rote*: grosella; *schwarze*: casis *m*
richten dirigir (**auf, an** *akk* a); *Waffe* apuntar; TECH arreglar; **sich ~ nach** ajustarse a **Richter(in)** M(F) juez *m*, juez(a) *f*
richtig justo; correcto **richtigstellen** rectificar **Richtlinie** F directiva **Richtung** F dirección
riechen oler (**nach** a)
Riegel M cerrojo
Riemen M correa *f*
Riese M gigante
rieseln *Wasser* gotear; *Schnee* caer lentamente
Riesenrad N noria *f* **Riesenslalom** M SPORT eslalon gigante
riesig gigantesco **Riesin** F gigante
Riff N SCHIFF arrecife *m*
rigoros riguroso
Rille F ranura; *Platte* surco *m*
Rind N vacuno *m*
Rinde F corteza
Rinderbraten M asado de vaca *od* de buey **Rindfleisch** N carne *f* de vacuno
Ring M anillo; *Schmuck* sortija *f*; **~e** *pl* SPORT anillas *fpl* **rin-**

gen luchar **Ringen** N, **Ringkampf** M lucha *f* **Ringer** M luchador **Ringfinger** M anular

rings(her)um alrededor (de)

Rinne F canal *m* **rinnen** correr **Rinnstein** M arroyo (*a. fig*)

Rippe F costilla **Rippenfellentzündung** F pleuresía

Risiko N riesgo *m* (**eingehen** correr) **riskant** arriesgado **riskieren** arriesgar

Riss M grieta *f*; *im Stoff* roto **rissig** agrietado (*a. Haut*)

Ritt M paseo a caballo; cabalgata *f* **Ritter** M caballero

Ritze F grieta **ritzen** arañar

Rivale M, **Rivalin** F rival **rivalisieren** rivalizar (**mit** con)

Roaming N TEL itinerancia *f*, roaming *m* **Roaming-Gebühren** FPL costos *mpl* de roaming

Roastbeef N rosbif *m*

Robbe F foca

Roboter M robot

robust robusto

Rochen M ZOOL raya *f*

Rock M **1** falda *f* **2** M MUS rock **Rockband** F grupo *m* de rock **Rocker(in)** M(F) rockero,-a **Rockmusik** F música rock

Rodelbahn F pista de trineos **rodeln** ir en trineo **Rodelschlitten** M tobogán

roden desmontar

Rogen M huevas *fpl*

Roggen M centeno

roh crudo; *fig* rudo **Rohkost** F régimen *m* crudo **Rohöl** N (petróleo *m*) crudo *m*

Rohr N tubo *m*; BOT caña *f* **Rohrbruch** M reventón de tubería **Röhre** F tubo *m*; ELEK válvula **Röhrenjeans** F(PL) vaqueros *mpl* (de) pitillo

Rohrleitung F cañería, tubería

Rohstoff M materia *f* prima

Rollbahn F FLUG pista (de rodadura) **Rolle** F rollo *m*; THEAT *u. fig* papel *m* **rollen** rodar **Roller** M *Spielzeug*: patinete **Rollkoffer** M maleta *f* con ruedas

Rollkragen M cuello cisne (*od* alto) **Rollkragenpulli** M jersey de cuello cisne

Rollladen M persiana *f* **Rollschuh** M patín de ruedas **Rollstuhl** M silla *f* de ruedas **Rolltreppe** F escalera mecánica

Rom N Roma *f*

Roman M novela *f*. **romanisch** románico **Romanist(in)** M(F) romanista **Romantik** F romanticismo *m* **romantisch** romántico

römisch romano

röntgen hacer una radiografía **Röntgenarzt** M, **-ärztin** F radiólogo,-a **Röntgenaufnahme** F radiografía **Röntgenstrahlen** MPL rayos X

rosa rosa(do)

Rose F rosa

Rosé M *Wein* (vino) rosado **Ro-**

ségold N oro *m* rosa *od* rosado
Rosenkohl M col *f* de Bruselas
Rosenkranz M REL rosario
rosig rosa; *Zukunft* risueño
Rosine F (uva) pasa
Rosmarin M romero
Rost M herrumbre *f*, orín; (*Bratrost*) parrilla *f*; **vom ~** a la parrilla **rosten** oxidarse
rösten tostar
rostfrei inoxidable
Rösti PL *schweiz* GASTR *tipo de patatas salteadas*
rostig oxidado **Rostschutzmittel** N anticorrosivo *m*
rot rojo; **~ werden** ponerse colorado, ruborizarse; **Rotes Kreuz** Cruz *f* Roja; **Rotes Meer** *n* Mar *m* Rojo
Röteln PL rubéola *f*
rothaarig pelirrojo **Rotkohl** M (col *f*) lombarda *f*
rötlich rojizo
Rotlicht N luz *f* roja **Rotstift** M lápiz rojo **Rotwein** M vino tinto **Rotwild** N venado *m*
Roulade F rollo *m* (de carne)
Route F ruta, itinerario *m* **Routenplaner** M *Auto, Internet* navegador de coche
Routine F rutina
Rowdy M camorrista
Rübe F nabo *m*; **Rote ~** remolacha roja
Rubin M rubí
Ruck M sacudida *f*; tirón
Rückbank F asiento *m* trasero **Rückblick** M retrospectiva *f*
rücken VT mover; VI correrse
Rücken M espalda *f*; **auf dem ~** *liegen* boca arriba **Rückenlehne** F respaldo *m* **Rückenmark** M médula *f* espinal **Rückenschmerzen** PL dolor *m* de espaldas **Rückenschwimmen** N natación *f* de espalda **Rückenwind** M viento de cola
Rückerstattung F devolución; reintegro *m* **Rückfahrkarte** F billete *m* de ida y vuelta **Rückfahrt** F vuelta **Rückfall** M MED recaída *f* **rückfällig** JUR reincidente **Rückflug** M vuelo de regreso **Rückgabe** F devolución **Rückgang** M descenso, HANDEL *a.* baja *f* **rückgängig**: **~ machen** anular, cancelar
Rückgrat N espina *f* dorsal **Rückkehr** F vuelta, regreso *m* **Rücklicht** N luz *f* trasera **Rückreise** F viaje *m* de regreso **Rückruf** M TEL llamada *f* de contestación
Rucksack M mochila *f* **Rucksacktourist(in)** M(F) *umg* mochilero,-a
Rückschlag M *fig* revés **Rückschritt** M retroceso **Rückseite** F dorso *m*; reverso *m* **Rücksendung** F devolución
Rücksicht F consideración **rücksichtslos** desconsiderado **rücksichtsvoll** atento; considerado
Rücksitz M asiento trasero

Rückspiegel M retrovisor **Rückstand** M **im ~ sein mit** estar atrasado en **rückständig** atrasado **Rückstau** M *Verkehr* retenciones *fpl* **Rücktritt** M dimisión *f* **Rücktrittbremse** F freno *m* de contrapedal

rückwärts hacia atrás; **~ einparken** aparcar en marcha atrás **rückwärtsfahren** conducir marcha atrás **Rückwärtsgang** M marcha *f* atrás

Rückweg M vuelta *f* **rückwirkend** retroactivo **Rückzahlung** F re(e)mbolso *m* **Rückzug** M retirada *f*

Rucola(salat) M rúcula *f*, ruqueta *f*

Rudel N manada *f*

Ruder N remo *m*; (*Steuerruder*) timón *m* **Ruderboot** N barco *m* de remos **rudern** remar **Rudersport** M remo

Ruf M grito; llamada *f*; *fig* reputación *f* **rufen** llamar; gritar **Rufname** M nombre de pila **Rufnummer** F número *m* de teléfono

Ruhe F silencio *m*; calma; (*Ausruhen*) descanso *m*; **in ~ lassen** dejar en paz **ruhelos** agitado

ruhen descansar

Ruhepause F descanso *m* **Ruhestand** M jubilación *f*; retiro **Ruhestörung** F pertubación del orden público **Ruhetag** M día de descanso

ruhig tranquilo

Ruhm M gloria *f*, fama *f*

rühmen elogiar, alabar

Ruhr F MED disentería

Rührei(er) NPL huevos *mpl* revueltos **rühren** mover; *fig* conmover **rührend** conmovedor **Rührung** F emoción

Ruin M, **Ruine** F ruina *f* **ruinieren** arruinar

rülpsen eructar

Rum M ron

Rumäne M, **Rumänin** F rumano,-a *m(f)* **Rumänien** N Rumania *f* **rumänisch** rumano

Rummel M jaleo **Rummelplatz** M feria *f*; *ständiger* parque de atracciones

Rumpelkammer F trastero *m*

Rumpf M tronco

Rumpsteak N filete *m* de culata

rund redondo **Rundblick** M panorama **Runde** F ronda; SPORT vuelta; *Boxen* asalto *m* **Rundfahrt** F vuelta

Rundfunk M radio *f*; *in Zssgn a.* Radio **Rundfunkgebühr(en)** F(PL) *etwa* impuesto *m* de radidifusión

Rundgang M vuelta *f* **rundherum** en redondo **Rundreise** F gira, viaje *m* circular **Rundschreiben** N circular *f*

Runzel F arruga

Ruß M hollín, tizne

Russe M, **Russin** F ruso,-a

Rüssel M trompa *f*

russisch ruso

Russland N Rusia *f*
rüsten armar **Rüstung** F MIL armamento *m*; *e-s Ritters* armadura
Rute F vara
Rutsch *umg* M **guten ~ (ins neue Jahr)!** ¡feliz entrada (en el año nuevo)! **Rutschbahn** F tobogán *m* **rutschen** deslizarse; (*ausrutschen*) resbalar **rutschig** resbaladizo
rütteln agitar; sacudir

S

s. (*siehe*) véase
Saal M sala *f*
Saar F, **Saarland** N Sarre *m*
Saat F siembra
Sabbat M sabbath *m*, sábado *m* judío
Säbel M sable
Sabotage F sabotaje *m*
Sache F cosa; (*Angelegenheit*) asunto *m* **Sachkenntnis** F conocimiento *m* de causa **sachkundig** perito **sachlich** objetivo
sächlich GRAM neutro
Sachschaden M daño material
Sachsen(-Anhalt) N Sajonia (-Anhalt) *f*
Sachverständige(r) M/F(M) perito,-a
Sack M saco **Sackgasse** F callejón *m* sin salida (*a. fig*)
säen sembrar
Safari F safari *m*
Safe M caja *f* fuerte; (*Banksafe*) caja *f* de seguridad
Safran M azafrán
Saft M jugo; (*Fruchtsaft*) zumo **saftig** jugoso
Sage F leyenda
Säge F sierra
sagen decir
sägen serrar
sagenhaft 1 ADJ legendario; *umg fig* fabuloso 2 ADV terriblemente
sah → sehen
Sahara F Sahara *m*
Sahne F nata, crema
Saison F temporada **saisonbedingt** estacional
Saite F cuerda **Saiteninstrument** N instrumento *m* de cuerda
Sakko M americana *f*, *Am* saco
Sakristei F sacristía
Salami F salami *m*
Salat M ensalada *f*; (*Kopfsalat*) lechuga *f* **Salatbar** F bufé *m* de ensaladas **Salatschüssel** F ensaladera
Salbe F ungüento *m*, pomada
Salbei M salvia *f*
Salmonellen FPL salmonelas
Salon M salón
salopp informal
Salsa F/M MUS salsa *f*; **~ tanzen** bailar salsa
Salz N sal *f* **Salzburg** N Salz-

burgo *m* **salzen** salar **salzig** salado **Salzkartoffeln** FPL patatas cocidas **Salzstange** F palillo *m* salado **Salzstreuer** M salero **Salzwasser** N agua *f* salada

Samen M semilla *f*; BIOL esperma

sammeln coleccionar; recoger **Sammler(in)** M(F) coleccionista **Sammlung** F colección; (*Geldsammlung*) colecta, cuestación

Samstag M sábado **samstags** los sábados

Samt M terciopelo

sämtliche todos, -as

Sanatorium N sanatorio *m*

Sand M arena *f*

Sandale F sandalia

Sandbank F banco *m* de arena **sandig** arenoso **Sandpapier** N papel *m* de lija **Sandstein** M gres **Sandstrand** M playa *f* de arena **Sandwich** N/M sandwich *m*; bocadillo *m*

sanft suave, dulce

Sänger(in) M(F) cantante

Sanierung F saneamiento *m*

sanitär: **~e Anlagen** FPL instalaciones sanitarias **Sanitäter** M enfermero; MIL sanitario

Saphir M zafiro

Saragossa N Zaragoza *f*

Sardelle F anchoa, boquerón *m* **Sardine** F sardina **Sardinien** N Cerdeña *f*

Sarg M ataúd

saß → sitzen

Satellit M satélite **Satellitenfernsehen** N televisión *f* vía satélite **Satellitenschüssel** F antena parabólica

Satire F sátira

satt satisfecho; harto; **ich bin ~** estoy lleno; *fig* **es ~ haben** estar harto (de)

Sattel M silla *f* **satteln** ensillar

satthaben *umg*: **es ~** estar harto (de) **sättigend** *Essen* sustancioso

Satz M GRAM frase *f*; (*Sprung*) salto; (*Garnitur*) juego; HANDEL tarifa *f*; tipo; MUS movimiento; *Tennis* set **Satzung** F estatuto *m* **Satzzeichen** N signo *m* de puntuación

Sau F puerca, cerda

sauber limpio **Sauberkeit** F limpieza

säubern limpiar

Saudi-Arabien N Arabia *f* Saudí **saudisch** saudí

sauer agrio; ácido (*a. Regen*); *umg fig* enfadado **Sauerkraut** N chucrut *m* **Sauerstoff** M oxígeno

saufen *Tier* beber; *sl Mensch* beber con exceso

Säufer *umg* M borracho

saugen chupar

säugen amamantar

Sauger M *an Flasche* tetina *f*

Säugetier N mamífero *m*

Säugling M lactante

Säule F columna

Saum M dobladillo

Sauna F sauna

Säure F ácido *m*
sausen zumbar; *umg* correr
Saxofon N saxofón *m*, saxófono *m*
S-Bahn F tren *m* suburbano
scannen escanear **Scanner** M escáner
Schabe F cucaracha **schaben** raer
schäbig raído; *fig* mezquino
Schablone F patrón *m*
Schach N **~ spielen** jugar al ajedrez **Schachbrett** N tablero *m* de ajedrez **Schachfigur** F pieza de ajedrez **schachmatt** jaque mate **Schachpartie** F partida *f* de ajedrez **Schachspiel** N juego *m* de ajedrez
Schacht M pozo
Schachtel F caja
schade: **(wie) ~!** ¡qué lástima!; **es ist ~, dass …** es una lástima que …
Schädel M cráneo **Schädelbruch** M fractura *f* del cráneo
schaden dañar, hacer daño
Schaden M daño; perjuicio **Schadenersatz** M indemnización *f* **Schadenfreude** F alegría por el mal ajeno **schadenfroh** malicioso
schadhaft defectuoso
schädigen perjudicar **schädlich** perjudicial; nocivo **Schädling** M animal nocivo
Schadstoff M sustancia *f* nociva; contaminante **schadstofffrei** no contaminante
Schaf N oveja *f*
Schäfer(in) M(F) pastor(a) **Schäferhund** M perro pastor
schaffen (*erschaffen*) crear; *umg* **es ~** conseguirlo
Schaffner(in) M(F) BAHN revisor(a); *im Bus*: cobrador(a)
schal soso, insípido
Schal M bufanda *f*
Schale F cáscara; *von Obst* piel; *Gefäß* bandeja
schälen mondar, pelar
Schall M sonido **Schalldämmung** F insonorización **Schalldämpfer** M silenciador **schalldicht** insonorizado **Schallmauer** F barrera del sonido
schalten ELEK conmutar; conectar; AUTO cambiar de velocidad **Schalter** M interruptor; (*Bank-, Postschalter*) ventanilla *f*; BAHN taquilla *f* **Schalthebel** M AUTO palanca *f* de cambio **Schaltjahr** N año *m* bisiesto
Scham F pudor *m*; vergüenza
schämen: **sich ~** tener vergüenza (**wegen** de), avergonzarse (de)
schamhaft pudoroso **schamlos** impúdico; desvergonzado
Schande F vergüenza **schändlich** infame
Schar F grupo *m*, banda
scharf agudo (*a. fig*); cortante; *Messer* afilado; *Speise* picante; FOTO nítido **Scharfblick** M perspicacia *f*

Schärfe F agudeza **schärfen** afilar
Scharfsinn M sagacidad *f*
Scharlach M MED escarlatina *f*
Scharnier N bisagra *f*, charnela *f*
Schatten M sombra *f* **schattig** sombrío; sombroso
Schatz M tesoro (*a. fig*)
schätzen apreciar, estimar
Schatzmeister(in) M(F) tesorero,-a
Schätzung F evaluación, estimación **schätzungsweise** aproximadamente
Schau F exhibición; **zur ~ stellen** exhibir
schauderhaft horrible
schauen mirar, ver
Schauer M (*Regenschauer*) chubasco **schauerlich** horripilante
Schaufel F pala
Schaufenster N escaparate *m*, *Am* vidriera *f* **Schaufensterbummel** M paseo para ver escaparates
Schaukel F columpio *m* **schaukeln** columpiar(se) **Schaukelpferd** N caballito *m* balancín **Schaukelstuhl** M mecedora *f*
Schaulustige(r) M/F(M) curioso,-a *m(f)*
Schaum M espuma *f* **Schaumbad** N baño *m* de espuma
schäumen hacer espuma
Schaumfestiger M espuma *f* fijadora **Schaumgummi** M goma *f* espuma **Schaumstoff** M espuma *f*
Schauplatz M escenario
Schauspiel N espectáculo *m* **Schauspieler(in)** M(F) actor *m*, actriz *f* **Schauspielhaus** N teatro *m*
Scheck M cheque **Scheckkarte** F tarjeta de cheques
Scheibe F disco *m*; (*Glasscheibe*) vidrio *m*, cristal *m*; (*Brotscheibe*) rebanada; (*Wurstscheibe*) loncha
Scheibenbremse F freno *m* de disco **Scheibenwaschanlage** F AUTO lavaparabrisas *m* **Scheibenwischer** M limpiaparabrisas
Scheide F vaina; ANAT vagina
scheiden: **sich ~ lassen** divorciarse **Scheidung** F divorcio *m*
Schein M luz *f*; brillo; (*Geldschein*) billete; *fig* apariencia *f* **scheinbar** aparente **scheinen** lucir; *fig* parecer; **die Sonne scheint** hace sol **Scheinwerfer** M foco; AUTO faro
Scheiße F *sl* mierda
Scheitel M raya *f*
scheitern naufragar; *fig* fracasar
Schema N esquema *m* **schematisch** esquemático
Schemel M taburete
Schenkel M muslo
schenken regalar
Scherbe F casco *m*

Schere F tijeras *fpl*
Scherereien PL disgustos *mpl*
Scherz M broma *f* **scherzen** bromear **scherzhaft** chistoso
scheu tímido
Scheuerlappen M bayeta *f* **Scheuermittel** N polvo *m* limpiador **scheuern** fregar
Scheune F granero *m*
Scheusal N monstruo *m*
scheußlich horrible
Schicht F capa; *a. fig* estrato *m*; (*Arbeitsschicht*) turno *m* **Schichtarbeit** F trabajo *m* por turnos
schick elegante, chic **schicken** enviar; mandar **Schickeria** F la gente guapa **Schicksal** N destino *m*
Schiebedach N techo *m* corredizo **Schiebefenster** N ventana *f* corrediza **schieben** empujar **Schiebetür** F puerta corrediza
Schiedsrichter(in) M(F) árbitro
schief oblicuo; inclinado
schiefgehen salir mal
schielen bizcar
Schienbein N tibia *f* **Schiene** F *a.* BAHN carril *m*, raíl *m*, *Am* riel *m*; MED tablilla **schienen** entablillar
schießen disparar, tirar; *Tor* marcar **Schießerei** F tiroteo *m*
Schiff N buque *m*, barco *m*; ARCH nave *f* **schiffbar** navegable **Schiffbruch** M naufragio **Schiffbrüchige(r)** M/F(M) náufrago,-a *m(f)* **Schifffahrt** F navegación **Schifffahrtslinie** F compañía naviera
Schiffsarzt M médico de a bordo **Schiffsjunge** M grumete **Schiffsreise** F viaje *m* en barco
Schikane F vejación **schikanieren** vejar
Schild **1** N letrero *m*, rótulo *m* **2** M escudo **Schilddrüse** F tiroides *m*
schildern describir **Schilderung** F descripción **Schildkröte** F tortuga
Schilf(rohr) N caña *f*
schillern irisar
Schilling M *früher* chelín
Schimmel M ZOOL caballo blanco; BOT moho **schimmelig** mohoso **Schimmelkäse** M queso azul **schimmeln** enmohecer(se)
schimmern brillar
Schimpanse M chimpancé
schimpfen regañar, reprender **Schimpfwort** N palabrota *f*
Schinken M jamón (**roher** serrano, *Am* crudo; **gekochter** dulce *od* cocido)
Schirm M (*Lampen-, Bildschirm*) pantalla *f*; (*Regenschirm*) paraguas; (*Sonnenschirm*) sombrilla *f*
Schlacht F batalla **schlachten** matar **Schlachter** M carnicero
Schlaf M sueño **Schlafanzug** M pijama, *Am* piyama *f od m*

Schlafcouch F sofá-cama *m*
Schläfe F sien
schlafen dormir; **~ gehen** acostarse
schlaff flojo; *Haut* flác(c)ido
schlaflos insomne; ADV sin dormir **Schlaflosigkeit** F insomnio *m* **Schlafmaske** F *bes* FLUG antifaz *m* para dormir **Schlafmittel** N somnífero *m*
schläfrig soñoliento
Schlafsack M saco de dormir **Schlafsofa** N sofá-cama *m* **Schlaftablette** F pastilla para dormir **Schlafwagen** M coche-cama **Schlafzimmer** N dormitorio *m*
Schlag M golpe **Schlagader** F arteria **Schlaganfall** M apoplejía *f*
schlagen V/T golpear, pegar; MIL, GASTR batir; V/I *Herz* latir; *Uhr* dar la hora **Schlager** M MUS canción *f* de moda
Schläger M SPORT raqueta *f*; pala *f*; *Person* matón **Schlägerei** F pelea
Schlagersänger(in) M(F) intérprete de canciones de moda
schlagfertig que sabe replicar **Schlagloch** N bache *m* **Schlagsahne** F, **Schlagobers** N *österr* nata montada **Schlagzeile** F titular *m* **Schlagzeug** N MUS batería *f*
Schlamm M fango, barro
schlampig desaseado, desordenado; *Arbeit* chapucero
Schlange F serpiente; **~ stehen** hacer cola **Schlangenlinie** F línea sinuosa
schlank delgado, esbelto **Schlankheitskur** F cura de adelgazamiento
schlapp flojo **Schlappe** *umg* F fracaso *m* **schlappmachen** flaquear, flojear
schlau listo, astuto
Schlauch M manguera *f*; tubo (flexible); AUTO cámara *f* de aire **Schlauchboot** N bote *m* neumático **Schlauchschal** M (braga *f* de) cuello *m*
schlecht mal(o); ADV mal; **~ werden** (*verderben*) echarse a perder; **mir ist ~** me siento mal
Schleier M velo **schleierhaft** *umg* **das ist mir ~** no me lo explico
Schleife F lazo *m* **schleifen** afilar; *Edelstein* tallar; (*ziehen*) arrastrar **Schleifstein** M muela *f*
Schleim M mucosidad *f*, moco **Schleimhaut** F mucosa **schleimig** mucoso
schlemmen regalarse
schlendern: **durch die Straßen ~** callejear
schleppen cargar (con); SCHIFF remolcar **Schlepper** M tractor; SCHIFF remolcador **Schlepplift** M telearrastre
Schlesien N Silesia *f*
Schleswig-Holstein N Sleswig-Holstein *m*
Schleuder F honda **schleudern** V/T arrojar; *Wäsche* centri-

fugar; VI AUTO patinar, derrapar
Schleuse F esclusa
schlicht sencillo
schlichten *Streit* zanjar **Schlichter(in)** M(F) mediador(a)
schlief → schlafen
schließen cerrar; *Vertrag* concluir; *fig* deducir (**aus** de)
Schließfach N consigna *f* automática; *Bank*: caja *f* de seguridad **schließlich** finalmente **Schließung** F cierre *m*
schlimm mal(o) **schlimmer** peor
Schlinge F lazo *m*; MED cabestrillo *m* **Schlingpflanze** F enredadera
Schlips M corbata *f*
Schlitten M trineo; (*Rodelschlitten*) tobogán
Schlittschuh M patín; ~ **laufen** patinar (sobre hielo) **Schlittschuhläufer(in)** M(F) patinador(a)
Schlitz M ranura *f*, raja *f*
Schloss N (*Türschloss*) cerradura *f*; ARCH castillo *m*, palacio *m*
Schlosser M cerrajero
Schlucht F barranco *m*
schluchzen sollozar
Schluck M trago, sorbo **Schluckauf** M hipo **schlucken** tragar **Schluckimpfung** F vacunación oral
schlüpfrig resbaladizo; *fig* escabroso
Schlupfwinkel M escondrijo *f*
schlürfen sorber
Schluss M fin, final; **zum ~** al final
Schlüssel M llave *f*; MUS clave *f* **Schlüsselbein** N clavícula *f* **Schlüsselbund** M/N manojo *m* de llaves **Schlüsselloch** N ojo *m* de la cerradura **Schlüsselring** M llavero
Schlussfolgerung F conclusión **Schlusslicht** N luz *f* trasera **Schlussverkauf** M rebajas *fpl* (de fin de temporada)
schmächtig delgado, enjuto
schmackhaft sabroso
schmal estrecho **Schmalspurbahn** F ferrocarril *m* de vía estrecha
Schmarotzer(in) M(F) parásito
schmecken saber (**nach** a); **gut ~** tener buen gusto; **es schmeckt mir (gut)** me gusta
Schmeichelei F halago *m*
schmeichelhaft lisonjero
schmeicheln adular, halagar
schmeißen *umg* lanzar, tirar
schmelzen fundir(se), derretirse **Schmelzkäse** M queso fundido
Schmerz M dolor **schmerzen** doler **schmerzhaft** doloroso **schmerzlos** indoloro **Schmerzmittel** N analgésico *m*, calmante *m* **schmerzstillend** analgésico **Schmerztablette** F MED analgésico *m*
Schmetterling M mariposa *f*
Schmied M herrero **Schmiede** F herrería; forja **Schmie-**

deeisen N hierro *m* forjado
schmieden forjar (*a. fig*)
schmieren lubri(fi)car, engrasar; *umg fig* untar, sobornar **Schmiergeld** N *umg* unto *m*, soborno *m* **schmierig** grasiento; *fig* sucio **Schmiermittel** N lubri(fi)cante *m*
Schminke F maquillaje *m* **schminken**: (**sich**) ~ maquillar(se)
schmollen estar de morros
Schmorbraten M estofado **schmoren** estofar **Schmortopf** M cazuela *f*
Schmuck M adorno; (*Schmuckstücke*) joyas *fpl*
schmücken adornar
Schmuckkasten M joyero
schmuddelig mugriento
Schmuggel M contrabando **schmuggeln** hacer contrabando **Schmuggler(in)** M(F) contrabandista
schmunzeln mostrar satisfacción
Schmutz M suciedad *f*; barro **schmutzig** sucio
Schnabel M pico
Schnalle F hebilla
Schnäppchen N *umg* ganga *f*, chollo *m*
schnappen atrapar, coger **Schnappschuss** M FOTO instantánea *f*
Schnaps M aguardiente; GASTR *a.* licor *m*
schnarchen roncar
schnaufen jadear
Schnauze F hocico *m*
Schnecke F caracol *m*
Schnee M nieve *f* **Schneeball** M bola *f* de nieve **schneebedeckt** cubierto de nieve **Schneebesen** M GASTR batidor **Schneefall** M nevada *f* **Schneeflocke** F copo *m* de nieve **schneefrei** *Straße etc* sin nieve **Schneegestöber** N torbellino *m* de nieve **Schneeglöckchen** N campanilla *f* de las nieves **Schneekanone** F cañon *m* de nieve (artificial) **Schneeketten** FPL cadenas (de nieve) **Schneemann** M muñeco de nieve **Schneepflug** M quitanieves **Schneeregen** M aguanieve *f* **Schneesturm** M ventisca *f* **Schneeverhältnisse** PL condiciones *fpl* de la nieve **Schneewehe** F montón de nieve **Schneewittchen** N Blancanieves *f*
Schneide F filo *m* **schneiden** cortar; **sich in den Finger ~** cortarse el dedo **schneidend** *Kälte* cortante **Schneider** M sastre **Schneiderin** F modista **Schneidezahn** M (diente) incisivo
schneien nevar
Schneise F vereda
schnell rápido, veloz; ADV de prisa **Schnellhefter** M clasificador **Schnelligkeit** F rapidez **Schnellstraße** F autovía **Schnellzug** M (tren) expreso

schnitt → schneiden
Schnitt M corte **Schnitte** F rebanada **Schnittlauch** M cebollino **Schnittstelle** F IT interface *m*, interfaz *m*
Schnittwunde F corte *m*
Schnitzel N escalope *m*, escalopa *f* (**Wiener** a la vienesa *od* milanesa) **schnitzen** tallar (en madera) **Schnitzerei** F talla
Schnorchel M esnórquel
schnüffeln husmear; *fig* curiosear
Schnuller M chupete
Schnulze F canción dulzona
Schnupfen M constipado, resfriado
schnuppern olfatear
Schnur F cordel *m*, cuerda
schnüren atar
Schnurrbart M bigote
schnurren ronronear
Schnürschuh M zapato de cordones **Schnürsenkel** M cordón
Schock M choque, shock **schockieren** chocar, escandalizar
Schoko... IN ZSSGN de chocolate **Schokolade** F chocolate *m* (*a. Getränk*); **dunkle/weiße ~** chocolate *m* negro/blanco **Schokoriegel** M chocolatina *f*
Scholle F ZOOL solla
schon ya; **~ wieder** otra vez
schön hermoso; bello
Schonbezug M funda *f* (protectora) **schonen** tratar con cuidado; **sich ~** cuidarse
Schönheit F belleza
Schönheitschirurgie F cirugía estética **Schönheitsfehler** M imperfección *f* **Schönheitspflege** F cosmética
Schonkost F régimen *m* (*od* dieta) suave **Schonzeit** F ZOOL veda
schöpfen sacar **Schöpfer** M creador **schöpferisch** creativo **Schöpfkelle** F cucharón *m* **Schöpfung** F creación
Schoppen M cuartillo
Schorf M costra *f*, escara *f*
Schornstein M chimenea *f* **Schornsteinfeger** M deshollinador
schoss → schießen
Schoß M regazo; *fig* seno
Schote F vaina
Schotte M, **Schottin** F escocés, -esa
Schotter M grava *f*; BAHN balasto
schottisch escocés
Schottland N Escocia *f*
schräg oblicuo; *fig* extraño, estrafalario
Schramme F arañazo *m*, rasguño *m*
Schrank M armario
Schranke F barrera
Schraube F tornillo *m*; SCHIFF hélice **schrauben** atornillar
Schraubenmutter F tuerca **Schraubenschlüssel** M llave *f* de tuercas **Schrauben-**

zieher M destornillador **Schraubstock** M torno **Schraubverschluss** M tapón de rosca
Schreck M, **Schrecken** M susto **schrecklich** terrible
Schrei M grito
schreiben escribir **Schreiben** N carta *f* **Schreibpapier** N papel *m* de escribir **Schreibtisch** M escritorio **Schreibwarengeschäft** N papelería *f*
schreien gritar
Schreiner(in) M(F) carpintero,-a
Schrift F escritura **schriftlich** (por) escrito **Schriftsteller(in)** M(F) escritor(a) **Schriftstück** N escrito *m*; documento *m*
schrill estridente
Schritt M paso
schroff (*steil*) escarpado; *fig* brusco, áspero
Schrot N trigo *m* triturado; *Jagd* perdigones *mpl* **Schrotflinte** F escopeta de postas
Schrott M chatarra *f* **schrottreif** para el desguace, *fig* para el arrastre
schrubben fregar **Schrubber** M escobillón
schrumpfen encogerse
Schubfach N, **Schublade** F cajón *m*, *bes Am* gaveta *f* **Schubkarre** F carretilla
schüchtern tímido **Schüchternheit** F timidez
Schuft M canalla **schuften** matarse trabajando, bregar
Schuh M zapato **Schuhbeutel** M bolsa *f* (de viaje) para zapatos **Schuhbürste** F cepillo *m* para zapatos **Schuhcreme** F betún *m* **Schuhgeschäft** N zapatería *f* **Schuhgröße** F número *m* (de zapato) **Schuhlöffel** M calzador **Schuhmacher** M zapatero **Schuhputzer** M limpiabotas **Schuhsohle** F suela
Schularbeiten FPL deberes *mpl*, *Am* tareas **Schulbildung** F formación escolar **Schulbuch** N libro *m* de texto
Schuld F culpa; JUR culpabilidad; **schuld sein an** (*dat*) tener la culpa de; **j-m die ~ geben** echar la culpa a alg **schulden** deber **Schulden** FPL deudas **schuldig** culpable **schuldlos** inocente **Schuldner(in)** M(F) deudor(a)
Schule F escuela **schulen** instruir; formar
Schüler(in) M(F) alumno,-a **Schüleraustausch** M intercambio de alumnos
Schulferien PL vacaciones *fpl* escolares **schulfrei**: **~ haben** no tener clase **Schulfreund(in)** M(F) compañero,-a de clase **Schulhof** M patio de recreo **Schuljahr** N curso *m* (escolar) **Schulleiter(in)** M(F) director(a) **Schulstunde** F clase **Schultasche** F carte-

ra
Schulter F hombro *m* **Schulterblatt** N omóplato *m*
Schulung F instrucción, formación **Schulzeit** F años *mpl* escolares
Schund M baratijas *fpl*
Schuppe F (*Fischschuppe*) escama; (*Kopfschuppe*) caspa
Schuppen M cobertizo
Schurke M canalla
Schurwolle F lana virgen
Schürze F delantal *m*
Schuss M tiro
Schüssel F fuente
Schusswaffe F arma de fuego
Schuster M zapatero
Schutt M escombros *mpl*
Schüttelfrost M escalofríos *mpl* **schütteln** sacudir; agitar
schütten echar; verter
Schutz M protección *f*; abrigo **Schutzblech** N guardabarros *m* **Schutzbrille** F gafas *fpl* protectoras
Schütze M tirador; ASTROL Sagitario **schützen** proteger; defender (**vor** *dat* de, contra)
Schutzengel M ángel custodio **Schutzheilige(r)** M/F(M) patrón, patrona **Schutzhütte** F refugio *m* **Schutzimpfung** F vacunación preventiva **schutzlos** desamparado
schwach débil **Schwäche** F debilidad **schwächen** debilitar **schwachsinnig** imbécil **Schwachstrom** M corriente *f* de baja tensión
Schwager M cuñado
Schwägerin F cuñada
Schwalbe F golondrina
Schwamm M esponja *f*
Schwan M cisne
schwanger embarazada **Schwangerschaft** F embarazo *m* **Schwangerschaftsabbruch** M aborto
schwanken vacilar
Schwanz M cola *f*
Schwarm M (*Vogelschwarm*) bandada *f*; (*Bienenschwarm*) enjambre; *fig* ídolo
schwärmen *fig* entusiasmarse (**für** por)
Schwarte F corteza
schwarz negro; **das Schwarze Meer** *n* el Mar *m* Negro **Schwarzarbeit** F trabajo *m* negro **Schwarzbrot** N pan *m* negro **Schwarze(r)** M/F(M) negro,-a **Schwarzfahrer(in)** M(F) viajero,-a sin billete **Schwarzmarkt** M mercado negro **Schwarzwald** M Selva *f* Negra **Schwarzweißfilm** M película *f* en blanco y negro
schwatzen charlar, parlotear
Schwebe: **in der ~** en suspenso, pendiente **Schwebebahn** F teleférico *m* **schweben** flotar; **in Gefahr ~** estar en peligro
Schwede M sueco **Schweden** N Suecia *f* **Schwedin** F sueca **schwedisch** sueco
Schwefel M azufre
schweigen callar **Schweigen** N silencio *m* **schweigsam** ta-

citurno
Schwein N cerdo *m*
Schweinebraten M asado de cerdo **Schweinefleisch** N carne *f* de cerdo **Schweinegrippe** F MED gripe porcina
Schweinerei F *fig* porquería
Schweinestall M pocilga *f* (*a. fig*)
Schweiß M sudor **schweißen** soldar
Schweiz F Suiza; **in der ~** en Suiza **Schweizer(in)** M(F) suizo,-a **schweizerisch** suizo
Schwelle F umbral *m*; BAHN traviesa, *Am* durmiente *m*
schwellen hincharse
Schwellung F hinchazón
schwenken V/T agitar; V/I virar
schwer pesado; *fig* difícil; *a.* MED grave, serio; **~ krank** gravemente enfermo; **~ verdaulich** indigesto **Schwerarbeit** F trabajo *m* duro **schwerbehindert ~ sein** estar gravemente impedido **Schwerbehinderte(r)** M/F(M) minusválido,-a profundo,-a *f(m)*
schwerfallen costar (mucho) **schwerfällig** torpe **schwerhörig** duro de oído **Schwerkraft** F gravitación **schwermütig** melancólico **Schwerpunkt** M centro de gravedad; *fig* punto esencial
Schwert N espada *f* **Schwertfisch** M pez espada, emperador
Schwerverletzte(r) M/F(M) herido,-a *m(f)* grave **schwerwiegend** serio, grave
Schwester F hermana; (*Krankenschwester*) enfermera
Schwiegereltern PL suegros *mpl* **Schwiegermutter** F suegra **Schwiegersohn** M yerno **Schwiegertochter** F nuera **Schwiegervater** M suegro
Schwiele F callo *m*
schwierig difícil **Schwierigkeit** F dificultad
Schwimmbad N, **-becken** N piscina *f* **schwimmen** nadar
Schwimmer M nadador; TECH flotador **Schwimmerin** F nadadora **Schwimmflossen** FPL aletas **Schwimmflügel** MPL flotadores (de brazos)
Schwimmhalle F piscina cubierta **Schwimmweste** F (chaleco *m*) salvavidas *m*
Schwindel M MED vértigo; *fig* estafa *f*; patraña *f* **schwindeln** mentir **Schwindler(in)** M(F) estafador(a) **schwindlig** mareado; **mir wird ~** se me va la cabeza
schwingen V/T agitar; V/I oscilar **Schwingung** F vibración
Schwips *umg* M **e-n ~ haben** estar achispado
schwitzen sudar, transpirar
schwören jurar
schwul *umg* homosexual, *umg* gay
schwül sofocante, bochornoso
Schwule(r) M *umg* gay

Schwüle F bochorno *m*
Schwung M impulso (*a. fig*) **schwungvoll** dinámico
Schwur M juramento **Schwurgericht** N jurado *m*
sechs seis **sechshundert** seiscientos **sechste(r, -s)** sexto **Sechstel** N sexto *m*
sechzehn dieciséis **sechzig** sesenta
See 1 M lago 2 F mar *m/f*; **an der ~** en la playa **Seeblick** M **mit ~** *am Meer* con vistas al mar; *an e-m See* con vistas al lago **Seegang** M oleaje; **hoher ~** marejada *f* **Seehecht** M merluza *f* **Seehund** M foca *f* **Seeigel** M erizo de mar
seekrank mareado **Seekrankheit** F mareo *m*; mal *m* de mar
Seele F alma **seelisch** (p)síquico **Seelsorge** F cura de almas
Seeluft F aire *m* de mar **Seemann** M marinero; marino **Seemeile** F milla marina **Seenot** F peligro *m* marítimo **Seereise** F viaje *m* por mar **Seestern** M estrella *f* de mar **Seetang** M algas *fpl* marinas **Seeteufel** M ZOOL rape **Seeweg** M vía *f* marítima **Seezunge** F lenguado *m*
Segel N vela *f* **Segelboot** N barco *m* de vela **Segelfliegen** N, **Segelflug** M vuelo *m* sin motor **Segelflieger(in)** M(F) volovelista **Segelflugzeug** N planeador *m* **Segeljacht** F yate *m* de vela **segeln** navegar a vela **Segelschiff** N velero *m* **Segelsport** M deporte de vela **Segeltuch** N lona *f*
Segen M bendición *f* **segnen** bendecir
sehbehindert con discapacidad visual
sehen ver **sehenswert** digno de verse **Sehenswürdigkeit** F curiosidad; lugar *m* de interés
Sehne F ANAT tendón *m*
sehnen: **sich ~ nach** *etw* anhelar, ansiar *a/c*
Sehnenscheidenentzündung F tendinitis **Sehnenzerrung** F distensión de un tendón
Sehnsucht F añoranza; nostalgia **sehnsüchtig** ansioso
sehr mucho; (*vor adj u. adv*) muy; **zu ~** demasiado
Sehstörung F trastorno *m* de la vista **Sehtest** M test visual
seicht poco profundo
seid → sein
Seide F seda
Seife F jabón *m* **Seifendose** F jabonera
Seil N cuerda *f* **Seilbahn** F teleférico *m*, funicular *m*
sein *dauernd* ser; *vorübergehend* estar
sein(e) su, *pl* sus
seinerseits por su parte
seit PRÄP (*dat*) desde (hace) **seitdem** KONJ desde que; ADV desde entonces
Seite F lado *m*; costado *m*; *im*

Buch página **Seitenairbag** M *Auto* airbag lateral **Seiteneingang** M entrada *f* lateral **Seitensprung** M escapada *f* **Seitenstechen** N dolor *m* de costado **Seitenstraße** F calle lateral **Seitenstreifen** M arcén **Seitenwind** M viento de costado
Sekretariat N secretaría *f* **Sekretärin** F secretaria
Sekt M vino espumoso; *spanischer* cava
Sekte F secta **Sektor** M sector
Sekunde F segundo *m* **Sekundenkleber** M pegamento rápido
selbst mismo; ADV hasta; **von ~** por sí mismo
Selbstauslöser M FOTO autodisparador **Selbstbedienung** F autoservicio *m* **Selbstbeherrschung** F autodominio *m*
selbstbewusst seguro de sí mismo **selbstklebend** autoadhesivo
Selbstmord M suicidio **Selbstmordanschlag** M atentado *m* suicida **Selbstmordattentäter(in)** M(F) terrorista suicida
selbstsicher seguro de sí mismo **selbstständig** independiente **Selbstständigkeit** F independencia **selbstsüchtig** egoísta
selbstverständlich natural; ADV por supuesto, claro (que sí)
Selbstvertrauen N confianza *f* en sí mismo **Selbstverwaltung** F autonomía
Selfie N FOTO selfie *m* **Selfiestick** M palo *m* para selfies
Sellerie M/F apio *m*
selten raro; ADV raras veces **Seltenheit** F rareza
seltsam raro, extraño
Semester N semestre *m* **Semesterferien** PL vacaciones *fpl* (de la universidad)
Semikolon N punto *m* y coma
Semmel F panecillo *m*
Senat M senado
senden enviar, mandar; RADIO emitir **Sender** M emisora *f* **Sendung** F envío *m*; RADIO emisión
Senf M mostaza *f*
Senioren PL **die ~** la tercera edad **Seniorenheim** N residencia *f* para la tercera edad
senken bajar **senkrecht** vertical
Sensation F sensación
Sense F guadaña
sensibel sensible
sentimental sentimental
September M se(p)tiembre; **im ~** en se(p)tiembre
Serbe M, **Serbin** F serbio,-a **Serbien** N Serbia *f* **serbisch** serbio
Serie F serie
seriös serio, formal
Serpentine F camino *m* en serpentina
Serum N suero *m*

Server M IT servidor
Service N servicio *m* **Servicecenter** N centro *m* de servicio **Serviceportal** N portal *m* de servicios **Servicewerkstatt** F taller *m* de servicio técnico
servieren servir **Serviererin** F camarera **Serviette** F servilleta
Servolenkung F AUTO dirección asistida
Sessel M butaca *f* **Sessellift** M telesilla *f*
sesshaft sedentario
setzen colocar; poner; *Spiel* apostar (**auf** *akk* por); **sich ~** sentarse
Seuche F epidemia
seufzen suspirar **Seufzer** M suspiro
Sex M sexo **sexuell** sexual **sexy** sexy
Shampoo N champú *m*
Sherry M jerez
shoppen ir de compras **Shoppingcenter** N centro *m* comercial **Shoppingtour** N tour *m* de compras
Shorts PL pantalones *mpl* cortos
Show F show *m*; espectáculo *m* **Showmaster** M presentador
Shuttlebus M lanzadera *f*
Sibirien N Siberia *f* **sibirisch** siberiano
sich sí; *unbetont* se
Sichel F hoz
sicher seguro; cierto **Sicherheit** F seguridad; HANDEL garantía
Sicherheitsdienst M **privater ~** servicio privado de seguridad **Sicherheitsgurt** M cinturón de seguridad **sicherheitshalber** para mayor seguridad **Sicherheitskräfte** FPL fuerzas de seguridad **Sicherheitslücke** F fallo *m* de seguridad **Sicherheitsnadel** F imperdible *m* **Sicherheitsschloss** N cerradura *f* de seguridad
sicherlich ADV seguramente, seguro **sichern** asegurar **Sicherung** F ELEK fusible *m*; *Waffe* seguro *m*
Sicht F visibilidad; (*Aussicht*) vista **sichtbar** visible **sichtlich** ADV visiblemente **Sichtweite** F **in ~** al alcance de la vista
sie ella; la; PL ellos, ellas; los, las
Sie *nom* usted(es *pl*); *akk* le(s) *m*(*pl*); la(s) *f*(*pl*)n
Sieb N colador *m*; tamiz *m* **sieben** tamizar; *a. fig* cribar
sieben *Zahl* siete **siebenhundert** setecientos
siebte séptimo **Siebtel** N séptimo *m* **siebzehn** diecisiete
siebzig setenta
sieden hervir
Siedler(in) M(F) colono,-a **Siedlung** F colonia; urbanización
Sieg M victoria *f*
Siegel N sello *m*
siegen vencer (**über** *akk* a) **Sieger(in)** M(F) vencedor(a)

sieh, sieht → sehen **siehe** véase; ~ **oben/unten** véase más arriba/más abajo
siezen: j-n ~ tratar *od* hablar de usted a alg
Signal N señal *f*
Silbe F sílaba
Silber N plata *f* **Silberhochzeit** F bodas *fpl* de plata **Silbermedaille** F medalla de plata
silbern de plata
Silvester N Nochevieja *f*
SIM-Karte F TEL tarjeta *f* SIM
simulieren simular
sind → sein
Sinfonie F sinfonía
singen cantar
Single 1 M persona *f* sola 2 F *Platte* single *m*
Singular M singular
sinken bajar; *Schiff* hundirse
Sinn M sentido; significado **Sinnbild** N símbolo *m* **sinnlich** sensual **sinnlos** absurdo; inútil **sinnvoll** (*vernünftig*) razonable
Sintflut F diluvio *m*
Sirup M jarabe
Sitcom F comedia *f* de situación, sitcom *f*
Sitte F costumbre **sittlich** moral
Situation F situación
Sit-ups M ~ **machen** hacer abdominales
Sitz M asiento; HANDEL sede *f*
sitzen estar sentado; *Kleid* (**gut**) ~ sentar bien; ~ **bleiben** *Schule* suspender un curso
Sitzkissen N *Auflage* cojín *m* para asiento **Sitzplatz** M asiento **Sitzung** F sesión, reunión
Sizilien N Sicilia *f*
Skala F escala
Skandal M escándalo
Skandinavien N Escandinavia *f* **Skandinavier(in)** M(F) escandinavo,-a **skandinavisch** escandinavo
Skateboard N monopatín *m*
skaten V/I patinar, montar en monopatín
Skelett N esqueleto *m*
skeptisch escéptico
Ski M esquí; ~ **laufen** esquiar **Skianzug** M traje del esquí **Skifahrer(in)** M(F) → Skiläufer(in) **Skigebiet** N zona *f* de esquí **Skikurs** M curso de esquí **Skiläufer(in)** M(F) esquiador(a) **Skilehrer(in)** M(F) profesor(a) de esquí **Skilift** M telesquí **Skipass** M carné de remontes **Skisport** M esquí **Skispringen** N saltos *mpl* de esquí **Skistiefel** MPL botas *fpl* de esquí **Skitour** F travesía de esquí de montaña **Skiträger** M AUTO portaesquís **Skiurlaub** M vacaciones *fpl* de esquí **Skiwachs** N cera *f* para esquíes
Skizze F esbozo *m*, croquis *m*
Sklave M esclavo
Skorpion M escorpión; ASTROL Escorpio

skrupellos sin escrúpulos
Skulptur F escultura
skypen hablar por Skype®; *umg* skypear
Slalom M slalom, eslalon
Slip M slip **Slipeinlage** F salvaslip *m*
Slowake M, **Slowakin** F eslovaco,-a **Slowakei** F Eslovaquia **slowakisch** eslovaco
Slowene M, **Slowenin** F esloveno,-a **Slowenien** F Eslovenia **slowenisch** esloveno
Slum M barriada *f* de chabolas
Smalltalk M conversación *f* (trivial); charloteo,
Smaragd M esmeralda *f*
Smartphone N TEL smartphone *m*
Smoking M smoking, esmoquin
Smoothie M batido de fruta
SMS F TEL **e-e SMS schicken** mandar un mensaje (SMS) (**an** *akk* a *alg*)
Snack M snack *m*
Sneaker M sneaker *f* **Sneakersocken** PL calcetines *mpl* tobilleros
Snob M (e)snob
Snowboard N *Brett* tabla *f* de snowboard, *als Sport* snowboard *m*
so así; *vor adj u. adv* tan; **~ viel** tanto; **wir sind ~ weit** ya estamos
s. o. (siehe oben) véase más arriba
sobald tan pronto como, en cuanto (*+Konjkt*)
Socke F calcetín *m*
Sockel M zócalo
sodass de modo que
Sodawasser N soda *f*
Sodbrennen N ardor *m* de estómago
soeben ahora mismo
Sofa N sofá *m*
sofort en seguida
Softdrink M refresco bebida *f* refrescante **Software** F software *m*
sogar hasta, incluso
sogenannt llamado
Sohle F planta; *Schuh*) suela
Sohn M hijo
Soja(bohne) F soja, *Am* soya **Sojamilch** F leche de soja
solange KONJ mientras
Solaranlage F instalación *f* solar **Solarenergie** F energía solar **Solarium** N solárium *m* **Solarzelle** F célula solar
solch ~ (**ein, eine**) tal
Soldat(in) M(F) soldado,-a
Söldner M mercenario
Solidarität F solidaridad
solide sólido; serio
Solist(in) M(F) solista
Soll N debe *m* **sollen** deber; (*müssen*) haber de
Sommer M verano; **im ~** en verano **Sommerferien** PL vacaciones *fpl* de verano **Sommergast** M veraneante **sommerlich** de verano, veraniego **Sommerschlussverkauf** M rebajas *fpl* de verano **Som-**

mersprosse F peca **Sommerzeit** F horario *m* de verano
Sonde F sonda (*a.* MED)
Sonder... IN ZSSGN *oft* especial **Sonderangebot** N oferta *f* especial **sonderbar** extraño, singular **Sonderfahrt** F viaje *m* discrecional **Sonderfall** M caso particular **Sondermüll** M desechos *mpl* peligrosos
sondern sino; **nicht nur ..., ~ auch** no sólo ... sino también
Sonnabend M sábado
Sonne F sol *m*; **in der ~** al sol
sonnen: **sich ~** tomar el sol
Sonnenaufgang M salida *f* del sol **Sonnenbad** N baño *m* de sol **Sonnenblende** F AUTO parasol *m* **Sonnenblume** F girasol *m* **Sonnenbrand** M quemadura *f* de sol **Sonnenbrille** F gafas *fpl* de sol **Sonnencreme** F bronceador *m* **Sonnendach** N toldo *m* **Sonnenenergie** F energía solar **Sonnenfinsternis** F eclipse *m* solar **sonnengebräunt** bronceado **Sonnenhut** M sombrero; *für Frauen* pamela *f* **Sonnenkollektor** M panel (*od* colector) solar **Sonnenöl** N aceite *m* bronceador **Sonnenschein** M (luz *f* del) sol **Sonnenschirm** M sombrilla *f* **Sonnenschutzmittel** N protección *f* solar **Sonnenstich** M insolación *f* **Sonnenstudio** N centro *m* de rayos U.V.A. **Sonnenuhr** F reloj *m* de sol **Sonnenuntergang** M puesta *f* del sol
sonnig soleado
Sonntag M domingo **sonntags** los domingos
sonst de lo contrario, si no; (*noch*) además; **~ jemand?** ¿alguien más?; **~ noch etwas?** ¿alguna otra cosa?; **~ nichts** nada más
sooft cada vez que, siempre que
Sopran M, **Sopranistin** F soprano
Sorge F preocupación; **sich ~n machen** preocuparse
sorgen: **~ für** cuidar de; **sich ~** inquietarse (**um** por)
Sorgerecht N JUR custodia *f* **gemeinsames ~** custodia compartida **sorgfältig** cuidadoso **sorglos** despreocupado
Sorte F clase, especie **sortieren** clasificar **Sortiment** N surtido *m*
Soße F salsa
Sound M sonido **Soundkarte** F IT tarjeta de sonido **Soundtrack** M *Kino*: banda *f* sonora
Souvenir N recuerdo *m*
soviel KONJ que; → so **soweit** KONJ en cuanto; → so **sowie** (así) como; en cuanto **sowieso** de todos modos **sowohl**: **~ ... als auch** tanto ... como
sozial social **Sozialarbeiter(in)** M(F) asistente social **sozialdemokratisch** socialde-

mócrata **Sozialhilfe** F asistencia social **Sozialist(in)** M(F) socialista **sozialistisch** socialista **Sozialversicherung** F seguridad social **Sozialwohnung** F vivienda de protección oficial

sozusagen por decirlo así

Spa N (*Wellnessbereich*) spa *m*

Spaghetti PL espagueti *m*

Spalte F grieta; fisura; *Zeitung* columna **spalten** *a. fig* dividir, partir

Spam M IT correo basura, spam

Span M astilla *f* **Spanferkel** N lechón *m*, cochinillo *m*

Spange F pasador *m*

Spanien N España *f* **Spanier(in)** M(F) español(a) **spanisch** español

Spann M empeine **Spannbetttuch** N sábana *f* ajustable **Spanne** F lapso *m*; HANDEL margen *m* **spannen** tender; estirar **spannend** emocionante **Spannlaken** N sábana *f* ajustable **Spannung** F tensión (*a. fig*); ELEK *a.* voltaje *m*

Sparbuch N libreta *f* de ahorros **Sparbüchse** F hucha **sparen** ahorrar **Sparer(in)** M(F) ahorrador(a)

Spargel M espárragos *mpl*

Sparkasse F caja de ahorros **sparsam** ahorrador, económico

Spaß M broma *f*; **zum ~** en broma; **das macht ~** es divertido; **viel ~!** ¡que se divierta(n)!

spät tardío; ADV tarde; **wie ~ ist es?** ¿qué hora es?; **zu ~ kommen** venir tarde

Spaten M pala *f*

später posterior; ADV más tarde **spätestens** lo más tarde

Spätnachrichten PL TV noticias *fpl* de la noche

Spatz M gorrión

spazieren: **~ gehen** pasear(se); dar un paseo **Spaziergang** M paseo **Spazierstock** M bastón

SPD F (Sozialdemokratische Partei Deutschlands) Partido *m* Socialdemócrata de Alemania

Specht M pico, pájaro carpintero

Speck M tocino

Spediteur M agente de transportes **Spedition** F agencia de transportes

Speer M jabalina *f* **Speerwerfen** N lanzamiento *m* de jabalina

Speiche F rayo *m*

Speichel M saliva *f*

Speicher M almacén; (*Dachstuhl*) desván; IT memoria *f* **Speicherkarte** F IT, TEL tarjeta *f* de memoria **speichern** almacenar; IT *a.* memorizar **Speicherplatz** M IT espacio de memoria

Speise F comida; plato *m* **Speiseeis** N helado *m* **Speisekammer** F despensa **Speisekarte** F lista de platos, minuta, carta **Speiseröhre** F esófago *m* **Speisesaal** M comedor **Speisewagen** M vagón restaurante

Spekulation F especulación

Spende F donativo *m* **spenden** dar; donar (*a. Blut*) **Spender(in)** M(F) donador(a) **spendieren** *umg* pagar (**j-m etw** a/c a alg)

Sperling M gorrión

Sperma N esperma *m*

Sperre F barrera **sperren** cerrar; bloquear; *Strom, Straße etc* cortar **Sperrgebiet** N zona *f* prohibida **Sperrholz** N madera *f* contrachapada **sperrig** voluminoso **Sperrmüll** M trastos *mpl* y muebles *mpl* viejos **Sperrstunde** F hora de cierre

Spesen PL gastos *mpl*

Spezialist(in) M(F) especialista **Spezialität** F especialidad

speziell especial

Spiegel M espejo **Spiegelei** N huevo *m* frito **spiegelglatt** *Straße* muy resbaladizo **spiegeln** reflejar

Spiel N juego *m*; SPORT partido *m* **Spielautomat** M tragaperras **Spielbank** F casino *m* **spielen** jugar (a); MUS tocar **Spieler(in)** M(F) jugador(a) **Spielfeld** N campo *m* **Spielfilm** M largometraje **Spielhalle** F salón *m* recreativo **Spielkarte** F naipe *m* **Spielmarke** F ficha **Spielplan** M programa **Spielplatz** M parque infantil **Spielregel** F regla del juego **Spielverderber(in)** M(F) aguafiestas **Spielzeit** F *Theater* temporada **Spielzeug** N juguete(s) *m(pl)*

Spieß M asador

Spinat M espinacas *fpl*

Spinne F araña **spinnen** hilar; *umg fig* estar chiflado **Spinnennetz** N, **Spinnwebe** F telaraña *f*

Spion M espía; (*Türspion*) mirilla *f* **Spionage** F espionaje *m* **spionieren** espiar **Spionin** F espía

Spirale F espiral; (*Pessar*) diu *m*

Spirituosen PL bebidas *fpl* alcohólicas

Spiritus M alcohol **Spirituskocher** M hornillo (de alcohol)

spitz agudo **Spitze** F punta; *Gewebe* encaje *m*; **an der ~** en (*od* a la) cabeza **Spitzel** M confidente **spitzen** afilar; aguzar

Spitzengeschwindigkeit F velocidad punta **Spitzenleistung** F SPORT récord *m* **Spitzenreiter** M SPORT *etc* líder, número uno

spitzfindig sutil **Spitzname** M apodo

Splitter M casco; *Holz* astilla *f* **splittern** astillarse

Spoiler M AUTO alerón *m*; TV spoiler *m*

Sponsor M patrocinador

spontan espontáneo

Sport M deporte; **~ treiben** practicar un deporte **Sportartikel** MPL artículos de deporte **Sportflugzeug** N avioneta *f* **Sporthalle** F gimnasio *m* **Sportkleidung** F ropa deportiva
Sportler(in) M(F) deportista **sportlich** deportivo
Sportplatz M campo de deportes **Sporttasche** F bolsa de deporte **Sporttauchen** N submarinismo *m* **Sportunfall** M accidente deportivo **Sportveranstaltung** F encuentro *m* deportivo **Sportverein** M club deportivo **Sportwagen** M AUTO (coche) deportivo
Spott M burla *f* **spottbillig** regalado, tirado **spotten** burlarse (**über** *akk* de)
spöttisch burlón
Sprache F lengua; idioma *m* **Sprachenschule** F escuela de idiomas **Sprachfehler** M defecto del habla **Sprachführer** M guía de conversación **Sprachkurs** M curso de idiomas **sprachlos** *fig* atónito
Spray N spray *m*; aerosol *m* **Spraydose** F lata *f* de spray; aerosol *m*
Sprechanlage F intercomunicador *m* **sprechen** hablar **Sprecher(in)** M(F) RADIO, TV presentador(a); (*Wortführer, -in*) portavoz *m/f* **Sprechstunde** F (horas *fpl* de) consulta; **~ haben** tener consulta **Sprechzimmer** N sala *f* de consulta
sprengen hacer saltar; volar; *Rasen* regar **Sprengstoff** M explosivo **Sprengung** F voladura
sprich, spricht → sprechen **Sprichwort** N refrán *m*
Springbrunnen M surtidor **springen** saltar **Springer** M *Schach* caballo
Sprit M *umg* gasolina *f*
Spritze F jering(uill)a; **e-e ~ geben** poner una inyección **spritzen** V/T regar; MED inyectar; V/I salir a chorro
spröde frágil; *Haut* áspero; *fig* esquivo
Spross M retoño, vástago
Sprosse F escalón *m*
Spruch M dicho; sentencia *f*; JUR fallo
Sprudel M agua *f* mineral con gas **sprudeln** surtir; *Getränk* burbujear
Sprühdose F spray *m* **sprühen** chisporrotear **Sprühregen** M llovizna *f*
Sprung M salto; (*Riss*) grieta *f*, raja *f* **Sprungbrett** N trampolín *m* **Sprungschanze** F trampolín *m* **Sprungtuch** N lona *f* de salvamento
Spucke F saliva **spucken** escupir
Spülbecken N fregadero *m*, pila *f*
Spule F carrete *m*; ELEK bobina
Spüle F fregadero *m*, pila *f*
spülen lavar; *Wäsche* aclarar

Spülmaschine F lavavajillas *m* **Spülmittel** N detergente *m* **Spülung** F *WC* cisterna
Spur F huella; *Verkehr* carril *m*
spürbar perceptible **spüren** sentir; (*wahrnehmen*) percibir
spurlos sin dejar rastro
Squash N squash *m*
Staat M Estado **staatlich** estatal
Staatsangehörigkeit F nacionalidad **Staatsanwalt** M, **-anwältin** F fiscal **Staatsbürger(in)** M(F) ciudadano,-a
Stab M bastón **Stabhochsprung** M salto con pértiga
stabil estable
Stachel M ZOOL púa, aguijón; BOT espina *f* **Stachelbeere** F grosella espinosa **Stacheldraht** M alambre de púas
Stadion N estadio *m* **Stadium** N fase *f*, estad(i)o *m*
Stadt F ciudad **Stadtbummel** M *umg* **e-n ~ machen** recorrer las calles
Städtepartnerschaft F hermanamiento *m* de ciudades **Städtereise** F, **Städtetrip** M visita *f* turística de (una) ciudad **städtisch** urbano; municipal
Stadtmitte F centro *m* urbano **Stadtplan** M plano de la ciudad **Stadtrand** M periferia *f*, afueras *fpl* **Stadtrundfahrt** F vuelta por la ciudad **Stadtteil** M, **Stadtviertel** N barrio *m*
Staffelei F caballete *m* **Staffellauf** M carrera *f* de relevos **staffeln** escalonar
Stahl M acero
stalken V/T *j-n* acosar a alg, perseguir a alg **Stalking** N ≈ acoso *m*
Stall M establo; (*Pferdestall*) cuadra *f*
Stamm M tribu *f*; BOT tronco **Stammbaum** M árbol genealógico; ZOOL pedigrí **stammen** provenir (**aus, von** de); *Person* **~ aus** ser natural de **Stammgast** M, **Stammkunde** M cliente habitual (*od* fijo) **Stammzelle** F célula madre
Stand M situación *f*; HANDEL stand, puesto; → **außerstande, imstande, instand** *etc* **Standbild** N estatua *f*
Ständer M *Gestell* soporte
Standesamt N registro *m* civil
standhaft constante **standhalten** resistir (a)
ständig permanente, continuo
Standlicht N luz *f* de población **Standort** M lugar, posición *f* **Standpunkt** M punto de vista **Standspur** F carril *m* de emergencia
Stange F percha; vara; barra; *Zigaretten* cartón *m*
Stängel M tallo
Stapel M pila *f* **Stapellauf** M botadura *f* **stapeln** apilar
Star M ZOOL estornino; THEAT estrella *f*; MED **grauer ~** catara-

ta *f*; **grüner ~** glaucoma
starb → sterben
stark fuerte; *Verkehr* intenso
Stärke F fuerza; TECH potencia; *Wäsche* almidón *m* **stärken** fortalecer; *Wäsche* almidonar
Starkstrom M corriente *f* de alta tensión
Stärkung F *Imbiss* refrigerio *m* **Stärkungsmittel** N MED tónico *m*
starr rígido; fijo **starren** mirar fijamente (**auf** *akk*)
Start M salida *f*; FLUG despegue **Startautomatik** F encendido automático **Startbahn** F pista de despegue **starten** V/I salir; despegar; V/T poner en marcha **Starter** M AUTO arranque **Starthilfekabel** N AUTO cable *m* de empalme **Startzeichen** N SPORT señal *f* de salida
Station F estación; MED sección; unidad; (*Halt*) parada **stationär** ADV **~ behandeln** someter a tratamiento clínico
Statist(in) M(F) comparsa **Statistik** F estadística
Stativ N trípode *m*
statt PRÄP (*gen*) en lugar de **stattfinden** tener lugar; celebrarse **stattlich** imponente
Statue F estatua **Statuten** NPL estatutos *mpl*
Stau M *Verkehr* atasco, retenciones *fpl*
Staub M polvo **staubig** polvoriento **staubsaugen** pasar la aspiradora (por) **Staubsauger** M aspirador(a *f*) **Staubtuch** N trapo *m* quitapolvo
Staudamm M presa *f*
stauen: **sich ~** congestionarse
staunen asombrarse (**über** *akk* de) **Staunen** N asombro *m*
Stausee M pantano, embalse
Steak N bistec *m*, biftec *m*
stechen pinchar; *Insekt, Sonne* picar; **in See ~** hacerse a la mar **stechend** punzante **Stechmücke** F mosquito *m*
Steckbrief M orden *f* de búsqueda y captura **Steckdose** F enchufe *m* **stecken** V/T meter, poner; V/I estar; encontrarse; **~ bleiben** atascarse; *fig a.* cortarse; **~ lassen** dejar puesto **Stecker** M clavija *f*, enchufe **Stecknadel** F alfiler *m*
Steg M pasarela *f*; *e-r Gitarre etc* puente
stehen estar de pie; (*sich befinden*) estar; *Uhr* estar parado; *Kleidung* **j-m ~** sentar a alg; **~ bleiben** detenerse, pararse; **~ lassen** dejar **stehend** de pie
Stehlampe F lámpara de pie
stehlen hurtar, robar
Stehplatz M THEAT localidad *f* de pie; *im Bus* plaza *f* de pie
Steiermark F Estiria
steif tieso; rígido
steigen subir (**auf, in** *akk* a) **steigern** acrecentar, aumentar **Steigerung** F aumento *m*, subida **Steigung** F subida; AUTO cuesta

steil escarpado **Stein** M piedra *f*; MED cálculo; (*Spielstein*) pieza *f*; (*Obstkern*) hueso **Steinbock** M ASTROL Capricornio **Steinbruch** M cantera *f* **Steinbutt** M rodaballo **Steingut** N loza *f* **steinig** pedregoso **Steinkohle** F hulla **Steinschlag** M caída *f* de piedras

Stelle F sitio *m*, lugar *m*; (*Arbeitsstelle*) empleo *m*; **auf der ~** en el acto **stellen** colocar, poner; *Uhr* poner en hora; *Frage* hacer

Stellenabbau M recorte de empleo, reducción *f* de puestos de trabajo **Stellenangebot** N oferta *f* de empleo **Stellengesuch** N demanda *f* de empleo

Stellplatz M AUTO plaza *f* de parking **Stellung** F posición; (*Anstellung*) puesto *m*, empleo *m* **Stellvertreter(in)** M(F) sustituto,-a

Stemmeisen N formón *m* **stemmen** *Gewichte* levantar; **sich ~ gegen** apoyarse contra

Stempel M sello **Stempelkissen** N almohadilla *f* (de tinta) **stempeln** sellar; timbrar; *Paket etc* matasellar

Steppdecke F colcha (pespunteada)

Sterbehilfe F eutanasia **sterben** morir **Sterbeurkunde** F partida de defunción **sterblich** mortal

stereo estéreo **Stereoanlage** F equipo *m* estéreo

steril estéril **sterilisieren** esterilizar

Stern M estrella *f* **Sternbild** N constelación *f* **Sternfahrt** F rally(e) *m* **Sternschnuppe** F estrella fugaz **Sternwarte** F observatorio *m* **Sternzeichen** N signo *m* (del zodíaco)

stetig constante **stets** siempre

Steuer 1 F impuesto *m* 2 N timón *m*; AUTO volante *m* **Steuerberater(in)** M(F) asesor(a) fiscal **Steuerbord** N estribor *m* **Steuererklärung** F declaración de impuestos **steuerfrei** libre de impuestos **Steuerknüppel** M palanca *f* de mando **Steuermann** M timonel **steuern** FLUG pilotar; AUTO *a.* conducir **steuerpflichtig** sujeto a impuestos **Steuerung** F AUTO dirección **Steuerzahler(in)** M(F) contribuyente

Steward M SCHIFF camarero; FLUG auxiliar de vuelo **Stewardess** F azafata; *Am* aeromoza

Stich M pinchazo; *Nähen*: punto; (*Insektenstich*) picadura *f*; *Kartenspiel*: baza *f*; **im ~ lassen** abandonar **Stichprobe** F prueba (hecha) al azar **Stichtag** M día fijado **Stichwort** N apunte *m*; THEAT pie *m*; *im Wörterbuch* entrada *f* **Stichwunde** F cuchillada

Stick M (*USB-Stick*) memoria *m* USB, pendrive *m*; **auf Stick speichern** guardar en la memoria USB

sticken bordar **Stickerei** F bordado *m*

stickig sofocante **Stickstoff** M nitrógeno

Stiefel M bota *f*

Stiefmutter F madrastra **Stiefmütterchen** N BOT pensamiento *m* **Stiefsohn** M hijastro **Stieftochter** F hijastra **Stiefvater** M padrastro

stiehlt → stehlen

Stiel M mango; BOT tallo

Stier M toro **Stierkampf** M corrida *f* de toros **Stierkämpfer** M torero

Stift M clavija *f*; perno; (*Bleistift*) lápiz **stiften** fundar; (*spenden*) donar **Stiftung** F fundación; donación

Stil M estilo

still tranquilo, quieto; silencioso **stillen** *Hunger* matar; *Kind* dar de mamar; *Blut* cortar; *Schmerz* calmar **stillhalten** quedarse quieto **Stillleben** N MAL naturaleza *f* muerta, bodegón *m* **Stillstand** M parada *f*

Stimmband N cuerda *f* vocal **Stimmbruch** M muda *f* **Stimme** F voz; POL voto *m* **stimmen** MUS afinar; **~ für/gegen** votar por/contra; **das stimmt (nicht)** eso (no) es verdad (*od* cierto) **Stimmrecht** N derecho *m* de voto **Stimmung** F estado *m* de ánimo

stinken oler mal, apestar

Stipendium N beca *f*

stirbt → sterben

Stirn F frente **Stirnhöhle** F seno *m* frontal

Stock M bastón; → Stockwerk **stocken** pararse; paralizarse **Stockfisch** M bacalao

Stockholm N Estocolmo *m*

Stockwerk N piso *m*, planta *f*

Stoff M materia *f*; (*Tuch*) tela *f*, tejido **Stoffwechsel** M metabolismo

stöhnen gemir

stolpern tropezar (**über** *akk* con)

stolz orgulloso (**auf** *akk* de)

Stolz M orgullo

stopfen zurcir; *Loch* tapar **Stopfgarn** N hilo *m* de zurcir **Stopfnadel** F aguja de zurcir

stoppen V/T *Zeit* cronometrar; V/I parar(se) **Stoppschild** N señal *m* de stop **Stopptaste** F *CD-Player, Rekorder* tecla stop, botón *m* de parada **Stoppuhr** F cronómetro *m*

Stöpsel M tapón

Storch M cigüeña *f*

stören estorbar; molestar **Störung** F molestia; TECH avería

Stoß M golpe; choque; (*Haufen*) pila *f* **Stoßdämpfer** M amortiguador **stoßen** empujar; chocar (**an, gegen** *akk* contra); *fig* **~ auf** (*akk*) dar con **Stoßstange** F parachoques *m*

Stoßzeit M horas *fpl* punta
stottern tartamudear
Str. (*Straße*) C/, c/ (*calle*)
Strafanstalt F penal *m*; centro *m* penitenciario **Strafanzeige** F denuncia **strafbar** punible **Strafe** F castigo *m*; JUR pena; (*Geldstrafe*) multa **strafen** castigar
straff tieso; tirante
straffrei impune **Strafgefangene(r)** M/F(M) preso,-a **Strafgesetzbuch** N código *m* penal **Strafraum** M SPORT zona *f* de penalty **Strafrecht** N derecho *m* penal **Strafstoß** M SPORT penalty **Straftat** F delito *m* **Strafzettel** M AUTO multa *f*
Strahl M rayo; (*Wasserstrahl*) chorro **strahlen** radiar; relucir **strahlend** radiante; brillante **Strahlung** F radiación
Strähnchen NPL *Frisur*: balayage *m* **Strähne** F (*Haarsträhne*) mechón *m*
Strampelanzug M, **Strampler** M pelele *m* **strampeln** patalear
Strand M playa *f*; **am ~** en la playa **Strandbad** N playa *f* **stranden** encallar **Strandgut** N restos *mpl* arrojados por el mar **Strandmuschel** F *Wind-, Sonnenschutz* refugio portátil para playa **Strandpromenade** F paseo *m* marítimo
Strapaze F fatiga **strapazierfähig** resistente **strapaziös** fatigoso
Straßburg N Estrasburgo *m*
Straße F *im Ort* calle; (*Landstraße*) carretera
Straßenarbeiten PL obras *fpl* carreteras **Straßenbahn** F tranvía *m* **Straßenbeleuchtung** F alumbrado *m* público **Straßenglätte** F piso *m* deslizante **Straßenhändler** M vendedor ambulante **Straßenkarte** F mapa *m* de carreteras **Straßenkehrer** M barrendero **Straßennetz** N red *f* de carreteras **Straßenrand** M borde de la calle *od* carretera **Straßenschild** N letrero *m* **Straßensperre** F barrera **Straßenverkehr** M tráfico **Straßenverkehrsordnung** F código *m* de la circulación **Straßenverzeichnis** N callejero *m* **Straßenzustand** M estado de las carreteras
sträuben: **sich ~ gegen** oponerse a
Strauch M arbusto **Strauchtomate** F tomate *m* en rama
Strauß[1] M *Blumen*: ramo
Strauß[2] M ZOOL avestruz
streben aspirar (**nach** a)
strebsam ambicioso
Strecke F recorrido *m*, trayecto *m*; BAHN línea **strecken** estirar; extender
Streich M *fig* travesura *f*
streicheln acariciar
streichen pintar; (*ausstreichen*)

tachar; *fig* cancelar; **~ über** (*akk*) pasar por **Streichholz** N cerilla *f* **Streichinstrument** N MUS instrumento *m* de cuerda **Streichkäse** M queso para extender (*od* untar)
Streife F patrulla **streifen** rozar **Streifen** M tira *f*; *Muster* raya *f* **Streifenwagen** M coche patrulla
Streik M huelga *f* **streiken** estar en huelga
Streit M riña *f*; pelea *f* **streiten** reñir; **sich ~** pelearse **Streitkräfte** FPL fuerzas armadas
streng severo; riguroso
Stress M estrés **stressen** estresar **stressig** estresante **Stresstest** M FIN test de resistencia
Stretch M TEXT stretch **Stretchhose** F pantalón *m* elástico (*od* stretch)
streuen esparcir
Strich M raya *f*; línea *f* **Strichkode** M código de barras
Strick M cuerda *f* **stricken** hacer punto (*od* calceta) **Strickjacke** F chaqueta de punto **Stricknadel** F aguja para hacer punto
strikt estricto
String(tanga) M g-string *m*
Striptease M strip-tease
Stroh N paja *f* **Strohhalm** M paja *f* **Strohhut** M sombrero de paja
Strom M río; ELEK corriente *f* **Stromanschluss** M toma *f* de corriente **Stromausfall** M apagón
strömen correr; *fig* afluir
Stromstärke F intensidad de la corriente
Strömung F corriente
Stromverbrauch M consumo de corriente **Stromversorgung** F suministro *m* de electricidad
Strophe F estrofa
Strudel M remolino
Struktur F estructura
Strumpf M media *f* **Strumpfhose** F panty *m*
Stück N pieza *f* (*a.* THEAT); (*Teil*) pedazo *m*, trozo *m*; *Seife* pastilla *f*
Student(in) M(F) estudiante
Studentenausweis M carné de estudiante **Studenten(wohn)heim** N residencia *f* de estudiantes
Studie F estudio *m* **Studiengebühren** PL tasas *fpl* académicas **Studienplatz** M plaza *f* universitaria *od* en la universidad **Studienreise** F viaje *m* de estudios
studieren estudiar
Studio N estudio *m*
Studium N estudios *mpl*
Stufe F escalón *m*
Stuhl M silla *f* **Stuhlgang** M evacuación *f* del vientre
stumm mudo
Stummel M colilla *f*
Stummfilm M película *f* muda
Stümper(in) M(F) chapucero,-a

stumpf romo; sin filo **stumpfsinnig** estúpido
Stunde F hora; (*Schulstunde*) lección, clase
Stundenkilometer MPL kilómetros por hora **stundenlang** ADV horas y horas **Stundenlohn** M salario por hora **Stundenplan** M horario
stündlich cada hora
stur testarudo, terco
Sturm M tempestad *f*
stürmen asaltar **Stürmer(in)** M(F) SPORT delantero,-a **stürmisch** tempestuoso; *Beifall* frenético; *fig* impetuoso
Sturmwarnung F aviso *m* de tempestad
Sturz M caída *f*
stürzen V/T POL derrocar; V/I caer(se); (*eilen*) precipitarse; **sich ~ auf** (*akk*) abalanzarse sobre
Sturzflug M vuelo en picado **Sturzhelm** M casco protector
Stute F yegua
Stütze F soporte *m*, sostén *m*, *fig a.* apoyo *m*
stutzen V/T (re)cortar; V/I sorprenderse
stützen apoyar; **sich ~ auf** (*akk*) apoyarse en (*a. fig*) **Stützpunkt** M MIL base *f* **Stützstrumpf** M MED media *f* de compresión
Styling N *Mode* estilo, estilismo
s. u. (siehe unten) véase más abajo
Subjekt N *a.* GRAM sujeto *m*
subjektiv subjetivo
Substantiv N sustantivo *m*
Substanz F sustancia **Subvention** F subvención
Suche F busca, búsqueda **suchen** buscar **Sucher** M FOTO visor **Suchmaschine** F *Internet* buscador *m*
Sucht F manía; MED adicción
süchtig adicto
Südafrika N Africa *f* del Sur, Sudáfrica *f* **Südamerika** N América *f* del Sur, Sudamérica *f* **südamerikanisch** sudamericano
Sudan M Sudán
Süddeutschland N Alemania *f* del Sur **Süden** M sur **südlich** meridional; **~ von** al sur de **Südosten** M sudeste **Südpol** M Polo Sur **Südwesten** M sudoeste
Suite F *Hotel* suite
Sülze F carne en gelatina
Summe F suma; total *m*
summen zumbar
Sumpf M pantano
Sünde F pecado *m* **Sünder** M pecador
super *umg* estupendo
Super(benzin) N (gasolina *f*) super *m* **Supermarkt** M supermercado **Superstar** M *umg* superestrella *f*
Suppe F sopa **Suppenlöffel** M cuchara *f* sopera **Suppenschüssel** F sopera **Suppenteller** M plato sopero (*od* hondo)

Surfbrett N tabla *f* de surf **surfen** practicar el surf; **im Netz ~** navegar por la red **Surfer(in)** M(F) surfista
süß dulce; *umg Kind* mono **süßen** endulzar **Süßigkeiten** FPL dulces *mpl* **Süßspeise** F dulce *m* **Süßstoff** M edulcorante **Süßwasser** N agua *f* dulce
Sweatshirt N sudadera *f*
Swimmingpool M piscina *f*
Symbol N símbolo *m* **symbolisch** simbólico
sympathisch simpático
Symptom N síntoma *m*
Synagoge F sinagoga
synchronisiert *Film* doblado
Syndrom N síndrome *m*
synthetisch sintético
Syrien N Siria *f*
System N sistema *m* **systematisch** sistemático
Szene F THEAT escena; *umg fig* **die ~** la movida

T

Tabak M tabaco **Tabakladen** M estanco; *Am* tabaquería *f*
Tabelle F tabla, cuadro *m*
Tablet N, **Tablet-PC** M tableta *f*
Tablett N bandeja *f* **Tablette** F comprimido *m*
Tachometer M taquímetro
Tadel M reprensión *f* **tadellos** irreprochable **tadeln** reprender; censurar
Tafel F tabla, tablero *m*; (*Wandtafel*) pizarra; *Schokolade* tableta
Tag M día; **guten ~!** ¡buenos días!; ¡buenas tardes!; *umg* **sie hat ihre ~e** tiene la regla
Tagebuch N diario *m* **tagelang** días y días
Tagesanbruch M amanecer
Tagesgericht N GASTR plato *m* del día **Tageskarte** F *Bus etc* billete *m* para un día; GASTR menú *m* del día **Tageslicht** N luz *f* del día **Tagesmutter** F niñera **Tagesordnung** F orden *m* del día **Tagesschau** F TV telediario *m* **Tageszeitung** F diario *m*
täglich diario, cotidiano; ADV cada día; todos los días
tagsüber durante el día
Tagung F sesión; congreso *m*
Taille F talle *m*; cintura
Takt M MUS compás; TECH tiempo; (*Taktgefühl*) tacto **Taktik** F táctica **taktlos** indiscreto **Taktstock** M batuta *f* **taktvoll** discreto, delicado
Tal N valle *m*
Talent N talento *m*
Talg M sebo
Talisman M talismán
Talkshow F programa *m* de entrevistas
Talsperre F presa
Tamburin N pandereta *f*

Tampon M tampón
Tang M alga *f* marina
Tanga M tanga
Tanger N Tánger *m*
Tank M depósito **tanken** echar gasolina **Tanker** M SCHIFF petrolero **Tankstelle** F gasolinera, estación de servicio **Tankwart** M empleado de gasolinera
Tanne F abeto *m*
Tansania N Tanzanía *f*
Tante F tía
Tanz M baile **tanzen** bailar
Tänzer(in) M(F) bailador(a); *beruflich*: bailarín *m*, bailarina *f*
Tanzfläche F pista de baile **Tanzmusik** F música de baile
Tapas FPL tapas *fpl* **Tapasbar** F bar *m* de tapas
Tape N/M, **Tapeverband** M vendaje *m* adhesivo
Tapete F papel *m* pintado **tapezieren** empapelar
tapfer valiente
Tarif M tarifa *f* **Tarifvertrag** M convenio colectivo
tarnen camuflar, enmascarar **Tarnung** F camuflaje *m*
Tasche F bolsillo *m*; bolsa; (*Handtasche*) bolso *m*, *Am* cartera
Taschenbuch N libro *m* de bolsillo **Taschendieb** M ratero **Taschengeld** N dinero *m* de bolsillo **Taschenlampe** F linterna **Taschenmesser** N navaja *f* **Taschentuch** N pañuelo *m*
Tasse F taza
Tastatur F teclado *m* **Taste** F tecla **tasten** palpar **Tastenkombination** F combinación de teclas
tat → tun
Tat F hecho *m*; acción, acto *m*; JUR crimen *m*; **in der ~** en efecto **Tatbestand** M hechos *mpl*
Täter(in) M(F) autor(a) **tätig** activo **Tätigkeit** F actividad
Tatort M lugar del suceso
tätowieren tatuar **Tätowierung** F tatuaje *m*
Tatsache F hecho *m* **tatsächlich** real; efectivo; ADV en efecto
Tattoo N tatuaje *m*
Tatze F zarpa
Tau 1 N cuerda *f* 2 M rocío
taub sordo
Taube F paloma
taubstumm *neg!* sordomudo
tauchen sumergir(se); bucear **Taucher(in)** M(F) buceador(a) **Taucherbrille** F gafas *fpl* de buzo **Tauchsport** M submarinismo
tauen deshelarse; **es taut** hay deshielo
Taufe F bautizo *m*, bautismo *m* **taufen** bautizar **Taufpate** M padrino **Taufpatin** F madrina **Taufschein** M partida *f* de bautismo
taugen servir (**zu** para); **nichts ~** no valer nada **tauglich** útil; apto
taumeln tambalearse

Tausch M cambio **tauschen** cambiar (**gegen** por)
täuschen engañar; **sich ~** equivocarse **Täuschung** F engaño *m*
tausend mil **Tausender** M *umg* billete de mil (euros, *etc*) **Tausendstel** N milésimo *m*
Tauwetter N deshielo *m*
Taxi N taxi *m* **Taxifahrer** M(F) taxista **Taxistand** M parada *f* de taxis
Team N equipo *m* **Teamarbeit** F, **Teamwork** N trabajo *m* en equipo
Technik F técnica **Techniker(in)** M(F) técnico,-a **technisch** técnico **Technologie** F tecnología
Tee M té **Teebeutel** M bolsita *f* de té **Teekanne** F tetera **Teelöffel** M cucharilla *f*, cucharita *f*
Teer M alquitrán
Teesieb N colador *m* de té **Teetasse** F taza de té
Teich M estanque
Teig M masa *f*; pasta *f* **Teigwaren** FPL pastas alimenticias
Teil M/N parte *f*; TECH pieza *f*; **zum ~** en parte **teilen** dividir, partir **Teilhaber(in)** M(F) socio,-a **Teilnahme** F participación **teilnehmen** tomar parte, participar (**an** *dat* en) **Teilnehmer(in)** M(F) participante
teils en parte
Teilung F división **teilweise** parcial; ADV en parte **Teilzahlung** F pago *m* parcial **Teilzeit** F: **~ arbeiten** trabajar a tiempo parcial **Teilzeitjob** M trabajo *m* a tiempo parcial
Telearbeit F teletrabajo *m* **Telefax** N telefax *m*
Telefon N teléfono *m*; **schnurloses ~** teléfono *m* inalámbrico **Telefonanbieter** M (compañía) telefónica *f* **Telefonanruf** M llamada *f* (de teléfono) **Telefonbanking** N telebanca *f*, banca telefónica *f* **Telefonbuch** N guía *f* de teléfonos **Telefongespräch** N conversación *f* telefónica **telefonieren** telefonear; llamar por teléfono **telefonisch** telefónico; por teléfono **Telefonistin** F telefonista, operadora **Telefonkarte** F tarjeta telefónica **Telefonnummer** F número *m* de teléfono **Telefonzelle** F cabina telefónica **Telefonzentrale** F central telefónica, *Am* conmutador *m*
Telegramm N telegrama *m*
Teleobjektiv N teleobjetivo *m*
Teller M plato
Tempel M templo
Temperament N temperamento *m* **temperamentvoll** brioso, vivo **Temperatur** F temperatura
Tempo N velocidad *f*; MUS tiempo *m* **Tempolimit** N límite *m* de velocidad
Tendenz F tendencia
Teneriffa N Tenerife *m*

Tennis N tenis *m*; **~ spielen** jugar al tenis **Tennisball** M pelota *f* de tenis **Tennisplatz** M pista *f* de tenis **Tennisschläger** M raqueta *f*
Tenor M MUS tenor
Teppich M alfombra *f* **Teppichboden** m moqueta *f*, *Am* alfombrado
Termin M término; plazo; **sich e-n ~ geben lassen** *beim Arzt etc* pedir hora
Terminal M/N FLUG, IT terminal *f*
Terminkalender M agenda *f*
Terrasse F terraza
Terrine F sopera
Terroranschlag M atentado terrorista **Terrorismus** M terrorismo **Terrorist(in)** M(F) terrorista
Tesafilm M celo
Test M prueba *f*; test
Testament N testamento *m*
testen probar
Tetanus M tétanos **Tetanusimpfung** F vacunación antitetánica
teuer caro; **wie ~ ist das?** ¿cuánto vale (*od* cuesta)?
Teufel M diablo
Text M texto **Textilien** PL tejidos *mpl*, textiles *mpl* **Textverarbeitung** F tratamiento *m* de textos
Thailand N Tailandia *f*
Theater N teatro *m* **Theaterkasse** F taquilla **Theaterstück** N obra *f* de teatro
Theke F barra; mostrador *m*
Thema N tema *m* (*a.* MUS)
Theologe M, **Theologin** F teólogo,-a **Theologie** F teología
theoretisch teórico **Theorie** F teoría
Therapie F terapia
Thermalbad N, **Therme** F estación *f* termal **Thermometer** N termómetro *m* **Thermosflasche** F termo *m*
Thermostat M termostato
These F tesis
Thriller M película *f bzw* novela *f* de suspense
Thrombose F trombosis
Thunfisch M atún
Thüringen N Turingia *f*
Thymian M tomillo
tief profundo, hondo; *Ton* bajo; *Stimme* grave
Tief N, **Tiefdruckgebiet** N zona *f* de baja presión **Tiefe** F profundidad **Tiefgarage** F garaje *m* (*od* aparcamiento *m*) subterráneo **tiefgekühlt** congelado **Tiefkühlfach** N congelador *m* **Tiefkühltruhe** F congelador *m*
Tier N animal *m* **Tierarzt** M, **Tierärztin** F veterinario,-a **Tiergarten** M (jardín) zoológico **Tierkreis** M zodíaco **Tierkreiszeichen** N signo *m* del zodíaco
Tierpark M → Tiergarten
Tierschutz M protección *f* de los animales **Tierschutz-**

verein M sociedad *f* protectora de animales **Tierversuche** PL experimentos *mpl* con animales

Tiger M tigre **Tigerin** F tigresa

tilgen borrar; *Schuld, Kredit* amortizar

Timing N cálculo *m* del tiempo; **perfektes ~** coordinación *f* perfecta

Tinnitus M MED tinnitus, acúfenos *mpl*

Tinte F tinta **Tintenfisch** M calamar

Tipp M consejo; *umg* soplo; SPORT pronóstico

tippen *umg* escribir (a máquina); *Toto umg* jugar a las quinielas **Tippzettel** M boleto

Tisch M mesa *f*; **bei ~** a la mesa **Tischlampe** F lámpara de sobremesa **Tischler(in)** M(F) carpintero,-a; ebanista **Tischtennis** N tenis *m* de mesa, ping-pong *m* **Tischtuch** N mantel *m* **Tischwein** M vino de mesa

Titel M título

Toast M tostada *f*, pan tostado; *fig* brindis **Toaster** M tostador de pan

toben rabiar; *Kind* retozar

Tochter F hija

Tod M muerte *f*

Todesanzeige F esquela (de defunción) **Todesopfer** N víctima *f* (mortal) **Todesstrafe** F pena capital (*od* de muerte)

tödlich mortal

todmüde muerto de sueño

Toilette F lavabo *m*, servicio *m*, *Am* baño; **wo ist die ~?** ¿dónde están los servicios? **Toilettenpapier** N papel *m* higiénico

tolerant tolerante

toll loco; *umg* estupendo **Tollwut** F rabia

Tomate F tomate *m* **Tomatensaft** M zumo de tomate

Tombola F rifa, tómbola

Ton M sonido; MUS, *fig* tono; (*Tonerde*) arcilla *f* **Tonart** F tonalidad

tönen V/I (*ertönen*) sonar; V/T *Haar* colorear

Toner M *Druckerfarbe* tóner

Tonleiter F escala

Tonne F barril *m*, tonel *m*; *Maß* tonelada

Tönung F matiz *m*; *Haare* tinte *m*

Topf M marmita *f*; olla *f*

Topfen M *österr* requesón

Töpfer(in) M(F) alfarero,-a **Töpferei** F, **Töpferwaren** FPL alfarería *f*

Tor N puerta *f*; SPORT portería *f*; *Treffer* gol *m*

torkeln tambalearse

Torschütze M autor del gol

Törtchen N tartaleta *f*

Torte F tarta

Torwart M portero, guardameta

tot muerto

total total **Totalausverkauf**

M liquidación *f* total **Totalschaden** M siniestro total **Tote(r)** M/F(M) muerto,-a **töten** matar **Totenschein** M certificado de defunción **Totes Meer** N Mar *m* Muerto **Totschlag** M homicidio **Touchpad** N, **Touchscreen** M IT pantalla *f* táctil **Tour** F excursión **Tourenrad** N bicicleta *f* de carretera **Tourismus** M turismo; **sanfter** *od* **nachhaltiger** ~ turismo *m* verde **Tourist(in)** M(F) turista **Tournee** F gira **Trab** M trote **traben** trotar **Tracht** F traje *m* regional **Tradition** F tradición **traditionell** tradicional **Tragbahre** F camilla **tragbar** portátil **träge** lento, perezoso **tragen** llevar **Träger** M portador; *am Kleid* tirante; ARCH viga *f*, soporte **Tragetasche** F bolsa **Tragfläche** F ala **tragisch** trágico **Tragödie** F tragedia **Tragweite** F alcance *m* **Trainer(in)** M(F) entrenador(a) **trainieren** entrenar(se) **Training** N entrenamiento *m* **Trainingsanzug** M chándal **Traktor** M tractor **trampeln** pat(al)ear **trampen** viajar por autostop **Tramper(in)** M(F) autostopista **Trampolin** N cama *f* elástica **Träne** F lágrima **Tränengas** N gas *m* lacrimógeno **Transfer** M transferencia *f*; *von Personen* traslado **Transformator** M transformador **Transit** M tránsito **Transitbereich** M área *f* de tránsito **Transitverkehr** M tráfico de tránsito **transparent** transparente **Transplantation** F MED trasplante *m* **Transport** M transporte **transportfähig** transportable **transportieren** transportar **Transportkosten** PL gastos *mpl* de transporte **Transportunternehmen** N agencia *f* de transportes **Transvestit** M travesti(do) **Traube** F racimo *m*; (*Weintraube*) uva **Traubensaft** M zumo de uva **Traubenzucker** M glucosa *f* **trauen** 1 V/I (*dat*) confiar en; **sich (nicht)** ~ (no) atreverse 2 V/T casar; *Brautpaar* **sich** ~ **lassen** casarse **Trauer** F duelo *m*, luto *m* **Trauerfeier** F funerales *mpl* **Trauerkleidung** F luto *m* **trauern** estar de luto (**um** por) **Traum** M sueño **träumen** soñar (**von** con) **traurig** triste **Traurigkeit** F tristeza **Trauring** M alianza *f* **Trauschein** M partida *f* de matrimonio **Trauung** F **standes-**

amtliche/kirchliche ~ matrimonio *m* civil/religioso **Trauzeuge** M padrino de boda **Trauzeugin** F madrina de boda

treffen alcanzar; acertar; *j-n* encontrar; **~ wir uns morgen?** ¿nos encontramos mañana? **Treffen** N encuentro *m* **treffend** acertado **Treffer** M acierto **Treffpunkt** M punto de reunión

treiben V/T empujar; *Sport* practicar; V/I flotar **Treibgas** N gas *m* propulsor *od* propelente **Treibhaus** N invernadero *m* **Treibhauseffekt** M efecto invernadero **Treibstoff** M carburante

Trekking N trekking *n* **Trekkingrad** N bicicleta *f* de trekking **Trekkingschuhe** MPL zapatillas *fpl* de trekking **Trekkingtour** F excursión *f* de trekking

Trend M tendencia *f* (**zu** a)

trennen: **(sich) ~** separar(se) **Trennung** F separación **Trennwand** F tabique *m*

Treppe F escalera; **auf der ~** en la escalera

Treppenabsatz M rellano **Treppengeländer** N pasamano(s) *m* **Treppenhaus** N caja *f* de la escalera

Tresor M caja *f* fuerte (*od* de caudales)

Tretboot N patín *m* acuático

treten pisar (**auf** *akk* a/c); ~ in *e-n Raum* entrar en

treu fiel, leal **Treue** F fidelidad **treulos** infiel, desleal

Triathlon M SPORT triatlón

Tribüne F tribuna

Trichter M embudo

Trick M truco **Trickfilm** M dibujos *mpl* animados **tricksen** V/T *umg* hacer trucos, engañar

Trieb M instinto; (*Antrieb*) impulso **Triebkraft** F fuerza motriz **Triebwagen** M automotor **Triebwerk** N FLUG propulsor *m*

Trier N Tréveris *m*

triff, trifft → treffen

Trikot N malla *f*

trinkbar potable **trinken** beber **Trinker(in)** M(F) bebedor(a)

Trinkflasche F botella; (*Feldflasche*) cantimplora **Trinkgeld** N propina *f* **Trinkhalm** M paja *f* **Trinkspruch** M brindis **Trinkwasser** N agua *f* potable

tritt → treten

Tritt M paso; (*Fußtritt*) puntapié **Trittbrett** N estribo *m*

Triumph M triunfo **triumphieren** triunfar

trocken seco (*a. Wein*) **Trockenheit** F sequedad; sequía **trocknen** V/T secar; V/I secarse **Trockner** M secadora *f*

Trödel M trastos *mpl* viejos **Trödelmarkt** M mercadillo **trödeln** rezagarse; *bei der Arbeit*: perder el tiempo

Troll M MYTH, IT trol *m*
Trolley M maleta *f* con ruedas
Trommel F tambor *m* **Trommelfell** N ANAT tímpano *m* **trommeln** tocar el tambor
Trompete F trompeta
Tropen PL trópicos *mpl* **Tropensturm** M tormenta *f* tropical
Tropf M MED gota a gota **tropfen** gotear **Tropfen** M gota *f*
tropisch tropical
Trost M consuelo **trösten** consolar **trostlos** desconsolado **Trostpreis** M premio de consolación
Trottel M idiota
trotz PRÄP (*gen*) a pesar de **trotzdem** no obstante **trotzig** obstinado, terco
trüb(e) *Flüssigkeit* turbio; *Glas* empañado; *Wetter* nuboso *Licht* mortecino
Trubel M jaleo
trübsinnig melancólico
Trüffel F trufa
trügerisch engañoso
Truhe F arca
Trümmer PL escombros *mpl*; ruinas *fpl*
Trumpf M triunfo
Trunkenheit F embriaguez
Trupp M cuadrilla *f*; grupo **Truppe** F MIL tropa; THEAT compañía
Truthahn M pavo
Tschad M Chad
Tscheche M checo **Tschechien** N Chequia *f* **Tschechin** F checa **tschechisch** checo; **~e Republik** *f* República Checa
tschüs(s)! *umg* ¡hasta luego!, ¡adiós!
T-Shirt N camiseta *f*
Tsunami M tsunami *m*
TU F (*Technische Universität*) Universidad Técnica
Tube F tubo *m*
Tuberkulose F tuberculosis
Tuch N trapo *m*; pañuelo *m*; (*Stoff*) paño *m*
tüchtig eficiente, capaz
tückisch pérfido, traidor
Tugend F virtud
Tülle F pico *m*
Tulpe F tulipán *m*
Tumor M tumor
Tümpel M charco
Tumult M tumulto
tun hacer; **~ als ob** hacer como si; **zu ~ haben** tener que hacer
tünchen blanquear
Tunesien N Tunicia *f* **Tunesier(in)** M(F) tunecino,-a **tunesisch** tunecino
Tunfisch M atún
Tunis N Túnez *m*
Tunke F salsa
Tunnel M túnel
Tür F puerta
Turban M turbante
Turbine F turbina
turbulent turbulento
Türke M turco **Türkei** F Turquía **Türkin** F turca **Türkis** M turquesa *f* **türkisch** turco
Türklinke F picaporte *m* **Türknauf** M pomo

Turm M torre *f*
turnen hacer gimnasia
Turnen N gimnasia *f* **Turner(in)** M(F) gimnasta **Turnhalle** F gimnasio *m* **Turnier** N torneo *m* **Turnschuh** M zapatilla *f*
Türöffner M *Anlage* portero automático
Tusche F tinta china
Tussi F *umg pej* (*Frau*) tía; **dumme ~** *a.* tonta
Tüte F bolsa
TÜV M (*Technischer Überwachungsverein*) *etwa* ITV (Inspección *f* Técnica de Vehículos)
twittern V/I (*Twitter® benutzen*) usar Twitter®, tuitear
Typ M tipo; *umg* (*Kerl*) tío; **komischer ~** tipo raro
Typhus M tifus
typisch típico
Tyrann M tirano **tyrannisch** tiránico

U

u. a. (*unter anderem*) entre otras cosas
U-Bahn F metro *m*; *Am* subterráneo *m* **U-Bahnhof** M, **U--Bahn-Station** F estación *f* de metro
übel mal(o); ADV mal; **~ nehmen** tomar a mal; **mir ist ~** me siento mal **Übelkeit** F náuseas *fpl*
üben ejercitar, practicar; MUS estudiar
über **1** PRÄP (*dat; Richtung: akk*) sobre, encima de **2** ADV (*mehr als*) más de **überall** por todas partes **überbacken** ADJ gratinado **überbelichtet** sobreexpuesto **Überbleibsel** N resto *m*
Überblick M vista *f* de conjunto **überblicken** abarcar con la vista
überbringen entregar; transmitir **Überbringer(in)** M(F) (*e-s Schecks*) portador(a)
überdacht cubierto con techo **Überdosis** F sobredosis **Überdruss** M tedio; saciedad *f* **übereinander** uno(s) sobre otro(s)
übereinkommen ponerse de acuerdo **übereinstimmen** coincidir; concordar (**mit** con)
überempfindlich hipersensible **überfahren** AUTO atropellar **Überfahrt** F travesía
Überfall M atraco; *bes* MIL asalto **überfallen** atracar
überfliegen sobrevolar; *Text* recorrer
überfließen desbordarse **Überfluss** M abundancia *f* **überflüssig** superfluo **überfluten** inundar
überfordern exigir demasiado
überführen *Leiche* conducir; *Verbrecher* probar la culpabili-

dad de **Überführung** F *für Fußgänger* paso *m* superior
überfüllt repleto
Übergabe F entrega **Übergang** M paso; *fig* transición *f* **Übergangszeit** F período *m* transitorio **übergeben** entregar; **sich ~** vomitar **übergehen** pasar por alto
Übergepäck N FLUG exceso *m* de equipaje **Übergewicht** N sobrepeso *m*; *fig* preponderancia *f* **übergewichtig ~ sein** tener sobrepeso **Übergröße** F talla especial
überhäufen colmar (**mit** de)
überhaupt generalmente; **~ nicht** de ningún modo; en absoluto
überheblich presumido, arrogante
überholen TECH revisar, repasar; AUTO adelantar **überholt** *fig* anticuado **Überholverbot** N prohibición *f* de adelantar
überladen sobrecargar; *fig* recargar **überlassen** dejar; ceder **überlasten** sobrecargar **überlaufen** derramarse; ADJ muy concurrido
überleben sobrevivir (a) **Überlebende(r)** M/F(M) superviviente
überlegen **1** V/I pensar, reflexionar **2** ADJ superior **Überlegung** F reflexión
übermäßig excesivo **übermorgen** pasado mañana **übermüdet** agotado **übermütig** loco de alegría; *Kind* travieso
übernachten pasar la noche, pernoctar **Übernachtung** F pernoctación
Übernahme F toma; aceptación **übernehmen** tomar, aceptar **überprüfen** examinar, revisar **überqueren** atravesar
überraschen sorprender **überraschend** sorprendente **Überraschung** F sorpresa
überreden persuadir (**zu** a)
überreichen entregar **überrumpeln** coger desprevenido
Überschallgeschwindigkeit F velocidad supersónica
überschätzen sobr(e)estimar
überschlagen **sich ~** volcar(se), dar una vuelta de campana **überschneiden**: **sich ~** cruzarse; *zeitlich* coincidir **überschreiten** exceder, traspasar
Überschrift F título *m* **Überschuss** M excedente **Überschwemmung** F inundación
übersehen *fig* no hacer caso de; pasar por alto
übersetzen *Text* traducir **Übersetzer(in)** M(F) traductor(a) **Übersetzung** F traducción
Übersicht F vista general; resumen *m* **übersichtlich** claro
überspringen saltar (*a. fig*)
überstehen pasar; vencer
übersteigen sobrepasar, ex-

ceder **Überstunden** FPL horas extraordinarias **überstürzt** precipitado
übertragbar transferible
übertragen transferir; RADIO, TV transmitir **Übertragung** F transmisión
übertreffen superar **übertreiben** exagerar **Übertreibung** F exageración **übertreten** *Gesetz* infringir **übervölkert** superpoblado
überwachen vigilar **Überwachung** F vigilancia **Überwachungskamera** F cámara de vigilancia
überwältigen *Gegner* vencer; *Gefühl* **j-n ~** sobrecoger a alg **überwältigend** *Anblick* imponente; *Erfolg* grandioso
überweisen transferir, girar **Überweisung** F transferencia, giro *m*
überwiegen predominar **überwiegend** ADV principalmente **überwinden** superar, vencer **überzeugen** convencer (**von** de) **Überzeugung** F convicción *f* **überziehen** revestir (**mit** de); *Konto* dejar en descubierto **überzogen** *Konto* en descubierto **Überzug** M (*Hülle*) funda *f*
üblich usual, habitual
U-Boot N submarino *m*
übrig sobrante, restante; **die Übrigen** los demás; **~ bleiben** quedar, sobrar; **~ lassen** dejar **übrigens** por lo demás, por otra parte
Übung F ejercicio *m*; *fig* práctica
Ufer N orilla *f*
UFO N ABK (Unbekanntes Flugobjekt) OVNI *m* (objeto volante no identificado)
UG N ABK → Untergeschoss
Uhr F reloj *m*; *Zeit* hora; **wie viel ~ ist es?** ¿qué hora es?; **es ist drei ~** son las tres **Uhrmacher** M relojero **Uhrzeiger** M aguja *f*, manecilla *f* **Uhrzeit** F hora
Uhu M *Vogel* búho
UKW F (*Ultrakurzwelle*) FM (frecuencia modulada)
Ulme F olmo *m*
Ultraschall M ultrasonido; *Untersuchung*: ecografía *f*
um **1** PRÄP (*akk*) *zeitlich* a; **~ zwei Uhr** a las dos **2** ADV *ungefähr* alrededor de **3** KONJ **~ zu** para *inf*
umarmen abrazar **Umbau** M transformación *f* **umbauen** reformar; remodelar **umbinden** ponerse **umblättern** volver la hoja **umbringen** matar **umbuchen** *Reise* cambiar la reserva de
umdrehen volver **Umdrehung** F vuelta; TECH revolución
umfallen caerse **Umfang** M volumen **umfangreich** voluminoso **umfassen** *fig* comprender; abarcar **Umfrage** F encuesta

Umgang M trato **Umgangsformen** FPL modales *mpl* **Umgangssprache** F lenguaje *m* familiar
umgeben rodear (**mit** de) **Umgebung** F alrededores *mpl*; (*Milieu*) entorno *m*
umgehen V/T eludir **umgehend** inmediatamente **Umgehungsstraße** F carretera de circunvalación
umgekehrt contrario; inverso; ADV al revés **Umhang** M capa *f* **Umhängetasche** F bolso *m* en bandolera
Umkehr F vuelta **umkehren** volver, dar media vuelta
umkippen volcar; *umg fig* desmayarse **umklammern** agarrar **Umkleideraum** M vestuario **umkommen** perecer **Umkreis** M ámbito; redonda *f*
umleiten desviar **Umleitung** F desviación
umorganisieren reorganizar **umpflanzen** trasplantar **umquartieren** *j-n* cambiar de alojamiento
umrechnen convertir **Umrechnungskurs** M tipo de cambio
umringen rodear **Umriss** M contorno **umrühren** remover **Umsatz** M HANDEL ventas *fpl* **Umschlag** M (*Briefumschlag*) sobre; MED compresa *f*; (*Buchumschlag*) cubierta *f* **umschlagen** volcar; *fig* cambiar bruscamente **umschulen** *Beruf* reciclar **Umschwung** M cambio repentino (*od* brusco)
umsehen: **sich ~** mirar (alrededor); (*besichtigen*) dar una vuelta; **sich ~ nach** buscar
umsonst gratis; *fig* en vano
Umstand M circunstancia *f* **Umstände** MPL **unter ~n** eventualmente; **unter diesen ~n** en estas condiciones; **unter keinen ~n** de ningún modo
umständlich complicado; *Person* ceremonioso
Umstandskleid N vestido *m* de futura mamá
umsteigen cambiar (de tren *etc*), hacer transbordo **umstellen** *fig* reorganizar; **sich ~** adaptarse (**auf** *akk* a) **umstritten** controvertido **Umsturz** M subversión *f* **umstürzen** volcar
Umtausch M cambio **umtauschen** cambiar
umwandeln transformar **umwechseln** cambiar **Umweg** M rodeo
Umwelt F medio *m* ambiente **Umwelt...** IN ZSSGN ambiental; ecológico **Umweltbelastung** F contaminación ambiental **umweltbewusst** con conciencia ecológica **umweltfreundlich** no contaminante, ecológico **umweltschädlich** contaminante **Umweltschutz** M protección *f* del medio ambiente **Umweltschützer(in)** M(F) ecolo-

gista **Umweltverschmutzung** F contaminación ambiental
umwenden volver **umwerfen** derribar, volcar **umziehen** mudarse (de casa); **sich ~** mudarse, cambiarse **Umzug** M mudanza *f* (de casa); (*Festzug*) desfile; cabalgata *f*
unabhängig independiente **Unabhängigkeit** F independencia
unabsichtlich involuntario; ADV sin querer
unangebracht inoportuno **unangenehm** desagradable
unannehmbar inaceptable **Unannehmlichkeit** F molestia
unanständig indecente **unappetitlich** poco apetitoso **unartig** travieso, malo
unauffällig discreto **unaufhaltsam** imparable **unaufhörlich** incesante **unaufmerksam** distraído, desatento
unausstehlich insoportable **unbarmherzig** despiadado
unbeabsichtigt involuntario; ADV sin querer **unbeachtet** inadvertido **unbedeutend** insignificante **unbedingt** ADV a toda costa **unbefahrbar** intransitable **unbefangen** imparcial; (*natürlich*) natural **unbefriedigend** poco satisfactorio **unbefristet** ilimitado **unbefugt** no autorizado
unbegabt sin talento **unbegreiflich** incomprensible **unbegrenzt** ilimitado **unbegründet** infundado
Unbehagen N malestar *m* **unbehaglich** desagradable, incómodo
unbeholfen torpe **unbekannt** desconocido **unbekümmert** despreocupado **unbeliebt** impopular **unbemannt** no tripulado **unbemerkt** inadvertido
unbequem incómodo, molesto **Unbequemlichkeit** F incomodidad
unberechenbar incalculable; (*sprunghaft*) caprichoso **unberührt**, **unbeschädigt** intacto **unbeschränkt** ilimitado **unbeschreiblich** indescriptible **unbeständig** inconstante, inestable **unbestechlich** incorruptible **unbestimmt** indeterminado, inseguro **unbestritten** incontestado **unbeteiligt** desinteresado **unbewacht** no vigilado **unbeweglich** inmóvil **unbewohnt** despoblado; *Haus* deshabitado **unbewusst** inconsciente **unbezahlbar** impagable (*a. fig*)
unbrauchbar inservible
uncool *umg* **~ sein** *umg* ser un rollo *od* rollazo
und y, *vor i und* hi: e; **na ~?** ¿y qué?
undankbar desagradecido; in-

grato **undenkbar** impensable **undeutlich** poco claro **undicht** permeable
undurchlässig impermeable **undurchsichtig** opaco
uneben desigual **unecht** falso **unehelich** ilegítimo **unehrlich** insincero **uneigennützig** desinteresado **uneinig** desunido **unempfindlich** insensible **unendlich** infinito
unentbehrlich indispensable
unentschieden indeciso; *Spiel, Wahl etc* empatado **Unentschieden** N SPORT empate *m*
unerbittlich inexorable **unerfahren** inexperto **unerfreulich** desagradable **unerhört** inaudito; ~! ¡qué barbaridad! **unerklärlich** inexplicable **unerledigt** pendiente **unermüdlich** infatigable **unerreichbar** inaccesible **unerschütterlich** impávido **unersetzlich** insustituible; *Verlust* irreparable **unerträglich** insoportable **unerwartet** inesperado **unerwünscht** indeseable
unfähig incapaz (**zu** de) **Unfähigkeit** F incapacidad
unfair injusto; SPORT sucio
Unfall M accidente **Unfallflucht** F fuga del conductor **Unfallort** M lugar del accidente **Unfallstation** F puesto *m* de socorro **Unfallversicherung** F seguro *m* de accidentes **Unfallwagen** M coche accidentado
unfassbar incomprensible, increíble **unfehlbar** infalible **unförmig** informe **unfreiwillig** involuntario **unfreundlich** poco amable; *Wetter* desapacible **unfruchtbar** estéril
Unfug M travesura *f*
Ungar(in) M(F) húngaro,-a **ungarisch** húngaro **Ungarn** N Hungría *f*
ungebildet inculto
Ungeduld F impaciencia **ungeduldig** impaciente
ungeeignet inadecuado **ungefähr** ADV aproximadamente **ungefährlich** inofensivo **ungeheuer** enorme **Ungeheuer** N monstruo *m* **ungehorsam** desobediente **ungelegen** inoportuno **ungelernt** no cualificado **ungemütlich** poco confortable **ungenau** inexacto
ungeniert desenfadado
ungenießbar imbebible; incomible **ungenügend** insuficiente **ungepflegt** descuidado
ungerade *Zahl* impar
ungerecht injusto **Ungerechtigkeit** F injusticia
ungern de mala gana
ungeschickt torpe **ungestört** tranquilo **ungesund** malsano; insalubre **ungewiss** incierto **ungewöhnlich** insó-

lito **ungewohnt** desacostumbrado **Ungeziefer** N bichos *mpl* **ungezogen** mal educado; *Kind* travieso **ungezwungen** *fig* desenvuelto, informal
unglaublich increíble
Unglück N desgracia *f*; (*Unfall*) accidente *m* **unglücklich** desgraciado, infeliz **unglücklicherweise** por desgracia
ungültig nulo; inválido **ungünstig** desfavorable **Unheil** N desgracia *f*, desastre *m* **unheilbar** incurable **unheimlich** inquietante; ADV enormemente **unhöflich** descortés
unhygienisch antihigiénico
Uniform F uniforme *m*
uninteressant sin interés
Union F unión; **Europäische ~** Unión Europea
Universität F universidad
unklar poco claro **unklug** imprudente **Unkosten** PL gastos *mpl* **Unkraut** N mala hierba *f* **unleserlich** ilegible **unlösbar** insoluble **unmäßig** inmoderado **Unmenge** F cantidad enorme **unmenschlich** inhumano **unmerklich** imperceptible **unmittelbar** inmediato **unmöbliert** sin amueblar **unmodern** pasado de moda, anticuado **unmöglich** imposible **unmoralisch** inmoral **unnatürlich** artificial; (*gekünstelt*) afectado; ADV poco natural **unnötig** innecesario **unnütz** inútil
UNO F **die ~** la ONU
unordentlich desordenado **Unordnung** F desorden *m*
unparteiisch imparcial **unpassend** inconveniente **unpässlich** indispuesto **unpersönlich** impersonal **unpraktisch** poco práctico **unpünktlich** impuntual **unrasiert** sin afeitar
unrecht: **~ haben** no tener razón **Unrecht** N injusticia *f* **unrechtmäßig** ilegítimo; ilegal
unregelmäßig irregular
unreif inmaduro; *Obst* verde
Unruhe F inquietud; intranquilidad; **~n** *pl* POL disturbios *mpl* **unruhig** inquieto, intranquilo
uns nos; *betont* a nosotros, -as; **ein Freund von ~** un amigo nuestro
unsauber sucio **unschädlich** inofensivo **unscharf** FOTO borroso **unscheinbar** poco vistoso **unschlagbar** imbatible **unschlüssig** indeciso
Unschuld F inocencia **unschuldig** inocente
unser nuestro, -a **unsere** PL nuestros, -as
unsicher inseguro **Unsicherheit** F inseguridad
unsichtbar invisible **Unsinn** M disparate, absurdo **unsinnig** absurdo **unsittlich** inmoral **unsterblich** inmortal **unsympathisch** antipático **untätig** inactivo

unten abajo; **von ~** de abajo; **nach ~** hacia abajo
unter **1** PRÄP (*dat; Richtung: akk*) debajo de; bajo; (*zwischen*) entre **2** ADV (*weniger als*) menos de **Unterarm** M antebrazo **unterbelichtet** subexpuesto **Unterbewusstsein** N subconsciente *m*
unterbrechen interrumpir; suspender **Unterbrechung** F interrupción
unterbringen colocar; *Gast* alojar **Unterbringung** F alojamiento *m*
unterdessen entretanto **unterdrücken** suprimir, reprimir
untere(r, -s) inferior
untereinander entre sí **unterentwickelt** subdesarrollado **unterernährt** desnutrido **Unterführung** F paso *m* subterráneo (*od* inferior) **Untergang** M *e-s Schiffs*: hundimiento; *fig* ruina *f*; *der Sonne etc* puesta *f* **Untergebene(r)** M/F(M) subordinado,-a **untergehen** *Schiff* hundirse; *Sonne* ponerse **Untergeschoss** N piso *m* bajo, sótano *m*
unterhalb (*gen*) debajo de
Unterhalt M sustento; manutención *f*; JUR pensión *f* alimenticia; **~ zahlen** pasar una pensión **unterhalten** sustentar; *fig* distraer; **sich ~** conversar; *fig* divertirse **Unterhaltung** F conversación; *fig* diversión
Unterhemd N camiseta *f* **Unterhose** F *Herren*: calzoncillos *mpl*; *Damen* bragas *fpl* **Unterkiefer** M maxilar inferior **Unterkunft** F alojamiento *m* **Unterlage** F base; **~n** *pl* documentación *f* **unterlassen** dejar, abstenerse de *a/c* **unterlegen** ADJ inferior (a) **Unterleib** M abdomen **Unterlippe** F labio *m* inferior **Untermiete** F **in ~ wohnen** ser subinquilino de alg **Untermieter(in)** M(F) subinquilino,-a
unternehmen emprender **Unternehmen** N empresa *f* **Unternehmer(in)** M(F) empresario,-a **unternehmungslustig** emprendedor
Unteroffizier M suboficial **Unterricht** M enseñanza *f*; clases *fpl* **unterrichten** enseñar; (*informieren*) informar **Unterrock** M combinación *f* **unterschätzen** subestimar
unterscheiden distinguir **Unterscheidung** F distinción
Unterschenkel M pierna *f* **Unterschied** M diferencia *f* **unterschiedlich** distinto, diferente **Unterschlagung** F defraudación **unterschreiben** firmar **Unterschrift** F firma **Unterseeboot** N submarino *m* **Untersetzer** M *für Gläser* posavasos
unterste(r, -s) el más bajo/la más baja **unterstreichen** subrayar

unterstützen apoyar **Unterstützung** F apoyo *m*; *(Geld)* subsidio *m*
untersuchen examinar; investigar **Untersuchung** F examen *m*; JUR indagación **Untersuchungshaft** F prisión preventiva
Untertasse F platillo *m* **untertauchen** sumergir **Unterteil** M/N parte *f* inferior **Untertitel** M subtítulo (*a. Film*) **Unterwäsche** F ropa interior
unterwegs en (el) camino; durante el viaje
unterwerfen someter **unterwürfig** sumiso **unterzeichnen** firmar
Unterzucker M hipoglucemia *f* aguda; *umg* bajón *m* de azúcar
Untiefe F bajo fondo *m*
untragbar insoportable **untrennbar** inseparable **untreu** infiel **Untreue** F infidelidad
untypisch poco típico, atípico
unüberlegt irreflexivo **unübersichtlich** poco claro; complejo **ununterbrochen** continuo; ADV sin interrupción
unveränderlich invariable **unverändert** inalterado
unverantwortlich irresponsable **unverbesserlich** incorregible **unverbindlich** sin compromiso **unverdaulich** indigesto **unvereinbar** incompatible **unvergesslich** inolvidable **unverheiratet** soltero **unverletzt** ileso **unvermeidlich** inevitable **unvernünftig** imprudente
unverschämt descarado, insolente **Unverschämtheit** F descaro *m*, insolencia
unversehrt incólume; intacto **unverständlich** incomprensible **unverwüstlich** indestructible **unverzüglich** inmediato
unvollendet inacabado **unvollkommen** imperfecto **unvollständig** incompleto
unvorbereitet desprevenido **unvorhergesehen** imprevisto **unvorsichtig** imprudente **unvorstellbar** inimaginable
unwahr falso **Unwahrheit** F falsedad **unwahrscheinlich** improbable **unwesentlich** insignificante
Unwetter N temporal *m*
unwichtig sin importancia **unwiderstehlich** irresistible **unwillkürlich** involuntario **unwirksam** ineficaz **unwissend** ignorante **unwohl** indispuesto **Unwohlsein** N indisposición *f* **unzählige** innumerables **unzerbrechlich** irrompible **unzertrennlich** inseparable
unzufrieden descontento **Unzufriedenheit** F descontento *m*
unzugänglich inaccesible **unzulänglich** insuficiente

unzulässig inadmisible **unzuverlässig** inseguro, informal
Update N IT actualización *f*
Upgrade N *Hotel, Flugzeug* cambio *m* a la categoría superior
üppig exuberante; *Mahl* opulento
ups INT *umg* **ups!** ¡uy!
Uran N uranio *m*
Uraufführung F estreno *m* absoluto
urban urbano
Ureinwohner(in) M(F) indígena **Urenkel(in)** M(F) bisnieto,-a **Urgroßmutter** F bisabuela **Urgroßvater** M bisabuelo
Urheber(in) M(F) autor(a)
Urin M orina *f* **urinieren** orinar
Urkunde F documento *m*
Urlaub M vacaciones *fpl;* MIL permiso; **~ machen/haben** estar de vacaciones; **in den ~ fahren** ir de vacaciones; **schönen ~!** ¡buenas vacaciones! **Urlauber(in)** M(F) turista
Urlaubsanschrift F dirección de vacaciones **Urlaubsort** m lugar de vacaciones **Urlaubsreise** F viaje *m* de vacaciones **Urlaubszeit** F (tiempo *m* de) vacaciones *fpl*
Urne F urna
Urologe M urólogo
Ursache F causa, motivo *m;* **keine ~!** ¡de nada!
Ursprung M origen **ursprünglich** primitivo, original; ADV al principio
Urteil N juicio *m;* JUR sentencia *f* **urteilen** juzgar (**über** *akk* de)
Urwald M selva *f* virgen
USA PL **die ~** los EE.UU. *mpl* (*Estados Unidos de América*)
USB-Anschluss M IT conexión *f* USB **USB-Kabel** N IT cable *m* USB **USB-Stick** M IT memoria *f* USB
User(in) M(F) IT usuario,-a
usw. (*und so weiter*) etc. (etcétera)
Utensilien PL utensilios *mpl*
utopisch utópico
UV-Filter M filtro ultravioleta **UV-Strahlen** PL rayos *mpl* ultravioletas

V

Vagabund M vagabundo
vage vago, poco seguro
Vakuum N vacío *m* **vakuumverpackt** envasado al vacío
Vanille F vainilla **Vanilleeis** N helado *m* de vainilla
Varieté, Varietee N teatro *m* de variedades
Vase F florero *m*
Vaseline F vaselina
Vater M padre **Vaterland** N patria *f*
väterlich paterno, paternal

Vatikan M Vaticano **Vatikanstadt** F Ciudad del Vaticano
vegan vegano **Veganer(in)** M(F) vegano,-a
Vegetarier(in) M(F) vegetariano,-a **vegetarisch** vegetariano
Vegetation F vegetación
Veggieburger M hamburguesa *f* vegetariana
Veilchen N violeta *f*
Vene F vena
Venedig N Venecia *f*
Venenentzündung F flebitis
Ventil N válvula *f* **Ventilator** M ventilador
verabreden convenir; **sich ~** citarse, quedar (**mit** con) **Verabredung** F cita **verabschieden**: **sich ~** despedirse (**von** de)
verachten despreciar **verächtlich** despectivo **Verachtung** F desprecio *m*
verallgemeinern generalizar
veraltet anticuado
veränderlich variable **verändern**: **(sich) ~** cambiar **Veränderung** F cambio *m*
Veranlagung F (pre)disposición **veranlassen** motivar; (*anordnen*) disponer **Veranlassung** F motivo *m*
veranstalten organizar **Veranstalter(in)** M(F) organizador(a) **Veranstaltung** F organización; espectáculo *m*
verantworten responder de; **sich ~** justificarse **verantwortlich** responsible **Verantwortung** F responsabilidad **verantwortungslos** irresponsable
verarbeiten elaborar; tratar
Verarbeitung F elaboración
verärgert enfadado, enojado
Verb N verbo *m*
Verband M asociación *f*; MED vendaje **Verband(s)kasten** M botiquín (de urgencia) **Verband(s)zeug** N vendajes *mpl*
verbergen esconder, ocultar
verbessern mejorar; *Fehler* corregir **Verbesserung** F mejora(miento *m*); corrección
verbeugen: **sich ~** inclinarse **Verbeugung** F inclinación
verbiegen torcer, deformar
verbieten prohibir **verbilligen** abaratar, rebajar
verbinden unir, juntar; MED vendar **verbindlich** obligatorio; *Person* amable **Verbindung** F unión; relación; TEL *Verkehr* comunicación; BAHN enlace *m*; CHEM combinación
verbleit con plomo **verblüfft** perplejo, atónito **verblühen** marchitarse **verblüht** marchito **verbluten** desangrarse
verborgen ADJ escondido
Verbot N prohibición *f* **verboten** prohibido **Verbotsschild** N señal *m* de prohibido
Verbrauch M consumo **verbrauchen** consumir; *Geld* gastar **Verbraucher(in)** M(F) con-

sumidor(a) **Verbraucherschutz** M protección *f* al consumidor
Verbrechen N crimen *m* **Verbrecher(in)** M(F) criminal **verbrecherisch** criminal
verbreiten difundir **verbreitern** ensanchar **Verbreitung** F difusión
verbrennen quemar(se) **Verbrennung** F combustión; MED quemadura; *von Leichen, Müll* incineración
verbringen pasar
verbünden: **sich ~** aliarse **Verbündete(r)** M/F(M) aliado,-a **verbürgen**: **sich ~ für** responder de
Verdacht M sospecha *f* **verdächtig** sospechoso **verdächtigen** sospechar de
verdammen condenar **verdammt** maldito; *umg* **~!** ¡maldita sea!
verdanken deber (**j-m etw** a/c a alg)
verdauen digerir **verdaulich** digestible **Verdauung** F digestión **Verdauungsbeschwerden** PL trastornos *mpl* digestivos **Verdauungsstörung(en)** F(PL) indigestión
Verdeck N AUTO capota *f* **verdecken** cubrir, tapar **verderben** V/T estropear, deteriorar; V/I echarse a perder; **sich den Magen ~** coger una indigestión
verderblich perecedero
verdienen ganar; *fig* merecer
Verdienst **1** N mérito *m* **2** M ganancia *f*; sueldo
verdoppeln doblar **verdorben** pasado, podrido **verdrängen** desplazar; *fig* reprimir **verdrehen** torcer **verdunkeln** oscurecer **verdünnen** diluir **verdunsten** evaporarse **verdursten** morir de sed **verdutzt** atónito
verehren venerar, adorar **Verehrer(in)** M(F) admirador(a) **Verehrung** F veneración
vereidigen tomar juramento a **vereidigt** jurado
Verein M asociación *f*; SPORT club **vereinbaren** convenir, acordar **Vereinbarung** F acuerdo *m* **vereinfachen** simplificar **vereinigen** unir **Vereinigung** F unión
vereinzelt aislado **vereiteln** frustrar **vereitert** purulento **vererben** legar **verfahren** proceder; **sich ~** extraviarse **Verfahren** N proceso *m*; JUR procedimiento *m*
Verfall M decadencia *f* **verfallen** **1** caducar; *Haus* desmoronarse; *fig* decaer **2** ADJ caducado **Verfallsdatum** N fecha *f* de caducidad **Verfallstag** M HANDEL día de vencimiento
verfassen componer; redactar **Verfasser(in)** M(F) autor(a) **Verfassung** F estado *m*; POL constitución
verfaulen pudrirse
verfehlen *Ziel, Weg* errar; *Zug*

perder; *j-n* no encontrar **verfehlt** equivocado
verfilmen filmar **verfliegen** *Zeit* pasar volando **verflixt** *umg* maldito **verfluchen** maldecir **verflucht** maldito
verfolgen perseguir (*a. fig*) **Verfolger(in)** M(F) perseguidor(a) **Verfolgung** F persecución
verformen: **sich ~** deformarse
verfrüht prematuro
verfügbar disponible **verfügen** disponer, ordenar; **~ über** (*akk*) disponer de **Verfügung** F disposición
verführen seducir **Verführer(in)** M(F) seductor(a) **verführerisch** seductor **Verführung** F seducción
vergammelt *umg* podrido
vergangen pasado **Vergangenheit** F pasado *m*
Vergaser M carburador
vergeben dar; *fig* perdonar **vergebens** en vano **vergeblich** vano, inútil
vergehen *Zeit* pasar
Vergehen N JUR delito *m*
vergelten *j-m etw* devolver, pagar **Vergeltung** F desquite *m*, venganza
vergessen olvidar **vergesslich** olvidadizo **vergeuden** dilapidar, despilfarrar
vergewaltigen violar **Vergewaltigung** F violación
vergewissern: **sich ~** asegurarse, cerciorarse
vergießen derramar, verter
vergiften envenenar; intoxicar **Vergiftung** F intoxicación
vergiss, **vergisst** → vergessen **Vergissmeinnicht** N BOT nomeolvides *m*
Vergleich M comparación *f*; JUR arreglo **vergleichbar** comparable (**con** mit) **vergleichen** comparar
vergnügen: **sich ~** divertirse **Vergnügen** N placer *m*; **viel ~!** ¡que se divierta(n)!; **es ist mir ein ~** es un placer para mí
vergnügt alegre **Vergnügungspark** M parque de atracciones
vergoldet dorado **vergraben** enterrar **vergriffen** agotado **vergrößern** aumentar (*a. Optik*); ampliar (*a.* FOTO) **Vergrößerung** F aumento; *a.* FOTO ampliación **Vergünstigung** F privilegio *m*; ventaja **Vergütung** F remuneración
verhaften detener, arrestar **Verhaftung** F detención, arresto *m*
verhalten: **sich ~** (com)portarse **Verhalten** N conducta *f*, comportamiento *m*
Verhältnis N relación *f*; proporción *f* **verhältnismäßig** relativo **Verhältnisse** PL condiciones *fpl*; circunstancias *fpl*
verhandeln tratar (**über** *akk* de), negociar **Verhandlung** F negociación; JUR vista
verhängnisvoll fatal **ver-**

hasst odiado **verheerend** desastroso **verheimlichen** ocultar
verheiraten: **sich ~** casarse **verheiratet** casado
verhindern impedir **verhindert**: **~ sein** no poder asistir
Verhör N interrogatorio *m* **verhören** interrogar; **sich ~** entender mal
verhungern morir de hambre
verhüten prevenir **Verhütung** F prevención **Verhütungsmittel** N anticonceptivo *m*
verirren: **sich ~** extraviarse **Verjährung** F JUR prescripción **verjüngen** rejuvenecer
Verkauf M venta *f* **verkaufen** vender; **zu ~** en venta
Verkäufer(in) M(F) vendedor(a)
Verkehr M circulación *f*; tráfico **verkehren** circular; **mit j-m ~** tener trato con alg
Verkehrsanbindung F conexión (con medios de transporte); **eine gute ~ haben** estar bien conectado (con medios de transporte) **verkehrsberuhigt** de tráfico reducido
Verkehrschaos N caos *m* circulatorio **Verkehrsinsel** F refugio *m* **Verkehrsmittel** N medio *m* de transporte **Verkehrspolizei** F policía de tráfico **Verkehrspolizist(in)** M(F) agente (*od* policía) de tráfico **Verkehrsstau** M embotellamiento *m*, atasco *m* **Verkehrsunfall** M accidente de tráfico **Verkehrszeichen** N señal *f* de tráfico
verkehrt invertido; (*falsch*) falso **verklagen** demandar **verkleiden** TECH revestir; **sich ~** disfrazarse **verkleinern** reducir; disminuir **verknacksen** *umg* **sich den Knöchel** *etc* **~** torcerse el tobillo *etc* **verkörpern** personificar, encarnar
verkrachen *umg* **sich ~** reñir (**mit** con)
verkraften resistir **verkrampft** crispado **verkrüppelt** lisiado **verkünden** anunciar **verkürzen** acortar
verladen cargar; SCHIFF embarcar
Verlag M editorial *f*
verlangen pedir, exigir
verlängern alargar; *zeitlich* prolongar **Verlängerung** F alargamiento *m*; prolongación; prórroga (*a.* SPORT) **Verlängerungsschnur** F prolongador *m*
verlangsamen *Geschwindigkeit* reducir(se) **verlassen** dejar, abandonar; **sich ~ auf** (*akk*) fiarse de **verlässlich** fiable, seguro
Verlauf M curso **verlaufen** pasar; **sich ~** perderse
verlegen **1** extraviar; *Wohnsitz* trasladar; *Termin* aplazar; *Buch* editar **2** ADJ cortado **Verlegenheit** F apuro *m*
Verleger(in) M(F) editor(a)

Verleih M alquiler **verleihen** prestar; *für Geld* alquilar; *Preis* conceder
verleiten inducir (**zu** a) **verlernen** olvidar
verletzen herir, lesionar **Verletzte(r)** M/F(M) herido,-a **Verletzung** F herida, lesión
verleumden calumniar **Verleumdung** F calumnia
verlieben: **sich ~** enamorarse (**in** *akk* de) **verliebt** enamorado
verlieren perder **Verlierer(in)** M(F) perdedor(a)
verlinken INTERNET enlazar, vincular
verloben: **sich ~** (com)prometerse **Verlobte(r)** M/F(M) prometido,-a **Verlobung** F compromiso *m*(matrimonial)
verlockend tentador, seductor **verlogen** mentiroso **verloren** perdido; **~ gehen** perderse
verlosen sortear **Verlosung** F sorteo *m*
Verlust M pérdida *f*
vermachen legar **vermehren** aumentar; **sich ~** BIOL multiplicarse **vermeiden** evitar
Vermerk M nota *f*
vermieten alquilar; **zu ~** se alquila **Vermieter(in)** M(F) alquilador(a) **Vermietung** F alquiler *m*
vermindern disminuir; reducir
vermissen echar de menos
vermisst desaparecido
vermitteln V/I intervenir; mediar; V/T proporcionar **Vermittler(in)** M(F) intermediario,-a; mediador(a) **Vermittlung** F intervención; (*Schlichtung*) mediación; TEL central
Vermögen N fortuna *f*; patrimonio *m*
vermüllt lleno de basura
vermuten suponer **vermutlich** presunto **Vermutung** F suposición
vernachlässigen descuidar
vernehmen percibir, oír; JUR interrogar **Vernehmung** F interrogatorio *m* **verneinen** negar **vernetzt** interconectado **vernichten** destruir **Vernichtung** F destrucción
Vernissage F inauguración de una exposición de arte, vernissage *m*
Vernunft F razón **vernünftig** razonable; *Person* sensato **veröffentlichen** publicar
verordnen MED prescribir
Verordnung F MED prescripción; POL decreto *m*
verpachten arrendar **Verpächter(in)** M(F) arrendador(a)
verpacken embalar; envasar; *Am* empacar **Verpackung** F embalaje *m*; envase *m* **verpartnern** V/R formar una pareja de hecho, ≈ casarse **verpassen** *j-n*, *Zug etc* perder **verpfänden** empeñar **verpflanzen** MED trasplantar

verpflegen alimentar **Verpflegung** F alimentación, comida

verpflichten obligar; **sich ~ zu** comprometerse a **Verpflichtung** F obligación, compromiso *m*

verpfuschen *Arbeit* echar a perder; *fig* destrozar **verprügeln** dar una paliza a **Verputz** M enlucido **Verrat** M traición *f* **verraten** traicionar **Verräter(in)** M(F) traidor(a)

verrechnen poner en cuenta; **sich ~** equivocarse **Verrechnungsscheck** M cheque cruzado

verreisen irse de viaje **verrenken** dislocar **Verrenkung** F dislocación **verriegeln** echar el cerrojo a **verringern** disminuir; reducir **verrosten** oxidarse

verrückt loco **Verrücktheit** F locura

verrufen ADJ de mala fama

Vers M verso

versagen fallar; *Person* fracasar **Versagen** N fallo *m* **Versager(in)** M(F) fracasado,-a

versalzen ADJ demasiado salado

versammeln reunir **Versammlung** F reunión, asamblea, junta

Versand M expedición *f*; envío **Versandhaus** N casa *f* de venta(s) por correo (*od* catálogo)

versäumen omitir; *Gelegenheit* desaprovechar; (*verpassen*) perder **verschaffen** procurar **verschärfen** agravar **verschenken** regalar **verscheuchen** ahuyentar **verschicken** enviar, expedir **verschieben** *zeitlich* aplazar

verschieden diferente; diverso; distinto **verschiedenartig** variado **Verschiedenheit** F diferencia, diversidad **verschiedentlich** más de una vez

verschiffen embarcar **verschimmeln** enmohecerse **verschimmelt** enmohecido **verschlafen** **1** despertarse demasiado tarde **2** ADJ soñoliento

verschlechtern empeorar **Verschlechterung** F empeoramiento *m*

Verschleiß M desgaste

verschleppen *Person* secuestrar **verschließen** cerrar (con llave) **verschlimmern** agravar **verschlossen** cerrado; *Person* reservado **verschlucken** tragar; **sich ~** atragantarse

Verschluss M cierre; *e-r Flasche* tapón; FOTO obturador

verschlüsselt codificado **verschmähen** despreciar, desdeñar **verschmutzen** ensuciar; *Umwelt* contaminar **verschneit** nevado **verschollen** desaparecido **verscho-**

nen respetar; ahorrar **verschönern** embellecer **verschreiben** MED prescribir; recetar; **sich ~** equivocarse (al escribir) **verschrotten** desguazar **verschulden** causar; **sich ~** endeudarse **verschuldet** endeudado **verschütten** derramar **verschweigen** callar
verschwenden derrochar; desperdiciar (*a. Zeit*) **verschwenderisch** pródigo **Verschwendung** F derroche *m*, despilfarro *m*
verschwiegen callado; discreto **verschwinden** desaparecer **verschwommen** vago; FOTO *etc* borroso
Verschwörer(in) M(F) conspirador(a) **Verschwörung** F conspiración
versehen proveer, dotar (**mit** de); **sich ~** equivocarse
Versehen N equivocación *f*, error *m*; **aus ~** por error, por descuido **versehentlich** por error, por descuido
versenden enviar **versenken** hundir, sumergir **versetzen** trasladar; *Schlag* asestar; *als Pfand* empeñar; *umg j-n* dar un plantón
verseucht infestado, contaminado **Verseuchung** F contaminación
versichern asegurar **Versicherte(r)** M/F(M) asegurado,-a *m(f)* **Versicherung** F seguro *m*
Versicherungsbeitrag M cuota *f* (del seguro) **Versicherungsfall** M siniestro; **im ~** en caso de siniestro **Versicherungsgesellschaft** F compañía de seguros, aseguradora **Versicherungspolice** F, **-schein** M póliza *f* de seguro
versinken hundirse
versöhnen reconciliar **Versöhnung** F reconciliación
versorgen proveer (**mit** de); (*betreuen*) cuidar (de)
verspäten: **sich ~** retrasarse; llegar tarde **Verspätung** F retraso *m* (**haben** llevar)
versperren obstruir; bloquear **verspielen** perder en el juego; *fig* perder **verspotten** burlarse de
versprechen prometer; **sich ~** equivocarse (al hablar) **Versprechen** N, **Versprechung** F promesa *f*
verstaatlichen nacionalizar
Verstand M entendimiento, razón *f*
verständigen informar; **sich ~** entenderse **Verständigung** F comunicación **verständlich** inteligible; comprensible **Verständnis** N comprensión *f* **verständnisvoll** comprensivo
verstärken reforzar; *Ton* amplificar **Verstärker** M amplificador **Verstärkung** F refuerzo *m*; *Ton* amplificación
verstauchen **sich** (*dat*) **etw ~**

torcerse a/c **Verstauchung** F torcedura
Versteck N escondite *m* **verstecken** esconder
verstehen entender; comprender; **sich ~** entenderse
Versteigerung F subasta
verstellbar regulable, ajustable **verstellen** ajustar, regular; **sich ~** disimular
versteuern pagar impuestos por **verstimmt** de mal humor; MUS desafinado **verstohlen** furtivo
verstopfen atascar (*a. Straße*) **verstopft** atascado; obstruido; *Nase* tapado **Verstopfung** F MED estreñimiento *m*
verstorben difunto **verstört** trastornado, alterado
Verstoß M falta *f* **verstoßen**: **~ gegen** faltar a
verstreichen *Frist* vencer; *Zeit* pasar **verstreuen** dispersar **verstümmeln** mutilar **verstummen** enmudecer
Versuch M intento; (*Probe*) ensayo, prueba *f*; PHYS *etc* experimento **versuchen** intentar (**zu** *inf*); probar; ensayar **Versuchskaninchen** N cobaya *f*
vertagen aplazar **vertauschen** cambiar
verteidigen defender **Verteidiger(in)** M(F) defensor(a); SPORT defensa **Verteidigung** F defensa
verteilen distribuir, repartir **Verteilung** F distribución, reparto *m*
vertiefen ahondar
Vertrag M contrato; POL tratado **vertragen** aguantar, soportar; **sich gut/nicht ~** llevarse bien/mal **Vertragswerkstatt** F taller *m* concertado
vertrauen confiar en **Vertrauen** N confianza *f* **vertrauensvoll** confiado **vertraulich** confidencial **vertraut** íntimo; familiar
vertreiben expulsar; HANDEL vender; **sich die Zeit ~** pasar el tiempo (**mit** con)
vertreten representar; *j-n* sustituir **Vertreter(in)** M(F) sustituto,-a, suplente; HANDEL representante **Vertretung** F representación
Vertrieb M venta *f* **Vertriebene(r)** M/F(M) expulsado,-a
vertrocknen secarse **vertuschen** ocultar, echar tierra a
verüben *Tat* cometer
verunglücken sufrir un accidente, accidentarse **verunreinigen** ensuciar **veruntreuen** malversar
verursachen causar, ocasionar **verurteilen** condenar (*a. fig*) **Verurteilung** F condena
vervollständigen completar
verwackelt FOTO movido
verwählen: TEL **sich ~** marcar mal **verwahrlost** descuidado **verwaist** huérfano
verwalten administrar **Verwalter(in)** M(F) administra-

dor(a) **Verwaltung** F administración
verwandeln transformar (**in** *akk* en)
verwandt pariente (**mit** de) **Verwandte(r)** M/F(M) pariente, familiar **Verwandtschaft** F parentesco *m*; *Personen* parentela
Verwarnung F amonestación
verwechseln confundir **Verwechslung** F confusión
verwegen temerario **verweigern** denegar **Verweis** M (*Tadel*) reprensión *f*; (*Hinweis*) remisión *f*
verwelken marchitarse **verwelkt** marchito
verwenden utilizar, emplear **Verwendung** F empleo *m*, uso *m*
verwerten utilizar, aprovechar **verwickeln** enredar (**in** *akk* en) **verwirklichen** realizar
verwirren confundir **verwirrt** confuso **Verwirrung** F embrollo *m*, confusión
verwischen borrar **verwitwet** viudo **verwöhnen** mimar **verwunden** herir **Verwunderung** F asombro *m* **Verwundete(r)** M/F(M) herido,-a **Verwundung** F herida **verwünschen** maldecir **verwüsten** devastar **verzaubern** encantar
Verzehr M consumición *f* **verzehren** consumir
Verzeichnis N lista *f*, relación *f*; IT directorio *m*
verzeihen perdonar **Verzeihung** F perdón *m*
verzerrt desfigurado
Verzicht M renuncia *f* **verzichten** renunciar (**auf** *akk* a)
verzieren adornar **Verzierung** F adorno *m*, ornamento *m* **verzinsen**: **sich ~** devengar interes(es)
verzögern retardar; **sich ~** retrasarse **Verzögerung** F retraso *m*, demora
verzollen pagar aduana por
verzweifeln desesperar **Verzweiflung** F desesperación
vgl. (*vergleiche*) compárese
VHS F (*Volkshochschule*) Universidad Popular
Viadukt M viaducto
Vibrationsalarm M TEL vibración *f* **vibrieren** vibrar
Video N vídeo *m* **Videogerät** N, **Videorekorder** vídeo, magnetoscopio **Videokamera** F videocámara **Videospiel** N videojuego *m* **Videoübertragung** F transmisión *f* por vídeo **videoüberwacht** vigilado por cámaras de vídeo **Videoüberwachung** F videovigilancia
Vieh N ganado *m* **Viehzucht** F cría de ganado; ganadería
viel mucho; **nicht ~** poco; **sehr ~** muchísimo; **so ~** tanto; **zu ~**, **~ zu** … demasiado … **Vielfalt** F diversidad
vielleicht quizá(s)

vielmehr más bien **vielsagend** significativo **vielseitig** versátil; *Person* polifacético **vielversprechend** prometedor
vier cuatro **Viereck** N cuadrángulo *m*; cuadrado *m* **viereckig** cuadrangular **vierfach** cuádruplo **vierhundert** cuatrocientos **vierspurig** *Straße* de cuatro carriles **Viertaktmotor** M motor de cuatro tiempos
vierte cuarto
Viertel N cuarto *m*; **~ vor drei** las tres menos cuarto; **~ nach drei** las tres y cuarto **Vierteljahr** N trimestre *m* **Viertelnote** F MUS negra **Viertelstunde** F cuarto *m* de hora
Vierwaldstätter See M Lago de los Cuatro Cantones
vierzehn catorce; **~ Tage** quince días **vierzig** cuarenta
Vignette F AUTO pegatina del peaje
Villa F chalet *m*
Viola F MUS viola
violett violeta
Violine F violín *m*
Virenscanner M escáner *m* de virus **Virenschutz** NM, **Virenschutzprogramm** N (programa *m*) antivirus *m*
virtuell IT virtual
Virus N/M virus *m*
Visitenkarte F tarjeta de visita
Visum N visado *m*, *Am* visa *f*
Vitamin N vitamina *f*
Vogel M pájaro, ave *f* **Vogelfutter** N alpiste *m* **Vogelkäfig** M jaula *f* **Vogelscheuche** F espantapájaros *m*
Vokabel F vocablo *m*
Vokal M vocal *f*
Volk N pueblo *m*
Volksfest N fiesta *f* popular **Volkshochschule** F universidad popular **Volkslied** N canción *f* popular **Volksrepublik** F república popular **Volksschule** F *österr* → Grundschule **Volkstanz** M danza *f* popular **volkstümlich** popular
Volkswirt(in) M(F) economista **Volkswirtschaft** F economía nacional **Volkswirtschaftslehre** F economía política
voll lleno; (*ganz*) entero; (*besetzt*) completo; *fig* pleno; **~ tanken** llenar el depósito **vollautomatisch** completamente automático **Vollbad** N baño *m* entero **Vollbart** M barba *f* cerrada **vollenden** acabar, terminar
Volleyball M voleibol
Vollgas N **~ geben** pisar a fondo; **mit ~** a toda marcha
völlig completo, entero
volljährig mayor de edad **Vollkaskoversicherung** F seguro *m* a todo riesgo **vollkommen** perfecto; ADV completamente **Vollkornbrot** N pan *m* integral **Vollmacht** F

poder *m* **Vollmilch** F leche entera **Vollmond** M luna *f* llena **Vollnarkose** F anestesia general **Vollpension** F pensión completa **vollständig** completo, entero, total **Vollwaise** F huérfano,-a de padre y madre **vollzählig** completo
Vollzeit F: **~ arbeiten** trabajar a tiempo completo
Volt N voltio *m*
Volumen N volumen *m*
von PRÄP (*dat*) de; *örtlich u. zeitlich a.* desde; *Passiv* por; **von ... ab** a partir de; **ein Freund ~ mir** un amigo mío **voneinander** uno(s) de otro(s)
vor (*dat; Richtung: akk*) *örtlich* delante de; *zeitlich* antes de; *fig* de, por; **~ drei Tagen** hace tres días; **zehn ~ zwei** las dos menos diez; **~ Freude** de alegría
Vorabend M víspera *f*
voran (a)delante **vorangehen** ir delante **vorankommen** adelantar, avanzar (*a. fig*) **voranmelden** V/R preinscribirse (**für** para), pedir cita (**bei** con)
Voranschlag M presupuesto
voraus: **im Voraus** de antemano; *zahlen* por adelantado **vorausgehen** *fig* preceder **vorausgesetzt**: **~ dass ...** suponiendo que ... **voraussagen** predecir **voraussehen** prever **Voraussetzung** F condición (previa) **voraussichtlich** probable(mente) **Vorauszahlung** F pago *m* anticipado
Vorbehalt M reserva *f*
vorbei por delante (**an** *dat* de); *zeitlich* pasado **vorbeifahren**, **vorbeigehen** pasar **vorbeilassen** dejar pasar
vorbereiten preparar (**auf** *akk* para) **Vorbereitung** F preparación
vorbestellen reservar **Vorbestellung** F reserva
vorbestraft con antecedentes penales
vorbeugen *e-r Sache* prevenir; **sich ~** inclinarse hacia adelante **Vorbeugung** F prevención **Vorbeugungsmaßnahme** F medida preventiva
Vorbild N modelo *m* **vorbildlich** ejemplar
Vorder... delantero **Vorderachse** F eje *m* delantero
vordere(r, -s) delantero
Vordergrund M primer plano (*a. fig*) **Vorderrad** N rueda *f* delantera **Vorderseite** F parte *f* anterior; *Münze* cara; ARCH fachada **Vordersitz** M asiento delantero
vordrängen: **sich ~** *umg* colarse **Vordruck** M impreso **voreilig** precipitado **voreingenommen** prevenido **vorerst** por lo pronto **Vorfahr(in)** M(F) antepasado,-a
Vorfahrt F prioridad, preferencia (de paso); **~ beachten!**

¡ceda el paso! **Vorfahrtsstraße** F calle con prioridad
Vorfall M suceso, acontecimiento **vorfinden** encontrar
vorführen demostrar; exhibir, presentar **Vorführung** F exhibición, presentación, demostración
Vorgang M proceso **Vorgänger(in)** M(F) predecesor(a) **vorgehen** proceder; *Uhr* adelantar; *fig Sache* tener preferencia **Vorgesetzte(r)** M/F(M) superior **vorgestern** anteayer
vorhaben proponerse; pensar (*+inf*)
Vorhaben N intención *f*; proyecto *m*
vorhanden existente; HANDEL disponible; **~ sein** existir
Vorhang M cortina *f*; THEAT telón **Vorhängeschloss** N candado *m*
vorher antes **vorhergehend** precedente, anterior **Vorhersage** F predicción **vorhersehen** prever
vorhin hace un momento
vorig pasado; anterior
vorinstalliert preinstalado
Vorkenntnisse PL conocimientos *mpl* (previos)
vorkommen existir, encontrarse; (*geschehen*) suceder, ocurrir; (*scheinen*) **j-m ~** parecer a alg **Vorkommnis** N acontecimiento *m*, incidente *m*
vorladen convocar; *als Zeuge* citar **Vorladung** F citación
Vorlage F presentación; (*Muster*) modelo *m* **vorlassen** dejar pasar **vorläufig** provisional; ADV por ahora **vorlegen** presentar
vorlesen leer **Vorlesung** F clase
vorletzte(r, -s) penúltimo
Vorliebe F predilección (**für** por)
vorliegen existir **Vormarsch** M avance **vormerken** apuntar; tomar nota de
Vormittag M mañana *f*; **am ~** por la mañana **vormittags** por la mañana
Vormund M tutor
vorn delante; **nach ~** hacia delante; **von ~** por delante; *zeitlich* de nuevo
Vorname M nombre (de pila)
vornehm distinguido **vornehmen**: **sich etw ~** proponerse a/c
vornherein: **von ~** desde un principio
Vorort M barrio periférico, suburbio
Vorrang M prioridad *f* **Vorrat** M provisión *f*; HANDEL existencias *fpl* **vorrätig** disponible
Vorrecht N privilegio *m* **Vorrichtung** F dispositivo *m*
Vorruhestand M prejubilación *f* **Vorrunde** F SPORT eliminatoria **Vorsaison** F temporada baja **Vorsatz** M propósito **vorsätzlich** premeditado
Vorschau F TV avance *m* de

programa **Vorschlag** M propuesta *f* **vorschlagen** proponer

vorschreiben prescribir **Vorschrift** F prescripción; reglamento *m* **vorschriftsmäßig** reglamentario **Vorschuss** M anticipo **vorsehen** prever; **sich ~** tener cuidado

Vorsicht F precaución; **~!** ¡cuidado! **vorsichtig** prudente, cauto; ADV con cuidado **vorsichtshalber** por si acaso **Vorsichtsmaßnahme** F medida de precaución

Vorsilbe F prefijo *m* **Vorsitz** M presidencia *f* **Vorsitzende(r)** M/F(M) presidente **Vorsorgeuntersuchung** F chequeo *m* (preventivo) **vorsorglich** previsor **Vorspeise** F entrada, entremés *m*, entrante *m* **Vorspiel** N preludio *m* **Vorsprung** M *fig* ventaja *f* **Vorstadt** F arrabal *m* **Vorstand** M junta *f* directiva

vorstellen *j-n* presentar; *Uhr* adelantar; **sich etw ~** figurarse a/c **Vorstellung** F presentación; *fig* idea; THEAT representación; *Kino* sesión **Vorstellungsgespräch** N entrevista *f* personal

Vorstrafen FPL antecedentes *mpl* penales **vorstrecken** *Geld* adelantar **Vorteil** M ventaja *f* **vorteilhaft** ventajoso **Vortrag** M conferencia *f* **vortragen** recitar; MUS interpretar

vortrefflich excelente

vorüber pasado **vorübergehen** pasar **vorübergehend** pasajero

Vorurteil N prejuicio *m* **Vorverkauf** M venta *f* anticipada **Vorwahl(nummer)** F TEL prefijo *m* **Vorwand** M pretexto

vorwärts adelante **Vorwäsche** F prelavado *m* **vorweisen** presentar **vorwerfen** reprochar **vorwiegend** principalmente

Vorwort N prefacio *m* **Vorwurf** M reproche **Vorzeichen** N augurio *m* **vorzeigen** presentar

vorziehen preferir; *Vorhang* correr **Vorzug** M (*Vorrang*) preferencia *f*; (*gute Eigenschaft*) mérito; (*Vorteil*) ventaja *f* **vorzüglich** excelente **Vorzugspreis** M precio de favor

vulgär vulgar

Vulkan M volcán

VW (*Volkswagen*) *marca de automóvil alemana*

W

Waage F balanza; ASTROL Libra **waagerecht** horizontal

wach despierto; **~ werden** despertarse **Wache** F guardia

wachen velar (**über** *akk* por)
Wacholder M enebro
Wachs N cera *f*
wachsam vigilante; alerta **Wachsamkeit** F vigilancia
wachsen V/I crecer; V/T encerar **Wachstuch** N hule *m* **Wachstum** N crecimiento *m*
Wachtel F codorniz
Wächter(in) M(F) guarda
Wackelkontakt M contacto intermitente *od* flojo **wackeln** tambalear(se); moverse
Wade F pantorrilla
Waffe F arma
Waffel F barquillo *m*
Waffenschein M licencia *f* de armas
wagen atreverse (a), osar
Wagen M (*Auto*) coche, BAHN *a.* vagón **Wagenheber** M gato
Wag(g)on M vagón
Wagnis N riesgo *m*
Wahl F elección
wählen escoger, elegir; POL votar; TEL marcar **Wähler(in)** M(F) votante **wählerisch** difícil de contentar
Wahlfach N asignatura *f* optativa **Wahlheimat** F patria adoptiva **Wahlkampf** M campaña *f* electoral **Wahllokal** N colegio *m* electoral **wahllos** al azar **Wahlplakat** N cartel *m* electoral
Wählton M TEL tono de llamada
Wahnsinn M locura *f*, demencia *f* **wahnsinnig** loco
wahr verdadero; verídico; **das ist (nicht) ~** (no) es verdad; **nicht ~?** ¿verdad?
während PRÄP (*gen*) durante; KONJ mientras (que)
Wahrheit F verdad **wahrnehmen** percibir **Wahrsager(in)** M(F) adivino,-a
wahrscheinlich probable **Wahrscheinlichkeit** F probabilidad
Währung F moneda
Wahrzeichen N símbolo *m*
Waise F huérfano,-a **Waisenhaus** N orfanato *m*
Wal M ballena *f*
Wald M bosque **Waldbrand** M incendio forestal **waldig** boscoso **Waldsterben** N muerte *f* lenta de los bosques **Waldweg** M camino forestal
Wall M terraplén **Wallfahrt** F peregrinación, romería
Walnuss F nuez **Walross** N morsa *f*
Walze F rodillo *m* **Walzer** M vals
Wand F pared; muro *m*
Wandel M cambio **wandeln**: **sich ~** cambiar
Wanderausstellung F exposición itinerante **Wanderkarte** F mapa *m* para excursiones **wandern** caminar, hacer excursiones a pie **Wanderung** F excursión (a pie) **Wanderurlaub** M viaje *m* de senderismo **Wanderweg** M camino

para excursiones, senda *f*
Wandgemälde N (pintura *f*) mural *m* **Wandschirm** M biombo **Wandschrank** M armario empotrado **Wandteppich** M tapiz
Wange F mejilla
wann cuando; **seit ~?** ¿desde cuándo?
Wanne F tina; (*Badewanne*) bañera
Wanze F chinche; *umg fig* micro-espía *m*
Wappen N escudo *m* de armas
war, wäre → sein
Ware F mercancía, *Am* a mercadería **Warenhaus** N grandes almacenes *mpl* **Warenkorb** M *für Internetbestellung* cesta *f* de la compra **Warenzeichen** N marca *f* (comercial)
warf → werfen
warm caliente; caluroso; *Klima* cálido (*a. fig*); **es/mir ist ~** hace/tengo calor
Wärme F calor *m* **Wärmedämmung** F aislamiento *m* térmico **wärmen** calentar **Wärmflasche** F bolsa de agua caliente
Warnblinkanlage F sistema *m* de alarma intermitente **Warndreieck** N triángulo *m* de peligro **warnen** advertir; prevenir (**vor** *dat* contra) **Warnstreik** M huelga *f* de advertencia **Warnung** F advertencia, aviso *m* **Warnweste** F chaleco *m* reflectante
Warschau N Varsovia *f*
Warteliste F lista de espera
warten esperar (**auf** *akk* a)
Warten N espera *f*
Wärter(in) M(F) guardián, -ana *m,f*
Warteraum M, **Wartesaal** M sala *f* de espera **Warteschlange** F cola (de espera) **Warteschleife** F FLUG círculo *m* **Wartezimmer** N sala *f* de espera
Wartung F mantenimiento *m*
warum por qué; **~?** ¿por qué?
Warze F verruga
was que; *umg* (*etwas*) algo; **~?** ¿qué?; **~ für (ein)** qué
Waschanlage F AUTO tren *m* de lavado **waschbar** lavable **Waschbecken** N lavabo *m*
Wäsche F ropa; (*das Waschen*) lavado *m* **Wäschegeschäft** N lencería *f* **Wäscheklammer** F pinza para la ropa **Wäschekorb** M, **Wäschebox** F cesto *m* *od* cubo *m* de (la) ropa (sucia)
waschen: **(sich) ~** lavar(se)
Waschen N lavado *m*
Wäscherei F lavandería **Wäscheständer** M tendedero **Wäschetrockner** M secadora *f*
Waschlappen M manopla *f* para baño; *fig Person* calzonazos *m* **Waschmaschine** F lavadora **Waschmittel** N detergente *m* **Waschprogramm** N programa de lava-

do **Waschpulver** N detergente *m* **Waschraum** M lavabo **Waschsalon** M lavandería *f*

Wasser N agua *f* **Wasserbad** N GASTR baño *m* María **Wasserball** M *Ball* pelota *f* de playa; SPORT waterpolo **wasserdicht** impermeable **Wasserfall** M cascada *f*; catarata *f* **Wasserflugzeug** N hidroavión *m* **Wasserhahn** M grifo **Wasserkocher** M hervidor *m* de agua **Wasserkraftwerk** N central *f* hidroeléctrica **Wasserleitung** F tubería (*od* cañería) de agua **Wassermann** M ASTROL Acuario **Wassermelone** F sandía **Wasserpistole** F pistola de agua **Wasserrutsche** F tobogán *m* acuático **wasserscheu** que tiene miedo al agua **Wasserski** M esquí *m* náutico (*od* acuático) **Wassersport** M deporte acuático **Wasserstand** M nivel de agua **Wasserstoff** M hidrógeno **Wasserverschmutzung** F contaminación del agua **Wasserwaage** F nivel *m* (de agua) **Wasserzähler** M contador de(l) agua

waten vadear

Watte F algodón *m* **Wattebausch** M tapón de algodón **Wattepad** N disco *m* de algodón **Wattestäbchen** N bastoncillo *m* de algodón

Waveboard N SPORT waveboard *m*, (*Brett*) tabla *f* de waveboard, monopatín *m* de dos ruedas

WC N WC *m*, retrete *m*

Web N IT Web *f*

weben tejer

Webportal N portal *m* web **Webseite** F IT página web **Website** F IT sitio *m* web

Webstuhl M telar

Wechsel M cambio; HANDEL letra *f* de cambio **Wechselgeld** N cambio *m*; vuelta *f* **wechselhaft** *Wetter* variable **Wechseljahre** NPL menopausia *f* **Wechselkurs** M tipo de cambio **wechseln** cambiar **Wechselstrom** M corriente *f* alterna **Wechselstube** F *Am* oficina de cambio

Weckdienst M TEL servicio de despertador **wecken** despertar **Wecker** M despertador

wedeln: **mit dem Schwanz ~** menear la cola

weder: **~ … noch** ni … ni

weg: **~ sein** *etw* estar perdido; *Person* estar salido

Weg M camino; **sich auf den ~ machen** ponerse en camino **Wegbeschreibung** F ubicación, indicaciones *fpl* del camino

wegbleiben faltar, no venir **wegbringen** llevar

wegen PRÄP (*gen*) por, a causa de

wegfahren salir; irse **Wegfahrsperre** F (**elektronische**)

~ inmovilizador *m* antirrobo
wegfallen quedar suprimido **weggehen** irse, marcharse **wegjagen** ahuyentar **wegklicken** *umg* IT cerrar (con un clic de ratón) **weglassen** suprimir **weglaufen** irse corriendo **wegnehmen** quitar **wegräumen** recoger; quitar **wegschicken** enviar, mandar
Wegweiser M indicador (de camino)
Wegwerf... IN ZSSGN desechable **wegwerfen** tirar **Wegwerfgesellschaft** F sociedad consumista
wegziehen V/T retirar; V/I mudarse de casa
wehen soplar; *Fahne* ondear
Wehen FPL MED dolores *mpl* del parto **wehleidig** quejica **wehmütig** melancólico
Wehr N presa *f*
Wehrdienst M servicio militar **Wehrdienstverweigerer** M objetor de conciencia
wehren: **sich** ~ defenderse **wehrlos** indefenso **Wehrpflicht** F servicio *m* militar obligatorio
wehtun doler, *a. j-m* hacer daño
Weibchen N ZOOL hembra *f* **weiblich** femenino
weich blando; (*zart*) tierno; ~ **gekocht** *Ei* pasado por agua; ~ **werden** ablandarse
Weiche F BAHN aguja
weichen hacer sitio, ceder
Weichspüler M suavizante
Weide F pasto *m*; BOT sauce *m* **weiden** pastar, pacer
weigern: **sich** ~ negarse (**zu** a) **Weigerung** F negativa
weihen bendecir
Weihnachten N Navidad *f*; **fröhliche** ~! ¡feliz Navidad!, ¡felices Pascuas!
Weihnachtsabend M Nochebuena *f* **Weihnachtsbaum** M árbol de Navidad **Weihnachtsgeschenk** N regalo *m* de Navidad **Weihnachtslied** N villancico *m* **Weihnachtsmann** M Papá Noel **Weihnachtsstern** M BOT flor *f* de Pascua
Weihrauch M incienso **Weihwasser** N agua *f* bendita
weil porque
Weile F **eine** (**ganze**) ~ un (buen) rato
Wein M vino; BOT vid *f* **Weinbau** M viticultura *f* **Weinberg** M viña *f*, viñedo **Weinbergpfirsich** M BOT paraguayo **Weinbrand** M brandy
weinen llorar
Weinessig M vinagre de vino **Weinglas** N copa *f* de vino **Weingut** N explotación *f* vinícola **Weinhandlung** F bodega **Weinkarte** F carta de vinos **Weinkeller** M bodega *f* **Weinlese** F vendimia **Weinlokal** N taberna *f* **Weinprobe** F degustación (*od* cata) de vinos **Weintrauben** FPL uvas

weise sabio
Weise F manera, modo *m*; MUS melodía, aire *m*; **auf diese ~** de este modo
Weisheit F sabiduría **Weisheitszahn** M muela *f* del juicio
weiß[1] blanco
weiß[2] → wissen
Weißbrot N pan *m* blanco **Weißkohl** M, **Weißkraut** N repollo *m* **Weißrussland** N Bielorrusia *f*
weißt → wissen
Weißwein M vino blanco
weit ancho, amplio; *Weg* largo; (*entfernt*) lejano; ADV lejos; **~ verbreitet** muy frecuente; **wie ~ ist es bis ...?** ¿cuánto falta para...?; **bei ~em (nicht)** (ni) con mucho; **von ~em** de(sde) lejos; **zu ~ gehen** *fig* (pro)pasarse
weiter *fig* además; **~ nichts** nada más; **und so ~** etcétera
Weiterbildung F *beruflich* formación (continua), perfeccionamiento *m*
weitere(r, -s) otro; **~** *pl* otros; **bis auf ~s** hasta nueva orden; **ohne ~s** sin más (ni más)
weiterfahren continuar el viaje **weitergehen** seguir su camino; *fig* continuar **weiterkommen** continuar **weitermachen** continuar **weiterreisen** continuar el viaje
weitgehend ADV en gran parte
weitsichtig présbita; *fig* perspicaz **Weitsprung** M salto de longitud
Weizen M trigo
welche(r, -s) *relativ*: que, el (la, lo) cual; *fragend*: ¿qué?
welk marchito **welken** marchitarse
Wellblech N chapa *f* ondulada
Welle F onda, (*a. fig*) ola
Wellenbad N piscina *f* de olas **Wellengang** M oleaje **Wellenlänge** F longitud de onda **Wellenlinie** F línea ondulada **Wellenreiten** N surf *m* **Wellensittich** M periquito
Wellness F bienestar *m* **Wellnessbereich** M (zona *f*) spa *m* **Wellnesshotel** N hotel *m* spa **Wellnessurlaub** M ≈ vacaciones *fpl* spa
Welt F mundo *m* **Weltall** N universo *m* **weltberühmt** de fama mundial **Weltcup** M Copa *f* Mundial *od* del Mundo **Weltkarte** F mapamundi *m* **Weltkrieg** M guerra *f* mundial **Weltkulturerbe** N patrimonio *m* mundial (cultural) **weltlich** mundano
Weltmeister(in) M(F) campeón, -ona *m,f* mundial **Weltmeisterschaft** F campeonato *m* mundial
Weltraum M espacio sideral **Weltreise** F vuelta al mundo **Weltrekord** M marca *f* (*od* récord) mundial **Weltstadt** F metrópoli **weltweit** universal
wem a quién; **~?** ¿a quién?; **mit**

~? ¿con quién?
wen: (**an**) **~?** ¿a quién?
Wende F vuelta; (*Änderung*) cambio *m* **Wendekreis** M GEOG trópico **Wendeltreppe** F escalera de caracol **wenden** volver; AUTO virar; **sich ~ an** (*akk*) dirigirse a
wenig poco; **ein ~** un poco; **~er** menos; **am ~sten** lo menos **wenigstens** al (*od* por lo) menos
wenn si; *zeitlich* cuando; **selbst ~** aun cuando
wer el que, quien; **~?** ¿quién?
Werbeagentur F agencia de publicidad **Werbefernsehen** N televisión *f* comercial **werben** hacer publicidad (**für** por) **Werbespot** M spot publicitario
Werbung F publicidad
werden ponerse; hacerse, llegar a ser; *Passiv* ser
werfen echar, tirar; lanzar
Werft F astillero *m*
Werk N obra *f*; (*Fabrik*) fábrica *f* **Werkstatt** F taller *m* **Werktag** M día laborable **werktags** en los días de la semana **Werkzeug** N herramienta *f*
Wermut M *Getränk* vermut
wert digno; **~ sein** valer; **es ist nichts ~** no vale nada **Wert** M valor; **~ legen auf** (*akk*) dar importancia a **wertlos** sin valor **Wertpapiere** NPL efectos *mpl*, valores *mpl* **Wertsachen** FPL objetos *mpl* de valor **wertvoll** precioso; valioso
Wesen N ser *m*; (*Natur*) naturaleza *f*; (*Kern*) esencia *f* **wesentlich** esencial
weshalb por lo que; **~?** ¿por qué?
Wespe F avispa
wessen cuyo; **~?** ¿de quién?
westdeutsch del oeste de Alemania **Westdeutschland** N Alemania *f* del Oeste
Weste F chaleco *m*
Westen M oeste **Western** M *Film* western **Westeuropa** N Europa *f* Occidental **Westfalen** N Westfalia *f* **westlich** occidental; **~ von** al oeste de
Wettbewerb M concurso; SPORT competición *f*; HANDEL competencia *f* **Wette** F apuesta; **um die ~** a cuál más **wetten** apostar (**um** por)
Wetter N tiempo *m* **Wetterbericht** M parte meteorológico **Wetterlage** F estado *m* del tiempo **Wettervorhersage** F previsión *od* pronóstico del tiempo
Wettkampf M SPORT competición *f* **Wettlauf** M, **Wettrennen** N carrera *f*
WG F ABK → Wohngemeinschaft
Whirlpool M bañera *f* de hidromasaje
Whisky M whisky
wichtig importante **Wichtigkeit** F importancia
wickeln *Baby* cambiar los pa-

ñales
Widder M morueco; ASTROL Aries
wider contra **widerlegen** refutar **widerlich** repugnante **widerrechtlich** ilegal; ilícito **widerrufen** revocar **widersetzen**: **sich ~** oponerse (a) **widerspenstig** rebelde **widersprechen** contradecir **Widerspruch** M contradicción *f* **widersprüchlich** contradictorio **Widerstand** M resistencia *f* **Widerwille** M aversión *f* **widerwillig** de mala gana
widmen: **(sich) ~** dedicar(se) **Widmung** F dedicatoria
wie como; **~?** ¿cómo?; **~ geht es Ihnen?** ¿cómo está usted?; **~ viel** ¿cuánto?; **und ~!** ¡y tanto!
wieder de nuevo; otra vez; **~ tun** volver a hacer
Wiederaufbau M reconstrucción *f* **Wiederaufbereitung** F reciclaje *m* **wiederbekommen** recuperar; recobrar **Wiederbelebungsversuche** PL intentos *mpl* de reanimación
wiederbringen devolver **wiedererkennen** reconocer **wiederfinden** hallar **Wiedergabe** F reproducción **wiedergeben** reproducir
wiedergutmachen reparar **Wiedergutmachung** F reparación
wiederholen repetir **Wiederholung** F repetición
wiederkommen volver
wiedersehen volver a ver **Wiedersehen** N reencuentro *m*; **auf ~** adiós
Wiedervereinigung F reunificación **Wiederverwertung** F reciclaje *m* **Wiederwahl** F reelección
Wiege F cuna **wiegen** pesar; *Kind* mecer
Wien N Viena *f*
Wiese F prado *m*, pradera
wieso: **~?** ¿cómo?
wie viel → wie
wild salvaje; BOT silvestre; *Kind* travieso
Wild N caza *f* **Wilderer** M M cazador furtivo **Wildleder** N ante *m* **Wildnis** F desierto *m* **Wildschwein** N jabalí *m*
will → wollen
Wille M voluntad *f*
willkommen *Person* bienvenido; *etw* oportuno **willkürlich** arbitrario
willst → wollen
wimmeln hormiguear; **~ von** estar plagado de
Wimper F pestaña **Wimperntusche** F rímel *m*, máscara
Wind M viento **Windbeutel** M buñuelo de viento
Windel F pañal *m*
winden: **sich ~** retorcerse
Windenergie F energía eólica
windgeschützt al abrigo del viento **windig** ventoso; **es ist ~** hace viento

Windjacke F cazadora **Windkraft** F energía eólica **Windmühle** F molino *m* de viento **Windpark** M parque *m* eólico **Windpocken** PL varicela *f* **Windrad** N *kleines* molinillo *m*; *zur Stromerzeugung* aerogenerador *m* **Windrichtung** F dirección del viento **Windschutzscheibe** F parabrisas *m* **Windstärke** F fuerza del viento **Windstille** F calma **Windstoß** M ráfaga *f*, racha *f* **Windsurfen** N windsurf(ing) *m*

Windung F recodo *m*; *im Fluss* meandro *m*

Wink M seña *f*; *fig* aviso **Winkel** M ángulo; (*Ecke*) rincón **winken** hacer señas

Winter M invierno; **im ~** en invierno **Winterfahrplan** M horario de invierno **Winterjacke** F chaquetón *m* (de invierno) **winterlich** invernal **Wintermantel** M abrigo de invierno **Winterreifen** M neumático de invierno **Winterschlussverkauf** M rebajas *fpl* de invierno **Wintersport** M deporte de invierno **Winterzeit** F *Uhrzeit* hora de invierno

Winzer(in) M(F) viticultor(a)

winzig diminuto, minúsculo

wir nosotros(-as)

Wirbel M remolino, torbellino; ANAT vértebra *f*; *umg fig* jaleo **Wirbelsäule** F columna vertebral **Wirbelsturm** M ciclón

wirbt → werben

wird → werden

wirft → werfen

wirken actuar, producir efecto **wirklich** real; efectivo; ADV de veras **Wirklichkeit** F realidad **wirksam** eficaz **Wirkung** F efecto *m* **wirkungslos** ineficaz **wirkungsvoll** eficaz

wirr confuso

Wirsing(kohl) M col *f* rizada

wirst → werden

Wirt M dueño **Wirtin** F dueña

Wirtschaft F economía; (*Gasthaus*) fonda, mesón *m* **wirtschaftlich** económico; rentable **Wirtschaftskrise** F crisis económica

Wirtshaus N fonda *f*, mesón *m*

wischen fregar **Wischlappen** M trapo

wissen saber **Wissen** N saber *m*; conocimientos *mpl*

Wissenschaft F ciencia **Wissenschaftler(in)** M(F) científico,-a **wissenschaftlich** científico

Witterung F tiempo *m*

Witwe F viuda **Witwenrente** F pensión de viudedad **Witwer** M viudo

Witz M chiste, broma *f* **Witzbold** M gracioso **witzig** gracioso, chistoso

WLAN N ABK red *f* inalámbrica, WLAN *m*

WM F ABK → Weltmeisterschaft

wo donde; **~?** ¿dónde? **woanders** en otro sitio
Woche F semana; **in zwei ~n** en quince días
Wochenende N fin *m* de semana; **am ~** el fin de semana; **schönes ~!** ¡buen fin de semana! **wochenlang** (durante) semanas enteras **Wochentag** M día de (la) semana
wöchentlich semanal; **einmal ~** una vez a la semana
Wodka M vodka
wodurch por donde **wofür** ¿para qué? **woher** ¿de dónde? **wohin** ¿adónde?
wohl bien; (*vermutlich*) tal vez, acaso
Wohl N bien *m*; **zum ~!** ¡(a su) salud! **Wohlbefinden** N bienestar *m* **wohlbehalten** sano y salvo **wohlfühlen**: **sich ~** estar (*od* sentirse) bien **wohlhabend** adinerado, acomodado **Wohlstand** M prosperidad *f*; bienestar **Wohltat** F *fig* alivio *m* **Wohltätigkeits...** IN ZSSGN benéfico **wohltuend** agradable; benéfico **Wohlwollen** N benevolencia *f*
Wohnblock M bloque de viviendas **wohnen** vivir, habitar **Wohngebiet** N zona *f* residencial **Wohngemeinschaft** F piso *m* compartido **Wohnhaus** N casa *f* **Wohnmobil** N autocaravana *f* **Wohnort**, **Wohnsitz** M domicilio **Wohnung** F vivienda, piso *m* **Wohnwagen** M caravana *f* **Wohnzimmer** N cuarto *m* (*od* sala *f*) de estar, salón *m*
Wok M GASTR wok
Wolf M lobo
Wolke F nube **Wolkenbruch** M aguacero; lluvia *f* torrencial **Wolkenkratzer** M rascacielos **wolkenlos** despejado **wolkig** nublado, nuboso
Wolldecke F manta de lana
Wolle F lana
wollen querer; **lieber ~** preferir
womit con que; *Frage* ¿con qué? **womöglich** si es posible; *umg* a lo mejor
wonach **1** *Frage* **~ schmeckt das?** ¿a qué sabe esto? **2** KONJ (*gemäß*) según lo cual
woran a que; *Frage* ¿a qué? **worauf** sobre que; *Frage* ¿sobre qué? **woraus** de que; *Frage* ¿de qué? **worin** en que; *Frage* ¿en qué?
Workshop M taller
Wort N palabra *f*; término *m*; **in ~en** en letras
Wörterbuch N diccionario *m* **wörtlich** literal; textual
wortlos sin decir nada **Wortschatz** M vocabulario, léxico **Wortwechsel** M altercado
worüber sobre (*od* de) que; *Frage* ¿sobre (*od* de) qué? **worum** de que; *Frage* ¿de qué? **wovon**, **wovor** de que; *Frage* ¿de qué?
wow INT ¡hala!, ¡wow!

wozu para que; *Frage* ¿para qué?
Wrack N buque *m* naufragado; pecio *m*; *fig* piltrafa *f*
wringen retorcer
Wucher M usura *f* **wuchern** proliferar; pulular **Wucherpreis** M precio abusivo
Wuchs M crecimiento; (*Gestalt*) estatura *f*
Wucht F empuje *m* **wuchtig** macizo; (*heftig*) violento
wühlen revolver (**in** *akk*)
Wulst M abombamiento
wund excoriado **Wunde** F herida
Wunder N milagro *m* **wunderbar** milagroso, maravilloso **wundern**: **sich ~** asombrarse, extrañarse (**über** *akk* de)
Wundstarrkrampf M tétanos
Wunsch M deseo; **auf ~** a petición
wünschen desear **wünschenswert** deseable
wurde → werden
Würde F dignidad **würdig** digno (*gen* de) **würdigen** apreciar
Wurf M tiro; ZOOL camada *f*
Würfel M dado; MATH cubo **Würfelbecher** M cubilete **würfeln** jugar a los dados **Würfelzucker** M azúcar en terrones
würgen *j-n* estrangular; **~** (**müssen**) tener arcadas
Wurm M gusano **wurmig** *Obst* agusanado **wurmstichig** *Holz* carcomido
Wurst F embutido *m*; (*Hartwurst*) salchichón *m* **Würstchen** N salchicha *f*
Würze F condimento *m*
Wurzel F raíz (*a.* MATH)
würzen condimentar, sazonar **würzig** aromático
wusste → weiß
wüst desierto; *fig* desordenado **Wüste** F desierto *m*
Wut F rabia, furia
wütend furioso; **~ werden** enfurecerse

X

x-mal *umg* mil veces **x-te(r, -s)** *umg* enésimo

Y

Yoga N/M yoga *m*
youtuben V/I hacer vídeos en *od* para YouTube®

Z

Zacke F punta; diente *m*
zaghaft temeroso, tímido
zäh resistente, tenaz; *Fleisch* duro
Zahl F número *m* **zahlbar** pagadero **zahlen** pagar; **bitte ~!** la cuenta, por favor
zählen contar
Zähler M MATH numerador; ELEK, TECH contador
zahllos innumerable **zahlreich** numeroso **Zahlung** F pago *m*
Zählung F numeración; (*Auszählung*) recuento *m*
Zahlungsanweisung F orden de pago **Zahlungsbedingungen** FPL condiciones de pago **Zahlungsfrist** F plazo *m* de pago
zahm manso **zähmen** amansar, domesticar
Zahn M diente **Zahnarzt** M, **Zahnärztin** F dentista **Zahnbürste** F cepillo *m* de dientes **Zahncreme** F pasta dentífrica; dentífrico *m* **Zahnersatz** M prótesis *f* dental **Zahnfleisch** N encías *fpl* **Zahnpasta** F pasta dentífrica; dentífrico *m*
Zahnrad N rueda *f* dentada; *kleines* piñón **Zahnradbahn** F (ferrocarril *m* de) cremallera
Zahnschmerzen MPL dolor *m* de muelas **Zahnseide** F seda dental **Zahnstein** M sarro **Zahnstocher** M palillo
Zander M lucioperca *f*
Zange F tenazas *fpl*
zanken: **sich ~** pelearse, reñir
Zäpfchen N ANAT úvula *f*; MED supositorio *m*
Zapfen M TECH espiga *f*; BOT cono **Zapfsäule** F surtidor *m* (de gasolina)
zappen TV hacer zapping
zart tierno; delicado; (*sanft*) suave **zartbitter** *Schokolade* semiamargo **Zartgefühl** N delicadeza *f*
zärtlich cariñoso **Zärtlichkeit** F caricia
Zauber M encanto (*a. fig*) **Zauberei** F magia **Zauberer** M mago **zauberhaft** encantador **Zauberkünstler** M prestidigitador; mago **zaubern** hechizar; hacer juegos de manos **Zauberspruch** M fórmula *f* mágica
zaudern vacilar
Zaum M brida *f*, freno
Zaun M cercado, valla *f*
z.B. (*zum Beispiel*) p. ej. (*por ejemplo*)
ZDF N (*Zweites Deutsches Fernsehen*) segundo canal de la televisión alemana
Zebra N cebra *f* **Zebrastreifen** M paso cebra
Zeche F mina (de carbón);

(*Rechnung*) cuenta
Zecke F garrapata **Zeckenbiss** M picadura de garrapata
Zeder F cedro *m*
Zeh M, **Zehe** F dedo *m* del pie; **große(r) ~** dedo *m* gordo
zehn diez **Zehneuroschein** M billete *m* de diez euros **Zehnkampf** M decatlón **zehnte** décimo **Zehntel** N décimo *m*
Zeichen N signo *m*; señal *f* **Zeichenblock** M bloc de dibujo **Zeichenpapier** N papel *m* para dibujar **Zeichensetzung** F GRAM puntuación **Zeichentrickfilm** M (película *f* de) dibujos *mpl* animados
zeichnen dibujar **Zeichner(in)** M(F) dibujante; delineante **Zeichnung** F dibujo *m*
Zeigefinger M índice **zeigen** enseñar, mostrar; **~ auf** (*akk*) señalar *a/c* **Zeiger** M aguja *f*
Zeile F renglón *m*, línea
Zeit F tiempo *m*; (*Uhrzeit*) hora; **eine ~ lang** algún tiempo; **das hat ~** no corre prisa; **in letzter ~** últimamente; → zurzeit
Zeitarbeit F trabajo *m* temporal **Zeitarbeitsfirma** F empresa de trabajo temporal
Zeitbombe F *a. fig* bomba de relojería
zeitgemäß moderno **zeitgenössisch** contemporáneo **zeitig** temprano **Zeitkarte** F abono *m* **zeitlich** temporal **zeitlos** intemporal **Zeitlupe** F **in ~** a cámara lenta **zeitnah** actual, de actualidad **Zeitplan** M horario **Zeitpunkt** M momento **Zeitraum** M período **Zeitschrift** F revista
Zeitung F periódico *m*; diario *m*
Zeitungsanzeige F anuncio *m* del periódico **Zeitungsartikel** M artículo del periódico **Zeitungskiosk** M quiosco de periódicos
Zeitverlust M pérdida *f* de tiempo **Zeitverschwendung** F desperdicio *m* de tiempo **Zeitvertreib** M pasatiempo **zeitweise** de vez en cuando **Zeitwort** N verbo *m*
Zelle F célula; (*Gefängniszelle*) celda **Zellstoff** M celulosa *f*
Zelt N tienda *f*, *Am* carpa *f* **zelten** acampar, hacer camping **Zeltlager** N campamento *m* **Zeltplatz** M camping
Zement M cemento
Zensur F censura; *Schule* nota
Zentimeter M centímetro *m* **Zentimetermaß** N cinta *f* métrica
Zentner M cincuenta kilos *mpl*
zentral central **Zentrale** F central **Zentralheizung** F calefacción central **Zentralverriegelung** F AUTO cierre *m* centralizado
Zentrum N centro *m*
zerbrechen V/T romper; V/I romperse **zerbrechlich** frágil
zerdrücken aplastar

Zeremonie F ceremonia **zerfallen** desmoronarse **zerfetzen** desgarrar **zerkleinern** desmenuzar **zerknittern** arrugar **zerknittert** arrugado **zerkratzen** rasgar, arañar **zerlegbar** desmontable **zerlegen** desmontar **zerlumpt** andrajoso **zerquetschen** machacar
zerreißen 1 V/T romper 2 V/I romperse **zerren** tirar (**an** *dat* de) **zerrissen** roto **Zerrung** F MED distensión
zerschlagen romper; *fig Plan, Hoffnung* **sich ~** frustrarse
zerschneiden cortar, partir **zersetzen** descomponer
Zerstäuber M vaporizador, atomizador
zerstören destruir, destrozar **Zerstörung** F destrucción
zerstreuen dispersar; *fig* distraer **zerstreut** *fig* distraído, *umg* despistado **Zerstreuung** F *fig* distracción
zerstückeln desmenuzar **zertreten** pisotear, aplastar **zertrümmern** destruir, demoler
Zettel M papel
Zeug N cosas *fpl*; *umg* chismes *mpl*; **dummes ~** tonterías *fpl*
Zeuge M, **Zeugin** F testigo *m/f* **zeugen** demostrar (**von** *a/c*) **Zeugnis** N certificado *m*; JUR testimonio *m*; *Schule* notas *fpl*
Zickzack M zigzag
Ziege F cabra
Ziegel M ladrillo; (*Dachziegel*) teja *f*
Ziegenbock M macho cabrío, cabrón **Ziegenkäse** M queso de cabra
ziehen V/T tirar; *Zahn* extraer; *Strich* trazar; V/I tirar (**an** *dat* de); **es zieht** hay corriente **Ziehharmonika** F acordeón *m* **Ziehung** F sorteo *m*
Ziel N fin *m*; objeto *m*; SPORT meta *f*; (*Reiseziel*) destino *m* **zielen** apuntar (**auf** *akk* a) **Zielgerade** F SPORT recta final **Zielgruppe** F *Werbung* grupo *m* de destino **ziellos** sin rumbo fijo **Zielscheibe** F blanco *m* (*a. fig*) **zielstrebig** voluntarioso
ziemlich bastante
zierlich grácil
Ziffer F cifra **Zifferblatt** N esfera *f*
Zigarette F cigarrillo *m* **Zigarettenautomat** M máquina *f* de tabaco **Zigarettenspitze** F boquilla
Zigarre F puro *m*, cigarro *m*
Zigeuner(in) M(F) *neg!* gitano,-a
Zikavirus N virus *m* (del) zika
Zimmer N habitación *f*, cuarto *m* **Zimmermädchen** N camarera *f* (de habitación) **Zimmermann** M carpintero **Zimmernummer** F número *m* de la habitación **Zimmerpflanze** F planta de interior **Zimmerschlüssel** M llave *f*

de la habitación
zimperlich melindroso
Zimt M canela *f*
Zink N cinc *m*
Zinn N estaño *m*
Zinsen MPL intereses **Zinssatz** M tipo de interés
Zipfel M punta *f*
Zippverschluss M *österr* cremallera *f*
zirka cerca de
Zirkel M compás; *fig* círculo
Zirkus M circo
zischen silbar
Zisterne F cisterna, aljibe *m*
Zitat N cita *f* **zitieren** citar
Zitrone F limón *m*
Zitronengras N hierba *f* limón, caña *f* de limón **Zitronenlimonade** F limonada **Zitronenpresse** F exprimidor *m* **Zitronensaft** M zumo de limón
Zitrusfrüchte FPL agrios *mpl*, cítricos *mpl*
zittern temblar (**vor** *dat* de) **Zittern** N temblor *m*
zivil civil; **in Zivil** de paisano **Zivildienst** M prestación *f* social sustitutoria **Zivilisation** F civilización **Zivilist(in)** M(F) paisano,-a, civil
zog → ziehen
zögern tardar, titubear
Zoll M aduana *f*; *Maß* pulgada *f* **Zollamt** N aduana *f* **Zollbeamte(r)** M, **Zollbeamtin** F aduanero,-a **Zollerklärung** F declaración de aduana **zollfrei** exento de aduana **Zollkontrolle** F control *m* aduanero **zollpflichtig** sujeto a aduana **Zollstock** M metro plegable
Zone F zona
Zoo M zoo **Zoologie** F zoología
Zopf M trenza *f*
Zorn M ira *f*, cólera *f* **zornig** airado, furioso
zu **1** KONJ a; (**um**) ~ para **2** PRÄP (*dat*) ~ **Hause** en casa; ~ **Beginn** al principio **3** ADV (*geschlossen*) cerrado; (*allzu*) ~ **viel, viel** ~ demasiado; ~ **wenig** demasiado poco
Zubehör N accesorios *mpl*
zubereiten preparar **Zubereitung** F preparación
zubinden atar
Zubringer M *Bus* servicio de enlace; *Straße* carretera de acceso
Zucchini PL calabacines *mpl*
Zucht F disciplina; ZOOL cría; BOT cultivo *m*
züchten ZOOL criar; BOT cultivar **Züchter(in)** M(F) criador(a); cultivador(a) **Zuchtperle** F perla cultivada
zucken palpitar
Zucker M azúcar **Zuckerdose** F azucarero *m* **zuckerkrank** diabético **Zuckerkranke(r)** M/F(M) diabético,-a **Zuckerkrankheit** F diabetes
zuckern azucarar **Zuckerrohr** N caña *f* de azúcar **Zu-**

ckerrübe F remolacha azucarera **Zuckerwatte** F algodón *m* dulce
Zuckung F convulsión
zudecken cubrir, tapar
zudrehen cerrar **zudringlich** importuno, pesado **zuerst** primero; ADV en primer lugar
Zufahrt F acceso *m* **Zufahrtsstraße** F carretera de acceso *m*
Zufall M casualidad *f* **zufällig** casual; ADV por casualidad **Zuflucht** F refugio *m*
zufrieden contento, satisfecho **Zufriedenheit** F contento *m*; satisfacción **zufriedenstellen** satisfacer **zufriedenstellend** satisfactorio
zufrieren helarse **zufügen** *Schaden* causar
Zufuhr F aprovisionamiento *m*
Zug M BAHN tren; *im Spiel* jugada *f*; (*Luftzug*) corriente *f* de aire; *Rauchen* chupada *f*; (*Schluck*) trago; (*Charakterzug*) rasgo
Zugabe F MUS bis *m* **Zugang** M acceso **zugänglich** accesible **Zugangsdaten** PL datos *mpl* de acceso
zugeben añadir; *fig* admitir **zugehen** *Tür* cerrarse; **~ auf** (*akk*) dirigirse a
Zugehörigkeit F pertenencia
Zügel M rienda *f* **zügellos** desenfrenado **zügeln** refrenar
Zugeständnis N concesión *f* **zugestehen** conceder
Zugführer(in) M(F) BAHN jefe(-a) de(l) tren
zugig: **es ist ~** hay corriente (de aire)
zügig rápido; *Verkehr* fluido
zugleich a la vez; al mismo tiempo
Zugluft F corriente de aire
zugreifen *b. Essen* servirse
zugrunde: **~ gehen** perderse; perecer; **~ richten** arruinar
Zugschaffner(in) M(F) revisor(a)
zugunsten (*gen*) **~ von** a (*od* en) favor de
Zugverbindung F comunicación ferroviaria **Zugverkehr** M servicio de trenes **Zugvogel** M ave *f* de paso
zuhaben *umg* estar cerrado
Zuhälter M rufián, proxeneta
zuhause en casa; **~ sein** estar en casa **Zuhause** N hogar *m*
zuheilen cerrarse **zuhören** escuchar **Zuhörer(in)** M(F) oyente **zujubeln**: **j-m ~** aclamar a alg **zukleben** pegar **zuknöpfen** abotonar
Zukunft F porvenir *m*; futuro *m*; **in ~** en el futuro **zukünftig** futuro
Zulage F suplemento *m*
zulassen admitir; permitir; *Tür* dejar cerrado; AUTO matricular
zulässig admisible **Zulassung** F admisión; AUTO matriculación
zuletzt en último lugar, al final
zuliebe (*dat*) por amor de (*od* a)

zumachen cerrar **zumindest** al (*od* por lo) menos
zumuten exigir (**j-m** de alg) **Zumutung** F exigencia; **das ist e-e ~!** eso es imposible
zunächst en primer lugar **Zunahme** F aumento *m* **Zuname** M apellido
zünden encender(se)
Zündholz N cerilla *f*, fósforo *m* **Zündkabel** N cable *m* de encendido **Zündkerze** F bujía **Zündschloss** N contacto *m* **Zündschlüssel** M llave *f* de contacto **Zündschnur** F mecha **Zündung** F encendido *m*
zunehmen aumentar; crecer; *an Gewicht* engordar
Zuneigung F afecto *m*
Zunge F lengua **Zungenreiniger** M limpiador *m* de lengua
zunichtemachen *Plan* desbaratar, echar a perder; *Hoffnung* frustrar **zunutze**: **sich ~ machen** aprovecharse de
zurechtfinden: **sich ~** orientarse **zurechtkommen** llegar a tiempo; *fig* arreglárselas **zurechtmachen** preparar, arreglar; **sich ~** arreglarse
zureden **j-m** (**gut**) **~** tratar de persuadir a alg **zurichten**: **übel ~** dejar maltrecho
zurück atrás **zurückbekommen** recuperar **zurückbleiben** quedarse atrás **zurückbringen** devolver **zurückerstatten** devolver; restituir **zurückfahren** volver **zurückgeben** devolver **zurückgeblieben** *geistig* retrasado **zurückgehen** volver; *fig* disminuir
zurückhalten retener; **sich ~** contenerse **zurückhaltend** reservado **Zurückhaltung** F reserva
zurückkehren, **zurückkommen** volver, regresar **zurücklassen** dejar (atrás) **zurücklegen** *Ware* reservar; *Weg* recorrer **zurücknehmen** recoger; *fig* revocar **zurückrufen** TEL devolver la llamada (de) **zurückschicken** devolver **zurückschlagen** rechazar **zurücksetzen** *fig j-n* postergar **zurückstellen** dejar para más tarde; aplazar; *Uhr* atrasar **zurücktreten** retroceder; *fig* dimitir **zurückweisen** rechazar **zurückzahlen** re(e)mbolsar **zurückziehen**: (**sich**) **~** retirar(se)
zurzeit de momento
Zusage F contestación afirmativa; (*Versprechen*) promesa **zusagen** V/T prometer; aceptar (una invitación); V/I (*gefallen*) gustar
zusammen juntos(-as); juntamente **Zusammenarbeit** F cooperación **zusammenbauen** montar **zusammenbinden** atar **zusammenbrechen** derrumbarse, hun-

dirse; *Verkehr* colapsarse; *Person* sufrir un colapso **Zusammenbruch** M derrumbamiento (*a. fig*); MED *Verkehr* colapso **zusammenfallen** *zeitlich* coincidir (**mit** con)
zusammenfassen resumir **Zusammenfassung** F resumen *m*
zusammenfügen juntar **zusammengehören** formar un conjunto **Zusammenhang** M conexión *f*; relación *f*; *im Text* contexto **zusammenhängend** coherente
zusammenklappbar plegable **zusammenklappen** plegar
zusammenkommen reunirse **Zusammenkunft** F reunión **zusammenleben** vivir juntos; convivir **zusammennehmen**: **sich ~** dominarse **zusammenpassen** armonizar; hacer juego **zusammenprallen** chocar (**mit** con) **zusammenrechnen** sumar **zusammenreißen** *umg* → zusammennehmen **zusammenschließen**: **sich ~** unirse **Zusammenschluss** M unión *f*; WIRTSCH fusión
zusammensetzen componer; TECH montar; **sich ~ aus** componerse de **Zusammensetzung** F composición
zusammenstellen combinar; agrupar; reunir
Zusammenstoß M choque, colisión *f* **zusammenstoßen** chocar, colisionar (**mit** con)
zusammentreffen encontrarse; *zeitlich* coincidir **zusammenzählen** sumar **zusammenziehen**: (**sich**) ~ contraer(se)
Zusatz M adición *f* **zusätzlich** adicional
zuschauen estar mirando **Zuschauer(in)** M(F) espectador(a) **Zuschauerraum** M sala *f* (de espectadores)
zuschicken enviar, remitir
Zuschlag M suplemento **zuschlagen** *Tür* cerrar de golpe **zuschlagpflichtig** *Zug* sujeto a suplemento
zuschließen cerrar con llave
zuschneiden cortar **zuschnüren** atar, *Am* amarrar **zuschrauben** atornillar **Zuschuss** M subsidio, subvención *f* **zusehen** estar mirando **zusetzen** *fig* **j-m ~** acosar a alg
zusichern asegurar
zuspitzen: **sich ~** agravarse, agudizarse
Zustand M estado; (*Lage*) situación *f*
zustande: **~ bringen** llevar a cabo, realizar; **~ kommen** realizarse
zuständig competente **zustehen** corresponder (*j-m* a *alg*) **zusteigen** subir
zustellen entregar; repartir **Zustellung** F entrega; *von*

Briefen etc reparto *m*; **~ ins Haus** entrega a domicilio
zustimmen consentir **Zustimmung** F consentimiento *m*
zustoßen *j-m* suceder, pasar a
Zutaten FPL ingredientes *mpl*
zuteilen asignar
zutrauen *j-m etw* creer *a. alg* capaz de **Zutrauen** N confianza *f* (**zu** en) **zutraulich** confiado
zutreffen ser exacto (*od* verdad) **zutreffend** justo, cierto
zutrinken *j-m* beber a la salud de
Zutritt M entrada *f*; **kein ~!** ¡prohibido el paso!
zuverlässig seguro; *Person* formal; TECH fiable **Zuverlässigkeit** F seguridad; fiabilidad
Zuversicht F confianza **zuversichtlich** lleno de confianza, confiado
zuviel → zu
zuvor antes **zuvorkommen** adelantarse a **zuvorkommend** atento
Zuwachs M aumento, incremento **Zuwanderung** F inmigración
zuwenden (*dat*) volver hacia
zuwenig → zu
zuwider: **j-m ~ sein** repugnar a alg **zuwiderhandeln** (*dat*) contravenir (a)
zuwinken hacer señas (a) **zuzahlen** pagar un suplemento
zuziehen *Vorhang* correr; **sich etw ~** MED contraer a/c **zuzüglich** más
zwang → zwingen **Zwang** M obligación *f*; (*Gewalt*) fuerza *f*
zwanglos desenvuelto, informal
Zwangslage F aprieto *m*
zwangsläufig ADV forzosamente **zwangsweise** por la fuerza
zwanzig veinte
zwar pues; **und ~** a saber
Zweck M fin, propósito; **keinen ~ haben** ser inútil **zwecklos** inútil
zweckmäßig conveniente
zwecks con el fin de
zwei dos **Zweibettzimmer** N habitación *f* doble **zweideutig** equívoco, ambiguo **zweierlei** de dos clases **zweifach** doble; por duplicado
Zweifel M duda *f* **zweifelhaft** dudoso **zweifellos** indudable; ADV sin duda **zweifeln** dudar (**an** *dat* de) **Zweifelsfall** M **im ~** en caso de duda
Zweig M ramo (*a. fig*)
zweigleisig *Bahn* de vía doble; *fig* de dos bandas
Zweigstelle F sucursal *f*
zweihändig a dos manos
zweihundert doscientos
zweijährig de dos años
Zweikampf M duelo **zweimal** dos veces **zweimotorig** bimotor **zweireihig** *Jacke* cruzado **zweiseitig** bilateral
Zweisitzer M biplaza **zwei-**

sprachig bilingüe **zweispurig** *Verkehr* de dos carriles **zweistöckig** de dos pisos
zweit: **zu ~** dos a dos; **wir sind zu ~** somos dos
Zweitaktmotor M motor de dos tiempos
zweite segundo **zweiteilig** *Kleid* de dos piezas
zweitens en segundo lugar **zweitrangig** secundario **Zweitwohnung** F segunda residencia
Zwerchfell N diafragma *m*
Zwerg(in) M(F) enano,-a
Zwetsch(g)e F ciruela
zwicken pellizcar
Zwieback M biscote
Zwiebel F cebolla; BOT bulbo *m*
Zwillinge MPL gemelos, mellizos; ASTROL Géminis *m*
zwingen obligar, forzar (**zu** a) **zwingend** obligatorio; forzoso
zwinkern guiñar (los ojos)
Zwirn M hilo
zwischen PRÄP (*dat; Richtung: akk*) entre
Zwischendeck N entrepuente *m* **zwischendurch** entretanto **Zwischenfall** M incidente **zwischenlanden** hacer escala **Zwischenlandung** F escala **Zwischenraum** M espacio **Zwischensaison** F temporada (inter)media **Zwischenstecker** M ladrón **Zwischenwand** F tabique *m* **Zwischenzeit** F **in der ~** entretanto
zwitschern gorjear
zwölf doce **Zwölffingerdarm** M duodeno
Zyklus M ciclo
Zylinder M cilindro; *Hut* sombrero de copa
zynisch cínico
Zypern N Chipre *f*
Zypresse F ciprés *m*
Zyste F quiste *m*
zz., zzt. (*zurzeit*) por el momento, actualmente

Zahlen

Grundzahlen

0 *null* cero
1 *ein(s)* uno (un), una
2 *zwei* dos
3 *drei* tres
4 *vier* cuatro
5 *fünf* cinco
6 *sechs* seis
7 *sieben* siete
8 *acht* ocho
9 *neun* nueve
10 *zehn* diez
11 *elf* once
12 *zwölf* doce
13 *dreizehn* trece
14 *vierzehn* catorce
15 *fünfzehn* quince
16 *sechzehn* dieciséis
17 *siebzehn* diecisiete
18 *achtzehn* dieciocho
19 *neunzehn* diecinueve
20 *zwanzig* veinte
21 *einundzwanzig* veintiuno, veintiún
22 *zweiundzwanzig* veintidós
30 *dreißig* treinta
31 *einunddreißig* treinta y un(o)
40 *vierzig* cuarenta
50 *fünfzig* cincuenta
60 *sechzig* sesenta
70 *siebzig* setenta
80 *achtzig* ochenta
90 *neunzig* noventa
100 *(ein)hundert* cien(to)
101 *hundertein(s)* ciento un(o)
200 *zweihundert* doscientos, -as
500 *fünfhundert* quinientos, -as
700 *siebenhundert* setecientos, -as
900 *neunhundert* novecientos, -as
1000 *tausend* mil
1993 *tausendneunhundert- (Datum: neunzehnhundert-) dreiundneunzig* mil novecientos noventa y tres
2008 *zweitausendacht (auch Datum)* dos mil ocho
10000 *zehntausend* diez mil
100 000 *hunderttausend* cien mil
500 000 *fünfhunderttausend* quinientos mil
1 000 000 *eine Million* un millón (de)
2 000 000 *zwei Millionen* dos millones (de)

Ordnungszahlen

1. *erste* primero (primer)
2. *zweite* segundo
3. *dritte* tercer(o)
4. *vierte* cuarto
5. *fünfte* quinto
6. *sechste* sexto
7. *sieb(en)te* sé(p)timo
8. *achte* octavo
9. *neunte* noveno, nono
10. *zehnte* décimo
11. *elfte* undécimo
12. *zwölfte* duodécimo
13. *dreizehnte* décimo tercero (od tercio)
14. *vierzehnte* décimo cuarto
15. *fünfzehnte* décimo quinto
16. *sechzehnte* décimo sexto
17. *siebzehnte* décimo sé(p)timo
18. *achtzehnte* décimo octavo
19. *neunzehnte* décimo nono
20. *zwanzigste* vigésimo
21. *einundzwanzigste* vigésimo primero
30. *dreißigste* trigésimo
40. *vierzigste* cuadragésimo
50. *fünfzigste* quincuagésimo
60. sexagésimo
70. septuagésimo
80. octogésimo
90. nonagésimo
100. *hundertste* centésimo
101. *hunderterste* centésimo primero
200. *zweihundertste* ducentésimo
300. trecentésimo
409. *vierhundertneunte* quadringentésimo nono
500. quingentésimo
700. septingentésimo
900. noningentésimo
1000. *tausendste* milésimo
3000. *dreitausendste* tres milésimo
100 000. *hunderttausendste* cien milésimo
500 000. *fünfhunderttausendste* quinientos milésimo
1 000 000. *millionste* millonésimo

Brüche

$^1/_2$ *ein halb* medio, media
1 $^1/_2$ *eineinhalb* uno y medio
$^1/_3$ *ein Drittel* un tercio
$^2/_3$ *zwei Drittel* dos tercios
$^1/_4$ *ein Viertel* un cuarto
$^3/_4$ *drei Viertel* tres cuartos
$^1/_5$ *ein Fünftel* un quinto
3 $^4/_5$ *drei vier Fünftel* tres y cuatro quintos
$^1/_6$ *ein Sechstel* un sexto
$^1/_{11}$ *ein Elftel* un onzavo
$^1/_{12}$ *ein Zwöftel* un dozavo usw.

Reise-Dolmetscher für unterwegs

Das Allerwichtigste

Guten Tag! *(am Nachmittag)*	**¡Buenos días!** ['bŭenos 'ðias!] **¡Buenas tardes!** ['bŭenas 'tardes!]
Guten Abend! *(ab Dunkelheit)*	**¡Buenas tardes!** ['bŭenas 'tardes!] **¡Buenas noches!** ['bŭenas 'notʃes!]
Auf Wiedersehen!	**¡Adiós!** [a'ðĭos!]
Bitte!	**¡Por favor!** [por fa'βor!]
Danke!	**¡Gracias!** ['graθĭas!]
Ja.	**Sí.** [si.]
Nein.	**No.** [no.]
Entschuldigung.	**Perdón.** [pɛr'ðon.]
In Ordnung!	**¡Vale!** ['bale!]
Hilfe!	**¡Socorro!** [so'korro!]
Rufen Sie schnell einen Arzt!	**¡Rápido, llame a un médico!** ['rrapiðo, 'ʎame‿a‿un 'meðiko!]
Rufen Sie schnell einen Krankenwagen!	**¡Rápido, llame una ambulancia!** ['rrapiðo, 'ʎame‿'una ambu'lanθĭa!]
Wo ist die Toilette?	**¿Dónde están los servicios?** ['donde‿es'tan los sɛr'βiθĭos?]
Wann?	**¿Cuándo?** ['kŭando?]
Was?	**¿Qué?** [ke?]
Wo?	**¿Dónde?** ['donde?]
Hier.	**Aquí.** [a'ki.]
Dort.	**Allí.** [a'ʎi.]
Rechts.	**A la derecha.** [a la ðe'retʃa.]

Links.	**A la izquierda.** [a la͜ iθ'kĭɛrða.]
Geradeaus.	**Todo recto.** ['toðo 'rrɛkto.]
Haben Sie ...?	**¿Tiene ...?** ['tĭene ...?]
Ich möchte ...	**Quisiera ...** [ki'sĭera ...]
Was kostet das?	**¿Cuánto cuesta?** ['kŭanto 'kŭesta?]
Bitte schreiben Sie mir das auf.	**Por favor, escríbamelo.** [por fa'βor, es'kriβamelo.]
Wo ist ...?	**¿Dónde está ...?** ['donde͜ es'ta ...?]
Wo gibt es ...?	**¿Dónde hay ...?** ['donde͜ aĭ ...?]
Heute.	**Hoy.** ['oĭ.]
Morgen.	**Mañana.** [ma'ɲana.]
Ich will nicht.	**No quiero.** [no 'kĭero.]
Ich kann nicht.	**No puedo.** [no 'pŭeðo.]
Einen Moment bitte!	**¡Un momento, por favor!** [un mo'mento, por fa'βor!]
Lassen Sie mich in Ruhe!	**¡Déjeme en paz!** ['dexeme͜ em paθ!]

Verständigung

¿Ha / Has entendido? [a / as͜ enten'diðo?]	Haben Sie / Hast du verstanden?
Ich habe verstanden.	**He entendido.** [e͜ enten'diðo.]
Ich habe das nicht verstanden.	**No lo he entendido.** [no lo͜ e͜ enten'diðo.]
Sagen Sie es bitte noch einmal?	**Por favor, repítalo.** [por fa'βor, rrɛ'pitalo.]

Bitte sprechen Sie etwas langsamer.	**Por favor, hable un poco más despacio.** [por fa'βor, 'aβle‿um‿'poko mas ðes'paθĭo.]

Small Talk

Wie heißen Sie / heißt du?	**¿Cómo se llama / te llamas?** ['komo se 'ʎama / te 'ʎamas?]
Ich heiße ...	**Me llamo ...** [me 'ʎamo ...]
Woher kommen Sie / kommst du?	**¿De dónde es usted / eres?** [de 'ðonde‿es‿us'te^{ð} / 'eres?]
Ich komme aus ...	**Soy de ...** [soĭ ðe ...]
Deutschland.	**Alemania.** [‿ale'manĭa.]
Österreich.	**Austria.** [‿'aŭstrĭa.]
der Schweiz.	**Suiza.** ['sŭiθa.]
Wie alt sind Sie / bist du?	**¿Qué edad tiene / tienes?** [ke‿e'ða^{ð} 'tĭene / 'tĭenes?]
Ich bin ... Jahre alt.	**Tengo ... años.** ['teŋgo ... 'aɲos.]
Was machen Sie / machst du beruflich?	**¿A qué se dedica / te dedicas?** [a ke se ðe'ðika / te ðe'ðikas?]
Ich bin ...	**Soy ...** [soĭ ...]
Sind Sie / Bist du zum ersten Mal hier?	**¿Es la primera vez que viene / vienes aquí?** [es la pri'mera βeθ ke 'βĭene / 'βĭenes‿a'ki?]
Nein, ich war schon zweimal / mehrmals in Spanien.	**No, he estado ya dos / varias veces en España.** [no‿e‿es'taðo ja ðos / 'barĭas 'βeθes‿en‿es'paɲa.]
Wie lange sind Sie /	**¿Hasta cuándo se queda / te**

bist du noch hier?	**quedas?** ['asta 'kŭando se 'keða / te 'keðas?]
Noch eine Woche / zwei Wochen.	**Una semana / Dos semanas más.** ['una se'mana / 'dos se'manas mas.]
Gefällt es Ihnen / dir hier?	**¿Le gusta / Te gusta este lugar?** [le 'ɣusta / te 'ɣusta‿'este lu'ɣar?]
Es gefällt mir sehr gut.	**Me gusta mucho.** [me 'ɣusta 'mutʃo.]

Unterwegs ...

Entschuldigung, wo ist ...?	**Perdone, ¿dónde está ...?** [pɛr'ðone, 'ðonde‿es'ta ...?]
Wie komme ich nach / zu ...?	**¿Cómo se va a ...?** ['komo se βa‿a ...?]
Wie komme ich am schnellsten / billigsten ...	**¿Cuál es la forma más rápida / más barata para ir ...** ['kŭal‿es la 'forma mas 'rrapiða / mas βa'rata 'para‿ir ...]
zum Bahnhof?	**a la estación de trenes?** [a la‿esta'θĭon de 'trenes?]
zum Busbahnhof?	**a la estación de autobuses?** [a la‿esta'θĭon de‿auto'βuses?]
zum Flughafen?	**al aeropuerto?** [al‿aero'pŭɛrto?]
zum Hafen?	**al puerto?** [al 'pŭɛrto?]
Wie komme ich zur Autobahn?	**¿Cómo se va a la autopista?** ['komo se βa‿a‿ la‿aŭto'pista?]

Dé la vuelta. [de la 'βŭelta.] — Zurück.

Todo recto. ['toðo 'rrɛkto.] — Geradeaus.

A la derecha. [a la ðe'retʃa.] — Nach rechts.

A la izquierda. [a la‿iθ'kĭɛrða.] — Nach links.

Lo mejor es ir en taxi. [lo me'xor‿es‿ir en 'taɣsi.] — Am besten mit dem Taxi.

... und über Nacht

Für mich ist bei Ihnen ein Zimmer reserviert. — **Tengo una habitación reservada aquí.** ['teŋgo‿'una‿aβita'θĭon rrɛsɛr'βaða‿a'ki.]

Mein Name ist ... — **Me llamo ...** [me 'ʎamo ...]

Hier ist meine Bestätigung. — **Aquí tiene mi confirmación.** [a'ki 'tĭene mi komfirma'θĭon.]

Por favor, ¿podría darme su vale? [por fa'βor, po'ðria 'ðarme su 'βale?] — Dürfte ich bitte Ihren Gutschein haben?

Haben Sie ein Doppelzimmer / Einzelzimmer frei ... — **¿Tienen alguna habitación doble / individual libre ...?** ['tĭenen‿al'ɣuna‿aβita'θĭon 'doβle / indiβiðŭal 'liβre ...?]

für einen Tag / für ... Tage? — **para un día / para ... días?** ['para‿un 'dia / 'para ... 'ðias?]

mit Bad / Dusche und WC?	**con baño / ducha y wáter?** [kom 'baɲo / 'dutʃa‿i 'βater?]
mit Blick aufs Meer?	**con vista al mar?** [kom 'bista‿al mar?]
Lo siento, pero no nos queda nada libre. [lo 'sĭento, 'pero no nos 'keða 'naða 'liβre.]	Es tut mir leid, aber wir sind ausgebucht.
Mañana / El ... se quedará una habitación libre. [ma'ɲana / el ... se keða'ra‿'una‿aβita-'θĭon 'liβre.]	Morgen / Am ... wird ein Zimmer frei.
Wie viel kostet es ...	**¿Cuánto cuesta ...** ['kŭanto 'kŭesta ...]
mit / ohne Frühstück?	**con / sin desayuno?** [kon / sin desa'juno?]
mit Halbpension / Vollpension?	**con media pensión / pensión completa?** [kom 'meðĭa pen'sĭon / pen'sĭon kom'pleta?]

Shopping

Wo bekomme ich ...?	**¿Dónde puedo conseguir ...?** ['donde 'pŭeðo konse'ɣir ...?]
¿Qué desea? [ke ðe'sea?]	Was möchten Sie?
¿Le puedo ayudar en algo? [le 'pŭeðo‿aju 'ðar‿en‿'alɣo?]	Kann ich Ihnen helfen?

Danke, ich sehe mich nur um.
Sólo quiero mirar un poco, gracias. ['solo 'kĭero mi'rar‿um 'poko, 'graθĭas.]

Ich werde schon bedient.
Ya me atienden, gracias. [ja me‿a'tĭenden, 'graθĭas.]

Ich hätte gerne eine Flasche Wasser.
Quisiera una botella de agua. [ki'sĭera‿'una‿βo'teʎa ðe‿'aɣŭa.]

Lo siento, pero no nos queda ningún (*f* ninguna) ... [lo 'sĭento, 'pero no nos 'keða niŋ'gun (niŋ'guna) ...]
Es tut mir Leid, wir haben keine ... mehr.

Was kostet (kosten) ...?
¿Cuánto cuesta(n) ...? ['kŭanto 'kŭesta(n) ...?]

Das gefällt mir. Ich nehme es.
Me gusta. Me lo llevo. [me 'ɣusta. me lo 'ʎeβo.]

¿Desea alguna otra cosa? [de'sea‿al'ɣuna‿'otra 'kosa?]
Darf es sonst noch etwas sein?

Danke, das ist alles.
Eso es todo, gracias. ['eso‿es 'toðo, 'graθĭas.]

Kann ich mit dieser Kreditkarte bezahlen?
¿Puedo pagar con esta tarjeta de crédito? ['pŭeðo pa'ɣar con‿'esta tar'xeta ðe 'kreðito?]

Im Restaurant

Die Karte bitte.	**Por favor, la carta.** [por fa'βor, la 'karta.]
¿Qué quiere beber / comer? [ke 'kĭere βe'βɛr / ko'mɛr?]	Was möchten Sie trinken/essen?
Ich möchte …	**Quisiera …** [ki'sĭera …]
– ein Glas Rotwein	**– una copa de vino tinto** ['una 'kopa‿ðe‿'βino 'tinto]
– eine Flasche Weißwein	**– una botella de vino blanco** ['una βo'teʎa‿ðe‿'βino‿'βlaŋko]
– ein großes/kleines Bier	**– una cerveza grande/pequeña** ['una θɛr'βeθa 'ɣrande/pe'keɲa]
Haben Sie vegetarische Gerichte?	**¿Tienen comida vegetariana?** ['tĭenen ko'miða βexeta'rĭana?]
Tomará primer plato / postre? [toma'ra pri'mɛr 'plato / 'postre?]	Möchten Sie eine Vorspeise/einen Nachtisch?
¿Le ha gustado? [le‿a ɣus'taðo?]	Hat es Ihnen geschmeckt?
Danke, sehr gut.	**Estaba todo muy bueno, gracias.** [es'taβa 'toðo mŭi 'βŭeno, 'graθĭas.]
Ich möchte zahlen.	**Quisiera pagar.** [ki'sĭera pa'ɣar.]

Carta | Speisekarte

Entremeses y ensaladas | Vorspeisen und Salate

aceitunas [aθeĭ'tunas]	Oliven
anchoas [an'tʃoas]	Anschovisfilets
boquerones en vinagre [boke'rones‿em‿bi'naɣre]	in Essig, Öl und Knoblauch eingelegte Sardellen
butifarra [buti'farra]	katalanische Bratwurst
empanada gallega [empa'naða ɣa'ʎeɣa]	mit Fleisch oder Fisch gefüllte Pastete
ensalada mixta [ensa'laða 'mi(k)sta]	gemischter Salat
ensaladilla rusa [ensala'ðiʎa 'rrusa]	Salat aus Kartoffeln, Thunfisch und Gemüse mit Mayonnaise
escalivada [eskali'βaða]	Salat aus gebratenen Auberginen und roten Paprikaschoten
gambas al ajillo ['gambas‿al‿a'xiʎo]	Garnelen in Knoblauch
jamón serrano [xa'mon sɛ'rrano]	luftgetrockneter Schinken
mejillones al vapor [mexi'ʎones‿al βa'por]	gedämpfte Miesmuscheln
morcilla frita [mor'θiʎa 'frita]	gebratene Blutwurst
patatas bravas [pa'tatas 'βraβas]	Kartoffeln mit scharfer Soße
pimientos de Padrón [pi'mĭentos ðe pa'ðron]	gebratene grüne Paprikaschoten (*einige sind scharf*)

pimientos del piquillo [pi'mĭentos ðel pi'kiʎo]	kleine, leicht scharfe rote Paprikaschoten
pimientos fritos [pi'mĭentos 'fritos]	in Öl gebratene Paprikaschoten
pinchos morunos ['pintʃos mo'runos]	Fleischspießchen
queso manchego ['keso man'tʃeɣo]	Hartkäse aus Schafsmilch
tortilla española [tor'tiʎa espa'ɲola]	Kartoffelomelett
tortilla francesa [tor'tiʎa fran'θesa]	Omelett auf französische Art (*nur mit Eiern*)

Sopas y guisos | Suppen und Eintöpfe

cocido madrileño [ko'θiðo maðri'leɲo]	Eintopf mit Kichererbsen, Fleisch, Wurst und Kohl
fabada asturiana [fa'βaða‿astu'rĭana]	Eintopf mit weißen Bohnen, Paprikawurst und Schinken
gazpacho [gaθ'patʃo]	kalte Suppe aus rohem Gemüse, Öl, Essig und Brot
habas a la catalana ['aβas‿a‿la kata'lana]	Saubohnen mit Gemüse, Speck und Blutwurst
pisto ['pisto]	geschmorte Paprikaschoten, Tomaten, Zwiebeln usw.
pote gallego ['pote ɣa'ʎeɣo]	Eintopf mit weißen Bohnen, Kartoffeln, Paprikawurst, Kohl, Schinken und Schweineohren
sopa de ajo ['sopa ðe‿'axo]	Knoblauchsuppe

sopa de mariscos ['sopa ðe ma'riskos]	Meeresfrüchtesuppe
sopa de pescado ['sopa ðe pes'kaðo]	Fischsuppe

Pescados | Fisch

anguila a la donostiarra [aŋ'gila‿a la ðonos'tĭarra]	Aal in Weinsauce mit Paprikaschoten
angulas a la bilbaína [aŋ'gulas‿a la βilβa'ina]	gebratene Glasaale mit Knoblauch
atún encebollado [a'tun‿enθeβo'ʎaðo]	Thunfisch mit Zwiebeln
bacalao al pil-pil [baka'lao‿al pil'pil]	in Öl und Knoblauch gegarter Stockfisch
besugo al horno [be'suɣo‿al‿'orno]	Seebrasse im Ofen gegart
boquerones fritos [boke'rones 'fritos]	gebackene Sardellen
buñuelos de bacalao [bu'ɲŭelos ðe βaka'lao]	Stockfischkrapfen
caballa asada [ka'βaʎa‿a'saða]	gegrillte Makrele
croquetas de bacalao [kro'ketas ðe βaka'lao]	Stockfischkroketten
dorada a la sal [do'raða‿a la sal]	Goldbrasse in dicker Salzkruste
lenguado [leŋ'gŭaðo]	Seezunge
lubina [lu'βina]	Wolfsbarsch

merluza a la vasca [mer'luθa‿a la 'βaska]	Seehecht in Knoblauch-Petersiliensoße
merluza en salsa verde [mer'luθa‿en 'salsa 'βerðe]	Seehechtscheiben in Petersiliensoße
parrillada de pescado [parri'ʎaða ðe pes'kaðo]	Grillplatte mit Fisch
pescadillas fritas [peska'ðiʎas 'fritas]	gebratene junge Seehechte
pescaítos fritos [peska'itos 'fritos]	kleine gebratene Fische
pez espada [peθ es'paða]	Schwertfisch
rape al vino blanco ['rrape‿al 'βino 'βlaŋko]	Seeteufel in Weißweinsoße
salmón a la plancha [sal'mon‿a la 'plantʃa]	gegrillter Lachs
salmonetes [salmo'netes]	Rotbarben
sardinas al espeto [sar'ðinas‿al‿es'peto]	Sardinen am Spieß
trucha rellena de jamón ['trutʃa rrɛ'ʎena ðe xa'mon]	mit Schinken gefüllte Forelle

Mariscos | Meeresfrüchte

almejas a la marinera [al'mexas‿a la mari'nera]	Venusmuscheln in Knoblauch-Sherrysoße
bogavante [boɣa'βante]	Hummer
cangrejos de río [kaŋ'grexos‿ðe 'rrio]	Flusskrebse

cazuela de mariscos [ka'θŭela ðe ma'riskos]	Meeresfrüchte, in der Tonschale zubereitet
cigalas [θi'ɣalas]	kleine Langusten
chipirones [tʃipi'rones]	kleine Tintenfische
langosta [laŋ'gosta]	Languste
langostinos al vino blanco [laŋgos'tinos‿al 'βino 'βlanko]	Riesengarnelen in Weißweinsoße
mejillones rellenos [mexi'ʎones rrɛ'ʎenos]	gefüllte Miesmuscheln
pulpo ['pulpo]	Krake
salpicón de mariscos [salpi'kon de ma'riskos]	Salat aus Meeresfrüchten

Carnes | Fleischgerichte

albóndigas en tomate [al'βondiɣas‿en to'mate]	Hackfleischklößchen in Tomatensoße
bistec con patatas [bis'tek kom‿pa'tatas]	Beefsteak mit Pommes frites
brocheta de carne [bro'tʃeta ðe 'karne]	Fleischspieß
cabrito al vino blanco [ka'βrito‿al 'βino 'βlaŋko]	Zicklein in Weißweinsoße
chanfaina [tʃan'faĭna]	geschmorte Leber und Lunge
chuletas de cordero [tʃu'letas ðe kor'ðero]	Lammkoteletts
cochinillo asado [kotʃi'niʎo‿a'saðo]	Spanferkel

conejo al ajillo [ko'nexo‿al‿a'xiʎo]	gebratenes Kaninchen mit Knoblauch
cordero asado [kor'ðero‿a'saðo]	Lammbraten
escalope [eska'lope]	Schnitzel
estofado de cordero [esto'faðo ðe kor'ðero]	Lammragout
filete de ternera [fi'lete ðe ter'nera]	Kalbsschnitzel
lomo de cerdo adobado ['lomo ðe 'θerðo‿aðo'βaðo]	marinierte Schweinelende
parillada de carne [pari'ʎaða ðe 'karne]	Grillplatte mit verschiedenen Sorten Fleisch
solomillo a la pimienta verde [solo'miʎo‿a la pi'mĭenta 'βerðe]	Filetsteak mit grünem Pfeffer

Aves – Geflügel

pato a la naranja ['pato‿a la na'raŋxa]	Ente mit Orangensoße
pavo asado con manzanas ['paβo‿a'saðo kon man'θanas]	gebratener Truthahn mit Äpfeln
pechuga de pollo [pe'tʃuɣa ðe 'poʎo]	Hähnchenbrust
pollo al ajillo ['poʎo‿al‿a'xiʎo]	Hähnchen mit Knoblauch
pollo asado ['poʎo‿a'saðo]	Brathähnchen
pollo en salsa ['poʎo‿en 'salsa]	Hähnchen in Sherrysoße

Arroz | Reisgerichte

arroz al azafrán [a'rroθ‿al‿aθa'fran]	Safranreis (*mit Schinken*)
arroz a la cubana [a'rroθ‿a la ku'βana]	Reis mit Tomaten, Spiegelei und Banane
arroz a la marinera [a'rroθ‿a la mari'nera]	Reis mit verschiedenen Fischen und Meeresfrüchten
arroz con costra [a'rroθ koŋ 'kostra]	überbackener Reis mit Fleisch, Gemüse und Ei
arroz negro [a'rroθ 'neɣro]	mit Tintenfischsud gefärbtes Reisgericht
caldero [kal'dero]	Reispfanne mit Fischen
paella [pa'eʎa]	Reispfanne mit Fisch, Meeresfrüchten, Fleisch und Gemüse

Verduras y legumbres | Gemüse und Hülsenfrüchte

acelgas [a'θelɣas]	Mangold
alcachofas [alka'tʃofas]	Artischocken
alubias [a'luβĭas]	weiße Bohnen
berenjenas fritas [bereŋ'xenas 'fritas]	gebackene Auberginen
calabacines rellenos [kalaβa'θines rrɛ'ʎenos]	gefüllte Zucchini
champiñones al ajillo [tʃampi'ɲones‿al‿a'xiʎo]	Champignons mit Knoblauch

coliflor [koli'flor]	Blumenkohl
endibia [en'diβĭa]	Chicorée
espárragos [es'parraɣos]	Spargel
espinacas [espi'nakas]	Spinat
garbanzos [gar'βanθos]	Kichererbsen
guisantes [gi'santes]	Erbsen
judías verdes [xu'ðias 'βɛrðes]	grüne Bohnen
lechuga [le'tʃuɣa]	Kopfsalat
lentejas [len'texas]	Linsen
maíz [ma'iθ]	Mais
patatas [pa'tatas]	Kartoffeln
patatas fritas [pa'tatas 'fritas]	Pommes frites, Kartoffelchips
pimientos [pi'mĭentos]	Paprikaschoten
tomates [to'mates]	Tomaten
zanahorias [θana'orĭas]	Karotten

Postres | Nachtisch

borrachos [bo'rratʃos]	mit Likör getränktes Gebäck
borrachuelos [borra'tʃŭelos]	mit Wein in der Pfanne ausgebackenes Gebäck
brazo de gitano ['braθo ðe xi'tano]	mit Creme gefüllte Biskuitrolle
buñuelos de viento [bu'ɲŭelos ðe 'βĭento]	Windbeutel
crema catalana ['krema kata'lana]	Eiercreme mit Karamellkruste
cuajada [kŭa'xaða]	Dickmilch

dulce de membrillo ['dulθe ðe mem'briʎo]	Quittenbrot
ensaimada [ensai'maða]	Hefeteigschnecke (*aus Mallorca*)
flan [flan]	Karamelpudding
helado [e'laðo]	Eis
mantecados [mante'kaðos]	Schmalzgebäck
natillas [na'tiʎas]	Vanillecreme
pastel de nueces [pas'tɛl ðe 'nŭeθes]	Nusskuchen
pijama [pi'xama]	Nachspeise aus Eis, Pudding, Früchten und Sahne
tarta de manzana ['tarta ðe man'θana]	Apfelkuchen
torrijas [to'rrixas]	arme Ritter
torta de Reyes ['torta ðe 'rrɛjes]	Dreikönigskuchen
yemas ['jemas]	Konfekt aus Eigelb und Zucker

Frutas | Obst

fruta del tiempo ['fruta ðel 'tĭempo]	Obst der Saison
macedonia de frutas [maθe'ðonĭa ðe 'frutas]	Obstsalat
fresas con nata ['fresas kon 'nata]	Erdbeeren mit Sahne
granada [gra'naða]	Granatapfel
guayaba [gŭa'jaβa]	Guave

higos ['iɣos]	Feigen
mango ['maŋgo]	Mango
manzana [man'θana]	Apfel
melocotón (en almíbar) [meloko'ton (en‿al'miβar)]	Pfirsich(kompott)
melón [me'lon]	Honigmelone
naranja [na'raŋxa]	Orange
papaya [pa'paja]	Papaya
pera ['pera]	Birne
piña ['piɲa]	Ananas
plátano ['platano]	Banane
pomelo [po'melo]	Grapefruit
sandía [san'dia]	Wassermelone
toronja [to'roŋxa]	bittere Orange
uva ['uβa]	Weintraube

Bebidas | Getränke

Vinos | Weine

vino ['bino]	Wein
– blanco ['βlaŋko]	Weißwein
– rosado [rro'saðo]	Rosé(wein)
– tinto ['tinto]	Rotwein
– de la casa [ðe la 'kasa]	Hauswein
– dulce ['ðulθe]	Süßwein
– semiseco [semi'seko]	halbtrocken
– seco ['seko]	trocken

Albariño [alβa'riɲo]	Weißwein aus Galicien
Málaga ['malaɣa]	Süßwein aus der Region Málaga
Moscatel [moska'tel]	Muskateller, Süßwein
Penedés [pene'ðes]	Wein aus Katalonien
Rioja [rri'oxa]	(meist roter) Wein aus der Rioja
Valdepeñas [balde'peɲas]	(meist roter) Wein aus der Mancha

Cervezas | Biere

cerveza rubia [θɛr'βeθa 'rruβĭa]	helles Bier
cerveza de barril [θɛr'βeθa ðe βa'rril]	Bier vom Fass
botellín de cerveza [bote'ʎin de θɛr'βeθa]	kleine Flasche Bier
caña ['kaɲa]	kleines Bier

Otras bebidas alcohólicas | Andere alkoholische Getränke

champán [tʃam'pan]	Champagner
cava ['kaβa]	spanischer Sekt
sangría [saŋ'gria]	Rotweinbowle
sidra ['siðra]	Apfelwein
anís [a'nis]	Anis(likör)
coñac [ko'ɲak]	Kognak

ginebra [xi'neβra]	Gin, Genever
jerez [xe'reθ]	Sherry
pisco ['pisko]	Traubenschnaps
pisco sour ['pisko 'saŭer]	Pisco mit Limonensaft
ron [rron]	Rum
tequila [te'kila]	Agavenschnaps
whisky ['gŭiski]	Whisky

Bebidas no alcohólicas | Alkoholfreie Getränke

agua mineral ['aɣŭa mine'ral]	Mineralwasser
– con gas [koŋ gas]	– mit Kohlensäure
– sin gas [siŋ gas]	– ohne Kohlensäure
batido [ba'tiðo]	Milchshake
gaseosa [gase'osa]	(Zitronen)Limonade
granizado de café [grani'θaðo ðe ka'fe]	kalter Kaffee mit zerstoßenem Eis und Zucker
granizado de limón [grani'θaðo ðe li'mon]	Zitronensaft mit zerstoßenem Eis und Zucker
horchata de chufa [or'tʃata ðe 'tʃufa]	Erdmandelmilch
zumo de manzana ['θumo ðe man'θana]	Apfelsaft
zumo de naranja ['θumo ðe na'raŋxa]	Orangensaft
zumo de tomate ['θumo ðe to'mate]	Tomatensaft

Abkürzungen und Symbole

a.	auch	también
a/c	etwas	alguna cosa, algo
ADJ	Adjektiv, adjektivisch	adjetivo
ADV	Adverb, adverbial	adverbio
akk	Akkusativ	acusativo
alg	jemand	alguien
allg	allgemein	generalmente
Am	Amerikanisches Spanisch, Amerikanismus	América, americanismo
ANAT	Anatomie	anatomía
ARCH	Architektur	arquitectura
art	Artikel	artículo
ASTROL	Astrologie	astrología
AUTO	Auto, Verkehr	automovilismo
BAHN	Bahn	ferrocarriles
bes	besonders	especialmente
BIOL	Biologie	biología
BOT	Botanik	botánica
CHEM	Chemie	química
COMPUT	Computer	computador
dat	Dativ	dativo
e-e	eine	
ELEK	Elektrotechnik und Elektrizität	electrotecnia
e-m	einem	
e-n	einen	
e-r	einer	
e-s	eines	
etc	etc., und so weiter	etcétera

etw	etwas	alguna cosa, algo
F, *f*	Femininum	femenino
fig	figurativ, in übertragenem Sinn	en sentido figurado
FLUG	Flug	aviación
FOTO	Fotografie	fotografía
FPL, *fpl*	Femininum Plural	femenino plural
GASTR	Kochkunst und Gastronomie	arte culinario y gastronomía
gen	Genitiv	genitivo
GEOG	Geografie	geografía
GRAM	Grammatik	gramática
HANDEL	Handel	comercio
hist	historisch	histórico
in zssgn	in Zusammensetzungen	en palabras compuestas
inf	Infinitiv	infinitivo
IT	Informatik, Computer und Informationstechnologie	informática
j-d	jemand	alguien
j-m	jemandem	a alguien (dat)
j-n	jemanden	(a) alguien (acus)
j-s	jemandes	de alguien (gen)
JUR	Rechtswesen	jurisprudencia
KONJ	Konjunktion	conjunción
LIT	Literatur	literatura
mst	meist	generalmente
M, *m*	Maskulinum	masculino
M(F), *m(f)*	Maskulinum mit Feminin-endung in Klammern	masculino y femenino entre paréntesis

M/F, *m/f*	Maskulinum und Femininum	masculino y femenino
M/F(M), *m/f(m)*	Maskulinum und Femininum mit zusätzlicher Maskulinendung in Klammern	masculino y femenino (con segunda desinencia masculina entre paréntesis)
M/N, *m/n*	Maskulinum und Neutrum	masculino y neutro
MAL	Malerei	pintura
MATH	Mathematik	matemática
MED	Medizin	medicina
MIL	Militär, militärisch	milicia
MPL, *mpl*	Maskulinum Plural	masculino plural
MUS	Musik	música
N, *n*	Neutrum	neutro
neg!	wird oft als beleidigend empfunden	está considerado frecuentemente como negativo
N/M, *n/m*	Neutrum und Maskulinum	neutro y masculino
NPL, *npl*	Neutrum Plural	neutro plural
od	oder	o, u
Österr	österreichische Variante	Austria, alemán de Austria
pej	pejorativ	despectivo
PHYS	Physik	física
PL, *Pl*	Plural	plural
POL	Politik	politica
PRÄP, *Präp*	Präposition	preposición
PRON, *Pron*	Pronomen	pronombre
®	eingetragene Marke	marca registrada
RADIO	Radio, Rundfunk	radio
REL	Religion	religión

SCHIFF	Nautik, Schifffahrt	marina, navegación
Schweiz	Schweizerische Variante	Suiza, alemán de Suiza
s-e	seine	su, sus
SG, *Sg*	Singular	singular
sl	Slang	lenguaje popular
s-m	seinem	a su
s-n	seinen	su
sp	Spanisch	español
SPORT	Sport	deporte
s-r	seiner	de su
s-s	seines	de su (gen), a su (dat)
STIERK	Stierkampf	tauromaquia
SUBST	Substantiv	sustantivo
TECH	Technik	tecnología
TEL	Telefon, Nachrichtentechnik, Telekommunikation	telecomunicación
THEAT	Theater	teatro
TV	Fernsehen	televisión
u.	und	y, e
umg	umgangssprachlich	uso familiar
V/I	intransitives Verb	verbo intransitivo
V/T & V/I	transitives und intransitives Verb	verbo transitivo y intransitivo
V/T	transitives Verb	verbo transitivo
vulg	vulgär	vulgar
WIRTSCH	Wirtschaft	economía
z. B.	zum Beispiel	por ejemplo
ZOOL	Zoologie	zoología
→	siehe	véase

Flugzeug
avión

Zug
tren

Speisewagen
vagón restaurante

Schlafwagen
coche-cama

Kofferkuli
carrito

Schließfach
consigna
automática

Gepäckband
cinta de equipajes

Schiff
barco

Fähre
transbordador

Check-in-Schalter
mostrador de facturación

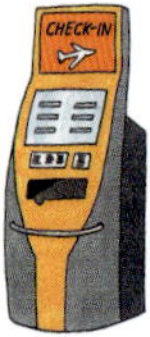

Check-in-Automat
máquina de factura-
ción (automática)

Fahrkartenschalter
taquilla

Fahrkarte
billete, *Am* boleto

Informationsschalter
oficina de información

Führerschein
carnet (*od* permiso) de conducir

Reisepass
pasaporte

Autoschlüssel
llave de coche

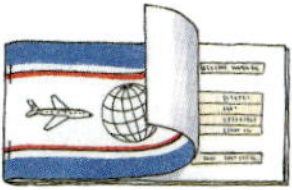

Flugticket
billete de avión

Bordkarte
tarjeta de embarque

Auto
coche, *Am* carro

Fahrrad
bicicleta

Fahrradschloss
candado

Luftpumpe
bomba de inflar

Unterwegs

Bus
bus

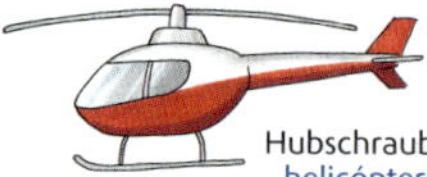

Hubschrauber
helicóptero

Taxi
taxi

U-Bahn
metro

Straßenbahn
tranvía

Helm
casco

Motorrad
moto

Motorroller
escúter

Seilbahn
teleférico

Autovermietung
alquiler de coches

Airbag
airbag

Navi
navegador de coche, GPS

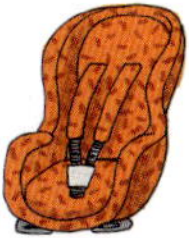

Kindersitz
asiento (de seguridad) para niños

Abschleppwagen
grúa

Autowerkstatt
taller (de reparaciones)

Unterwegs

Batterie
batería

Autoreifen
neumático

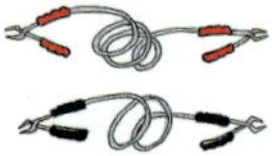

Starthilfekabel *pl*
cables de arranque *pl*

Tankstelle
gasolinera

Parkplatz
aparcamiento

Parkscheinautomat
expendedor
automático de tiquetes
de aparcamiento

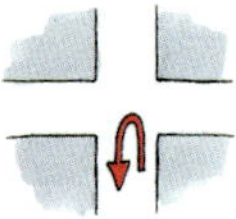

wenden
virar

Straße
carretera
in der Stadt calle

Kreisverkehr
rotonda

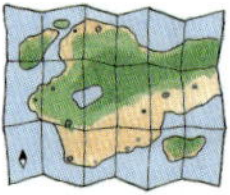

Landkarte
mapa

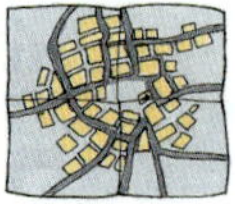

Stadtplan
plano de la ciudad

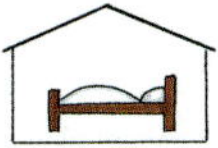

Hotel
hotel

Jugendherberge
albergue juvenil

Frühstück
desayuno

Mittagessen
comida

Abendessen
cena

Schlüssel
llave

Einzelzimmer
habitación individual

Doppelzimmer
habitación doble

Zweibettzimmer
habitación doble
con dos camas

Was kostet das Zimmer?
Cuanto vale la habitación?

Bar
bar

Restaurant
restaurante

Campingplatz
camping

Café
café, bar

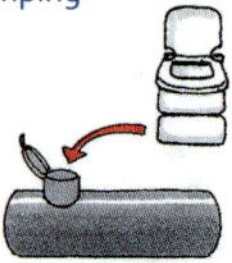

Toilette entleeren
vaciar el water

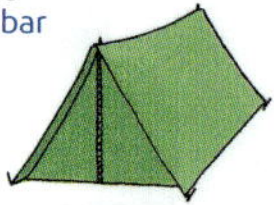

Zelt
tienda

Wohnmobil
autocaravana

Wohnwagen
caravana

Waschraum
lavabo

Waschmaschine
lavadora

Trinkwasser
agua potable

kein Trinkwasser
agua no potable

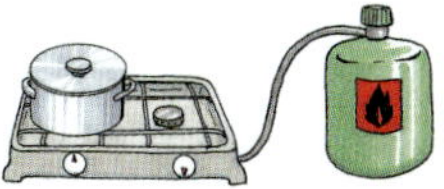

Gasherd
cocina de gas

Feuerstelle/Grill
barbacoa

Mülltonne
cubo de (la) basura

Kaffee
café

Espresso
café exprés

Tee
té

Leitungswasser
agua del grifo

Mineralwasser
agua con gas

Kakao
chocolate

Weißwein
vino blanco

Rosé
(vino) rosado

Rotwein
vino tinto

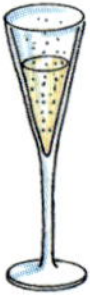

Sekt
vino espumoso, cava

Milch
leche

Zucker
azúcar

Rechnung
cuenta

Speisekarte
menú

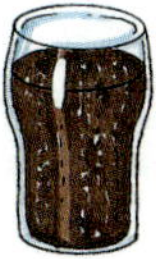

Cola
coca-cola

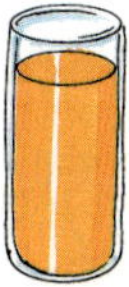

Saft
zumo

Cocktail
cóctel

Bier
cerveza

Eiswürfel *pl*
cubitos de hielo *pl*

Strohhalm
paja

Essen und Trinken

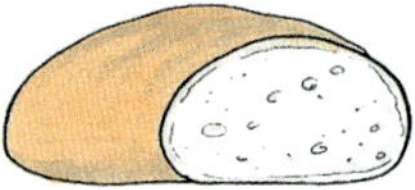

Brot
pan

Brötchen
panecillo

Toast
tostada,
pan tostado

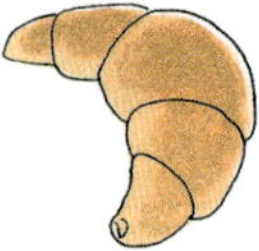

Croissant
cruasán

Milch
leche

Cornflakes *pl*
corn flakes *pl*,
cereales *pl*

Müsli
muesli

Marmelade
mermelada

Honig
miel

Käse
queso

Butter
mantequilla

Joghurt
yogur

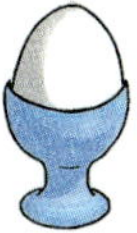

Ei
huevo

Spiegelei
huevo frito

Rührei
huevos revueltos

Omelett
tortilla

Pfannkuchen
crepe

Apfel
manzana

Birne
pera

Banane
plátano

Pampelmuse
pomelo

Kirsche
cereza

Pfirsich
melocotón

Weintraube
uvas *pl*

Aprikose
albaricoque

Kiwi
kiwi

Zitrone
limón

Erdbeere
fresa

Limette
limón verde,
süße lima

Mango
mango

Orange
naranja

Feige
higo

Wassermelone
sandía

Pflaume
ciruela

Honigmelone
melón

Karotten *pl*
zanahorias *pl*

Brokkoli
brécol

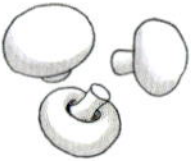

Champignons *pl*
champiñones *pl*

Tomate
tomate

Gurke
pepino

Aubergine
berenjena

Paprika
pimentón

Zucchini *pl*
calabacines *pl*

Weißkohl
repollo

grüne Bohnen *pl*
judías verdes *pl*

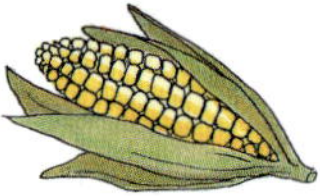

Mais
maíz

Oliven *pl*
aceitunas *pl*

Zwiebel
cebolla

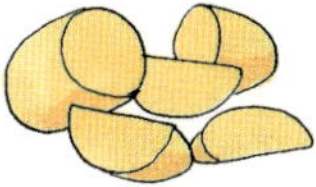

Kartoffeln *pl*
patatas *pl*,
Am papas *pl*

Rettich
rábano

Radieschen
rabanito

Erbsen *pl*
guisantes *pl*

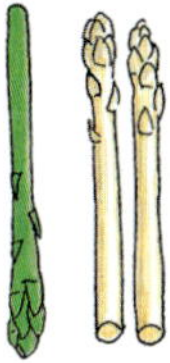

Spargel
espárragos *pl*

Kürbis
calabaza

Knoblauch
ajo

Artischocke
alcachofa

Lauch
puerro

Öl
aceite

Essig
vinagre

Fisch
pescado

Garnele
gamba, camarón

Austern *pl*
ostras *pl*

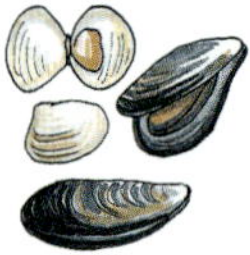

Muscheln *pl*
almejas *pl*,
mejillones *pl*

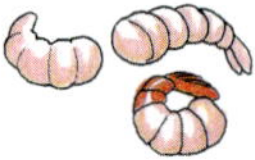

Shrimps *pl*
gambas *pl*

Ket(s)chup
catsup

Chilisoße
salsa de chile

Sojasoße
salsa de soja

Rind
vacuno, *Am* res

Kalb
ternero

Schwein
cerdo

Lamm
cordero

Huhn
pollo

Brathähnchen
pollo asado

Würstchen *pl*
salsichas *pl*

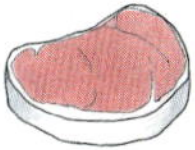

Fleisch
carne

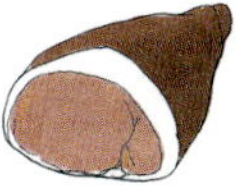

Schinken
jamón

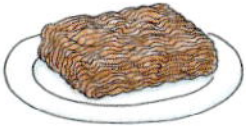

Hackfleisch
carne picada

Tofu
tofu

Essen und Trinken

Ofenkartoffel
patata asada

Bratkartoffeln *pl*
patatas doradas *pl*

Glasnudeln *pl*
fideos chinos *pl*

Reis
arroz

Nudeln *pl*
pasta *sg*

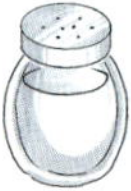

Salz
sal

Pfeffer
pimienta

Suppe
sopa

Salat
ensalada

Sandwich
sandwich

Burger
hamburguesa

Pizza
pizza

Pommes frites *pl*
patatas fritas *pl*

Eis
helado

Pudding
pudín

Kuchen
pastel

Keks
galleta

Sahne
nata montada

Schokolade
chocolate

Bonbon
caramelo

Schokoriegel
barra de chocolate

Farben

rot
rojo

orange
naranja

gelb
amarillo

grün
verde

blau
azul

braun
marrón

beige
beige

lila
lila

rosa
rosa

schwarz
negro

grau
gris

weiß
blanco

Seife
jabón

Shampoo
champú

Duschgel
gel de ducha

Deo
desodorante

Zahnbürste
cepillo de dientes

Zahnpasta
dentífrico

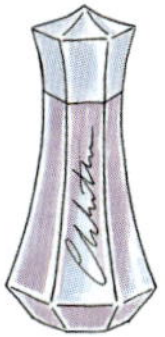

Parfüm
perfume

Kondom
condón

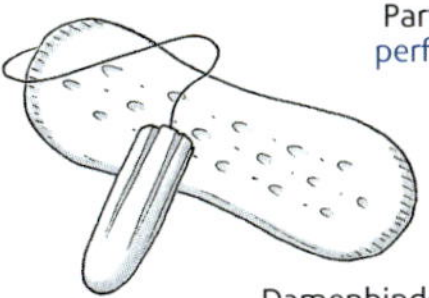

Tampon
tampón

Damenbinde
compresa

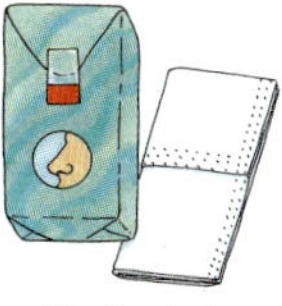

Taschentuch
pañuelo

Körperpflege

Föhn
secador (de pelo)

Kamm
peine

Haarbürste
cepillo para el pelo

Rasierer
maquinilla
de afeitar

Rasierklinge
hoja de afeitar

Rasierpinsel
brocha de afeitar

Rasierapparat
maquina de afeitar

Rasierschaum
espuma de afeitar

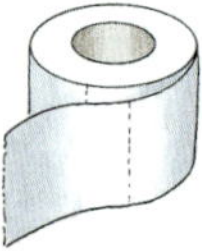
Toilettenpapier
papel higiénico

Kontaktlinse
lentes de contacto *pl*

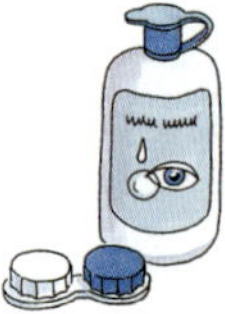
Kontaktlinsenmittel
solución para lentes
de contacto

Fotoapparat
caméra fotográfica

Speicherkarte
tarjeta
de memoria

Videokamera
videocámara

Akku
acumulador

Ladegerät
cargador

Foto
foto

Batterien *pl*
pilas *pl*

Taschenlampe
linterna

Mehrfachstecker
enchufe múltiple

kaputt
roto, estropeado

Kommunikation und Multimedia

Telefon
teléfono

Handy
móvil

SIM-Karte
tarjeta SIM

Münztelefon
teléfono público de monedas

Briefkasten
buzón

Post®
oficina de correos

Paket
paquete

Brief
carta

Postkarte
(tarjeta) postal

Briefmarken *pl*
sellos *pl*

Ladekabel
cable de carga, cargador

WLAN
red inalámbrica, wifi

voller Akku
bateria llena

fast leerer Akku
bateria vacía

Laptop
portátil

E-Mail-Adresse
dirección de correo electrónico

MP3-Player
(reproductor de) MP3

USB-Kabel
cable USB

USB-Stick
memoria USB

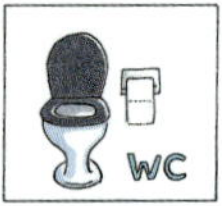

Toilette
lavabo, servicio

Damentoilette
servicio de señoras

Herrentoilette
servicio de caballeros

Bankautomat
cajero automático

Bankkarte
tarjeta bancaria

Kreditkarte
tarjeta de crédito

Bank
banco

Wechselstube
oficina de cambio

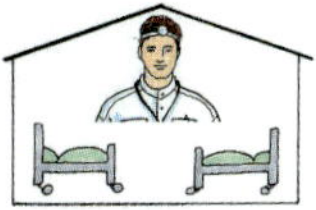

Krankenhaus
hospital

Krankenwagen
ambulancia

Formular
formulario

Arzt
médico

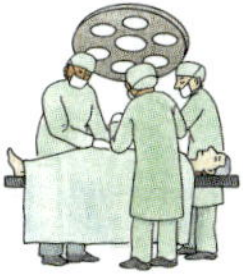

Operation
operación

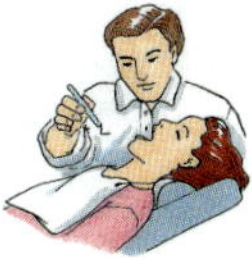

Zahnarzt
dentista

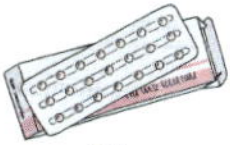

Pille
píldora

schwanger
embarazada

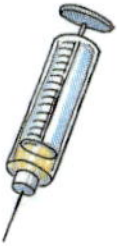

Spritze
jeringa

Fieberthermometer
termómetro

Mückenstich
picadura de mosquito

Wespenstich
picadura de avispa

Schlangenbiss
mordedura de serpiente

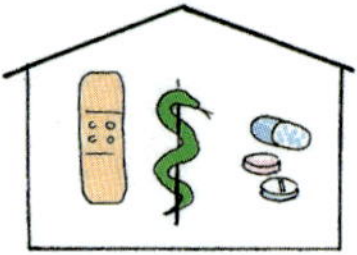

Apotheke
farmacia

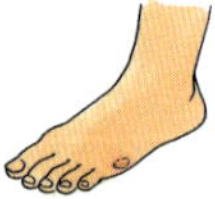

Blase
ampolla

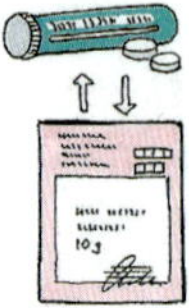

Rezept
receta

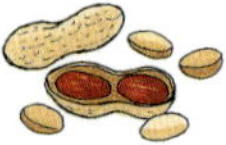

Erdnüsse *pl*
cacahuetes *pl*

Heuschnupfen
fiebre del heno

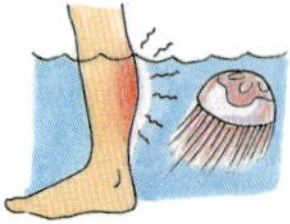

Quallenstich
picadura de medusa

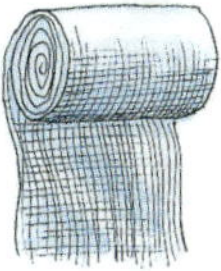

Mullbinde
venda de gasa

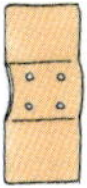

Pflaster
esparadrapo

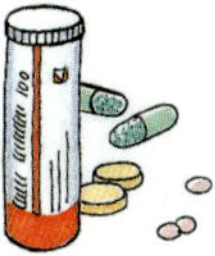

Tabletten *pl*
comprimidos *pl*

Salbe
ungüento, pomada

Verstopfung
estreñimiento

erbrechen
vomitar

Durchfall
diarrea

Nasentropfen *pl*
gotas nasales *pl*

Augentropfen *pl*
colirio

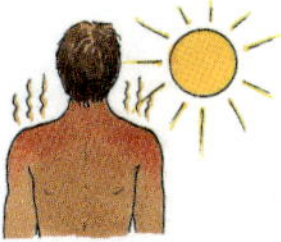

Sonnenbrand
quemadura de sol

Im Notfall

Diebstahl
robo

Autodiebstahl
robo de coche

Polizei
policia

Feuerwehr
bomberos *pl*

Autounfall
accidente de coche

Botschaft
embajada